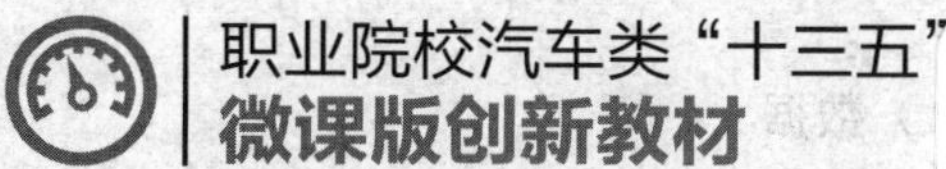

汽车构造

（底盘部分）

第2版 微课版

沈沉 惠有利 刘杨 / 主编

人民邮电出版社

北京

图书在版编目（C I P）数据

汽车构造 : 微课版. 底盘部分 / 沈沉, 惠有利, 刘杨主编. -- 2版. -- 北京 : 人民邮电出版社, 2016.12(2019.4重印)
职业院校汽车类“十三五”微课版创新教材
ISBN 978-7-115-43344-2

Ⅰ. ①汽… Ⅱ. ①沈… ②惠… ③刘… Ⅲ. ①汽车－构造－高等职业教育－教材②汽车－底盘－结构－高等职业教育－教材 Ⅳ. ①U463

中国版本图书馆CIP数据核字(2016)第226053号

内 容 提 要

本书将理论与实践相结合，以丰田卡罗拉轿车各总成（或零部件）为拆装实例，辅以别克凯越，桑塔纳2000车型，系统介绍了汽车底盘各系统的结构、原理及拆装方法。本书包括绪论、离合器、手动变速器、万向传动装置、驱动桥、自动变速器、车架与车桥、车轮与轮胎、悬架、汽车转向系统、汽车制动系统、汽车防滑控制系统等内容，共12个项目。

本书可作为职业院校汽车整形技术专业、汽车维修与检测专业及汽车电子技术专业的教材，也可作为相关岗位培训或自学用书。

◆ 主　　编　沈　沉　惠有利　刘　杨
副 主 编　李　晗　金艳秋　金　雷
责任编辑　刘盛平
执行编辑　王丽美
责任印制　焦志炜

◆ 人民邮电出版社出版发行　　北京市丰台区成寿寺路11号
邮编　100164　　电子邮件　315@ptpress.com.cn
网址　http://www.ptpress.com.cn
北京鑫正大印刷有限公司印刷

◆ 开本：787×1092　1/16
印张：18.5　　2016年12月第2版
字数：472千字　　2019年 4 月北京第5次印刷

定价：45.00元

读者服务热线：(010)81055256　印装质量热线：(010)81055316
反盗版热线：(010)81055315

第2版 前言

汽车底盘是高职高专汽车类专业的一门专业核心课程。本书第1版出版发行以来，受到相关院校广大师生的欢迎，并已多次重印，在此对长期使用本书的院校师生表示感谢。为更好适应职业院校汽车相关专业课程开发和建设的需要，根据人民邮电出版社和广大用书单位的要求，在充分调研论证的基础上，对此书进行修订再版，修订内容主要包括如下几项。

（1）在本书的修订过程中，以典型工作任务为载体，突出教学内容的连续性和系统性，采用“项目引领，任务驱动”的编写方式，便于学生掌握相关知识。

（2）为突出教材的先进性，保证教材建设与汽车新技术同步，第2版增加了近年来发展成熟且广泛应用的汽车新技术方面的内容，如无级变速器（CVT）和直接换挡变速器（DSG）、电子控制悬架系统、电子控制转向系统、电子稳定程序控制系统等。

（3）为突出教材的实用性，第2版以常见车型丰田卡罗拉轿车各总成（或零部件）为拆装实例，辅以别克凯越、桑塔纳2000车型，同时删除了一些过时或应用很少的教学内容。

（4）修订后的教材，内容比以前更具针对性和实用性，内容的叙述更加准确、通俗易懂、简明扼要，更有利于教师的教学和读者的自学。

（5）本书是一本体现“互联网+教育”理念的教材。在书中对应位置以二维码的形式插入动画、视频等教学辅助资源，读者可通过手机等终端设备扫描观看，实现随时随地学习。读者也可扫描封底二维码或直接登录“微课云课堂”（www.ryweike.com）→用手机号码注册→在用户中心输入本书激活码（5d2df09b），将本书包含的微课资源添加到个人帐户，获取永久在线观看本课程微课视频的权限。

本书共包括 12 个项目，每个项目设有不同的学习任务，系统地介绍汽车底盘各组成部分的结构、工作原理及相关零部件的拆装。同时，本书配备了PPT课件、视频等教学资源，院校师生可登录人邮教育社区（www.ryjiaoyu.com）免费下载使用。

本课程建议教学学时数为 60 学时，其中理论教学为 36 学时，实训学时为 24 学时。各项目的参考学时见下表。

序　　号	项　　目	学时	理论学时	实训学时
1	项目一　绪论	2	2	—
2	项目二　离合器	4	2	2
3	项目三　手动变速器	4	2	2
4	项目四　万向传动装置	4	2	2
5	项目五　驱动桥	6	4	2
6	项目六　自动变速器	12	8	4
7	项目七　车架与车桥	4	2	2

续表

序　　号	项　　目	学时	理论学时	实训学时
8	项目八　车轮与轮胎	4	2	2
9	项目九　悬架	4	2	2
10	项目十　汽车转向系统	4	2	2
11	项目十一　汽车制动系统	6	4	2
12	项目十二　汽车防滑控制系统	6	4	2
合　　计		60	36	24

本书由辽宁省交通高等专科学校沈沉、惠有利、刘杨任主编，李晗、金艳秋、金雷任副主编，张义、杨艳芬、张凤云、孙影、项仁峰、李春芳、修玲玲、翟静、黄宜坤、孙涛等参与了编写工作。

本书编写过程中，得到了辽宁和兴大众汽车销售服务有限公司服务总监赵松的大力支持与帮助，在此表示衷心的感谢。

由于编者水平有限，书中难免有不妥和疏漏之处，敬请广大读者提出宝贵意见。

编　者

2016 年 7 月

目　录

项目一
绪论

【学习目标】

1. 能够正确描述汽车底盘的结构组成及各组成部分的功用；
2. 能够正确描述传动系统的不同布置形式；
3. 能够正确描述汽车行驶的基本原理。

本项目主要介绍汽车底盘的结构、汽车传动系统的不同布置形式和汽车行驶的基本原理等内容。

汽车底盘由传动系统、行驶系统、转向系统和制动系统四大系统组成，其功用是接受发动机的动力，使汽车运动并保证汽车能够按照驾驶员的操纵而正常行驶。

相关知识

轿车底盘的结构如图 1-1 所示。

图 1-1　轿车底盘结构

（一）汽车底盘基本组成

1. 传动系统

传动系统的基本功用是将发动机的转矩传递给驱动车轮；同时根据行驶条件的需要，改变转

矩的大小。

现代汽车普遍采用的是活塞式内燃机，与之相配用的传动系统大多数是机械式的。发动机发出的动力依次经过离合器、变速器和由万向节与传动轴组成的万向传动装置，以及安装在驱动桥中的主减速器、差速器和半轴，最后传到驱动车轮，如图 1-2 所示。现在轿车越来越多地采用自动变速器，其传动系统包括自动变速器、万向传动装置、驱动桥等，用自动变速器取代了离合器和手动变速器。

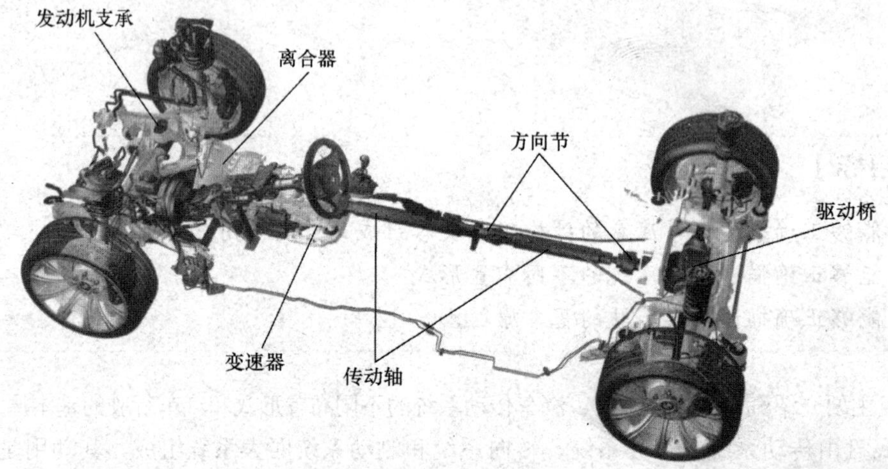

图 1-2　机械传动系统构造示意图

传动系统各总成的功用如下。

① 离合器：按照需要适时地切断或接合发动机与传动系统之间的动力传递；

② 变速器：改变发动机输出转速的高低、转矩的大小及旋转方向，也可以切断发动机与驱动轮之间的动力传递；

③ 万向传动装置：将变速器输出的动力传递给主减速器，并适应两者之间距离和轴线夹角的变化；

④ 主减速器：降低转速，增大转矩，改变动力的传递方向（90°）；

⑤ 差速器：将主减速器传来的动力分配给左右两半轴，并允许左、右两半轴以不同的角速度旋转，以满足左右两驱动轮在行驶过程中的差速需要；

⑥ 半轴：将差速器传来的动力传给驱动轮，使驱动轮获得旋转的动力。

对于四轮驱动的汽车，在变速器与万向传动装置之间还装有分动器，其作用是将发动机的动力分配给前后桥。

2．行驶系统

汽车行驶系统的主要作用可以概括为以下几个方面。

① 将传动系统传来的转矩转化为汽车行驶的驱动力；

② 将汽车构成一个整体，支撑汽车的总质量；

③ 承受并传递路面作用于车轮上的力和力矩；

④ 减少震动，缓和冲击，保证汽车的平稳行驶。

汽车行驶系统一般由车架（或车身）、悬架、车桥和车轮等组成，如图 1-3 所示。车轮通过轴承安装在车桥两边，车桥通过悬架与车架（或车身）连接，车架（或车身）是整车的装配基体。

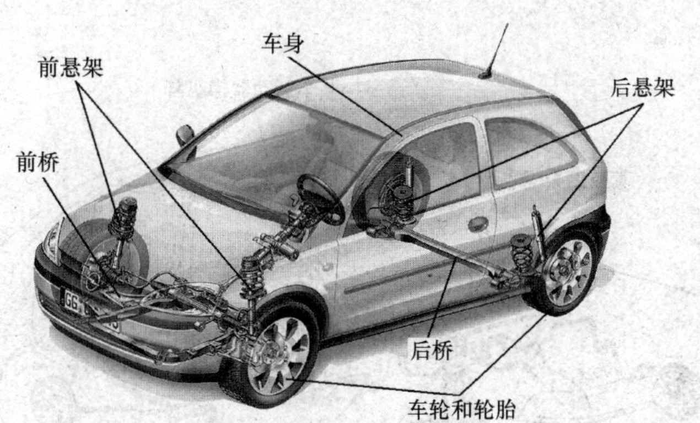

图 1-3　汽车行驶系统的组成

汽车行驶系统的结构形式因车型和行驶条件的不同而有所差异。除被广泛应用的轮式结构以外，还有半履带式、全履带式、车轮-履带式等几种类型。水陆两用车除具有一般轮式汽车的行驶系外，还备有一套水中航行的行驶机构。

3. 转向系统

汽车转向一般是由驾驶员通过转向系统机件改变转向车轮的偏转角来实现的。

转向系统的功用是保证汽车能够按照驾驶员选定的方向行驶。转向系统主要由转向操纵机构、转向器和转向传动机构组成（见图 1-4）。现在的汽车普遍采用动力转向装置。

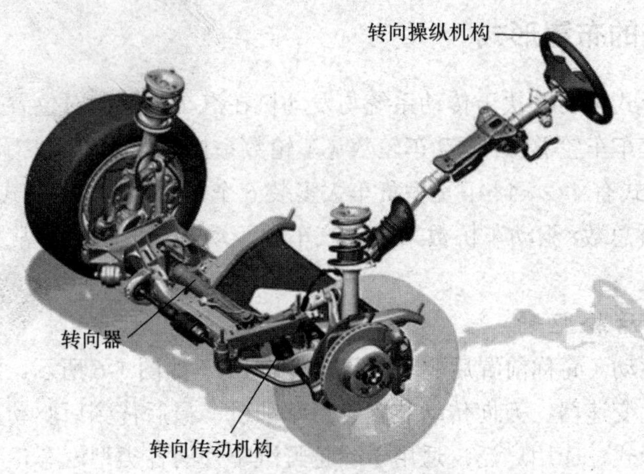

图 1-4　转向系统的组成

4. 制动系统

作为一种高速运行的车辆，为了确保安全，汽车必须有性能良好的制动系统，以根据需要迅速减速或停车。

制动系统的功用是使汽车减速、停车并能保证可靠的驻停。汽车制动系统一般包括行车制动系统和驻车制动系统两套相互独立的制动系统，每套制动系统都包括制动器和制动传动机构。轿车制动系统的结构组成如图 1-5 所示。大部分小型汽车都采用液压式制动系统，而卡车和大客车则常采用气压制动系统。

现代汽车的行车制动系统一般都装配有防抱死制动系统（ABS）及驱动防滑控制系统（ASR）。前者不论在任何情况下制动时，即使在滑溜路面，也能保持车轮不抱死，以保持车轮的最大制动力，使车辆的方向保持稳定；后者在起步加速时，控制驱动轮不打滑，以保持最大的驱动力及方

向稳定。

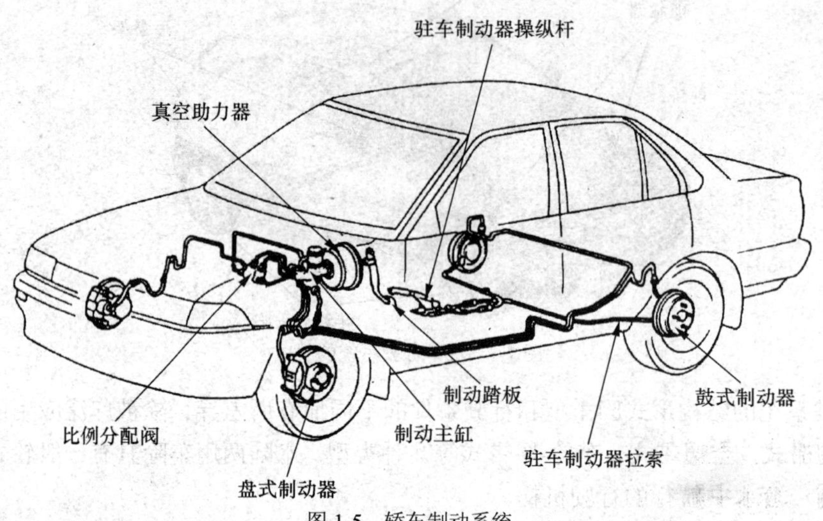

图 1-5　轿车制动系统

现代汽车中电子控制技术的应用越来越广泛，如在底盘中普遍采用了电子控制自动变速器（EAT 或 ECT）、电子控制防滑差速器（EDL）、电子稳定程序控制系统（ESP）、电子控制悬架系统（ECS）、电子控制转向系统（EPS）等。

（二）传动系统的布置形式

传动系统的布置形式主要取决于传动系统与发动机在汽车上的相对位置及汽车驱动形式。汽车的驱动形式通常用汽车车轮总数×驱动车轮数（车轮数系指轮毂数）来表示。普通汽车大多装 4 个车轮，常见的驱动形式有 4×2、4×4；重型货车大多装 6 个车轮，其驱动形式有 6×6、6×4 和 6×2。此外，也有用汽车车桥总数×驱动车桥数来表示汽车的驱动形式。就目前常见的汽车而言，大致可分为以下 5 种类型。

1．发动机前置后轮驱动

发动机前置后轮驱动（简称前置后驱动，英文简称 FR）如图 1-6 所示。发动机布置在汽车前部，动力经过离合器、变速器、万向传动装置、后驱动桥，最后传到后驱动车轮，使汽车行驶。这是一种传统的布置形式，应用广泛，适用于除越野汽车外的各类型汽车，大多数的货车、部分轿车和部分客车都采用这种形式。

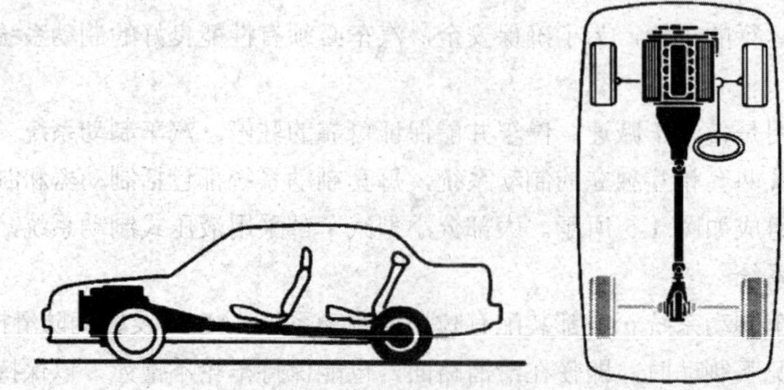

图 1-6　发动机前置后轮驱动示意图

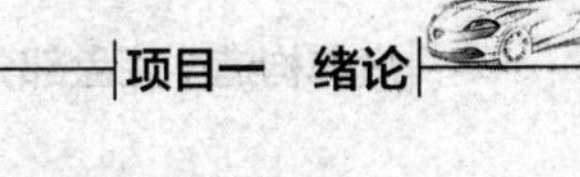

这种布置类型通常将发动机、离合器、变速器各总成连成一体（载重车的变速器为便于维修常单独悬置），安装于汽车前部；主减速器、差速器安装于后桥中部，构成后驱动桥；在变速器与后驱动桥之间用万向传动装置进行连接。

2. 发动机前置前轮驱动

发动机前置前轮驱动（简称前置前驱动，英文简称 FF）如图 1-7 所示。发动机布置在汽车前部，动力经过离合器、变速器、前驱动桥，最后传到前驱动车轮。这种布置形式在变速器与驱动桥之间省去了万向传动装置，使结构简单紧凑，整车质量小，高速时操纵稳定性好，大多数轿车采用这种布置形式。但这种布置形式的不足是爬坡性能差。

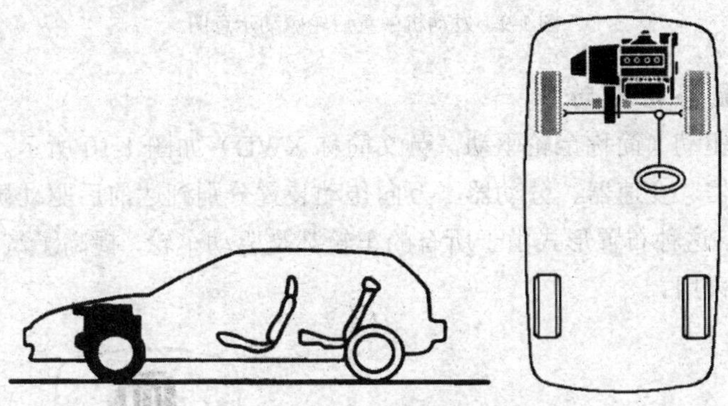

图 1-7 发动机前置前轮驱动示意图

发动机前置前轮驱动布置形式根据发动机布置的方向可以分为发动机前横置前轮驱动式和发动机前纵置前轮驱动式。

3. 发动机后置后轮驱动

发动机后置后轮驱动（简称后置后驱动，英文简称 RR）如图 1-8 所示。发动机布置在汽车后部，动力经过离合器、变速器、角传动装置、万向传动装置、后驱动桥，最后传到后驱动车轮，使汽车行驶。这种布置形式便于车身内部的布置，减小室内发动机的噪声，一般用于大型客车。

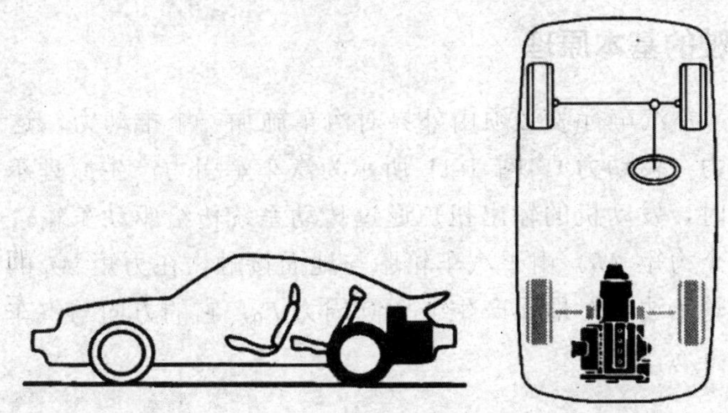

图 1-8 发动机后置后轮驱动示意图

4. 发动机中置后轮驱动

发动机中置后轮驱动（英文简称 MR）如图 1-9 所示。这种布置形式将发动机布置于驾驶室后面、汽车的中部，有利于实现前、后轴较为理想的轴荷分配，是赛车和部分大、中型客车采用的方案。客车采用这种方案布置时，能使车厢有效面积得到最高利用。

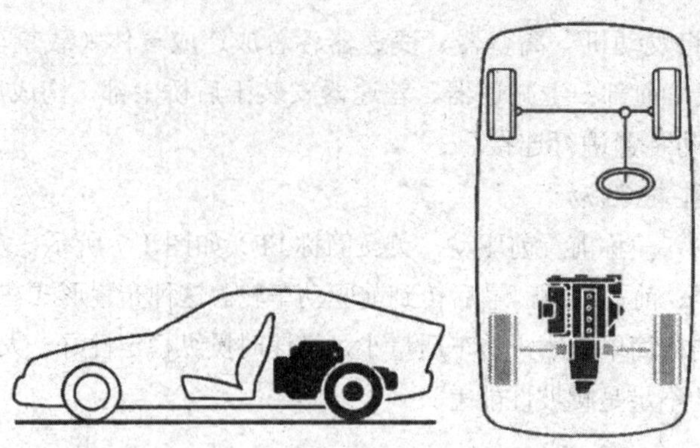

图 1-9 发动机中置后轮驱动示意图

5. 发动机前置全轮驱动

发动机前置全轮驱动（简称全轮驱动，英文简称 XWD）如图 1-10 所示。发动机布置在汽车前部，动力经过离合器、变速器、分动器、万向传动装置分别到达前后驱动桥，最后传到前后驱动车轮，使汽车行驶。这种布置形式由于所有的车轮都是驱动车轮，提高了汽车的越野通过性能，因而被越野汽车广泛采用。

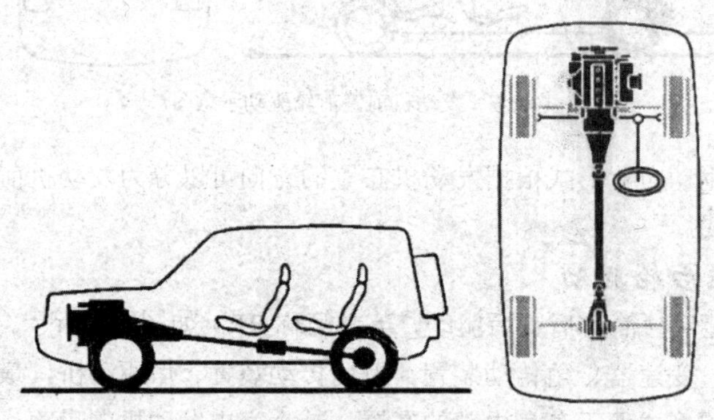

图 1-10 四轮驱动示意图

（三）汽车行驶的基本原理

汽车行驶必须由外界对汽车施加一个推动力，这个力称为汽车牵引力（驱动力）。图 1-11 所示为汽车牵引力产生原理示意图。当汽车行驶时，发动机的输出扭矩通过传动系统传给驱动车轮，使驱动车轮得到一个力矩 M_t。由于汽车轮胎与地面接触，在力矩 M_t 的作用下，接触面上轮胎边缘对地面产生一个圆周力 F_0，它的方向与汽车行驶方向相反，其大小由下式表示

$$F_0 = \frac{M_t}{r}$$

式中，M_t——驱动轮上的力矩；

r——车轮工作半径。

根据作用力与反作用力的关系，路面对轮胎边缘施加了一个反作用力 F_t，其大小与 F_0 相等，方向相反。F_t 为外界对汽车施加的推动力，即牵引力。当牵引力增大到能克服汽车静止状态的最

大阻力时，汽车便开始起步。

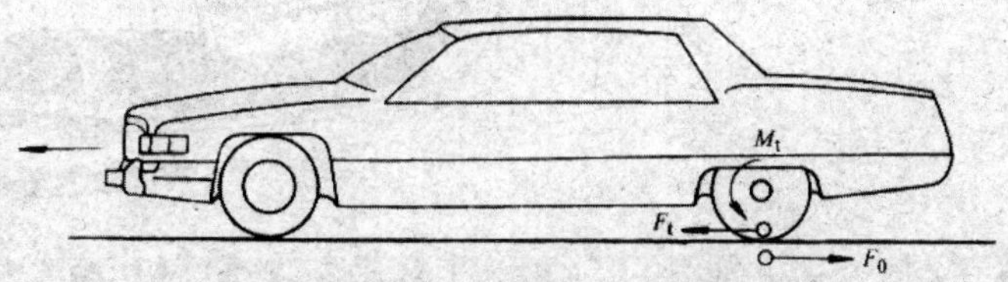

图 1-11 汽车行驶的基本原理示意图

练 习 题

1. 说明汽车底盘的组成及各部分的功用。
2. 说明传动系统各组成部分的功用。
3. 分析比较传动系统各种布置形式的特点。

项目二 离合器

【学习目标】

1. 能够正确描述离合器的功用及种类；
2. 能够正确描述离合器的基本组成及工作原理；
3. 能够正确描述膜片弹簧离合器的结构及工作原理；
4. 能够正确描述离合器操纵机构的结构及工作原理；
5. 能够正确选择与使用工具、设备，并规范地对离合器总成进行拆卸与安装；
6. 能够正确选择与使用工具、设备，并规范地对离合器油液进行添加与放气；
7. 能够正确选择与使用工具、设备，并规范地对离合器踏板进行检查与调整。

本项目主要介绍离合器的功用、组成，各主要零部件的结构、原理及相关总成、零部件的拆装等内容。

离合器是汽车传动系统的重要组成部分，安装在发动机与变速器之间，如图 2-1 所示。

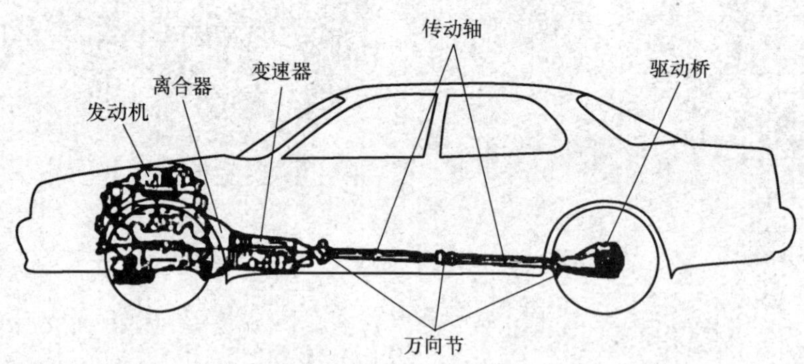

图 2-1 机械式传动系统构造

1．离合器的功用

离合器的具体功用有以下 3 个方面。

（1）使发动机与传动系逐渐接合，保证汽车平稳起步。汽车起步时，可通过离合器逐渐接合（同时，逐渐踩下加速踏板以增加发动机的输出转矩），利用逐渐增大的摩擦力使离合器输出的转矩逐渐增大，于是发动机的转矩便可由小到大地传给驱动轮，产生驱动力。当驱动力大到足以克服汽车的行驶阻力时，汽车便由静止状态开始缓慢地加速，从而实现平稳起步。

（2）暂时切断发动机的动力传动，保证变速器换挡平顺。汽车行驶过程中变换挡位时，踩

下离合器踏板，利用离合器的分离将发动机的动力切断，从而使原啮合的齿轮易于分离，使啮合两齿轮的圆周速度能更快达到同步，以便挂入所需挡位，同时可避免或减轻齿轮的撞击现象。

（3）限制所传递的转矩，防止传动系统过载。汽车紧急制动时，若发动机与传动系统刚性连接，则发动机的转速将急剧下降，导致其所有零件产生很大的惯性力矩，造成传动系统过载而使机件损坏。有了离合器，当传动系统承受载荷超过离合器所能传递的最大转矩时，离合器会自动打滑以消除这一危害，从而起到对传动系统过载保护的作用。

2．离合器的分类

汽车上应用的离合器主要有以下 3 种形式。

（1）摩擦离合器：指利用主、从动部分的摩擦作用来传递转矩的离合器，如图 2-2 所示。目前在汽车上广泛采用。

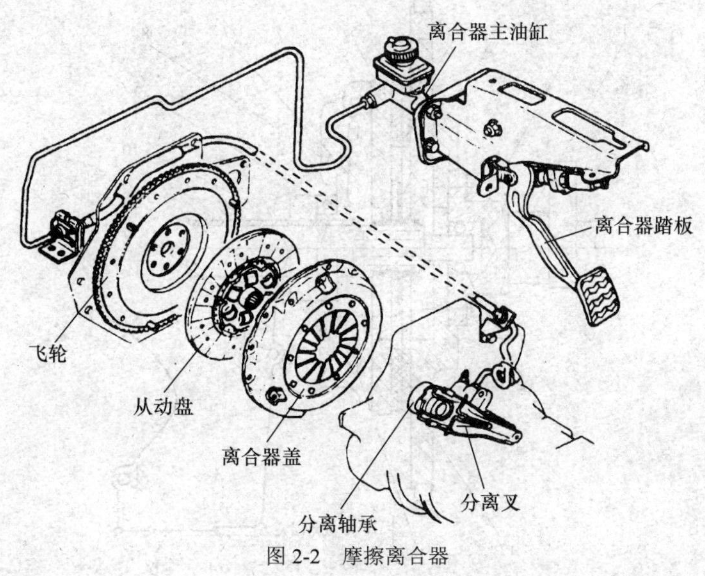

图 2-2 摩擦离合器

汽车传动系统中所用的摩擦式离合器按照从动盘（摩擦片）数目、压紧弹簧的形式及安装位置，以及操纵机构形式的不同可分为以下类型。

① 按从动盘的数目可以分为单片离合器、双片离合器和多片离合器。单片离合器只有一片从动盘，在轿车、客车和部分中、小型货车中广泛采用。双片离合器增加了一片从动盘，使其传递转矩的能力较大，接合较为平顺，但散热较差，多用于重型车辆上。湿式摩擦式离合器一般为多片式的，可浸在油中以便散热。

② 按压紧弹簧的形式可以分为周布弹簧离合器、中央弹簧离合器和膜片弹簧离合器。周布弹簧离合器采用若干个螺旋弹簧作压紧弹簧，并将这些弹簧沿压盘圆周分布；中央弹簧离合器具有一个或两个较强力的螺旋弹簧，并安置在中央部位；膜片弹簧离合器采用膜片弹簧，目前应用最广泛。

③ 按操纵机构可分为机械式、液压式、气压式等。

（2）液力偶合器：指利用液体作为传动介质的离合器，原来多用于自动变速器，目前被液力变矩器所取代。

（3）电磁离合器：指利用磁力传动的离合器，空调中应用的就是这种离合器。

相关知识

（一）离合器的基本组成和工作原理

摩擦离合器的结构简单、性能可靠、维修方便，因此目前绝大多数汽车都采用摩擦离合器。

1．离合器的基本组成

离合器的基本组成如图 2-3 所示。根据各结构元件的动力传递和作用不同可分为 4 部分：主动部分、从动部分、压紧装置和操纵机构。

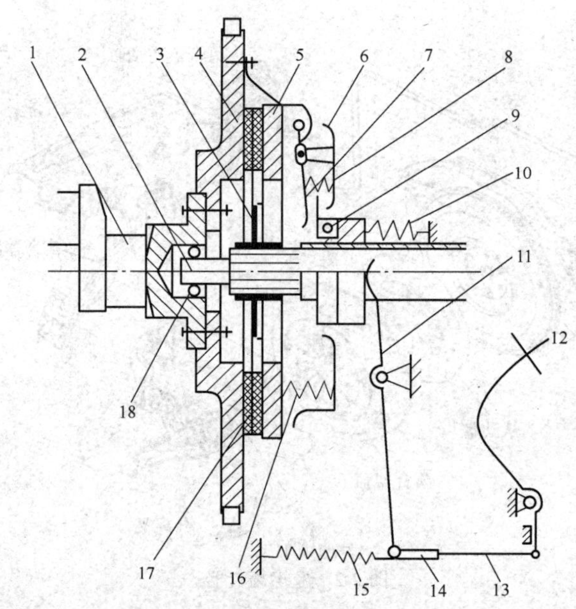

图 2-3　摩擦离合器的基本组成示意图

1—曲轴；2—从动轴（变速器一轴）；3—从动盘；4—飞轮；5—压盘；6—离合器盖；7—分离杠杆；8、10、15—回位弹簧；9—分离轴承和分离套筒；11—分离叉；12—离合器踏板；13—分离拉杆；14—分离拉杆调节叉；16—压紧弹簧；17—从动盘摩擦片；18—轴承

（1）主动部分。主动部分包括飞轮、压盘和离合器盖。离合器盖用螺钉固定在飞轮上，压盘后端圆周上的凸台伸入离合器盖的窗孔中，并可沿窗孔轴向滑动。这样，当曲轴旋转，动力便通过飞轮、离合器盖带动压盘一起转动，构成离合器的主动部分。

（2）从动部分。从动部分包括从动盘、从动轴。从动盘带有双面的摩擦衬片，离合器正常接合时分别与飞轮和压盘相接触；从动盘通过滑动花键毂装在从动轴的花键上，从动轴是手动变速器的输入轴，其前端通过轴承支撑在曲轴后端的中心孔中，以保证发动机曲轴和输出轴的同轴度，后端支撑在变速器壳体上。

（3）压紧装置。压紧装置由若干根沿圆周均匀布置的压紧弹簧组成，它们装在压盘与离合器盖之间。压紧弹簧将压盘和从动盘压向飞轮，使飞轮、

从动盘和压盘三者压紧在一起。常见的压紧弹簧有沿圆周均布的螺旋弹簧、中央弹簧和膜片弹簧等。目前轿车及中型车辆上大多采用膜片弹簧。

（4）操纵机构。操纵机构包括离合器踏板、分离杠杆、分离轴承、分离套筒、分离叉、调节装置等。分离杠杆是离合器操纵机构的一个主要零件，它的外端与压盘铰接，中部通过铰接支撑在离合器盖上，内端和分离轴承接触（分离时）。分离轴承和分离套筒装成一体，松套在从动轴的轴套上，可做轴向移动。分离叉中部支撑在飞轮壳上，并通过拉杆和踏板连接。

2．离合器的工作原理

（1）接合状态：离合器在接合状态时，操纵机构各部件在回位弹簧的作用下位于图 2-3 所示的位置，分离杠杆内端与分离轴承之间保持一定的间隙，压紧弹簧将压盘、从动盘、飞轮互相压紧。发动机的转矩经飞轮直接传给离合器盖和压盘，并通过压盘、从动盘、飞轮之间摩擦面的摩擦产生摩擦力矩，传给从动盘，再通过花键传给从动轴（变速器输入轴），最后输入变速器。

（2）分离过程：分离离合器时，驾驶员踩下离合器踏板，分离套筒和分离轴承在分离叉的推动下，先消除分离轴承与分离杠杆内端之间的间隙，然后推动分离杠杆内端前移，使分离杠杆外端带动压盘克服压紧弹簧作用力后移，摩擦作用消失，离合器的主、从动部分分离，中断动力传动。

（3）接合过程：逐渐抬起离合器踏板，拉杆、分离叉、分离轴承、分离杠杆在各自回位弹簧的作用下回位，压盘在压紧弹簧的作用下前移，逐渐压紧从动盘，此时从动盘与压盘、飞轮接触面之间产生的摩擦力矩逐渐增大，动力由飞轮、压盘传给从动盘，经输出轴输出。在这一过程中，从动盘及输出轴转速逐渐提高，直至与主动部分相同，主、从动部分完全接合，接合过程结束，离合器处于接合状态（见图 2-3）。

（4）半联动状态：在离合器接合的过程中，飞轮、压盘和从动盘之间接合还不紧密时，所能传递的摩擦力矩较小，其主、从动部分未达到同步，处于相对打滑的状态，称为半联动状态。正因为离合器有半联动状态，汽车才能平稳起步。

3．离合器自由间隙和离合器踏板自由行程

由离合器的工作原理可知，当从动盘摩擦片磨损变薄后，为了保证摩擦离合器能处于接合状态，传递发动机转矩，则压盘必须向前移动。此时分离杠杆外端和压盘一起向前移，其内端向后移。如果分离杠杆与分离轴承之间没有间隙，则由于机械式操纵机构的干涉作用，压盘最终无法前移，导致摩擦离合器不能接合，出现打滑现象。为此，在摩擦离合器分离杠杆内端与分离轴承之间预留一定的间隙，一般为几毫米，这个间隙称为离合器的自由间隙，如图 2-4 所示。

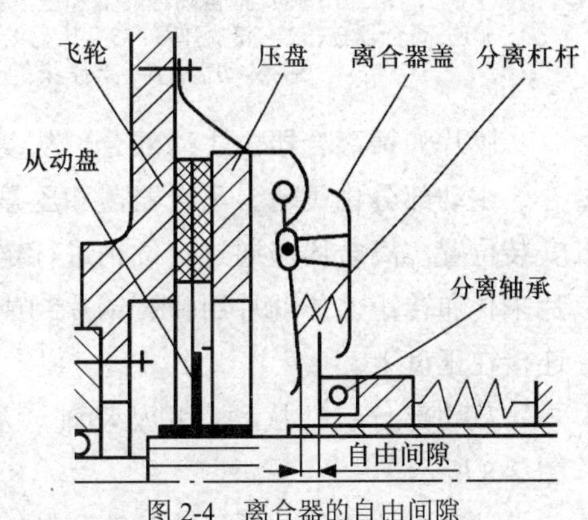

图 2-4 离合器的自由间隙

离合器在分离过程中，为消除离合器自由间隙和分离机构、操纵机构零件的弹性变形，所需要踩下的踏板行程称为离合器踏板自由行程。

（二）膜片弹簧离合器

膜片弹簧离合器的构造如图 2-5～图 2-7 所示。

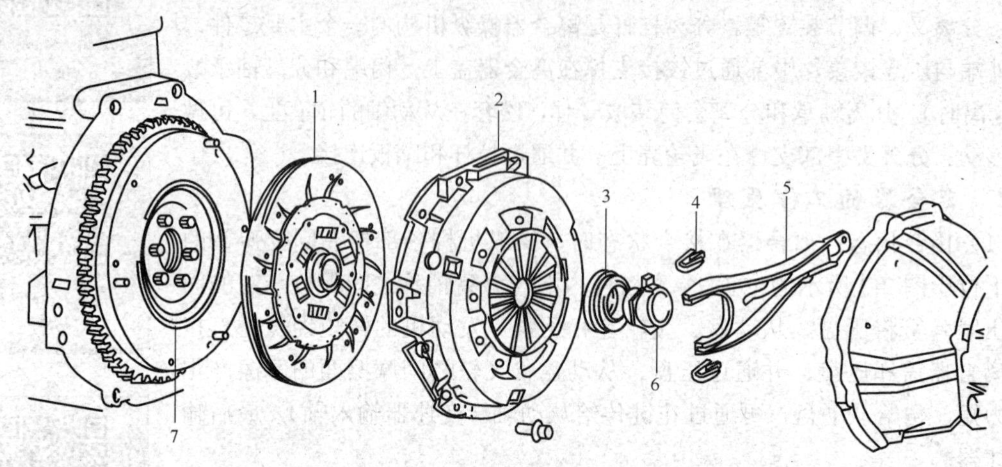

图 2-5　膜片弹簧离合器的构造

1—从动盘；2—离合器盖和压盘；3—分离轴承；4—卡环；5—分离叉；6—分离套筒；7—飞轮

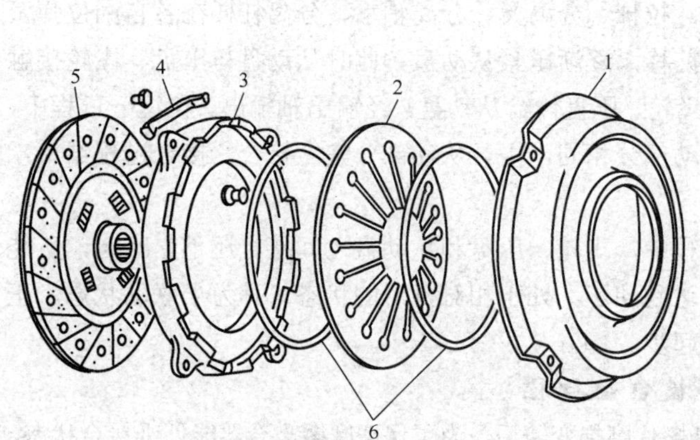

图 2-6　膜片弹簧离合器盖和压盘分解图

1—离合器盖；2—膜片弹簧；3—压盘；4—传动片；5—从动盘；6—支撑环

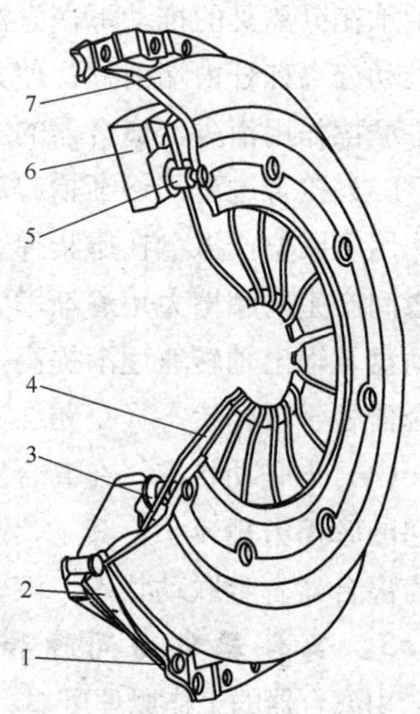

图 2-7　膜片弹簧离合器盖和压盘结构图

1—铆钉；2—传动片；3—支撑环；4—膜片弹簧；5—支撑铆钉；6—压盘；7—离合器盖

膜片弹簧离合器由主动部分、从动部分、压紧机构和操纵机构组成。

主动部分由飞轮、离合器盖和压盘组成。离合器盖通过螺栓固定在飞轮上，为了保持正确的安装位置，离合器盖通过定位销进行定位。压盘与离合器盖之间通过周向均布的 3 组或 4 组传动片来传递转矩。传动片用弹簧钢片制成，每组两片，一端用铆钉铆在离合器盖上，另一端用螺钉连接在压盘上。

从动部分包括从动盘和从动轴。从动盘主要由从动盘本体、摩擦片和从动盘毂等组成，如图 2-8 所示。

发动机传到传动系统的转速和转矩是周期性变化的，使传动系统产生扭转震动，导致传动系统的零部件受到冲击性交变载荷，使寿命下降、零件损坏。为消除传动系统的扭转震动，从动盘一般都带有扭转减震器。扭转减震器可以有效防止传动系统的扭转震动。带扭转减震器的从动盘的结构和原理如图 2-9 所示。

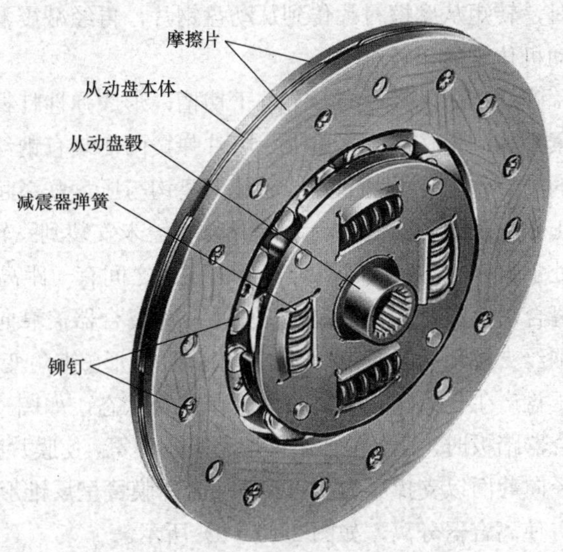

图 2-8 从动盘的结构

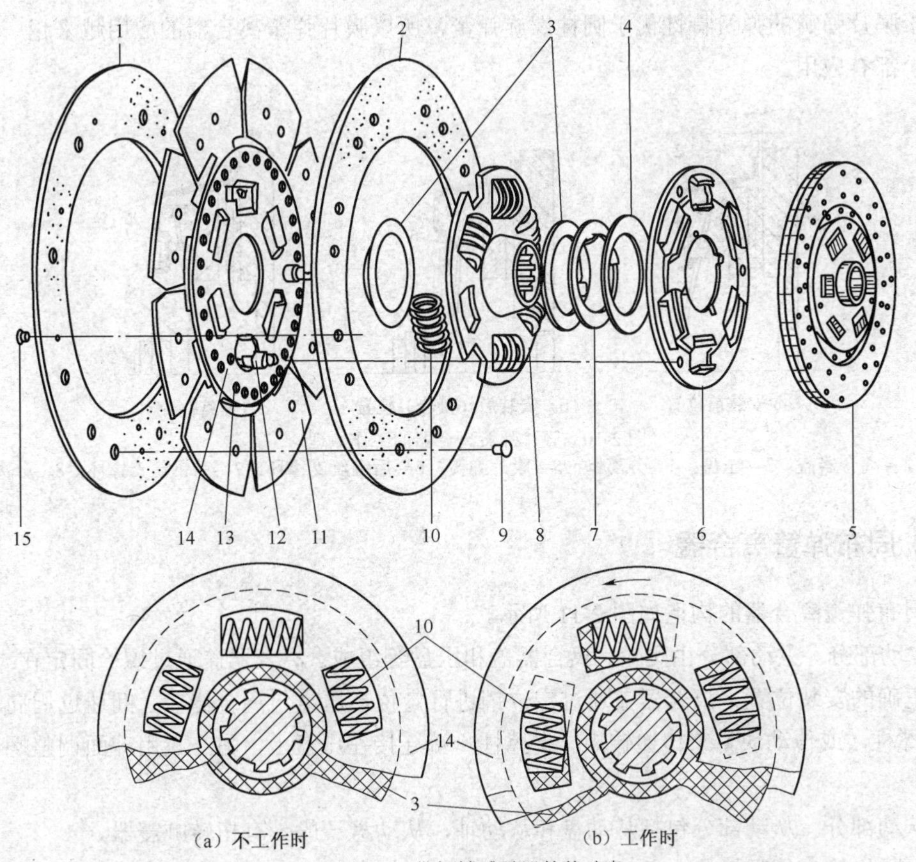

图 2-9 带扭转减震器的从动盘

1、2—摩擦衬片；3—摩擦垫圈；4—盘形垫圈；5—装合后的从动盘总成；6—减震器盘；7—摩擦板；8—从动盘毂；9、13、15—铆钉；10—减震弹簧；11—波浪形弹簧钢片；12—止动销；14—从动盘钢片

从动盘钢片外圆周铆接有波浪形弹簧钢片，摩擦衬片分别铆接在弹簧钢片上，从动盘钢片与减震器盘铆接在一起，这两者之间夹有摩擦垫圈和从动盘毂。从动盘毂、从动盘钢片和减震器盘上都有圆周均布的窗孔，减震弹簧装在窗孔中。

当从动盘受到转矩时，转矩从摩擦衬片传到从动盘钢片，再经减震弹簧传给从动盘毂，此时弹簧将被压缩，吸收发动机传来的扭转震动。

压紧机构主要由膜片弹簧构成，其径向开有若干切槽，形成弹性杠杆；切槽末端有圆孔，固定铆钉穿过圆孔，将压紧机构固定在离合器盖上。膜片弹簧两侧装有钢丝支撑环，这两个钢丝支撑环是膜片弹簧工作时的支点。膜片弹簧的外缘通过分离钩与压盘联系起来。

膜片弹簧离合器的工作原理如图2-10所示。当离合器盖未安装到飞轮上时，膜片弹簧不受力而处于自由状态，此时离合器盖与飞轮之间有一距离 l，如图2-10（a）所示。当离合器盖通过螺栓固定在飞轮上时，离合器盖靠向飞轮，距离 l 被消除，后钢丝支撑环压紧膜片，使之发生弹性变形（锥角变小），此时膜片弹簧外端对压盘产生压紧力，使离合器处于接合状态，如图2-10（b）所示。当踩下离合器踏板时，分离轴承左移推动膜片弹簧，使膜片弹簧被压在前支撑环上，其径向截面以支撑环为支点转动（膜片膜簧呈反锥形），外圆周向后翘起，通过分离钩拉动压盘后移，使离合器分离，如图2-10（c）所示。

从上面的介绍可以看出，膜片弹簧既是压紧弹簧，又是分离杠杆，大大简化了离合器的结构。另外，由于膜片弹簧的弹簧特性优于圆柱螺旋弹簧，所以膜片弹簧离合器的应用越来越广泛，在各种车型上都有应用。

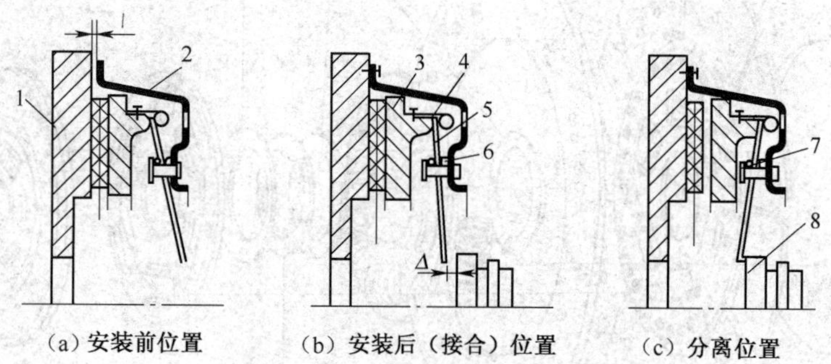

图2-10　膜片弹簧离合器的工作原理

1—飞轮；2—离合器盖；3—压盘；4—分离钩；5—膜片弹簧；6—后钢丝支撑环；7—前钢丝支撑环；8—分离轴承

（三）周布弹簧离合器

单片周布弹簧离合器的构造如图2-11所示。

（1）主动部分。主动部分由飞轮、离合器盖和压盘等组成。离合器盖通过螺栓固定在飞轮上，为了保持正确的安装位置，离合器盖通过定位销进行定位。压盘与离合器盖之间通过周向均布的3～4组支撑柱（或传动块）来传递转矩。支撑柱一端连接在压盘上，另一端用球面调整螺母锁在离合器盖上。

（2）从动部分。从动部分包括从动盘和从动轴，从动盘一般带有扭转减震器。

（3）压紧机构。压紧机构由若干根螺旋弹簧组成，螺旋弹簧沿压盘周向对称布置，装在压盘和离合器盖之间。为减少压盘对弹簧传热，弹簧座做成凸起的十字形条或加隔热垫。

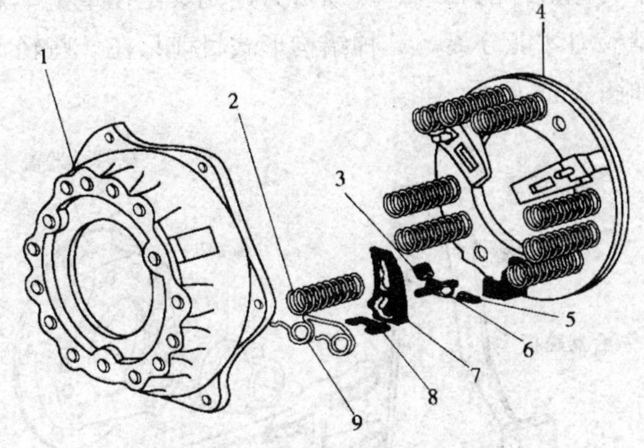

图 2-11 周布弹簧离合器的构造

1—盖；2—压紧弹簧；3—滚子；4—压盘；5—销；6—环头螺栓；7—分离杠杆；8—支撑片；9—分离杠杆弹簧

（4）分离操纵机构。分离叉与其转轴制成一体，轴的两端靠衬套支撑在离合器壳上。分离杠杆用薄钢板冲制而成。

（四）离合器的操纵机构

离合器的操纵机构是驾驶员用以使离合器分离、又使之柔和接合的一套机构。

按照分离离合器时所需操纵能源的不同，离合器的操纵机构可分为人力式和助力式两种。人力式又可以分为机械式和液压式；助力式又可以分为气压助力式和弹簧助力式。

1. 机械式操纵机构

机械式操纵机构有杠杆传动和钢索传动两种。

图 2-12 所示为杠杆传动离合器操纵机构，它由踏板、连接杆、平衡轴、分离叉及复位弹簧等组成。

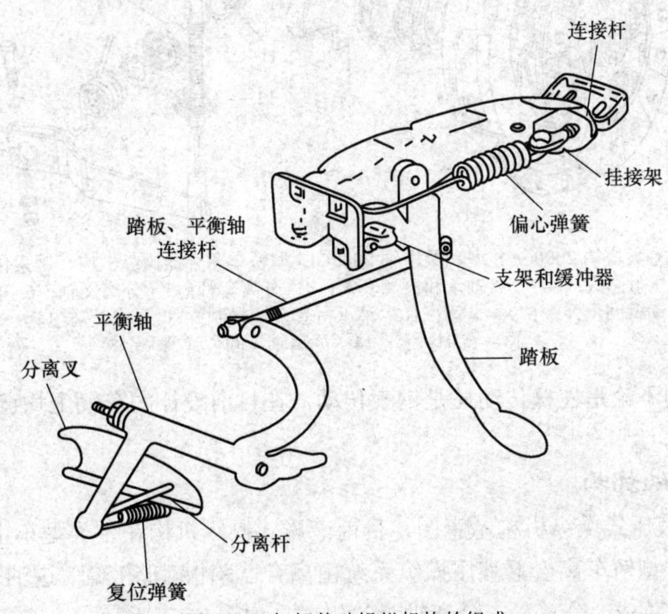

图 2-12 杠杆传动操纵机构的组成

杠杆传动的优点是结构简单，成本低，维修方便。不足之处是铰接点多，易磨损，维护里程

短；空间尺寸大，不利于其他机件的布置；操纵费力，尤其是在重型车辆上，因发动机输出转矩大，离合器需要较大的踏板力才能分离。这种结构形式目前只在一些轻、中型货车上采用。

钢索传动操纵机构如图 2-13 所示。

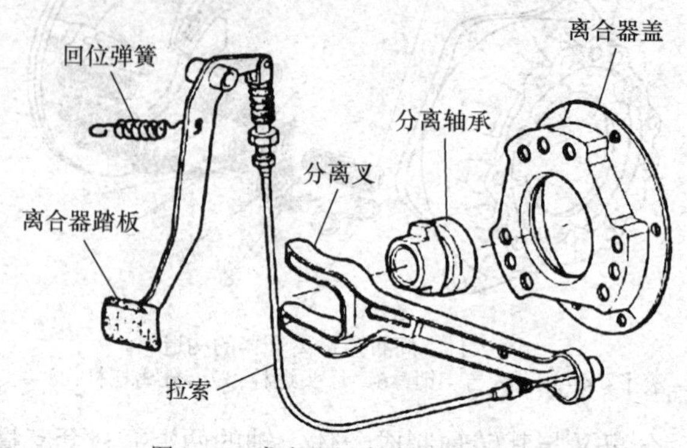

图 2-13　离合器钢索传动操纵机构

钢索传动和杠杆传动的结构基本相同，只是用钢索来代替杠杆传动中的拉杆。由于钢索是挠性件，因此对其他装置的布置没有大的影响。钢索传动的不足之处是使用过程中，钢索会被拉长，导致踏板自由行程变大，造成离合器分离不彻底；不能增大踏板力，操纵较费力。这种结构形式多用于微型、轻型车辆以及部分早期的轿车上。

图 2-14 所示为桑塔纳 2000GLS 型和桑塔纳 2000GLi 型轿车离合器操纵机构的结构。

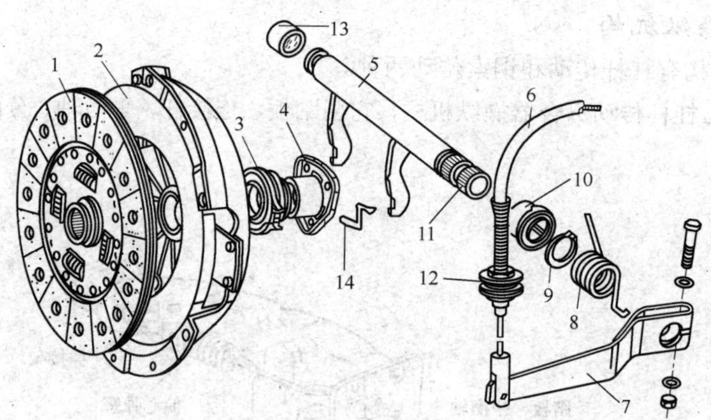

图 2-14　桑塔纳 2000GLS 型和桑塔纳 2000GLi 型轿车离合器操纵机构（钢索传动）
1—从动盘总成；2—压盘总成；3—分离轴承和分离套筒；4—分离套管；5—分离叉轴；6—拉索；7—驱动臂；8—分离叉轴和驱动臂回位弹簧；9—卡簧；10—轴承衬套（塑料制）；11—橡胶防尘套；12—调整螺母；13—黄铜衬套；14—分离轴承回位弹簧

机械式操纵机构不论是杠杆传动还是钢索传动，在目前设计的车辆上均已被淘汰，被液压式操纵机构所替代。

2．液压式操纵机构

图 2-15 所示为液压式操纵机构示意图，目前液压式操纵机构在各类型车上广泛应用。

桑塔纳 2000GSi 型轿车离合器液压操纵系统由离合器踏板、储液罐、进油软管、离合器主缸、离合器工作缸、油管总成、分离叉、分离轴承等组成，如图 2-16 所示。储液罐有 2 个油孔，分别把制动液供给制动主缸和离合器主缸。

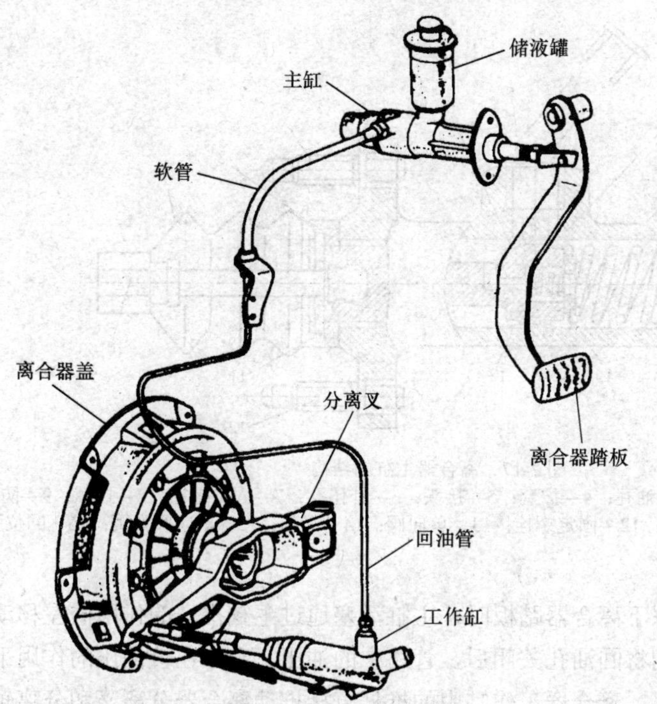

图 2-15 液压式操纵机构示意图

离合器液压操纵机构的结构及工作原理

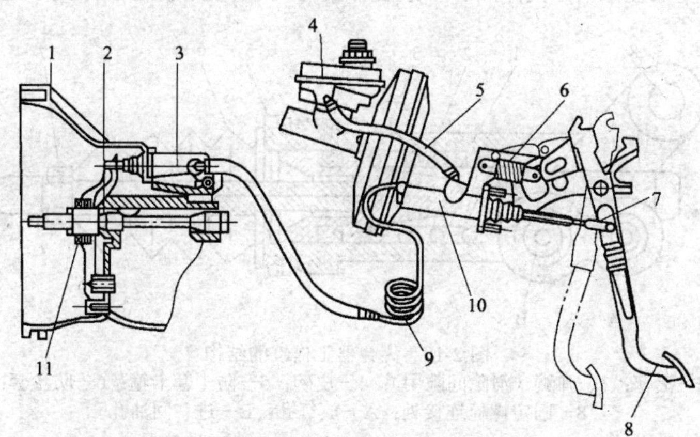

图 2-16 桑塔纳 2000GSi 型轿车离合器液压操纵系统的组成

1—变速器壳体；2—分离叉；3—离合器工作缸；4—储液罐；5—进油软管；6—助力弹簧；7—推杆接头；8—离合器踏板；9—油管总成；10—离合器主缸；11—分离轴承

（1）离合器主缸。离合器主缸的结构如图 2-17 所示。主缸壳体上的回油孔、补偿孔通过进油软管与储液罐相通。主缸内装有活塞，活塞中部较细，且为十字形断面，使活塞右方的主缸内腔形成油室。活塞两端装有皮碗，左端中部装有单向阀，经小孔与活塞右方主缸内腔的油室相通。当离合器踏板处于完全放松位置时，活塞左端皮碗位于回油孔与补偿孔之间，两孔均与储液罐相通。

（2）离合器工作缸。离合器工作缸的结构如图 2-18 所示。离合器工作缸内装有活塞、皮碗、推杆等，壳体上还设有放气螺塞。当管路内有空气存在而导致离合器不能分离时，需要拧出放气螺塞进行放气。

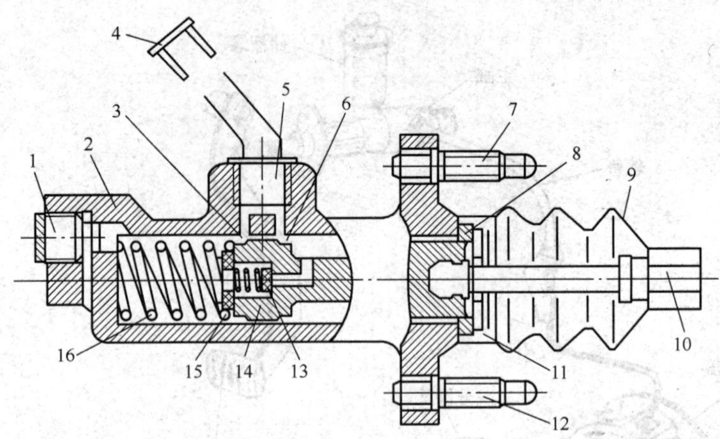

图 2-17　离合器主缸的结构

1—接头；2—壳体；3—进、回油孔；4—护套；5—接头；6—补偿孔；7—固定螺栓；8—挡圈；9—防尘罩；10—推杆；11—防尘罩卡箍；12—固定螺栓；13—单向阀；14—阀芯；15—单向阀弹簧；16—回位弹簧

（3）工作情况。

①分离过程。当驾驶员踩下离合器踏板时，主缸活塞通过主缸推杆的作用向左移动，此时单向阀关闭。当主缸活塞移动到将回油孔关闭后，管路中的油压上升。在该油压的作用下，工作缸中的活塞和推杆被推动向右移，离合器工作缸中的推杆直接推动离合器分离叉和分离轴承向前移动，通过膜片弹簧使压盘后移，解除对从动盘的压力，使离合器处于分离状态。

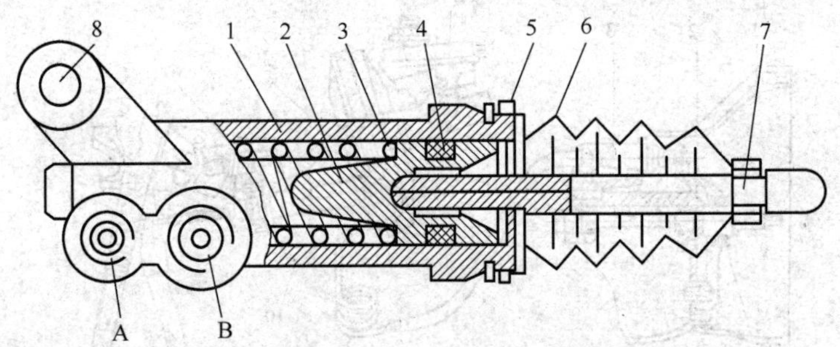

图 2-18　离合器工作缸的结构

1—壳体；2—活塞；3—弹簧（消除间隙用）；4—皮碗；5—防尘套卡箍；6—防尘套；7—推杆；8—固定螺栓连接处；A—放气孔；B—进、回油孔

② 接合过程。驾驶员放松离合器踏板，主缸推杆、活塞及工作缸推杆、活塞在各自回位弹簧和膜片弹簧的作用下，回到初始位置，油液经回油孔和补偿孔回到储液罐。压盘在膜片弹簧的作用下，将从动盘压紧在压盘和飞轮之间，从动盘利用它本身和压盘、飞轮接触面的摩擦将发动机转矩由输出轴传给变速器，使离合器处于接合状态。

③ 补偿过程。当管路中渗入少量空气或由于某些元件松动、磨损等原因导致离合器在踏板工作行程内难以使离合器分离时，可以踩下离合器踏板两次，利用补偿孔临时解决离合器的分离难问题。其补偿过程如下：当驾驶员踩下离合器踏板难以使离合器分离时，可迅速放松踏板，在踏板回位弹簧的作用下，主缸活塞快速右移。由于液体流动存在阻力，因此活塞左面就形成一定的真空度。在这一真空度的作用下，储液罐中的油液从补偿孔经主缸活塞上的单向阀流入活塞左面，以弥补左面的真空度。然后再迅速踩下踏板，这样主缸左腔及管路中的总油量比第一次踩踏板时要多。由于液体不可压缩，因此第二次踩下踏板时，工作缸活塞前移量增大，以弥补因从动盘磨损或系统渗入少量空气后引起的在相同踏板位置工作缸活塞移动量的不足，从而保证离合器的正

常工作。

液压式操纵机构具有摩擦阻力小，且能增大踏板力，操作轻便；布置方便，其工作不受车身、车架变形及发动机位移和其他装置的影响，适合远距离操纵；踏板可采用吊挂式结构，有利于驾驶室空间布置；接合柔和，在长期工作中不会引起离合器踏板力明显增加，减轻驾驶员的劳动强度等优点。其缺点是维修不方便，系统要求有良好的密封性，液压油对机件有腐蚀作用。

实操技能训练

（一）离合器总成拆卸与安装

丰田卡罗拉轿车离合器总成的结构如图 2-19 所示。

1．拆卸

（1）拆下手动传动桥总成。

（2）从手动传动桥上拆下带离合器分离轴承的离合器分离叉，如图 2-20 所示。

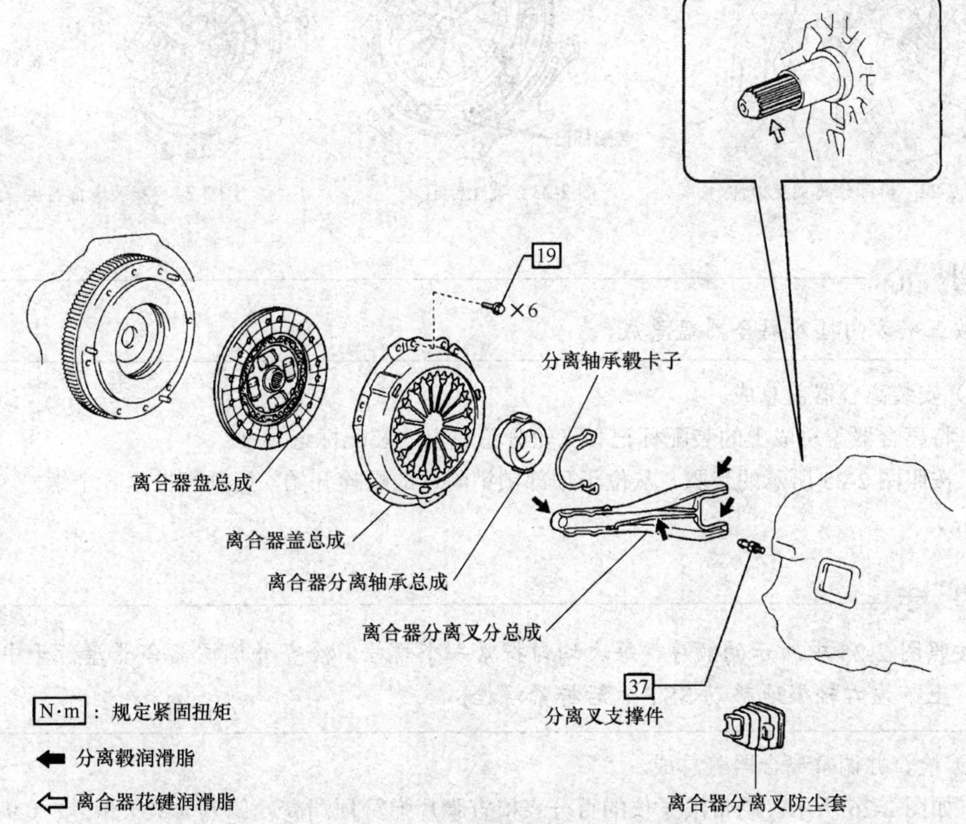

图 2-19 丰田卡罗拉离合器总成

（3）从手动传动桥上拆下离合器分离叉防尘套，如图 2-21 所示。

（4）从离合器分离叉上拆下分离轴承和卡子。

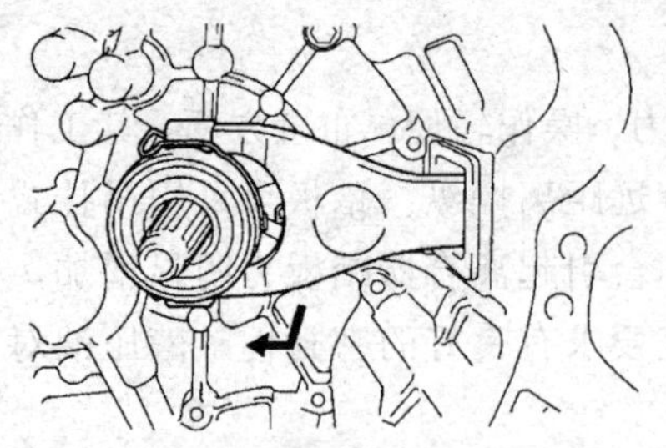
图 2-20　拆卸分离叉总成

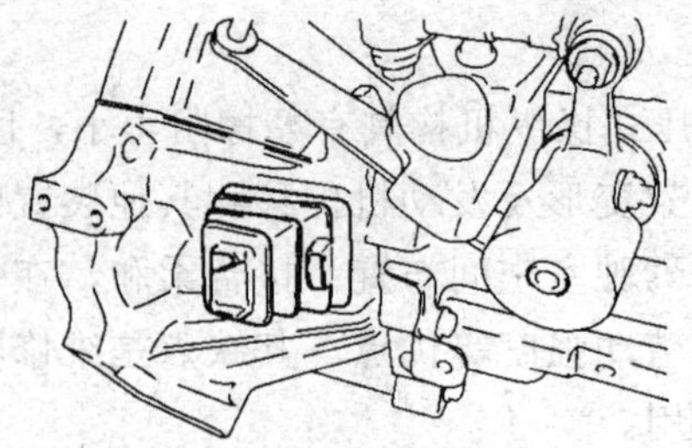
图 2-21　拆卸分离叉防尘套

（5）从手动传动桥上拆下分离叉支撑件，如图 2-22 所示。

（6）拆卸离合器盖总成。在离合器盖总成和飞轮总成上做好装配标记，如图 2-23 所示；每次将各固定螺栓拧松一圈，直至弹簧张力被完全释放；拆下固定螺栓并拉下离合器盖。

（7）拆下离合器盘总成。拆卸时要使离合器盘总成衬片部分、压盘和飞轮总成表面远离油污和异物。

2．安装

（1）安装离合器盘总成。将 SST 插入离合器盘总成，然后将它们一起插入飞轮分总成，如图 2-24 所示。

图 2-22　拆卸分离叉支撑件

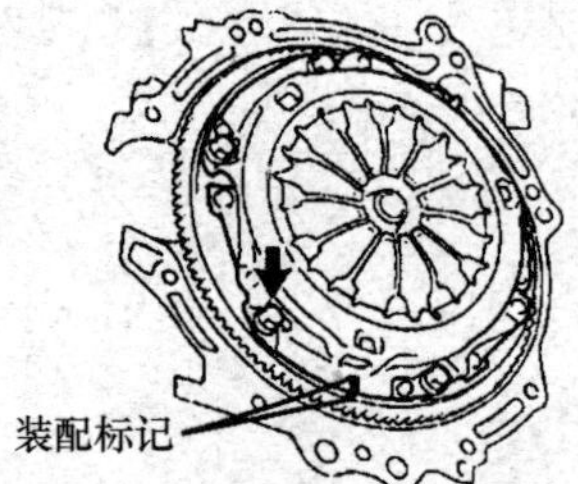

图 2-23　装配标记

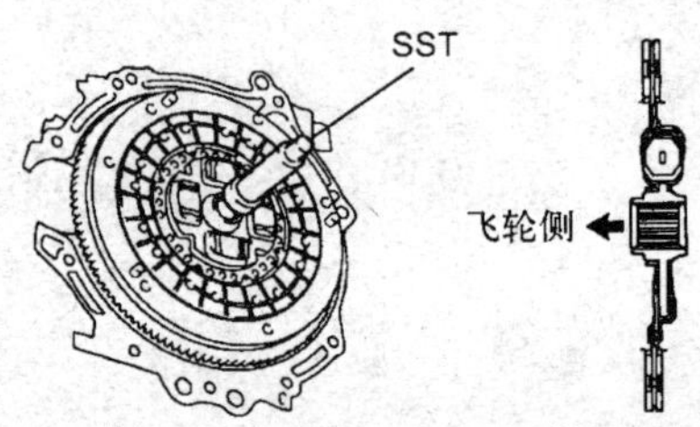

图 2-24　安装离合器盘总成

小　心

按正确方向插入离合器盘总成。

（2）安装离合器盖总成。

① 将离合器盖总成上的装配标记和飞轮分总成上的装配标记对准。

② 按照图 2-25 所示的步骤，从位于顶部锁销附近的螺栓开始，按顺序拧紧 6 个螺栓（扭矩：19 N • m）。

提　示

按照图 2-25 中所示的顺序，每次均匀拧紧一个螺栓；检查并确认离合器盘位于中心位置后，上下左右轻微地移动 SST 然后拧紧螺栓。

（3）检查并调整离合器盖总成。

① 如图 2-26 所示，用带滚子仪的百分表检查膜片弹簧顶端高度偏差（最大偏差：0.9 mm）。

② 如果偏差不符合规定，用 SST 调整膜片弹簧顶端高度偏差，如图 2-27 所示。

（4）将分离叉支撑件安装至传动桥总成（见图 2-22）。扭矩：37 N • m。

（5）将离合器分离叉防尘套安装至手动传动桥（见图 2-21）。

（6）安装离合器分离叉总成。

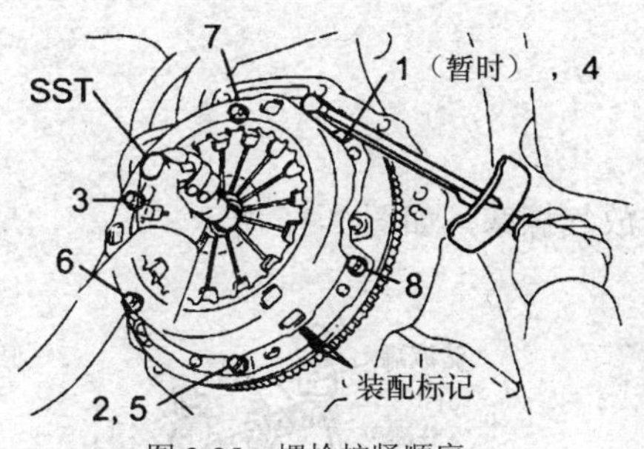

图 2-25 螺栓拧紧顺序

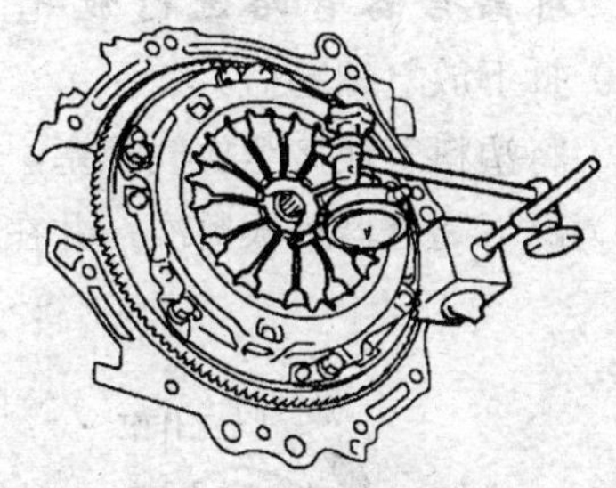
图 2-26 检查膜片弹簧顶端高度偏差

① 在分离叉和分离轴承总成、分离叉和推杆、分离叉和叉支撑件间的接触面上涂抹分离毂润滑脂，如图 2-28 所示。润滑脂：丰田原厂分离毂润滑脂或同等产品。

② 用卡子将分离叉安装至分离轴承总成。

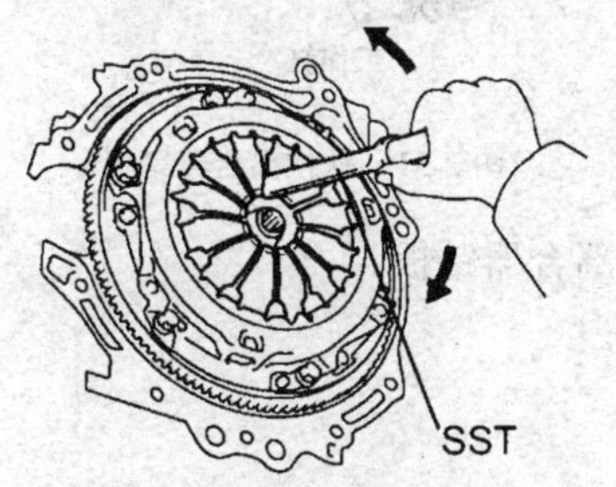

图 2-27 调整膜片弹簧顶端高度偏差

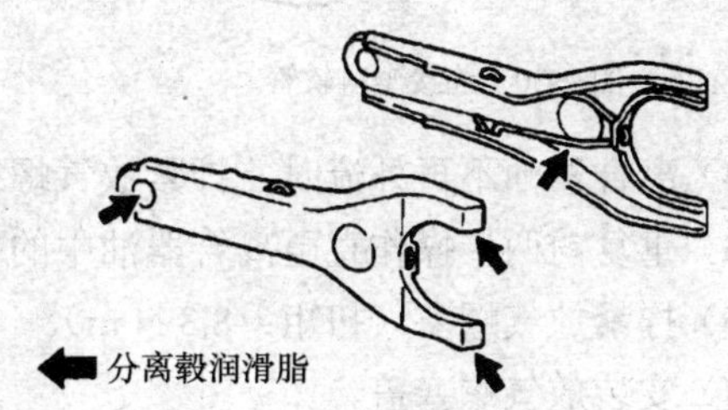

图 2-28 涂抹分离毂润滑脂

（7）安装离合器分离轴承总成。

① 在输入轴花键上涂抹离合器花键润滑脂，如图 2-29 所示。润滑脂：丰田原厂离合器花键润滑脂或同等产品。

小 心

不要在图 2-29 所示的 A 部位涂抹润滑脂。

② 将带分离叉的离合器分离轴承安装至传动桥总成。

小 心

安装完毕后移动分离叉以检查分离轴承是否滑动平稳。

（8）安装手动传动桥总成。

（二）离合器油液的添加与放气

如果离合器油接触到任何涂漆表面，请立即进行清洗。如果要对离合器系统进行任何操作或怀疑离合器管路内有空气进入，则对离合器液压系统进行放气。

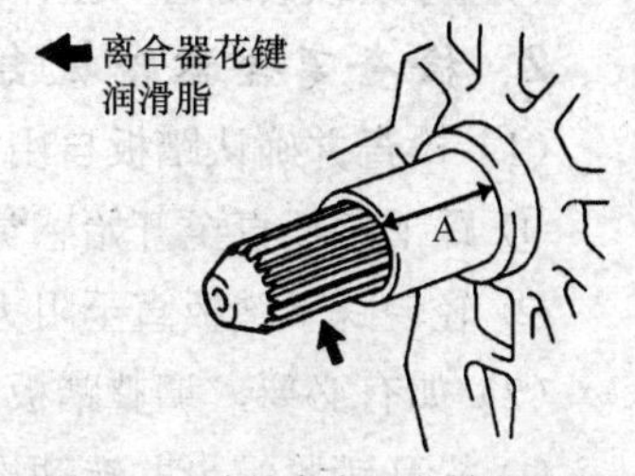

图 2-29 涂抹离合器花键润滑脂

1．对制动液储液罐进行加注

检查储液罐中制动液液位是否处于 MIN 线与 MAX 线之间。如果制动液液位低于 MIN 线，

检查是否泄漏，给储液罐加注制动液（制动液型号：SAE J1703 或 FMVSS No.116 DOT 3）。

2．对离合器管路进行放气

（1）拆下放气螺塞盖。

（2）将塑料管连接至放气螺塞，如图 2-30 所示。

（3）踩下离合器踏板数次，并在踩下踏板时松开放气螺塞，如图 2-31 所示。

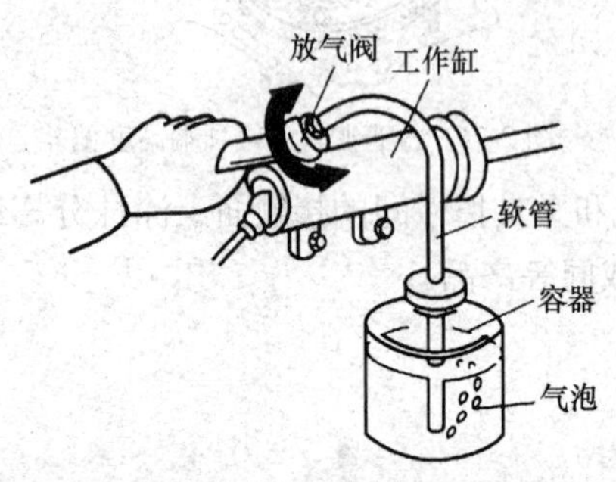

图 2-30　连接塑料软管

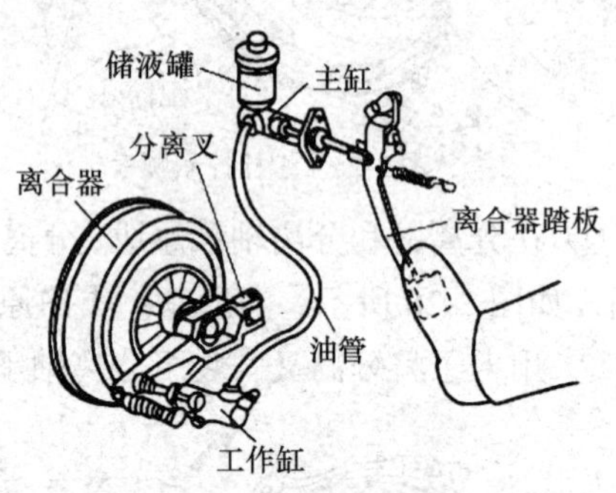

图 2-31　踩住离合器踏板

（4）离合器油不再外流时，拧紧放气螺塞，然后松开离合器踏板。

（5）重复前两步操作直至离合器油中的空气全部放出。

（6）拧紧放气螺塞（扭矩：8.3 N·m）。

（7）安装放气螺塞盖。

（8）检查并确认离合器管路中的空气已全部放出。

3．检查储液罐中的制动液液位

重新检查储液罐中制动液液位是否处于 MIN 线与 MAX 线之间，如不足，则添加至规定值。

（三）离合器踏板的检查与调整

丰田卡罗拉轿车离合器踏板总成如图 2-32 所示。

1．检查并调整离合器踏板高度

（1）翻起地毯。

（2）检查并确认踏板高度正确，如图 2-33 所示。踏板高度（踏板距离地板的高度）：143.6～153.6 mm。

（3）松开锁紧螺母并转动限位螺栓直至获得正确高度。

（4）拧紧锁紧螺母（扭矩：16 N·m）。

2．检查离合器踏板自由行程和推杆行程

（1）检查并确认踏板自由行程和推杆行程是否正确，如图 2-34 所示。

① 踩下踏板直至开始感觉到离合器阻力。踏板自由行程：5.0～15.0 mm。

② 轻轻踩下踏板直至阻力开始增大。踏板顶端处的推杆行程：1.0～5.0 mm。

（2）如有必要，调整踏板自由行程和推杆行程。

① 松开锁紧螺母并转动推杆直至获得正确的自由行程和推杆行程。

② 拧紧锁紧螺母（扭矩：12 N·m）。

③ 调整好踏板自由行程后，检查踏板高度。

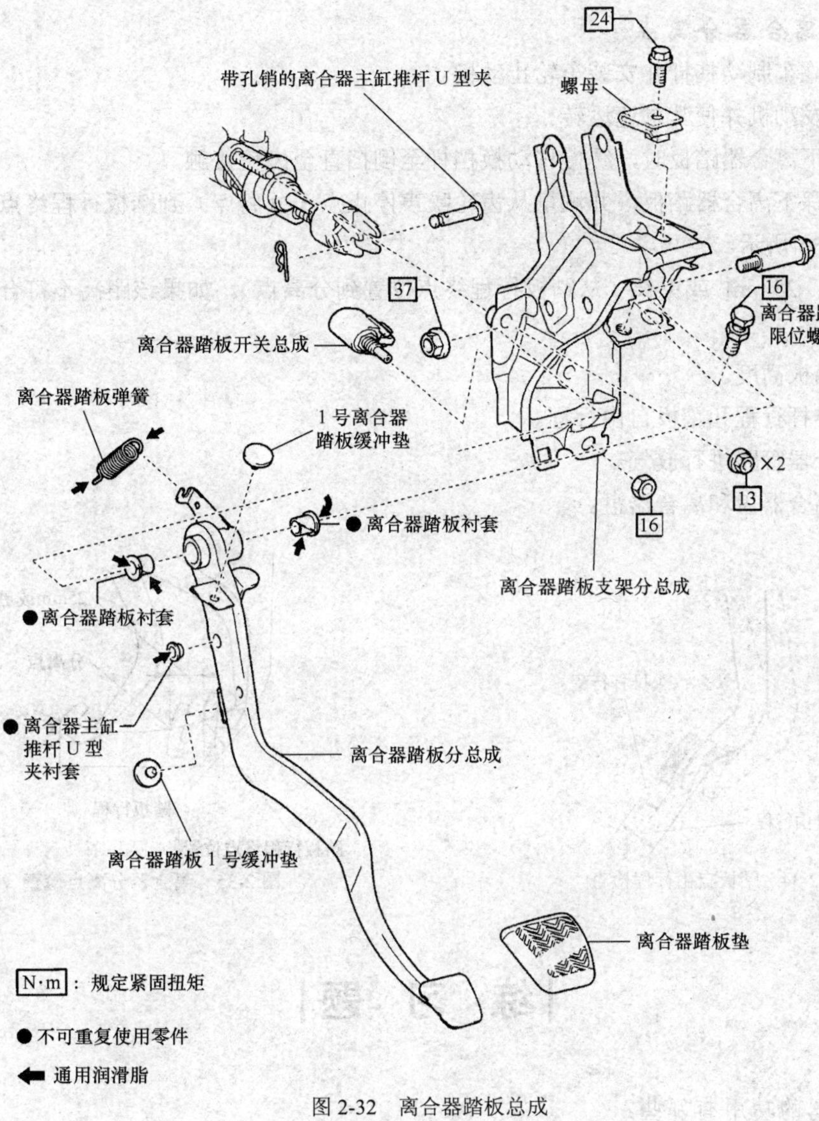

24
螺母
带孔销的离合器主缸推杆U型夹
37
16
离合器踏板
限位螺栓
离合器踏板开关总成
离合器踏板弹簧
1号离合器
踏板缓冲垫
×2
13
16
●离合器踏板衬套
离合器踏板支架分总成
●离合器踏板衬套
●离合器主缸
推杆U型
夹衬套
离合器踏板分总成
离合器踏板1号缓冲垫
离合器踏板垫

N·m：规定紧固扭矩

●不可重复使用零件

⬅ 通用润滑脂

图 2-32 离合器踏板总成

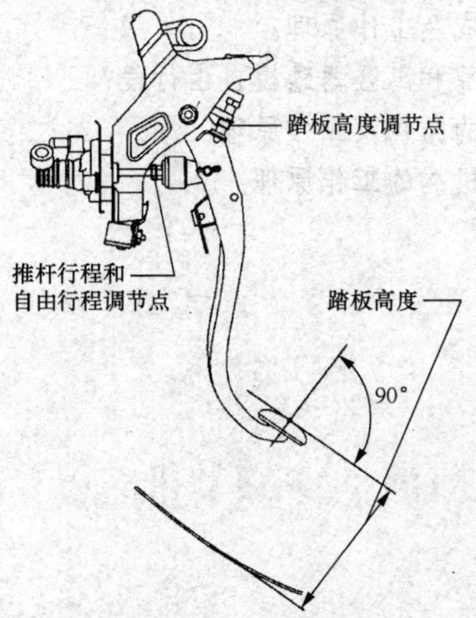

图 2-33 离合器踏板高度检查

3．检查离合器分离点

（1）拉紧驻车制动杠杆并安装车轮止动楔。

（2）起动发动机并使其怠速运转。

（3）未踩下离合器踏板时，缓慢移动换挡杆至倒挡直至齿轮接触。

（4）逐渐踩下离合器踏板，并测量从齿轮噪声停止点（分离点）到踏板行程终点位置的行程距离，如图2-35所示。

标准距离：25 mm 或更长（从踏板行程终点位置到分离点）。如果该距离不符合规定，则执行以下程序。

① 检查踏板高度。

② 检查推杆行程和踏板自由行程。

③ 对离合器管路进行放气。

④ 检查离合器盖和离合器盘。

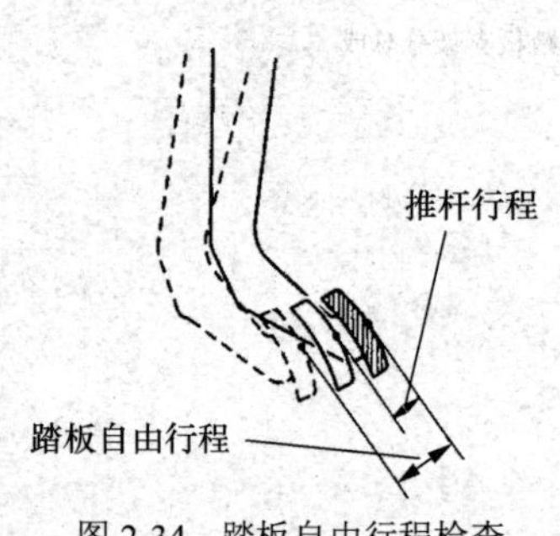

图2-34 踏板自由行程检查

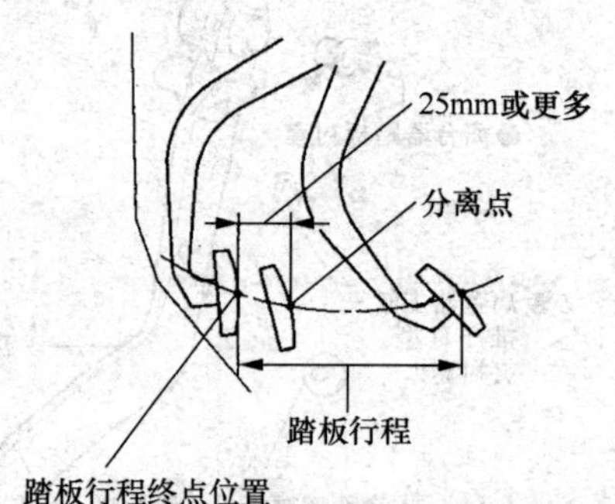

图2-35 离合器分离点检查

练 习 题

1. 离合器的功用有哪些？
2. 简述离合器的基本组成及工作原理。
3. 什么是离合器自由间隙和离合器踏板自由行程？
4. 简述膜片弹簧离合器的结构及工作原理。
5. 简述离合器液压操纵机构的工作原理。

项目三 手动变速器

【学习目标】

1. 能够正确描述变速器的功用、类型及齿轮传动的基本原理；
2. 能够正确描述手动变速器变速传动机构的结构及各挡动力传动路线；
3. 能够正确描述同步器的结构及工作原理；
4. 能够正确描述手动变速器操纵机构的结构及工作原理；
5. 能够正确选择与使用工具、设备，并规范地进行手动变速驱动桥的拆卸与安装；
6. 能够正确选择与使用工具、设备，并规范地进行手动变速器的拆解与装配。

本项目主要介绍变速器的功用、组成，手动变速器各主要零部件的结构、原理及相关总成、零部件拆装等内容。

汽车变速器概述

1. 变速器的功用

（1）变速、变矩。汽车上所应用的发动机具有转矩变化范围小、转速高的特点，这与汽车实际的行驶状况不相适应。如果没有变速器而直接将发动机与驱动桥连接在一起，首先，由于发动机的转矩小，不能克服汽车的行驶阻力，使汽车根本无法起步；其次，假设汽车行驶起来，也会由于车速太高而不实用，甚至无法驾控。所以必须改造发动机的转矩、转速特性，使发动机的转矩增大、转速下降，以适应汽车实际行驶的要求。变速器就是通过不同的挡位来实现这一功用的。

（2）倒车。发动机的旋转方向从前往后看为顺时针方向，且不能改变，为了实现汽车的倒向行驶，变速器中设置了倒挡。

（3）中断动力传动。在发动机起动、怠速运转、变速器换挡、汽车滑行和暂时停车等情况下，都需要中断发动机的动力传动，因此变速器中设有空挡。

2. 变速器的类型

现代汽车上所采用的变速器有多种结构形式，根据传动比变化方式和换挡操作方式等情况有多种分类方式。

（1）按传动比变化方式分类。变速器按传动比的变化方式可分为有级式、无级式和综合式 3 种。

① 有级式变速器。有级式变速器采用齿轮传动，具有若干个定值传动比。轿车和轻、中型货车变速器多采用 3～5 个前进挡和一个倒挡，每个挡位对应一个传动比。重型汽车行驶的路况复杂，变速器的挡位较多，可有 8～20 个挡位。

变速器的挡数都是指前进挡的个数，变速器按前进时挡位数不同可为四挡变速器、五挡变速器和六挡变速器等。

② 无级式变速器。无级式变速器（CVT）的传动比可在一定范围内连续变化，目前一般采用金属带传动动力，通过主、从动带轮直径的变化实现无级变速。这种变速器在中、高级轿车的应用越来越多。

③ 综合式变速器。综合式变速器由液力变矩器和齿轮式有级变速器组成，一般都是由电脑控制实现自动换挡，所以多把这种变速器称为自动变速器。这种变速器的传动比可在最大值与最小值之间的几个间断的范围内做无级变化，是目前车用自动变速器的主要结构类型。

（2）按变速器操纵方式分类。变速器按其操纵方式不同可分为手动变速器、自动变速器和手动自动一体变速器 3 种。

① 手动变速器。驾驶员通过用手操纵变速杆来选定挡位，并直接操纵变速器的换挡机构进行挡位变换。齿轮式有级变速器大多数都采用这种换挡方式。

② 自动变速器。自动变速器的控制系统可根据发动机负荷和车速变化情况自动地选定挡位，并进行挡位变换，即自动地改变传动比。驾驶员只需操纵加速踏板（油门踏板）和制动踏板即可。

③ 手动自动一体变速器。这种变速器可以自动换挡，也可以手动换挡，比较典型的如奥迪 A6 的 Tiptronic，上海帕萨特 1.8T 也装有手动自动一体变速器。

3．普通齿轮传动的基本原理

普通齿轮变速器是利用不同齿数的齿轮啮合传动来实现转矩和转速的改变。

一对齿数不同的齿轮啮合传动时可以实现变速，而且两齿轮的转速比与其齿数成反比。设主动齿轮转速为 n_1、齿数为 z_1；从动齿轮转速为 n_2、齿数为 z_2；主动齿轮（即输入轴）转速与从动齿轮（即输出轴）转速之比值为传动比（i_{12}），则

$$i_{12}=n_1/n_2=z_2/z_1$$

如图 3-1（a）所示，当小齿轮为主动齿轮，带动大齿轮转动时，输出转速降低，即 $n_2<n_1$，称为减速传动，此时传动比 $i>1$；如图 3-1（b）所示，大齿轮驱动小齿轮时，输出转速升高，即 $n_2>n_1$，称为增速传动，此时传动比 $i<1$，这就是齿轮传动的变速原理。汽车变速器就是根据这一原理，利用若干大小不同的齿轮副传动而实现变速的。

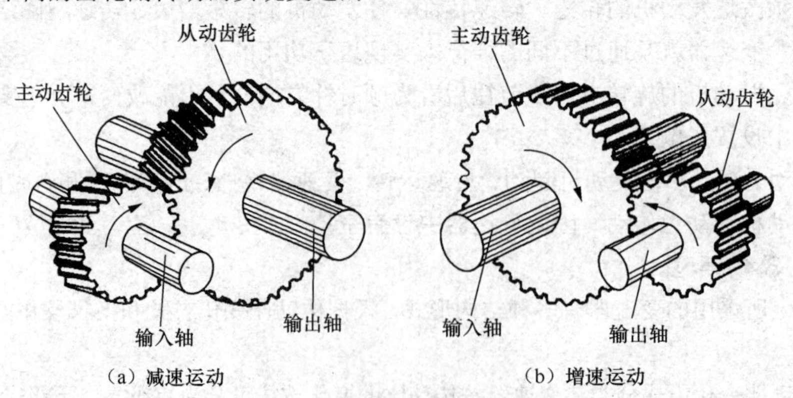

（a）减速运动　　（b）增速运动

图 3-1　齿轮传动的基本原理

一对齿轮传动只能得到一个固定的传动比，从而得到一种输出转速，并构成一个挡位。为了扩大变速器输出转速的变化范围，普通齿轮式变速器通常都采用多组大小不同的齿轮啮合传动，这样就构成了多个不同的挡位。不同的挡位对应于不同的传动比值，从而得到各种不同的输出转速。

图 3-2 所示为两级齿轮传动示意图，主动齿轮 1 驱动从动齿轮 1 转动，主动齿轮 2 与从动齿轮 1 固连在一起，再驱动从动齿轮 2 转动，并输出动力，此时由主动齿轮 1 传到从动齿轮 2 的传动比为

$$i_{14}=n_1/n_4=(z_2z_4)/(z_1z_3)=i_{12}i_{34}$$

因此，多级齿轮传动的传动比可以总结为

i = 所有从动齿轮齿数的乘积/所有主动齿轮齿数的乘积 = 各级齿轮传动比的乘积

对于变速器，各挡的传动比 i 就是变速器输入轴转速与输出轴转速之比。即

$$i=n_{输入}/n_{输出}=T_{输出}/T_{输入}$$

当 $i>1$ 时，$n_{输出}<n_{输入}$，$T_{输出}>T_{输入}$，此时实现降速增矩，为变速器的低挡位，且 i 越大，挡位越低；当 $i=1$ 时，$n_{输出}=n_{输入}$，$T_{输出}=T_{输入}$，为变速器的直接挡；当 $i<1$ 时，$n_{输出}>n_{输入}$，$T_{输出}<T_{输入}$，此时实现升速降矩，为变速器的超速挡。

如图 3-3 所示，变速器前进挡主、从动齿轮旋转方向相反，倒挡主、从动齿轮旋转方向相同，倒挡轴上的中间齿轮仅改变旋转方向，不改变传动比的大小。

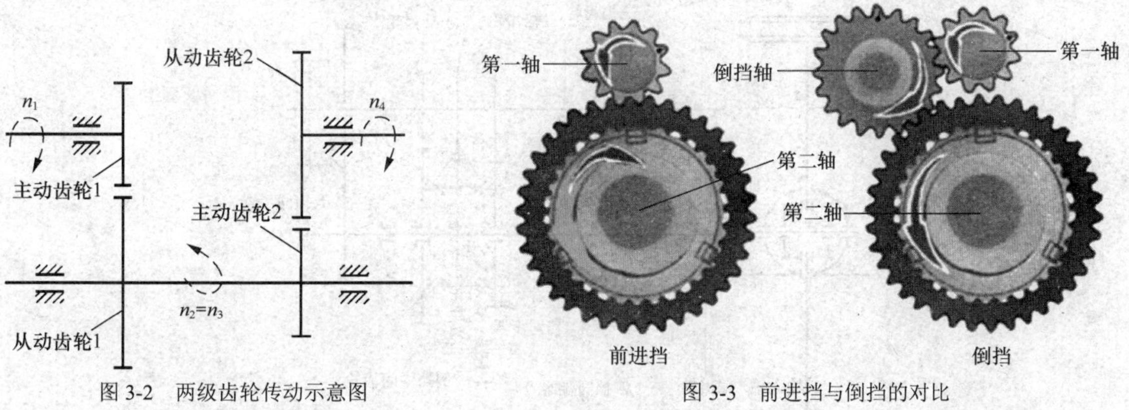

图 3-2 两级齿轮传动示意图

图 3-3 前进挡与倒挡的对比

相关知识

(一) 手动变速器的变速传动机构

手动变速器包括变速传动机构和操纵机构两大部分。变速传动机构的主要作用是改变转矩和转速的数值和方向；操纵机构的作用是实现变速器传动比的变换——换挡。

变速传动机构是变速器的主体。手动变速器按工作轴的数量（不包括倒挡轴）可分为二轴式变速器和三轴式变速器。

1. 二轴式变速器的变速传动机构

（1）桑塔纳 2000 轿车手动变速器。桑塔纳 2000 型轿车采用的是发动机纵向布置、二轴式五挡手动变速器，其变速传动机构如图 3-4 和图 3-5 所示。该变速器具有 5 个前进挡和 1 个倒挡，变速器各挡的传动比见表 3-1。其中一至三挡为降速挡，四挡为直接挡，五挡为超速挡。该变速器的变速传动机构有输入轴和输出轴，两轴平行布置，输入轴同时是离合器的从动轴，输出轴是主减速器的主动锥齿轮轴。

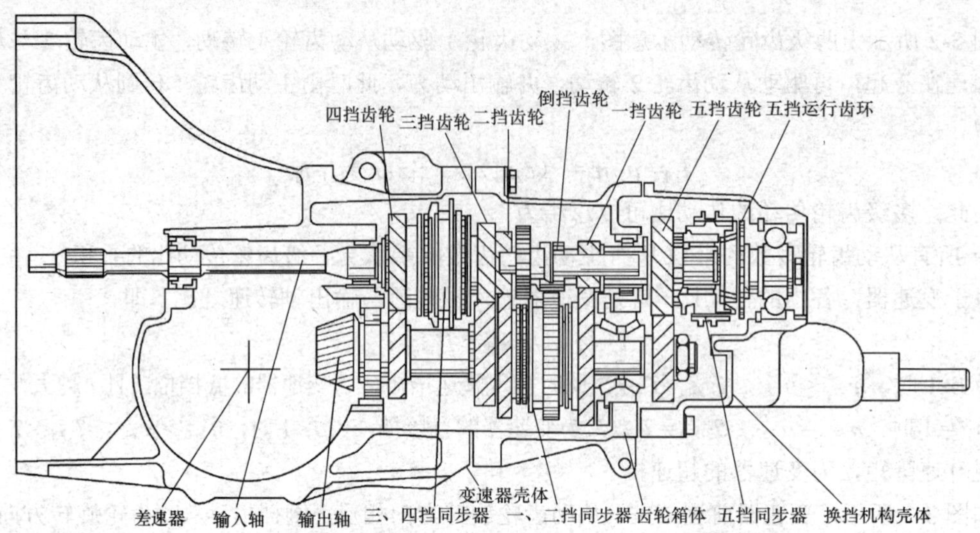

图 3-4　桑塔纳 2000 型轿车二轴式五挡手动变速器变速传动机构的结构图

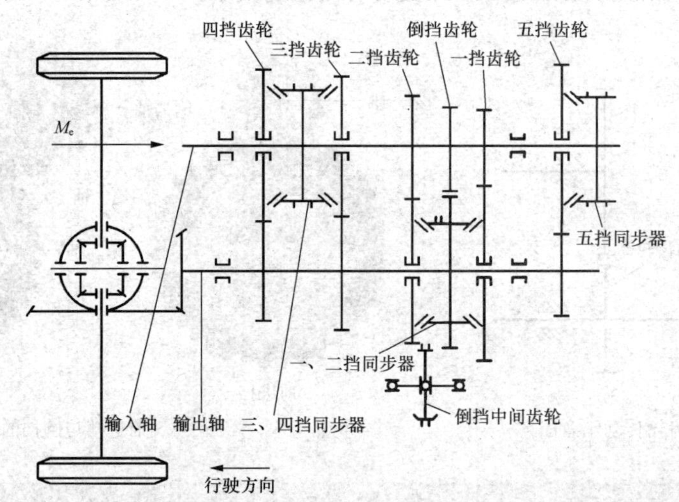

图 3-5　桑塔纳 2000 型轿车二轴式五挡手动变速器变速传动机构的示意图

表 3-1　　桑塔纳 2000 型轿车五挡手动变速器各挡的传动比

挡　位	传 动 比
Ⅰ	3.455（38:11）
Ⅱ	1.944（35:18）
Ⅲ	1.286（36:28）
Ⅳ	0.969（31:32）
Ⅴ	0.800（28:35）
R	3.176（38:12）

变速器的输入轴前端通过轴承支撑在发动机曲轴后端的中心孔内。输入轴上有一至五挡主动齿轮和倒挡齿轮以及三、四挡和五挡同步器。各机件的安装位置从前往后依次为四挡主动齿轮，三、四挡同步器，三挡主动齿轮，二挡主动齿轮，倒挡主动齿轮，一挡主动齿轮，五挡主动齿轮，五挡同步器等。其中，二挡主动齿轮、倒挡主动齿轮、一挡主动齿轮与轴制成一体，三、四、五挡主动齿轮及五挡同步器都通过轴承支撑在输入轴上，三、四挡同步器和五挡齿圈都通过花键固定在输入轴上。

输出轴与主减速器的主动锥齿轮制成一体，其上相应地有主减速器主动锥齿轮、一至五挡从动齿

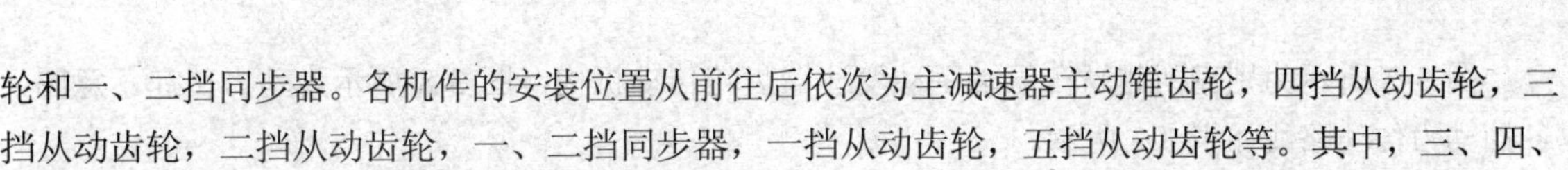

轮和一、二挡同步器。各机件的安装位置从前往后依次为主减速器主动锥齿轮，四挡从动齿轮，三挡从动齿轮，二挡从动齿轮，一、二挡同步器，一挡从动齿轮，五挡从动齿轮等。其中，三、四、五挡从动齿轮及一、二挡同步器与输出轴制成一体，一、二挡从动齿轮通过轴承支撑在输出轴上。

在变速器壳体的右端还装有倒挡轴，上面通过滚针轴承套装有倒挡中间齿轮。

桑塔纳 2000 轿车五挡手动变速器各挡动力传动路线见表 3-2。

表 3-2　桑塔纳 2000 轿车变速器动力传动路线

挡位	动力传递路线
一挡	变速器操纵杆从空挡向左、向前移动，实现： 动力→输入轴→输入轴一挡齿轮→输出轴一挡齿轮→输出轴上一、二挡同步器→输出轴→动力输出
二挡	变速器操纵杆从空挡向左、向后移动，实现： 动力→输入轴→输入轴二挡齿轮→输出轴二挡齿轮→输出轴上一、二挡同步器→输出轴→动力输出
三挡	变速器操纵杆从空挡向前移动，实现： 动力→输入轴→输入轴上三、四挡同步器→输入轴三挡齿轮→输出轴三挡齿轮→输出轴→动力输出
四挡	变速器操纵杆从空挡向后移动，实现： 动力→输入轴→输入轴上三、四挡同步器→输入轴四挡齿轮→输出轴四挡齿轮→输出轴→动力输出
五挡	变速器操纵杆从空挡向右、向前移动，实现： 动力→输入轴→输入轴上五挡同步器→输入轴五挡齿轮→输出轴五挡齿轮→输出轴→动力输出
倒挡	变速器操纵杆从空挡向右、向后移动，实现： 动力→输入轴→输出轴倒挡齿轮→倒挡轴倒挡齿轮→输出轴倒挡齿轮→输出轴→动力反向输出

（2）别克凯越轿车手动变速器。别克凯越轿车采用的是发动机横向布置、二轴式五挡手动变速器，如图 3-6 所示。

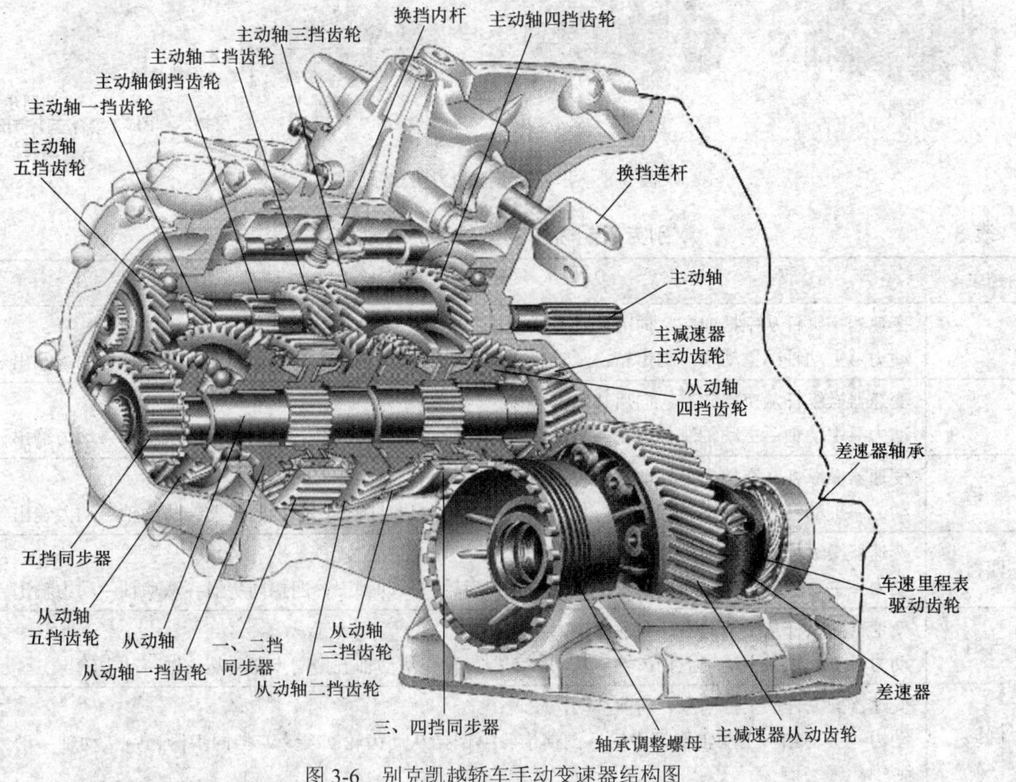

图 3-6　别克凯越轿车手动变速器结构图

图 3-7 所示为别克凯越轿车五挡手动变速器齿轮传动机构，图 3-8 所示为动力传递示意图，各挡动力传动路线如表 3-3 所示。

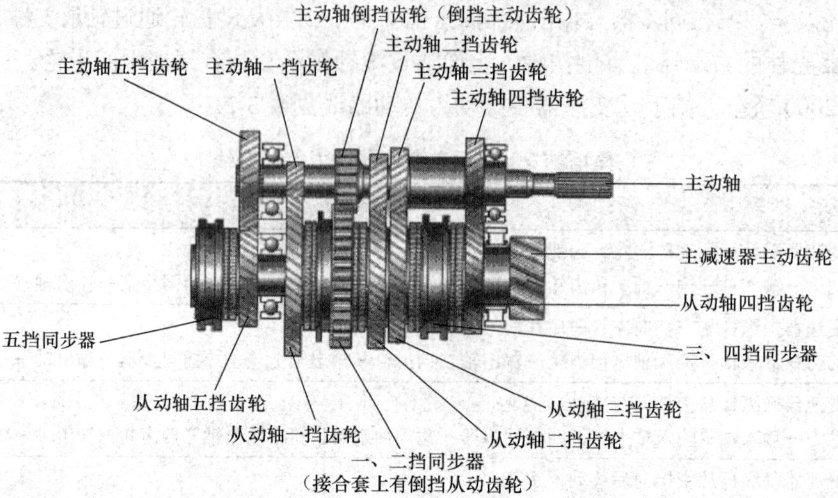

图 3-7　变速器齿轮传动机构

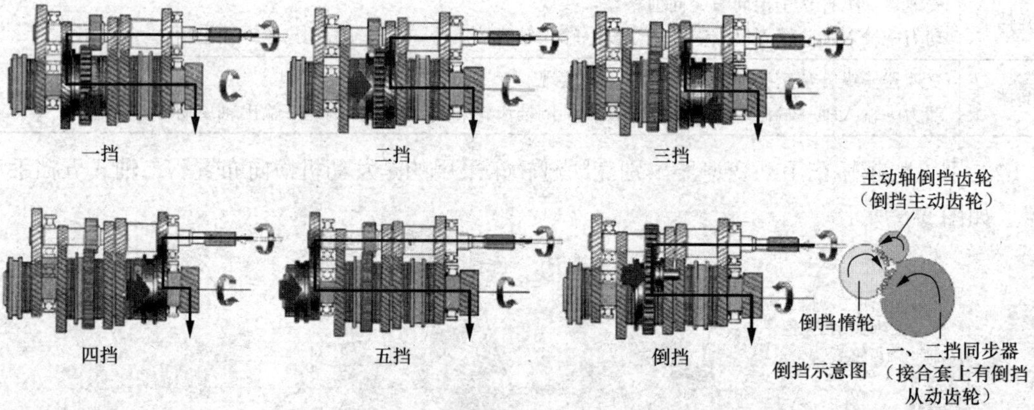

图 3-8　手动变速器动力传递示意图

表 3-3　　别克凯越轿车变速器动力传动路线

挡位	动力传递路线
一挡	变速器操纵杆从空挡向左、向前移动，实现： 动力→主动轴→主动轴一挡齿轮→从动轴 1 挡齿轮→从动轴一、二挡同步器→从动轴→动力输出
二挡	变速器操纵杆从空挡向左、向后移动，实现： 动力→主动轴→主动轴二挡齿轮→从动轴 2 挡齿轮→从动轴一、二挡同步器→从动轴→动力输出
三挡	变速器操纵杆从空挡向前移动，实现： 动力→主动轴→主动轴三挡齿轮→从动轴 3 挡齿轮→从动轴三、四挡同步器→从动轴→动力输出
四挡	变速器操纵杆从空挡向后移动，实现： 动力→主动轴→主动轴四挡齿轮→从动轴 4 挡齿轮→从动轴三、四挡同步器→从动轴→动力输出
五挡	变速器操纵杆从空挡向右、向前移动，实现： 动力→主动轴→主动轴五挡齿轮→从动轴 5 挡齿轮→从动轴五挡同步器→从动轴→动力输出
倒挡	变速器操纵杆从空挡向左、向前移动，实现： 动力→主动轴→主动轴倒挡齿轮→倒挡惰轮→倒挡从动齿轮（一、二挡同步器）→从动轴→动力反向输出

2．三轴式变速器的变速传动机构

三轴式变速器用于发动机前置后轮驱动的汽车。下面以东风 EQ1092 中型货车的变速器为例进行介绍，其结构简图如图 3-9 所示。该变速器有 3 根主要的传动轴：一轴、二轴和中间轴，所以称为三轴式变速器，另外还有倒挡轴。

认识三轴变速器

该变速器为五挡变速器，各挡传动情况如下。

① 空挡。二轴上的各接合套、传动齿轮均处于中间空转的位置，动力不传给第二轴。

② 一挡。前移一、倒挡直齿滑动齿轮与中间轴一挡齿轮啮合。动力经一轴齿轮、中间轴常啮合齿轮、中间轴一、倒挡齿轮、二轴一倒挡齿轮，传到第二轴，使其顺时针旋转（与第一轴同向）。

③ 二挡。后移接合套 9 与二轴二挡齿轮的接合齿圈啮合。动力经一轴齿轮、中间轴常啮合齿轮、中间轴二挡齿轮、二轴二挡齿轮、二挡齿轮接合齿圈、接合套 9、花键毂 24，传到第二轴，使其顺时针旋转。

④ 三挡。前移接合套 9 与二轴三挡齿轮的接合齿圈啮合。动力经一轴齿轮、中间轴常啮合齿轮、中间轴三轴齿轮、二轴三挡齿轮、三挡齿轮接合齿圈、接合套 9、花键毂 24，传到二轴使其顺时针旋转。

⑤ 四挡。后移接合套 4 与二轴四挡齿轮的接合齿圈啮合。动力经一轴齿轮、中间轴常啮合齿轮、中间轴四挡齿轮、二轴四挡齿轮、四挡齿轮接合齿圈、接合套 4、花键毂 25，传到二轴使其顺时针旋转。

⑥ 五挡。前移接合套 4 与一轴常啮合齿轮的接合齿圈啮合。动力直接由一轴、一轴常啮合齿轮、一轴常啮合齿轮接合齿圈、接合套 4、花键毂 25，传到二轴，传动比为 1。由于二轴的转速与一轴相同，故此挡称为直接挡。

⑦ 倒挡。后移二轴上的一、倒挡直齿滑动齿轮与倒挡齿轮 17 啮合。动力经一轴常啮合齿轮、中间轴常啮合齿轮、中间轴一、倒挡齿轮、倒挡中间齿轮 19、17、二轴一、倒挡直齿滑动齿轮，传给二轴使其逆时针旋转，汽车倒向行驶。倒挡传动路线与其他挡位相比较，由于多了倒挡中间齿轮的传动，所以改变了二轴的旋转方向。

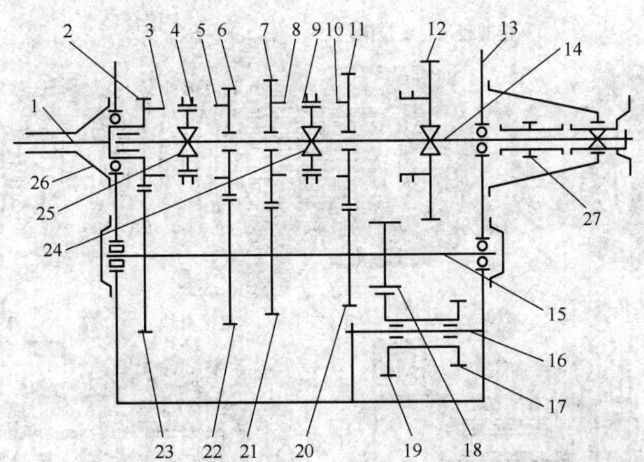

图 3-9　东风 EQ1092 中型货车的三轴式变速器

1—一轴；2—一轴常啮合齿轮；3—一轴常啮合齿轮接合齿圈；4、9—接合套；5—四挡齿轮接合齿圈；6—二轴四挡齿轮；7—二轴三挡齿轮；8—三挡齿轮接合齿圈；10—二挡齿轮接合齿圈；11—二轴二挡齿轮；12—二轴一、倒挡直齿滑动齿轮；13—变速器壳体；14—二轴；15—中间轴；16—倒挡轴；17、19—倒挡中间齿轮；18—中间轴一、倒挡齿轮；20—中间轴二挡齿轮；21—中间轴三挡齿轮；22—中间轴四挡齿轮；23—中间轴常啮合齿轮；24、25—花键毂；26—一轴轴承盖；27—回油螺纹

（二）同步器

目前汽车中手动普通齿轮变速器换挡的方式有两种：一是采用直齿滑动齿轮，如东风 EQ1092 型汽车的一、倒挡的换挡方式；二是采用同步器换挡，这种方式应用最广泛，几乎所有的变速器都是采用同步器进行换挡。

认识变速器壳体与同步器

1. 同步器的功用

变速器在换挡过程中，必须使即将啮合的那一对齿轮的圆周速度达到相同，即达到同步状态，才能顺利地啮合而挂上挡。如果不同步而强行挂挡，其齿端将会发生冲击和噪声，影响齿轮的工作寿命，甚至折断。同步器的作用就是使接合套与准备套入的齿圈之间迅速同步，并阻止它们在同步之前啮合。

目前所采用的同步器几乎都是摩擦式惯性同步器，按锁止装置的不同，可分为锁环式惯性同步器和锁销式惯性同步器。

2. 锁环式惯性同步器

（1）构造

锁环式同步器的结构如图 3-10 所示，花键毂用内花键套装在轴的外花键上，并用垫圈、卡环轴向定位。花键毂两端与接合齿圈之间各有一个青铜制成的锁环（即同步环）。锁环上短花键的尺寸和齿数与花键毂和接合齿圈相同。接合齿圈和锁环上的花键齿在靠近接合套的一端都有倒角（锁止角），且与接合套齿端的倒角相同。锁环的内锥面与接合齿圈的外锥面锥角相同，在环锁内锥面上制有细密的螺纹（或直槽），当锥面接触后，它能及时破坏油膜，增加锥面间的摩擦力。通过这对锥面摩擦副的摩擦，可使转速不等的两齿轮在接合之前迅速达到同步。锁环上还有 3 个均布的缺口。3 个滑块分别装在花键毂上 3 个均布的轴向槽内，沿槽可以轴向移动。滑块被两个弹簧圈的径向力压向接合套，滑块中部的凸起部位压嵌在接合套中部的环槽内。滑块两端伸入锁环的缺口中，滑块窄缺口宽，两者之差等于锁环的花键齿宽。锁环相对滑块顺转和逆转都只能转动半个齿宽，且只有当滑块位于锁环缺口的中央时，接合套与锁环才能接合。

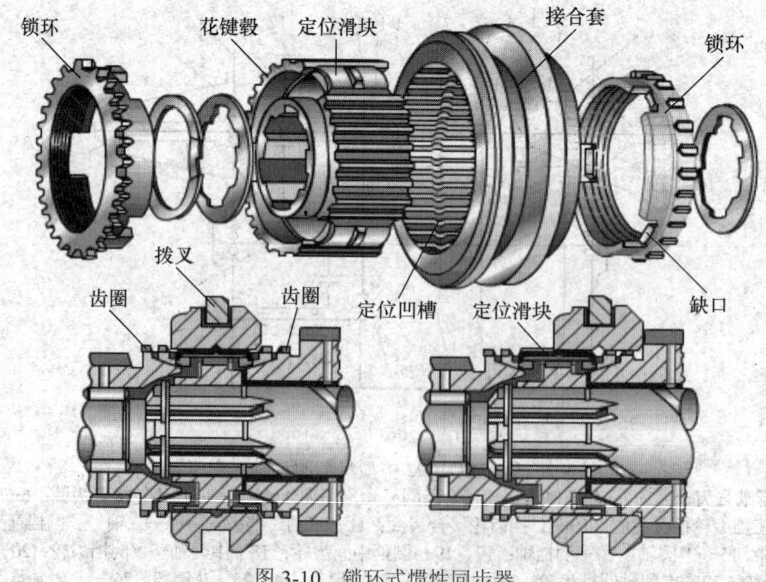

图 3-10　锁环式惯性同步器

（2）工作原理

下面以二挡换三挡为例，说明同步器的工作原理，如图 3-11 所示。

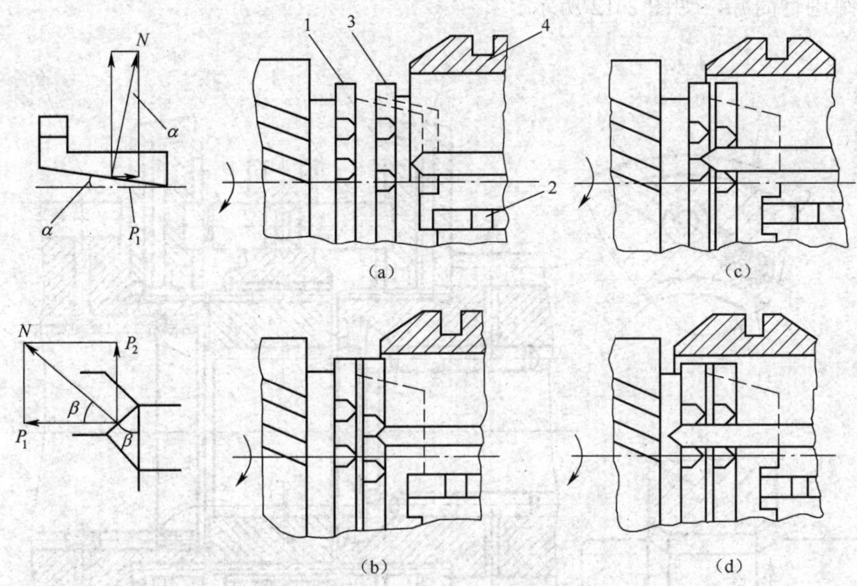

图 3-11 锁环式惯性同步器工作原理
1—待啮合齿轮的接合齿圈；2—滑块；3—接合套；4—锁环（同步环）

① 空挡位置。接合套刚从二挡退入空挡时，如图 3-11（a）所示，三挡齿轮、接合套、锁环以及与其有关联的运动件，因惯性作用而沿原方向继续旋转（图示箭头方向）。由于齿轮 1 是高挡齿轮（相对于二挡齿轮来说），所以接合套、锁环的转速低于齿轮 1 的转速。

② 挂挡。欲换入三挡时，驾驶员通过变速杆使拨叉推动接合套连同滑块一起向左移动，如图 3-11（b）所示，滑块又推动锁环移向齿轮 1，使锥面接触。驾驶员作用在接合套上的轴向推力，使两锥面有正压力 *N*，又因两者有转速差，所以产生摩擦力矩。通过摩擦作用，齿轮带动锁环相对于接合套向前转动一个角度，使锁环缺口靠在滑块的另一侧（上侧）为止，此时接合套的内齿与锁环上的花键齿错开了约半个齿宽，接合套的齿端倒角面与锁环的齿端倒角面互相抵住。

③ 锁止。驾驶员的轴向推力使接合套的齿端倒角面与锁环的齿端倒角面之间产生正压力，形成一个企图拨动锁环相对于接合套反转的力矩，称为拨环力矩。这样在锁环上同时作用着方向相反的摩擦力矩和拨环力矩，同步器的结构参数可以保证在同步前（存在摩擦力矩）拨环力矩始终小于摩擦力矩，所以在同步之前无论驾驶员施加多大的操纵力，都不会挂上挡，即产生锁止作用，如图 3-11（b）所示。

④ 同步啮合。随着驾驶员施加于接合套上的推力加大，摩擦力矩不断增加，使齿轮1的转速迅速降低。当齿轮 1、接合套和锁环达到同步时，作用在锁环上的摩擦力矩消失。此时在拨环力矩的作用下，锁环、齿轮 1 以及与之相连的各零件相对于接合套反转一角度，滑块处于锁环缺口的中央，如图 3-11（c）所示，键齿不再抵触，锁环的锁止作用消除。接合套压下弹簧圈继续左移（滑块脱离接合套的内环槽而不能左移），与锁环的花键齿圈进入啮合。进而再与齿轮 1 进入啮合，如图 3-11（d）所示，换入三挡。

锁环式同步器尺寸小、结构紧凑、摩擦力矩也小，多用于轿车和轻型车辆。

3．锁销式惯性同步器

大、中型货车普遍采用锁销式惯性同步器，下面以东风 EQ1092 型汽车五挡变速器的四、五挡同步器为例进行简介，如图 3-12 所示。

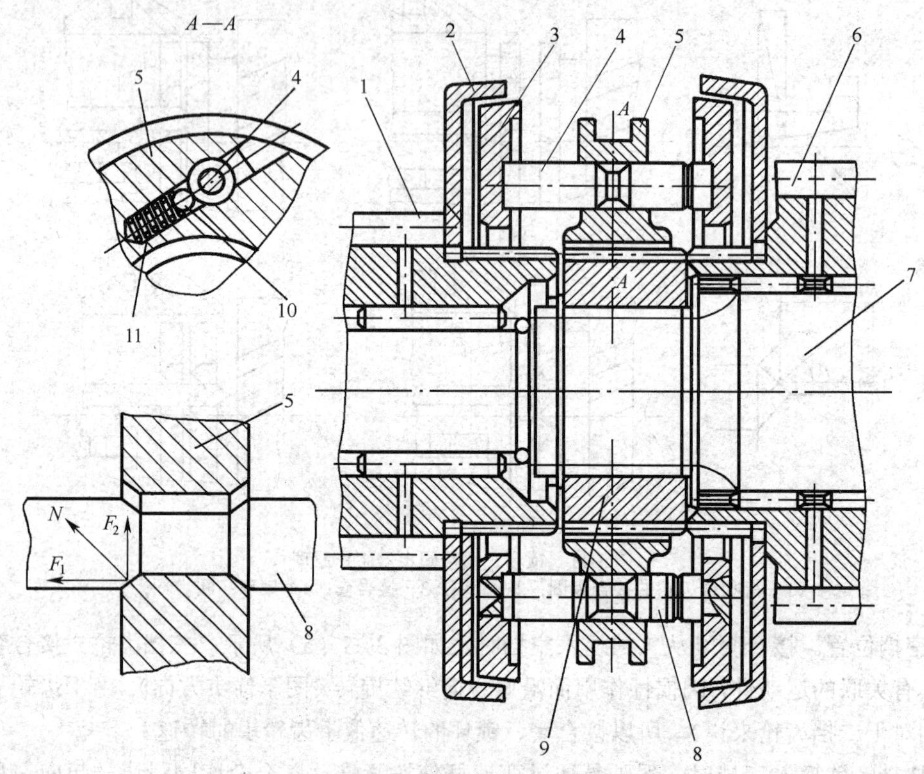

图 3-12　锁销式惯性同步器

1—一轴齿轮；2—摩擦锥盘；3—摩擦锥环；4—定位销；5—接合套；6—二轴四挡齿轮；7—二轴；8—锁销；9—花键毂；10—钢球；11—弹簧

两个带有内锥面的摩擦锥盘，通过其内花键分别固装在带有接合齿圈的一轴齿轮和二轴四挡齿轮上，随齿轮一起转动。两个有外锥面的摩擦锥环，其上有圆周均布的 3 个锁销、3 个定位销与接合套装在一起。定位销与接合套的相应孔是滑动配合，定位销中部切有一小段环槽，接合套钻有斜孔，内装弹簧，把钢球顶向定位销中部的环槽，使接合套处于空挡位置，定位销随接合套能轴向移动。定位销两端伸入两锥环内侧面的弧线形浅坑中，定位销与浅坑有周向间隙，锥环相对接合套在一定范围内做周向摆动。锁销中部环槽的两端和接合套相应孔两端切有相同的倒角；锁销与孔对中时，接合套才能沿锁销轴向移动；锁销两端铆接在锥环相应的孔中。2 个锥环、3 个锁销、3 个定位销和接合套构成一个部件，套在花键毂的齿圈上。

锁销式惯性同步器的工作原理与锁环式惯性同步器类似。

换挡时接合套受到拨叉的轴向推力作用，通过钢球、定位销推动摩擦锥环向前移动。因摩擦锥环与锥盘有转速差，故接触后的摩擦作用使锥环和锁销相对于接合套转过一个角度，锁销与接合套上相应孔的中心线不再同心，锁销中部倒角与接合套孔端的锥面相抵触，在同步前，作用在摩擦面的摩擦力矩总大于拔销力矩，接合套被锁止不能前移，防止在同步前接合套与齿圈进入啮合。同步后摩擦力矩消失，拔销力矩使锁销、摩擦锥盘和相应的齿轮相对于接合套转过一个角度，

锁销与接合套的相应孔对中，接合套克服弹簧的张力，压下钢球并沿锁销向前移动，完成换挡。

（三）手动变速器的操纵机构

在汽车行驶过程中，需要经常进行换挡以变换传动比，从而得到不同的路面和行车情况所需要的车速和相应的驱动力。这时需要驾驶员通过变速器的操纵机构使相应挡位的齿轮进入啮合或使相应挡位的同步器进入啮合状态，以实现动力自发动机经变速器传到驱动轮，此外，当需要暂时中断动力传递或停车时，变速器应由工作挡位退入空挡位置，这一操作也是由变速器操纵机构来进行的，这便是变速器操纵机构的作用。

变速器操纵机构按照变速操纵杆（变速杆）位置的不同，可分为直接操纵式和远距离操纵式两种类型。

变速器的操纵机构

1. 直接操纵式

这种形式的变速器布置在驾驶员座椅附近，变速杆由驾驶室底板伸出，驾驶员可以直接操纵。解放 CA1091 型中型货车六挡变速器操纵机构就采用这种形式，如图 3-13 所示。该种形式多用于发动机前置后轮驱动的车辆。

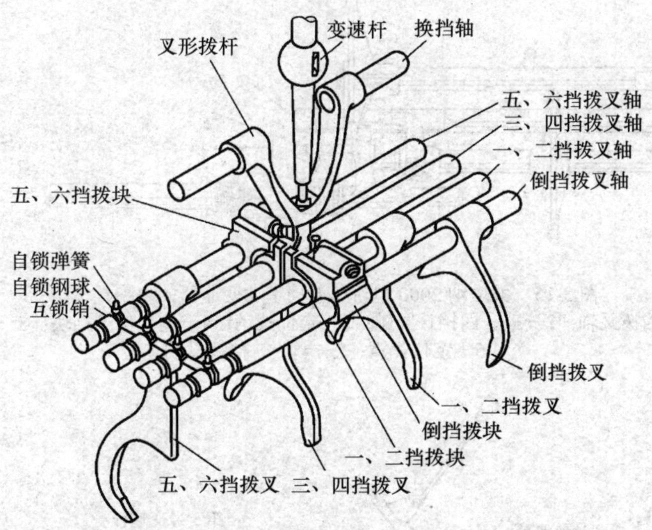

图 3-13　解放 CA1091 型中型货车变速器直接操纵式操纵机构

各种变速器由于挡位数及挡位排列位置不同，其拨叉和拨叉轴的数量及排列位置也不相同。例如，上述的六挡变速器的 6 个前进挡用了 3 根拨叉轴，倒挡独立使用了一根拨叉轴，共有 4 根拨叉轴；而东风 EQ1092 型汽车的五挡变速器具有 3 根拨叉轴，其二、三挡和四、五挡各占一根拨叉轴，一挡和倒挡共用一根拨叉轴。

2. 远距离操纵式

在有些汽车上，由于变速器离驾驶员座位较远，则需要在变速杆与拨叉之间加装一些辅助杠杆或一套传动机构，构成远距离操纵机构。这种操纵机构多用于发动机前置前轮驱动的轿车，如桑塔纳 2000 型轿车的五挡手动变速器，由于其变速器安装在前驱动桥处，远离驾驶员座椅，因此需要采用这种操纵方式，如图 3-14 所示。

它在变速器壳体上具有类似于直接操纵式的内换挡机构，如图 3-15 所示。

另外，有些轿车和轻型货车的变速器，将变速杆安装在转向柱管上（见图 3-16），在变速杆与变速器之间也是通过一系列的传动件进行传动，这也是远距离操纵方式。它具有变速杆占据驾驶室空间小，乘坐方便等优点。

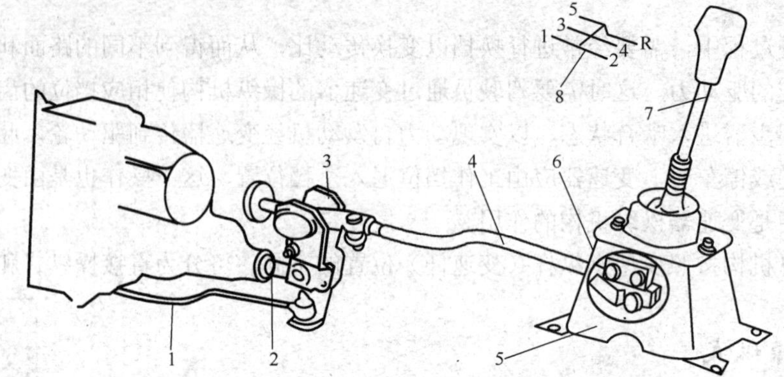

图 3-14　桑塔纳 2000 型轿车五挡手动变速器的远距离操纵机构
1—支撑杆；2—内换挡杆；3—换挡杆接合器；4—外换挡杆；5—倒挡保险挡块；6—换挡手柄座；7—变速杆；8—换挡标记

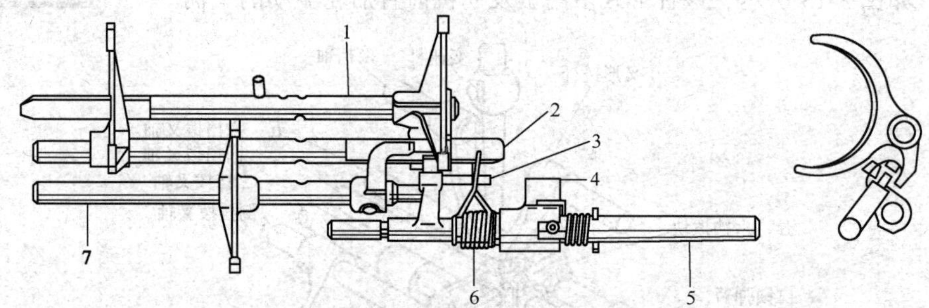

图 3-15　桑塔纳 2000 型轿车五挡手动变速器的内换挡机构
1—五、倒挡拨叉轴；2—三、四挡拨叉轴；3—定位拨销；4—倒挡保险挡块；5—内换挡杆；6—定位弹簧；7—一、二挡拨叉轴

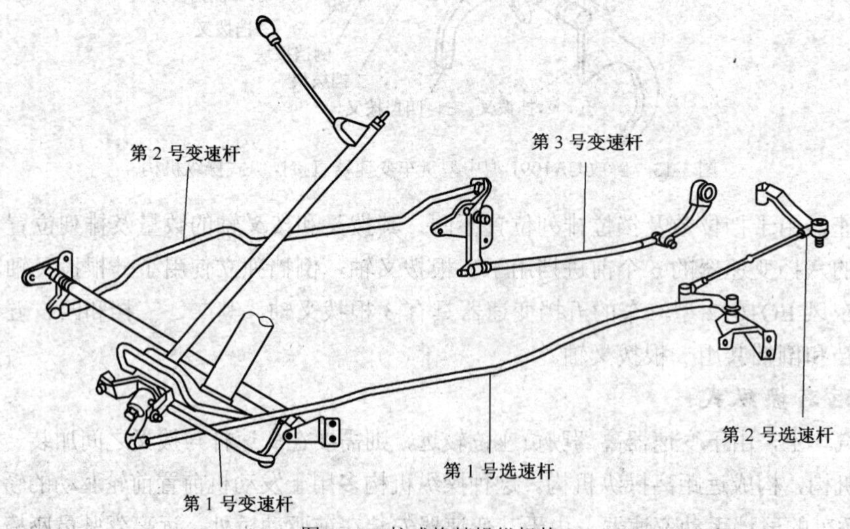

图 3-16　柱式换挡操纵机构

3. 换挡锁装置

为了保证变速器在任何情况下都能准确、安全、可靠地工作，变速器操纵机构一般都具有换挡锁装置，包括自锁装置、互锁装置和倒挡锁装置。

（1）自锁装置

自锁装置用于防止变速器自动脱挡或挂挡，并保证齿轮以全齿长啮合。大多数变速器的自锁装置都是采用自锁钢球对拨叉轴进行轴向定位锁止的。如图 3-17 所示，换挡拨叉轴上方有 3 个凹坑，上面有被弹簧压紧的钢球，当拨叉轴位置处于空挡或某一挡位置时，钢球压在凹坑中，起到了自锁作用。当需要换挡时，驾驶员通过变速杆对拨叉轴施加一定的轴向力，克服自锁弹簧的压力而将自锁钢球从拨叉轴凹槽中挤出，拨叉轴便可滑过钢球进行轴向移动，并带动拨叉及相应的接合套或滑动齿轮轴向移动。当拨叉轴移至其另一凹槽，与钢球相对正时，钢球又被压入凹槽，驾驶员具有很强的手感，此时拨叉所带动的接合套或滑动齿轮便被拨入空挡或被拨入另一工作挡位。

（2）互锁装置

互锁装置用于防止同时挂上两个挡位。如图 3-18 所示，互锁装置由互锁钢球和互锁销组成。当中间拨叉轴移动挂挡时，另外两个拨叉轴被钢球锁住，防止同时挂上两个挡而使变速器卡死或损坏，起到了互锁作用。

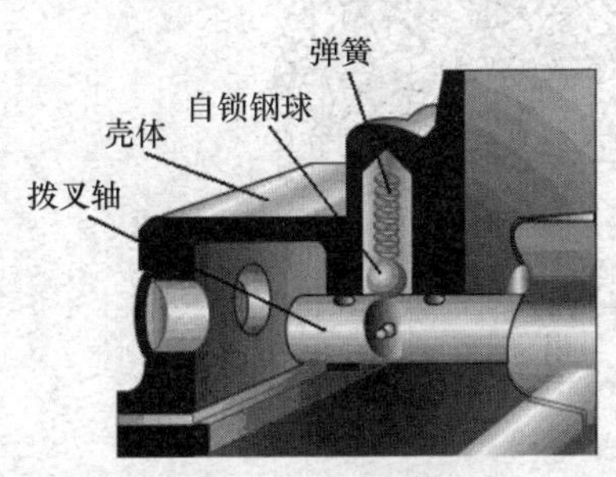

图 3-17　自锁装置

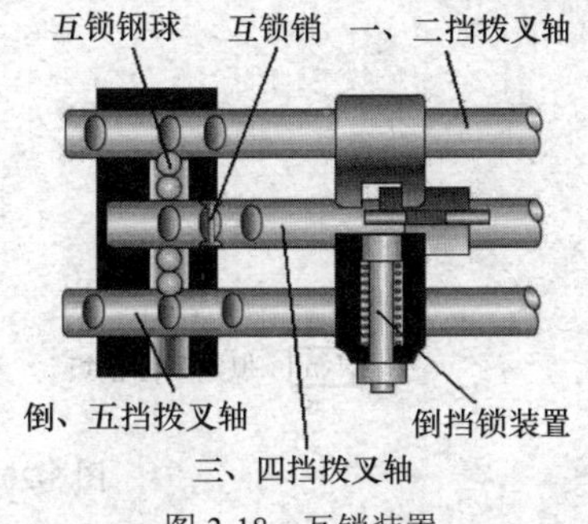

图 3-18　互锁装置

（3）倒挡锁装置

倒挡锁装置的作用是防止误挂入倒挡，其结构原理如图 3-19 所示。当换挡杆下端向倒挡拨叉轴移动时，必须压缩弹簧才能进入倒挡拨叉轴上的拨块槽中。这样防止了在汽车前进时因误挂倒挡而导致零件损坏，起到了倒挡锁的作用。当倒挡拨叉轴移动挂挡时，另外两个拨叉轴被钢球锁住。

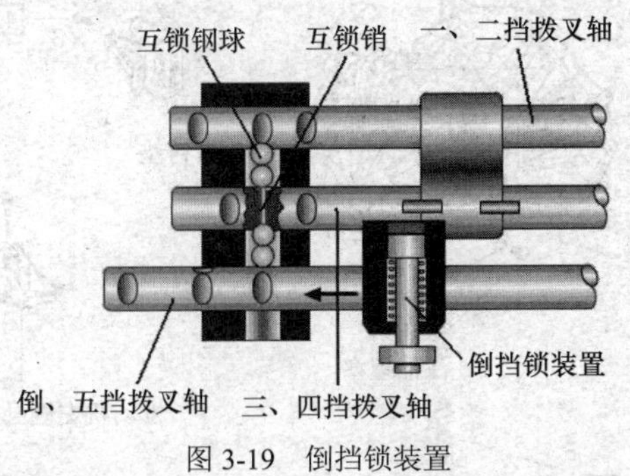

图 3-19　倒挡锁装置

实操技能训练

（一）手动变速驱动桥的拆卸与安装

丰田卡罗拉轿车手动变速驱动桥总成如图 3-20 和图 3-21 所示。

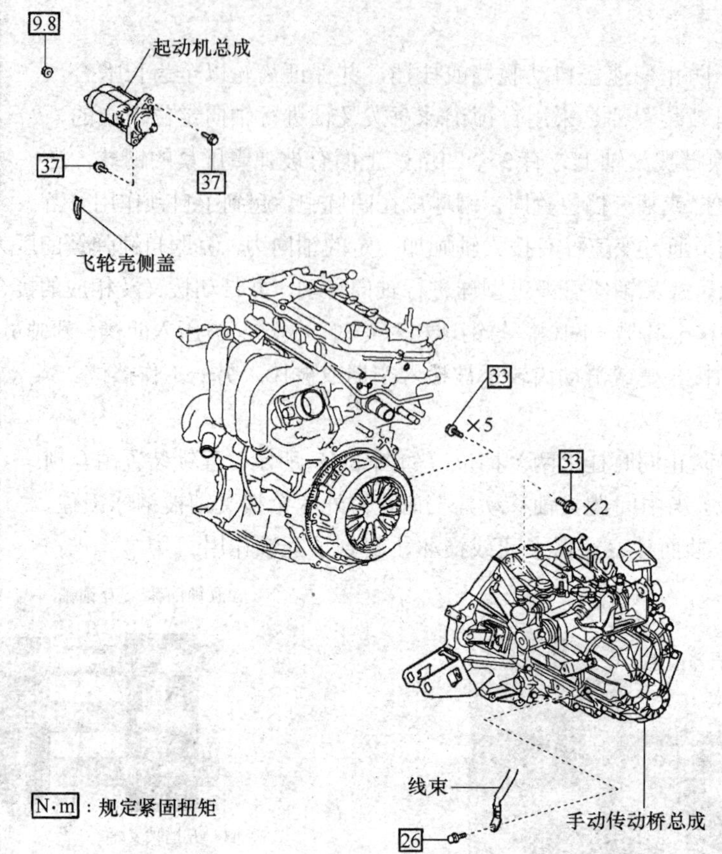

图 3-20　手动变速驱动桥总成（一）

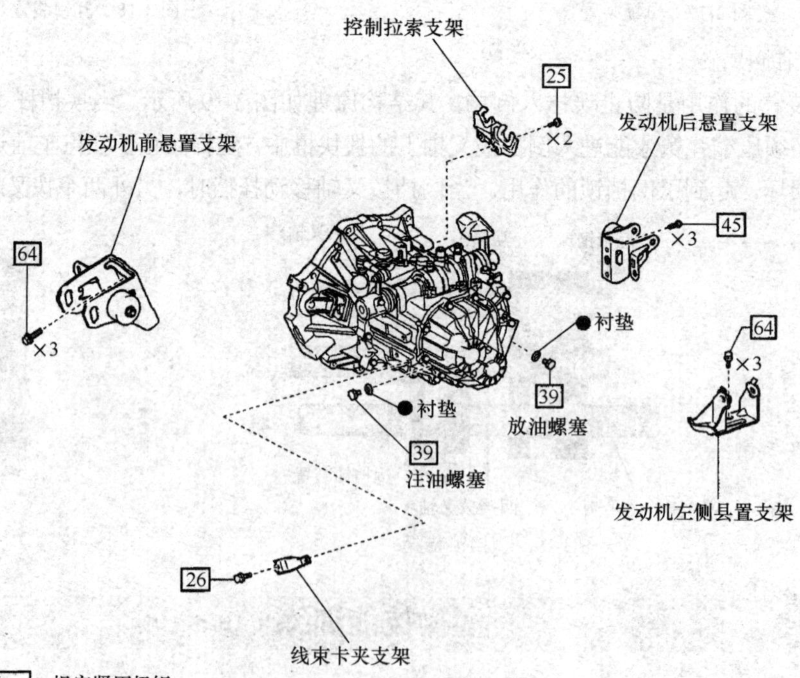

图 3-21　手动变速驱动桥总成（二）

1．拆卸

（1）拆卸带传动桥的发动机总成。拆卸发动机后悬置隔震垫。安装发动机吊架。拆卸飞轮壳侧盖。拆卸起动机总成。

（2）如图 3-22 所示，拆下 7 个螺栓和手动传动桥。

（3）拆下螺栓和线束卡夹支架，如图 3-23 所示。

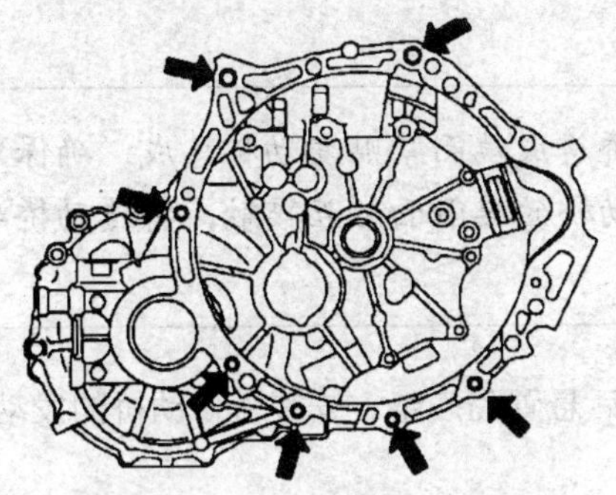

图 3-22　拆卸手动传动桥总成

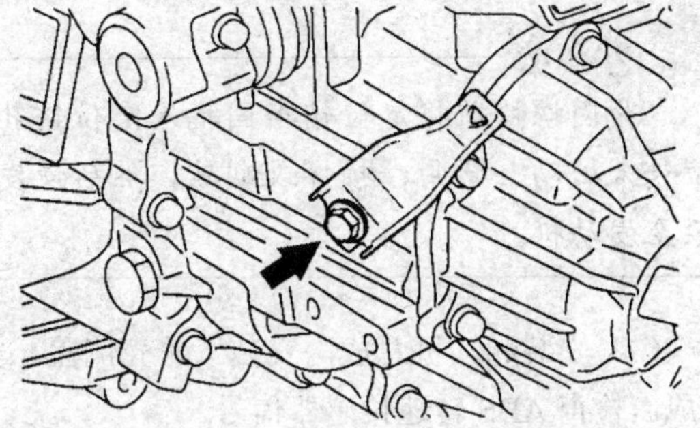

图 3-23　拆卸线束卡夹支架

（4）拆下 2 个螺栓和控制拉索支架，如图 3-24 所示。

（5）拆下 3 个螺栓和发动机左侧悬置支架，如图 3-25 所示。

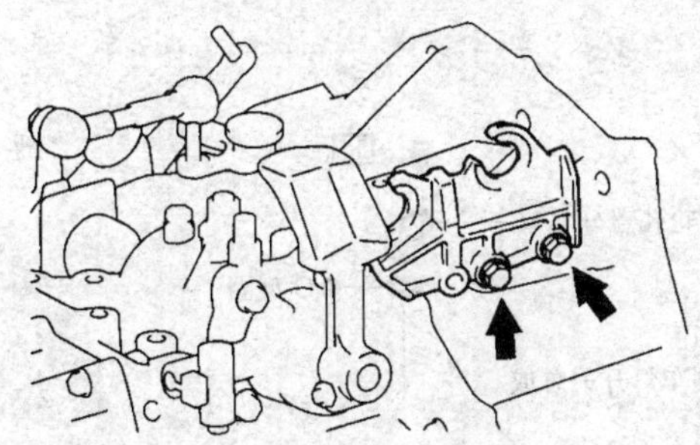

图 3-24　拆卸控制拉索支架

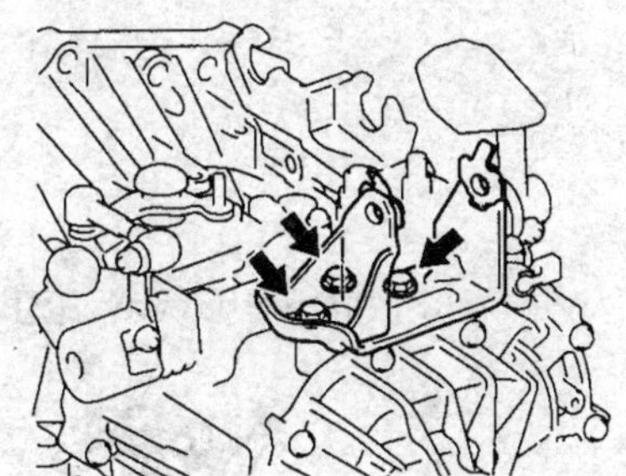

图 3-25　拆卸发动机左侧悬置支架

（6）拆下 3 个螺栓和发动机前悬置支架，如图 3-26 所示。

（7）拆下 3 个螺栓和发动机后悬置支架，如图 3-27 所示。

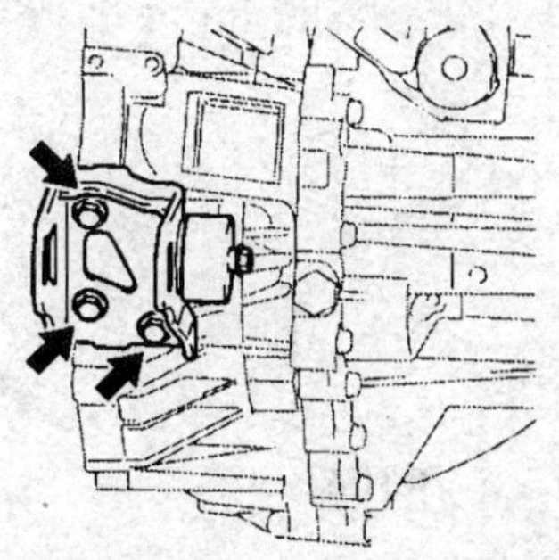

图 3-26　拆卸发动机前悬置支架

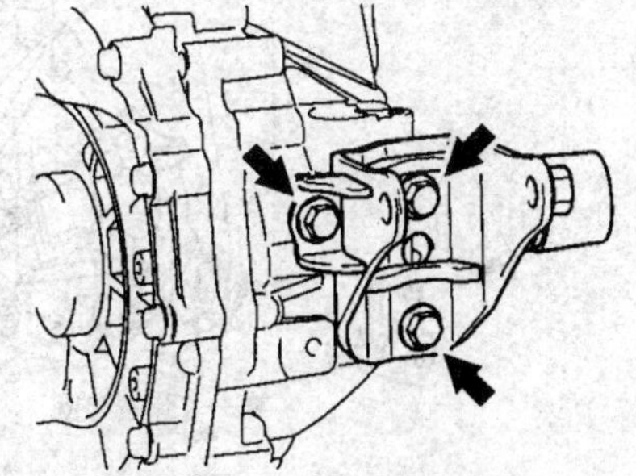

图 3-27　拆卸发动机后悬置支架

2．安装

（1）用 3 个螺栓安装发动机后悬置支架，如图 3-27 所示。扭矩：45 N・m。

（2）用 3 个螺栓安装发动机前悬置支架，如图 3-26 所示。扭矩：64 N・m。

（3）用 3 个螺栓安装发动机左侧悬置支架，如图 3-25 所示。扭矩：64 N・m。

（4）用2个螺栓安装控制拉索支架，如图3-24所示。扭矩：25 N・m。

（5）用螺栓安装线束卡夹支架，如图3-23所示。扭矩：26 N・m。

（6）安装手动传动桥总成。

① 使输入轴和离合器盘对齐，并将手动传动桥安装至发动机。

② 安装7个螺栓，如图3-22所示。扭矩：33 N・m。

小心

紧固螺栓前将定位销牢固插入定位销孔，使传动桥总成端面紧贴发动机总成；确保定位销未松动、弯曲、损坏或刮破，然后使发动机和传动桥的接触面相互接触，将传动桥安装至发动机。

（7）安装起动机总成。安装飞轮壳侧盖。安装发动机后悬置隔震垫。安装带传动桥的发动机总成。检查ABS转速传感器信号。

（二）手动变速器的拆解与装配

丰田卡罗拉轿车手动变速器总成如图3-28～图3-33所示。

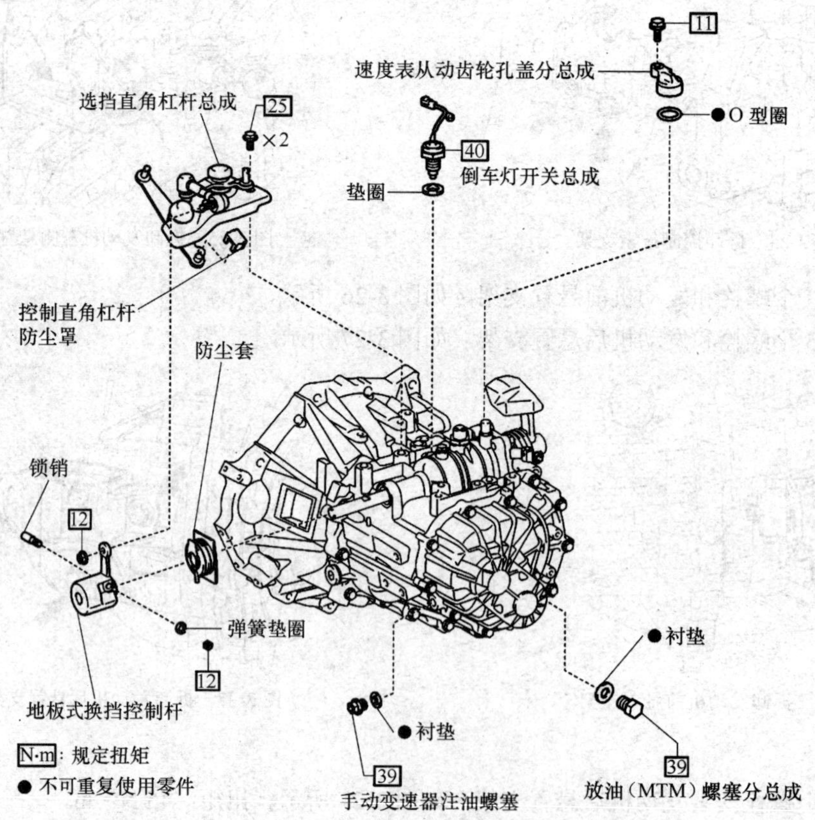

图3-28　卡罗拉手动变速器总成（一）

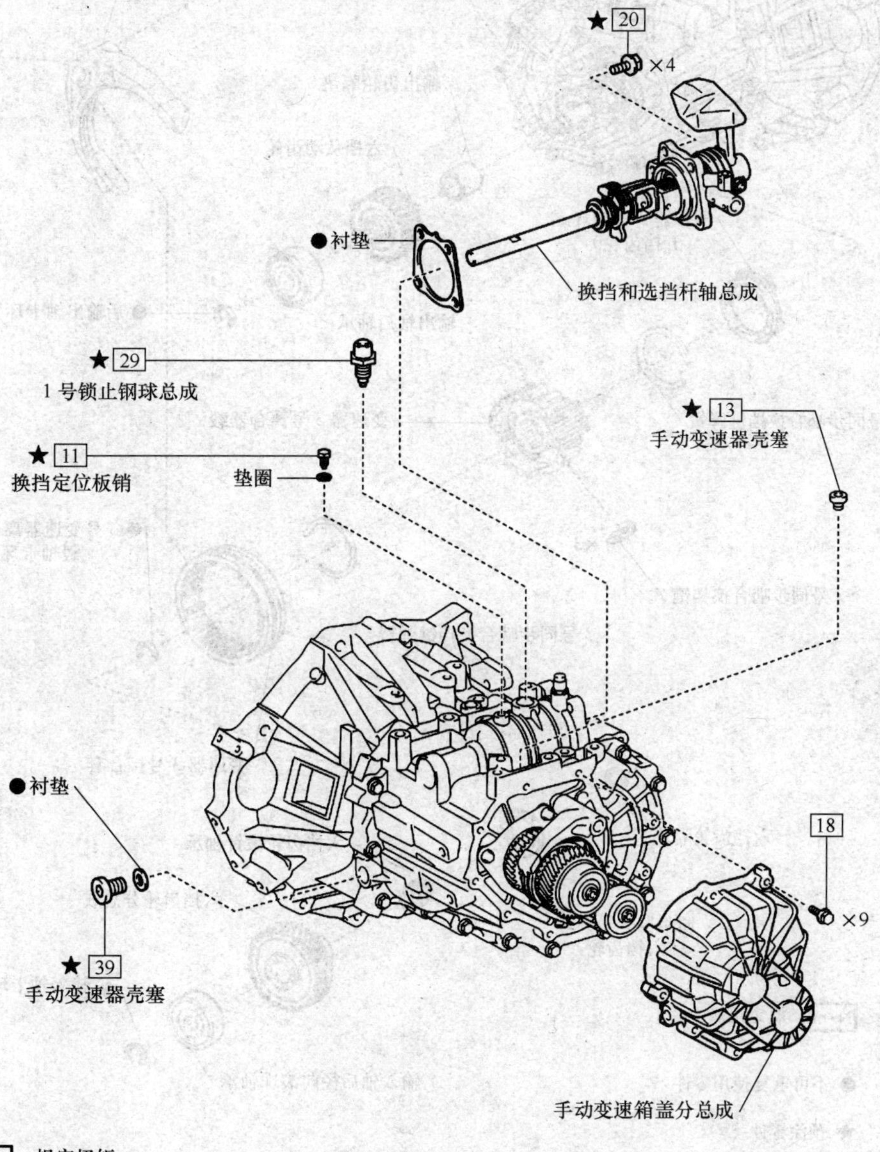

★ 20 ×4

●衬垫

换挡和选挡杆轴总成

★ 29

1 号锁止钢球总成

★ 13

手动变速器壳塞

★ 11

换挡定位板销

垫圈

●衬垫

18 ×9

★ 39

手动变速器壳塞

手动变速箱盖分总成

N·m：规定扭矩

● 不可重复使用零件

★ 预涂零件

图 3-29　卡罗拉手动变速器总成（二）

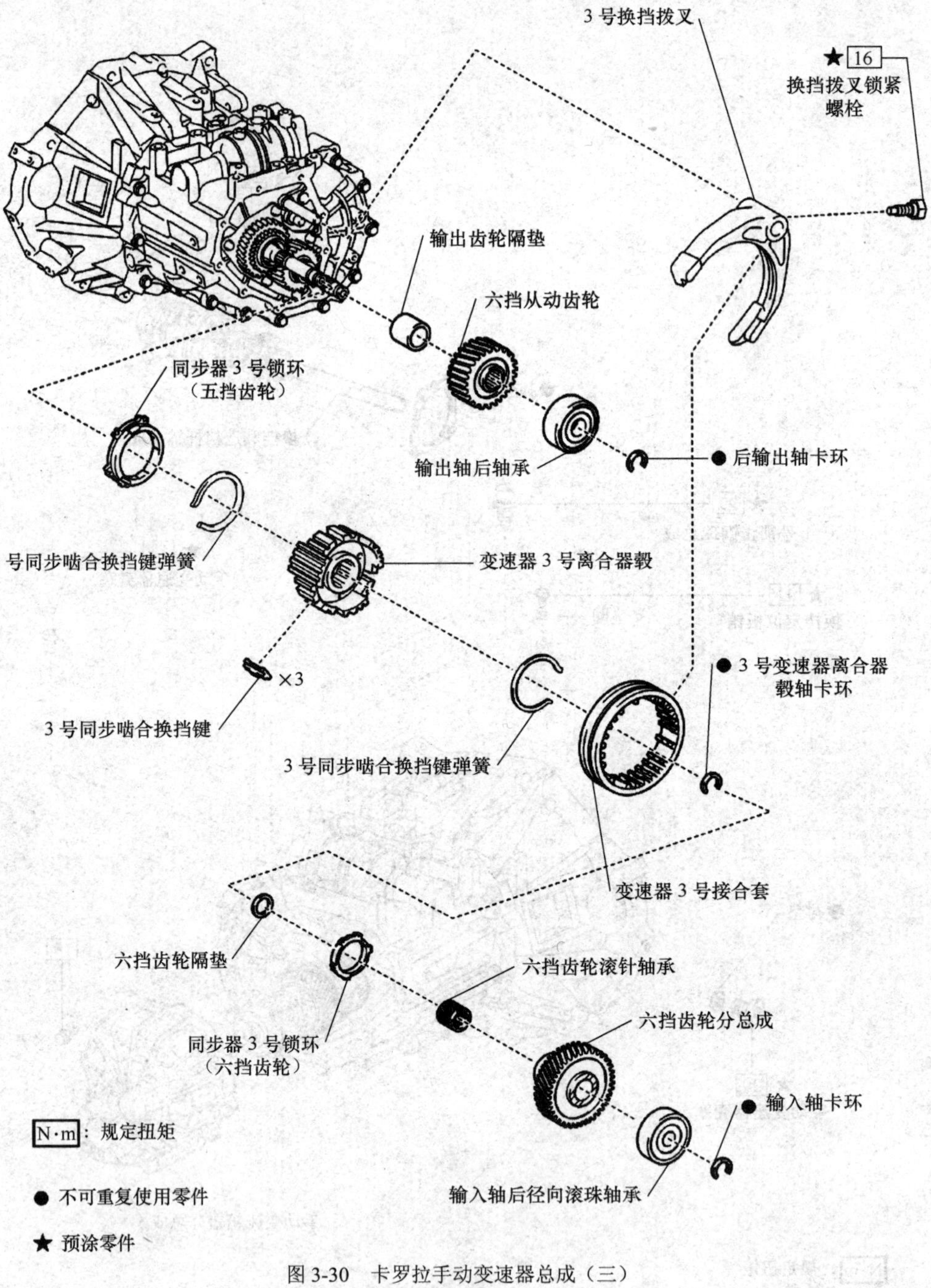

3号换挡拨叉

★ 16
换挡拨叉锁紧螺栓

输出齿轮隔垫

六挡从动齿轮

同步器3号锁环（五挡齿轮）

输出轴后轴承

● 后输出轴卡环

3号同步啮合换挡键弹簧

变速器3号离合器毂

×3

3号同步啮合换挡键

● 3号变速器离合器毂轴卡环

3号同步啮合换挡键弹簧

变速器3号接合套

六挡齿轮隔垫

六挡齿轮滚针轴承

六挡齿轮分总成

同步器3号锁环（六挡齿轮）

● 输入轴卡环

N·m：规定扭矩

● 不可重复使用零件

★ 预涂零件

输入轴后径向滚珠轴承

图3-30 卡罗拉手动变速器总成（三）

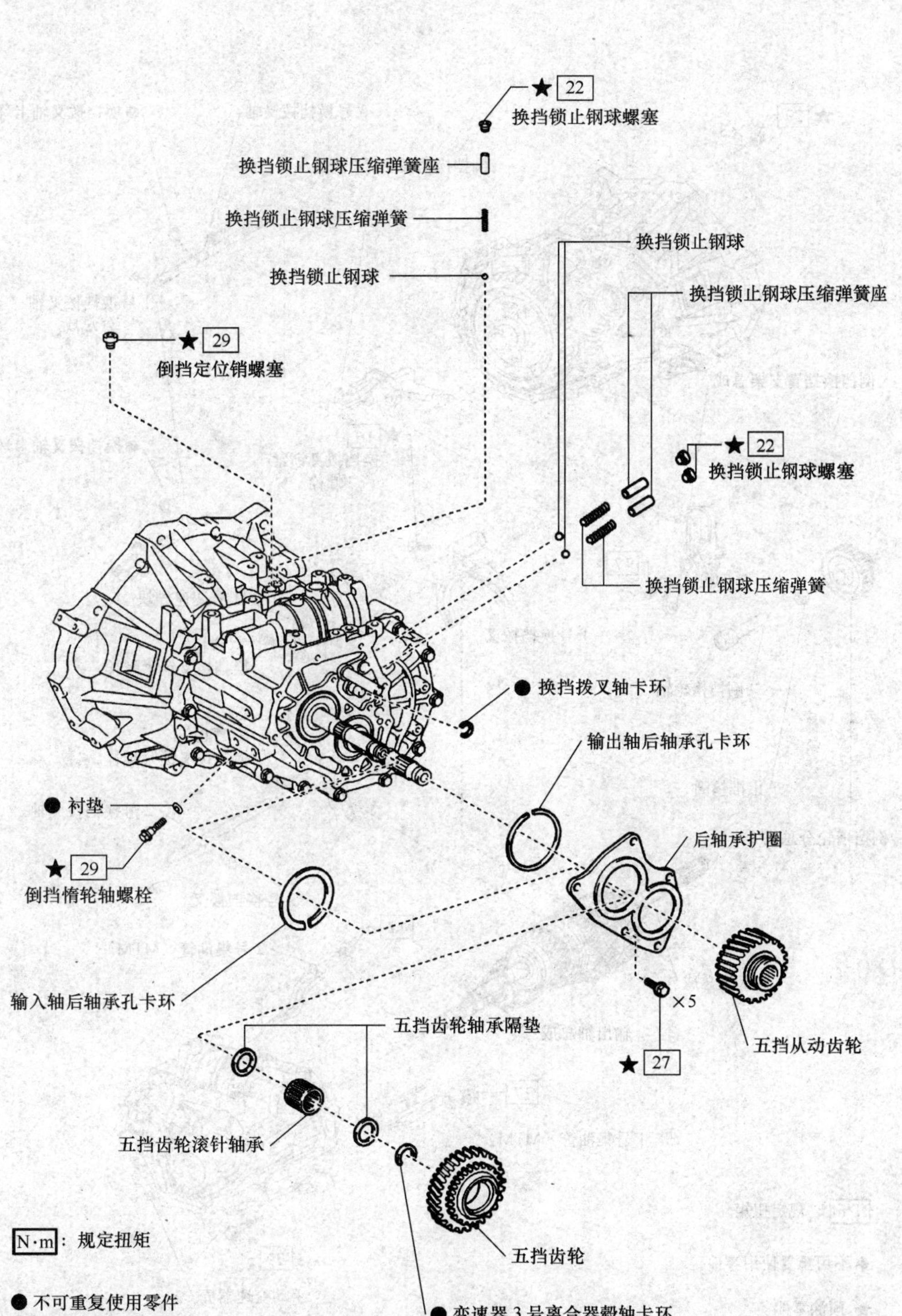

图 3-31　卡罗拉手动变速器总成（四）

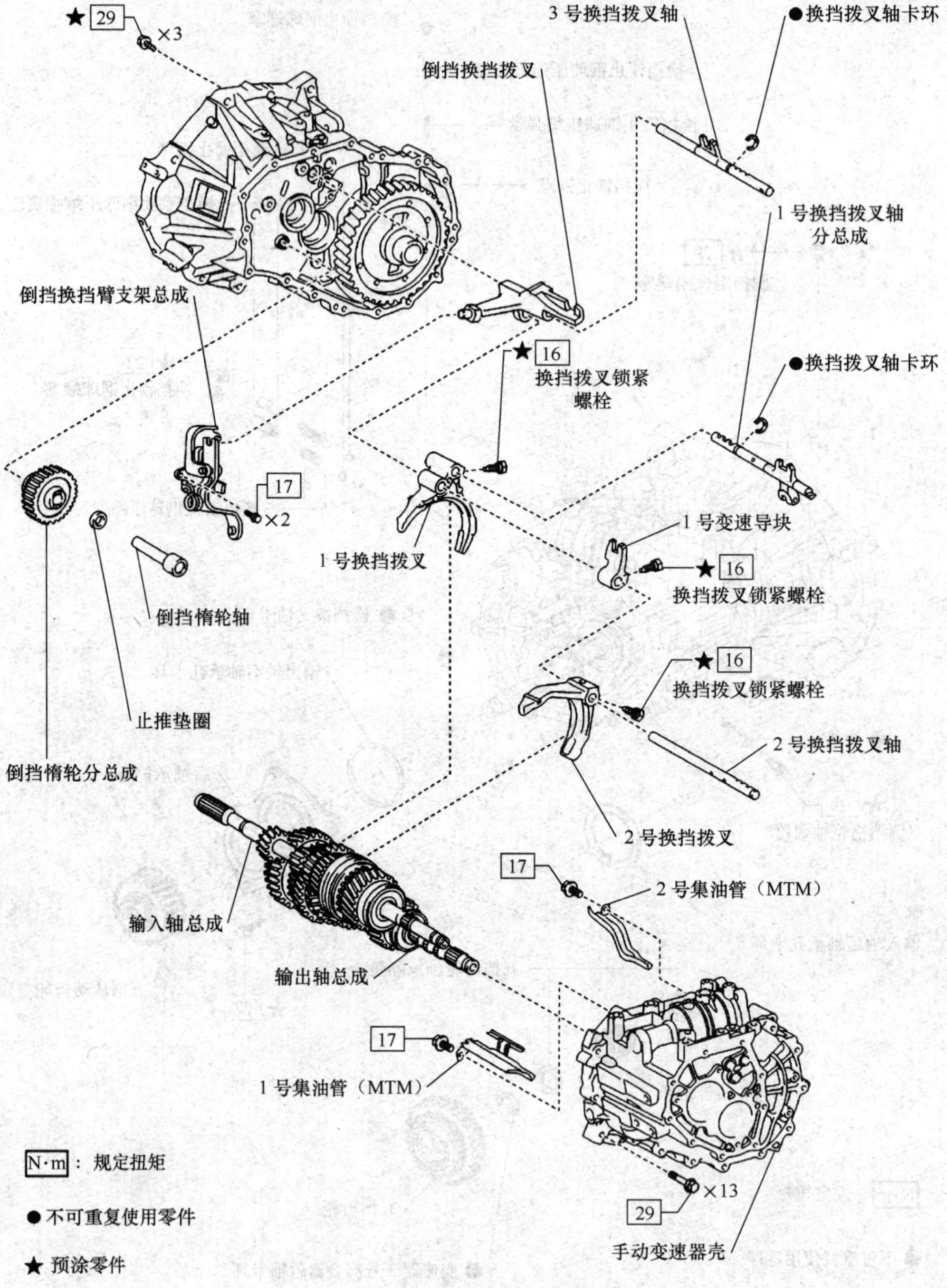

★ 29 ×3

3号换挡拨叉轴

●换挡拨叉轴卡环

倒挡换挡拨叉

1号换挡拨叉轴
分总成

倒挡换挡臂支架总成

★ 16
换挡拨叉锁紧
螺栓

●换挡拨叉轴卡环

17 ×2

1号变速导块

1号换挡拨叉

★ 16
换挡拨叉锁紧螺栓

倒挡惰轮轴

★ 16
换挡拨叉锁紧螺栓

止推垫圈

2号换挡拨叉轴

倒挡惰轮分总成

2号换挡拨叉

17

2号集油管（MTM）

输入轴总成

输出轴总成

17

1号集油管（MTM）

N·m：规定扭矩

●不可重复使用零件

★ 预涂零件

29 ×13

手动变速器壳

图3-32　卡罗拉手动变速器总成（五）

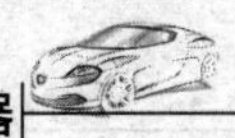

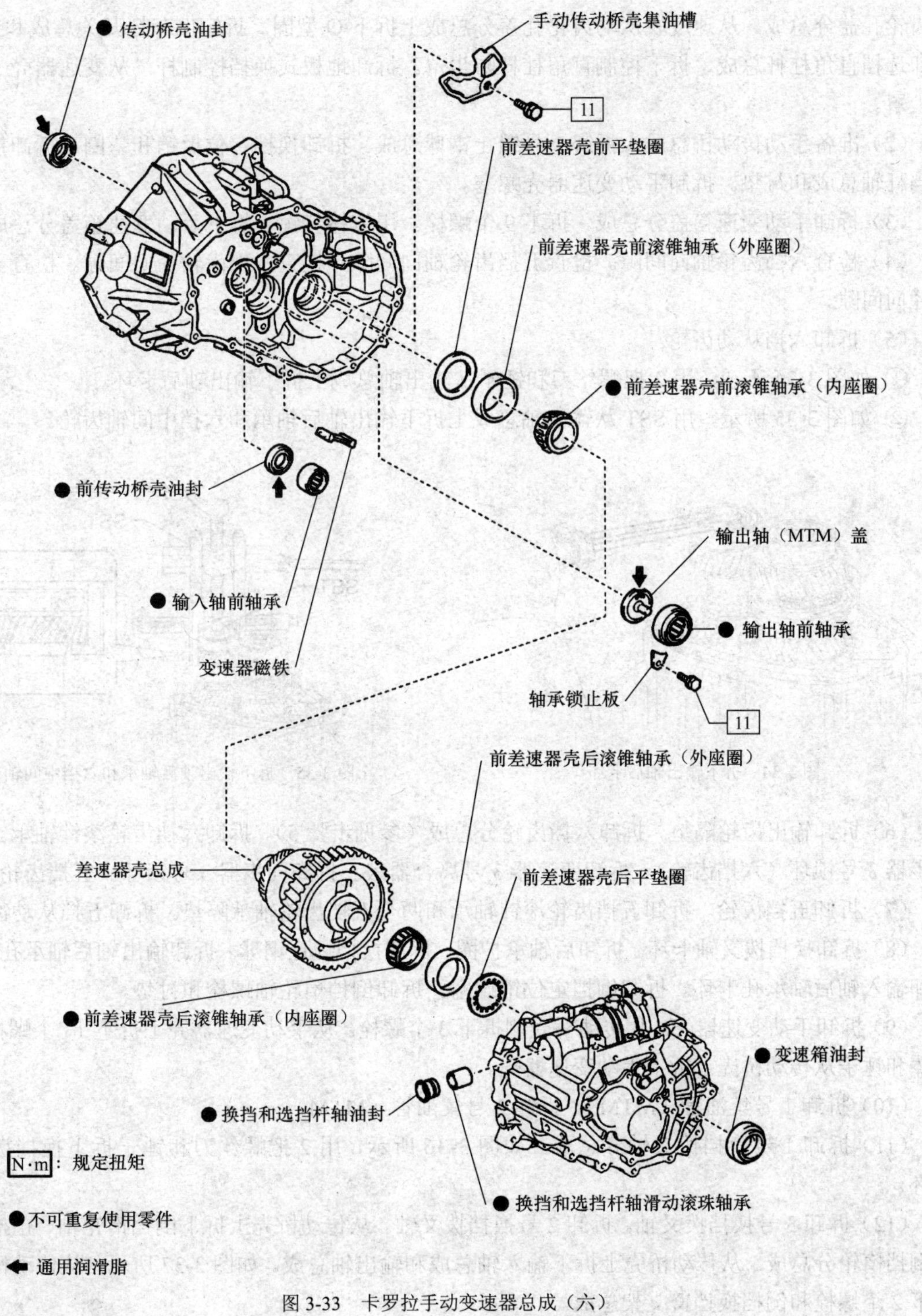

图 3-33　卡罗拉手动变速器总成（六）

1．拆解

（1）拆卸手动变速器注油螺塞和衬垫。拆卸放油（MTM）螺塞分总成和衬垫。拆卸速度表从动齿轮孔盖分总成，从速度表从动齿轮孔盖分总成上拆下O型圈。拆卸倒车灯开关总成和垫圈。拆卸选挡直角杠杆总成，拆下控制直角杠杆防尘罩。拆卸地板式换挡控制杆，从变速器壳上拆下防尘罩。

（2）准备手动传动桥总成。拆卸1号锁止钢球总成。拆卸换挡定位板销和垫圈。拆卸换挡和选挡杆轴总成和衬垫。拆卸手动变速器壳螺塞。

（3）拆卸手动变速箱盖分总成。拆下9个螺栓。用铜棒和锤子拆下手动变速箱盖分总成。

（4）检查六挡齿轮轴向间隙。检查五挡齿轮轴向间隙。检查六挡齿轮径向间隙。检查五挡齿轮径向间隙。

（5）拆卸六挡从动齿轮。

① 如图3-34所示，用2把螺丝刀和锤子从输出轴总成上拆下输出轴后卡环。

② 如图3-35所示，用SST从输出轴总成上拆下输出轴后轴承和六挡中间轴齿轮。

图3-34　拆下输出轴后卡环

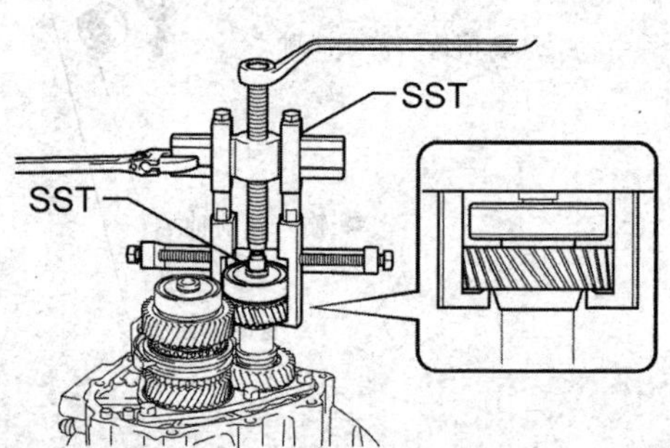

图3-35　拆下输出轴后轴承和六挡中间轴齿轮

（6）拆卸输出齿轮隔垫。拆卸六挡齿轮分总成（参见步骤5）。拆卸六挡齿轮滚针轴承。拆卸同步器3号锁环（六挡齿轮）。拆卸变速器3号离合器毂。拆卸同步器3号锁环（五挡齿轮）。

（7）拆卸五挡齿轮。拆卸五挡齿轮滚针轴承和两个五挡齿轮轴承隔垫。拆卸五挡从动齿轮。

（8）拆卸换挡拨叉轴卡环。拆卸后轴承护圈。拆卸换挡锁止钢球。拆卸输出轴后轴承孔卡环。拆卸输入轴后轴承孔卡环。拆卸倒挡定位销螺塞。拆卸倒挡惰轮轴螺栓和衬垫。

（9）拆卸手动变速器壳。从传动桥壳侧拆下3个螺栓。从手动变速器壳上拆下13个螺栓。用铜棒和锤子从传动桥壳上拆下手动变速器壳。

（10）拆卸1号集油管（MTM）。拆卸2号集油管（MTM）。

（11）拆卸1号换挡拨叉轴分总成。如图3-36所示，用2把螺丝刀和锤子拆下换挡拨叉轴卡环。

（12）拆卸3号换挡拨叉轴。拆卸2号换挡拨叉轴。从传动桥壳上拆下倒挡惰轮轴、止推垫圈和倒挡惰轮分总成。从传动桥壳上拆下输入轴总成和输出轴总成。如图3-37所示，从传动桥壳上拆下2个螺栓和倒挡换挡臂支架总成。

（13）拆卸差速器壳总成。拆卸手动传动桥壳集油槽。拆卸轴承锁止板。拆卸变速器磁铁。

（14）如图3-38所示，用SST从传动桥壳上拆下输入轴前轴承。

（15）如图3-39所示，用SST从传动桥壳上拆下传动桥壳油封。

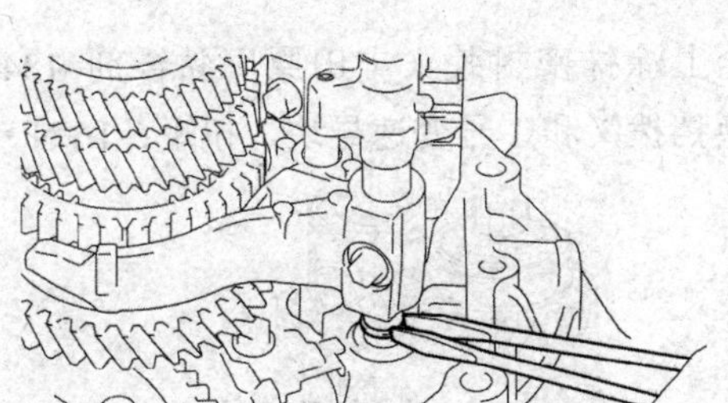

图 3-36 拆下换挡拨叉轴卡环

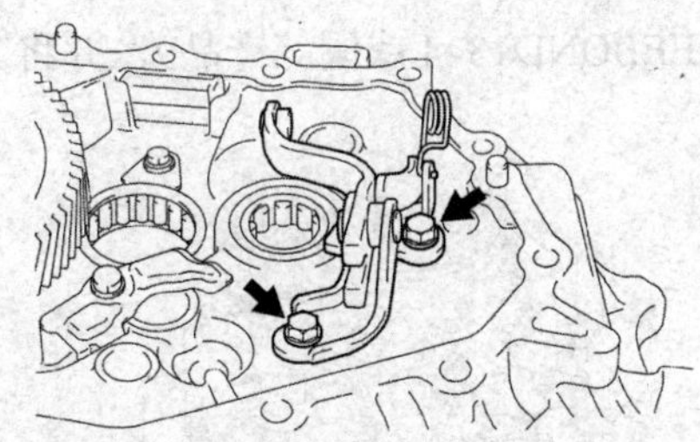

图 3-37 拆卸倒挡换挡臂支架总成

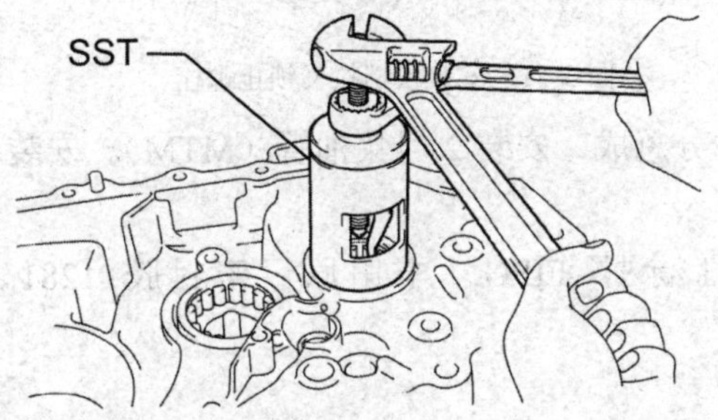

图 3-38 拆卸输入轴前轴承

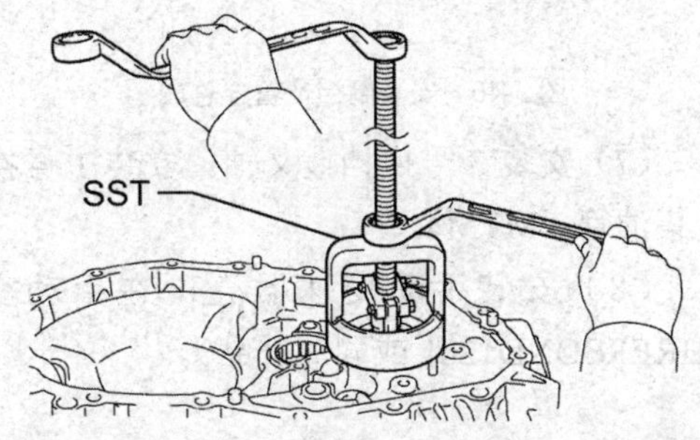

图 3-39 拆卸前传动桥壳油封

（16）拆卸输出轴前轴承。拆卸前差速器壳后滚锥轴承。拆卸前差速器壳前滚锥轴承。拆卸传动桥壳油封。拆卸变速箱油封。拆卸输出轴（MTM）盖。拆卸换挡和选挡杆轴油封。拆卸换挡和选挡杆轴滑动滚珠轴承。

2．装配

（1）安装换挡和选挡杆轴滑动滚珠轴承。安装换挡和选挡杆轴油封。在输出轴（MTM）盖上涂抹通用润滑脂，并将其安装到传动桥壳。

（2）安装变速箱油封。安装传动桥壳油封。安装前差速器壳前滚锥轴承。安装前差速器壳后滚锥轴承。在新的输出轴前轴承上涂抹齿轮油，并用 SST 和压力机将其安装至传动桥壳。调节差速器半轴轴承预紧力。

（3）安装前传动桥壳油封。安装输入轴前轴承。清洁变速器磁铁并将其安装至传动桥壳。用螺栓将轴承锁止板安装至传动桥壳。安装手动传动桥壳集油槽。在差速器壳滚锥轴承上涂抹齿轮油，并将差速器壳总成安装至传动桥壳。用 2 个螺栓将倒挡换挡臂支架总成安装至传动桥壳。

（4）在输入轴总成和输出轴总成滑动面和旋转面上涂抹齿轮油，并将其安装至传动桥壳。

（5）如图 3-40 所示，在倒挡惰轮分总成、止推垫圈和倒挡惰轮轴上涂抹齿轮油，并将其安装至传动桥壳。

提 示

使倒挡惰轮轴上的标记和图 3-40 所示的螺栓孔对准。

（6）安装 2 号换挡拨叉轴。

① 在 2 号换挡拨叉和 1 号换挡拨叉上涂抹齿轮油，并将其安装至输入轴总成和输出轴总成。

② 在 2 号换挡拨叉轴上涂抹齿轮油，并安装 1 号变速导块、倒挡拨叉和 2 号换挡拨叉轴。

③ 如图 3-41 所示，在 2 个换挡拨叉锁止螺栓上涂抹密封胶（丰田原厂黏合剂 1344、THREEBOND1344 或同等产品），并将其安装至 2 号换挡拨叉和 1 号变速导块，扭矩：16 N·m。

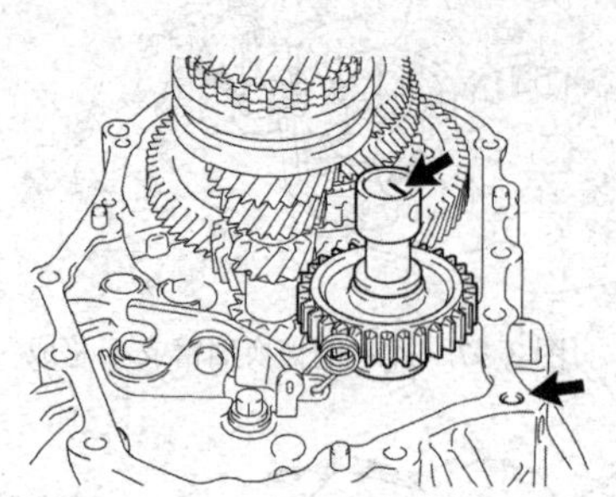

图 3-40　安装倒挡惰轮分总成

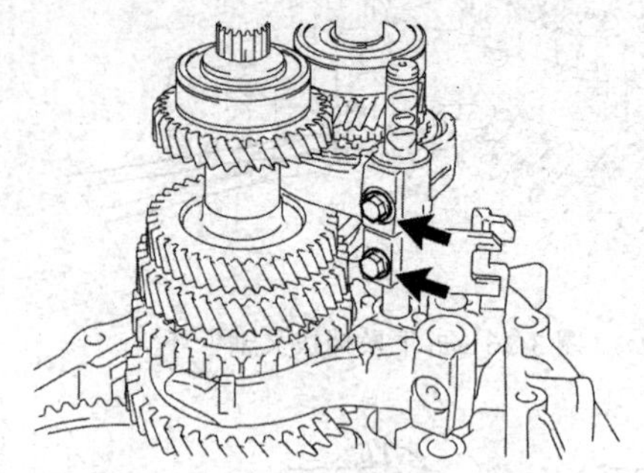

图 3-41　安装换挡拨叉锁止螺栓

（7）安装 3 号换挡拨叉轴。安装 1 号换挡拨叉轴分总成。安装 2 号集油管（MTM）。安装 1 号集油管（MTM）。

（8）安装手动变速器壳。在手动变速器壳上涂抹 FIPG（丰田原厂密封胶 1281、THREEBOND1281 或同等产品）。

小　心

必须在涂胶后 10 分钟内组装各零件。否则必须先清除填料（FIPG），然后重新涂抹。将 13 个螺栓安装至手动变速器，扭矩：29 N·m。在 3 个螺栓上涂抹密封胶（丰田原厂黏合剂 1344、THREEBOND1344 或同等产品），并将其安装至传动桥壳侧，扭矩：29 N·m。

（9）安装倒挡惰轮轴螺栓。安装倒挡定位销螺塞。安装输入轴后轴承孔卡环。安装输出轴后轴承孔卡环。安装换挡锁止钢球。安装后轴承护圈。安装换挡拨叉轴卡环。

（10）如图 3-42 所示，用 SST 将五挡从动齿轮安装至输出轴总成。

（11）安装五挡齿轮滚针轴承。在五挡齿轮上涂抹齿轮油，并将其安装到输入轴。如图 3-43 所示，在同步器 3 号锁环上涂抹齿轮油，并将其安装至五挡齿轮。

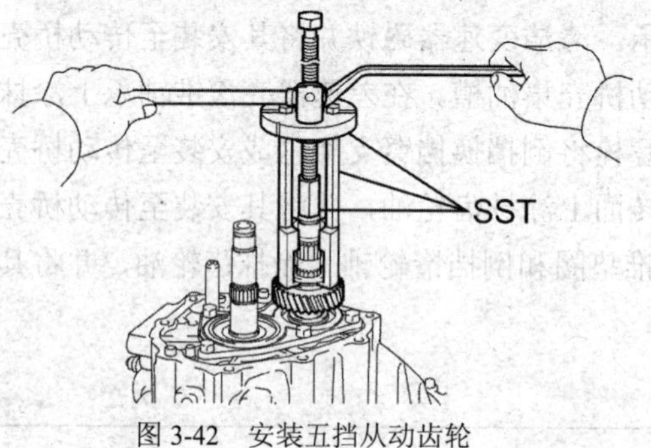

图 3-42　安装五挡从动齿轮

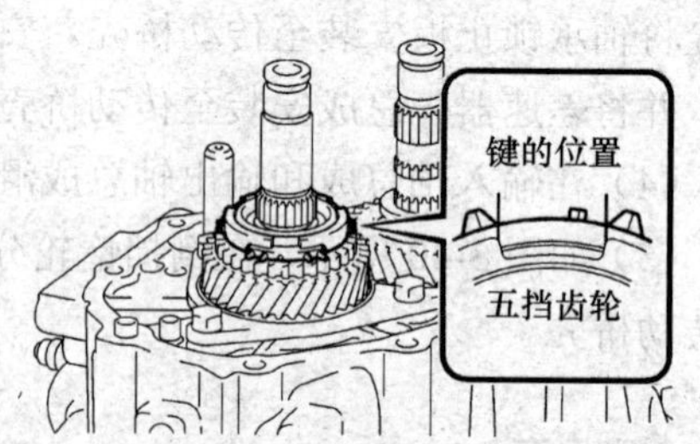

图 3-43　安装同步器 3 号锁环

（12）安装变速器 3 号离合器毂。安装同步器 3 号锁环（六挡齿轮）。安装六挡齿轮滚针轴承。安装六挡齿轮分总成。安装输出齿轮隔垫。安装六挡从动齿轮。检查六挡齿轮轴向间隙。检查五挡齿轮轴向间隙。检查六挡齿轮径向间隙。检查五挡齿轮径向间隙。

（13）安装手动变速箱盖分总成。

① 在手动变速箱盖分总成上涂抹 FIPG（丰田原厂密封胶 1281、THREEBOND1281 或同等产品）。

小 心

必须在涂胶后10min内组装各零件。否则必须先清除填料（FIPG），然后重新涂抹。

② 用9个螺栓将手动变速箱盖分总成安装至手动变速器壳，扭矩为18 N·m。

（14）安装手动变速器壳螺塞。

① 在变速器壳螺塞上涂抹密封胶（丰田原厂黏合剂1344、THREEBOND1344或同等产品）。

② 如图3-44所示，用六角扳手（10 mm）将变速器壳螺塞和新衬垫安装至手动变速器壳，扭矩为39 N·m。

③ 如图3-45所示，在变速器壳螺塞上涂抹密封胶（丰田原厂黏合剂1344、THREEBOND1344或同等产品），用六角套筒扳手（6 mm）将其安装至手动变速器壳上，扭矩为13 N·m。

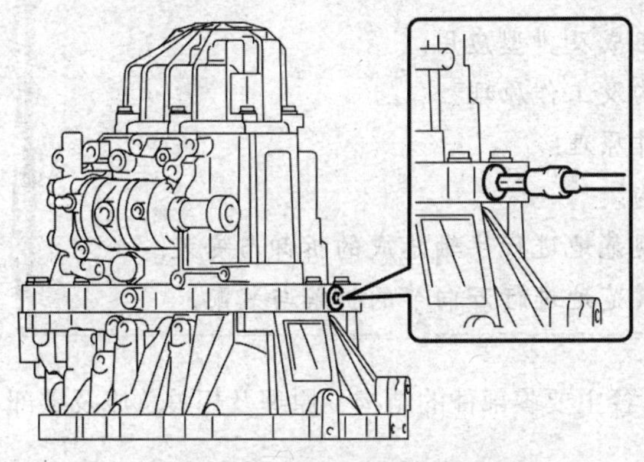
图3-44 安装速器壳螺塞和新衬垫

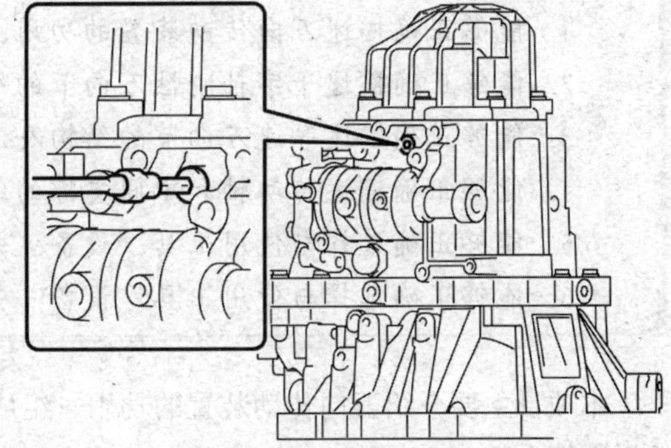
图3-45 安装变速器壳螺塞

（15）安装换挡和选挡杆轴总成。安装换挡定位板销。安装1号锁止钢球总成。安装地板式换挡控制杆。

（16）安装选挡直角杠杆总成。如图3-46所示，用2个螺栓和螺母将选挡直角杠杆总成和换挡控制杆衬套一同安装至手动变速器壳。扭矩：25 N·m（螺栓）、12 N·m（螺母）。

（17）安装倒车灯开关总成。安装速度表从动齿轮孔盖分总成。安装放油（MTM）螺塞分总成。安装手动变速器注油螺塞。

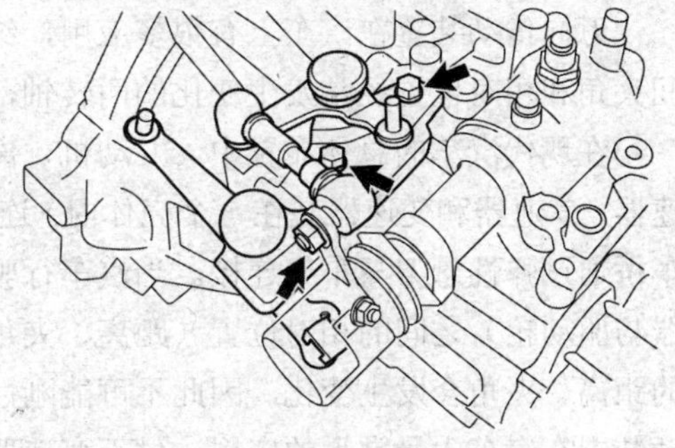
图3-46 安装选挡直角杠杆总成

练 习 题

1. 简述变速器的功用。
2. 按图或参照实物说明桑塔纳2000轿车、别克凯越轿车二轴式变速器各挡动力传动路线。
3. 按图或参照实物说明EQ1092中型货车三轴变速器动力传动路线。
4. 简述锁环式同步器的结构及工作原理。
5. 说明换挡锁装置的功用和原理。

项目四
万向传动装置

【学习目标】

1. 能够正确描述万向传动装置的功用、组成及典型应用；
2. 能够正确描述十字轴刚性万向节的结构及工作原理；
3. 能够正确描述等速万向节的结构及工作原理；
4. 能够正确描述传动轴和中间支撑的结构；
5. 能够正确选择与使用工具、设备，并规范地进行半轴总成的拆卸与安装；
6. 能够正确选择与使用工具、设备，并规范地进行万向节的拆解与装配。

本项目主要介绍万向传动装置的功用、组成，各主要零部件的结构、原理及相关总成及零部件拆装等内容。

1. 万向传动装置的功用

万向传动装置在汽车上有很多应用，结构也稍有不同，但其功用都是一样的，即连接具有轴间夹角和相对位置经常发生变化的两转轴，并传递动力。

在现代汽车的总体布置中，发动机、离合器和变速器（对于前置发动机前轮驱动形式，主减速器、差速器和变速器装在一个壳体内）连成一体固装在车架上，而车轮装在车桥两端的轴头上，车桥通过弹性悬架与车架连接。当汽车行驶时，悬架的跳动会造成变速器与主减速器（或主减速器与驱动轮）之间的相对位置（距离、夹角）发生变化，即上述传动装置的输出轴与输入轴之间的距离、夹角会发生变化，因此不可能刚性连接，必须安装万向传动装置。图 4-1 所示为万向传动装置在汽车中最常见的应用，位于变速器与驱动桥之间。

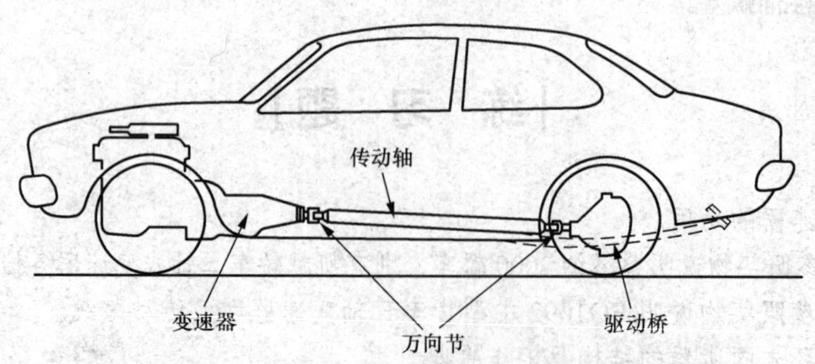

图 4-1 变速器与驱动桥之间的万向传动装置

2. 万向传动装置的组成

万向传动装置一般由万向节和传动轴两部分组成，如图 4-2 所示。当动力传递距离较远时，为了减小弯曲变形，提高传动轴的刚度和极限转速，常将传动轴分成 2 段或 3 段，并设置中间支撑。

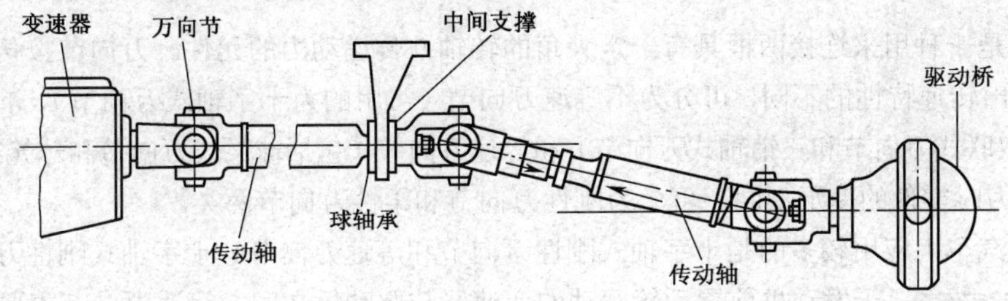

图 4-2 万向传动装置的组成

3. 万向传动装置的典型应用

万向传动装置在汽车上的应用主要有以下几个方面。

① 变速器与驱动桥之间（4 × 2 汽车），如图 4-3 所示。一般情况下，汽车的变速器、离合器与发动机三者装合为一体，装在车架上，驱动桥通过悬架与车架相连。在负荷变化及汽车在不平路面行驶时引起的跳动，会使驱动桥输入轴与变速器输出轴之间的夹角和距离发生变化，因此需安装万向传动装置。

② 越野汽车变速器与分动器、分动器与驱动桥之间，如图 4-4 所示。为消除车架变形及制造、装配误差等引起的其轴线同轴度误差对动力传递的影响，需装有万向传动装置。

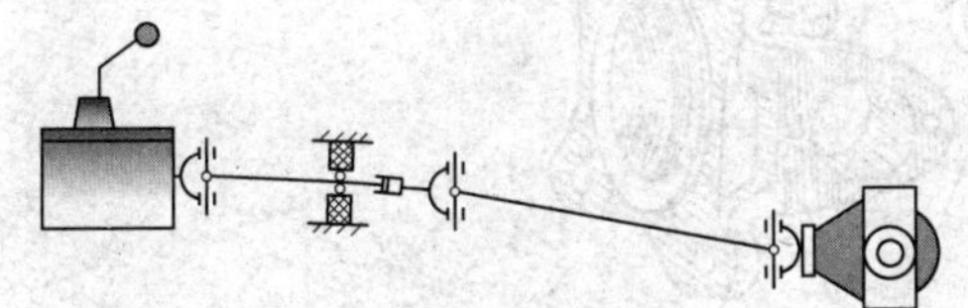

图 4-3 变速器与驱动桥之间的万向传动装置

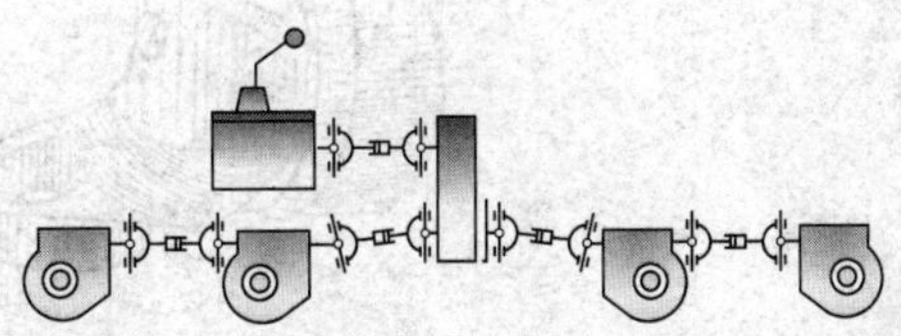

图 4-4 变速器与分动器、分动器与驱动桥之间的万向传动装置

③ 汽车转向驱动桥的内、外半轴之间，如图 4-5 所示。转向时两段半轴轴线相交且交角变化，因此要用万向节。

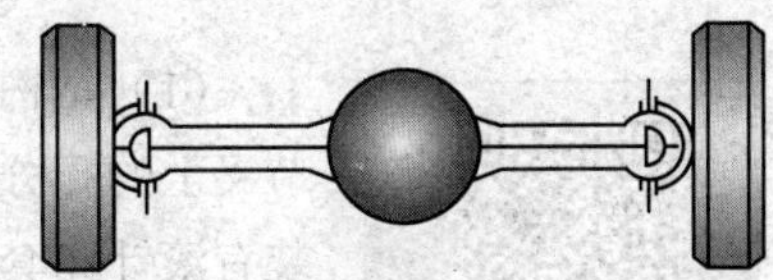

图 4-5 转向驱动桥内、外半轴之间的万向传动装置

④ 断开式驱动桥的半轴之间，如图 4-6 所示。主减速器壳在车架上是固定的，桥壳上下摆动，半轴是分段的，因此需用万向节。

⑤ 转向机构的转向轴和转向器之间，如图 4-7 所示。在它们之间安装万向传动装置有利于转向机构的总体布置。

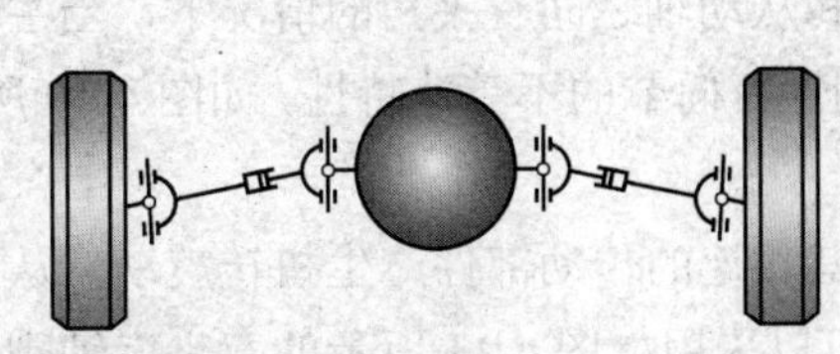

图 4-6 断开式驱动桥半轴之间的万向传动装置

图 4-7 转向机构的转向轴和转向器之间的万向传动装置

相 关 知 识

（一）万向节

万向节是一种用来连接两根具有一定夹角的转轴并传递动力的元件。万向节按传递动力过程中输入、输出转速特性的不同，可分为不等速万向节（常用的为十字轴式万向节）、准等速万向节（常用的有双联式万向节和三销轴式万向节）和等速万向节（包括球叉式万向节和球笼式万向节等）3 类；按受力时零件的变形不同，可分为刚性万向节和柔性万向节两类。

目前在汽车上应用较多的是十字轴式刚性万向节和等速万向节。十字轴式刚性万向节主要用于发动机前置后轮驱动的变速器与驱动桥之间；等速万向节主要用于发动机前置前轮驱动的内、外半轴之间。

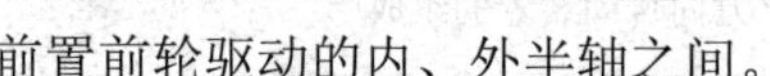

1．十字轴刚性万向节

目前，常用的不等速万向节为十字轴式刚性万向节，如图 4-8 所示，它应用广泛，允许相邻两轴的最大交角为 15°～20°。

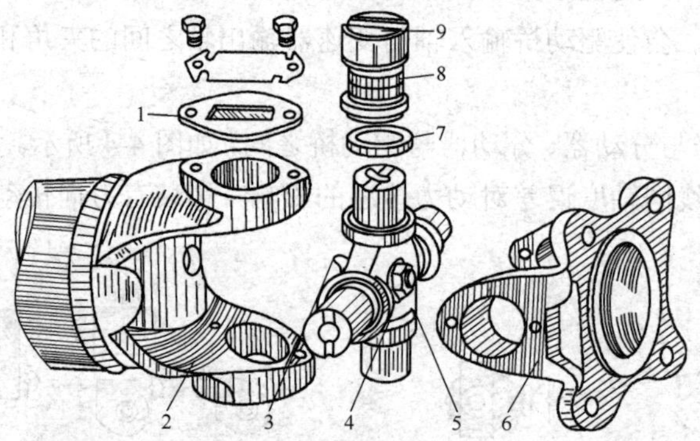

图 4-8　十字轴式刚性万向节

1—轴承盖；2、6—万向节叉；3—油嘴；4—十字轴；5—安全阀；7—油封；8—滚针；9—套筒

（1）结构。十字轴式刚性万向节主要由十字轴、万向节叉等组成。万向节叉上的孔分别套在十字轴的 4 个轴颈上。在十字轴轴颈与万向节叉孔之间装有滚针和套筒，用带有锁片的螺钉和轴承盖使之轴向定位（也可用弹性卡环定位）。为了润滑轴承，十字轴内钻有油道，且与油嘴、安全阀相通，如图 4-9 所示。为避免润滑油流出及尘垢进入轴承，十字轴轴颈的内端套装着油封。安全阀的作用是当十字轴内腔润滑脂压力超过允许值时，使润滑脂外溢，因而使油封不会因油压过高而损坏。现代汽车多采用橡胶油封，多余的润滑油从油封内圆表面与十字轴轴颈接触处溢出，故无需安装安全阀。

（2）速度特性。单个十字轴式刚性万向节在主动轴和从动轴之间有夹角的情况下，当主动叉等角速转动时，从动叉是不等角速的，这称为十字轴式刚性万向节的不等速特性，如图 4-10 所示。两转轴之间的夹角 α 越大，不等速性就越大。

十字轴式刚性万向节的不等速特性能够使从动轴及其相连的传动部件产生扭转震动，从而产生附加的交变载荷，影响部件寿命。为消除上述影响，可以采用如图 4-11 所示的双十字轴刚性万向节的传动方式。该传动方式第一万向节的不等速特性可以被第二万向节的不等速特性所抵消，

从而实现两轴间的等角速传动。两者相互抵消的具体条件是：第一万向节两轴间夹角 α_1 与第二万向节两轴间夹角 α_2 相等；第一万向节的从动叉与第二万向节的主动叉处于同一平面。

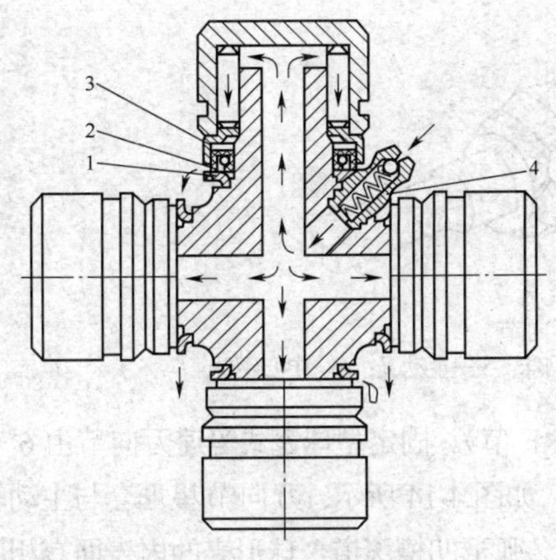

图 4-9　润滑油道及密封装置

1—油封挡盘；2—油封；3—油封座；4—油嘴

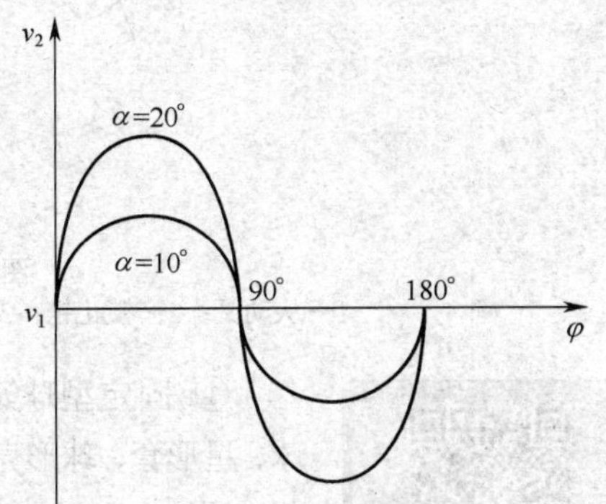

图 4-10　十字轴式刚性万向节的不等速特性

由于悬架的震动，该传动方式不可能在任何时候都保证 $\alpha_1=\alpha_2$，只能近似地解决等速传动问题，且由于两轴夹角最大只能是 20°，因此在使用上受到限制。

2. 等速万向节

等速万向节的基本原理是传力点永远位于两轴交点的平分面上，如图 4-12 所示。一对大小相同的锥齿轮的接触点 P 位于两齿轮轴线交角的平分面上，由 P 点到两轴的垂直距离都等于 r。P 点处两齿轮的圆周速度相等，两齿轮的角速度也相等。可见，万向节的传力点在其交角变化时，始终位于两轴夹角的平分面上，因而能保证等速传动。

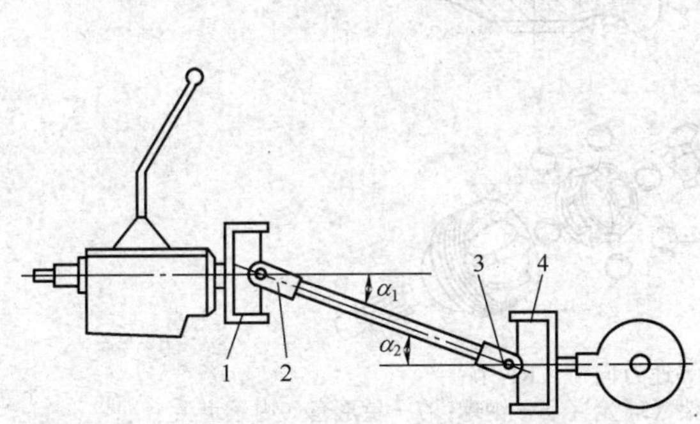

图 4-11　双十字轴刚性万向节等速传动布置图

1、3—主动叉；2、4—从动叉

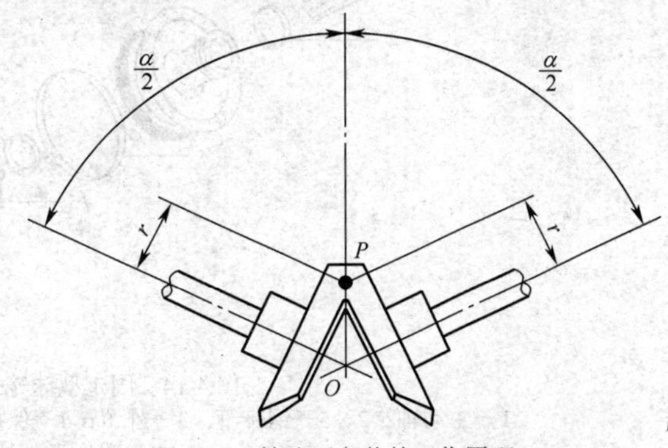

图 4-12　等速万向节的工作原理

（1）球叉式等速万向节。球叉式等速万向节的结构如图 4-13 所示，由主动叉、从动叉、4 个传动钢球、中心钢球、定位销、锁止销组成。主动叉与从动叉分别与内、外半轴制成一体。在主、从动叉上，分别有 4 个曲面凹槽，装配后，则形成两个相交的环形槽，作为钢球滚道。4 个传动钢球放在槽中，中心钢球放在两叉中心的凹槽内，以定中心。

球叉式等速万向节在工作时只有两个钢球传力，磨损快，影响使用寿命，应用越来越少。

（2）球笼式等速万向节。常见的球笼式万向节按其内、外滚道结构不同，可分为固定型球笼式等速万向节（RF 节）和伸缩型球笼式等速万向节（VL 节）等。

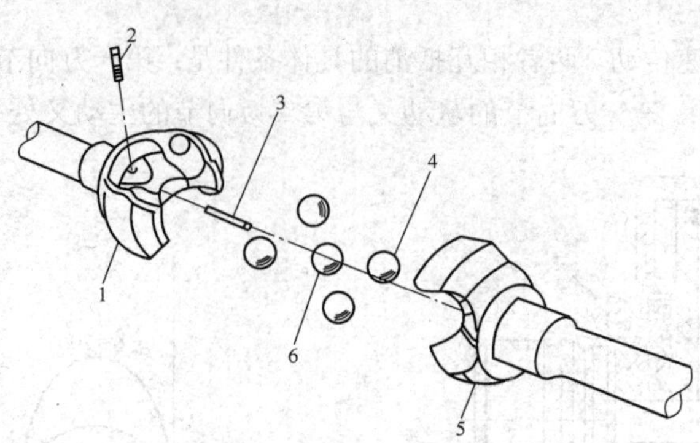

图 4-13　球叉式等速万向节
1—从动叉；2—锁止销；3—定位销；4—传动钢球；5—主动叉；6—中心钢球

① 固定型球笼式等速万向节（RF 节）。固定型球笼式等速万向节由 6 个钢球、星形套、球形壳和保持架等组成，如图 4-14 所示。万向节星形套与主动轴用花键固接在一起，星形套外表面有 6 条弧形凹槽滚道，球形壳的内表面有相应的 6 条凹槽，6 个钢球分别装在各条凹槽中，由球笼使其保持在同一平面内。动力由主动轴、钢球、球形壳输出。

RF 节在工作时，6 个钢球都参与传力，故承载能力强、磨损小、寿命长。它被广泛应用于各种型号的转向驱动桥和独立悬架的驱动桥。

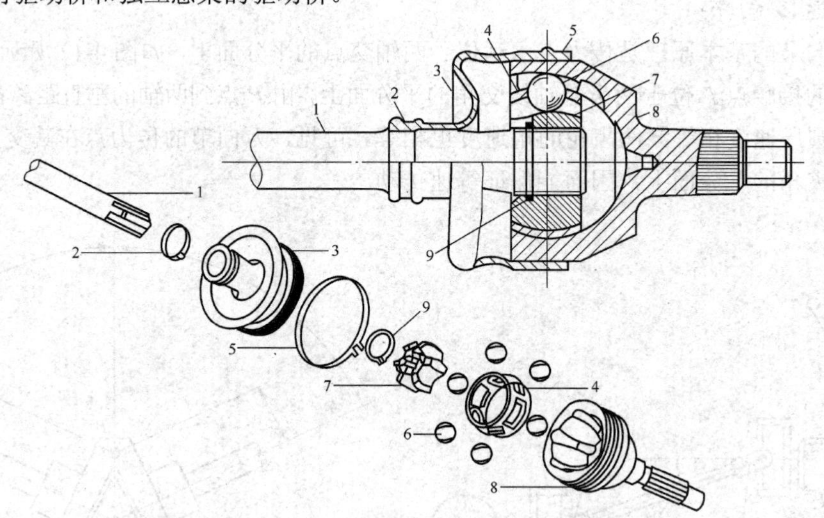

图 4-14　固定型球笼式等速万向节（RF 节）
1—主动轴；2、5—钢带箍；3—外罩；4—保持架（球笼）；6—钢球；7—星形套（内滚道）；8—球形壳（外滚道）；9—卡环

② 伸缩型球笼式等速万向节（VL 节）。伸缩型球笼式等速万向节的结构如图 4-15 和图 4-16 所示，其内、外滚道为圆筒形，且内、外滚道不与轴线平行，而是以相同的角度相对于轴线倾斜着。装合后，同一周向位置内、外滚道的倾斜方向刚好相反，即对称交叉，而钢球则处于内外滚道的交叉部位。当内半轴与中半轴以任意夹角相交时，所有传动钢球都位于轴间交角的平分面上，从而实现等角速传动。在动力传递过程中，内、外球座可以沿轴向相对移动。因此，采用这种万向节可以省去万向传动装置中的滑动花键。

VL 型球笼式万向节允许两轴最大交角为 15°～21°，且具有轴向滑动的特性，寿命长、刚度高，不但满足了车轮转向性能的要求，还具有结构简单、尺寸小、质量轻等优点。

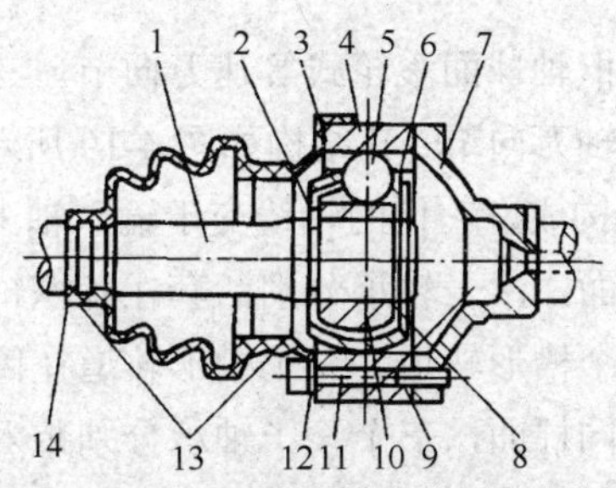

图 4-15　VL 型球笼式等角速万向节结构

1—中半轴；2—挡圈；3—外罩；4—外球座；5—钢球；6—球笼；7—内半轴；8—卡环；9—密封圈；10—内球座；11—圆头内六角螺栓；12—锁片；13—箍带；14—防尘罩

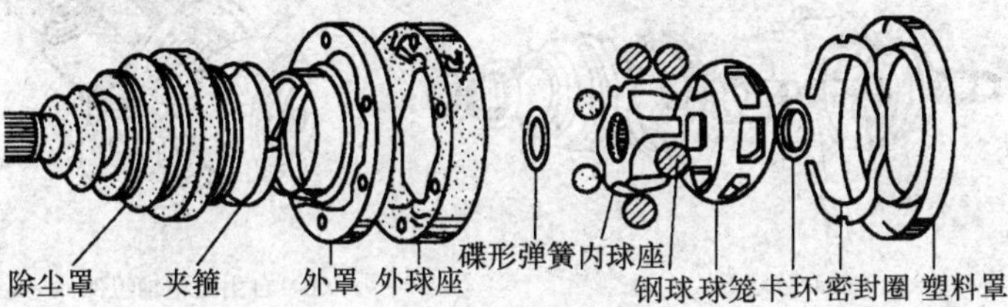

图 4-16　VL 型球笼式等角速万向节零件分解图

RF 节和 VL 节广泛应用于采用独立悬架的轿车转向驱动桥，如红旗、桑塔纳、捷达、宝来、奥迪等轿车的前桥。其中 RF 节用于靠近车轮处，VL 节用于靠近驱动桥处，图 4-17 和图 4-18 所示分别为桑塔纳 2000 传动轴示意图和零件分解图。

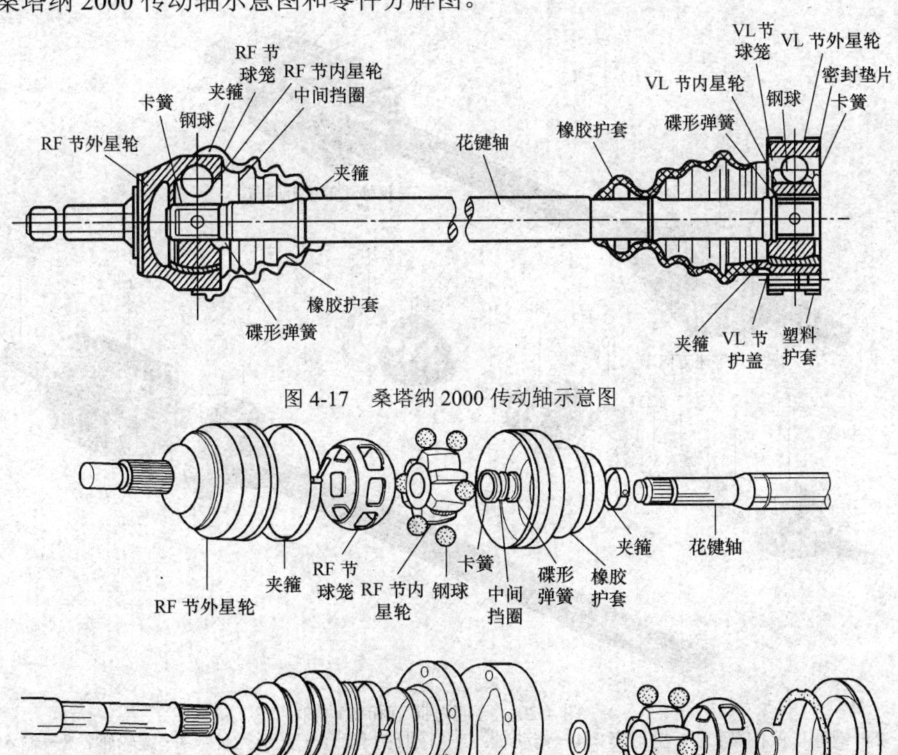

图 4-17　桑塔纳 2000 传动轴示意图

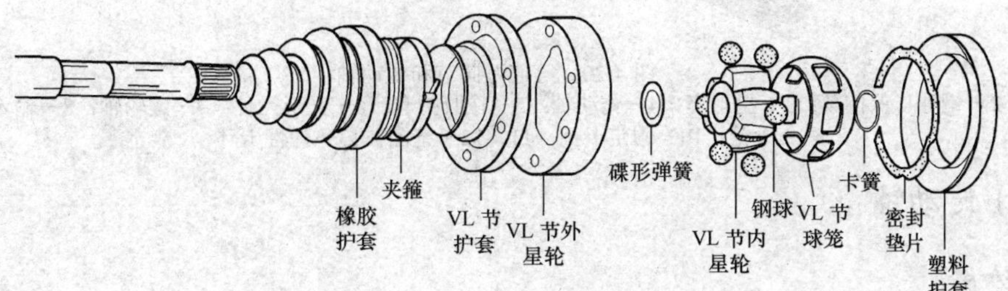

图 4-18　桑塔纳 2000 传动轴零件分解图

（3）三枢轴球面滚轮式等速万向节。三枢轴球面滚轮式等速万向节又称为自由三枢轴万向节，其结构如图 4-19 所示。其由 3 个位于同一平面内互成 120° 的枢轴构成，它们的轴线交于输入轴上一点，并且垂直于驱动轴。3 个外表面为球面，滚子轴承分别活套在各枢轴上，一个漏斗形轴，在其筒形部分加工出三个槽形轨道。三个槽形轨道在筒形圆周上是均匀分布的，轨道配合面为部分同柱面，三个滚子轴承分别装入各槽形轨道，可沿轨道滑动。

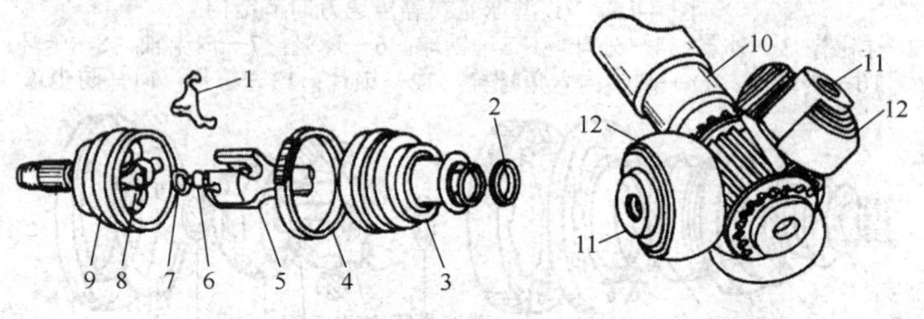

图 4-19 自由三枢轴式等速万向节
1—锁定三角架；2—橡胶紧固件；3—保护罩；4—保护罩卡箍；5—漏斗形轴；6—止推块；7—垫圈；8—三枢轴组件；9—外座圈；10—传动轴；11—枢轴；12—滚子轴承

别克凯越轿车等速万向节和传动轴的结构如图 4-20 所示。

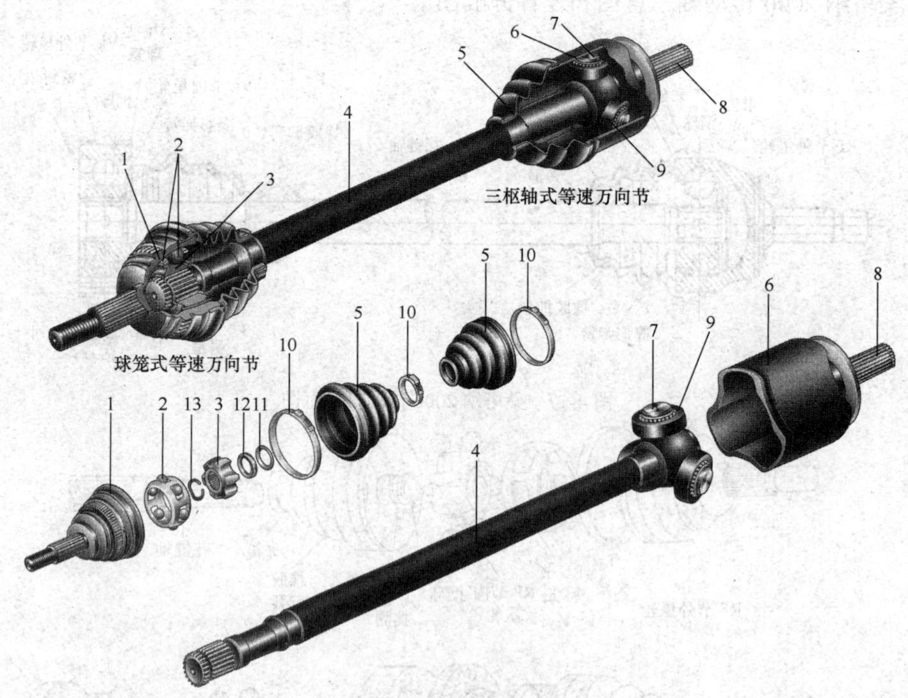

图 4-20 等速万向节和传动轴
1—钟形壳；2—钢球与保持架；3—星形套；4—传动轴；5—橡胶护套；6—叉形元件；7—滚轮轴；8—输入轴；9—球面滚轮；10—固定卡箍；11、12—垫圈；13—弹性卡环

（二）传动轴

1. 功用

传动轴是万向传动装置中的主要传力部件，通常用来连接变速器（或分动器）和驱动桥；在

转向驱动桥和断开式驱动桥中，则用来连接变速器和驱动车轮。

2. 构造

图 4-21 所示为传动轴的构造。传动轴有实心轴和空心轴之分。为了减轻传动轴的质量，节省材料，提高轴的强度、刚度，传动轴多为空心轴，一般用厚度为 1.5～3.0 mm 的薄钢板卷焊而成，超重型货车则直接采用无缝钢管。转向驱动桥、断开式驱动桥或微型汽车的传动轴通常制成实心轴。

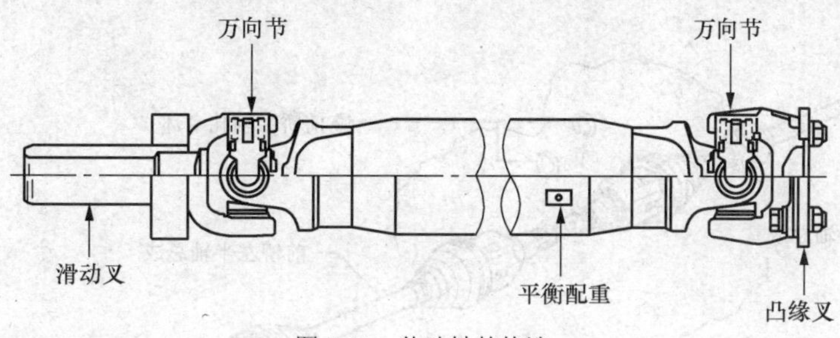

图 4-21　传动轴的构造

传动轴两端的连接件装好后，应进行动平衡试验。在质量轻的一侧补焊平衡片，使其不平衡量不超过规定值。为防止装错位置和破坏平衡，滑动叉、轴管上都应刻有带箭头的记号。为保持平衡，油封上两个带箍的开口销应装在间隔 180° 的位置上，万向节的螺钉、垫片等零件不应随意改换规格。为方便加注润滑脂，万向传动装置的油嘴应在一条直线上，且万向节上的油嘴应朝向传动轴。

汽车行驶过程中，变速器与驱动桥的相对位置会发生变化，随着传动轴角度的改变，其长度也会改变，因此采用滑动叉和花键组成的滑套连接，以实现传动轴长度的变化，如图 4-22 所示。

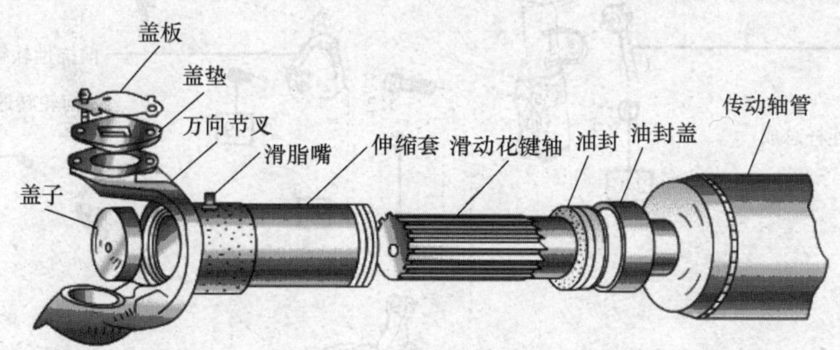

图 4-22　滑动叉的构造

（三）中间支承

1. 功用

传动轴分段时需加中间支承。中间支承通常装在车架横梁上，能补偿传动轴轴向和角度方向的安装误差，以及汽车行驶过程中因发动机窜动或车架变形等引起的位移。

2. 结构

图 4-23 所示的中间支承是由支架和轴承等组成，轴承固定在中间传动轴后部的轴颈上。带油封的支承盖之间装有弹性元件橡胶垫环，用螺栓紧固。紧固时，橡胶垫环会径向扩张，其外圆被挤紧于支架的内孔。

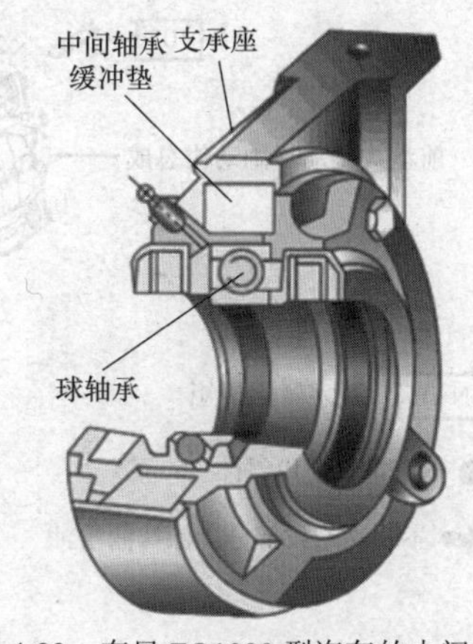

图 4-23　东风 EQ1090 型汽车的中间支撑

实操技能训练

（一）半轴总成的拆卸与安装

丰田卡罗拉轿车半轴总成如图 4-24～图 4-26 所示。

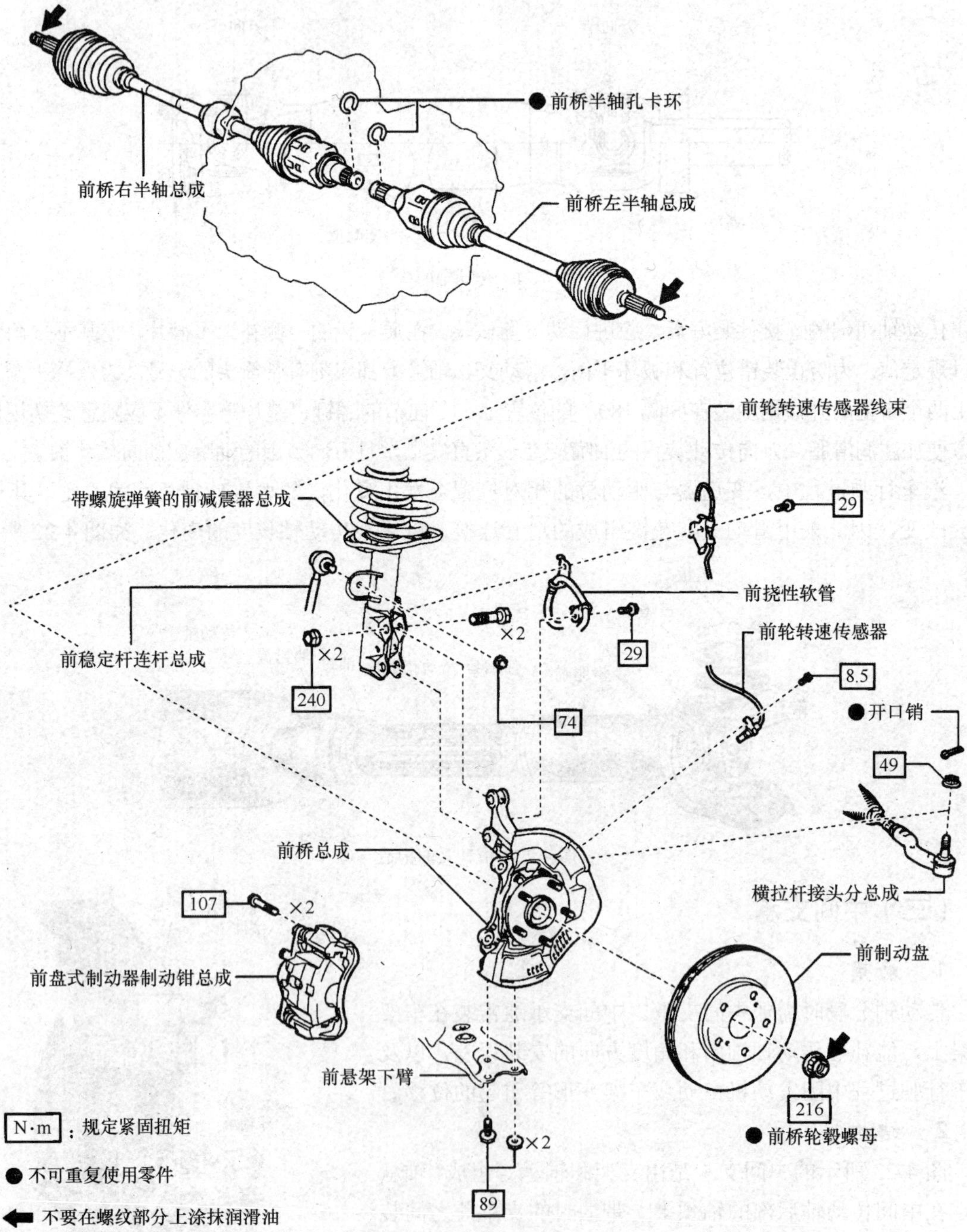

图 4-24　半轴总成（一）

●前桥左半轴孔卡环
●前桥左半轴防尘罩
前桥左半轴内侧万向节总成
●前桥内侧万向节密封垫
●前桥内侧万向节防尘罩 2 号卡夹
●轴卡环
三销架
●前桥内侧万向节防尘罩
●前桥内侧万向节防尘罩卡夹
●前桥外侧万向节防尘罩卡夹
●左前桥外侧万向节防尘罩
●前桥外侧万向节防尘罩 2 号卡夹
前桥左半轴外侧万向节轴总成
●不可重复使用零件

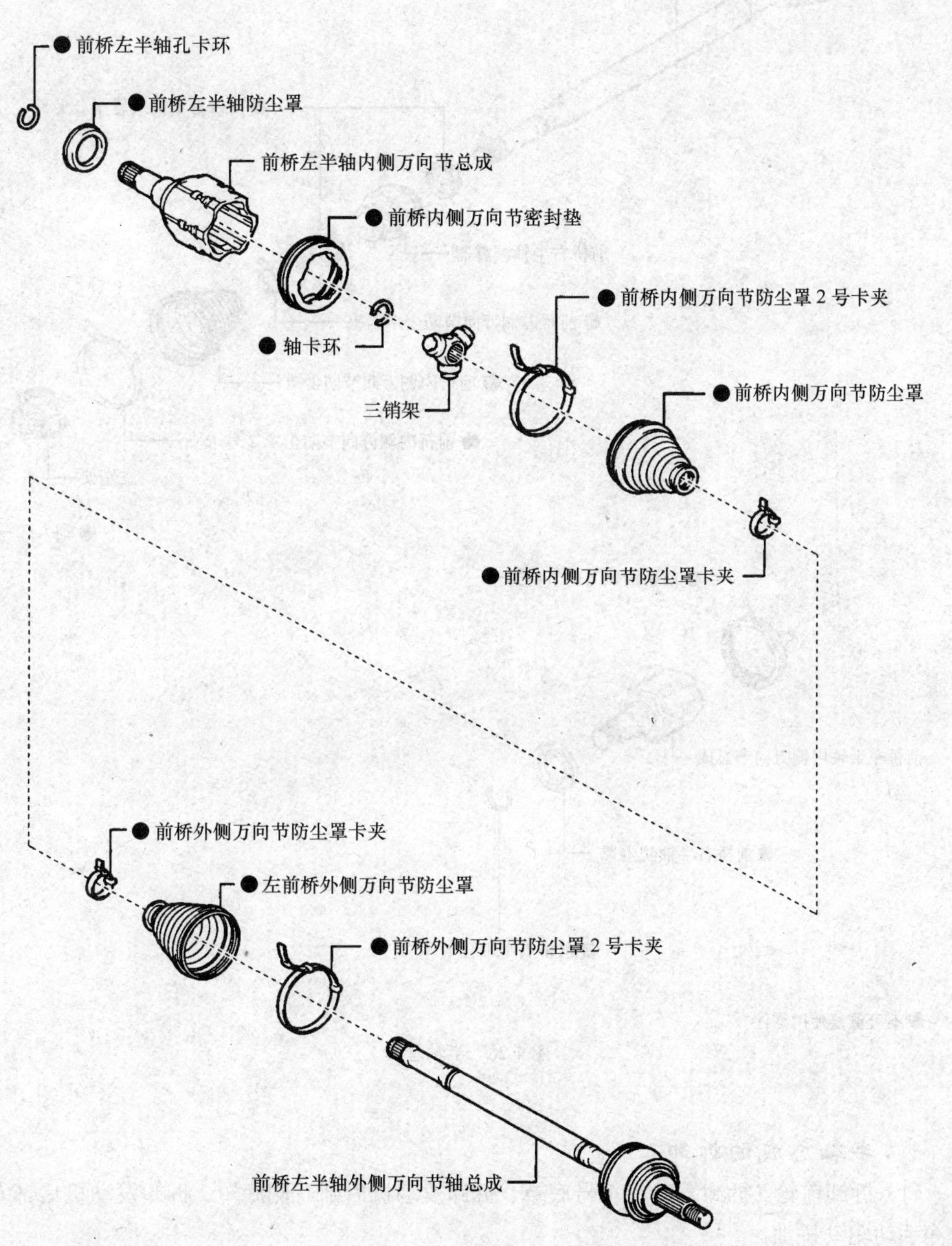

图 4-25 半轴总成（二）

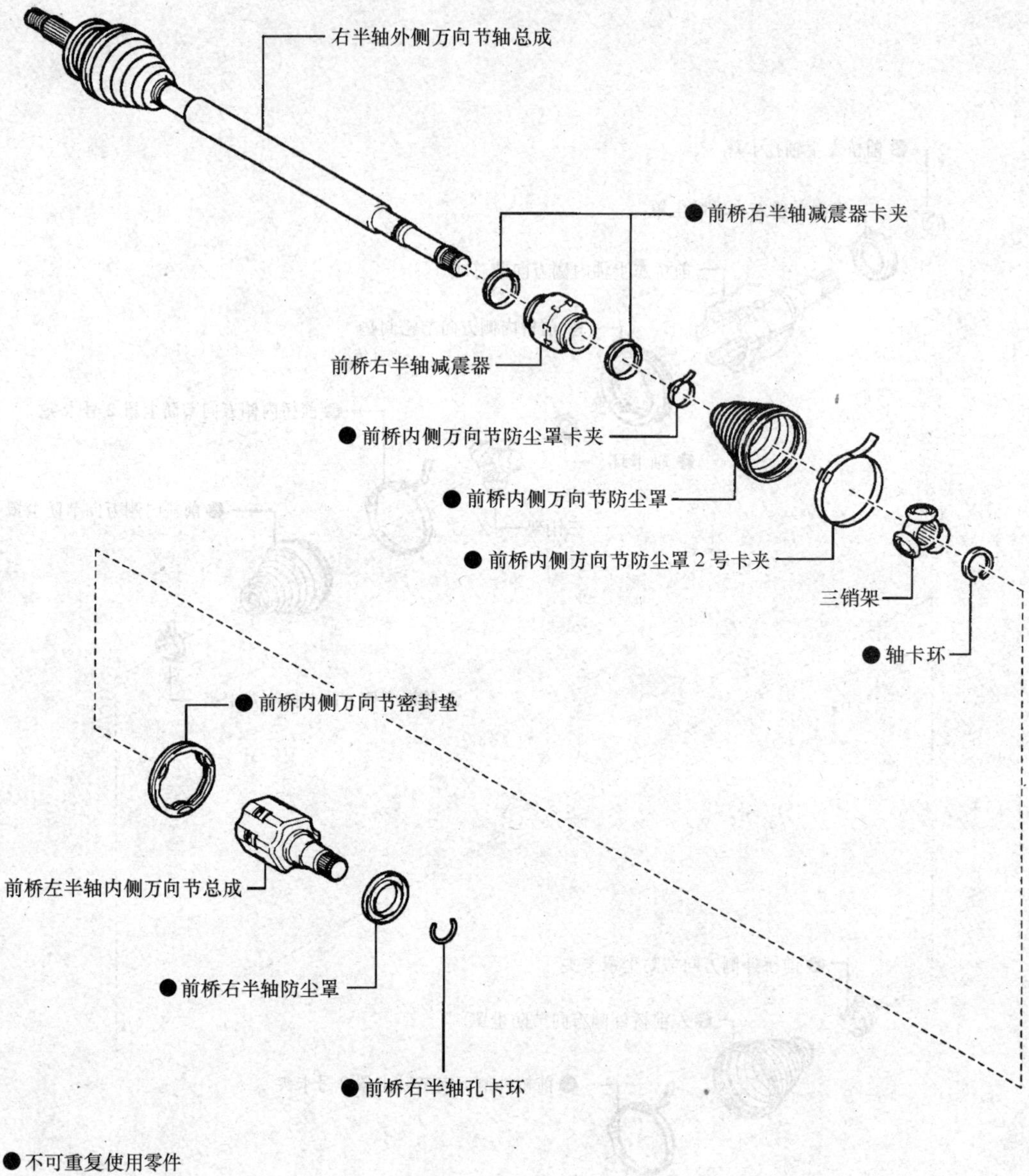

右半轴外侧万向节轴总成
●前桥右半轴减震器卡夹
前桥右半轴减震器
●前桥内侧万向节防尘罩卡夹
●前桥内侧万向节防尘罩
●前桥内侧万向节防尘罩 2 号卡夹
三销架
●轴卡环
●前桥内侧万向节密封垫
前桥左半轴内侧万向节总成
●前桥右半轴防尘罩
●前桥右半轴孔卡环
●不可重复使用零件

图 4-26　半轴总成（三）

1．半轴总成的拆卸

（1）拆卸前轮。拆卸发动机 1 号底罩。拆卸发动机后部右侧底罩。拆卸发动机后部左侧底罩。排净手动驱动桥油。

（2）拆卸前桥轮毂螺母。分离前稳定杆连杆总成。分离前轮速传感器。分离前挠性软管。分离左前盘式制动器制动钳总成。拆卸前制动盘。分离横拉杆接头分总成。分离前悬架下臂。拆卸前桥总成。

（3）如图 4-27 所示，使用 SST 拆下前桥左半轴。用螺丝刀和锤子，拆下前桥右半轴。

（4）安装前桥总成，如图 4-28 所示。

小 心

如果轮毂轴承承受车辆的重量，则它可能会损坏，例如在驱动轴已拆下的情况下移动车辆时，因此，如果必须将车辆的重量压在轮毂轴承上，则首先要用 SST 支撑它。

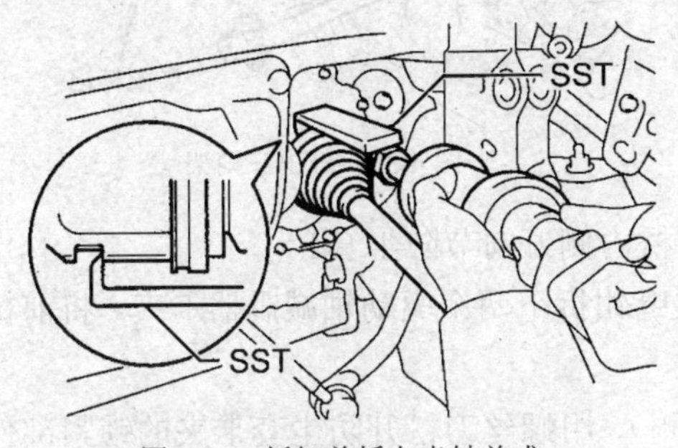

图 4-27 拆卸前桥左半轴总成

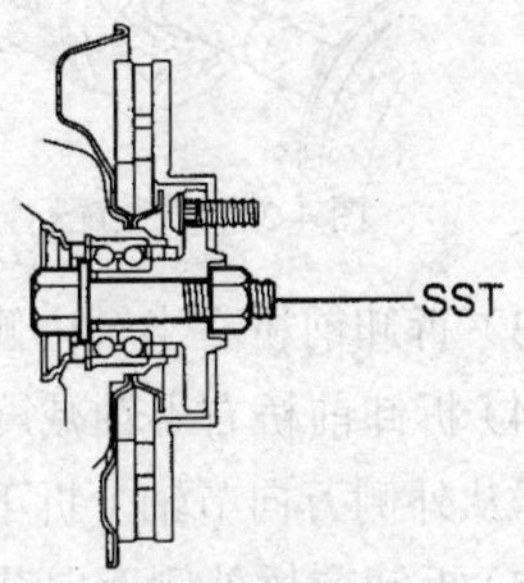

图 4-28 安装前桥总成

2．半轴总成的安装

（1）安装前桥左半轴总成。在内侧万向节轴花键上涂齿轮油。对准轴花键，用铜棒和锤子敲进驱动轴。

小 心

使开口侧向下安装卡环；不要损坏油封、防尘套和防尘罩。

（2）安装前桥右半轴总成（执行与左侧相同的程序）。

（3）安装前桥总成。安装前悬架下臂。安装前稳定杆连杆总成。连接横拉杆接头分总成。

（4）安装前制动盘。安装前盘式制动器制动钳总成。安装前挠性软管。

（5）安装前轮速传感器。安装前桥轮毂螺母。

① 用非残留性溶剂清洁驱动轴上的带螺纹零件和车桥轮毂螺母。

② 使用套筒扳手（30 mm），安装新的车桥轮毂螺母（扭矩：216 N • m）。

③ 用冲子和锤子，锁紧前桥轮毂螺母。

（6）加注手动驱动桥油。检查手动驱动桥。安装前轮（扭矩：103 N • m）。检查并调整前轮定位。检查转速传感器信号。安装发动机后部左侧底罩。安装发动机后部右侧底罩。安装发动机 1 号底罩。

（二）万向节的拆解与装配

1．万向节的拆解

（1）用螺丝刀松开防尘套卡夹的锁紧部件并分离防尘套卡夹。用螺丝刀松开防尘套卡夹的锁紧部件并分离防尘套卡夹。将内侧万向节防尘套从内侧万向节密封垫上分离。

（2）拆卸前桥左半轴内侧万向节总成。

① 清除内侧万向节上的所有旧润滑脂。在内侧万向节和外侧万向节轴上做好装配标记，如图 4-29 所示。将内侧万向节从外侧万向节轴上拆下。

② 在台钳上的两个铝板之间夹住外侧万向节轴。使用卡环扩张器拆下轴卡环。

③ 在外侧万向节轴上和三销架上设置装配标记。用铜棒和锤子从外侧万向节轴上敲出三销

架，如图4-30所示。

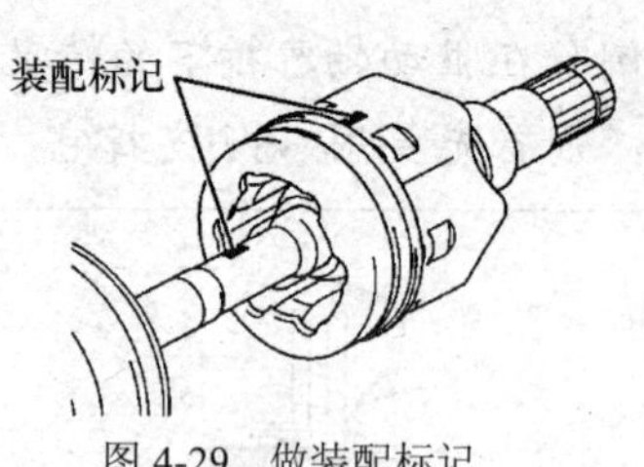

图4-29 做装配标记

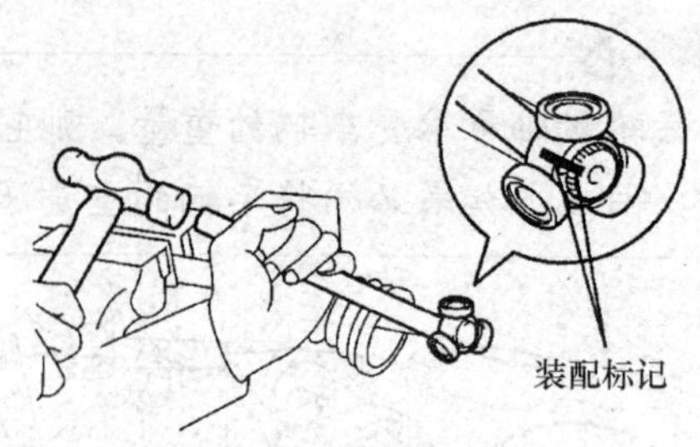

图4-30 敲出三销架

（3）拆卸前桥右半轴内侧万向节总成。拆卸前桥内侧万向节防尘套。

（4）拆卸前桥右半轴减震器卡夹（右侧），用尖嘴钳拆下两个驱动轴减震器卡夹。将前桥半轴减震器从外侧万向节轴上拆下。

（5）拆卸前桥外侧万向节防尘套2号卡夹（左侧），用螺丝刀松开防尘套卡夹的锁紧部件并拆下防尘套卡夹。

（6）拆卸前桥外侧万向节防尘套卡夹（左侧）。拆卸左前桥外侧万向节防尘套（左侧）。

（7）拆卸前桥左半轴孔卡环。拆卸前桥右半轴卡环。拆卸前桥左半轴防尘罩。

（8）如图4-31所示，使用SST和压力机，压出半轴防尘罩。拆卸前桥右半轴防尘罩。

2．万向节的装配

（1）如图4-32所示，使用SST和压力机，压进一个新的半轴防尘罩。

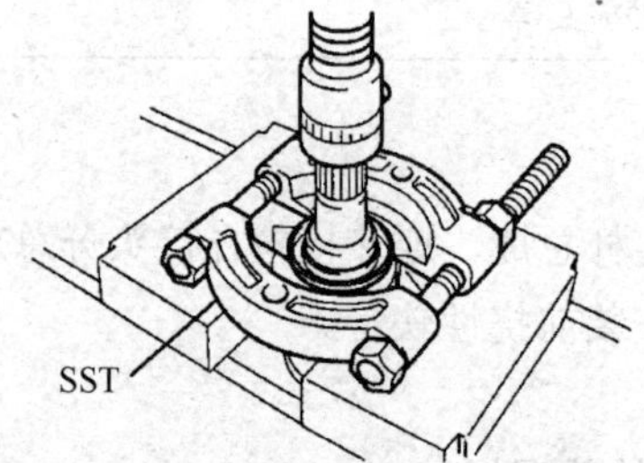

图4-31 拆卸前桥左半轴防尘罩

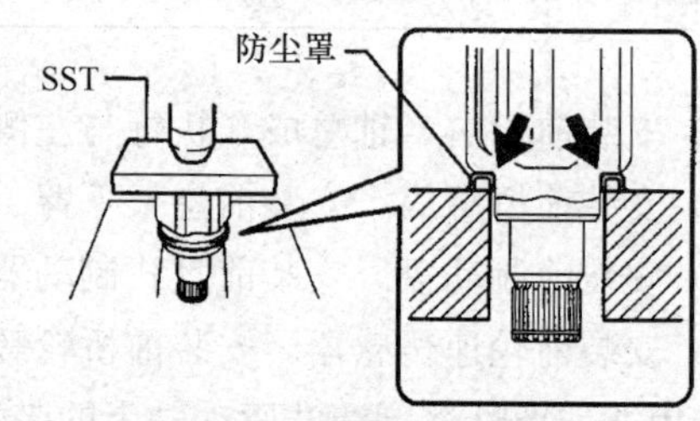

图4-32 安装前桥左半轴防尘罩

（2）安装前桥右半轴防尘罩。安装前桥左半轴孔卡环。安装前桥右半轴孔卡环。

（3）安装左前桥外侧万向节防尘套（左侧）。

① 用保护性胶带缠绕外侧万向节轴的花键。

提 示

在安装防尘套之前，请用塑料带缠绕驱动轴的花键，以防止防尘套损坏。

② 按以下顺序，将新零件安装到外侧万向节轴上。

a．2号外侧万向节防尘套卡夹；

b．外侧万向节防尘套；

c．外侧万向节防尘套卡夹。

③ 用防尘套维修组件中的润滑脂涂抹外侧万向节轴和防尘套。标准润滑脂容量：135～145 g。

④ 将外侧万向节防尘套安装在外侧万向节轴槽上。

提 示

槽里不能有润滑脂。

（4）安装前桥外侧万向节防尘套2号卡夹（左侧）。

① 将防尘套卡夹安装到外侧万向节防尘套上并暂时将杆折回，如图4-33所示。

小 心

将杆正确地安装至导槽，将卡夹安装至车辆内侧尽可能远处；将杆折回前，检查箍带和杆有没有变形。

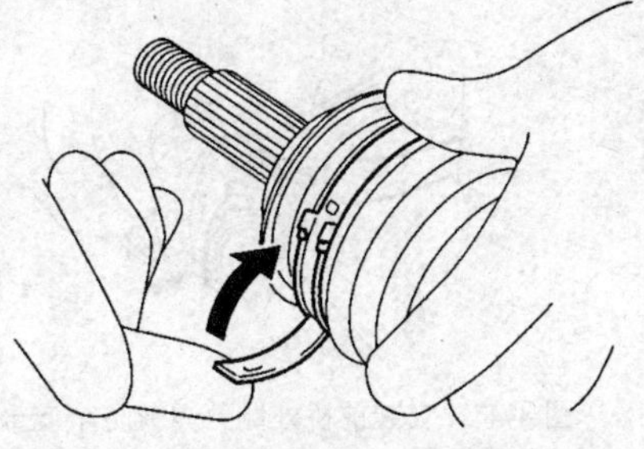

图4-33 安装外侧万向节防尘套（一）

② 朝工作面按压外侧万向节，同时把身体重量倚靠到手上并向前转动外侧万向节。转动外侧万向节并折叠直至听到咔嗒声，如图4-34所示。

③ 调整杆和槽之间的间隙以使锁扣边缘和杆端之间的间隙均匀，同时用塑料锤敲击锁扣将其固定，如图4-35所示。

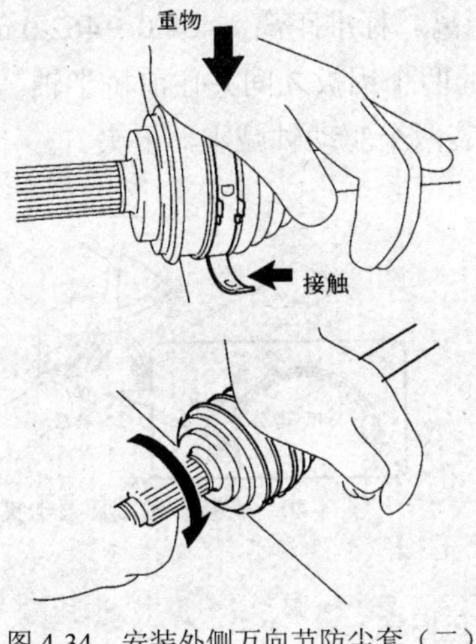

图4-34 安装外侧万向节防尘套（二）

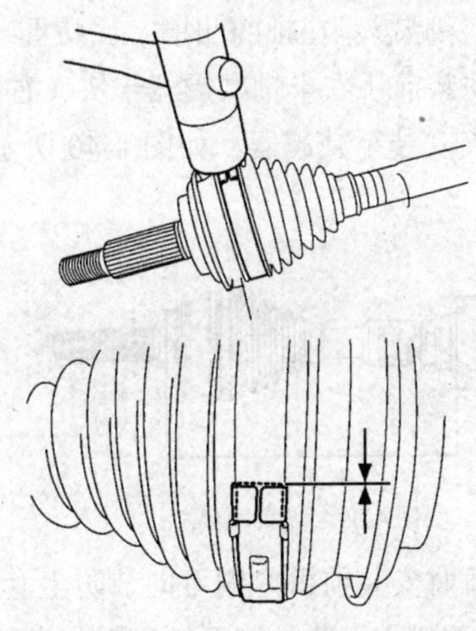

图4-35 安装外侧万向节防尘套（三）

（5）安装前桥外侧万向节防尘套卡夹（左侧）。

小 心

佩戴保护手套以防伤手。

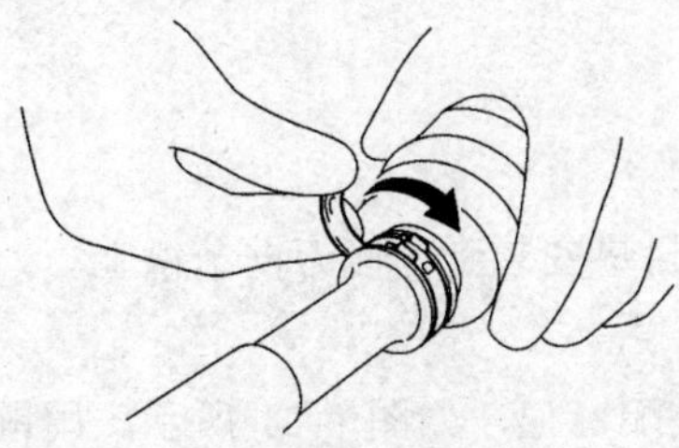

图4-36 安装前桥外侧万向节防尘套卡夹（一）

① 将防尘套卡夹安装到外侧万向节防尘套上并暂时将杆折回，如图4-36所示。

② 用水泵钳子，捏住防尘套卡夹，暂时将其固定，如图4-37所示。

③ 调整杆和槽之间的间隙以使锁扣边缘和杆端之间的间隙均匀，同时用塑料锤敲击锁扣将其固定，如图4-38所示。

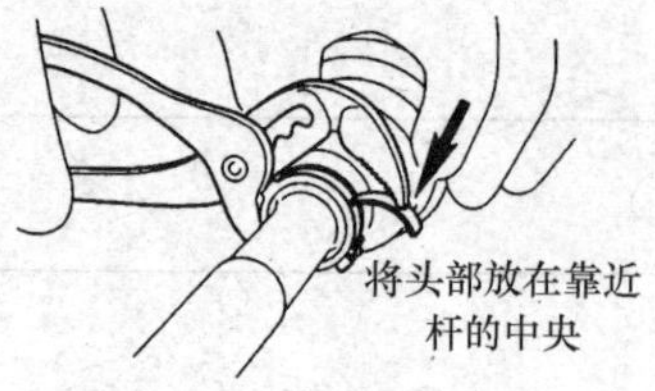

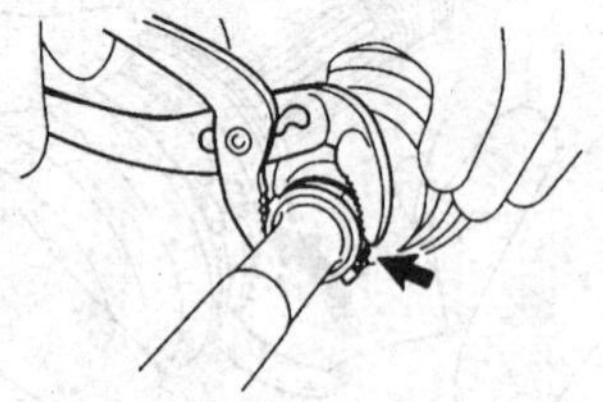

图 4-37　安装前桥外侧万向节防尘套卡夹（二）

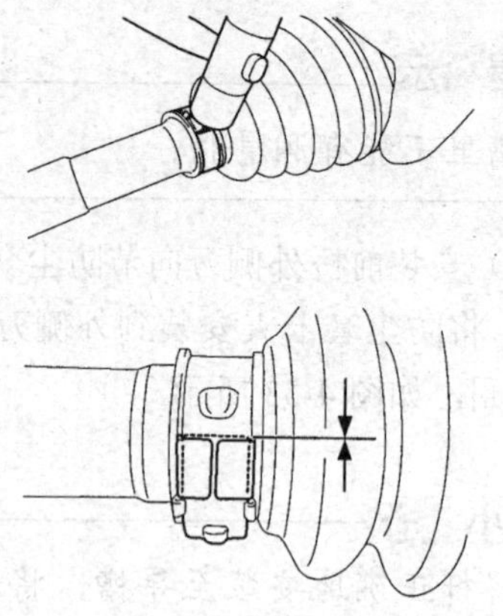

图 4-38　安装前桥外侧万向节防尘套卡夹（三）

（6）安装前桥右半轴减震器（右侧）。

① 按以下顺序，将零件安装到外侧万向节轴上。

a．驱动轴减震器卡夹；

b．驱动轴减震器；

c．驱动轴减震器卡夹。

② 确保减震器在轴的凹槽上。按图 4-39 所示设置距离。标准距离：458.0～462.0 mm。

（7）安装前桥右半轴减震器卡夹（右侧）。在台钳上的两个铝板之间夹住前桥半轴。将驱动轴减震器卡夹安装至减震器。如图 4-40 所示，用尖嘴钳安装两个驱动轴减震器卡夹。

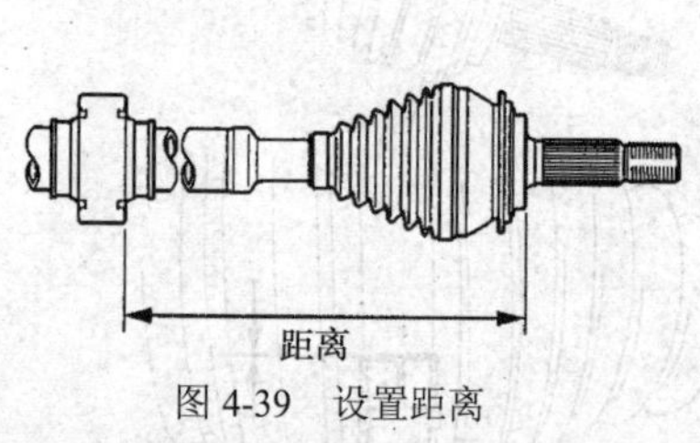

图 4-39　设置距离

图 4-40　安装半轴减震器卡夹

（8）暂时安装前桥内侧万向节防尘套。

① 用塑料带缠绕外侧万向节轴的花键，以防止防尘套损坏。

提　示

在安装防尘套之前，请用塑料带缠绕驱动轴的花键，以防止防尘套损坏。

② 按以下顺序，将新零件安装到外侧万向节轴上。

a．内侧万向节防尘套卡夹；

b．内侧万向节防尘套；

c．2 号内侧万向节防尘套卡夹。

（9）安装前桥内侧万向节密封垫。将一个新的内侧万向节密封垫安装到内侧万向节槽上。

（10）安装前桥左半轴内侧万向节总成。

① 使三销架轴向花键的斜面朝向外侧万向节。对准做好的装配标记，如图 4-41 所示。用铜棒和锤子，把三销式万向节敲进驱动轴。

② 用防尘套维修组件中的润滑脂涂抹内侧万向节轴和防尘套。标准润滑脂容量：175～185 g。

③ 使用卡夹扩张器，安装一个新的半轴卡环。

④ 对准装配标记，将内侧万向节安装至外侧万向节轴，如图 4-29 所示。

（11）安装前桥右半轴内侧万向节总成。安装前桥内侧万向节防尘套。将内侧万向节防尘套安装至内侧万向节密封垫和外侧万向节轴的槽中。

（12）安装前桥内侧万向节防尘套卡夹。

注　意

佩戴保护手套以防伤手。

① 将防尘套卡夹安装到内侧万向节防尘套上并暂时将杠杆折回，如图 4-42 所示。

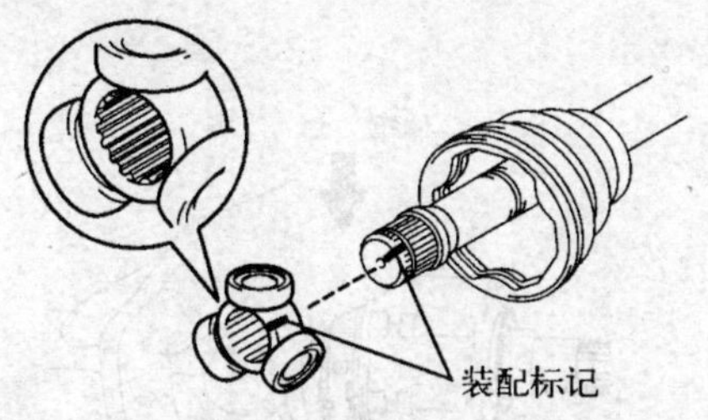

图 4-41　对准装配标记

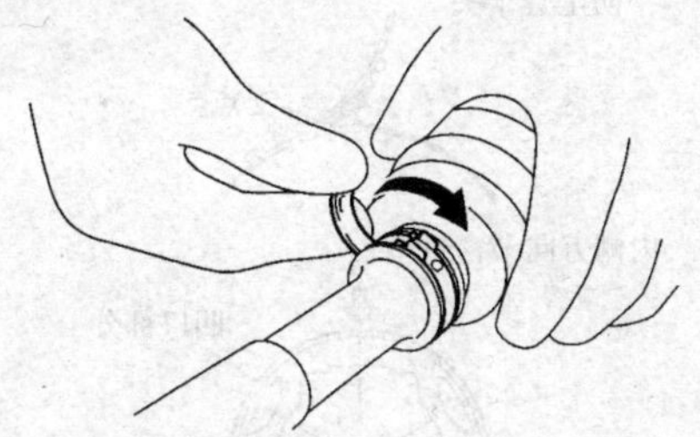

图 4-42　安装前桥内侧万向节防尘套卡夹（一）

② 用水泵钳子，捏住防尘套卡夹，暂时将其固定，如图 4-43 所示。

③ 调整杠杆和槽口之间的间隙以使锁扣边缘和杆端之间的间隙均匀，同时用塑料锤敲击锁扣将其固定，如图 4-44 所示。

小　心

不要损坏内侧万向节防尘套。

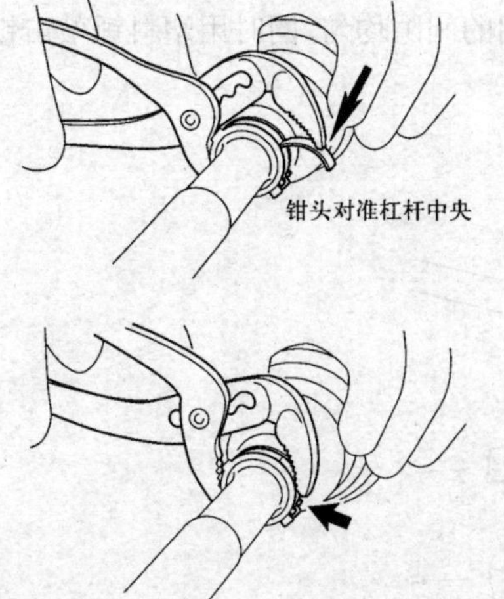

图 4-43　安装前桥内侧万向节防尘套卡夹（二）

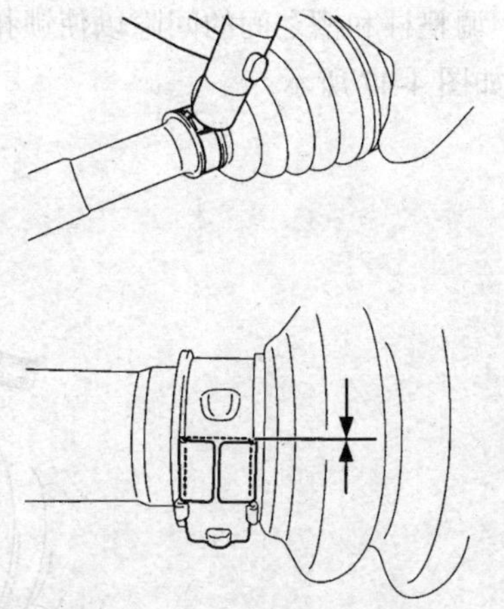

图 4-44　安装前桥内侧万向节防尘套卡夹（三）

（13）安装前桥内侧万向节防尘套 2 号卡夹。

① 将防尘套卡夹安装到内侧万向节防尘套上。

② 保持尺寸（A）在规定长度内，同时将内侧万向节密封垫的凹陷部位拉出，使内侧万向节的内部暴露在大气压力下。

③ 如图 4-45 所示，将杠杆支点设置在任一 *A* 点处并暂时弯曲杠杆。

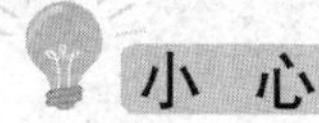

小 心

执行该操作时，内侧万向节的内部必须保持在大气压力下；将杠杆正确地安装至导槽，将卡夹尽可能靠近车辆内侧安装；将杠杆折回前，检查箍带和杠杆没有变形。

④ 朝工作面按压内侧万向节，同时把身体重量集中到手上并向前转动内侧万向节。转动内侧万向节并折起杠杆直至听到咔嗒声，如图 4-46 所示。

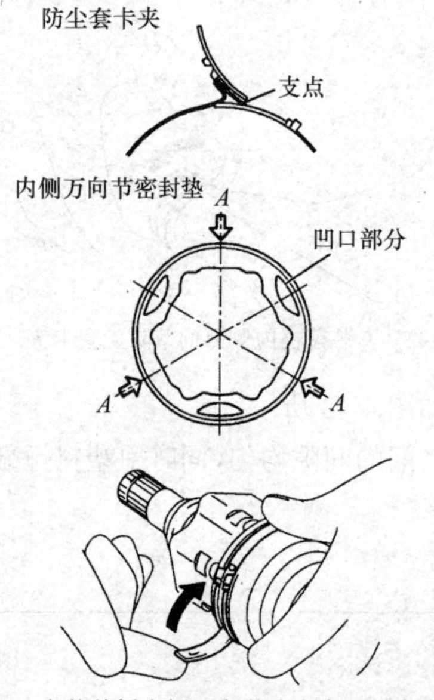

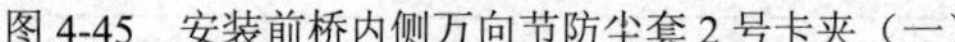

图 4-45　安装前桥内侧万向节防尘套 2 号卡夹（一）

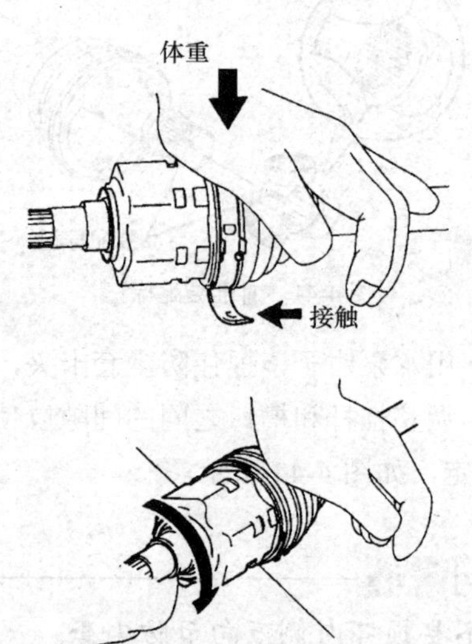

图 4-46　安装前桥内侧万向节防尘套 2 号卡夹（二）

⑤ 调整杆和槽之间的间隙以使锁扣边缘和杆端之间的间隙均匀，同时用塑料锤敲击锁扣将其固定，如图 4-47 所示。

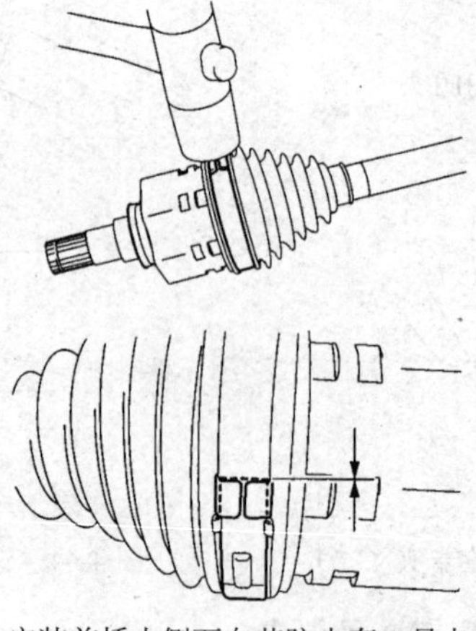

图 4-47　安装前桥内侧万向节防尘套 2 号卡夹（三）

（14）检查前桥半轴。

练 习 题

1. 说明万向传动装置的功能、组成及应用。
2. 说明十字轴万向节的速度特性及实现等速传动的条件。
3. 常用的等速万向节有哪些，各有什么特点？
4. 说明传动轴及中间支撑的功用。

项目五
驱动桥

【学习目标】

1. 能够正确描述驱动桥的组成、功用及分类；
2. 能够正确描述主减速器的结构及工作原理；
3. 能够正确描述差速器的结构及工作原理；
4. 能够正确描述半轴和桥壳的结构；
5. 能够正确选择与使用工具、设备，并规范地进行差速器的拆解与装配；
6. 能够正确选择与使用工具、设备，并规范地进行手动变速驱动桥油的检查。

驱动桥概述

本项目主要介绍驱动桥的功用、组成，各主要零部件的结构、原理及相关总成，零部件拆装等内容。

发动机的动力经过离合器、变速器、万向传动装置，传到了驱动桥。

1．驱动桥的组成

驱动桥一般由主减速器、差速器、半轴和桥壳等组成，如图 5-1 所示。

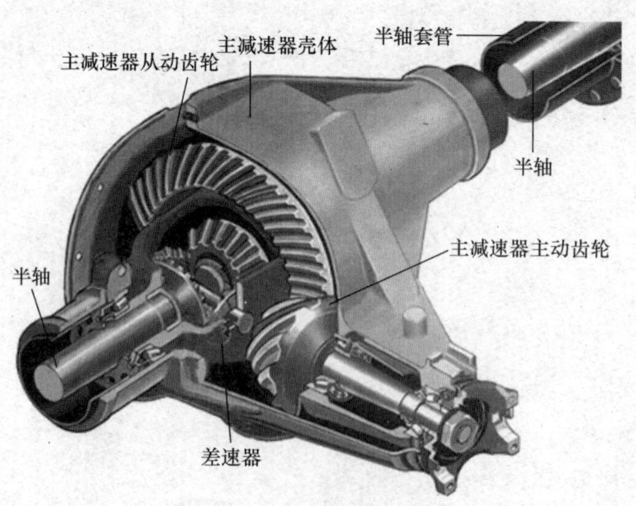

图 5-1　驱动桥的组成

驱动桥是传动系统的最后一个总成，发动机的动力传到驱动桥后，首先传到主减速器，在这里将转矩放大并降低转速后，经差速器分配给左、右半轴，最后通过半轴外端的凸缘传到

驱动车轮的轮毂。驱动桥的主要零部件都装在驱动桥的桥壳中。桥壳由主减速器壳和半轴套管组成。

2．驱动桥的功用

驱动桥的功用是将由万向传动装置传来的发动机转矩传给驱动车轮，并经降速增矩、改变动力传动方向等，使汽车行驶，而且允许左、右驱动车轮以不同的转速旋转。具体来说，主减速器的功用是降速增矩，改变动力传动方向；差速器的功用是允许左、右驱动车轮以不同的转速旋转；半轴的功用是将动力由差速器传给驱动车轮。

3．驱动桥的分类

按照悬架结构的不同，驱动桥可以分为整体式驱动桥和断开式驱动桥。整体式驱动桥又称为非断开式驱动桥。

（1）整体式驱动桥。整体式驱动桥如图 5-2 所示，与非独立悬架配用。其驱动桥壳为一个刚性的整体，驱动桥两端通过悬架与车架或车身连接，左、右半轴始终在一条直线上，即左、右驱动轮不能相互独立地跳动。当某一侧车轮通过地面的凸出物或凹坑升高或下降时，整个驱动桥及车身都随之发生倾斜，车身波动大。

（2）断开式驱动桥。断开式驱动桥如图 5-3 所示，与独立悬架配用。其主减速器固定在车架或车身上，驱动桥壳制成分段并用铰链连接，半轴也分段并用万向节连接。驱动桥两端分别用悬架与车架或车身连接，这样，两侧驱动车轮及桥壳可以彼此独立地相对于车架或车身上下跳动。

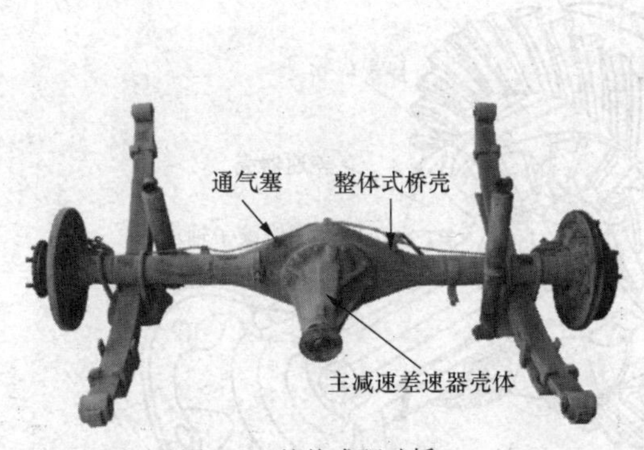

图 5-2 整体式驱动桥

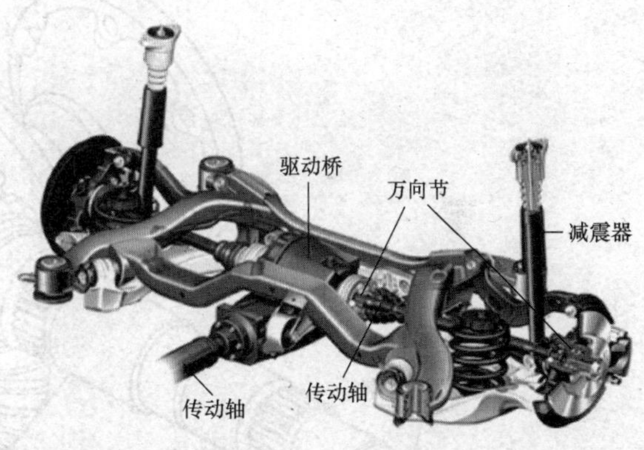

图 5-3 断开式驱动桥

相关知识

（一）主减速器

1．主减速器概述

（1）主减速器的功用。

主减速器的功用具体如下。

① 将万向传动装置传来的发动机转矩传给差速器。

② 在动力的传动过程中将转矩增大并相应降低转速。

③ 对于纵置发动机，还将转矩的旋转方向改变 90°。

（2）主减速器的类型。

① 主减速器按参加传动的齿轮副数目，可分为单级式和双级式两种。单级式主减速器结构简单，质量小，体积小，传动效率高，主要用于轿车及中型以下客货车。有些重型汽车将双级式主减速器的第二级圆柱齿轮传动设置在两侧驱动车轮附近，称为轮边减速器。

② 主减速器按主减速器传动比个数，可分为单速式和双速式两种。单速式主减速器的传动比是固定的，而双速式主减速器则有两个传动比供驾驶员选择。

③ 主减速器按齿轮副结构形式，可分为圆柱齿轮式（又可分为定轴轮系和行星轮系）和圆锥齿轮式（又可分为螺旋锥齿轮式和准双曲面锥齿轮式）两种。

2. 单级主减速器

单级主减速器结构简单，质量小，体积小，传动效率高，主要用于轿车及中型以下客货车。

对于发动机纵向布置的汽车，由于需要改变动力传递方向，单级主减速器都采用一对圆锥齿轮传动，如桑塔纳 2000 轿车。图 5-4 所示为桑塔纳 2000 轿车单级主减速器图，图 5-5 所示为主减速器和差速器的零件分解图。由于发动机前置前轮驱动，整个传动系统都集中布置在汽车前部，因此其主减速器装于变速器壳体内，没有专门的主减速器壳体。由于省去了变速器到主减速器之间的万向传动装置，所以变速器输出轴即为主减速器主动轴。

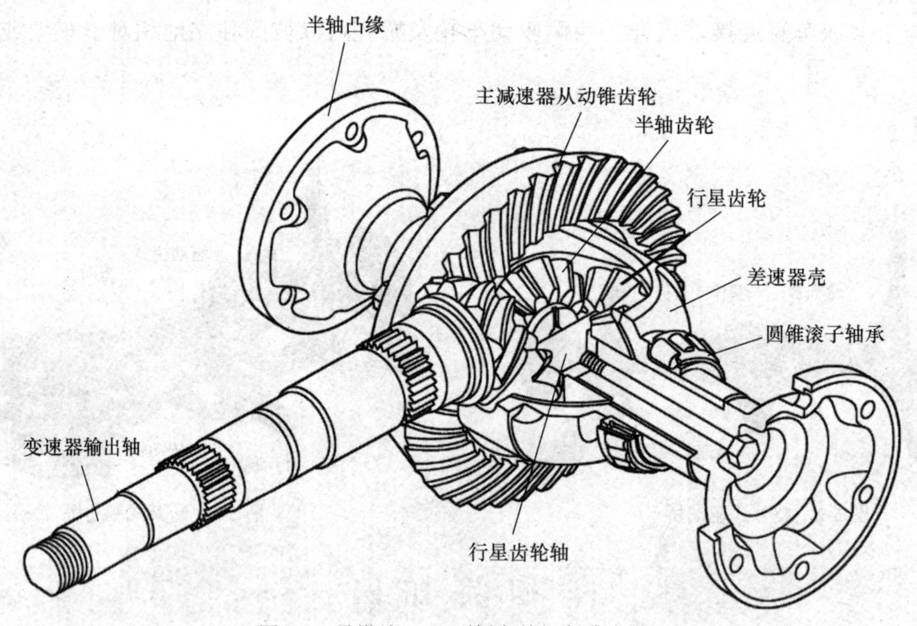

图 5-4　桑塔纳 2000 型轿车单级主减速器

主减速器由一对准双曲面锥齿轮组成，从动锥齿轮的齿数为 40，主动锥齿轮的齿数为 9，其传动比为 4.444。主动锥齿轮与变速器输出轴制为一体，用双列圆锥滚子轴承和圆柱滚子轴承支撑在变速器壳体内，属于悬臂式支撑。环状的从动锥齿轮靠凸缘定位，并用螺栓与差速器壳连接。差速器壳由一对圆锥滚子轴承支撑在变速器壳体上。

对于发动机横向布置的汽车，单级主减速器采用一对圆柱齿轮即可，如夏利 7130、宝来 1.8T、别克凯越、丰田卡罗拉等。图 5-6 所示为别克凯越轿车主减速器和差速器的结构及零件分解图。

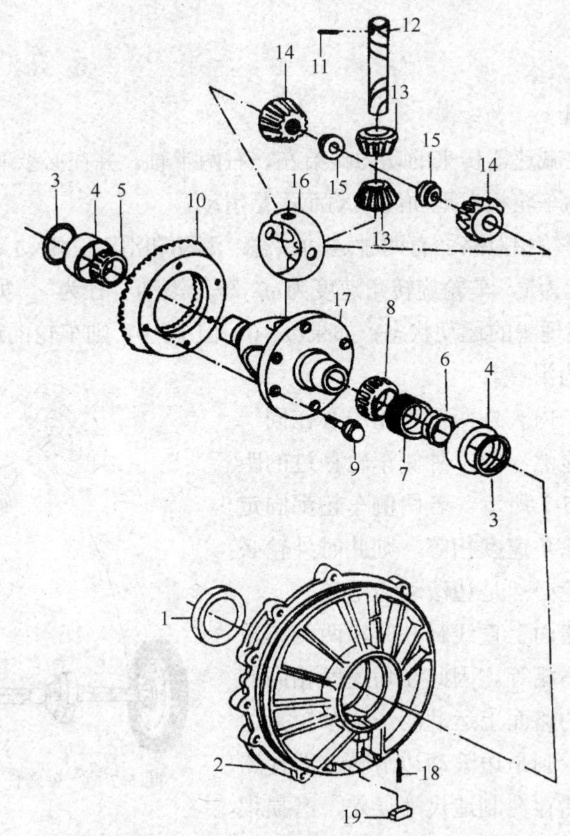

图 5-5 桑塔纳 2000 轿车主减速器和差速器的零件分解图

1—密封圈；2—主减速器盖；3—从动锥齿轮的调整垫片；4—轴承外座圈；5—差速器轴承；6—锁紧套筒；7—车速表主动齿轮；8—差速器轴承；9—螺栓（拧紧力矩 70 N·m）；10—从动锥齿轮；11—夹紧销；12—行星齿轮轴；13—行星齿轮；14—半轴齿轮；15—螺纹套；16—复合式止推垫片；17—差速器壳；18—磁铁固定销；19—磁铁

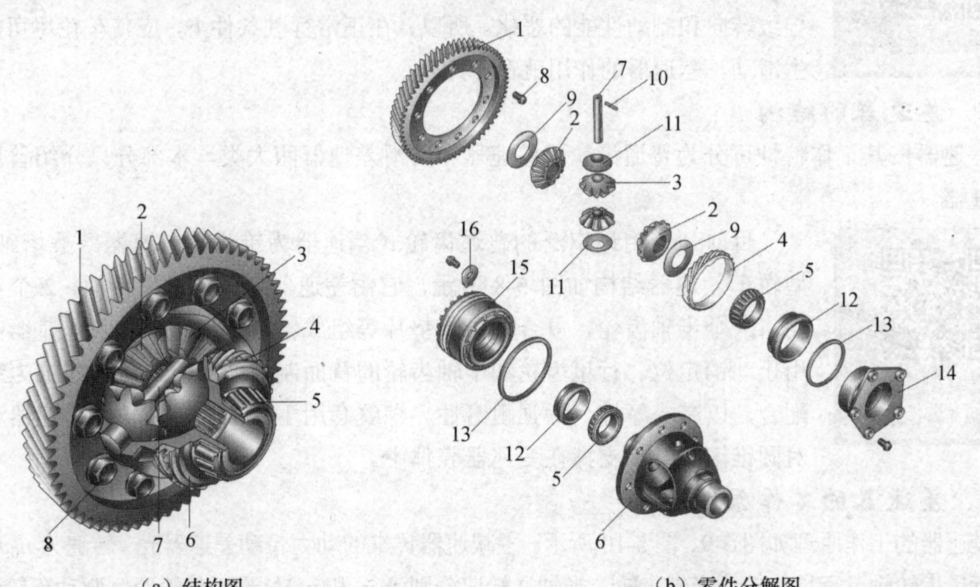

（a）结构图　　（b）零件分解图

图 5-6 别克凯越轿车主减速器和差速器的结构

1—主减速器从动齿轮；2—半轴齿轮；3—行星齿轮；4—车速里程表驱动齿轮；5—圆锥滚子轴承；6—差速器壳；7—行星齿轮轴；8—螺栓；9—垫圈；10—弹簧销；11—球面垫片；12—油封；13—O 型垫圈；14—轴承凸缘；15—轴承调整螺母；16—调整螺母锁片

（二）差速器

1. 差速器的功用

差速器的功用是将主减速器传来的动力传给左、右两半轴，并在必要时允许左、右半轴以不同转速旋转，使左、右驱动车轮相对地面纯滚动而不是滑动。

汽车行驶过程中，车轮相对路面有两种运动状态：滚动和滑动，滑动又有滑转和滑移两种。设车轮中心相对路面的速度为 v，车轮旋转角速度为 ω，车轮滚动半径为 r。如果 $v=\omega r$，则车轮对路面的运动为滚动，这是最理想的运动状态；如果 $\omega>0$，但 $v=0$，则车轮的运动为滑转；如果 $v>0$，但 $\omega=0$，则车轮的运动为滑移。

当汽车转弯行驶时，内、外两侧车轮中心在同一时间内移过的曲线距离显然不同，外侧车轮移过的距离大于内侧车轮，如图 5-7 所示。若两侧车轮都固定在同一刚性转轴上，两轮角速度相等，则此时外轮必然是边滚动边滑移，内轮必然是边滚动边滑转。

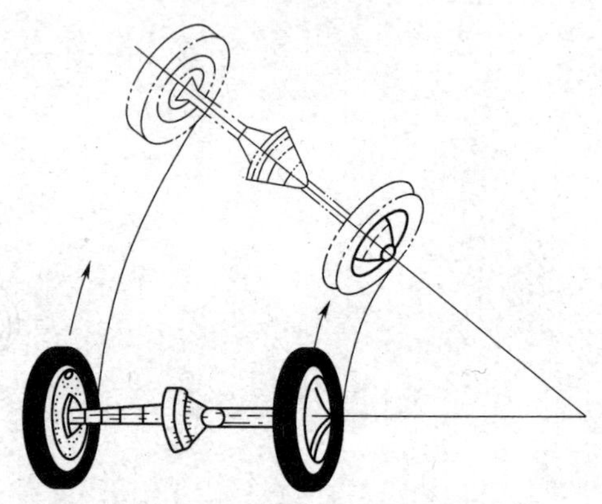
图 5-7　汽车转向时驱动车轮的运动示意图

同样，汽车在不平路面上直线行驶时，两侧车轮实际移过的曲线距离也不相等。因此在角速度相同的条件下，在波形较显著的路面上运动的一侧车轮是边滚动边滑移，另一侧车轮则是边滚动边滑转。即使路面非常平直，但由于轮胎存在制造尺寸误差，磨损程度不同，承受的载荷不同或充气压力不等，各个轮胎的滚动半径实际上不可能相等，因此，只要各轮角速度相等，车轮对路面的滑动就必然存在。

认识差速器

车轮对路面的滑动不仅会加速轮胎磨损，增加汽车的动力消耗，而且可能导致转向和制动性能的恶化。所以，在正常行驶条件下，应使车轮尽可能不发生滑动，差速器的作用就在于此。

2. 差速器的结构

差速器按其工作特性可分为普通齿轮式差速器和防滑差速器两大类，本部分只介绍普通齿轮式差速器。

普通齿轮式差速器的结构及工作原理

目前，应用最广泛的普通齿轮式差速器为锥齿轮差速器。桑塔纳 2000 型轿车差速器结构如图 5-8 所示，它由差速器壳、行星齿轮轴、2 个行星齿轮、2 个半轴齿轮、复合式推力垫片等组成。行星齿轮轴装入差速器壳体后用止动销定位。行星齿轮和半轴齿轮的背面制成球面，与复合式推力垫片相配合，以减小摩擦，增强耐磨性。螺纹套用于紧固半轴齿轮。差速器通过一对圆锥滚子轴承支撑在变速器壳体中。

3. 差速器的工作原理

差速器的工作原理如图 5-9、图 5-10 所示。主减速器传来的动力带动差速器壳（转速为 n_0）转动，经过行星齿轮轴、行星齿轮、半轴齿轮、半轴（转速分别为 n_1 和 n_2），最后传给两侧驱动车轮。

（1）汽车直线行驶时：此时两侧驱动车轮所受到的地面阻力相同，并经半轴、半轴齿轮反作用于行星齿轮两啮合点 A 和 B（见图 5-9）。这时行星齿轮相当于等臂杠杆，即行星齿轮不自转，只随差速器壳和行星齿轮轴一起公转，两半轴无转速差，即 $n_1=n_2=n_0$，$n_1+n_2=2n_0$。

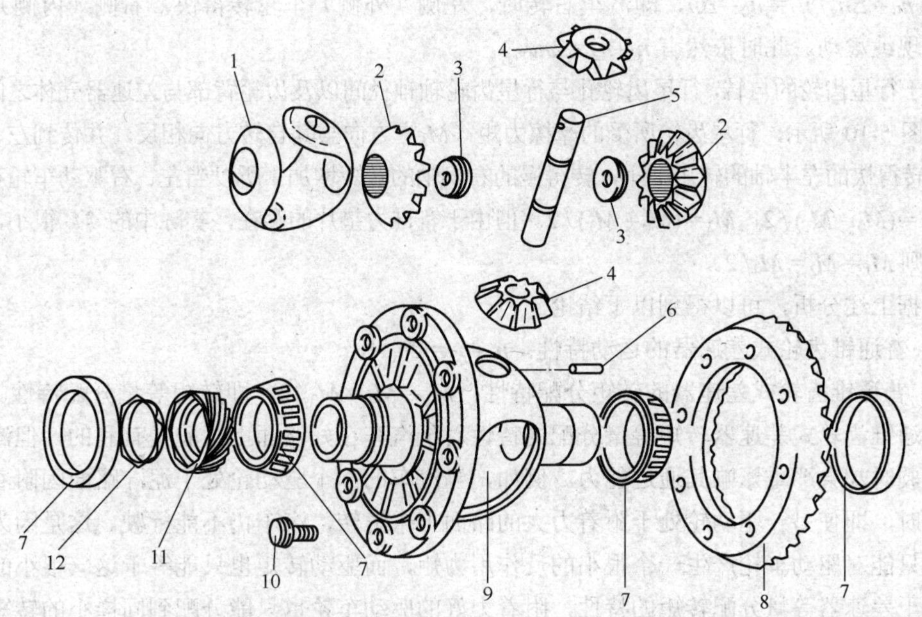

图 5-8　桑塔纳 2000 型轿车差速器

1—复合式推力垫片；2—半轴齿轮；3—螺纹套；4—行星齿轮；5—行星齿轮轴；6—止动销；7—圆锥滚子轴承；8—主减速器从动锥齿轮；9—差速器壳；10—螺栓；11—车速表齿轮；12—车速表齿轮锁紧套筒

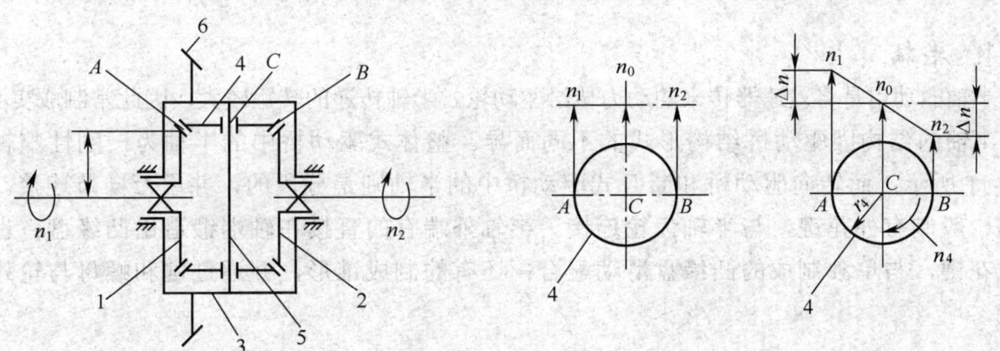

图 5-9　差速器运动原理

1、2—半轴齿轮；3—差速器壳；4—行星齿轮；5—行星齿轮轴；6—主减速器从动齿轮

同样，由于行星齿轮相当于等臂杠杆，因此主减速器传到差速器壳体上的转矩（M_0）将等分给两半轴齿轮（半轴），即 $M_1 = M_2 = M_0 / 2$。

（2）汽车转向行驶时：此时两侧驱动车轮所受到的地面阻力不同。如果车辆右转，右侧（内侧）驱动车轮所受的阻力大，左侧（外侧）驱动车轮所受的阻力小。这两个阻力经半轴、半轴齿轮反作用于行星齿轮两啮合点 A 和 B（见图 5-9），使行星齿轮除了随差速器壳公转外还顺时针自转。设自转转速为 n_4，则左半轴齿轮的转速增加，右半轴齿轮的转速降低，且左半轴齿轮增加的转速等于右半轴齿轮降低的转速。设半轴齿轮的转速变化为 Δn，

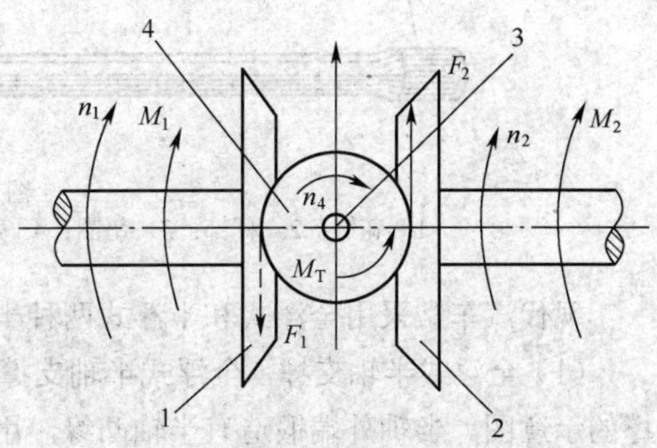

图 5-10　差速器转矩分配原理

1、2—半轴齿轮；3—行星齿轮轴；4—行星齿轮

则 $n_1 = n_0 + \Delta n$，$n_2 = n_0 - \Delta n$，即汽车右转时，左侧（外侧）车轮转得快，右侧（内侧）车轮转得慢，实现纯滚动。此时依然有 $n_1 + n_2 = 2n_0$。

由于行星齿轮的自转，行星齿轮孔与行星齿轮轴轴径间以及齿轮背部与差速器壳体之间都产生摩擦。如图 5-10 所示，行星齿轮所受的摩擦力矩（M_T）方向与其自转方向相反，并传到左、右半轴齿轮，使转得快的左半轴的转矩减小，转得慢的右半轴的转矩增加。所以当左、右驱动车轮存在转速差时，$M_1 = (M_0 - M_T)/2$，$M_2 = (M_0 + M_T)/2$。但由于有推力垫片的存在，实际中的 M_T 很小，可以忽略不计，则 $M_1 = M_2 = M_0/2$。

根据上述分析，可以得到以下结论。

① 普通锥齿轮式差速器的运动特性：$n_1 + n_2 = 2n_0$。

② 普通锥齿轮式差速器的转矩分配特性：$M_1 = M_2 = M_0/2$，即转矩等量分配特性。

普通锥齿轮式差速器转矩等量分配的特性对于汽车在好路面上行驶是有利的，但汽车在坏路面上行驶时却会严重影响其通过能力。例如，当汽车的一个驱动轮处于泥泞路面因附着力小而原地打滑时，即使另一驱动轮处于附着力大的路面上未滑转，汽车仍不能行驶。这是因为附着力小的路面只能对驱动车轮产生一个很小的反作用力矩，而驱动转矩也只能等于这一很小的反作用力矩。由于差速器等量分配转矩的特性，附着力好的驱动车轮也只能分配到同样小的转矩，以至总的牵引力不足以克服行驶阻力，导致汽车不能前进。

（三）半轴和桥壳

1. 半轴

半轴的功用是将差速器传来的动力传给驱动轮。半轴传递的转矩较大，因此常制成实心轴。

半轴的结构因驱动桥结构形式的不同而异。整体式驱动桥中的半轴为一刚性整轴，如图 5-11 所示；而转向驱动桥和断开式驱动桥中的半轴则是分段的，并用万向节连接。半轴内端一般制有外花键，与半轴齿轮连接。半轴外端有的直接在轴端锻造出凸缘盘；也有的制成花键，与单独制成的凸缘盘滑动配合；还有的制成锥形，并通过键和螺母与轮毂固定连接。

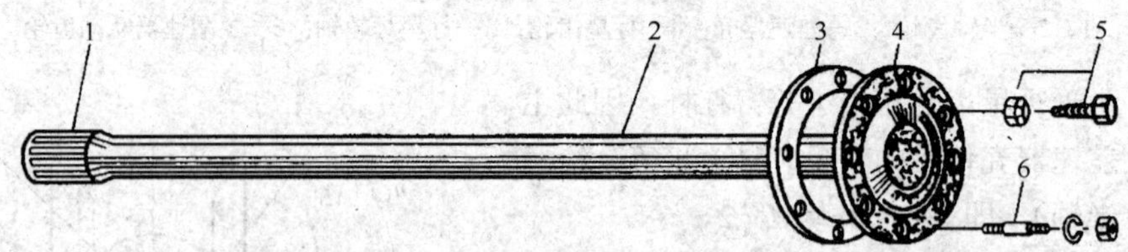

图 5-11 汽车半轴

1—花键；2—杆部；3—垫圈；4—半轴凸缘；5—半轴起拔螺栓；6—半轴紧固螺栓

现代汽车常采用全浮式和半浮式两种半轴支撑形式。

（1）全浮式半轴支撑。全浮式半轴支撑广泛应用于各型货车上。图 5-12 所示为全浮式半轴支撑的示意图。半轴外端锻造有半轴凸缘，用螺栓紧固在轮毂上，轮毂用一对圆锥滚子轴承支撑在半轴套管上，半轴套管与空心梁压配成一体，组成驱动桥壳。半轴内端用花键与半轴齿轮套合，并通过差速器壳支撑在主减速器壳的座孔中。

这种支撑形式的半轴与桥壳没有直接联系，半轴只在两端承受转矩，不承受其他任何反力和弯矩，所以称为全浮式半轴支撑。所谓“浮”，是对卸除半轴的弯曲载荷而言。

全浮式半轴支撑便于拆装，只需拧下半轴凸缘上的轮毂螺栓，即可将半轴抽出，而车轮和桥壳照样能支持住汽车。

（2）半浮式半轴支撑。图 5-13 所示为半浮式半轴支撑的示意图。其半轴外端制成锥形，锥面上铣有键槽，最外端制有螺纹。轮毂以相应的锥孔与半轴上锥面配合，并用键连接，用锁紧螺母紧固。半轴用一个圆锥滚子轴承直接支撑在桥壳凸缘的座孔内。车轮与桥壳之间无直接联系，而支撑于悬伸出的半轴外端。因此，地面作用于车轮的各种反力都必须经半轴外端的悬伸部分传给桥壳，使半轴外端不仅要承受转矩，而且还要承受各种反力及其形成的弯矩。半轴内端通过花键与半轴齿轮连接，不承受弯矩，故称这种支撑形式为半浮式半轴支撑。

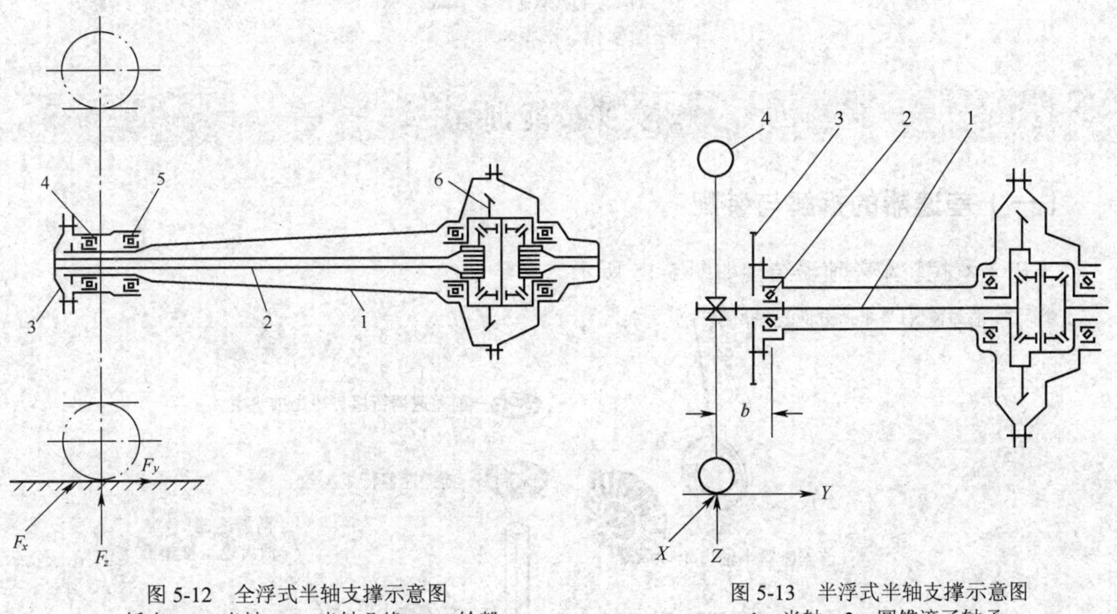

图 5-12　全浮式半轴支撑示意图
1—桥壳；2—半轴；3—半轴凸缘；4—轮毂；
5—轮毂轴承；6—主减速器从动锥齿轮

图 5-13　半浮式半轴支撑示意图
1—半轴；2—圆锥滚子轴承；
3—轴承盖；4—车轮

半浮式半轴支撑结构简单，但半轴受力情况复杂且拆装不便，因此多用于反力、弯矩较小的各类轿车上。

2．桥壳

桥壳既是传动系统的组成部分，同时也是行驶系统的组成部分。作为传动系统的组成部分，其功用是安装并保护主减速器、差速器和半轴。作为行驶系统的组成部分，其功用是安装悬架或轮毂，和从动桥一起支撑汽车悬架以上各部分质量，承受驱动轮传来的反力和力矩，并在驱动轮与悬架之间传力。

由于桥壳承受较复杂的载荷，因此要求桥壳应具有足够的强度和刚度，质量小，还要便于主减速器的拆装和调整。

桥壳可分为整体式桥壳和分段式桥壳两种类型，如图 5-14 所示。

整体式桥壳一般是铸造而成的，具有较大的强度和刚度，且便于主减速器的拆装和调整；缺点是质量大，铸造质量不易保证，因此，适用于中型以上货车。

分段式桥壳一般分为两段，由螺栓将两段连成一体。分段式桥壳最大的缺点是拆装、维修主减速器、差速器十分不便，必须把整个驱动桥从车上拆下来，现已很少应用。

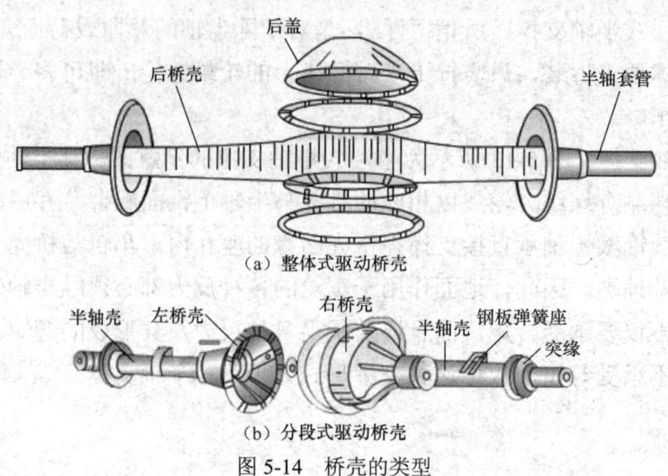

图 5-14　桥壳的类型

实操技能训练

（一）差速器的拆解与装配

丰田卡罗拉轿车差速器结构如图 5-15 所示。

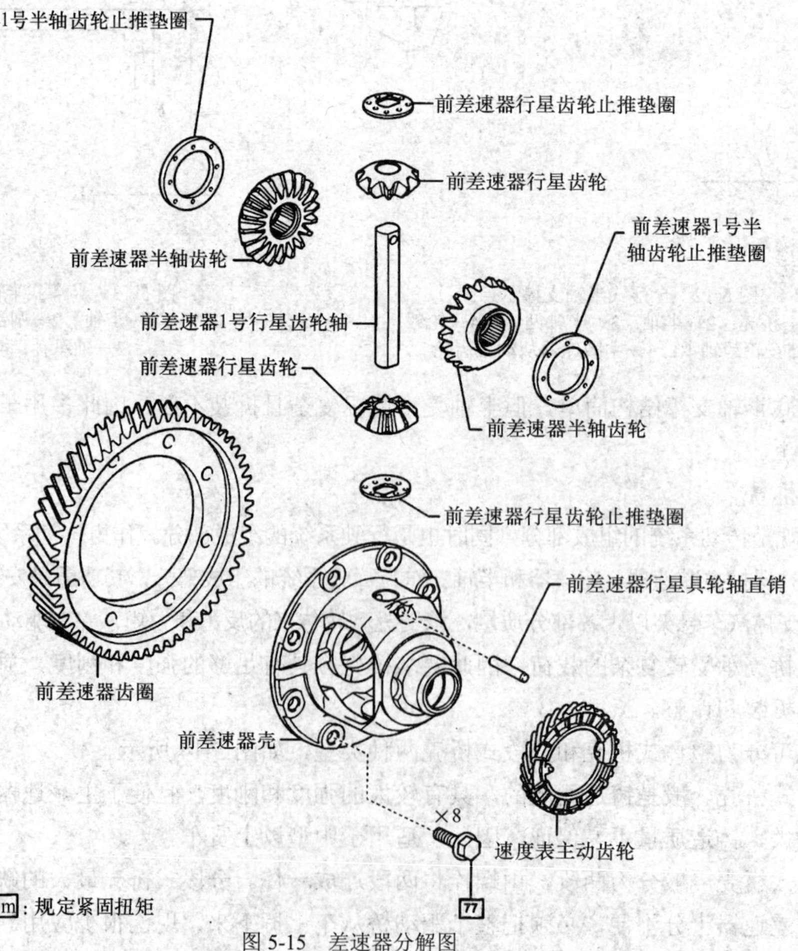

图 5-15　差速器分解图

1. 差速器的拆解

（1）从前差速器壳上拆下速度表主动齿轮。

（2）拆卸前差速器齿圈。在前差速器齿圈和前差速器壳上做好装配标记，如图 5-16 所示；拆下 8 个螺栓；用塑料锤从前差速器壳上拆下前差速器齿圈。

（3）检查前差速器半轴齿轮齿隙。将前差速器行星齿轮装配至前差速器壳侧，用百分表测量前差速器半轴齿轮齿隙（标准齿隙：0.05～0.20 mm），如图 5-17 所示。如果齿隙超出规定范围，更换半轴齿轮止推垫圈。

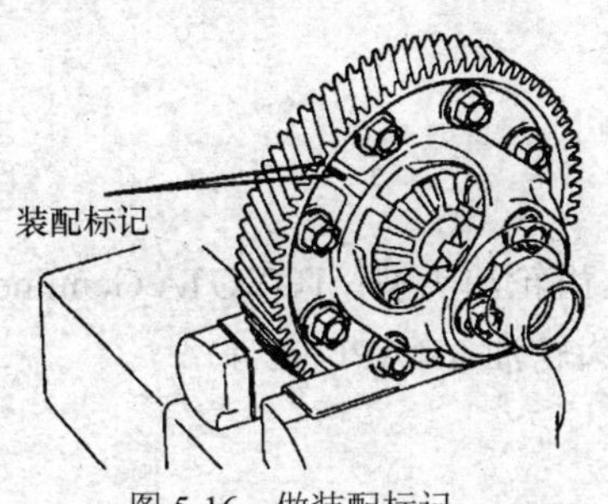

图 5-16　做装配标记

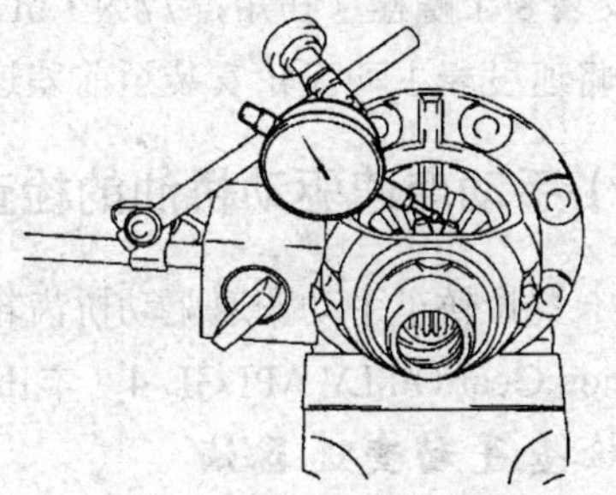

图 5-17　测量前差速器半轴齿轮齿隙

（4）拆卸前差速器行星齿轮轴直销。

① 用冲子和锤子松开前差速器壳的锁紧部件。

② 用尖冲头（ϕ3 mm）和锤子从前差速器壳上拆下前差速器行星齿轮轴直销。

（5）从前差速器壳上拆下前差速器 1 号行星齿轮轴。

（6）拆卸前差速器半轴齿轮。从前差速器壳上拆下 2 个前差速器行星齿轮、2 个前差速器行星齿轮止推垫圈、2 个前差速器 1 号半轴齿轮止推垫圈和 2 个前差速器半轴齿轮。

2. 差速器的装配

（1）安装前差速器半轴齿轮。

① 在前差速器半轴齿轮滑动面和旋转面上涂抹齿轮油。

② 将 2 个前差速器 1 号半轴齿轮止推垫圈安装至 2 个前差速器半轴齿轮。

③ 将 2 个前差速器半轴齿轮、2 个前差速器行星齿轮和 2 个前差速器行星齿轮止推垫圈安装至前差速器壳。

（2）安装前差速器 1 号行星齿轮轴。

① 在前差速器 1 号行星齿轮轴上涂抹通用润滑脂。

② 将前差速器 1 号行星齿轮轴安装至前差速器壳，使前差速器行星齿轮轴直销孔与前差速器壳上的孔对准。

（3）调节前差速器半轴齿轮齿隙。

将前差速器行星齿轮安装至前差速器壳侧，用百分表测量前差速器半轴齿轮齿隙（标准齿隙：0.05～0.20 mm），如图 5-17 所示。如果齿隙超出规定范围，更换半轴齿轮止推垫圈。

提　示

由于止推垫圈没有任何可识别的标记，用螺旋测微器测量其厚度以选择合适的止推垫圈，为左右两侧选择厚度相同的垫圈。

（4）安装前差速器行星齿轮轴直销。用尖冲头（ϕ3 mm）和锤子将前差速器行星齿轮轴直销安装至前差速器壳。用冲子和锤子锁紧前差速器壳孔。

（5）安装前差速器齿圈。

① 清洁前差速器壳和齿圈的接触面。

② 用加热器将前差速器齿圈加热到90℃～110℃，如图5-18所示。

③ 待齿圈上的水分完全蒸发后，将齿圈迅速安装至差速器壳。

④ 对准2个装配标记，将前差速器齿圈迅速安装至前差速器壳（见图5-16）。

⑤ 安装8个螺栓（扭矩：77 N·m）。

（6）将速度表主动齿轮安装至前差速器壳。

（二）手动变速驱动桥油的检查

丰田卡罗拉轿车手动变速驱动桥齿轮油容量为1.9 L；齿轮油类型：TOYOTA Genuine Manual Transmission Gear Oil LV API GL-4（丰田纯正手动变速器齿轮油LV API GL-4）。

1. 检查手动变速器油

① 拆下变速器注油螺塞和衬垫。

② 检查并确认油面在变速器注油螺塞开口最低点以下5 mm范围内，如图5-19所示。

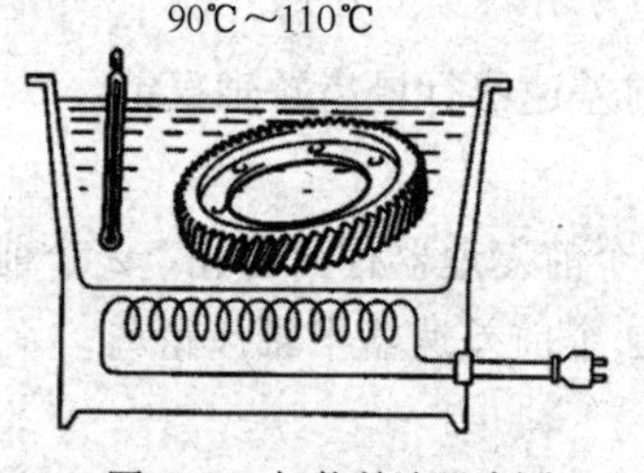

图5-18 加热差速器齿圈

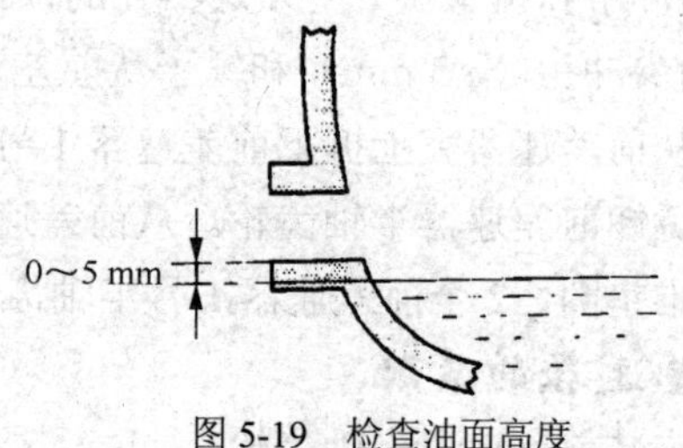

图5-19 检查油面高度

油液过多或过少都可能引起故障；更换机油后，驾驶车辆并再次检查油位。

③ 油位低时，检查机油是否泄漏。

④ 安装变速器注油螺塞和新衬垫（扭矩：39 N·m）。

2. 手动变速器油的更换

（1）排净手动驱动桥油。

① 拆下注油螺塞和衬垫。

② 拆下放油螺塞和衬垫，排净手动驱动桥油。

（2）添加手动驱动桥油。

① 安装新衬垫和放油螺塞（扭矩：39 N·m）。

② 添加手动驱动桥油。

③ 安装变速器注油螺塞和新衬垫（扭矩：39 N·m）。

（3）检查手动驱动桥油。

练 习 题

1. 说明驱动桥的组成、功用及种类。
2. 主减速器的功用有哪些，常见的主减速器有哪些类型？
3. 简述差速器的功用、结构及工作原理。
4. 半轴的支撑形式有哪些，各有什么特点？

项目六 自动变速器

【学习目标】

1. 能够正确描述汽车自动变速器的组成及功用；
2. 能够正确描述典型自动变速器的结构、原理；
3. 能够正确描述 CVT 和 DSG 的结构、原理；
4. 能够正确选择与使用工具、设备，并规范地对自动变速器进行拆卸与装配。

本项目主要介绍汽车自动变速器的功用、组成，各主要零部件的功用、结构及相关总成，零部件拆装等内容。

所谓自动变速器是指汽车驾驶中离合器的操纵和变速器的操纵都实现了自动化，简称 AT，是英文 Automatic Transmission 的缩写。目前，自动变速器的自动换挡等过程都是由电子控制单元（ECU）控制的，因此自动变速器又可简称为 EAT、ECAT、ECT 等。

1．自动变速器的分类

自动变速器可以按结构和控制方式、车辆驱动方式等的不同来分类。

（1）按结构和控制方式分类

自动变速器按结构和控制方式的不同，可以分为机械式自动变速器、无级自动变速器和液力式自动变速器。

① 机械式自动变速器（Automated Mechanical Transmission，AMT）是在原有手动、有级、普通齿轮变速器的基础上增加了电子控制系统，来自动控制离合器的接合、分离和变速器挡位的变换。

② 无级自动变速器（Continuously Variable Transmission，CVT）是采用传动带和工作直径可变的主、从动轮相配合来传递动力，可以实现传动比的连续改变。

③ 液力式自动变速器是目前应用最广泛、技术最成熟的自动变速器。按照控制方式的不同，液力自动变速器可以分为液控液力自动变速器和电控液力自动变速器，目前轿车上多采用电控液力自动变速器。

（2）按车辆的驱动方式分类

自动变速器按车辆驱动方式的不同，可以分为自动变速器（Automatic Transmission）和自动变速驱动桥（Automatic Transaxle），如图 6-1 所示。

自动变速器用于发动机前置后轮驱动的车型，变速器与主减速器、差速器分开，而自动变速

驱动桥用于发动机前置前轮驱动的车型，变速器与主减速器、差速器制成一个总成。

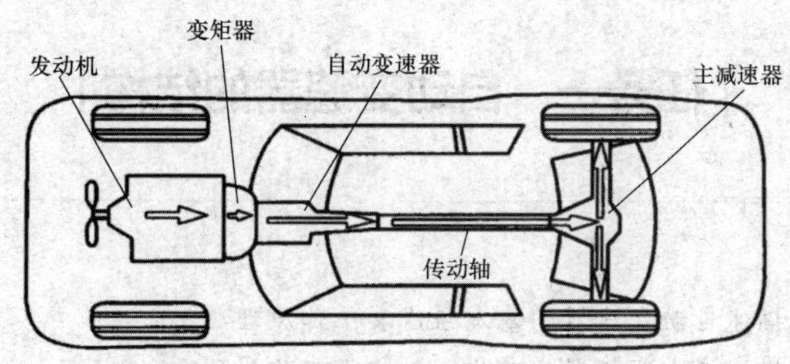

（a）自动变速器

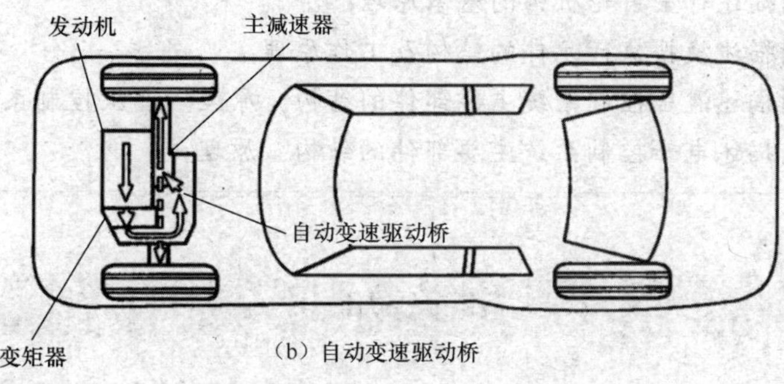

（b）自动变速驱动桥

图 6-1 自动变速器和自动变速驱动桥

2. 自动变速器选挡杆的使用

轿车自动变速器的选挡杆通常有 6 或 7 个位置，如图 6-2 所示。其功能如下。

P 位：驻车挡。选挡杆置于此位置时，驻车锁止机构将自动变速器输出轴锁止。

R 位：倒挡。选挡杆置于此位置时，液压系统倒挡油路被接通，驱动轮反转，实现倒向行驶。

N 位：空挡。选挡杆置于此位置时，变速器的齿轮机构空转，不能输出动力。

图 6-2 自动变速器选挡杆位置

D 位：前进挡。选挡杆置于此位置时，液压系统控制装置根据节气门开度信号和车速信号自动接通相应的前进挡油路，变速器的齿轮机构在换挡执行元件的控制下得到相应的传动比。随着行驶条件的变化，在前进挡中自动升降挡，实现自动变速功能。

3 位：高速发动机制动挡。操纵手柄位于此位置时，液压控制系统只能接通前进挡中的一、二、三挡油路，自动变速器只能在这三个挡位间自动换挡，无法升入四的挡位，从而使汽车获得发动机制动效果。

2 位：中速发动机制动挡。选挡杆置于此位置时，液压控制系统只能接通前进挡中的一、二挡油路，自动变速器只能在这两个挡位间自动换挡，无法升入更高的挡位，从而使汽车获得发动机制动效果。

L 位（也称 1 位）：低速发动机制动挡。选挡杆置于此位置时，汽车被锁定在前进挡的一挡，只能在该挡位行驶而无法升入高挡，发动机制动效果更强。

只有当选挡杆置于 N 或 P 位时，才能起动发动机，此功能靠空挡起动开关来实现。

任务一　自动变速器的结构

【学习目标】

1. 能够正确描述自动变速器的基本组成和工作原理；
2. 能够正确描述液力变矩器的功用、结构及工作原理；
3. 能够正确描述行星齿轮机构的基本原理；
4. 能够正确描述换挡执行元件的结构及工作原理；
5. 能够正确描述液压控制系统主要部件的结构、原理，液压控制系统的工作原理；
6. 能够正确描述电子控制系统主要部件的结构、原理。

相关知识

（一）自动变速器的基本组成和工作原理

1. 基本组成

自动变速器主要由液力变矩器、机械变速机构、液压控制系统、电子控制系统以及冷却滤油装置等组成，如图 6-3 所示。

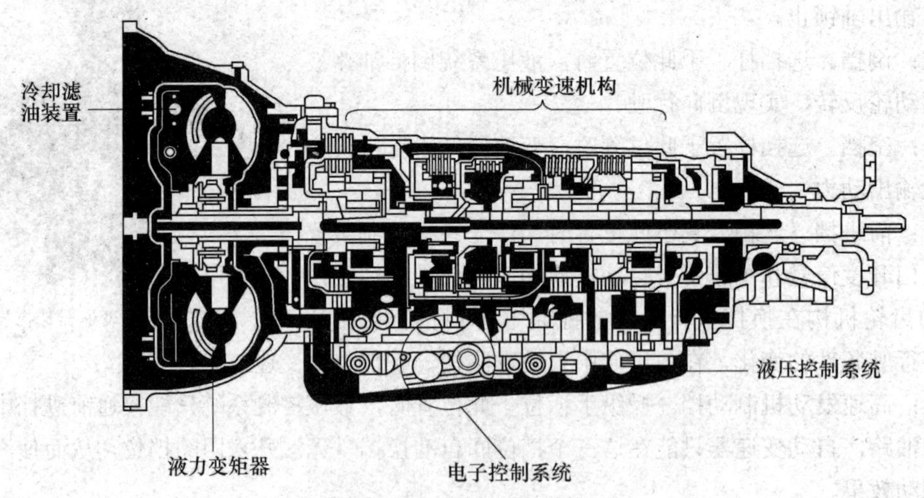

图 6-3　自动变速器的结构

（1）液力变矩器

液力变矩器是一个通过自动变速器油（ATF）传递动力的装置，安装在发动机与变速器之间，将发动机的转矩传给变速器输入轴，相当于普通汽车上的离合器。

（2）机械变速机构

机械变速机构包括齿轮变速机构和换挡执行元件两大部分。齿轮变速机构可形成不同的传动

比，组合成自动变速器不同的挡位。换挡执行元件主要包括离合器、制动器和单向离合器。

（3）液压控制系统

液压控制系统是由油泵、各种控制阀及与之相连通的液压换挡执行元件（如离合器、制动器油缸等）组成的液压控制回路。汽车行驶中根据驾驶员的要求和行驶条件的需要，通过控制离合器和制动器的工作状况来实现机械变速器的自动换挡。

（4）电子控制系统

电子控制系统将自动变速器的各种控制信号输入电子控制单元（ECU），经ECU处理后发出控制指令控制液压系统中的各种电磁阀实现自动换挡，并改善换挡性能。

（5）冷却滤油装置

自动变速器油（ATF）在自动变速器工作过程中会因冲击、摩擦产生热量，并且还要吸收齿轮传动过程中所产生的热量，油温将会升高。油温升高将导致ATF黏度下降，传动效率降低，因此必须对ATF进行冷却，保持油温在80℃～90℃。ATF是通过油冷却器与冷却水或空气进行热量交换的。自动变速器工作中各部件磨损产生的机械杂质，由滤油器从油中过滤分离出去，以减小机械的磨损，防止堵塞液压油路和控制阀卡滞等情况发生。

2．基本原理

图6-4所示为液控自动变速器的组成和原理示意图。液控自动变速器是通过机械传动方式，将汽车行驶时的车速和节气门开度这两个主控制参数转变为液压控制信号；液压控制系统的阀板总成中的各控制阀根据这些液压控制信号的变化，按照设定的换挡规律，操纵换挡执行元件的动作实现自动换挡。

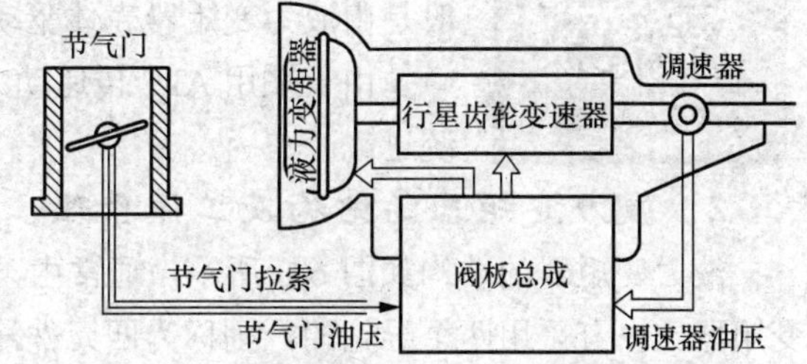

图6-4 液控自动变速器的组成和原理示意图

图6-5所示为电控自动变速器的组成和原理图。电控自动变速器是通过各种传感器，将发动机的转速、节气门开度、车速、发动机水温、自动变速器ATF油温等参数信号输入电控单元（ECU），ECU根据这些信号，按照设定的换挡规律，向换挡电磁阀、油压电磁阀等发出动作控制信号，换挡电磁阀和油压电磁阀再将ECU的动作控制信号转变为液压控制信号，阀板中的各控制阀根据这些液压控制信号，控制换挡执行元件的动作，从而实现自动换挡。

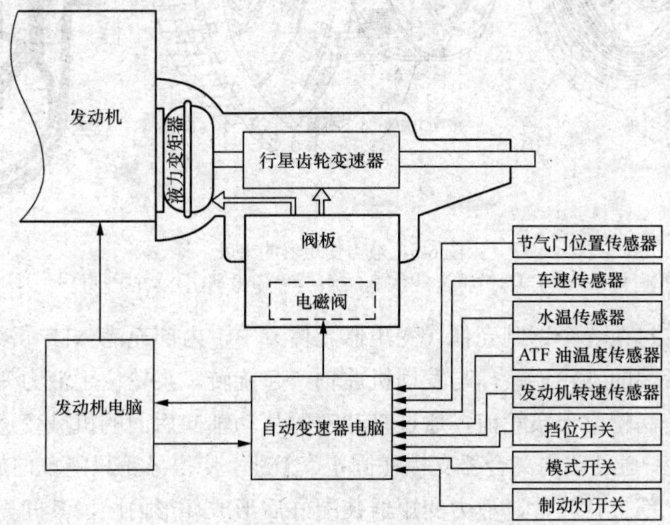

图6-5 电控自动变速器的组成和原理图

（二）液力变矩器

1. 液力变矩器的功用

液力变矩器位于发动机和机械变速器之间，以自动变速器油（ATF）为工作介质，主要完成以下功用。

认识液力变矩器 1

① 传递转矩。发动机的转矩通过液力变矩器的主动元件，再通过 ATF 传给液力变矩器的从动元件，最后传给变速器。

② 无级变速。根据工况的不同，液力变矩器可以在一定范围内实现转速和转矩的无级变化。

③ 自动离合。液力变矩器由于采用 ATF 传递动力，当踩下制动踏板时，发动机也不会熄火，此时相当于离合器分离；当抬起制动踏板时，汽车可以起步，此时相当于离合器接合。

认识液力变距器 2

④ 驱动油泵。ATF 在工作的时候需要油泵提供一定的压力，而油泵一般是由液力变矩器壳体驱动的。

由于采用 ATF 传递动力，液力变矩器的动力传递柔和，且能防止传动系统过载。

2. 液力变矩器的结构及工作原理

液力变矩器的结构如图 6-6 所示，通常由泵轮、涡轮和导轮 3 个元件组成，称为三元件液力变矩器。也有采用两个导轮的，则称为四元件液力变矩器。

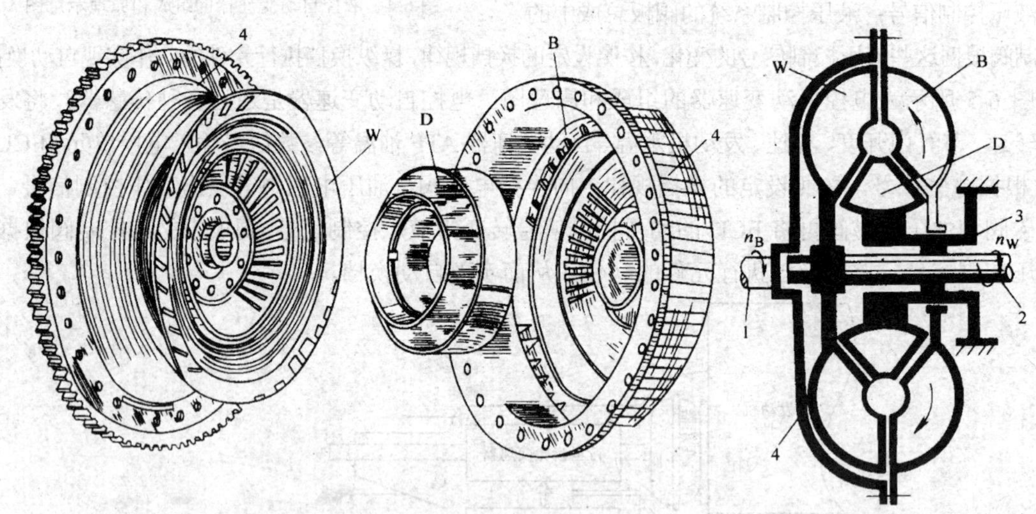

图 6-6　液力变矩器的组成

B—泵轮；W—涡轮；D—导轮；1—输入轴；2—输出轴；3—导轮轴；4—变矩器壳

液力变矩器总成封在一个钢制壳体（变矩器壳体）中，内部充满 ATF。液力变矩器壳体通过螺栓与发动机曲轴后端的飞轮连接，与发动机曲轴一起旋转。泵轮位于液力变矩器的后部，与变矩器壳体连在一起。涡轮位于泵轮前，通过带花键的从动轴向后面的机械变速器输出动力。导轮位于泵轮与涡轮之间，通过单向离合器支撑在固定套管上，使得导轮只能单向旋转（顺时针旋转）。泵轮、涡轮和导轮上都带有叶片，液力变矩器装配好后形成环形内腔，其间充满 ATF。

液力变矩器工作时，壳体内充满 ATF，发动机带动壳体旋转，壳体带动泵轮旋转，泵轮的叶片将 ATF 带动起来，并冲击到涡轮的叶片；如果作用在涡轮叶片上的冲击力大于作用在涡轮上的阻力，涡轮将开始转动，并使机械变速器的输入轴一起转动。由涡轮叶片流出的 ATF 经过导轮后再流回到泵轮，形成如图 6-7 的循环流动。

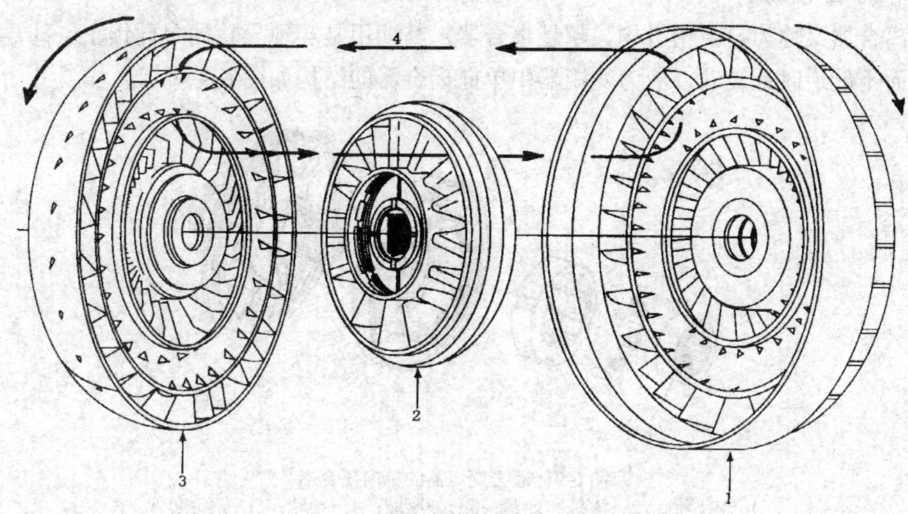

图 6-7 ATF 在液力变矩器中的循环流动
1—泵轮；2—导轮；3—涡轮；4—油流

具体来说，上述 ATF 的循环流动是两种运动的合运动。当液力变矩器工作，泵轮旋转时，泵轮叶片带动 ATF 旋转起来，ATF 绕着泵轮轴线做圆周运动；同样随着涡轮的旋转，ATF 也绕着涡轮轴线做圆周运动。旋转起来的 ATF 在离心力的作用下，沿着泵轮的叶片从内缘流向外缘。当泵轮转速大于涡轮转速时，泵轮叶片外缘的液压大于涡轮叶片外缘的液压。因此，ATF 在做圆周运动的同时，在上述压差的作用下由泵轮流向涡轮，再流向导轮，最后返回泵轮，形成在液力变矩器环形腔内的循环运动。

3．液力变矩器的工作特性

（1）转矩放大特性。在泵轮与涡轮的转速差较大的情况下，由涡轮甩出的 ATF 以逆时针方向冲击导轮叶片，如图 6-8 所示。导轮的叶片形状使得 ATF 的流向改变为顺时针方向流回泵轮，即与泵轮的旋转方向相同。泵轮将来自发动机和从涡轮回流的能量一起传递给涡轮，使涡轮输出转矩增大。液力变矩器的转矩放大倍数一般为 2.2 左右。

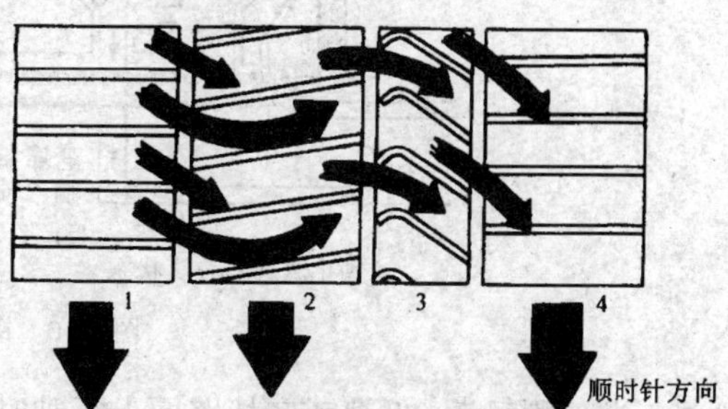

图 6-8 液力变矩器转矩放大原理
1—泵轮；2—涡轮；3—导轮；4—泵轮

（2）偶合工作特性。液力变矩器的变矩特性只有在泵轮与涡轮转速相差较大的情况下才成立，随着涡轮转速的不断提高，从涡轮回流的 ATF 会按顺时针方向冲击导轮。若导轮仍然固定不动，ATF 将会产生涡流，阻碍其自身的运动。为此绝大多数液力变矩器在导轮机构中增设了单向离合器，当涡轮转速达到泵轮转速的 85%～90%时，单向离合器导通，导轮空转，不起导流的作用，液力变矩器的输出转矩不能增加，只能等于泵轮的转矩，此时称为偶合状态。

（3）失速特性。液力变矩器失速状态是指涡轮因负荷过大而停止转动，但泵轮仍保持旋转的现象，此时液力变矩器只有动力输入而没有输出，全部输入能量都转化成热能，因此变矩器中的油液温度急剧上升，会对变矩器造成严重危害。失速点转速是指涡轮停止转动时的液力变矩器输入转速，该转速大小取决于发动机转矩、变矩器的尺寸和导轮、涡轮的叶片角度。

4．单向离合器

单向离合器又称为自由轮机构、超越离合器，其功用是实现导轮的单向锁止，即导轮只能顺时针转动而不能逆时针转动。液力变矩器中单向离合器的结构如图 6-9 所示。

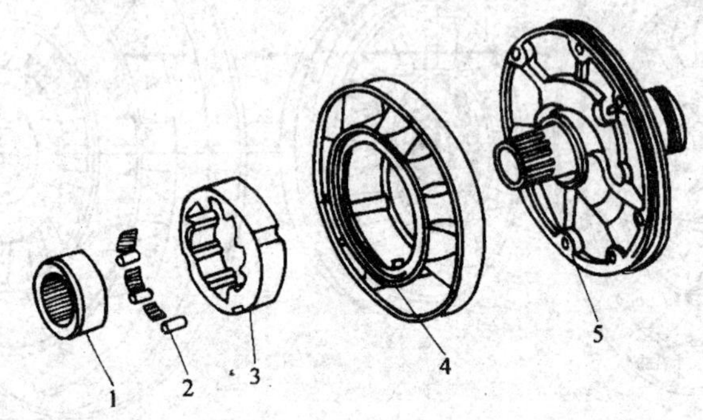

图 6-9　液力变矩器的单向离合器
1—内座圈；2—滚柱和弹簧；3—外座圈；4—导轮；5—导轮套管

5．锁止离合器

锁止离合器简称 TCC（Torque Converter Clutch），可以将泵轮和涡轮直接连接起来，即将发动机与机械变速器直接连接起来，这样可以减少液力变矩器在高速比时的能量损耗，提高传动效率和汽车在正常行驶时的燃油经济性，并防止 ATF 过热。锁止离合器的结构及工作原理如图 6-10 所示。

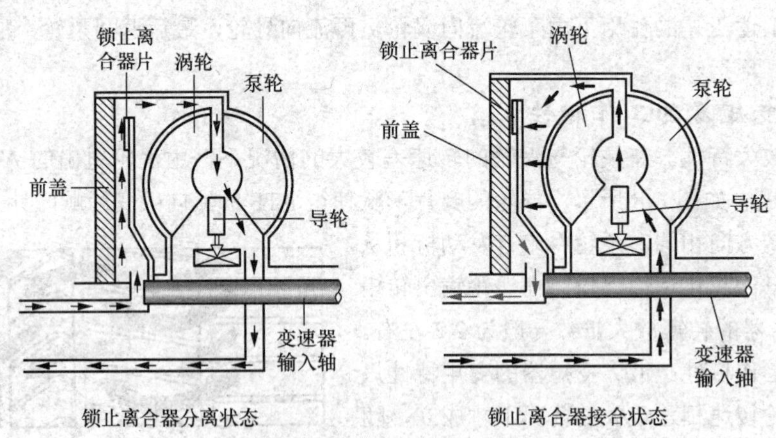

图 6-10　锁止离合器的结构、原理

当车辆起步、低速或在坏路面上行驶时，应将锁止离合器分离，使液力变矩器具有变矩作用。此时油液流至锁止离合器的前端，锁止离合器片前端与后端的压力相同，使锁止离合器分离。当车辆以中速至高速行驶时，油液流至锁止离合器的后端，使锁止离合器片与前盖一起转动。此时发动机的动力经液力变矩器壳体、锁止离合器、涡轮轮毂传给后面的机械变速器，相当于将泵轮和涡轮刚性连在一起，传动效率为 100%。

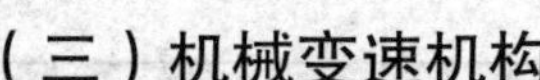

（三）机械变速机构

自动变速器的机械变速机构主要有行星齿轮变速机构和平行轴齿轮变速机构，目前绝大多数自动变速器采用的是行星齿轮变速机构与液力变矩器配合使用。行星齿轮变速机构由行星齿轮机构和执行机构组成，执行机构根据自动变速器控制系统的命令来接合或分离、制动或放松行星齿轮机构的某个元件，通过改变动力传动路线得到不同的传动比。

1．行星齿轮机构的基本原理

（1）单级行星齿轮机构

单级行星齿轮机构主要由一个太阳轮（或称为中心轮）、一个带有若干个行星齿轮的行星架和一个齿圈组成，如图 6-11 所示。

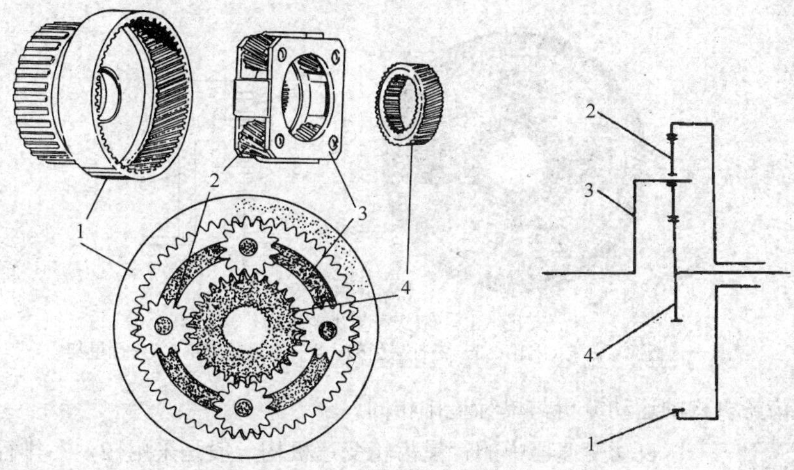

图 6-11　单级行星齿轮机构
1—齿圈；2—行星齿轮；3—行星架；4—太阳轮

由于太阳轮与行星轮是外啮合，所以两者的旋转方向是相反的；而行星轮与齿圈是内啮合，则这两者的旋转方向是相同的。

行星齿轮机构的几种传动状态

根据能量守恒定律，由作用在单级行星齿轮机构各元件上的力矩和结构参数可以得出表示单级行星齿轮机构运动规律的特性方程式

$$n_1 + \alpha n_2 - (1+\alpha)n_3 = 0$$

式中，n_1 为太阳轮转速；n_2 为齿圈转速；n_3 为行星架转速；α 为齿圈齿数 z_2 与太阳轮齿数 z_1 之比，即 $\alpha = z_2/z_1$，且 $\alpha > 1$。

如果将太阳轮、齿圈和行星架中某个元件作为主动（输入）部分，让另一个元件作为从动（输出）部分，则由于第三个元件不受任何约束和限制，所以从动部分的运动是不确定的。因此为了得到确定的运动，必须对太阳轮、齿圈和行星架三者中某个元件的运动进行约束和限制。通过对不同的元件进行约束和限制，可以得到不同的动力传动方式，如表 6-1 所示。

（2）双级行星齿轮机构

双级行星齿轮机构如图 6-12 所示。设太阳轮、齿圈和行星架的转速分别为 n_1、n_2 和 n_3，齿数分别为 z_1、z_2 和 z_3，齿圈与太阳轮的齿数比为 α，则其运动规律为

$$n_1 - \alpha n_2 + (\alpha - 1)n_3 = 0$$

表 6-1 单级行星齿轮机构组合与速比关系

序号	主动件	从动件	固定件	传动比	备注
1	太阳轮	行星架	齿圈	$1+\alpha$	降挡
2	行星架	太阳轮	齿圈	$1/(1+\alpha)$	升挡
3	齿圈	行星架	太阳轮	$1+1/\alpha$	降挡
4	行星架	齿圈	太阳轮	$\alpha/(1+\alpha)$	升挡
5	太阳轮	齿圈	行星架	$-\alpha$	倒挡
6	齿圈	太阳轮	行星架	$-1/\alpha$	倒挡
7	任意两个连成一体			1	直接挡
8	既无元件制动又无任何两元件连成一体			自由转动	不能传动、空挡

注：α 为齿圈齿数与太阳轮齿数之比。

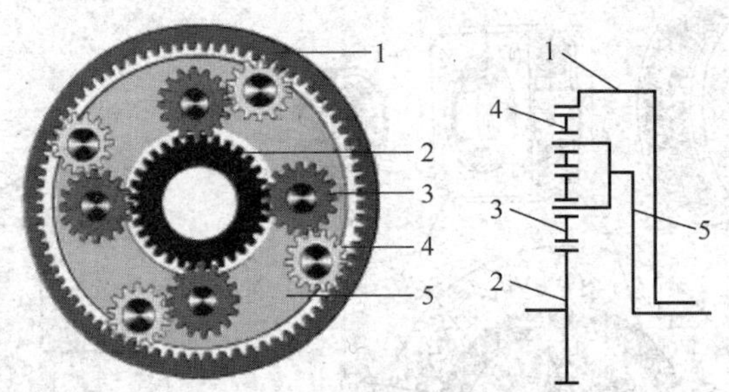

图 6-12 双级行星齿轮机构
1—内齿圈；2—太阳轮；3—内行星齿轮；4—外行星齿轮；5—行星架

双级行星齿轮机构的运动分析与单行星排相同。

自动变速器中的行星齿轮变速机构一般是采用 2～3 排行星齿轮机构传动，其各挡传动比就是根据上述单排行星齿轮机构传动特点进行合理组合得到的。常见的行星齿轮变速器有辛普森式和拉维娜式。

2. 换挡执行元件

换挡执行元件主要包括离合器、制动器和单向离合器三种。离合器和制动器以液压方式控制齿轮机构元件的旋转；单向离合器则是以机械方式对齿轮机构的元件进行锁止。

（1）离合器

离合器的功用是连接轴和行星齿轮机构中的元件或是连接行星齿轮机构中的不同元件。离合器主要由离合器鼓、花键毂、活塞、主动摩擦片、从动钢片、回位弹簧等组成，如图 6-13 所示。

离合器鼓是一个液压缸，鼓内有内花键齿圈，内圆轴颈上有进油孔与控制油路相通。离合器活塞为环状，内外圆上有密封圈，安装在离合器鼓内。从动钢片和主动摩擦片交错排列，两者统称为离合器片，均使用钢料制成，但摩擦片的两面烧结有铜基粉末冶金的摩擦材料。为保证离合器接合柔和及散热，离合器片浸在油液中工作，因而称为湿式离合器。钢片带有外花键齿，与离合器鼓的内花键齿圈连接，并可轴向移动，摩擦片则以内花键齿与花键毂的外花键槽配合，也可做轴向移动。花键毂和离合器鼓分别以一定的方式与变速器输入轴或行星齿轮机构的元件相连接。碟形弹簧的作用是使离合器接合柔和，防止换挡冲击。可以通过调整卡环或压盘的厚度调整离合器的间隙。

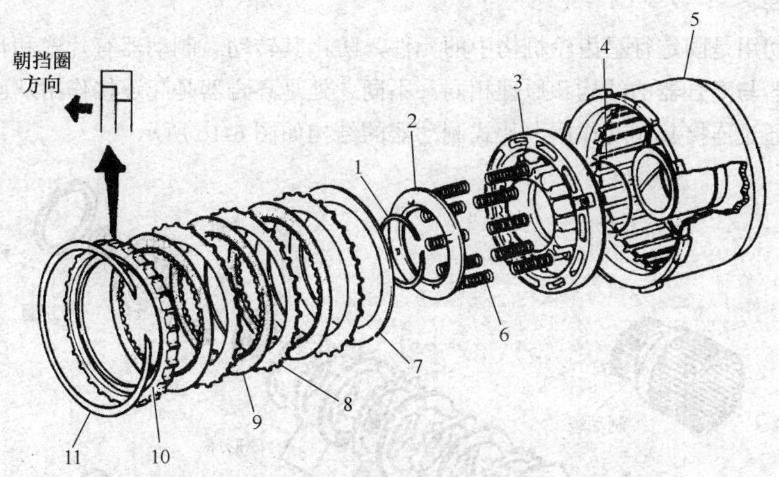

图 6-13 离合器零件分解图

1—卡环；2—弹簧座；3—活塞；4—O 型圈；5—离合器鼓；6—回位弹簧；7—碟形弹簧；8—从动钢片；9—主动摩擦片；10—压盘；11—卡环

离合器的工作原理如图 6-14 所示。当一定压力的 ATF 经控制油道进入活塞左面的液压缸时，液压作用力便克服弹簧力使活塞右移，将所有离合器片压紧，即离合器接合，与离合器主、从动部分相连的元件也被连接在一起，以相同的速度旋转。当控制阀将作用在离合器液压缸的油压撤除后，离合器活塞在回位弹簧的作用下回复原位，并将缸内的变速器油从进油孔排出，使离合器分离，离合器主从动部分可以不同转速旋转。

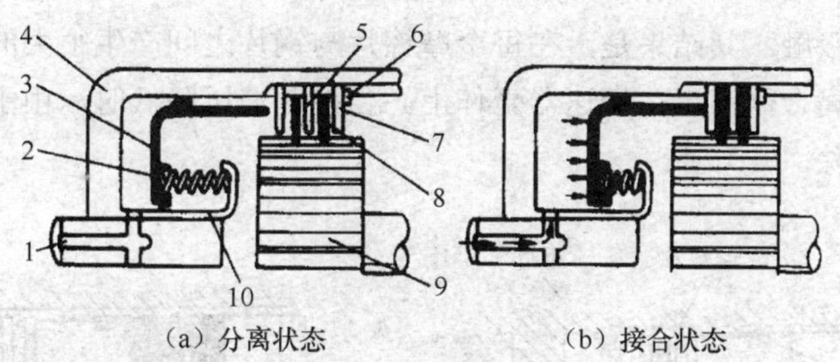

（a）分离状态　　（b）接合状态

图 6-14 离合器工作原理

1—控制油道；2—回位弹簧；3—活塞；4—离合器鼓；5—主动片；6—卡环；7—压盘；8—从动片；9—花键毂；10—弹簧座

为了快速泄油，保证离合器彻底分离，一般在液压缸中都有一个单向球阀，如图 6-15 所示。当 ATF 被撤除时，球体在离心力的作用下离开阀座，开启辅助泄油通道，使 ATF 迅速撤离。

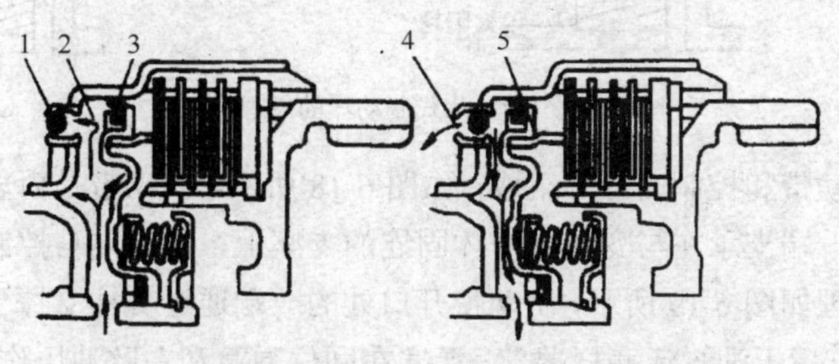

（a）接合时　　（b）分离时

图 6-15 带单向安全阀的离合器

1—单向球阀；2—液压缸；3—油封；4—辅助泄油通道；5—活塞

（2）制动器

制动器的功用是固定行星齿轮机构中的元件，防止其转动。制动器有片式和带式两种。

片式制动器与离合器的结构和原理相同，不同之处是离合器是起连接作用从而传递动力，而片式制动器是通过连接起制动作用。片式制动器的结构如图 6-16 所示

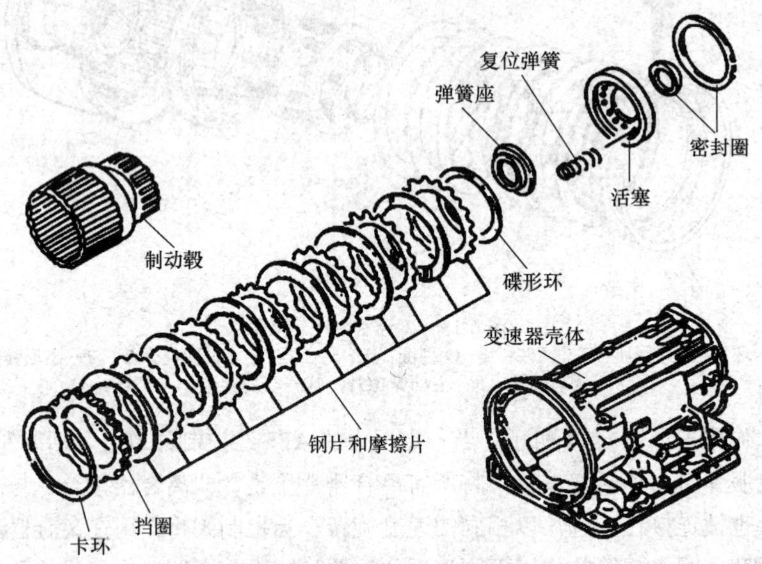

图 6-16　片式制动器的结构

片式制动器的工作原理如图 6-17 所示，当活塞受到控制油压的作用时，活塞在活塞缸内运动，使摩擦片与钢片相互接触。其结果是，在每个摩擦片与钢片之间产生很大的摩擦力，使行星齿轮机构某一元件或单向离合器锁定在变速器壳体上。当控制油压降低时，由于回位弹簧的作用，活塞至原位，使制动解除。

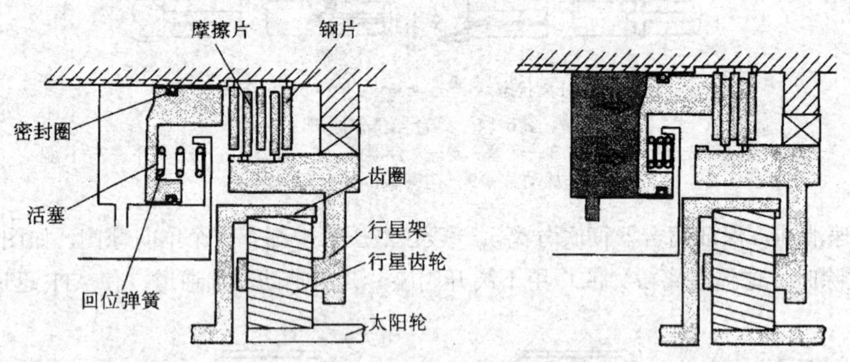

图 6-17　片式制动器的原理

带式制动器由制动带和控制油缸等组成，如图 6-18 所示。制动带是内表面带有镀层的开口式环形钢带。制动带的一端支承在与变速器壳体固连的支座上，另一端与控制油缸的活塞杆相连。

制动器的工作原理如图 6-19 所示，制动带开口处的一端通过支柱支撑于固定在变速器壳体的调整螺钉上，另一端支撑于油缸活塞杆端部，活塞在回位弹簧和左腔油压作用下位于右极限位置，此时，制动带和制动鼓之间存在一定间隙。制动时，压力油进入活塞右腔，克服左腔油压和回位弹簧的作用力推动活塞左移，制动带以固定支座为支点收紧。在制动力矩的作用下，制动鼓停止

旋转，行星齿轮机构某元件被锁止。随着油压撤除，活塞逐渐回位，制动解除。若仅依靠弹簧张力，则活塞回位速度较慢，目前大多数制动器设置了左腔进油道。在右腔撤除油压的同时，左腔进油，活塞在油压和回位弹簧的共同作用下回位，可迅速解除制动。

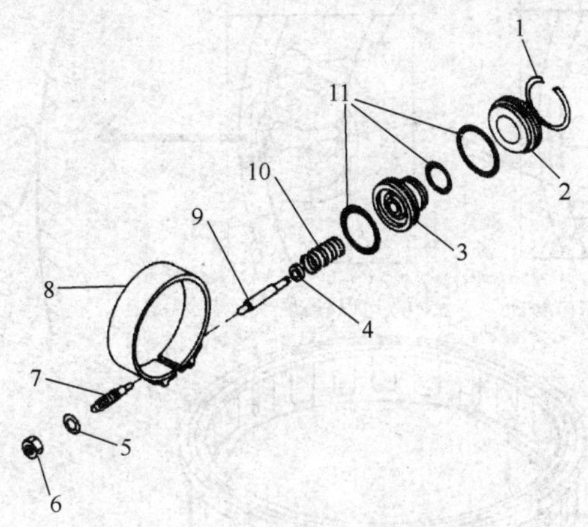

图 6-18 带式制动器的零件分解图

1—卡环；2—活塞定位架；3—活塞；4—止推垫圈；5—垫圈；6—锁紧螺母；7—调整螺钉；8—制动带；9—活塞杆；10—回位弹簧；11—O 型圈

图 6-20 所示为间接作用式伺服装置。活塞杆通过杠杆控制推杆的动作，由于采用杠杆结构将活塞作用力放大，制动力矩进一步增加。

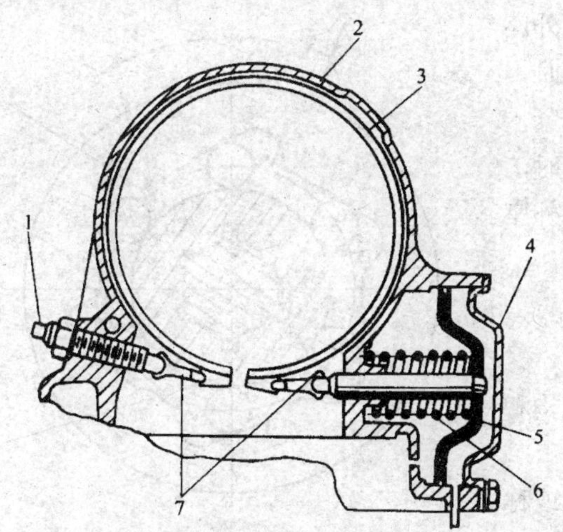

图 6-19 制动器的工作原理

1—调整螺钉（固定支撑端）；2—制动带；3—制动鼓；4—油缸盖；5—活塞；6—回位弹簧；7—支柱

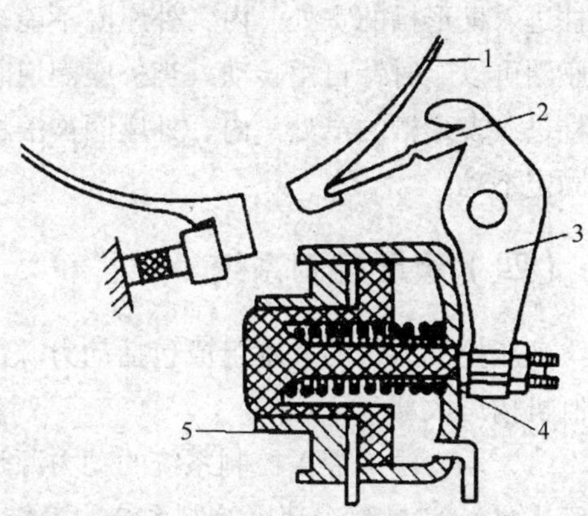

图 6-20 间接作用式伺服装置

1—制动带；2—推杆；3—杠杆；4—活塞杆；5—壳体

（3）单向离合器

单向离合器的作用是使某一元件只能按一定方向旋转，而在另一方向上锁止。常见的单向离合器有楔块式和滚柱式两种。

楔块式单向离合器如图 6-21 所示，由内座圈、外座圈、楔块、保持架等组成。内外座圈组成的滚道宽度是均匀的，采用不均匀形状的楔块，楔块的大端长度大于滚道宽度。当内座圈固定，外座圈逆时针转动时，外座圈带动楔块逆时针转动，楔块的长径与内、外座圈接触，如图 6-21（a）所示，由于长径长度大于内、外座圈之间的距离，所以外座圈被卡住而不能转动。外座圈顺时针

转动时，外座圈带动楔块顺时针转动，楔块的短径与内、外座圈接触，如图 6-21（b）所示，由于短径长度小于内、外座圈之间的距离，所以外座圈可以自由转动。

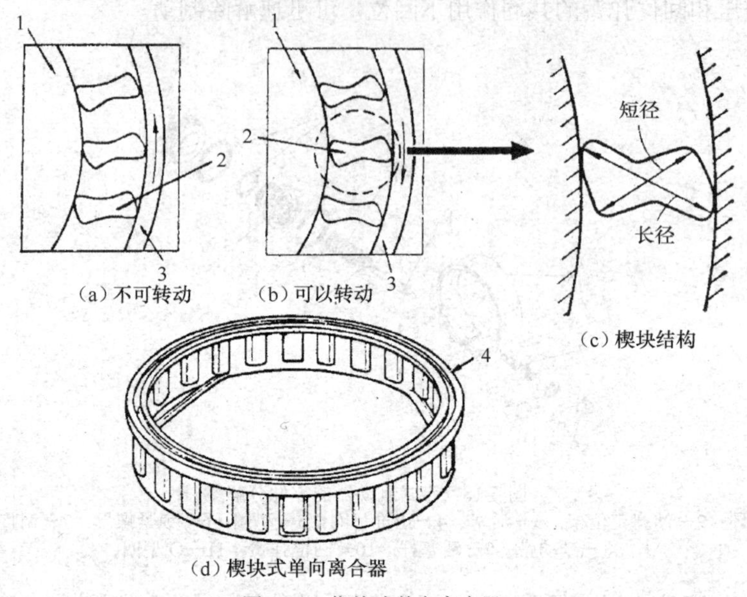

（a）不可转动　（b）可以转动　（c）楔块结构

（d）楔块式单向离合器

图 6-21　楔块式单向离合器

1—内座圈；2—楔块；3—外座圈；4—保持架

滚柱式单向离合器如图 6-22 所示，由内座圈、外座圈、滚柱、叠片弹簧等组成。当外座圈顺时针转动时，滚柱进入楔形槽的宽处，内、外座圈不能被滚柱楔紧，外座圈可以顺时针自由转动。当外座圈逆时针转动时，滚柱进入楔形槽的窄处，内、外座圈被滚柱楔紧，外座圈固定不动。

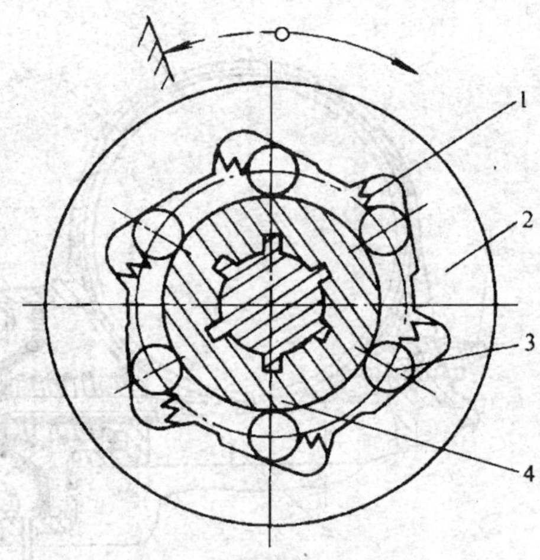

图 6-22　滚柱式单向离合器

1—叠片弹簧；2—外座圈；3—滚柱；4—内座圈

（四）液压控制系统

液压控制系统的基本组成包括动力源、执行机构和控制机构三大部分。

（1）动力源。液压控制系统的动力源是油泵（或称为液压泵），它是整个液压控制系统的工作基础。各种阀体的动作、换挡执行元件的工作等都需要一定压力的 ATF。油泵的基本功用就是提供满足需求的 ATF 油量和油压。

（2）执行机构。执行机构主要由离合器、制动器油缸等组成。其功用是在控制油压的作用下实现离合器的接合和分离、制动器的制动和松开动作，以便得到相应的挡位。

（3）控制机构。控制机构包括阀体和各种阀，包括主调压阀、手动阀、换挡阀等。

液压控制系统还包括一些辅助装置，如用于防止换挡冲击的蓄能器、单向阀等。

1. 油泵

油泵是液压控制系统的动力源，其功用是产生一定压力和流量的 ATF，供给液力变矩器、液压控制系统和行星齿轮机构。

油泵的工作原理

油泵一般位于液力变矩器和行星齿轮机构之间，由液力变矩器泵轮驱动。其类型主要有齿轮泵、转子泵和叶片泵。3 种泵的共同特点是：内部元件（转子）由液力变矩器花键毂或驱动轴驱动，外部元件与内部元件之间有一定的偏心距。

图 6-23 为内啮合齿轮泵的结构、原理示意图。内啮合齿轮泵主要由主动齿轮、从动齿轮、月牙板、壳体等组成。主动齿轮为外齿轮，从动齿轮为内齿轮，在壳体上有一个月牙板，把主、从动齿轮不啮合的部分隔开，并形成两个工作腔，分别为进油腔和出油腔。进油腔与泵体上的进油口相通，出油腔与泵体上的出油口相通。主动齿轮内径上有两个对称的凸键或平面，与液力变矩器后端油泵驱动毂的键槽或平面相配合。因此，只要发动机转动，油泵便转动并开始供油。

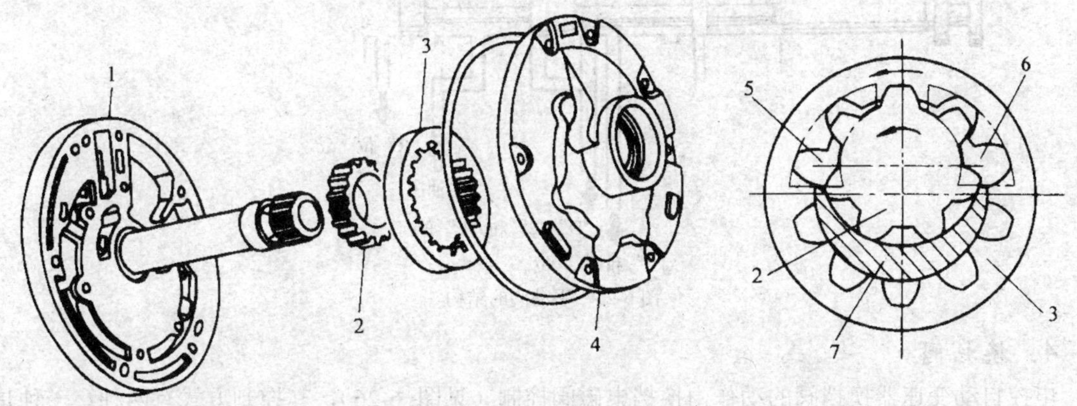

图 6-23 内啮合齿轮泵的结构、原理

1—泵盖；2—主动齿轮；3—从动齿轮；4—壳体；5—进油腔；6—出油腔；7—月牙板

油泵在工作过程中，主动齿轮带动从动齿轮转动，在齿轮脱离啮合的一端（进油腔），容积不断变大，产生真空吸力，把 ATF 从油底壳经滤网吸入油泵。在齿轮进入啮合的一端（出油腔），容积不断减小，油压升高，把 ATF 从出油腔挤压出去。这样，油泵不断地运转，就形成了具有一定压力的油液，供给自动变速器工作。

2. 主调压阀

液压油从油泵输出后，即进入主油路系统，油泵是由发动机直接驱动的，输出流量和压力均受发动机运转状况的影响，变化很大。当主油路压力过高时，会引起换挡冲击和增加功率消耗；而主油路压力过低时，又会使离合器、制动器等执行元件打滑，因此在主油路系统中必须设置主油路调压阀，其作用是将油泵输出压力精确调节到所需值后再输入主油路。

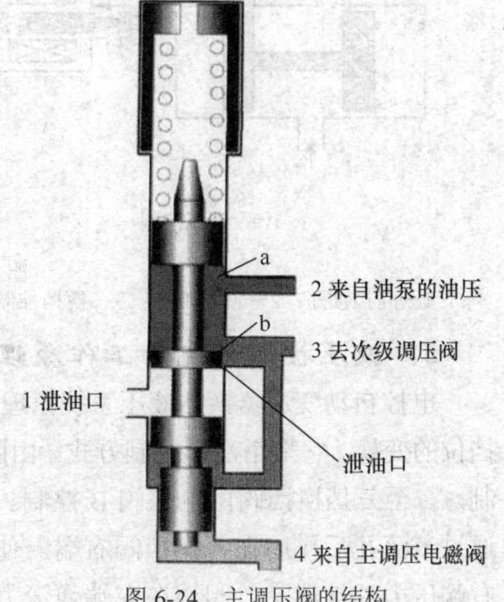

图 6-24 主调压阀的结构

主油路调压阀结构如图 6-24 所示。油压的调节是靠电子控制调压，电磁阀调整出不同的油压值，使滑阀改变节流口 a 的大小，通过节流作用控制主油压的大小。节流口 b 泄出的油压经二次调压阀的节流作用，调整出变矩器油压。

3. 手动阀

手动阀又称为手控阀或手动换挡阀，与驾驶室内的选挡杆相连，其功用是控制各挡位油路的转换。如图 6-25 所示，当驾驶员操纵选挡杆时，手动阀会移动，使主油压通往不同的油道。如当选挡杆置于“P”位时，主油压会通往“P”“R”和“L”位油道；当选挡杆置于“R”位时，主油压会同时通往“P”“R”和“L”位油道与“R”位油道；当选挡杆置于“N”位时，手动阀会将主油压进油道切断，便不会有主油压通往各换挡阀；当选挡杆置于“D”位时，主油压会通往“D”“2”和“L”位油道；当选挡杆置于“2”位时，主油压会同时通往“D”“2”和“L”位油道与“2”和“L”位油道；当选挡杆置于“L”位时，主油压会同时通往“D”“2”和“L”位油道与“2”和“L”位油道及“P”“R”和“L”位油道。

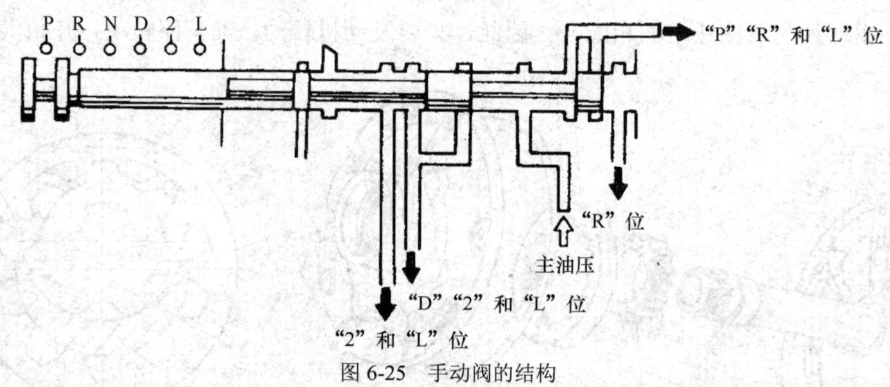

图 6-25　手动阀的结构

4. 换挡阀

电控自动变速器换挡阀的动作由换挡电磁阀控制（见图 6-26），其控制方式有两种：一种是泄压控制，即通过开启或关闭换挡阀控制油路泄油孔来控制换挡阀的动作；另一种是加压控制，即通过开启或关闭换挡阀控制油路进油孔来控制换挡阀的动作。

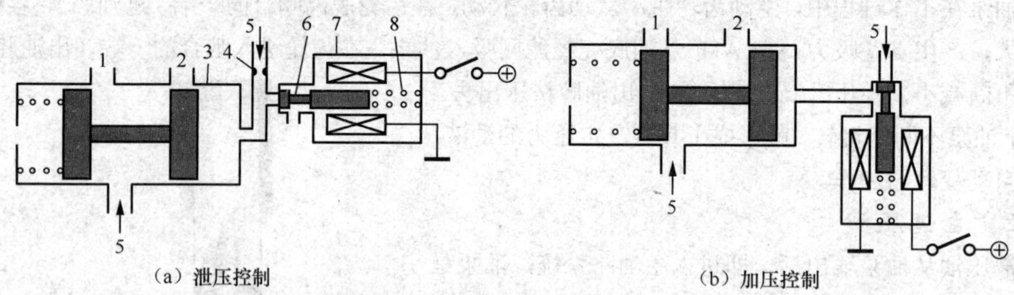

图 6-26　电控换挡阀工作原理

1—高挡油路；2—低挡油路；3—换挡控制阀；4—节流孔；5—主油路；6—油阀；7—换挡电磁阀；8—弹簧

5. 液压控制系统的工作原理

电控自动变速器换挡液压系统原理如图 6-27 所示，其由 2 个电磁阀操纵 3 个换挡阀实现 4 个挡位的变换。它采用泄压控制方式。由图中可知，一至二挡换挡阀和三至四挡换挡阀由电磁阀 A 控制，二至三挡换挡阀由电磁阀 B 控制。电磁阀不通电时关闭泄油孔，来自手动阀的主油路压力油通过节流孔后作用在各换挡阀右端，使阀心克服弹簧力左移。电磁阀通电时泄油孔开启，换挡阀右端压力油被泄空，阀心在左端弹簧力的作用下右移。

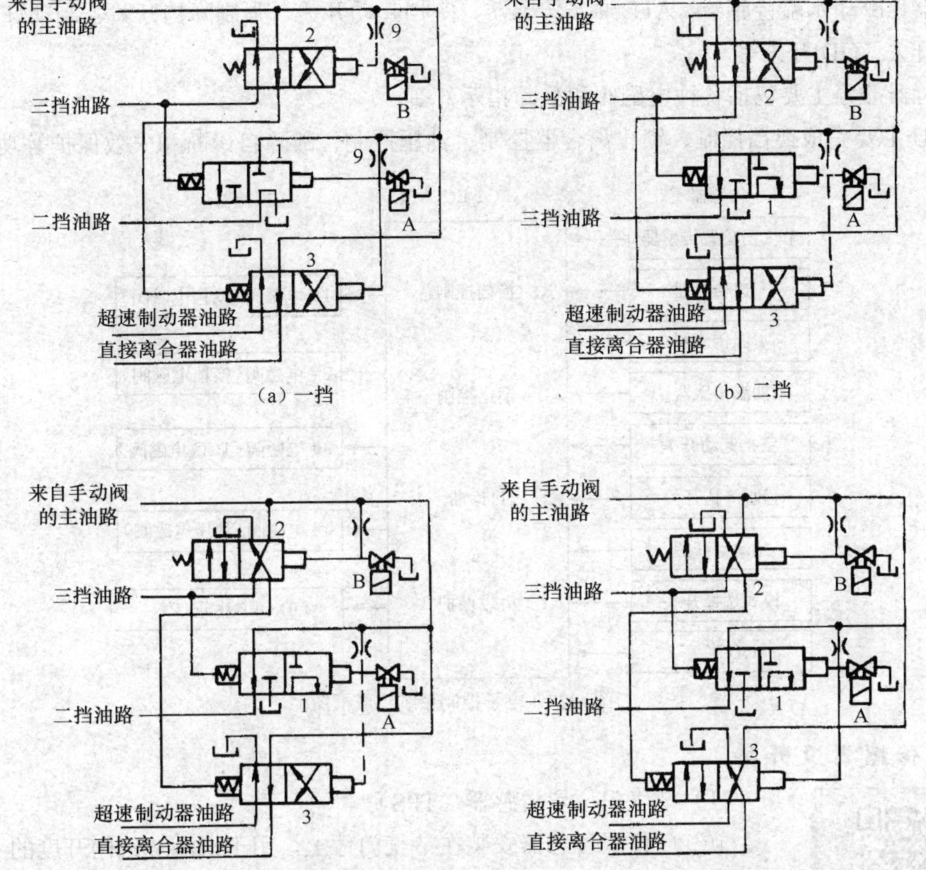

图 6-27 电控自动变速器换挡液压系统原理

A—换挡电磁阀；B—换挡电磁阀；1—一至二挡换挡阀；2—二至三挡换挡阀；3—三至四挡换挡阀

图 6-27（a）为一挡，此时电磁阀 A 断电，电磁阀 B 通电，一至二挡换挡阀阀心左移，关闭二挡油路；二至三挡换挡阀阀心右移，关闭三挡油路。同时使主油路油压作用在三至四挡换挡阀阀心右端，使三至四挡换挡阀阀心停留在右位。

图 6-27（b）为二挡，此时电磁阀 A 和电磁阀 B 同时通电，一至二挡换挡阀右端油压下降，阀心右移，打开二挡油路。

图 6-27（c）为三挡，此时电磁阀 A 通电，电磁阀 B 断电，二至三挡换挡阀右端油压上升，阀心左移，打开三挡油路。同时使主油路油压作用在一至二挡换挡阀左端，并让三至四挡换挡阀阀心左端控制油压泄空。

图 6-27（d）为四挡，此时电磁阀 A 和电磁阀 B 均不通电，三至四挡换挡阀阀心右端控制压力上升，阀心左移，关闭直接挡离合器油路，接通超速制动器油路，由于一至二挡换挡阀阀心左端作用着主油路油压，虽然右端有压力油作用，但阀心仍然保持在右端不能左移。

（五）电子控制系统

自动变速器的电子控制系统包括传感器及开关、电子控制单元（ECU）和执行器 3 部分，其组成框如图 6-28 所示。

传感器及开关部分主要包括节气门位置传感器、车速传感器、发动机转速传感器、输入轴转

速传感器、冷却水温传感器、ATF 油温传感器、空挡起动开关、强制降挡开关、制动灯开关、模式选择开关、OD 开关等。

执行器部分主要包括各种电磁阀和故障指示灯等。

ECU 主要完成换挡控制、锁止离合器控制、油压控制、故障自诊断和失效保护等功能。

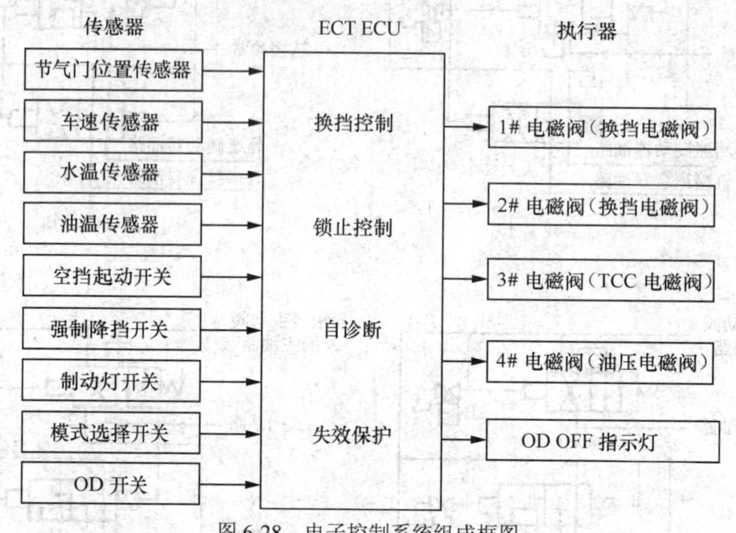

图 6-28　电子控制系统组成框图

1. 传感器及开关

（1）节气门位置传感器（TPS）

节气门位置传感器安装在节气门体上，用于检测节气门开度的大小，并将数据传送给电脑，电脑根据此信号判断发动机负荷，从而控制自动变速器的换挡、调节主油压和对锁止离合器控制。

一般采用线性输出型节气门位置传感器，也称可变电阻式传感器，其结构、原理如图 6-29 所示。

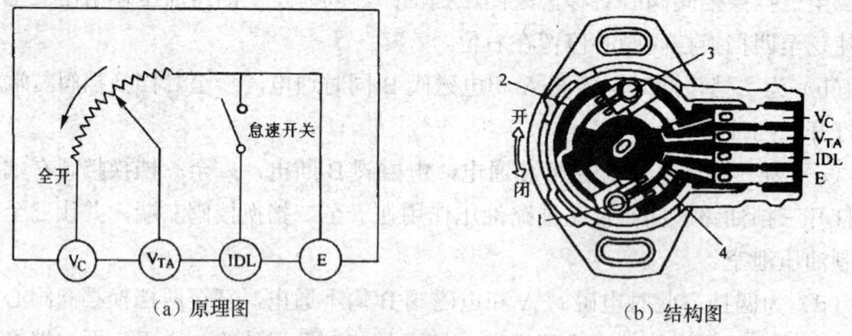

图 6-29　节气门位置传感器的结构、原理

1—怠速信号触点；2—电阻器；3—节气门开度信号触点；4—绝缘体

（2）车速传感器（VSS）

车速传感器用于检测自动变速器输出轴转速，自动变速器 ECU 根据车速传感器输入的信号计算出车速，并以此信号控制自动变速器的换挡和锁止离合器的锁止。

电磁式车速传感器的结构及工作原理如图 6-30 所示，主要由永久磁铁、电磁感应线圈、转子等组成。转子一般安装在变速器输出轴上，永久磁铁和电磁感应线圈安装在变速器壳体上，

如图 6-30（c）所示。当输出轴转动，转子也转动，转子与传感器之间的空气间隙发生周期性变化，使电磁感应线圈中磁通量也发生变化，从而产生交流感应电压，如图 6-30（b）所示，并输送给 ECU。交流感应电压随着车速（输出轴转速）具有两个响应特性：一是随着车速的增加，交流感应电压增高；二是随着车速的增加，交流感应电压脉冲频率也增加。ECU 根据交流感应电压脉冲频率大小计算车速，并以此控制自动变速器的换挡。

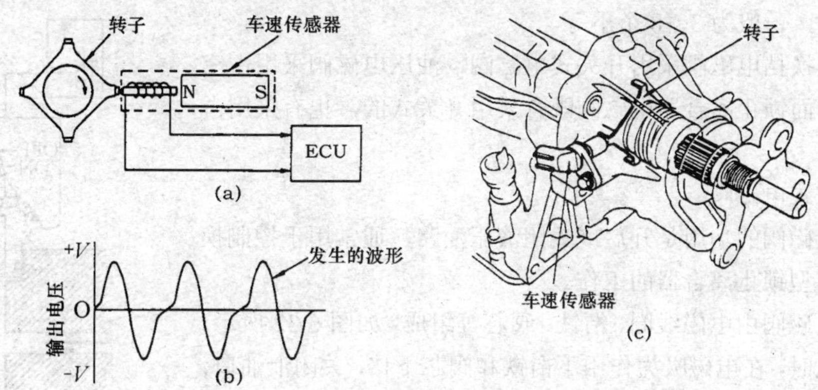

图 6-30　电磁式车速传感器的结构、原理

（3）输入轴转速传感器

对于轿车自动变速器，一般在变速器输入轴附近的壳体上装有检测输入轴转速的输入轴转速传感器。该传感器一般也是采用电磁式，其结构及工作原理与车速传感器一样。

自动变速器 ECU 根据输入轴转速传感器的信号可以更精确地控制换挡。另外，ECU 还可以把该信号与发动机转速信号进行比较，计算出变矩器的转速比，使主油压和锁止离合器的控制得到优化，以改善换挡、提高行驶性能。

（4）ATF 温度传感器

ATF 温度传感器将油液温度转换为输入到 ECU 的电阻值。温度传感器一般都是一个负温度系数的热敏电阻（见图 6-31），即随着温度升高，传感器电阻减小。

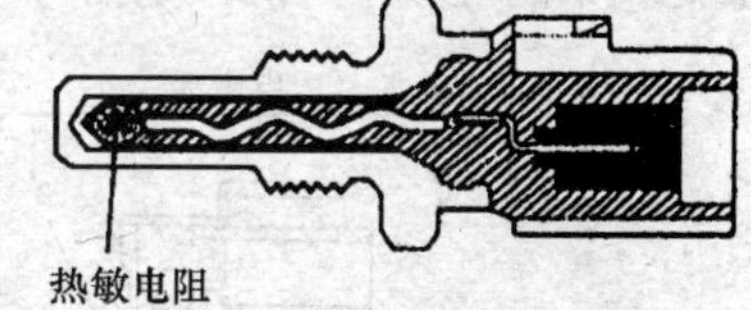

图 6-31　温度传感器

（5）模式选择开关

模式选择开关是供驾驶员选择所需要的行驶或换挡模式的开关。大部分车型都具有常规模式（N 或 NORM）和动力模式（P 或 PWR），有些车型还有经济模式（E 或 ECO）。自动变速器 ECU 根据所选择的行驶模式执行不同的换挡程序，控制换挡和锁止正时。如选择动力模式，自动变速器会推迟升挡，以提高动力性，而选择经济模式，自动变速器会提前升挡，以提高经济性，常规模式介于二者之间。

（6）空挡起动开关

空挡起动开关有两个功用，一是给自动变速器 ECU 提供挡位信息，二是保证只有选挡杆置于 P 或 N 位才能起动发动机。

（7）OD 开关

OD 开关（超速挡开关）一般安装在选挡杆上，由驾驶员操作控制，可以使自动变速器有或没有超速挡。

（8）制动灯开关

自动变速器 ECU 通过制动灯开关检测是否踩下制动踏板，如果踩下制动踏板，ECU 会取消锁止离合器的工作。制动灯开关安装在制动踏板支架上，当踩下制动踏板，开关接通；当松开制动踏板，开关断开。

2. 执行器

电子控制系统的执行器主要指电磁阀和故障指示灯，这里只介绍电磁阀。

电磁阀根据功能的不同可以分为换挡电磁阀、锁止离合器电磁阀和油压电磁阀。根据工作原理的不同可以分为开关式电磁阀和占空比式（脉冲线性式）电磁阀。不同的自动变速器使用的电磁阀数量不同，一般为3～8个不等。

绝大多数换挡电磁阀采用开关式电磁阀，油压电磁阀采用占空比式电磁阀，而锁止离合器电磁阀既有采用开关式的，也有采用占空比式的。

（1）开关式电磁阀

开关式电磁阀的功用是开启或关闭液压油路，通常用于控制换挡阀和部分车型锁止离合器的工作。

开关式电磁阀由电磁线圈、衔铁、阀芯等组成，如图6-32所示。当电磁阀通电时，在电磁吸力作用下衔铁和阀芯下移，关闭泄油口，主油压供给到控制油路。当电磁阀断电时，在回位弹簧的作用下衔铁和阀芯上移，打开泄油口，主油压被泄掉，控制油路压力很小。

图6-32　开关式电磁阀
1—ECU；2—节流口；3—主油路；4—控制油路；5—泄油口；6—电磁线圈；7—衔铁和阀芯

（2）占空比式电磁阀

占空比式电磁阀与开关式电磁阀类似，也是由电磁线圈、滑阀、弹簧等组成，如图6-33所示。它通常用于控制油路的油压，有的车型的锁止离合器也采用此种电磁阀控制。与开关式电磁阀不同的是，控制占空比式电磁阀的电信号不是恒定不变的电压信号，而是一个固定频率的脉冲电信号。在脉冲电信号的作用下，电磁阀不断开启、关闭泄油口。

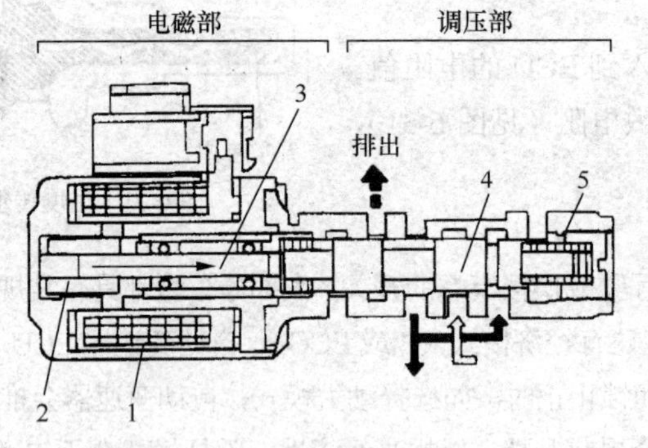

（a）结构示意图

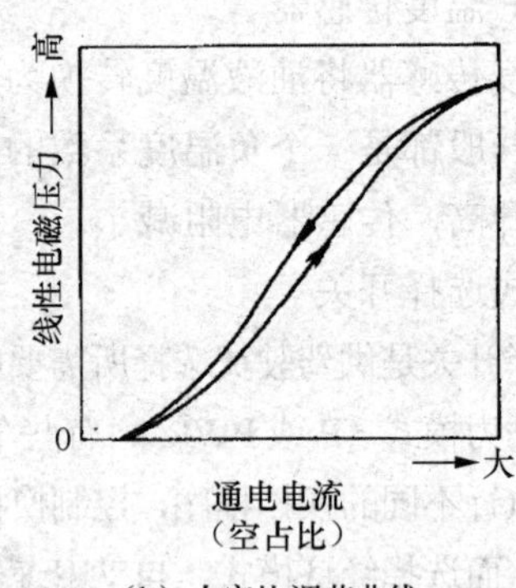

（b）占空比调节曲线

图6-33　占空比式电磁阀
1—电磁线圈；2—滑阀；3—滑阀轴；4—控制阀；5—弹簧

占空比式电磁阀有两种工作方式，一是占空比越大，经电磁阀泄油越多，油压就越低；另一种是占空比越大，油压越高。

3. 电子控制单元

自动变速器电子控制单元（ECU）具有换挡控制、锁止离合器控制、换挡平顺性控制、故障自诊断、失效保护等功能。

（1）换挡控制

自动变速器换挡时刻的控制是ECU最重要的控制内容之一。汽车在某个特定工况下都有一个

与之对应的最佳换挡时刻，使汽车发挥出最好的动力性和经济性。汽车行驶过程中，ECU 根据模式选择开关信号、节气门开度信号、车速信号等参数来打开或关闭换挡电磁阀，从而打开或关闭通往离合器、制动器的油路，使变速器升挡或降挡。

（2）锁止离合器控制

自动变速器 ECU 将各种行驶模式下锁止离合器的工作方式编程存入存储器，然后根据各种输入信号，控制锁止离合器电磁阀的通、断电，从而控制锁止离合器的工作。

① 锁止离合器工作的条件。如果满足以下 5 个条件，ECU 会接通锁止离合器电磁阀，使锁止离合器处于接合状态。

- 选档杆置于 D 位，且挡位在 D_2、D_3 或 D_4 挡；
- 车速高于规定值；
- 节气门开启（节气门位置传感器 IDL 触点未闭合）；
- 冷却液温度高于规定值；
- 未踩下制动踏板（制动灯开关未接通）。

② 锁止的强制取消。如果符合以下条件中的任何一项，ECU 就会给锁止离合器电磁阀断电，使锁止离合器分离。

- 踩下制动踏板（制动灯开关接通）；
- 发动机怠速（节气门位置传感器 IDL 触点闭合）；
- 冷却液温度低于规定值（如 60 ℃）；
- 当巡航系统工作时，如果车速降至设定车速以下至少 10 km/h。

早期的电控自动变速器中，控制锁止离合器的电磁阀采用的是开关式电磁阀，即通电时锁止离合器接合，断电时锁止离合器分离。目前许多新型电控自动变速器采用占空比式电磁阀作为锁止离合器电磁阀，电脑在控制锁止离合器接合时，通过改变脉冲电信号的占空比，让锁止离合器电磁阀的开度缓慢增大，以减小锁止离合器接合时所产生的冲击，使锁止离合器的接合过程变得更加柔和。

（3）换挡平顺性控制

自动变速器改善换挡平顺性的方法有换挡油压控制、减少转矩控制和 N-D 换挡控制。

① 换挡油压控制。自动变速器在升挡和降挡的瞬间，ECU 会通过油压电磁阀适当降低主油压，以减少换挡冲击，改善换挡。也有的自动变速器是在换挡时通过电磁阀来减小蓄能器背压，以减缓离合器或制动器油压的增长率，来减少换挡冲击。

② 减少转矩控制。在自动变速器换挡的瞬间，通过推迟发动机点火时刻或减少喷油量，减少发动机输出转矩，以减少换挡冲击和输出轴的转矩波动。

③ N-D 换挡控制。当选挡杆由 P 位或 N 位置于 D 位或 R 位时，或由 D 位或 R 位置于 P 位或 N 位时，通过调整喷油量，把发动机转速的变化减少到最小限度，以改善换挡。

（4）故障自诊断

电控自动变速器 ECU 具有内置的自我诊断系统，它不断监控各传感器、信号开关、电磁阀及其线路，当有故障时，ECU 使故障指示灯闪烁，以提醒驾驶员或维修人员；并将故障内容以故障码的形式存储在存储器中，以便维修人员采用人工或仪器的方式读取故障码。

（5）失效保护

当自动变速器出现故障时，为了尽可能使自动变速器保持最基本的工作能力，以维持汽车行驶，便于汽车进厂维修，电控自动变速器 ECU 都具有失效保护功能。

练 习 题

1. 简述自动变速器各选挡杆位置的含义。
2. 简述自动变速器的基本组成及工作原理。
3. 简述液力变矩器的结构及工作原理。
4. 锁止离合器的结构及工作原理。
5. 分析行星齿轮机构的运动规律。
6. 简述换挡执行元件的结构及工作原理。
7. 按图说明液压控制系统的工作原理。
8. 自动变速器电子控制系统中常用的传感器和开关有哪些？各有什么功用？
9. 简述电磁阀的结构及工作原理。
10. 自动变速器电子控制单元的控制功能有哪些？

任务二 典型自动变速器

【学习目标】

1. 能够正确描述丰田 U341E 自动变速器的结构，分析各挡动力传动路线；
2. 能够正确描述大众 01M 自动变速器的结构，分析各挡动力传动路线；
3. 能够正确描述本田 MAXA 自动变速器的结构，分析各挡动力传动路线；
4. 能够正确选择与使用工具、设备，并规范地对自动变速器进行拆解与装配；
5. 能够正确选择与使用工具、设备，并规范地对油泵进行拆解与装配；
6. 能够正确选择与使用工具、设备，并规范地对驻车挡/空挡位置开关进行拆卸与安装。

相关知识

（一）丰田 U341E 自动变速器

丰田卡罗拉轿车配备的 U341E 型自动变速器采用了 CR-CR 式行星齿轮机构，即将两组单行星排的行星架 C（planetcarrier）和齿圈 R（gearring）分别组配，该行星齿轮机构仅有 4 个独立元件（前太阳轮、后太阳轮、前行星架和后齿圈组件、前齿圈和后行星架组件），其特点是变速比大、效率高、元件轴转速低。

1. 结构

U341E 型自动变速器行星齿轮变速传动机构的结构如图 6-34 所示，主要部件的功能如表 6-2

所示，各换挡执行元件的工作情况如表 6-3 所示。

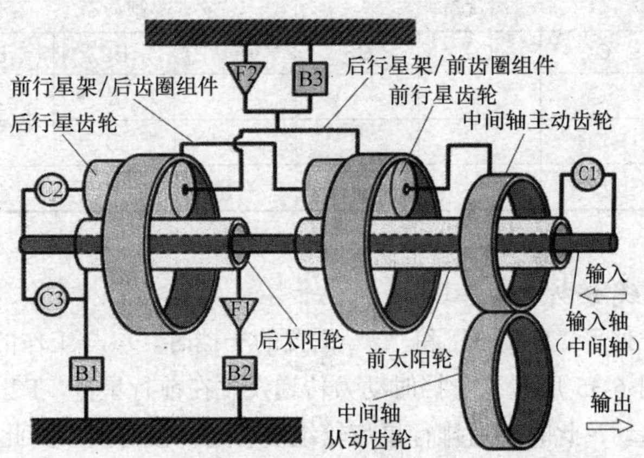

图 6-34 U341E 型自动变速器行星齿轮变速传动机构的结构

表 6-2 主要部件功能

部　件		功　能
C1	前进挡离合器	连接输入轴和前排太阳轮
C2	直接离合器	连接输入轴和后排行星架
C3	倒挡离合器	连接输入轴和后太阳轮
B1	OD 挡和二挡制动器	固定后排太阳轮
B2	二挡制动器	固定 F1 的外圈
B3	一挡和倒挡制动器	固定后行星架/前齿圈组件
F1	1 号单向离合器	与 B2 配合，阻止后太阳轮逆时针转动
F2	2 号单向离合器	阻止后行星架/前齿圈组件逆时针转动
前行星齿轮组		根据各换挡执行元件的工作情况，改变齿轮动力传递路线，以升高或降低输出转速
后行星齿轮组		
中间轴齿轮副		将动力传递给差速器，并改变传动方向，降低输出转速

表 6-3 各换挡执行元件的工作情况

换挡杆位置	挡位	离合器			制动器			单向离合器	
		C1	C2	C3	B1	B2	B3	F1	F2
P	驻车挡								
R	倒挡			○			○		
N	空挡								
D	一挡	○							○
	二挡	○				○		○	
	三挡	○	○			○			
	四挡		○		○	○			
3	一挡	○							○
	二挡	○				○		○	
	三挡	○	○			○			

续表

换挡杆位置	挡位	离合器			制动器			单向离合器	
		C1	C2	C3	B1	B2	B3	F1	F2
2	一挡	○							○
	二挡	○			○	○		○	
L	一挡	○					○		○

注：○表示工作。

2．动力传递路线分析

（1）一挡。换挡杆处于“D”“3”和“2”位置的一挡时，参与工作的换挡执行元件有 C1、F2，动力传递路线如图 6-35 所示。一挡时动力传递发生在前行星排，F2 阻止前齿圈逆输入轴的旋转方向（逆时针）转动，此时，后排行星齿轮组没有元件被约束，因此处于空转状态，动力传递路线如下：

输入轴→C1→前太阳轮→前行星轮→前行星架→中间轴主从动齿轮→输出轴

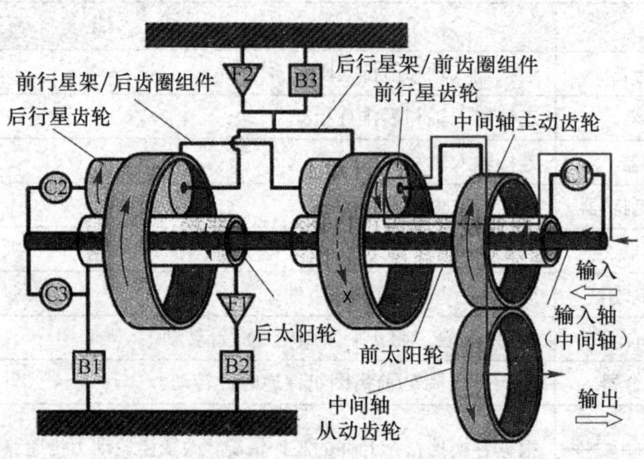

图 6-35 一挡动力传递路线

放松加速踏板时，前行星架转速高（接驱动轮），前太阳轮转速低（接发动机），使前齿圈试图被带动加速顺着前行星架（前太阳轮）的旋转方向转动。由于单向离合器 F2 不阻止前齿圈顺着行星架的旋转方向转动，整个行星排不能反向传递动力，所以无发动机制动效果。

为了提供有发动机制动的一挡，在 L 位一挡时，除了使上述的一挡换挡执行元件工作外，还使 B3 也工作，使得车辆行驶时，不论是踩下还是放松加速踏板，行星排都有动力传递能力，从而获得发动机制动效果。

（2）二挡。换挡杆处于“D”和“3”位置的二挡时，参与工作的换挡执行元件有 C1、B2、F1，动力传递路线如图 6-36 所示。二挡时动力传递发生在前、后 2 个行星排，B2、F1 联合作用，阻止后太阳轮逆输入轴的旋转方向转动，动力传递路线如下：

输入轴→C1→前太阳轮→前行星轮→（前行星架；前齿圈→后行星架→后行星轮→后齿圈）→中间轴主从动齿轮→输出轴

放松加速踏板时，前行星架和后齿圈组件转速高（接驱动轮），前太阳轮转速低（接发动机），使前齿圈和后行星架组件加速转动，进而使后太阳轮试图被带动加速顺着前行星架（前太阳轮）

的旋转方向转动。由于单向离合器 F1 不阻止后太阳轮顺着行星架的旋转方向转动，整个行星排不能反向传递动力，所以无发动机制动效果。

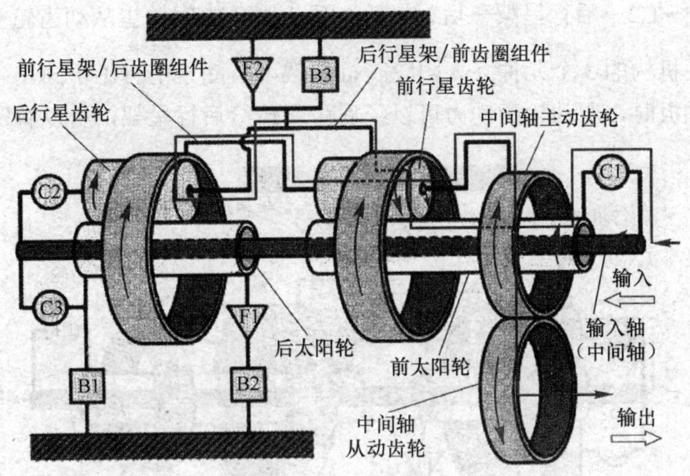

图 6-36 二挡动力传递路线

为了提供有发动机制动的二挡，在 2 位二挡时，除了使上述的二挡换挡执行元件工作外，还使 B1 也工作，使得车辆获得发动机制动效果。

（3）三挡。换挡杆处于“D”和“3”位置的三挡时，参与工作的换挡执行元件有 C1、C2、B2，动力传递路线如图 6-37 所示。三挡时前、后排行星齿轮机构互锁与一体旋转，动力传递路线如下：

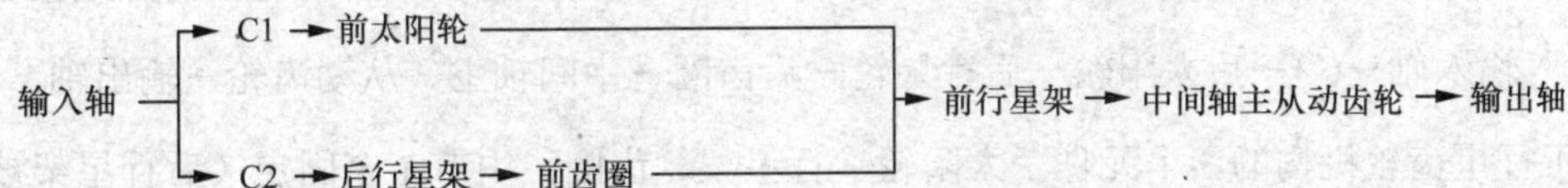

由于行星齿轮机构的 3 个元件（太阳轮、行星架、齿圈）中有 2 个转速相等（前太阳轮、前行星架都与输入轴相连），因此在放松加速踏板时，驱动轮的动力可以经前行星架传给前太阳轮，所以有发动机制动效果。

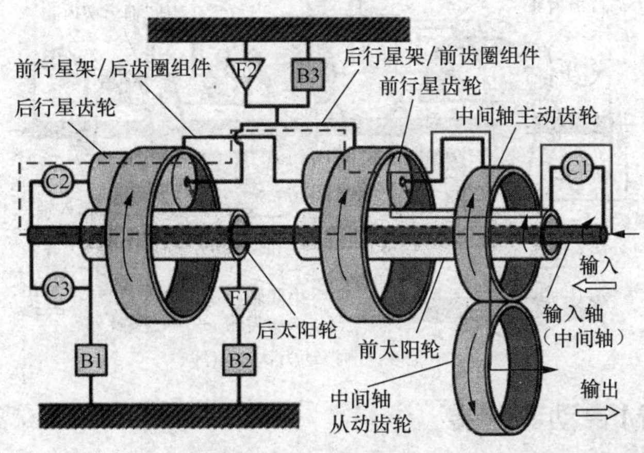

图 6-37 三挡动力传递路线

（4）四挡。换挡杆处于“D”位置的四挡时，参与工作的换挡执行元件有 C2、B1、B2，动力传递如图 6-38 所示。四挡时动力传递发生在后行星排，此时前排行星齿轮组处于空转状态，动力传递路线如下：

输入轴→C2→后行星架→后行星轮→后齿圈→中间轴主从动齿轮→输出轴

由于行星齿轮机构的 3 个元件（太阳轮、行星架、齿圈）中有 1 个固定（后太阳轮被固定），因此在放松加速踏板时，驱动轮的动力可以经后齿圈传给后行星架，所以有发动机制动效果。

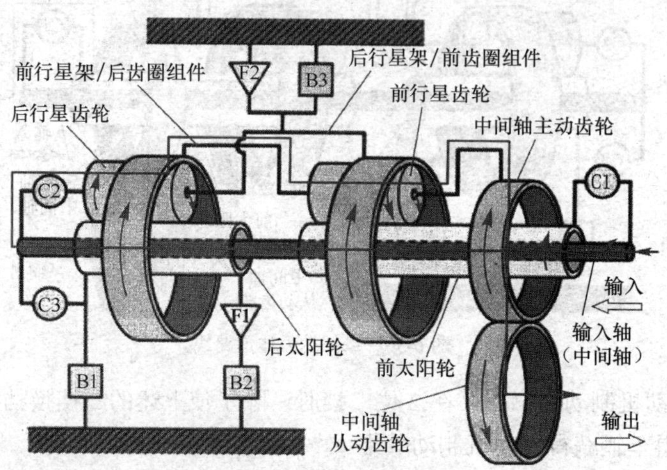

图 6-38　四挡动力传递路线

（5）R 挡。换挡杆处于“R”位置时，参与工作的换挡执行元件有 C3、B3，动力传递路线如图 6-39 所示。R 挡时动力传递发生在后行星排，此时前排行星齿轮组处于空转状态，动力传递路线如下：

输入轴→C3→后太阳轮→后行星轮→后齿圈→中间轴主、从动齿轮→输出轴

由于行星齿轮机构的 3 个元件（太阳轮、行星架、齿圈）中有 1 个固定（后行星架被固定），因此在放松加速踏板时，驱动轮的动力可以经后太阳轮传给后齿圈，所以有发动机制动效果。

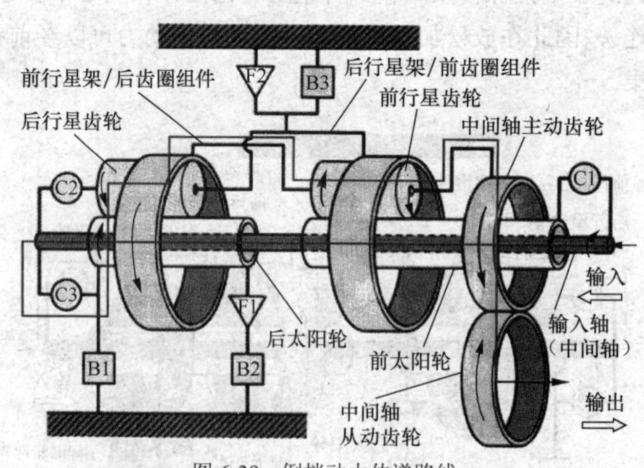

图 6-39　倒挡动力传递路线

（二）大众 01M 自动变速器

大众 01M 型四挡自动变速器采用了拉维娜式（Ravigneaux）行星齿轮机构，具有 4 个前进挡，用于宝来、捷达等车型上。

1. 结构

01M 自动变速器的结构如图 6-40 所示，包括拉维娜行星齿轮机构、离合器、制动器和单向离合器。

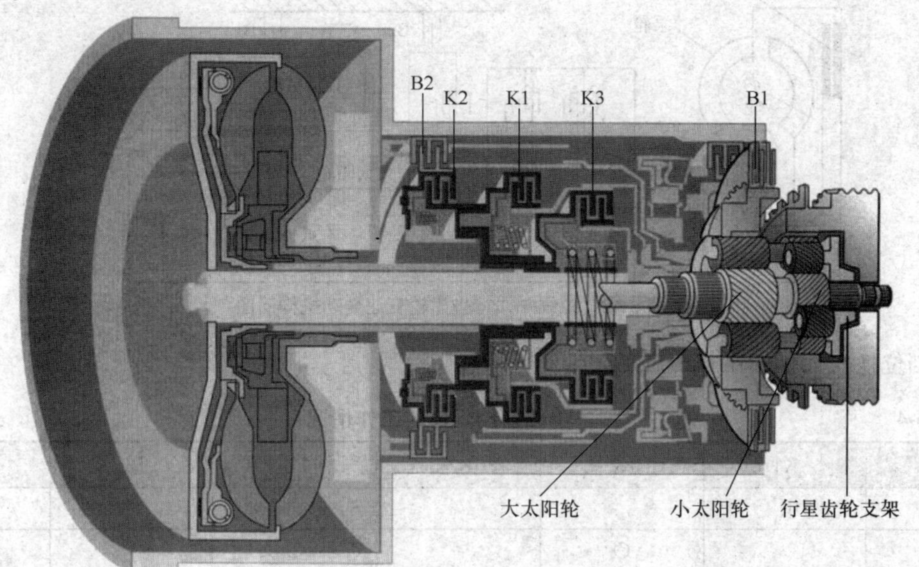

图 6-40 01M 自动变速器

拉维娜式行星齿轮变速传动机构的结构如图 6-41 所示。行星齿轮系由大、小太阳轮各一个，长、短行星齿轮各 3 个，以及行星架和齿圈组成。长行星齿轮采用分段式结构，使三挡到四挡的转换更加平顺。短行星齿轮与长行星齿轮及小太阳轮啮合；长行星齿轮同时与大太阳轮、短行星齿轮及齿圈啮合，动力通过齿圈输出。

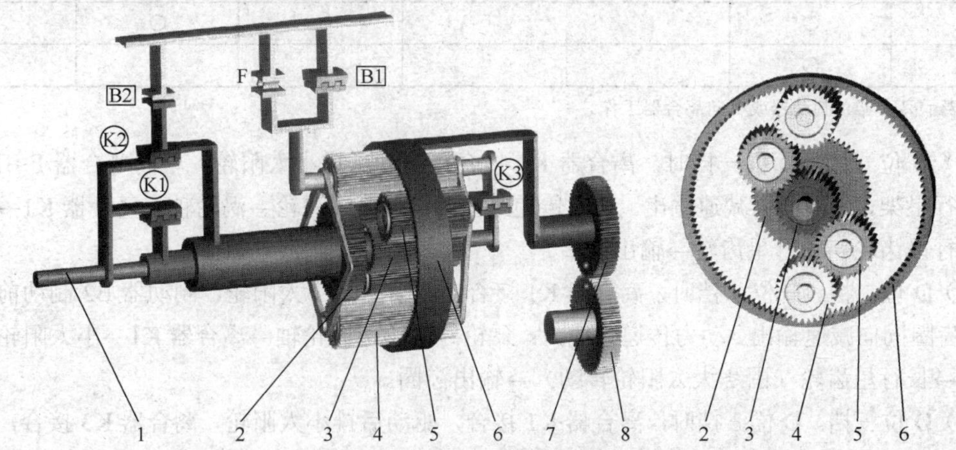

图 6-41 拉维娜式行星齿轮变速传动机构的结构

1—输入轴；2—大太阳轮；3—小太阳轮；4—长行星齿轮；5—短行星齿轮；6—齿圈；7—输出齿轮；8—主减速器齿轮；K1—第一挡到第三挡离合器；K2—倒挡离合器；K3—第三挡和第四挡离合器；B1—倒挡制动器；B2—第二挡和第四挡制动器；F—单向离合器

2. 动力传递路线分析

拉维娜式行星齿轮变速传动机构简图如图 6-42 所示，其中离合器 K1 用于驱动小太阳轮，离合器 K2 用于驱动大太阳轮，离合器 K3 用于驱动行星齿轮架，制动器 B1 用于制动行星齿轮架，制动器 B2 用于制动大太阳轮，单向离合器 F 防止行星架逆时针转动，锁止离合器 K0 将变矩器的泵轮和涡轮刚性连在一起。

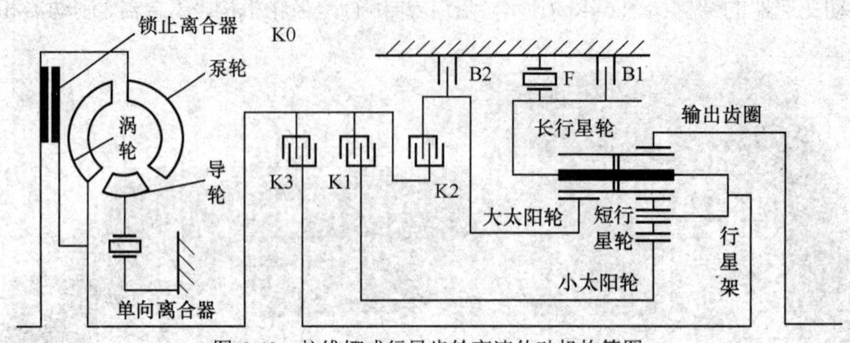

图 6-42　拉维娜式行星齿轮变速传动机构简图

各挡位换挡元件的工作情况如表 6-4 所示。

表 6-4　各挡位换挡元件的工作情况

挡位	K1	K2	K3	B1	B2	F
P						
R		○		○		
N						
D1	○					○
D2	○				○	
D3	○		○			
D4			○		○	
21	○					○
22	○				○	
1	○			○		

注：○表示离合器、制动器或单向离合器工作。

（1）D 位一挡。D 位一挡时，离合器 K1 接合，驱动后排小太阳轮，单向离合器 F 工作，单向制动行星架，齿圈同向减速输出。动力传递路线为：泵轮→涡轮→涡轮轴→离合器 K1→小太阳轮→短行星齿轮→长行星齿轮→输出齿圈。

（2）D 位二挡。D 位二挡时，离合器 K1 接合，驱动后排小太阳轮，制动器 B2 制动前排大太阳轮，齿圈同向减速输出。动力传递路线为：泵轮→涡轮→涡轮轴→离合器 K1→小太阳轮→短行星齿轮→长行星齿轮（围绕大太阳轮转动）→输出齿圈。

（3）D 位三挡。D 位三挡时，离合器 K1 接合，驱动后排小太阳轮，离合器 K3 接合，驱动行星架，因而使行星齿轮机构锁止并一同转动，此时为直接挡。动力传递路线为：泵轮→涡轮→涡轮轴→离合器 K1 和 K3→整个行星齿轮转动。

（4）D 位四挡。D 位四挡时，离合器 K3 接合，驱动行星架，制动器 B2 工作，制动大太阳轮，齿圈同向增速输出，此时为超速挡。动力传递路线为：泵轮→涡轮→涡轮轴→离合器 K3→行星架→长行星齿轮（围绕大太阳轮转动）→输出齿圈。

（5）2 位一挡。2 位一挡的动力传动路线与 D 位一挡相同。

（6）2 位二挡。2 位二挡的动力传动路线与 D 位二挡相同。

（7）1 位一挡。1 位一挡时，离合器 K1 接合，驱动后排小太阳轮，制动器 B1 制动行星架，则齿圈同向减速输出。其动力传动路线与 D 位 1 挡相同。

（8）R 位（倒挡）。换挡杆在“R”位置时，离合器 K2 接合，驱动大太阳轮；制动器 B1 工作，使行星架制动，齿圈反向减速输出。动力传递路线为：泵轮→涡轮→涡轮轴→离合器 K2→大太阳轮→长行星齿轮反向驱动齿圈。

（三）本田 MAXA 自动变速器

广州本田雅阁轿车 MAXA 自动变速器采用电子控制式，主要由定轴式齿轮变速传动机构、液压控制系统和电子控制系统等三大部分组成，可以提供 4 个前进挡和 1 个倒挡。

1．结构

广州本田雅阁轿车用 MAXA 自动变速器的纵剖视图如图 6-43 所示，图 6-44 为 MAXA 自动变速器的齿轮机构。平行轴式齿轮变速传动机构主要由平行轴、各挡齿轮和湿式多片离合器等组成。平行轴有 3 根，即主轴（输入轴）、中间轴和副轴（输出轴）。

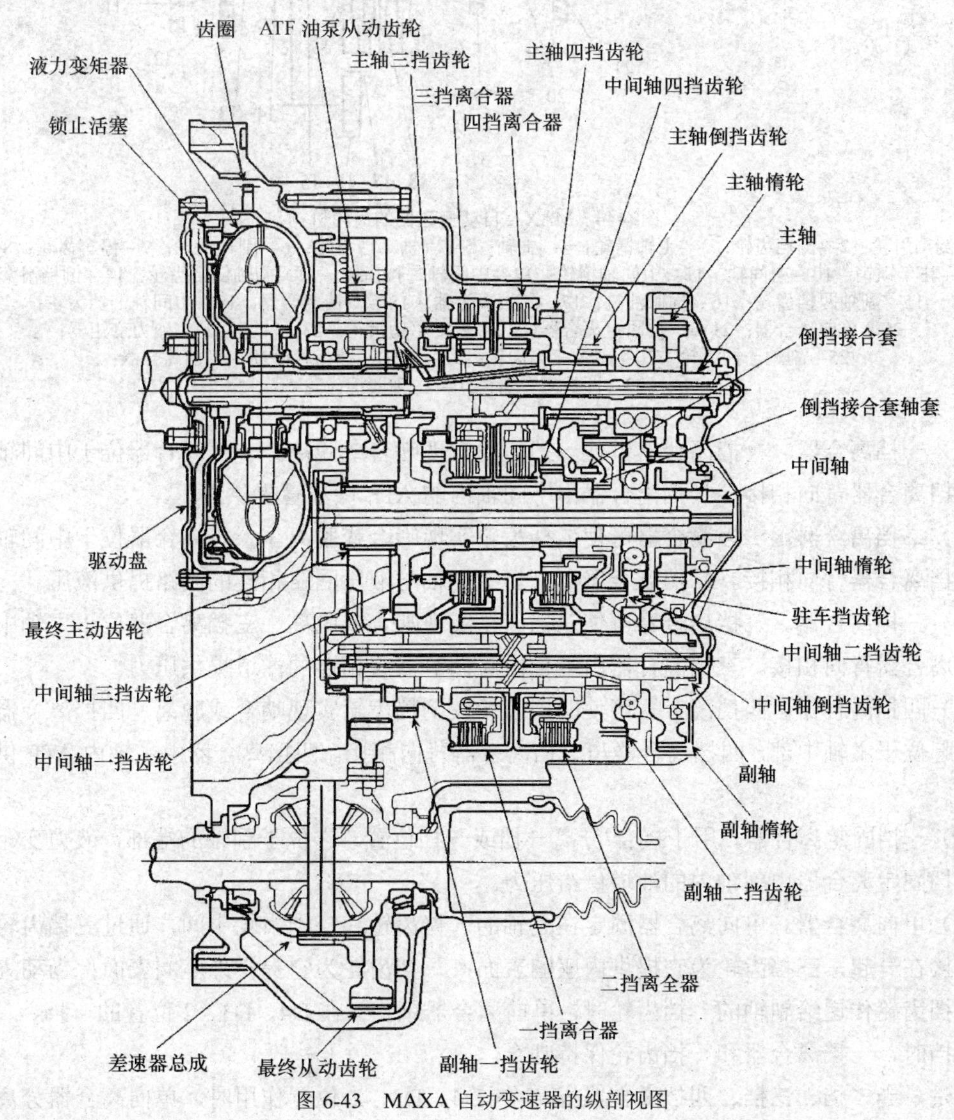

图 6-43　MAXA 自动变速器的纵剖视图

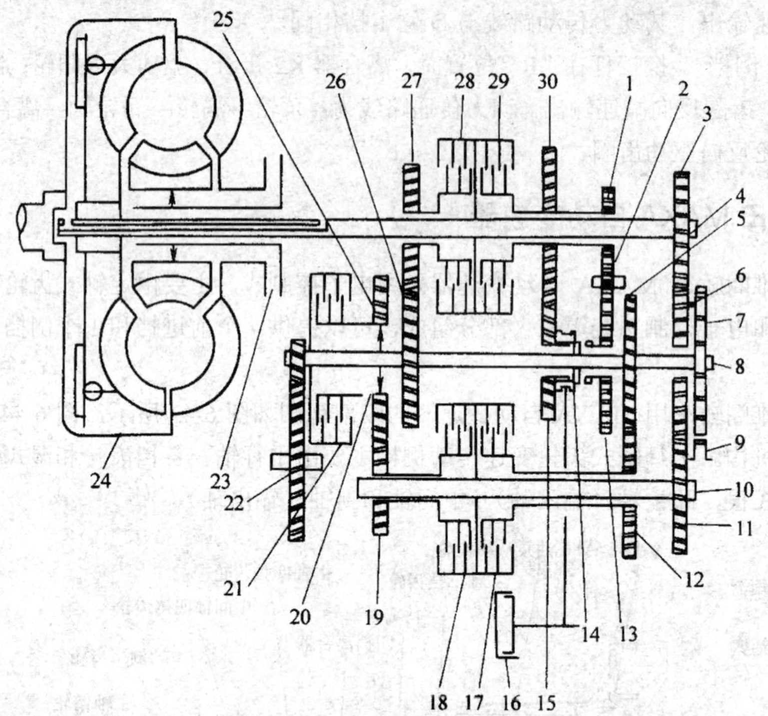

图6-44　MAXA自动变速器的齿轮机构

1—主轴倒挡齿轮；2—倒挡齿轮；3—主轴惰轮；4—主轴；5—副轴二挡齿轮；6—副轴惰轮；7—停车齿轮；8—副轴；9—驻车锁销；10—中间轴；11—中间轴惰轮；12—中间轴二挡齿轮；13—副轴倒挡齿轮；14—倒挡滑套；15—副轴四挡齿轮；16—伺服油缸；17—二挡离合器；18—一挡离合器；19—中间轴一挡齿轮；20—单向离合器；21—一挡固定离合器；22—最终驱动齿轮；23—油泵；24—液力变矩器；25—副轴一挡齿轮；26—副轴三挡齿轮；27—主轴三挡齿轮；28—三挡离合器；29—四挡离合器；30—主轴四挡齿轮

（1）一挡离合器。一挡离合器可使一挡齿轮实现啮合或脱离。一挡离合器位于中间轴中部，它与二挡离合器背向相接。一挡离合器由中间轴内的ATF供油管提供液压。

（2）二挡离合器。二挡离合器可使二挡齿轮实现啮合或脱离。二挡离合器位于中间轴中部，它与一挡离合器背向相接。二挡离合器由来自中间轴与液压回路相连的回路提供液压。

（3）三挡离合器。三挡离合器可使三挡齿轮实现啮合或脱离。三挡离合器位于主轴中部，它与四挡离合器背向相接。三挡离合器由主轴内与调节器阀相连的油道提供压力。

（4）四挡离合器。四挡离合器可使四挡齿轮及倒挡齿轮实现啮合或脱离。四挡离合器与倒挡齿轮一起位于主轴中部，四挡离合器与三挡离合器背向相接。四挡离合器由主轴内ATF供油管提供液压。

（5）一挡固定离合器。用于接合/分离一挡或一挡位置，它位于副轴的端部，液力变矩器的后面。一挡固定离合器由副轴内的油道供给压力。

（6）单向离合器。单向离合器固定在副轴的一挡齿轮和三挡齿轮中间，通过三挡齿轮花键与副轴连接在一起，三挡齿轮为它提供内座圈表面；一挡齿轮为它提供外座圈表面；当动力从中间轴的一挡齿轮传递给副轴的一挡齿轮时，单向离合器锁止；在D4、D3、2位置的一挡、二挡、三挡和四挡时，一挡离合器和一挡齿轮保持啮合。

但是，当二挡、三挡、四挡离合器/齿轮在D4、D3、2位置作用时，单向离合器分离，这是

因为副轴上的齿轮增加的转速超过了单向离合器锁止的“转速范围”。

2．动力传递路线分析

MAXA 型自动变速器各挡位参与工作的相关部件如表 6-5 所示。

表 6-5　　MAXA 型自动变速器各挡位参与工作的相关部件

挡位	液力变矩器	一挡齿轮 一挡离合器	一挡固定离合器	二挡齿轮 二挡离合器	三挡齿轮 三挡离合器	四挡		倒挡齿轮	驻车挡齿轮
						齿轮	离合器		
P	○								○
R	○						○	○	
N	○								
一挡	○	○							
二挡	○	○		○					
三挡	○	○			○				
四挡	○	○				○	○		
一挡	○	○							
二挡	○	○		○					
三挡	○	○			○				
2	○	○		○					
1	○	○	○						

注：○表示工作。

（1）P 位。液压油不作用到任何离合器，所有离合器均分离，动力不传递给副轴。此时，依靠制动锁块与驻车挡齿轮的互锁作用实现驻车。

（2）N 位。发动机动力由液力变矩器传递给主轴惰轮、副轴惰轮和中间轴惰轮，但液压油没有作用到任何离合器上，动力没有传递给副轴。

当换挡操纵手柄从 D4 位变换到 N 位时，倒挡接合套将中间轴四挡齿轮与倒挡接合套及副轴相连；当换挡操纵手柄从 R 位变换到 N 位时，副轴倒挡齿轮也将处于啮合状态。但由于无动力传递给副轴，上述两种情况均无动力输出，从而使车辆处于空挡位置。

（3）D4 或 D3 位一挡。液力变矩器→主轴→主轴惰齿轮→副轴惰齿轮→中间轴惰齿轮→中间轴→一挡离合器→中间轴一挡齿轮→副轴一挡齿轮→单向离合器→副轴→最终驱动齿轮。

（4）D4 或 D3 位二挡或 2 位。液力变矩器→主轴→主轴惰齿轮→副轴惰齿轮→中间轴惰齿轮→中间轴→二挡离合器→中间轴二挡齿轮→副轴二挡齿轮→最终驱动齿轮。

（5）D4 或 D3 位三挡。液力变矩器→主轴→三挡离合器→主轴三挡齿轮→副轴三挡齿轮→副轴→最终驱动齿轮。

（6）D4 位四挡。液力变矩器→主轴→四挡离合器→主轴四挡齿轮→副轴四挡齿轮→倒挡滑套→副轴→最终驱动齿轮。

（7）1 位一挡。动力传递路线与 D4 或 D3 位一挡基本相同，区别仅在于一挡固定离合器接合，使动力分流，实现发动机制动。阻力传递路线：车轮→驱动桥→最终驱动齿轮→副轴→一挡固定离合器→副轴一挡齿轮→中间轴一挡齿轮→一挡离合器→中间轴→中间轴惰齿轮→副轴惰齿轮→主轴惰齿轮→主轴→液力变矩器→发动机。

（8）R 位。液力变矩器→主轴→四挡离合器→主轴倒挡齿轮→倒挡惰轮→副轴倒挡齿轮→副轴→最终驱动齿轮。

实操技能训练

（一）丰田 U341E 自动变速器的拆解与装配

丰田卡罗拉轿车 U341E 自动变速器的结构如图 6-45～图 6-54 所示。

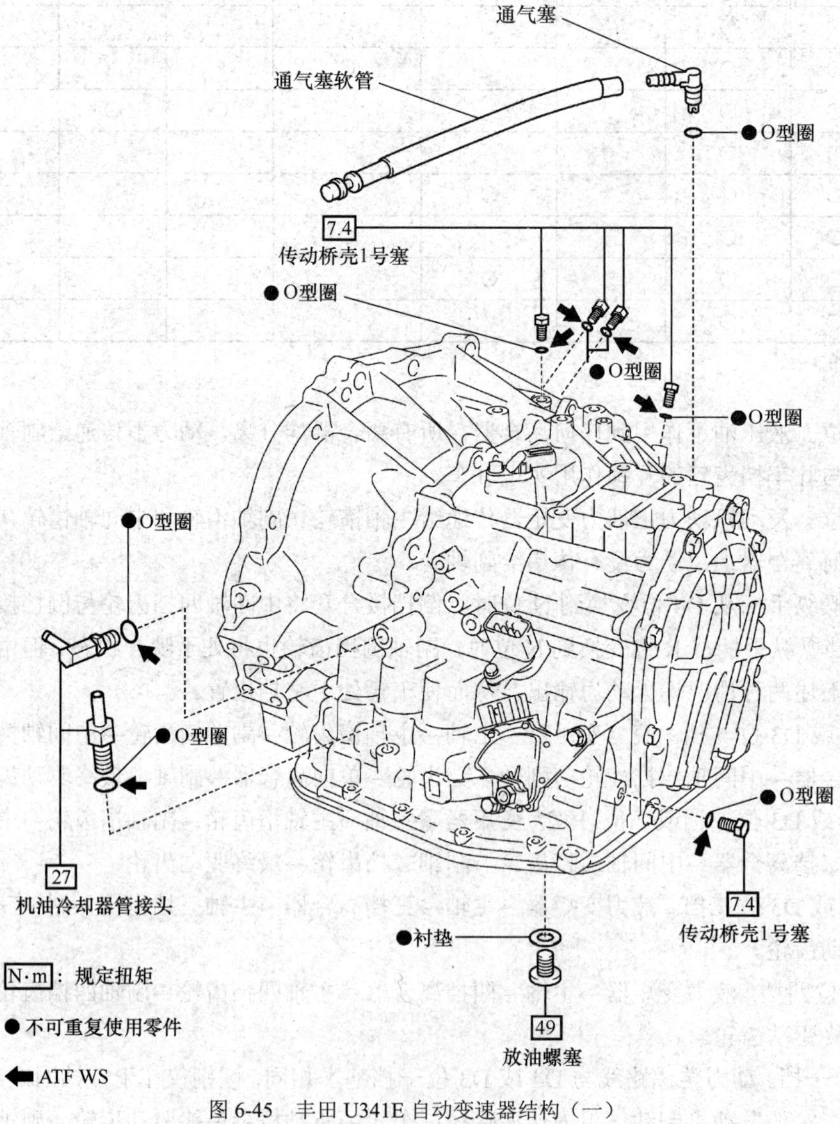

图 6-45 丰田 U341E 自动变速器结构（一）

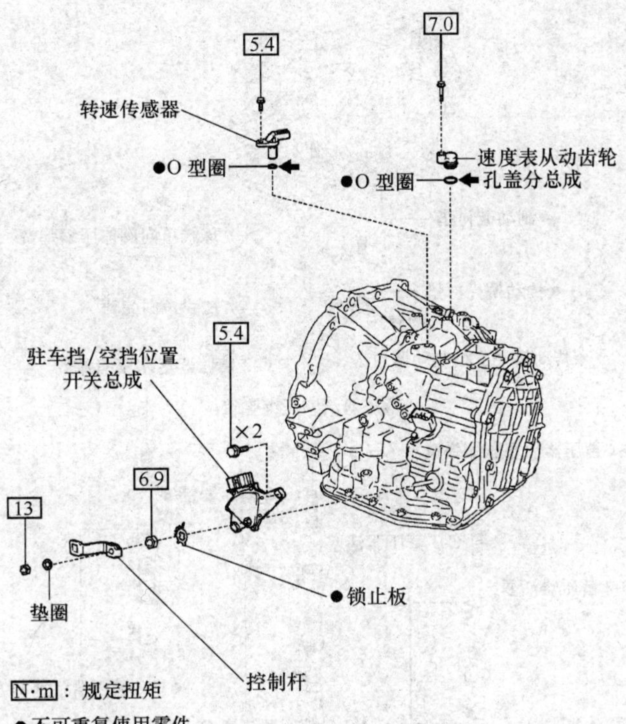

图 6-46 丰田 U341E 自动变速器结构（二）

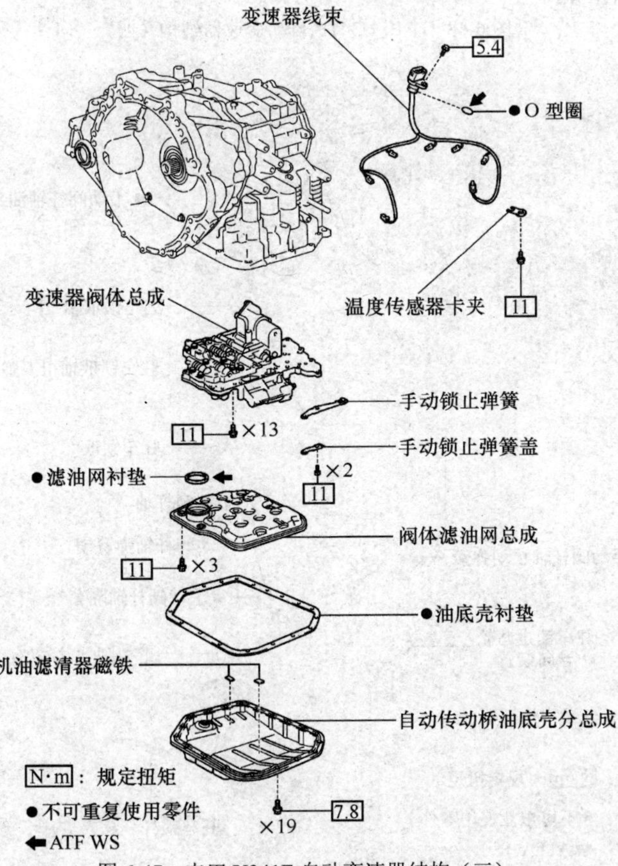

图 6-47 丰田 U341E 自动变速器结构（三）

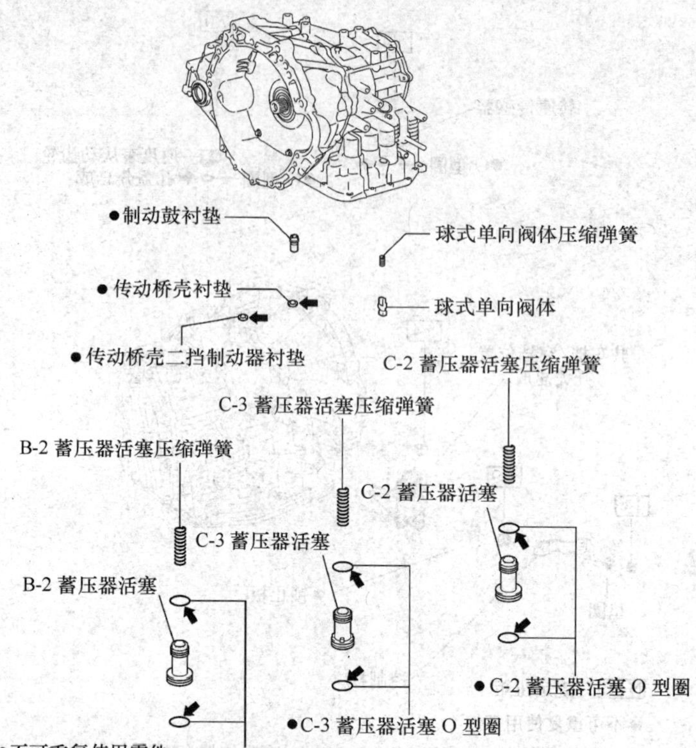

图 6-48　丰田 U341E 自动变速器结构（四）

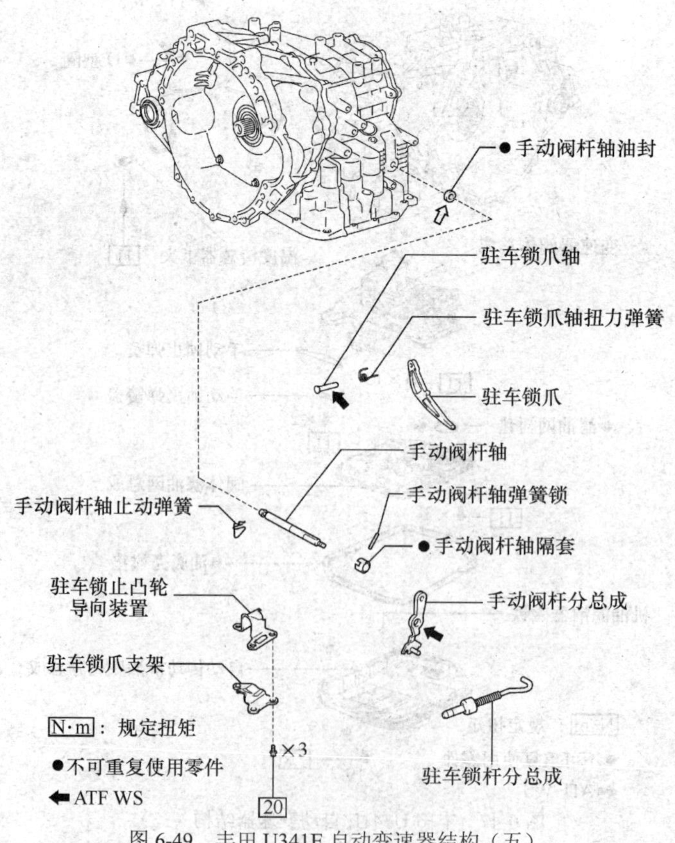

图 6-49　丰田 U341E 自动变速器结构（五）

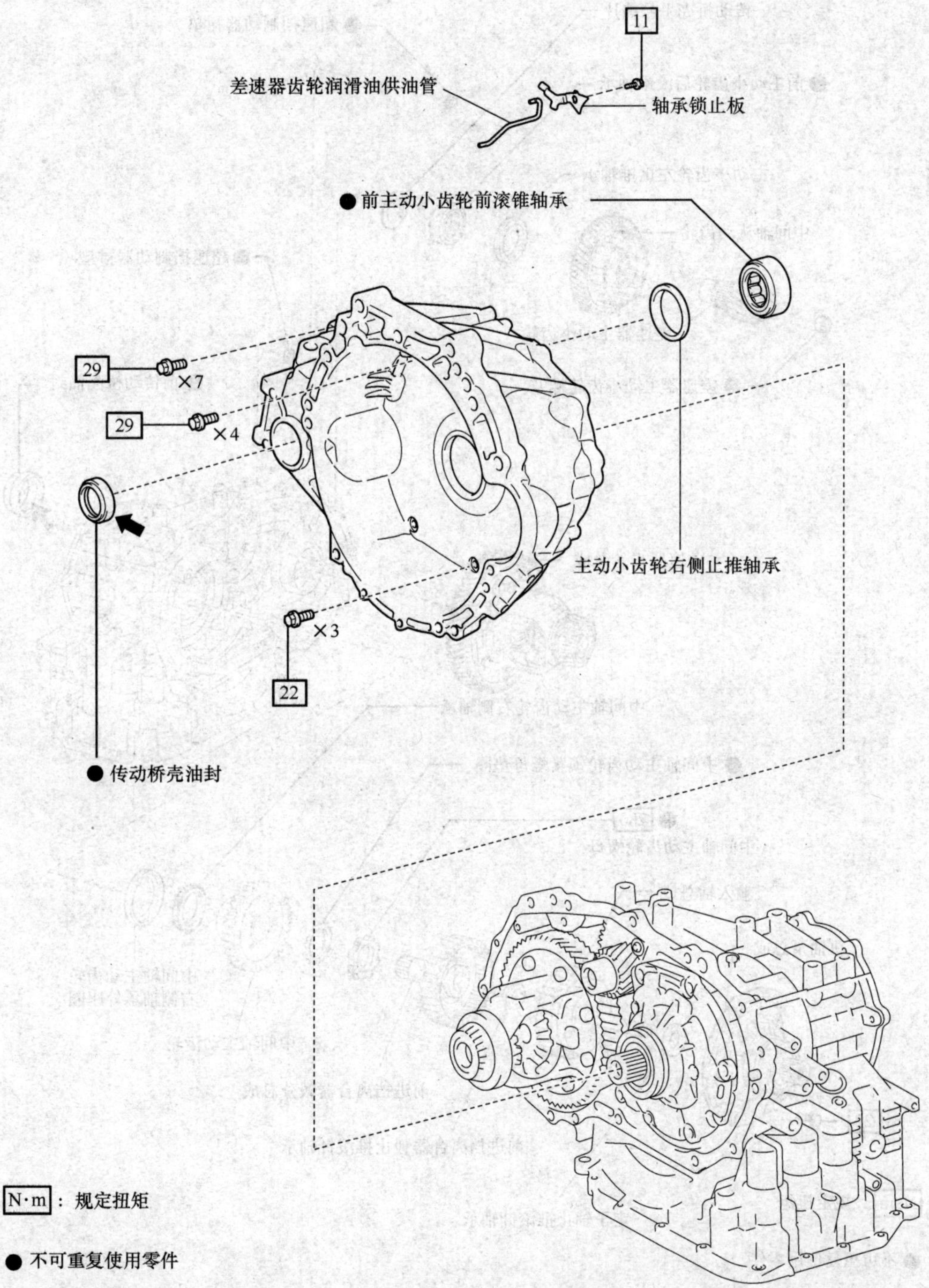

图 6-50　丰田 U341E 自动变速器结构（六）

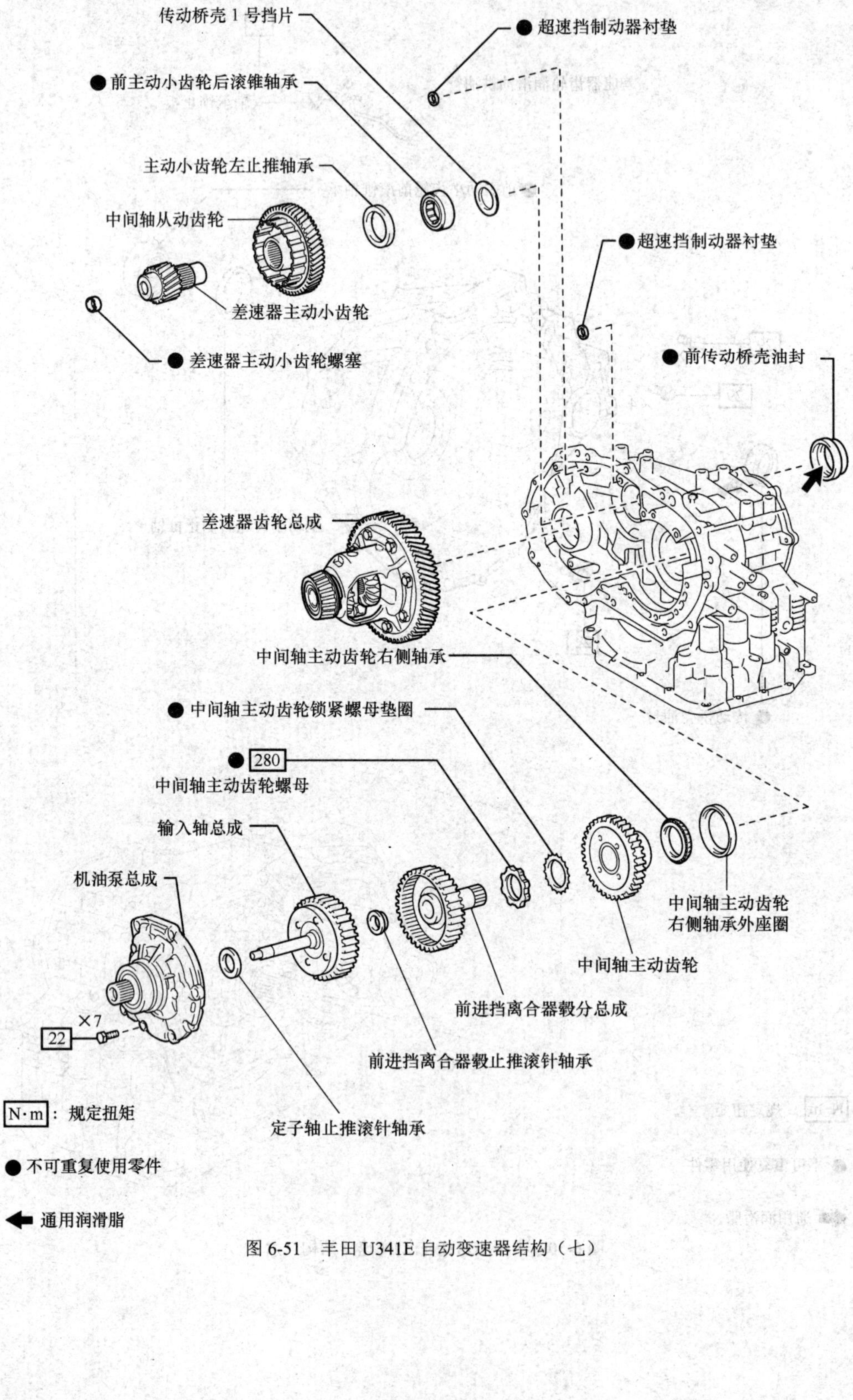

传动桥壳 1 号挡片

● 超速挡制动器衬垫

● 前主动小齿轮后滚锥轴承

主动小齿轮左止推轴承

中间轴从动齿轮

差速器主动小齿轮

● 差速器主动小齿轮螺塞

● 超速挡制动器衬垫

● 前传动桥壳油封

差速器齿轮总成

中间轴主动齿轮右侧轴承

● 中间轴主动齿轮锁紧螺母垫圈

● 280
中间轴主动齿轮螺母

输入轴总成

机油泵总成

中间轴主动齿轮
右侧轴承外座圈

中间轴主动齿轮

前进挡离合器毂分总成

×7
22

前进挡离合器毂止推滚针轴承

定子轴止推滚针轴承

N·m：规定扭矩

● 不可重复使用零件

⬅ 通用润滑脂

图 6-51　丰田 U341E 自动变速器结构（七）

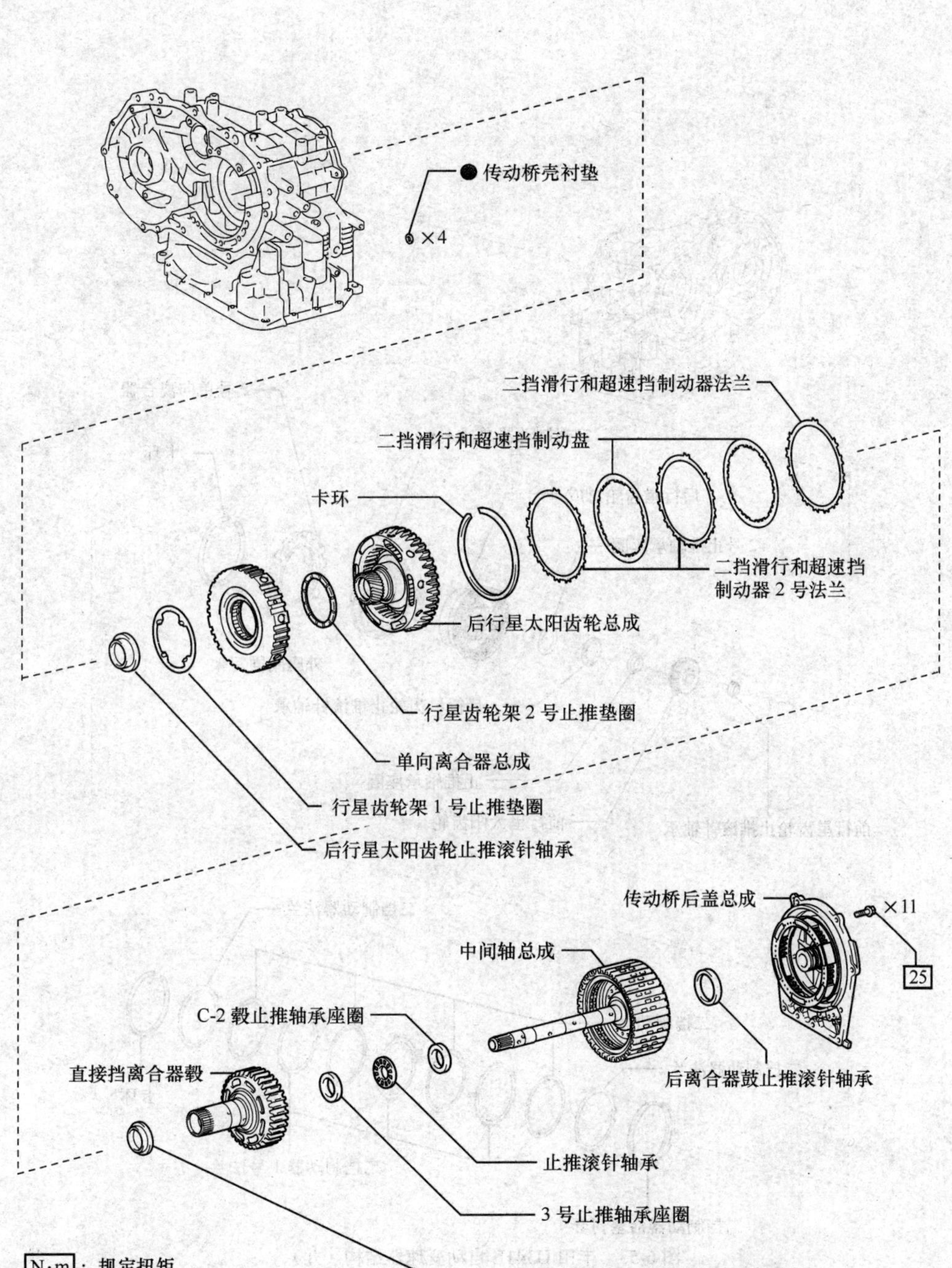

N·m：规定扭矩

● 不可重复使用零件

图 6-52　丰田 U341E 自动变速器结构（八）

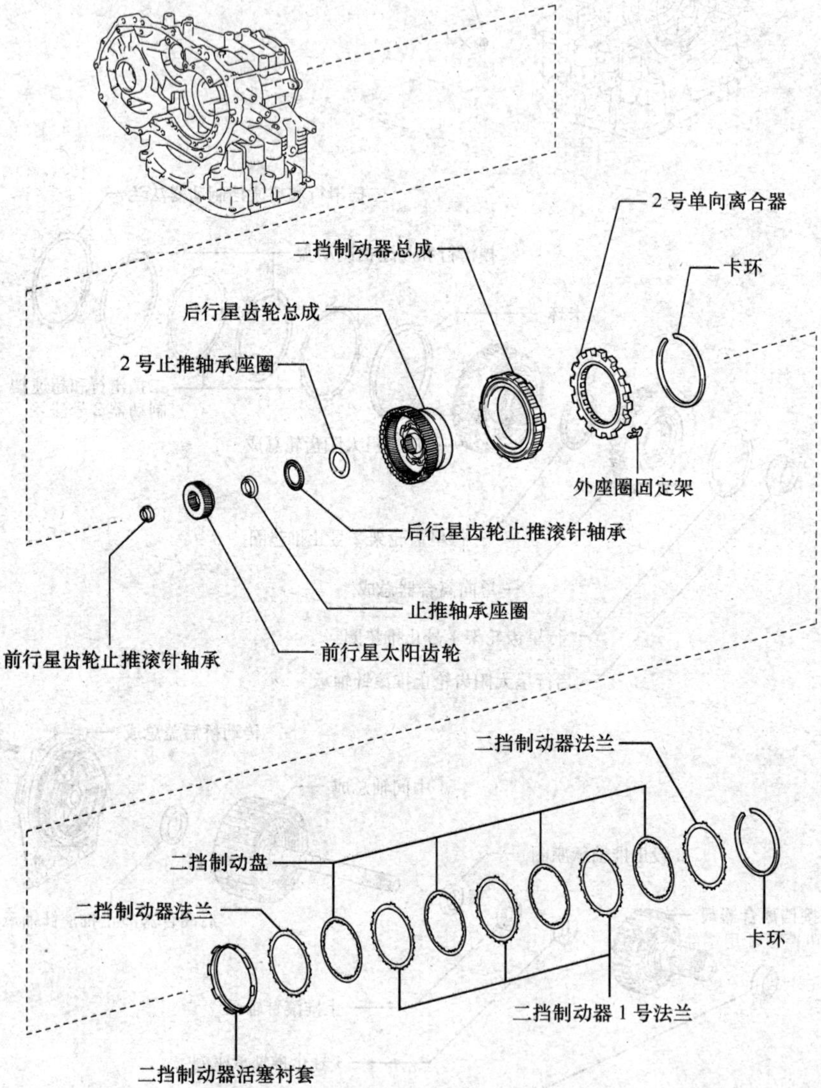

2 号单向离合器
二挡制动器总成
卡环
后行星齿轮总成
2 号止推轴承座圈
外座圈固定架
后行星齿轮止推滚针轴承
止推轴承座圈
前行星齿轮止推滚针轴承
前行星太阳齿轮
二挡制动器法兰
二挡制动盘
二挡制动器法兰
卡环
二挡制动器 1 号法兰
二挡制动器活塞衬套

图 6-53　丰田 U341E 自动变速器结构（九）

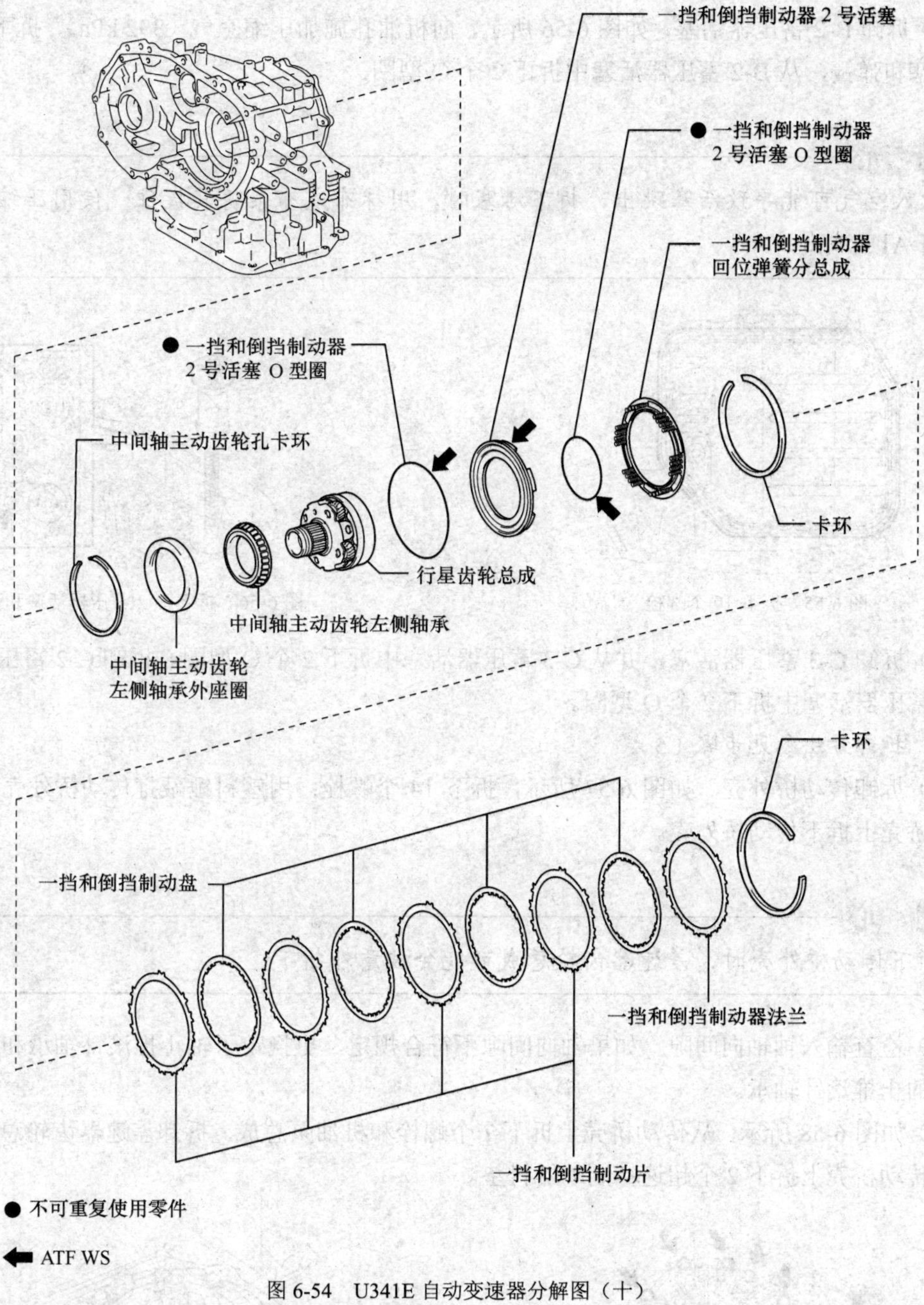

图 6-54　U341E 自动变速器分解图（十）

1. 拆解

（1）拆卸速度表从动齿轮孔盖分总成。拆卸驻车挡/空挡位置开关总成。拆卸转速传感器。拆卸机油冷却器管接头。拆卸传动桥壳 1 号塞。拆卸通气塞软管。从传动桥壳上拆下通气塞。固定自动传动桥总成。

（2）拆卸自动传动桥油底壳分总成，如图 6-55 所示，拆下 19 个螺栓、油底壳和油底壳衬垫。从油底壳上拆下 2 个机油滤清器磁铁，检查油底壳中的微粒。

（3）拆卸阀体滤油网总成。拆卸变速器阀体总成。拆卸变速器线束。

（4）拆卸传动桥壳二挡制动器衬垫。拆卸传动桥壳衬垫。拆卸制动鼓衬垫。拆卸球式单向阀体。

（5）拆卸B-2蓄压器活塞，如图6-56所示，向机油孔施加压缩空气（392 kPa），拆下 B-2 蓄压器活塞和弹簧，从B-2蓄压器活塞中拆下2个O型圈。

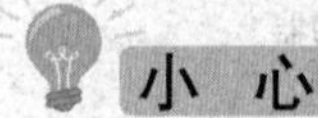

小　心

吹入空气可能导致活塞跳出，拆下活塞时，用抹布或布条将其握住；使用压缩空气时切勿将ATF溅出。

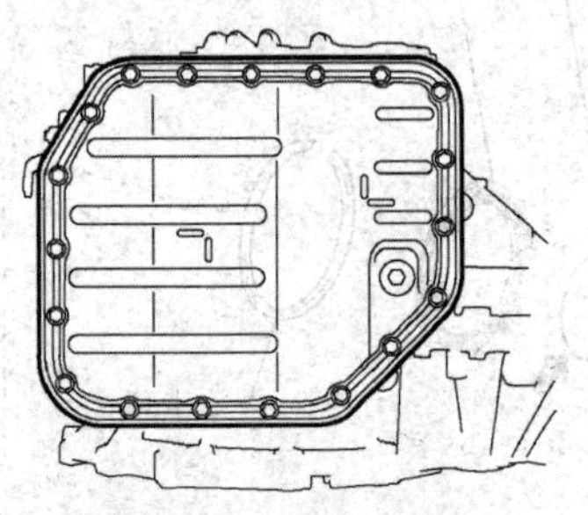

图6-55　拆下19个螺栓

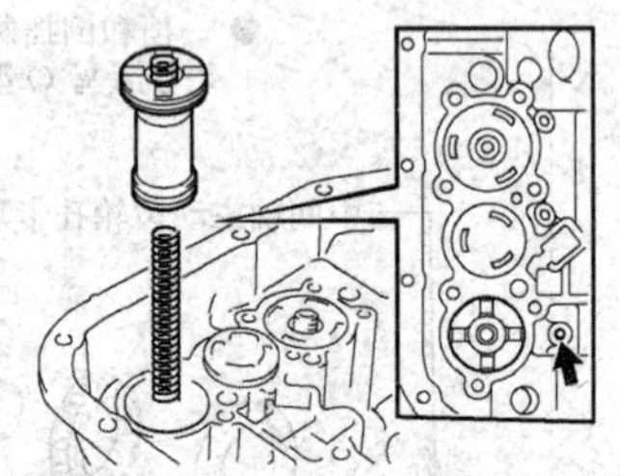

图6-56　拆下B-2蓄压器活塞和弹簧

（6）拆卸C-3蓄压器活塞，并从C-3蓄压器活塞中拆下2个O型圈。拆卸C-2蓄压器活塞，从C-2蓄压器活塞中拆下2个O型圈。

注：拆卸方法参见步骤（5）。

（7）拆卸传动桥外壳。如图6-57所示，拆下14个螺栓；用塑料锤敲打传动桥外壳的周边，从传动桥壳上拆下传动桥外壳。

小　心

拆下传动桥外壳时，差速器齿轮总成可能会被意外拆下。

（8）检查输入轴轴向间隙，如果轴向间隙不符合规定，更换定子轴止推滚针轴承和前进挡离合器毂的止推滚针轴承。

（9）如图6-58所示，从传动桥壳上拆下7个螺栓和机油泵总成。拆卸差速器齿轮总成。用螺丝刀从传动桥壳上拆下2个超速挡制动器衬垫。

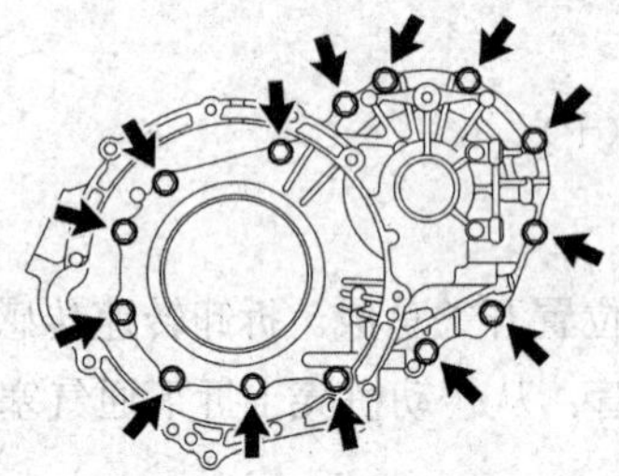

图6-57　拆下14个螺栓

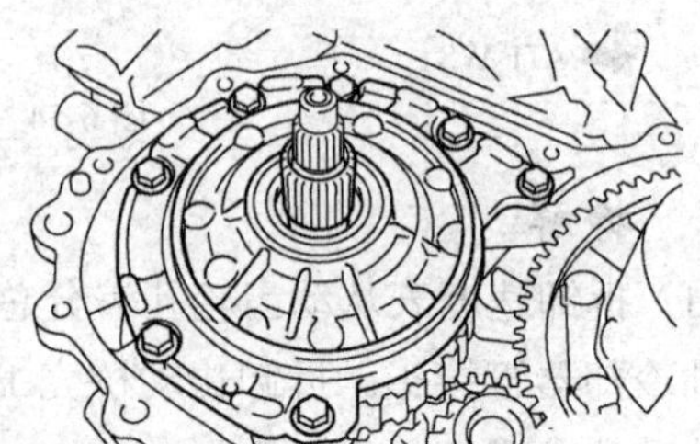

图6-58　拆卸机油泵总成

（10）如图6-59所示，从传动桥壳上拆下输入轴总成。从输入轴上拆下定子轴止推滚针轴承。从前进挡离合器毂上拆下前进挡离合器毂止推滚针轴承。

（11）测量中间轴轴向间隙，如果轴向间隙不符合规定，选择并更换后离合器鼓止推滚针轴承。

（12）如图 6-60 所示，从传动桥壳上拆下前进挡离合器毂。

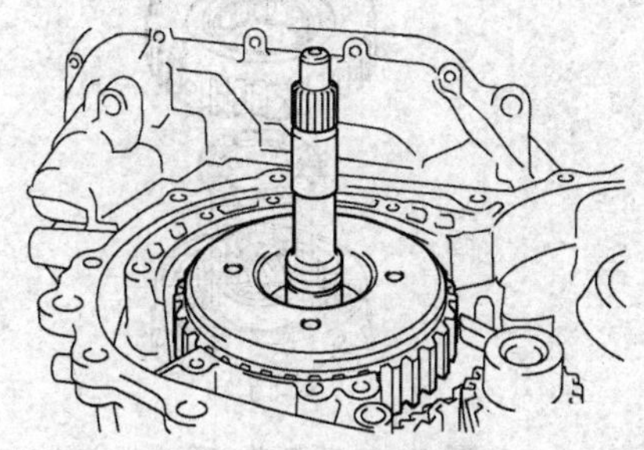
图 6-59 拆卸输入轴总成

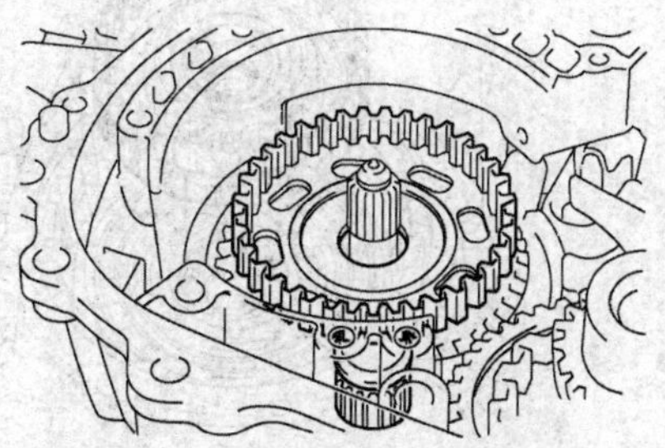
图 6-60 拆卸前进挡离合器毂分总成

（13）拆卸传动桥后盖总成，如图 6-61 所示，拆下 11 个螺栓，用塑料锤敲打传动桥后盖的周边，从传动桥壳上拆下传动桥后盖。拆卸传动桥壳衬垫。

（14）用磁棒拆下后离合器鼓止推滚针轴承。如图 6-62 所示，从传动桥壳上拆下中间轴总成。

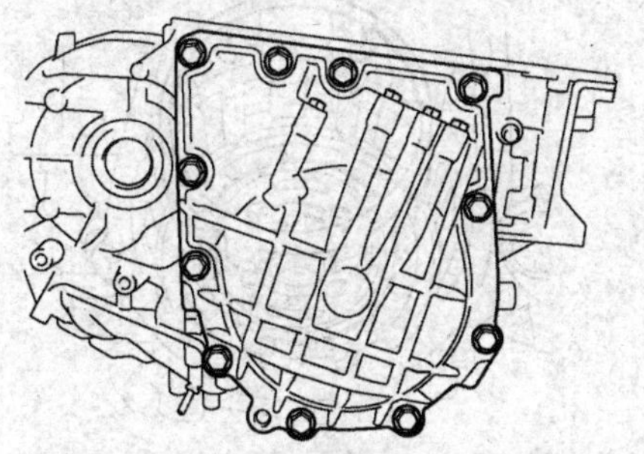
图 6-61 拆卸传动桥后盖总成

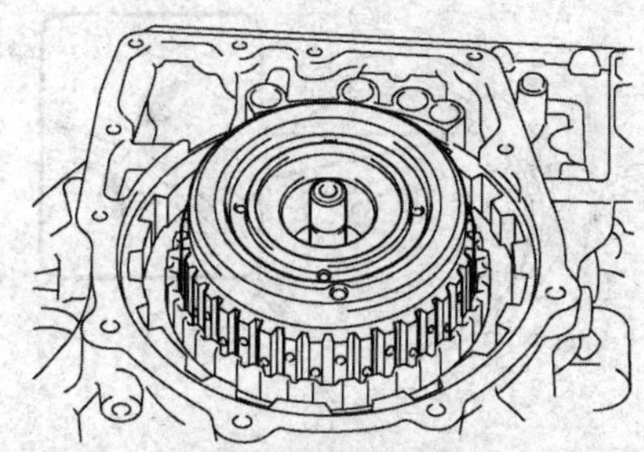
图 6-62 拆卸中间轴总成

（15）拆卸二挡滑行和超速挡制动盘，如图 6-63 所示，从传动桥上拆下法兰、2 个盘和 2 个 2 号法兰。用磁棒从直接挡离合器毂上拆下 C-2 毂止推轴承座圈、止推滚针轴承和 3 号止推轴承座圈。

（16）如图 6-64 所示，从传动桥壳上拆下直接挡离合器毂。用磁棒从后行星太阳齿轮总成上拆下后行星太阳齿轮 2 号止推滚针轴承。

图 6-63 拆卸二挡滑行和超速挡制动盘

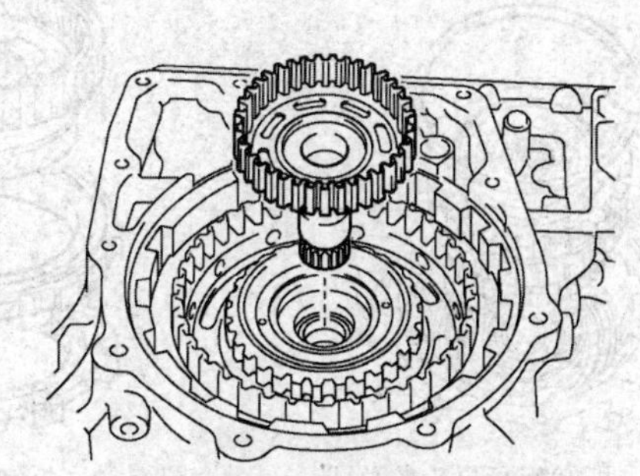
图 6-64 拆卸直接挡离合器毂

（17）如图 6-65 所示，从传动桥壳上拆下后行星太阳齿轮。从单向离合器总成上拆下后行星太阳齿轮止推滚针轴承和行星齿轮架 1 号止推垫圈。检查单向离合器总成，确保单向离合器在逆时针旋转时自由转动，而顺时针旋转时则锁止。

（18）如图 6-66 所示，从后行星太阳齿轮上拆下单向离合器总成和行星齿轮架 2 号止推垫圈。

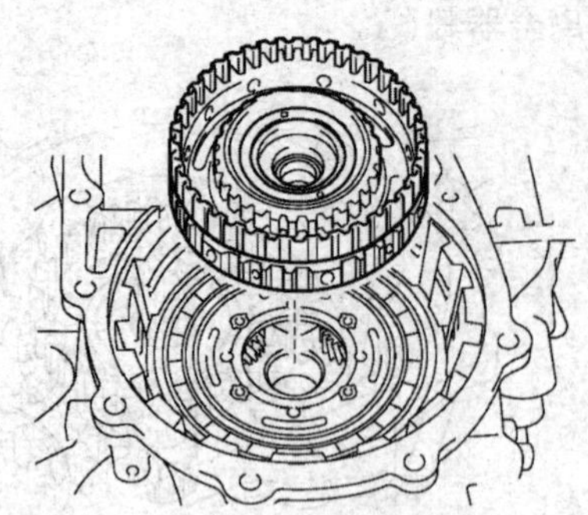
图 6-65　拆卸后行星太阳齿轮总成

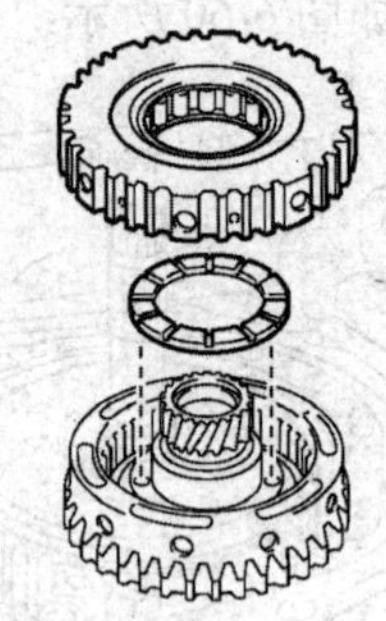
图 6-66　拆卸单向离合器总成

（19）拆卸二挡制动盘。如图 6-67 所示，用螺丝刀拆下 2 个卡环，从传动桥上拆下 2 个法兰、4 个盘和 3 个片。如图 6-68 所示，从传动桥壳上拆下二挡制动器活塞套筒。检查 2 号单向离合器，确保后行星齿轮总成在逆时针旋转时自由转动，而顺时针旋转时则锁止。

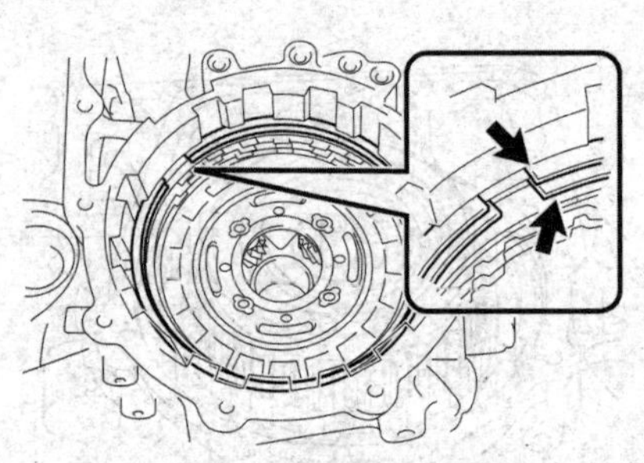
图 6-67　拆卸二挡制动盘

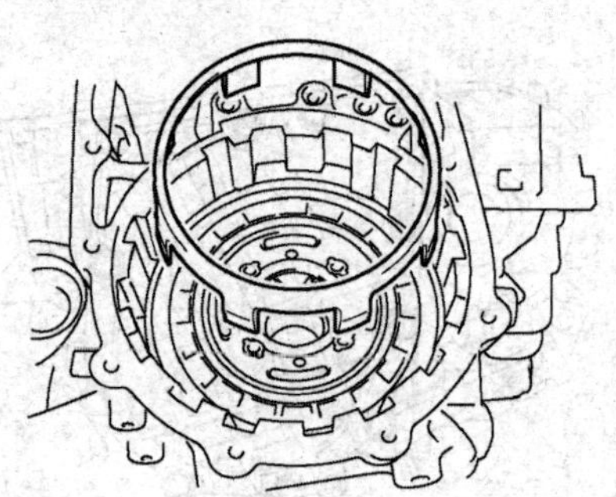
图 6-68　拆卸二挡制动器活塞套筒

（20）如图 6-69 所示，用螺丝刀拆下卡环，从传动桥壳上拆下后行星齿轮总成。从后行星齿轮总成上拆下止推滚针轴承和 2 个轴承座圈。如图 6-70 所示，分离二挡制动缸、2 号单向离合器和后行星齿轮。从 2 号单向离合器上拆下固定架。

（21）如图 6-71 所示，从传动桥壳上拆下前行星太阳齿轮和止推滚针轴承。

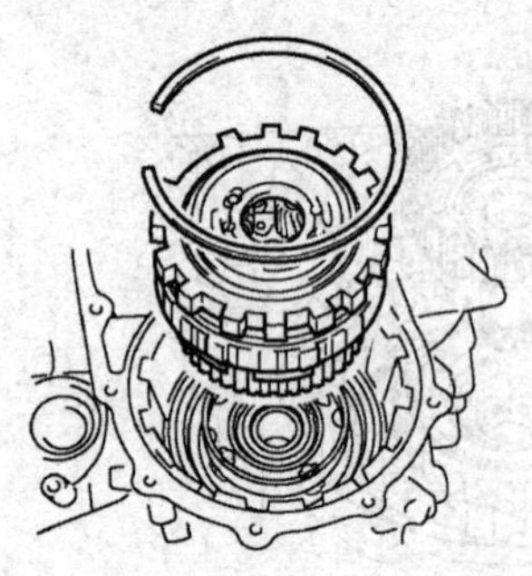
图 6-69　拆卸后行星齿轮总成

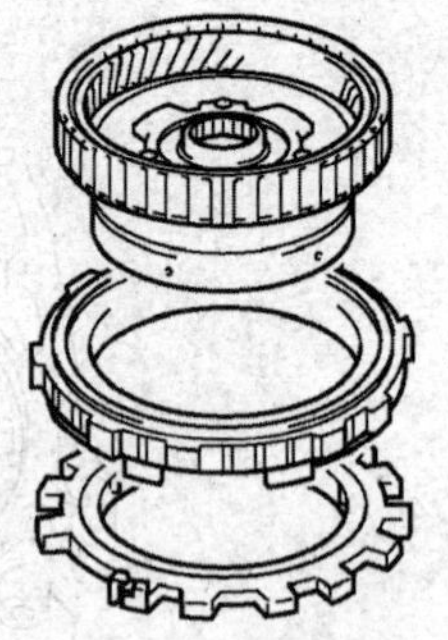
图 6-70　拆卸 2 号单向离合器

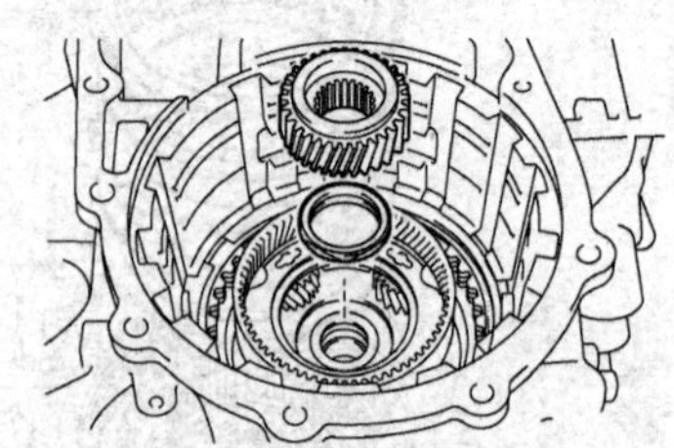
图 6-71　拆卸前行星太阳齿轮

（22）拆卸一挡和倒挡制动盘。如图 6-72 所示，用螺丝刀拆下卡环，从传动桥壳上拆下法兰、4 个盘和 4 个片。如图 6-73 所示，用 SST、压力机和螺丝刀拆下卡环，拆下一挡和倒挡制动器回位弹簧分总成。拆卸一挡和倒挡制动器 2 号活塞，并从一挡和倒挡制动器 2 号活塞上拆下 2 个 O 型圈。

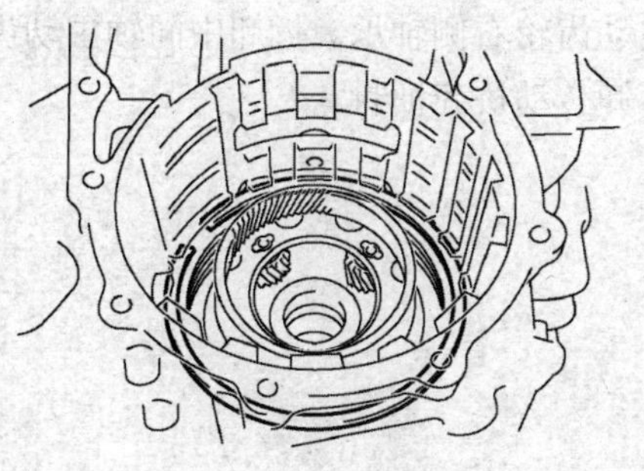

图 6-72 拆卸一挡和倒挡制动盘

图 6-73 拆卸一挡和倒挡制动器回位弹簧分总成

（23）拆卸中间轴主动齿轮螺母。用驻车锁爪固定中间轴从动齿轮。如图 6-74 所示，用 SST 和锤子松开锁紧螺母垫圈。如图 6-75 所示，用 SST 拆下螺母和锁紧螺母垫圈。

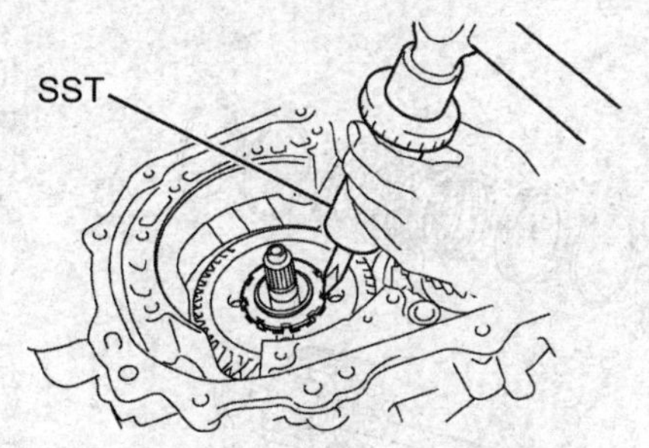

图 6-74 松开锁紧螺母垫圈

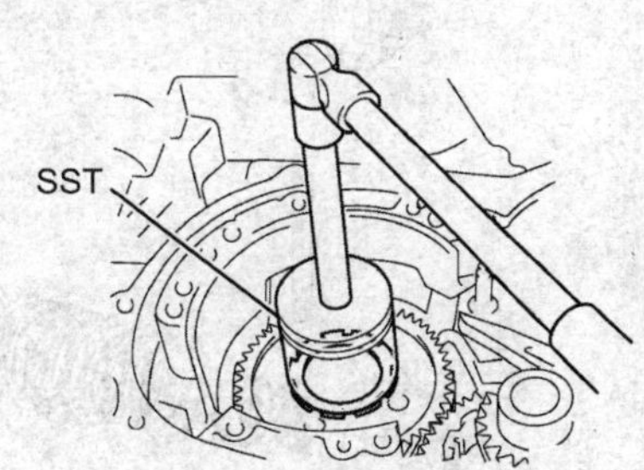

图 6-75 拆下螺母和锁紧螺母垫圈

（24）如图 6-76 所示，使用 SST 和压力机，将行星齿轮总成从传动桥壳上拆下。

（25）如图 6-77 所示，将 2 个螺栓安装至中间轴主动齿轮，旋转 2 个螺栓，拆下中间轴主动齿轮和前行星太阳齿轮，从中间轴主动齿轮和前行星太阳齿轮上拆下 2 个径向滚珠轴承。螺栓（M6）：长度 ＝40～80 mm，螺距= 1.0 mm。

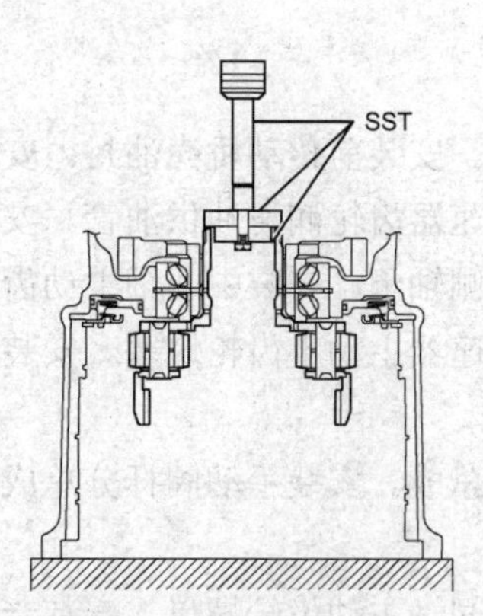

图 6-76 拆卸行星齿轮总成

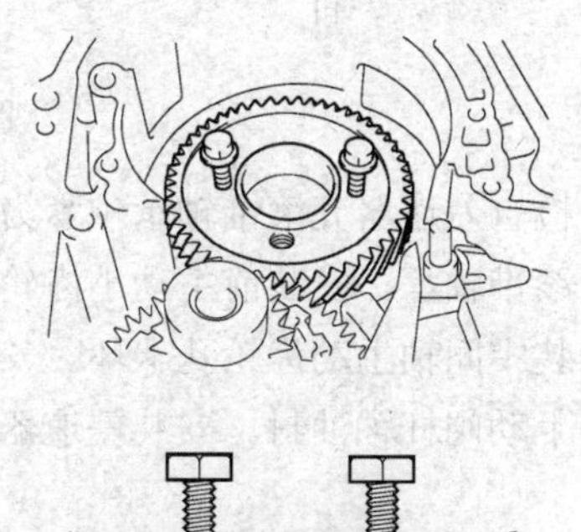

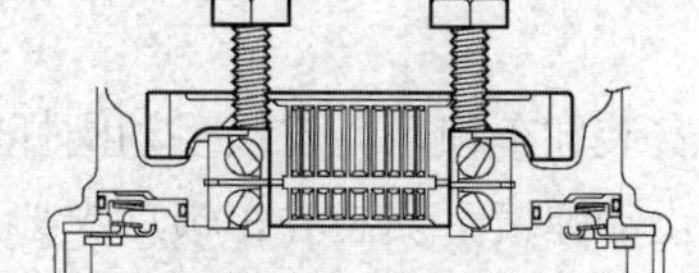

图 6-77 拆卸中间轴主动齿轮

（26）拆卸驻车锁爪支架。从手动阀杆轴上拆下手动阀杆轴止动弹簧。拆卸手动阀杆分总成。从手动阀杆上拆下驻车锁杆。从传动桥壳上拆下手动阀杆轴。拆卸驻车锁爪。

（27）拆卸中间轴从动齿轮。拆卸差速器主动小齿轮螺塞。拆卸差速器主动小齿轮。拆卸轴承锁止板。拆卸差速器齿轮润滑油供油管。拆卸前主动小齿轮前滚锥轴承。拆卸前主动小齿轮后滚锥轴承。拆卸中间轴主动齿轮左侧轴承。拆卸中间轴主动齿轮右侧轴承。拆卸中间轴主动齿轮孔卡环。拆卸手动阀杆轴油封。拆卸前传动桥壳油封。拆卸传动桥壳油封。

2．装配

（1）如图 6-78 所示，检查轴承位置和安装方向。

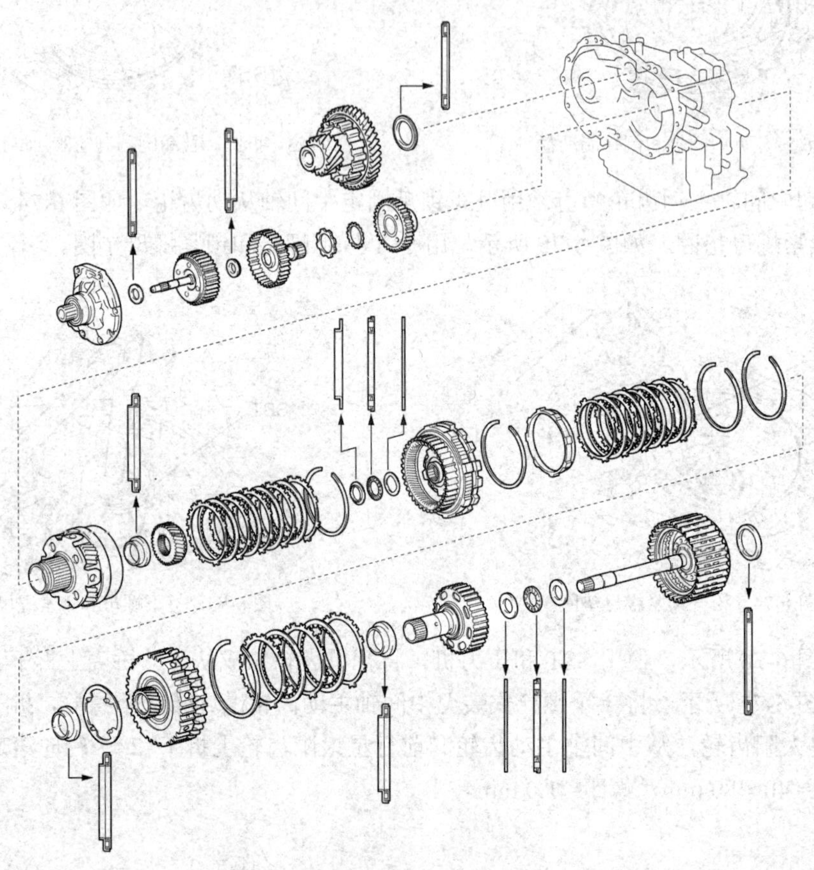

图 6-78　轴承位置和方向

（2）检查差速器壳滚锥轴承预紧力。安装传动桥壳油封。安装前传动桥壳油封。安装前主动小齿轮后滚锥轴承。安装前主动小齿轮前滚锥轴承。安装差速器齿轮润滑油供油管。安装轴承锁止板。安装中间轴主动齿轮孔卡环。安装中间轴主动齿轮左侧轴承。安装中间轴主动齿轮右侧轴承。安装手动阀杆轴油封。安装差速器主动小齿轮。安装差速器主动小齿轮螺塞。安装中间轴从动齿轮。

（3）安装驻车锁爪。安装手动阀杆轴。安装驻车锁杆分总成。安装手动阀杆分总成。安装手动阀杆轴止动弹簧。安装驻车锁爪支架。

（4）安装中间轴主动齿轮。安装行星齿轮总成。安装中间轴主动齿轮螺母。安装一挡和倒挡制动器 2 号活塞 O 型圈。安装一挡和倒挡制动器 2 号活塞。安装一挡和倒挡制动器回位弹簧分总成。

（5）安装一挡和倒挡制动盘，如图 6-79 所示，将 4 个片、4 个盘和法兰安装至传动桥壳，用螺丝刀安装卡环。如图 6-80 所示，从后侧压住盘和片，用 SST 和百分表测量一挡和倒挡制动器的装配间隙。如果间隙不在规定范围内，选择 1 个新的制动器法兰。

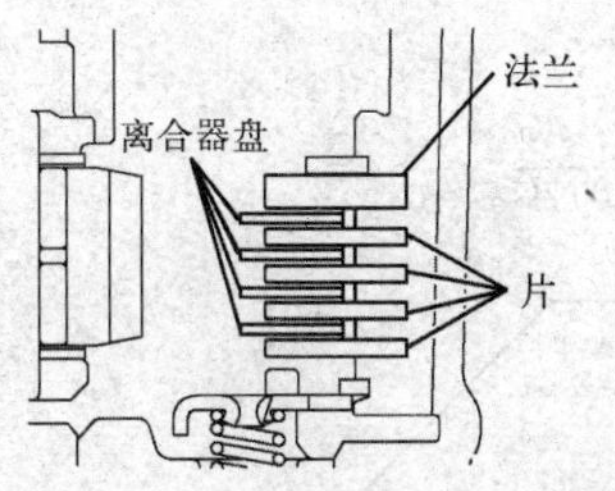

图 6-79　安装一挡和倒挡制动盘

图 6-80　测量一挡和倒挡制动器的装配间隙

（6）安装前行星太阳齿轮。安装外座圈固定架。安装 2 号单向离合器。安装后行星齿轮止推滚针轴承。将后行星齿轮总成安装至传动桥壳，用螺丝刀安装卡环。检查 2 号单向离合器，如图 6-81 所示，检查并确认后行星齿轮总成逆时针旋转时自由转动，而顺时针旋转时则锁止。

（7）安装二挡制动器活塞套筒。安装二挡制动盘。检查二挡制动器的装配间隙。安装单向离合器总成。检查单向离合器总成。

（8）安装后行星太阳齿轮止推滚针轴承。安装后行星太阳齿轮总成。安装后行星太阳齿轮 2 号止推滚针轴承。

（9）安装直接挡离合器毂。安装止推滚针轴承。安装二挡滑行和超速挡制动盘。安装中间轴总成。检查二挡滑行和超速挡制动器的间隙。安装后离合器鼓止推滚针轴承。检查中间轴总成。

（10）安装传动桥壳衬垫。如图 6-82 所示，在传动桥壳上涂抹密封胶（丰田原厂密封胶 1281、THREE BOND1281 或同等产品），安装传动桥后盖总成。用 11 个螺栓安装传动桥后盖（扭矩：25 N • m）。

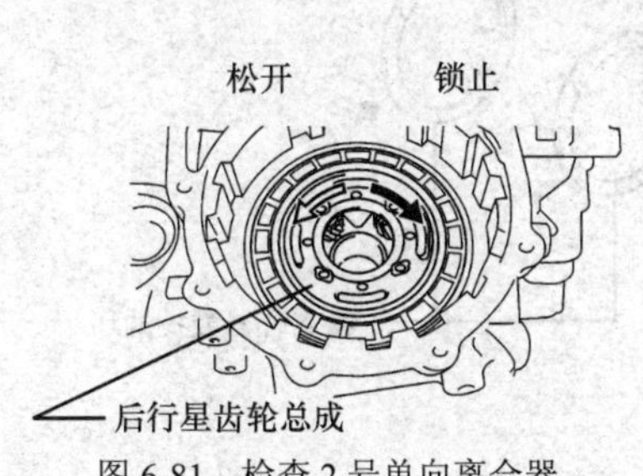

图 6-81　检查 2 号单向离合器

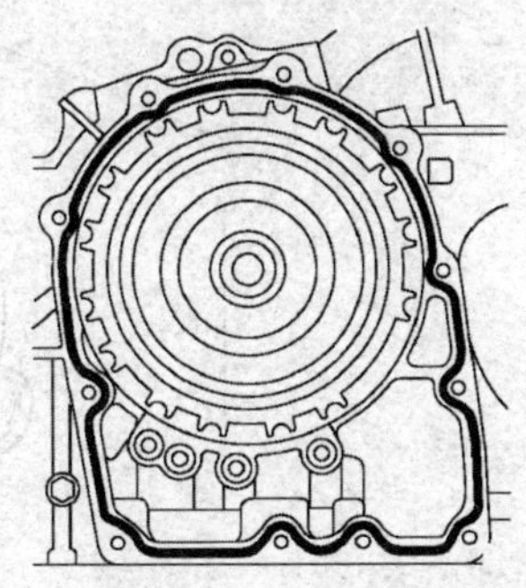

图 6-82　涂抹密封胶

（11）安装前进挡离合器毂分总成。安装前进挡离合器毂止推滚针轴承。安装定子轴止推滚针轴承。安装输入轴总成。安装超速挡制动器衬垫。

（12）安装差速器齿轮总成。安装机油泵总成。检查输入轴总成，确保输入轴转动平稳。检查输入轴轴向间隙（如果轴向间隙不符合规定，更换前进挡离合器毂止推滚针轴承和定子轴止推滚针轴承）。

（13）安装传动桥外壳。安装 C-2 蓄压器活塞。安装 C-3 蓄压器活塞。安装 B-2 蓄压器活塞。安装球式单向阀体。安装制动鼓衬垫。安装传动桥壳衬垫。安装传动桥壳二挡制动器衬垫。

（14）安装变速器线束。安装变速器阀体总成。安装阀体滤油网总成。安装自动传动桥油底壳分总成。安装通气塞。安装通气塞软管。安装传动桥壳 1 号塞。安装机油冷却器管接头。安装转速传感器。安装驻车挡/空挡位置开关总成。安装速度表从动齿轮孔盖分总成。

（二）油泵的拆解与装配

丰田卡罗拉轿车 U341E 自动变速器油泵的结构如图 6-83 所示。

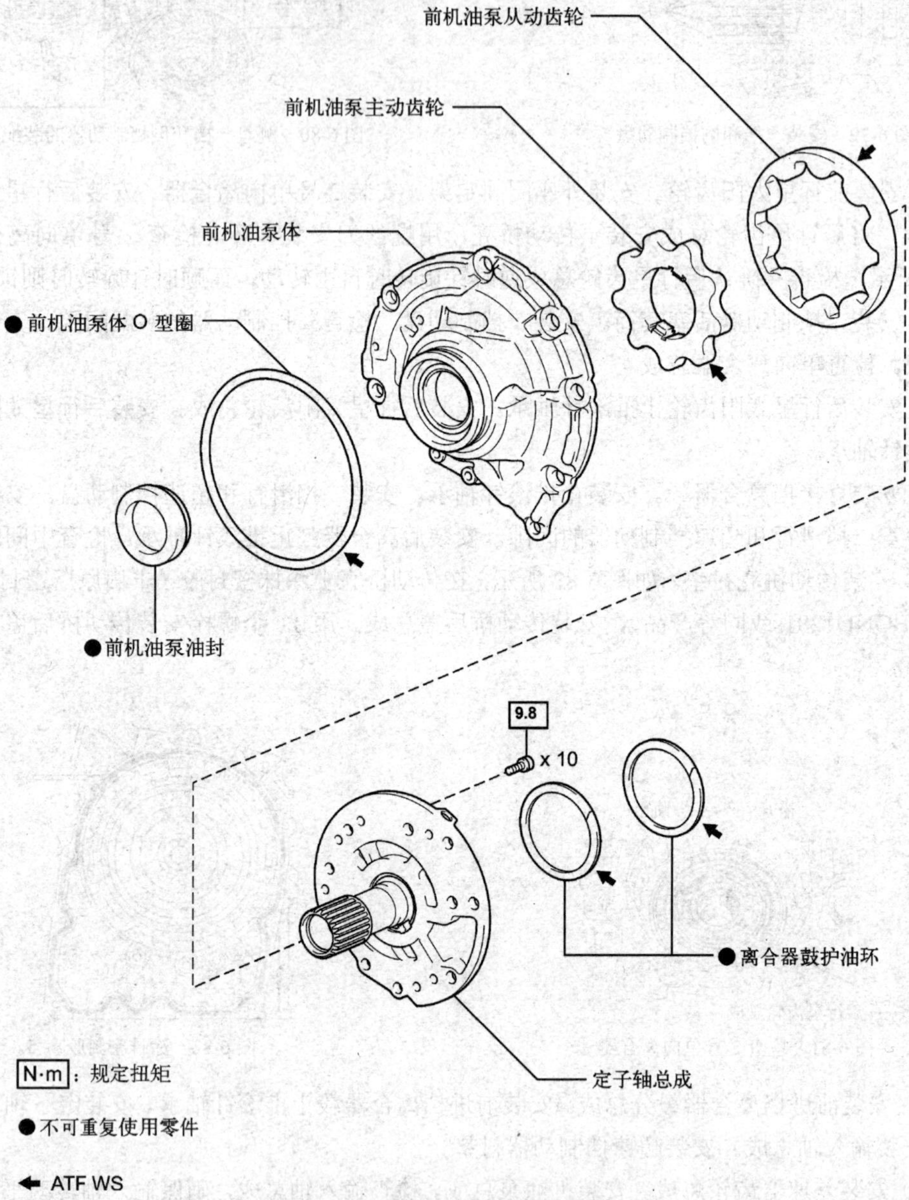

前机油泵从动齿轮
前机油泵主动齿轮
前机油泵体
● 前机油泵体 O 型圈
● 前机油泵油封
9.8
x 10
● 离合器鼓护油环
定子轴总成
N·m：规定扭矩
● 不可重复使用零件
← ATF WS

图 6-83　油泵分解图

1. 拆解

（1）如图 6-84 所示，从机油泵上拆下前机油泵体 O 型圈。

（2）如图 6-85 所示，用“TORX”梅花套筒扳手（T30）拆下 10 个“TORX”梅花螺钉。

（3）从机油泵体上拆下前机油泵主动齿轮和从动齿轮。

（4）如图 6-86 所示，用 SST 从机油泵体上拆下前机油泵油封。

（5）如图 6-87 所示，用螺丝刀从定子轴总成上拆下 2 个离合器鼓护油环。

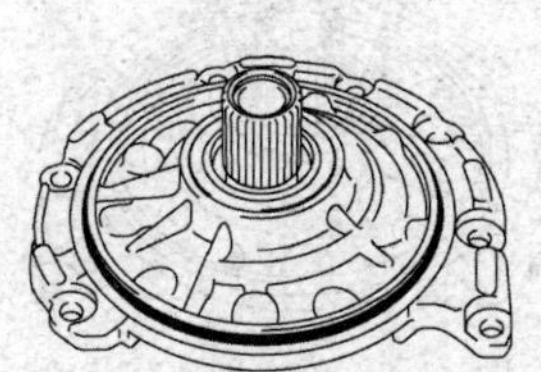
图 6-84　拆卸前机油泵体 O 型圈

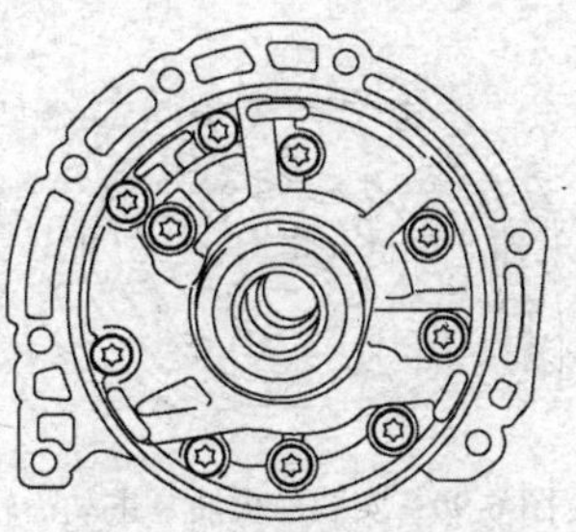
图 6-85　拆卸定子轴总成

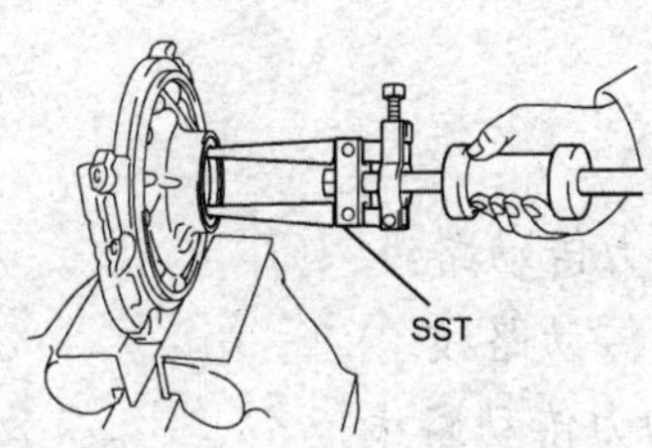

图 6-86　拆卸前机油泵油封

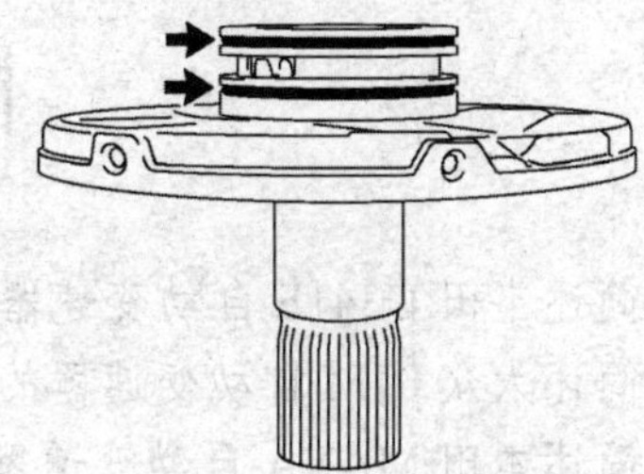
图 6-87　拆卸离合器鼓护油环

2. 装配

（1）在 2 个新的离合器鼓护油环上涂 ATF，并将其安装至定子轴（见图 6-87）。

（2）如图 6-88 所示，用 SST 将前机油泵油封安装至机油泵体（油封嵌入深度：－0.15～0.15 mm）。

（3）如图 6-89 所示，在前机油泵从动齿轮上涂 ATF，然后将其安装至机油泵体，有标记的一面朝上。

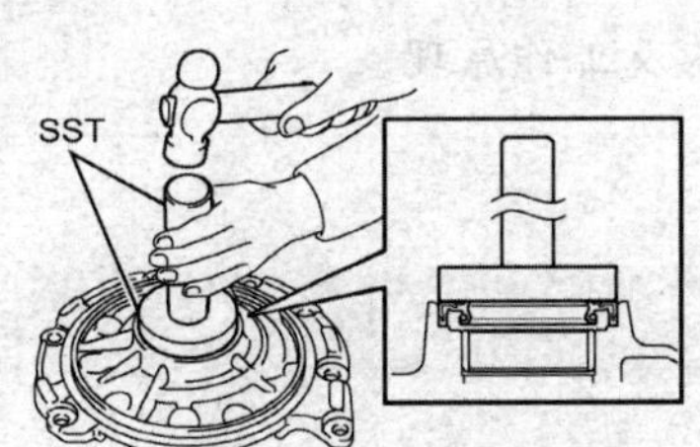

图 6-88　安装前机油泵油封

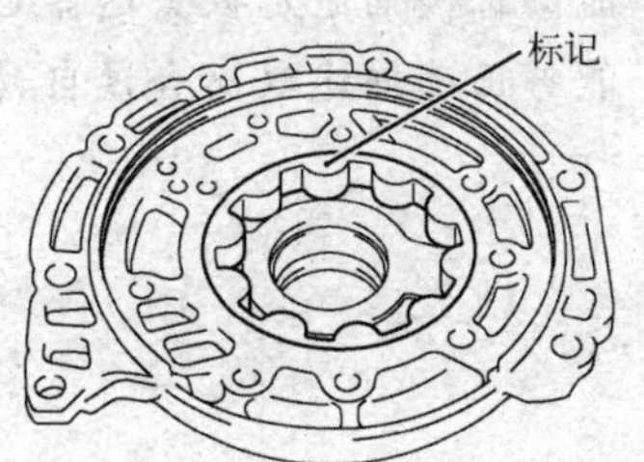

图 6-89　安装前机油泵从动齿轮

（4）如图 6-90 所示，在前机油泵主动齿轮上涂 ATF，然后将其安装至机油泵体，有标记的一面朝上。

（5）使用“TORX”梅花套筒扳手 T30，用 10 个“TORX”梅花螺钉安装定子轴总成（扭矩：9.8 N・m）。

（6）如图 6-91 所示，用 2 把螺丝刀转动主动齿轮并确保它能平稳转动。

小　心

切勿损坏油封唇口。

（7）在新的前机油泵体 O 型圈上涂 ATF，并将其安装至机油泵。

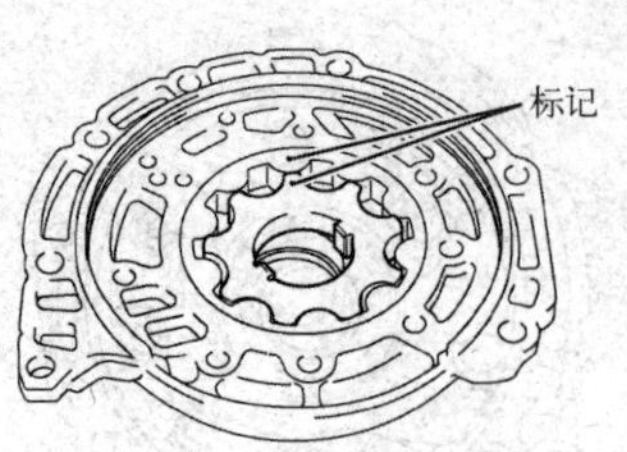

图 6-90　安装前机油泵主动齿轮

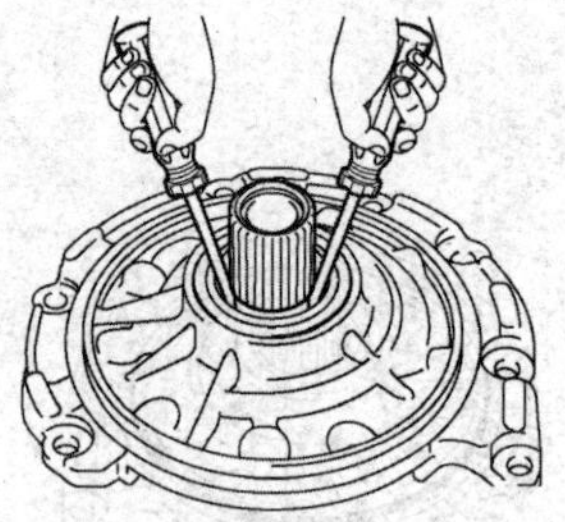

图 6-91　检查机油泵总成

练　习　题

1. 简述丰田 U341E 自动变速器的结构，分析各挡动力传动路线。
2. 简述大众 01M 自动变速器的结构，分析各挡动力传动路线。
3. 简述本田 MAXA 自动变速器的结构，分析各挡动力传动路线。

任务三　CVT 和 DSG

【学习目标】

1. 能够正确描述无极变速器 CVT 的结构及工作原理；
2. 能够正确描述双离合器自动变速器 DSG 的结构及工作原理。

相 关 知 识

（一）无级变速器 CVT

无级变速器（Continuously Variable Transmission，CVT）是指传动比可以在一定范围内连续变化的变速器。它采用传动带和工作直径可变的主、从动轮相配合来传递动力，以实现传动比的连续改变，从而得到传动系统与发动机工况的最佳匹配，最大限度地利用发动机的特性，提高汽车的动力性和燃油经济性。

1．01J 无级变速器的结构

奥迪 01J 无级变速器主要由减震缓冲装置、动力连接装置、速比调节变换器、液压控制单元和电子控制单元组成，如图 6-92 所示。

发动机输出转矩通过飞轮减震装置或双质量飞轮传递给无级变速器。倒挡的旋转方向是通过行星齿轮机构改变的。发动机的转矩通过辅助减速齿轮传到速比变换器，并由此传到主减速器、差速器。液压控制系统和电子控制系统集成一体，位于无级变速器内部。

行星齿轮装置由齿圈、行星轮（2 组）、行星架、太阳轮组成，如图 6-93 所示。当太阳轮顺时

针转动时，驱动行星轮 1 逆时针转动，再驱动行星轮 2 顺时针转动，最后驱动齿圈也顺时针转动。

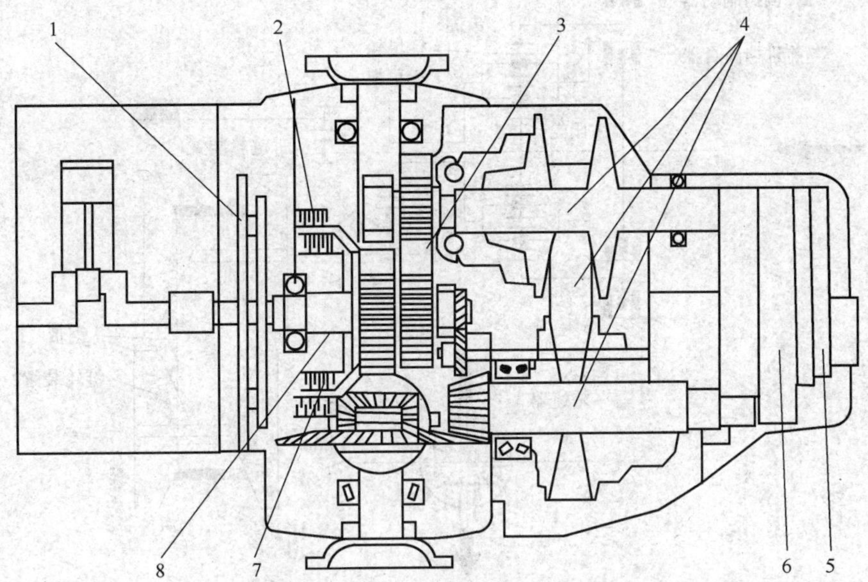

图 6-92 奥迪 01J 无级变速器的基本组成

1—飞轮减震装置；2—倒挡制动器；3—辅助减速齿轮；4—速比变换器；5—电子控制系统；6—液压控制系统；7—前进挡离合器；8—行星齿轮机构

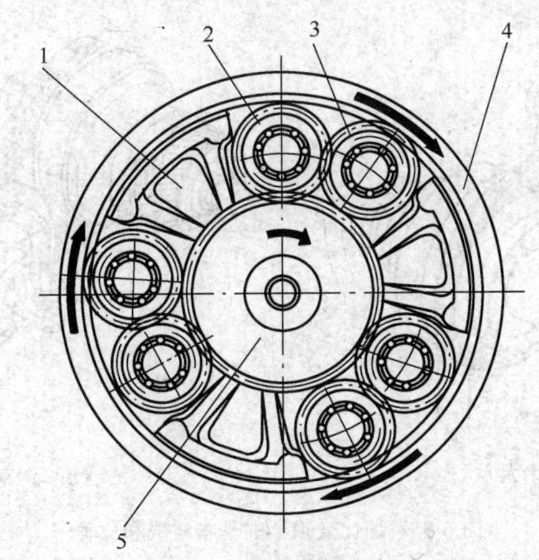

图 6-93 行星齿轮机构的结构

1—行星架；2—行星轮 1；3—行星轮 2；4—齿圈；5—太阳轮

作为输入元件的太阳轮、输入轴和前进挡离合器钢片相连接，作为输出元件的行星架、辅助减速齿轮的主动齿轮和前进挡离合器的摩擦片相连接，齿圈和倒挡制动器摩擦片相连接，倒挡制动器钢片和变速器壳体相连接，如图 6-94 所示。

速比变换器的功用是实现无级变速传动，由两组滑动锥面链轮和作用在其中间的 V 形传动链组成，如图 6-95 所示。主动链轮由发动机通过辅助减速齿轮驱动，发动机转矩由传动链传递到从动链轮装置，并由此传给主减速器。每组链轮装置中的 1 个链轮可沿轴向移动，可用来调整传动链的跨度尺寸，从而连续地改变传动比。两组链轮装置必须同步进行，这样才能保证传动链始终处于张紧状态，并且具有足够的传动链和链轮之间的接触压力。

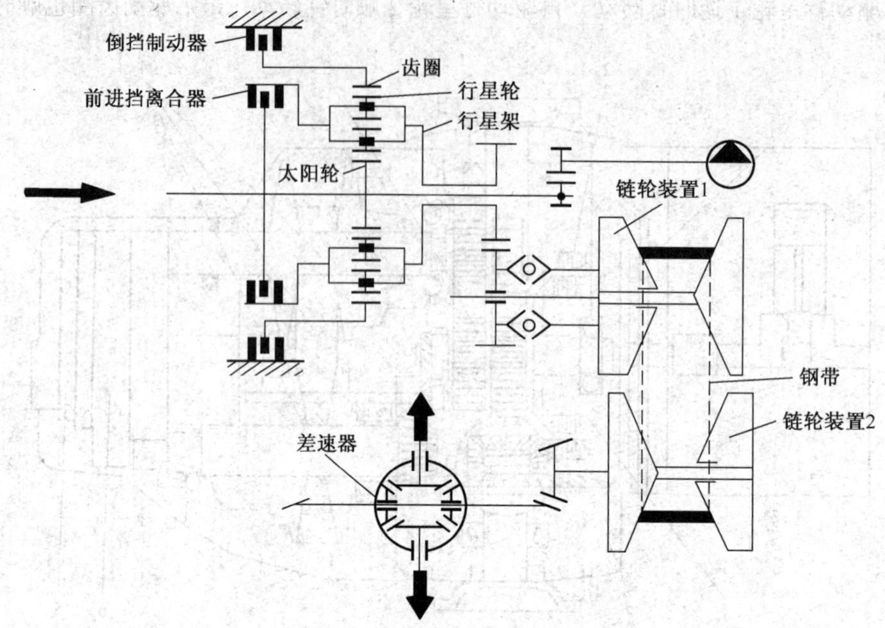

图 6-94 行星齿轮机构的简图

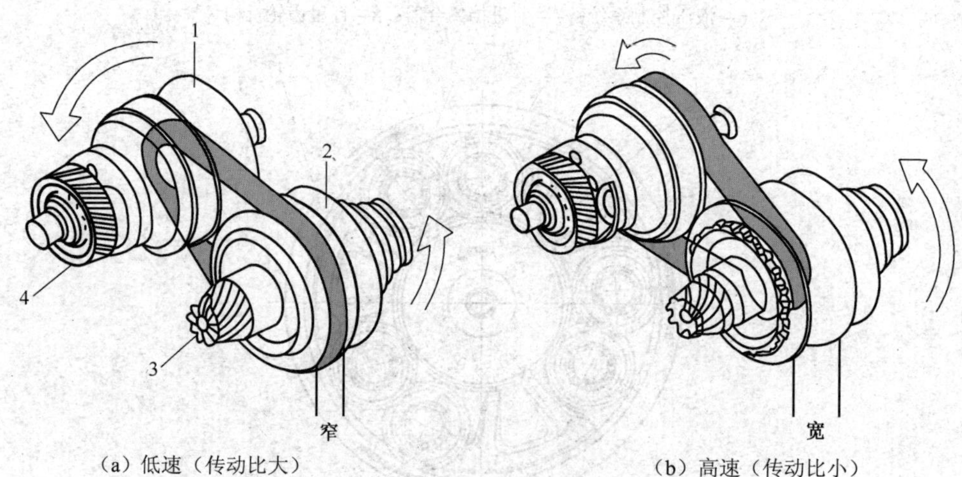

（a）低速（传动比大）　　（b）高速（传动比小）

图 6-95 速比变换器的基本组成和原理

1—主动链轮装置；2—从动链轮装置；3—输出齿轮；4—输入齿轮

2．动力传递路线

（1）P/N 挡的动力传动路线。选挡杆处于 P 位或 N 位时，前进挡离合器和倒挡制动器都不工作。发动机的转矩通过与输入轴相连接的太阳轮传到行星齿轮机构并驱动行星轮 1，行星轮 1 再驱动行星轮 2，行星轮 2 与齿圈相啮合。车辆尚未行驶时，作为辅助减速齿轮输入部分的行星架（行星齿轮机构的输出部分）的阻力很大，处于静止状态，齿圈以发动机转速一半的速度怠速运转，旋转方向与发动机相同。

（2）前进挡的动力传动路线。选挡杆处于 D 位时，前进挡离合器工作。前进挡离合器钢片与太阳轮相连接，摩擦片与行星架相连接，此时，太阳轮（变速器输入轴）与行星架（输出部分）连接，行星齿轮机构被锁死成为一体，并与发动机同方向运转，传动比为 1∶1。

（3）倒挡的动力传动路线。选挡杆处于R位时，倒挡制动器工作。倒挡制动器摩擦片与齿圈相连接，钢片与变速器壳体相连接，此时，齿圈被固定，太阳轮（输入轴）主动，转矩传递到行星架，由于是双行星齿轮（其中1个为惰轮），所以行星架就会以与发动机旋转方向相反的方向运转，使车辆向后行驶。

（二）双离合器自动变速器

双离合器自动变速器（Dual Clutch Transmission，DCT）也叫直接换挡变速器（Direct Shift Gearbox，DSG），是基于手动变速器发展而来的。其工作原理是通过将变速器挡位按奇、偶数分开布置，分别与两个离合器连接，通过切换两个离合器的工作状态完成换挡动作。

双离合器自动变速器早在20世纪80年代被装配于赛车上，从而消除换挡离合时的动力传递停滞现象。目前双离合器自动变速器在德系车上装配较多，如奥迪TT、奥迪A3、高尔夫GTI和迈腾等车型上。宝马M3、Z4车上装有M-DKG双离合器变速器，福特福克斯装有PowerShift双离合器变速器，三菱跑车装有SST（Sport Shift Transmission）双离合器变速器。

1. DSG的基本组成

DSG的机械部分主要包括多片湿式双离合器、三轴式齿轮变速器，如图6-96所示。

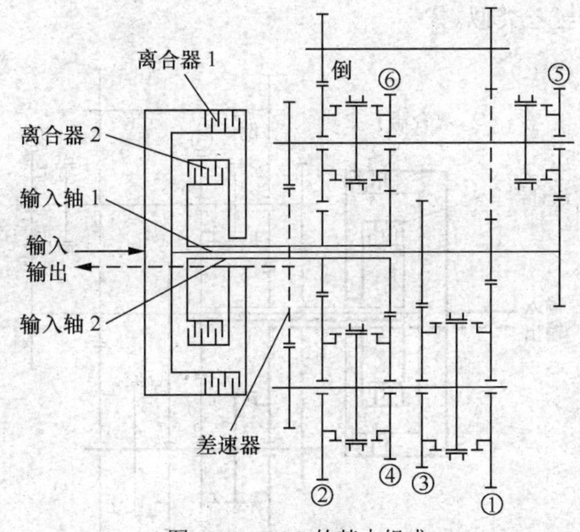

图6-96 DSG的基本组成

DSG有两根同轴心的输入轴，外输入轴空套在内输入轴外面。内输入轴与离合器K1相连，内输入轴上的常啮齿轮分别与一、三、五挡齿轮相啮合；外输入轴为空心轴，与离合器K2相连，外输入轴上的常啮齿轮分别与二、四、六挡齿轮相啮合；倒挡齿轮通过倒挡轴齿轮与内输入轴的常啮齿轮啮合。也就是说，离合器K1负责一、三、五挡和倒挡，离合器K2负责二、四、六挡。当使用不同挡位时，相应离合器接合及接合套动作。

2. DSG的工作原理

在一挡起步行驶时，离合器K1接合，一、三挡接合套右移与一挡齿轮接合，动力传递路线如图6-97中粗线所示，通过内输入轴到一挡齿轮，再通过中间轴传递到差速器输出。同时，图中二、四挡接合套已经左移与二挡齿轮接合，表示二挡已经被选中，但由于此时离合器K2是分离的，所以二挡的动力传递路线实际上并没有进行动力传递，只是预先选好挡位，为接下来的升挡做准备。

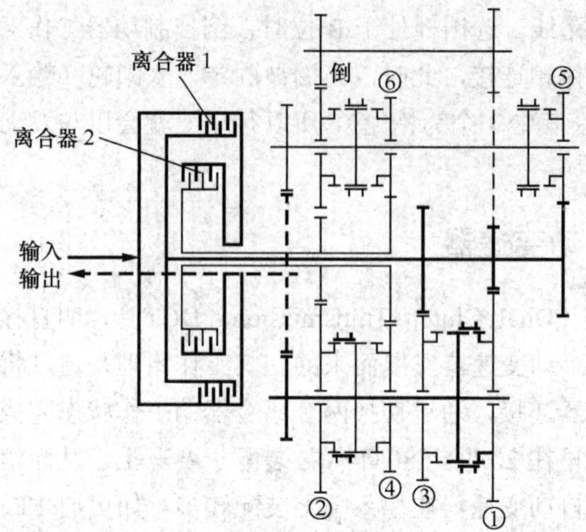

图 6-97　一挡动力传递路线

当需要升入二挡时，离合器K2接合、K1分离，由于二挡齿轮事先已经接合，变速器自然进入二挡、退出一挡，动力传递路线如图6-98中粗线所示。同时一、三挡接合套预先左移与三挡齿轮接合，为升入三挡做好准备。

其他挡位的工作情况与之类似。

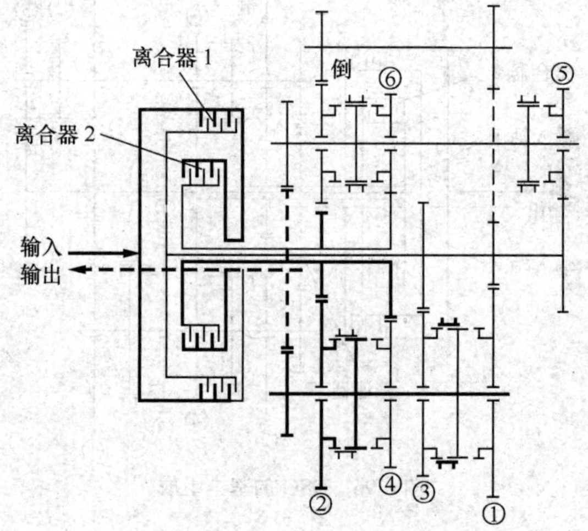

图 6-98　二挡动力传递路线

练　习　题

1. 简述01J无级变速器的结构，分析其动力传动路线。
2. 简述DSG的基本结构及工作原理。

项目七 车架与车桥

【学习目标】

1. 能够正确描述车架的功用、分类和结构；
2. 能够正确描述转向桥、转向驱动桥及支持桥的基本结构及工作原理；
3. 能够正确描述转向轮定位的定义、功用和原理；
4. 能够正确选择与使用工具、设备，并规范地对车轮定位进行检查与调整。

本项目主要介绍车架与车桥的功用、组成，车轮定位的基本原理及检查调整方法等内容。

1．车桥的功用

车桥通过悬架与车架（或承载式车身）相连，其两端安装车轮。车架所受的垂直载荷通过悬架和车桥传到车轮，车轮上的滚动阻力、驱动力、制动力和侧向力及其弯矩、扭矩又通过车桥传递给悬架和车架，即车桥的功用是连接车架与车轮并传递两者之间各方向的作用力及其所产生的弯矩和扭矩。

2．车桥的类型

（1）根据悬架结构的不同，车桥可分为整体式车桥和断开式车桥，如图 7-1 所示。整体式车桥的中部是刚性实心或空心梁，与非独立悬架配用；断开式车桥为活动关节式结构，与独立悬架配用。

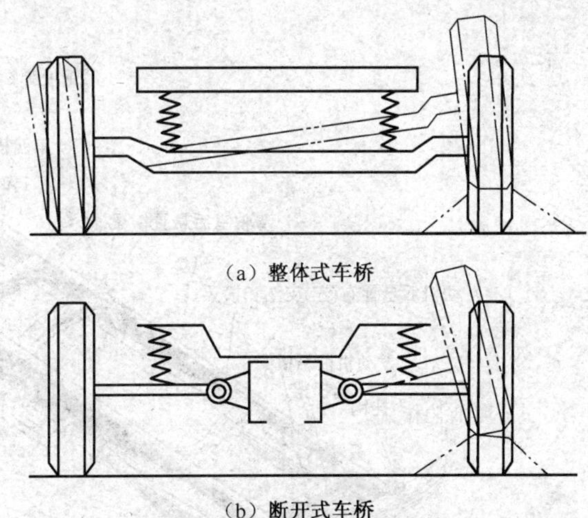

（a）整体式车桥

（b）断开式车桥

图 7-1　整体式和断开式车桥

（2）根据在车上位置的不同，车桥可分为前桥、中桥（半挂）和后桥。

（3）根据车桥上车轮所起作用的不同，车桥可分为转向桥、驱动桥、转向驱动桥和支持桥。其中转向桥和支持桥均属于从动桥。

在后轮驱动的汽车中，前桥不仅用于承载，而且兼起转向作用，因此又称为转向桥。后桥不仅用于承载，而且兼起驱动的作用，因此又称为驱动桥。越野汽车和前轮驱动汽车的前桥，除了承载和转向的作用外，还兼起驱动作用，所以称为转向驱动桥。只起支撑作用的车桥称为支持桥。有些 6×2 的三轴汽车的中桥或后桥为支持桥，如挂车的车桥。支持桥除不能转向外，其他功能和结构与转向桥基本相同。

相关知识

（一）车架

车架俗称“大梁”，它是跨接在前、后车轮上的桥梁式结构，构成整个汽车的骨架，是整个汽车的装配基体。汽车绝大多数的零部件、总成（如发动机、变速器、传动机构、操纵机构、车桥、车身等）都要安装在车架上。

车架除承受静载荷外，还要承受汽车行驶时来自路面各种复杂载荷的作用，如汽车加速、制动时的纵向力，汽车转弯、侧坡行驶时的侧向力，不良路面传来的冲击等。因此，车架必须满足下列要求：具有足够的强度、刚度；结构上应使零件安装方便，受力均匀，不造成应力集中；质量上在保证强度、刚度的条件下尽可能小；满足汽车总布置的要求，各运动件不发生运动干涉，能获得较低的汽车重心（保证离地间隙）和较大的前轮转向角，保证汽车行驶稳定性和转向灵活性。

汽车上采用的车架有4种类型：边梁式车架、中梁式车架、综合式车架和无梁式车架。目前，汽车上多采用边梁式车架和无梁式车架。

1．边梁式车架

边梁式车架由两根位于两边的纵梁和若干横梁组成，并用铆接法或焊接法将纵梁与横梁连接成坚固的刚性构架，如图7-2所示。

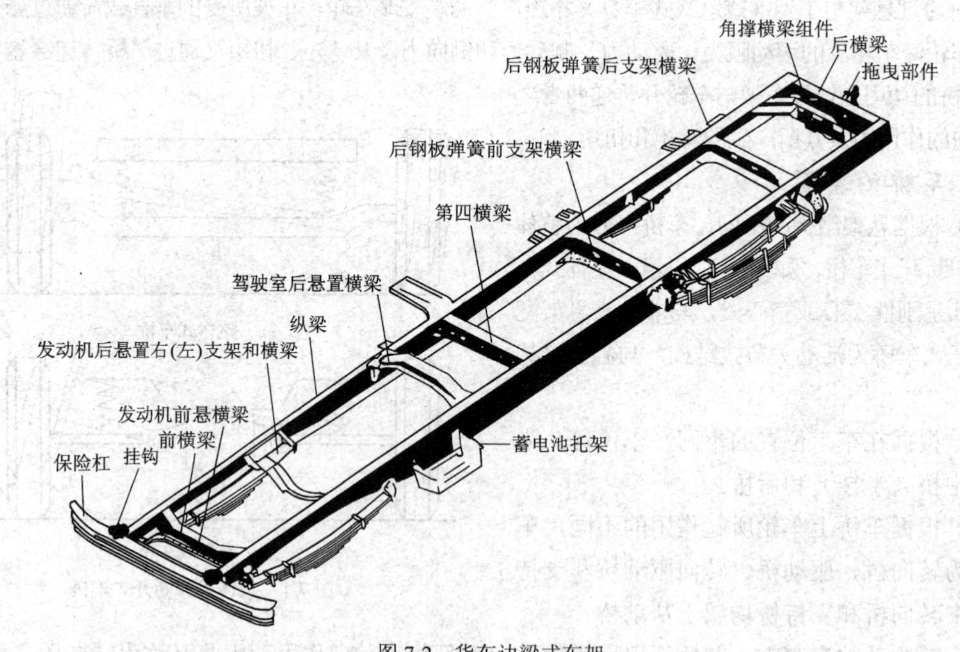

图7-2　货车边梁式车架

纵梁通常用低碳合金钢板冲压而成，断面形状一般为槽形，也有的做成Z字形或箱形。根据汽车不同结构布置的要求及其受力情况，纵梁可以在水平面内或纵向平面内做成弯曲的，以及等断面或非等断面的。

横梁一般也用钢板冲压成槽形，不仅可以用来连接左、右2个纵梁，使之成为一个完整的框

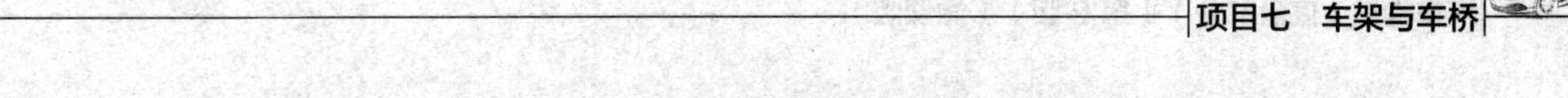

架构件，保证车架的扭转刚度和承受纵向载荷，而且还可以支撑发动机、散热器等主要部件。

边梁式车架结构简单、便于整车的布置，所以在各种类型的汽车上都广泛应用。

纵梁的结构具有以下特点。

① 从宽度上看，有前窄后宽、前宽后窄和前后等宽 3 种形式。前窄使前轮具有足够的偏转角度，提高了车辆的机动性能；后窄用于重型车辆，便于布置双胎。

② 从平面度上看，有水平的和弯曲的两种形式。水平的纵梁便于零部件、总成的安装和布置；弯曲的纵梁可以降低车辆重心。

③ 从断面形状上看，有槽形、Z 字形、工字形和箱形几种，这些形状主要为了满足在质量小的前提下，车架具有足够的强度和刚度，以承受各种载荷。

轿车用边梁式车架如图 7-3 所示。

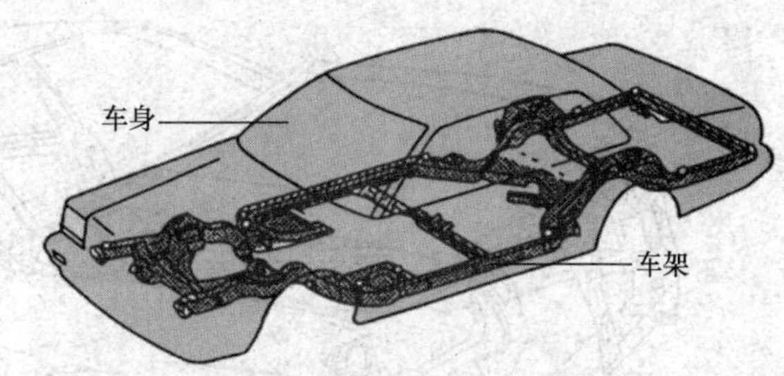

图 7-3　轿车边梁式车架

2. 中梁式车架

中梁式车架又称脊梁式车架，由一根贯穿汽车纵向的中央纵梁和若干根横向悬伸托架所组成，如图 7-4 所示。中梁的断面一般是管形或箱形，其前端做成伸出支架，用以固定发动机。传动轴在中梁内穿过。主减速器壳通常固定在中梁的尾端，形成断开式后驱动桥，中梁上的悬伸托架用以支撑汽车车身和安装其他机件。

中梁式车架有较好的扭转刚度和较大的前轮转向角，便于装用独立悬架，整车质量小，重心低，行驶稳定性好，传动轴是被脊梁密封的，可防尘。但这种车架制造工艺复杂，精度要求高，总成安装比较困难，故目前应用不多。

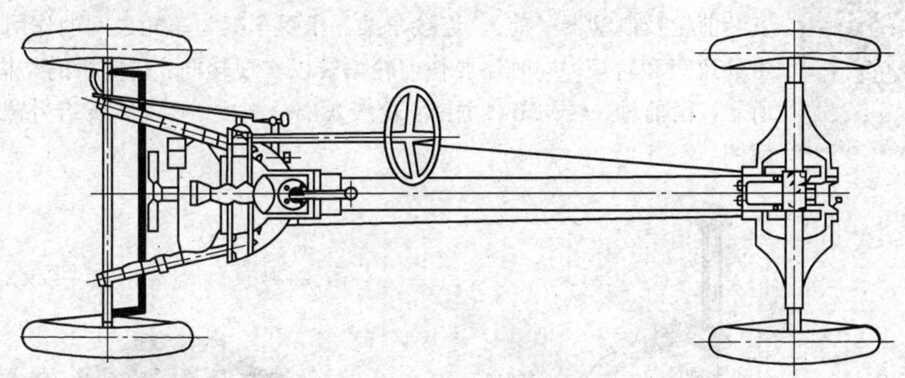

图 7-4　中梁式车架

3. 综合式车架

综合式车架是由边梁式和中梁式车架结合而成的，如图 7-5 所示。车架前段或后段近似边梁式结构，便于分别安装发动机或驱动桥。传动轴从中梁中间穿过。这种结构制造工艺复杂，目前应用也不多。

4. 无梁式车架

部分轿车和客车为减轻自身质量，以车身代替车架，这种车身又称为承载式车身或无梁式车架。图 7-6 所示为桑塔纳 2000 型轿车的车身组成件。

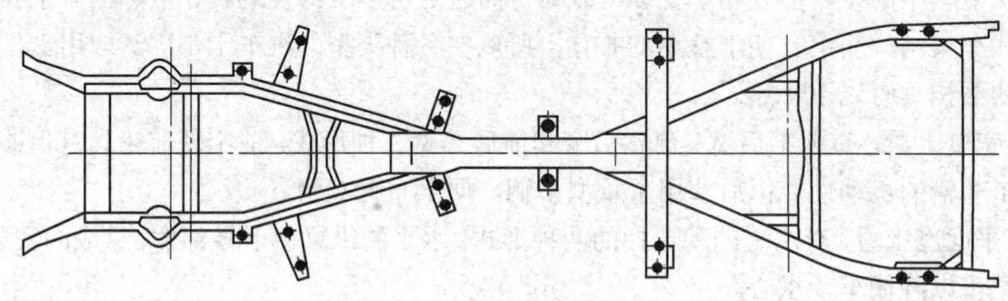

图 7-5　综合式车架

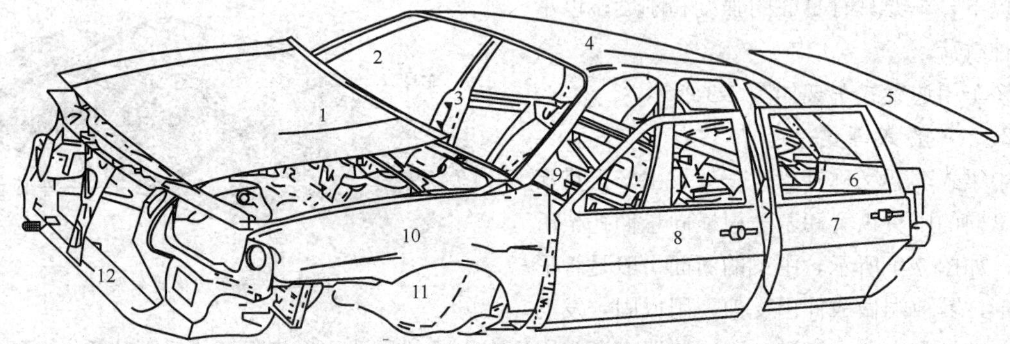

图 7-6　桑塔纳 2000 型车身组成件

1—发动机罩；2—前柱；3—中柱；4—顶盖；5—行李箱盖；6—后翼子板；7—后车门；8—前车门；9—地板；10—前翼子板；11—挡泥板；12—前围

（二）转向桥

转向桥与支持桥

转向桥通常位于汽车前部，故也称前桥。转向桥的作用是支撑部分重量，安装前轮及制动器（前），连接车架，承受车架与车轮之间的作用力及其产生的弯矩和转矩，同时还要使前轮偏转以实现转向。转向桥的结构如图 7-7 所示，由前轴、转向节、主销、轮毂 4 部分组成，图 7-8 所示为转向桥的分解图。

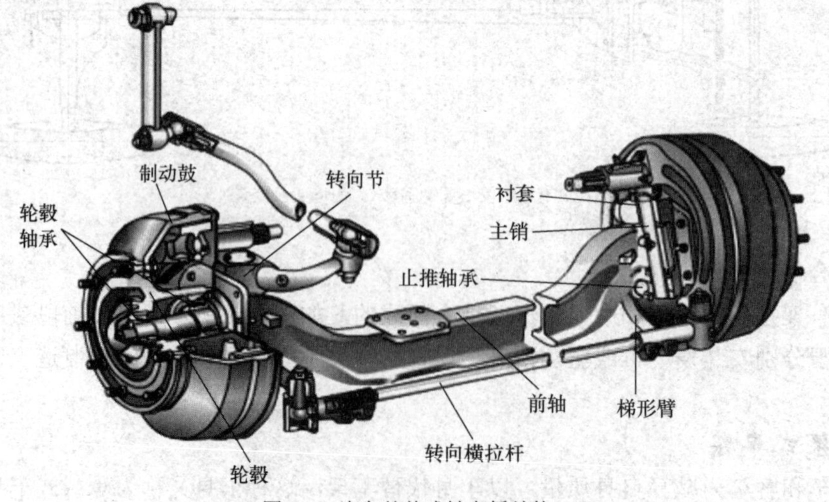

图 7-7　汽车整体式转向桥结构

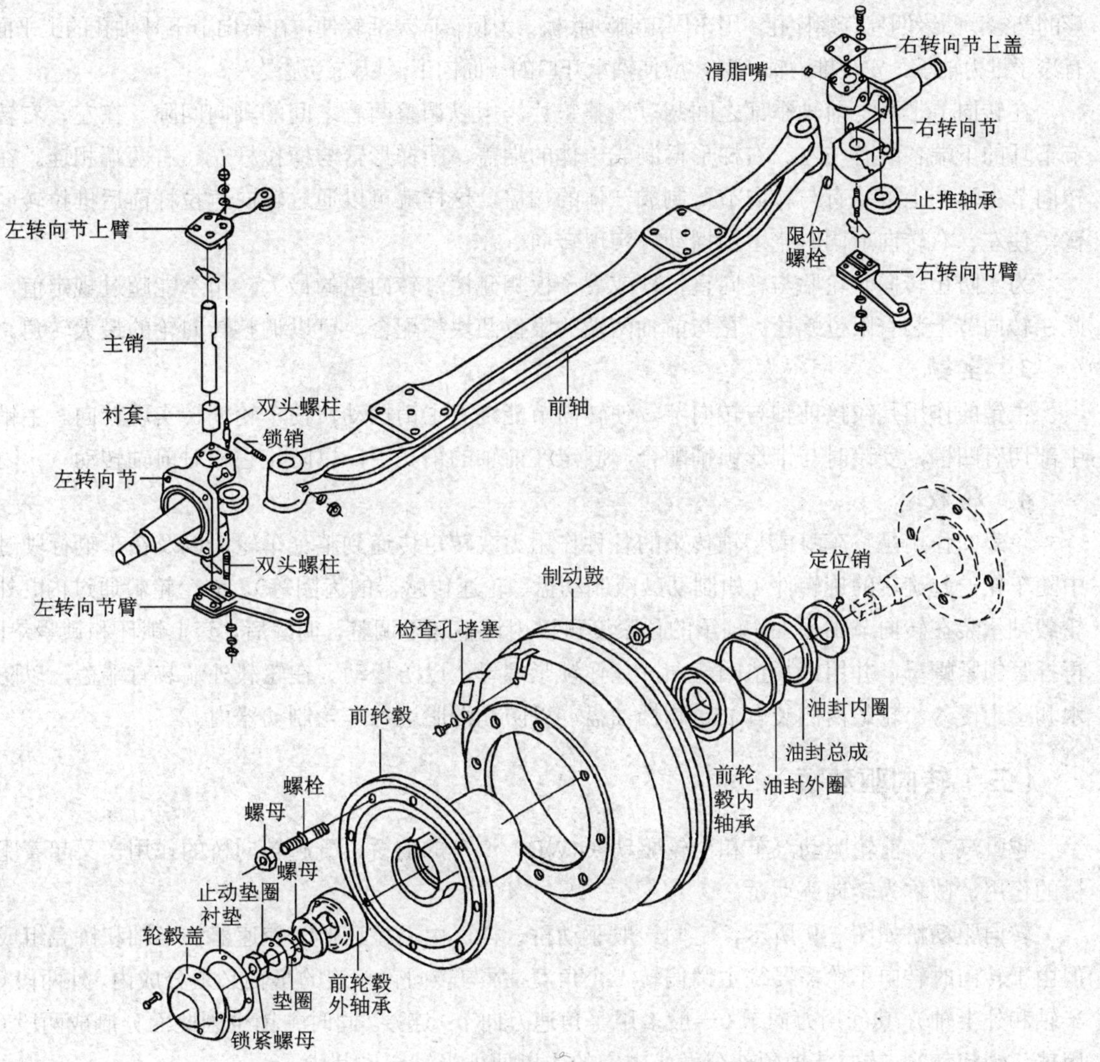

图 7-8　转向桥分解图

1．前轴

前轴是转向桥的主体，根据断面形状分有工字梁式和管式两种，一般由中碳钢经模锻而成。前轴为工字形断面，提高了抗弯强度，故又称工字梁，其两端向上翘起呈拳形，以提高抗扭刚度，并有上下相通的圆孔，主销插入孔内，将前轴与转向节连接起来。在前轴凹形上平面的两端各有一块安装钢板弹簧用的底座，其上钻有安装 U 形螺栓用的 4 个通孔和 1 个位于中心的钢板弹簧定位孔。中部向下弯曲，使发动机位置得以降低，从而降低汽车质心，扩展了驾驶员视野，并减小了传动轴与变速器输出轴之间的夹角。在前轴两端还制有转向轮最大转向角限位凸块。在主销孔内侧纵向有锥形孔，以安装锥形锁销，防止主销转动。

2．转向节

转向节与前轴通过主销采用铰接方式连接，因形似羊角，故又称为羊角。它是一个叉形件，由上、下两耳和支撑轮毂轴承的轴颈构成。上、下两耳各制有安装主销的同轴孔，通过主销与前轴相连。为减少磨损，销孔内压有衬套，并在衬套上开有润滑油槽。转向节上的两主销孔要求有较高的同轴度，以保证主销的安装精度。转向节轴上有两道轴颈，内大外小，用来安装内外轮毂轴承。靠近两耳根部有呈方形的凸缘，凸缘四周有螺栓孔，用来固定制动底板。为使转向灵活轻便，在转向节下耳轴孔的上平面装有滚子推力轴承。安装推力轴承时，应使轴承开口的一面向下，以防污泥浸入。

在转向节上耳与前轴拳部之间装有调整垫片，用以调整两者之间的轴向间隙。在左、右转向节下耳的下端各装有与左、右梯形臂制成一体的端盖，两梯形臂与横拉杆左、右两端相连。在左转向节上耳的上端装有与转向节臂制成一体的端盖，这样就可以通过转向直拉杆前后推拉转向节臂，使左、右转向节同时绕主销摆动，实现转向。

为了防止转向时轮胎与转向直拉杆或翼子板相碰擦，转向轮的最大转角不能超过规定值，为此在转向节上装有限位螺栓。它与前轴两端的限位凸块相配合，可以调整转向轮的最大转角。

3．主销

主销的作用是铰接前轴与转向节，使转向节能绕着主销摆动，使车轮偏转实现转向。主销的中部切有凹槽，安装时与锥形锁销配合，固定在前轴的销孔中，以防止它相对前轴转动。

4．轮毂

轮毂的作用是将车身或半轴传来的各种作用力或转矩传递到整个车轮，以及在车辆行驶过程中随车轮一起旋转的旋转件（如制动鼓或制动盘、轮速传感器的齿圈等）。前轮轮毂通过内、外两轮毂轴承装在转向节轴颈上。轴承的预紧度可以用调整螺母调整，调好后，套上锁环和锁紧垫圈，再拧紧锁紧螺母，并用锁紧垫圈弯曲片包住锁紧螺母，以防松动。在轮毂外端装有端盖，以防泥水和尘土侵入。轮毂内侧装有油封和挡油盘，以防润滑脂进入车轮制动器内。

（三）转向驱动桥

越野汽车、前轮驱动汽车和全轮驱动（4WD）汽车的前桥，既起转向桥的作用，又起着驱动桥的作用，故称为转向驱动桥。

转向驱动桥如图 7-9 所示，它同一般驱动桥一样，由主减速器、差速器、半轴和桥壳组成。但由于转向时转向车轮需要绕主销偏转 1 个角度，故与转向轮相连的半轴必须分成内、外两段（内半轴和外半轴），其间用万向节（一般多用等角速万向节）连接，同时主销也因此而分制成两段（或用球头销代替）。转向节轴颈部分做成中空的，以便外半轴穿过其中。

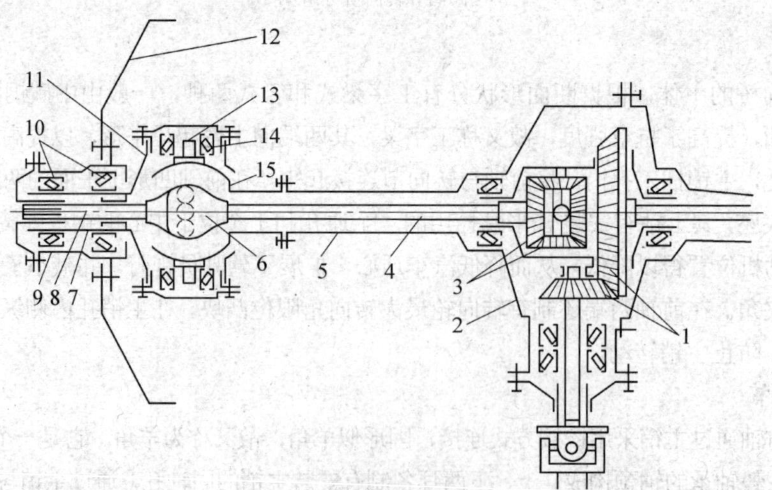

图 7-9　转向驱动桥示意图

1—主减速器；2—主减速器壳；3—差速器；4—内半轴；5—半轴套管；6—万向节；7—转向节轴颈；8—外半轴；9—轮毂；10—轮毂轴承；11—转向节壳体；12—车轮；13—主销；14—主销轴承；15—球形支座

图 7-10 所示为桑塔纳 2000 型轿车的前桥总成，它采用的是断开式、独立悬架转向驱动桥。车桥上端通过左、右悬架与承载式车身相连接，下端通过左、右下摆臂与固定在车身上的副车架相连接。悬架车轮轴承壳与下摆臂之间通过可移动的球形接头连接，从而使前轮固定，并通过下摆臂上的长孔调整车轮外倾角。为了减小车辆转向时的车身倾斜，在副车架与下摆臂之间还装有横向稳定器。

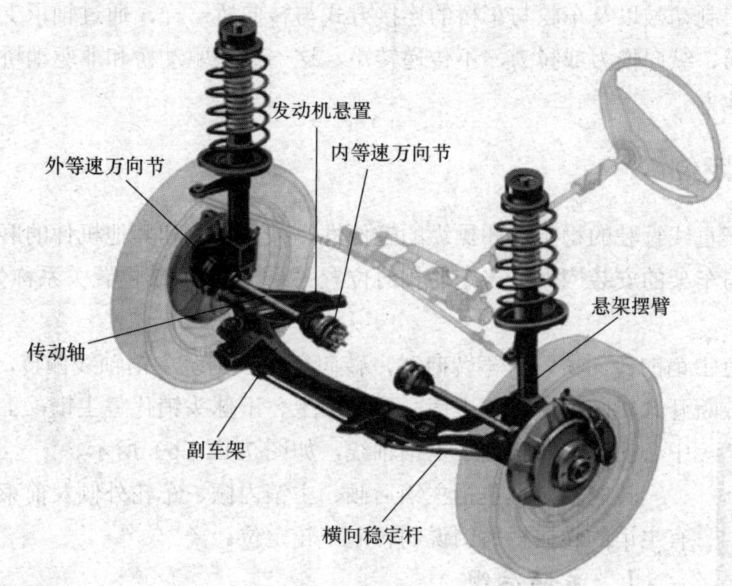

图 7-10 桑塔纳 2000 轿车的转向驱动桥

（四）支持桥

桑塔纳 2000GSi 型轿车的后桥是纵向摆臂式非驱动桥，后悬架为非独立悬架，其结构如图 7-11 所示。

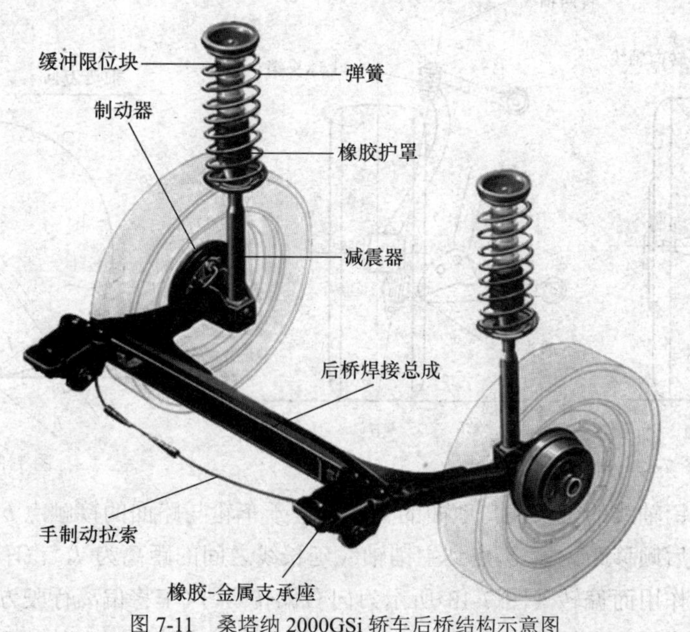

图 7-11 桑塔纳 2000GSi 轿车后桥结构示意图

后桥桥架由 1 根 6 mm 厚的 V 形冲压横梁和 2 根圆柱管状的悬架臂以及内加强筋和外加强覆板焊接组成，并通过安装在悬架臂前的金属橡胶支撑的支承座和后减震器支承杆座与车身相连接。后桥轮毂（制动鼓）内侧轴承压在轮毂短轴上，其上带有密封圈，防止润滑脂泄漏；外侧轴承靠自锁螺母锁紧，轮毂短轴凸缘用 4 个螺栓固定在悬架臂总成上的轴端支撑面上。轮毂和车轮由轮胎螺栓紧固在一起。

该车桥轮毂、制动鼓以及车轮与车桥的连接方式与转向桥一样，通过轴承支撑，轴向定位。车桥只向其传递横、纵向推力或拉力，不传递转矩，这一点是驱动桥和非驱动桥上车轮与车桥连接方式所不同的地方。

（五）车轮定位

为了保证汽车直线行驶的稳定性和操纵的轻便性，减少轮胎和其他机件的磨损，转向轮、转向节和前轴三者与车架的安装应保持一定的相对位置关系，这种安装位置关系称为转向车轮定位，也称前轮定位。

对于两端装有主销的转向桥，汽车转向时，转向车轮会围绕主销轴线偏转，如图 7-12（a）所示。但在大多数断开式转向桥中没有主销，而采用上、下球头销代替主销，上、下球头销球头中心的连心线相当于主销轴线，如图 7-12（b）所示。

主销后倾与主销内倾

转向轮定位包括主销后倾、主销内倾、车轮外倾及前束 4 个参数。现以有主销的转向桥为例说明转向车轮定位。

1. 主销后倾

主销安装在前轴上，其上端略向后倾斜，这种现象称为主销后倾。在垂直于汽车支撑平面的纵向平面内，主销轴线与汽车支撑平面垂线之间的夹角（γ）叫主销后倾角，如图 7-13 所示。主销后倾的功用是形成回正力矩，保证汽车直线行驶的稳定性，并使汽车转向后回正操纵轻便。主销后倾角一般是在将前轴连同悬架安装在车架上时，前轴向后倾斜而形成的。

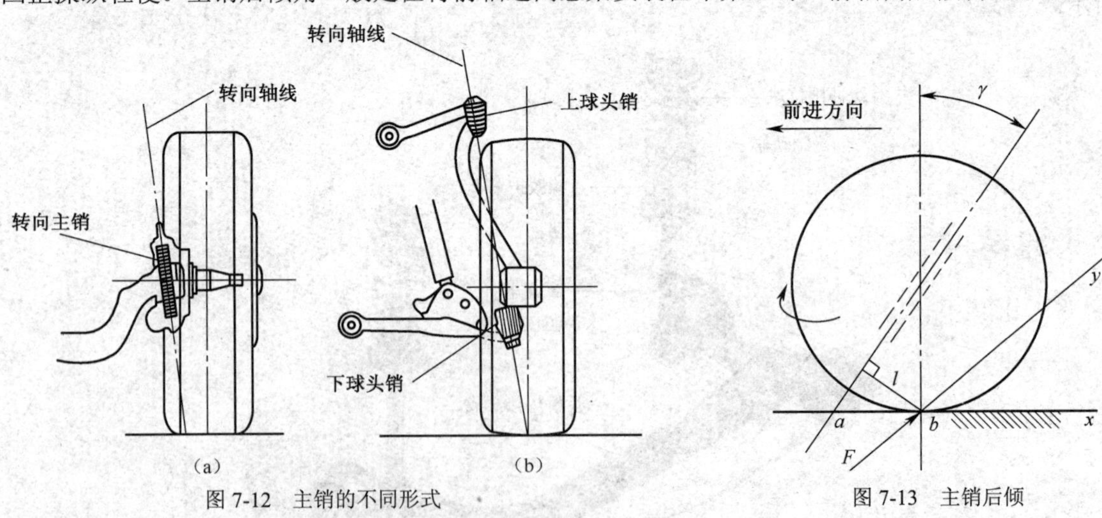

图 7-12　主销的不同形式

图 7-13　主销后倾

主销后倾使主销轴线的延长线与地面的交点 a 位于车轮与路面的接触点 b 之前，a、b 两点之间的距离称为主销后倾移距。设 b 点到主销轴线延长线之间的距离为 l，汽车直线行驶时，若转向轮偶然受到外力作用而偏转（图 7-13 所示为向右偏转），汽车将偏离行驶方向而右转弯。由于汽车本身离心力的作用，在轮胎与路面接触点 b 处将产生一个路面对车轮的侧向反作用力 F，由

于反作用力 F 没有通过主销轴线，因而形成了一个使车轮绕主销轴线旋转的力矩 $F \cdot l$，其方向正好与车轮偏转方向相反。在此力矩作用下，车轮具有了回复到原来中间位置的能力，从而保证了汽车直线行驶的稳定性。同理，在汽车转向后的回正过程中，此力矩具有帮助驾驶员使转向车轮回正的作用，使汽车转向后回正操纵轻便。

主销后倾角越大、车速越高，回正力矩越大，转向轮偏转后自动回正的能力也越强。但主销后倾角也不宜过大，一般不超过 2°～3°，否则在转向时为了克服此力矩，驾驶员需在转向盘上施加较大的力，使转向沉重。

此外，有些汽车采用了超低压轮胎，增加了弹性，转向时轮胎发生弹性变形而使轮胎与路面的接触点后移，使回正力矩增加，故主销后倾角可以减小，甚至为负值（即主销前倾）。

2. 主销内倾

主销安装在前轴上，其上端略向内侧倾斜，这种现象称为主销内倾。在垂直于汽车支撑平面的横向平面内，主销轴线与汽车支撑平面垂线之间的夹角（β）称为主销内倾角，如图 7-14 所示。主销内倾的功用是使转向轮自动回正，并使转向操纵轻便。整体式转向桥的主销内倾角是在制造前轴时将销孔轴线上端向内倾斜而获得的。

主销内倾具有使转向轮转向操纵轻便的作用，如图 7-14（a）所示。主销内倾使主销轴线的延长线与地面的交点至车轮中心平面与地面交点之间的距离 c 缩短（在有些维修资料中将该距离称为偏置或磨胎半径），转向时，路面作用在转向轮上的阻力对主销轴线产生的力矩减小，从而可减少转向时驾驶员施加在转向盘上的力，使转向操纵轻便。同时还可以减小因路面不平而从转向轮传到转向盘上的冲击力。

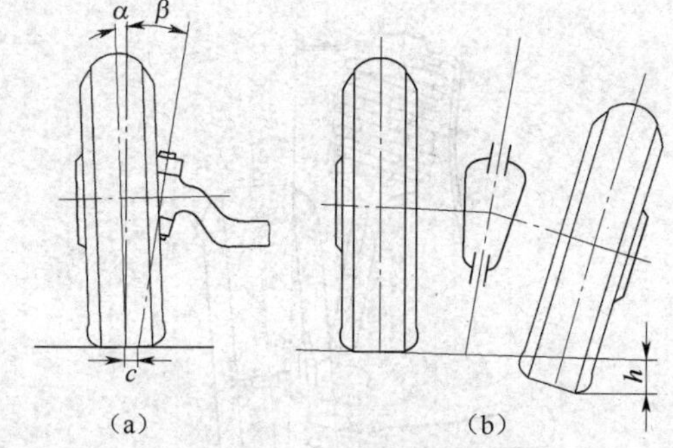

图 7-14　主销内倾

主销内倾具有使转向轮自动回正的作用，如图 7-14（b）所示。当转向轮在外力作用下绕主销旋转（为了解释方便，假设旋转 180°，即由图 7-14（b）中左边位置转到右边位置）而偏离中间位置时，由于主销内倾，车轮的最低点将陷入路面以下 h 处，即车轮必须将路面压低距离 h 后才能旋转过来，但实际上路面不可能被压低，车轮下边缘不可能陷入路面之下，而是车轮连同整个汽车前部被向上抬起相应的高度 h。一旦外力消失，转向轮就会在汽车前部重力作用下自动回正到旋转前的中间位置。主销内倾角越大、转向轮偏转角越大，汽车前部就抬起得越高，转向轮自动回正的作用就越大。

主销内倾角既不宜过大，也不宜太小。主销内倾角过大（偏置 c 减小），转向时车轮在滚动的同时将与路面产生较大的滑动，增加轮胎与路面的摩擦阻力，这不仅使转向沉重，而且加速了轮胎的磨损。主销内倾角过小（偏置增大），汽车行驶的稳定性和制动稳定性将变差。主销内倾角一般不大于 8°，偏置一般为 40～60 mm。在一些发动机前置前轮驱动的轿车上，为了使汽车具有良好的行驶稳定性，特别是制动稳定性，其主销内倾角均较大。

3. 车轮外倾

前轮外倾

转向轮安装在转向节上时，其旋转平面上端向外倾斜，这种现象称为转向车轮外倾。车轮旋转平面与垂直于车辆支撑面的纵向平面之间的夹角（α）称为车轮外倾角，如图 7-15 所示。车轮外倾角的功用是提高车轮工作的安全性和转向操纵的轻便性。

由于主销与衬套之间、轮毂与轴承等处都存在装配间隙，若空车时车轮的安装正好垂直于路面，则满载时上述间隙将发生变化，车桥也因承载而变形，从而引起车轮向内倾斜。车轮内倾将使路面对车轮的垂直反作用力的轴向分力压向轮毂外端的小轴承，使该轴承及其锁紧螺母等部件承受的载荷增大，降低了它们的使用寿命，严重时会损坏锁紧螺母而使车轮脱落。为此，安装车轮时应预先留有一定的外倾角，以防止上述不良影响。车轮外倾与主销内倾相配合可进一步缩短距离 c，如图 7-14（a）所示，使汽车转向轻便。此外，车轮有一定的外倾角也可以与拱形路面相适应。但车轮外倾角不宜过大，否则会使轮胎产生偏磨损。一般前轮外倾角为 1° 左右。

前轮前束

4. 前轮前束

车轮安装在车桥上，两前车轮的中心平面不平行，其前端略向内收，这种现象称为前轮前束。两前轮后端距离 A 大于前端距离 B，其差值 $A–B$ 称为前轮前束值，如图 7-16 所示。前轮前束的功用是消除因车轮外倾所造成的不良后果，保证车轮不向外滚动，防止车轮侧滑，减轻轮胎的磨损。

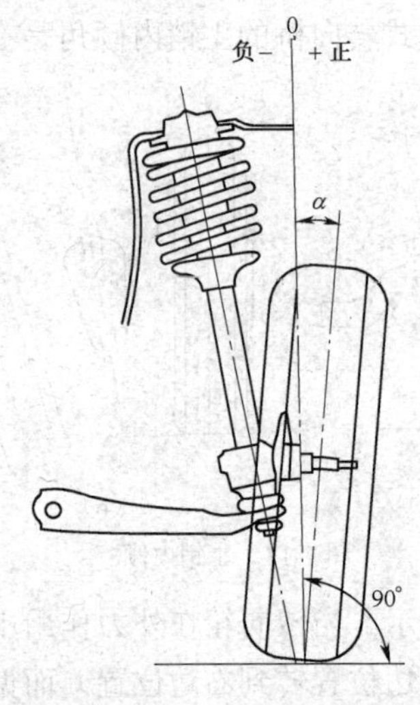

图 7-15　车轮外倾

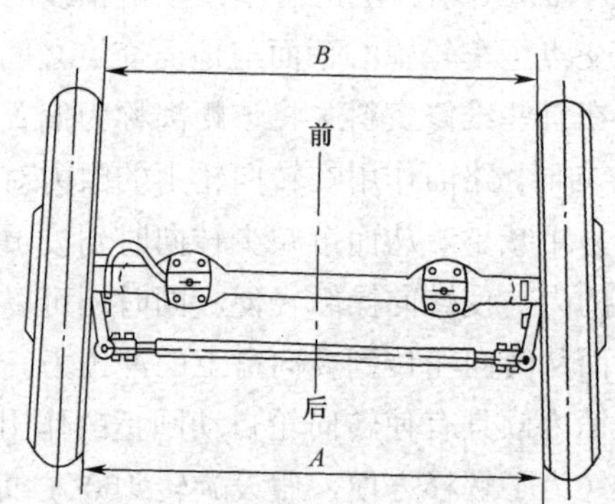

图 7-16　前轮前束

由于车轮外倾，汽车行驶时，两个车轮的滚动类似于两个锥体的滚动，其轨迹不再是直线而是逐渐向各自的外侧滚开，如图 7-17 所示。但因受车桥和转向横拉杆的约束，两侧车轮不可能向外滚开，这样，车轮在路面上滚动行驶的同时又被强制地拉向内侧，产生向内的侧滑，从而加剧轮胎的磨损。有了前束，车轮滚动的轨迹向内侧偏斜，只要前束值与车轮外倾角配合适当，车轮向内、外侧滚动的偏斜量就会相互抵消，使车轮每一瞬间的滚动方向都朝着正前方，从而消除了侧滑，减轻了轮胎的磨损。

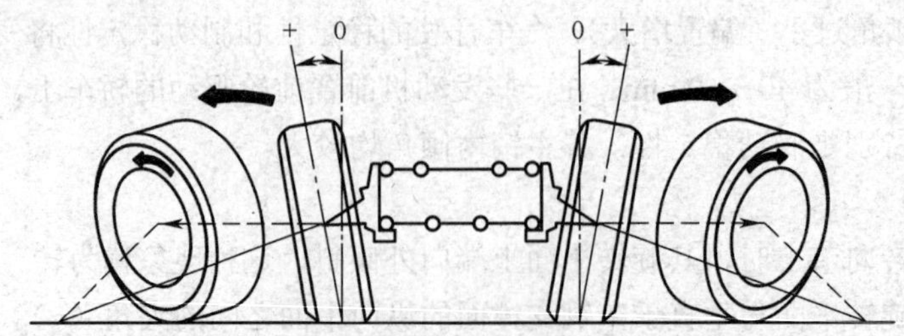

图 7-17　车轮外倾产生的车轮运动示意图

前轮前束值可以通过改变转向横拉杆的长度来调整，一般前束值为 0～12 mm。

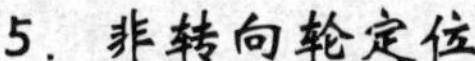

5. 非转向轮定位

后轮与后轴之间的相对安装位置关系称为后轮定位。随着车速的不断提高，为了提高汽车高速行驶的稳定性，在结构设计上应确保汽车具有不足转向特性。为此，转向轮定位的内容已扩展到非转向轮（后轮）。后轮定位内容主要包括后轮外倾角和后轮前束。

（1）后轮外倾角。为了对载荷进行补偿，采用独立后悬架的大多数车辆常带有 1 个较小的正后轮外倾角。

（2）后轮前束。后轮前束的作用与前轮前束基本相同。一般前驱汽车，前驱动轮宜采用正前束，后从动轮宜采用负前束；对于后驱汽车，前从动轮宜采用负前束，后驱动轮宜采用正前束。

实操技能训练

（一）车轮定位的调整

本部分以丰田卡罗拉轿车为例，介绍其车轮定位的检查与调整。

1. 前轮定位检查与调整

注　意

对配备 VSC 的车辆，如果已调整车轮定位，且悬架或车身底部零部件已拆下/安装或更换，确保执行下列初始化程序以使系统正常运行：

① 断开蓄电池负极端子超过 2s。

② 重新连接蓄电池负极端子。

③ 执行横摆率和加速度传感器的零点校准，并进行测试模式检查。

（1）检查轮胎，测量车辆高度。

注　意

检查车轮定位前，应将车辆高度调整至规定值；一定要在水平表面上进行测量；如果必须钻入车底进行测量，确认已施加驻车制动且车辆已用止动楔固定。

下压车辆几次以稳定悬架。如图 7-18 所示测量车辆高度。

测量点：*A*—悬架 1 号下臂衬套固定螺栓中心的离地间隙；*B*—后牵引臂衬套固定螺栓中心的离地间隙；*C*—前轮中心的离地间隙；*D*—后轮中心的离地间隙。车辆高度的标准值如表 7-1 所示。

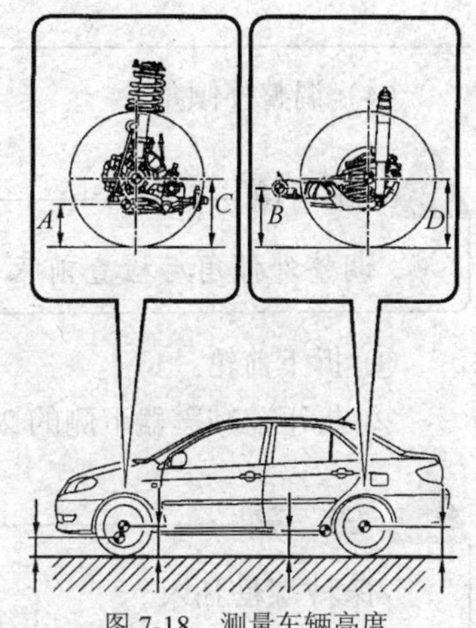

图 7-18　测量车辆高度

（2）检查车轮转角。在转向半径仪的最后点上做胎面中心标记。将方向盘向左、向右转到完全锁止位置并测量其转角，如图 7-19 所示。

车轮转角标准值如表 7-2 所示。

如果角度不符合规定，检查并调整左右齿条接头长度。

（3）检查外倾角、后倾角和转向轴线倾角。安装前轮定位测定仪或将前轮放至车轮定位检测仪中央，如图 7-20 所示。检查外

倾角、后倾角和转向轴线倾角。

表 7-1 车辆高度（空载车辆）

发动机	前 $C–A$	后 $D–B$
1ZR-FE	83 mm	3 mm
2ZR-FE	84 mm	3 mm

表 7-2 车轮转角（空载车辆）

发动机	车轮内侧	车轮外侧参考
1ZR-FE	39.72° ±2°	33.45°
2ZR-FE	39.73° ±2°	33.45°

外倾角、后倾角和转向轴线倾角标准值如表 7-3、表 7-4 和表 7-5 所示。

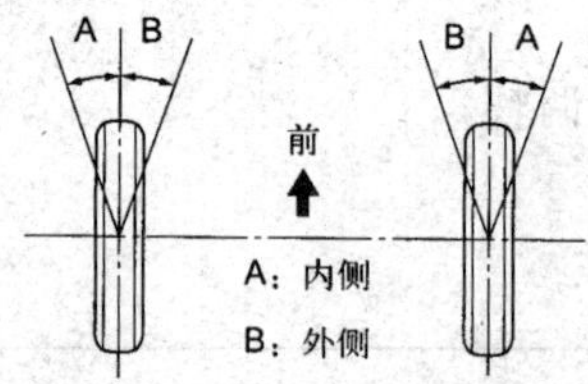

图 7-19 检查车轮转角

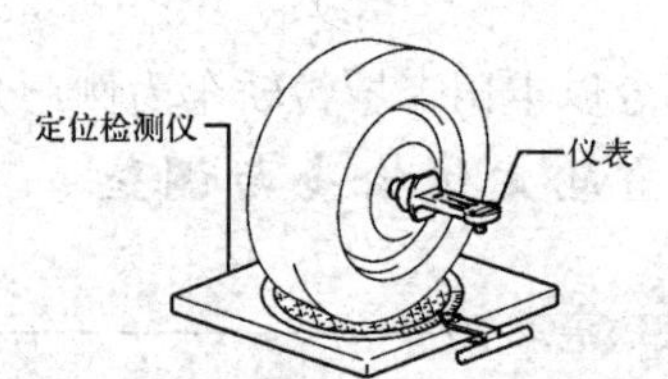

图 7-20 检查外倾角、后倾角和转向轴线倾角

表 7-3 外倾角（空载车辆）

发动机	外倾角偏差	左右差值
1ZR-FE	–0.07° ±0.75°	0.75° 或更小
2ZR-FE	–0.08° ±0.75°	

表 7-4 后倾角（空载车辆）

后倾角偏差	左右差值
5.53° ±0.75°	0.75° 或更小

表 7-5 转向轴线倾角（空载车辆）

转向轴线倾角（参考）
11.72°

（4）调整外倾角。

注 意

调整外倾角后检查前束。

① 拆下前轮。

② 拆下前减震器下侧的 2 个螺母，如图 7-21 所示。

注 意

保持螺栓插入。

③ 清洁前减震器和转向节的安装表面。

④ 暂时安装 2 个螺母（步骤 A）。

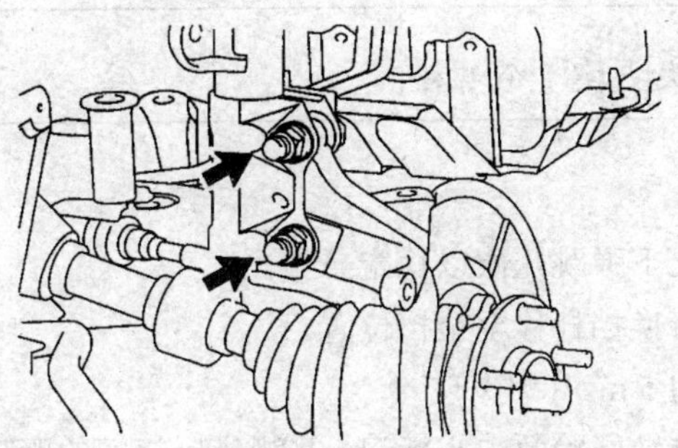

图 7-21　拆下前减震器下侧的 2 个螺母

⑤ 按所需的调整方向将前桥轮毂推到底或拉到底（步骤 B），如图 7-22 所示。

⑥ 拧紧螺母（扭矩：240 N • m）。

注　意

拧紧螺母时防止螺栓转动。

⑦ 安装前轮（扭矩：103 N • m）。

⑧ 检查外倾角。

如果测量值不在规定范围内，用下面的公式计算所需的调整量：

外倾角调整量=规定值范围的中间值–测量值

检查安装螺栓的组合，如图 7-23 所示。选择适当的螺栓将外倾角调整至规定值（参见丰田卡罗拉维修手册（悬架-前轮定位））。

提　示

尽量将外倾角调整到规定值的中间值。

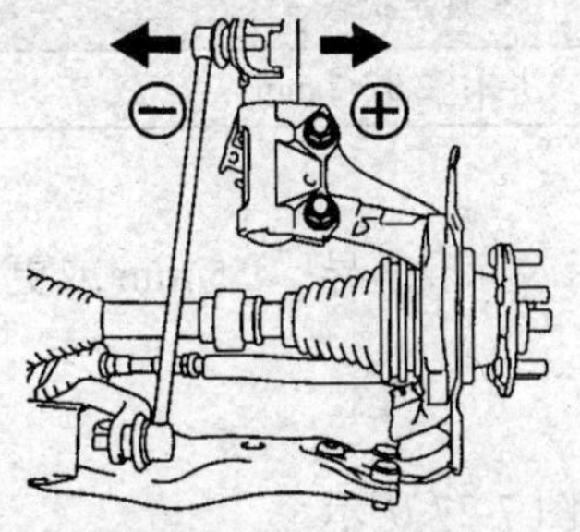

图 7-22　将前桥轮毂推到底或拉到底

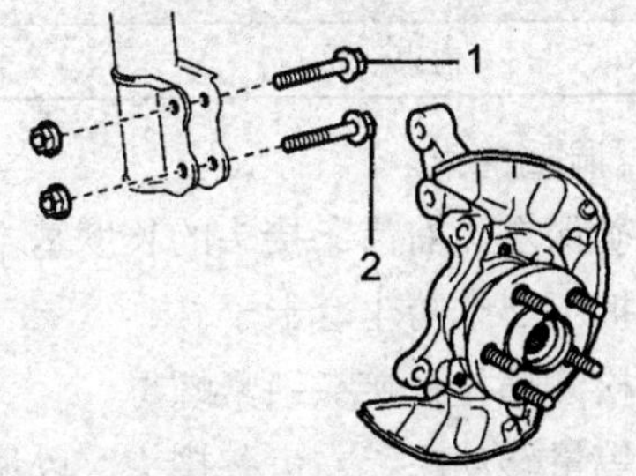

图 7-23　检查安装螺栓的组合

如果外倾角不能按上述螺栓组合正确调整，则可能损坏车身和悬架。

注　意

更换螺栓时换上新的螺母。

⑨ 重复上述步骤。在步骤（A）中更换 1 个或 2 个选定的螺栓。

提 示

更换 2 个螺栓时，1 次更换 1 个螺栓。

（5）检查前束。

① 按压车辆各角使其上下弹跳几次以稳定悬架。

② 松开驻车制动器并将换挡杆移至空挡位置。

③ 向正前方推动车辆约 5 m。（*1）

④ 在前轮最靠后的部位做好胎面中心标记，并测量标记间的距离（尺寸 B），如图 7-24 所示。

⑤ 以前轮胎气门为参考点，向正前方缓慢推动车辆使前轮旋转 180°。

提 示

不要使车轮旋转超过 180°。如果车轮旋转超过 180°，再从（*1）开始执行本程序。

⑥ 测量车轮前侧胎面中心标记间的距离（尺寸 A），如图 7-25 所示。

前束的标准值见表 7-6。如果前束不在规定范围内，则通过齿条接头进行调整。

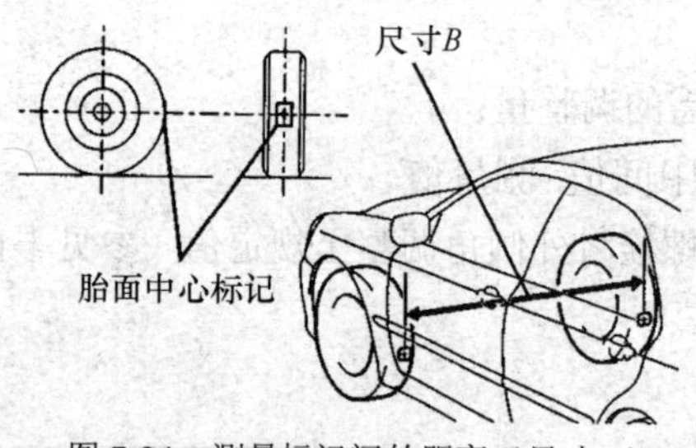

图 7-24 测量标记间的距离（尺寸 B）

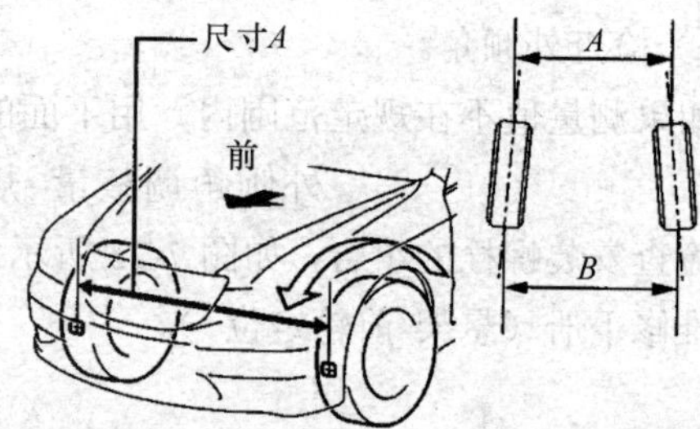

图 7-25 测量标记间的距离（尺寸 A）

表 7-6 前束（空载车辆）

项目	规定状态
前束（总）	B–A：2.0±2 mm

（6）调整前束。

① 确保左、右齿条接头的长度基本相同，如图 7-26 所示。标准差异：1.5 mm 或更小

② 拆下 2 个防尘套卡子。

③ 松开横拉杆接头锁紧螺母。

④ 等量转动左、右齿条接头，以调整前束至中间值，如图 7-27 所示。

⑤ 拧紧横拉杆接头锁紧螺母（扭矩：74 N • m）。

⑥ 将防尘套放到座椅上并安装防尘套卡子。

提 示

确保防尘套未发生扭曲。

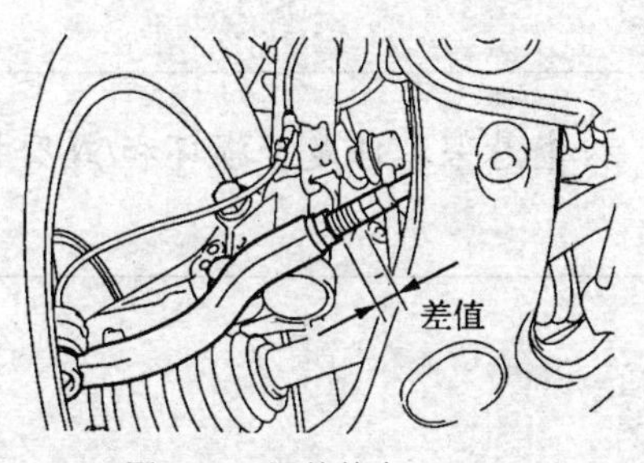

图 7-26 调整前束（一）

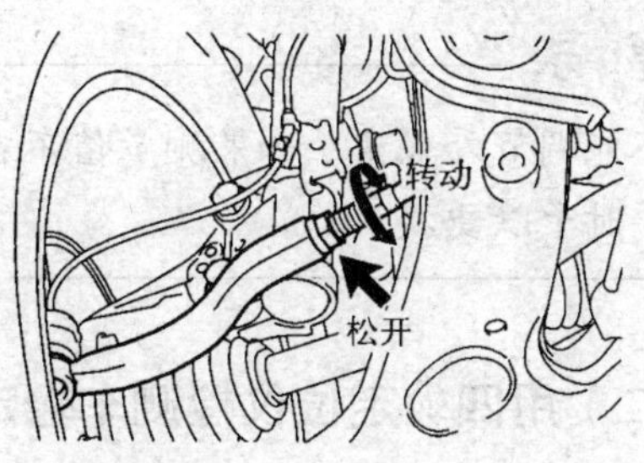

图 7-27 调整前束（二）

（7）使前轮处于正前位置。

（8）从蓄电池负极端子断开电缆（带 VSC）。

注 意

断开蓄电池负极端子超过 2s。

（9）连接电缆至蓄电池负极端子（带 VSC）。执行横摆率传感器零点校准（带 VSC）。检查转向角传感器零点校准（带 VSC）。

2．后轮定位检查与调整

对配备 VSC 的车辆，如果已调整车轮定位，且悬架或车身底部零部件已拆下/安装或更换，确保执行下列初始化程序以使系统正常运行。

（1）断开蓄电池负极端子超过 2s。

（2）重新连接蓄电池负极端子。

（3）执行横摆率和加速度传感器的零点校准，并进行测试模式检查。

① 检查轮胎。

② 测量车辆高度（见前轮定位检查与调整）。

③ 检查前束，如图 7-28 所示。前束的标准值如表 7-7 所示。如果前束不在规定范围内，检查悬架零件并在必要时予以更换。

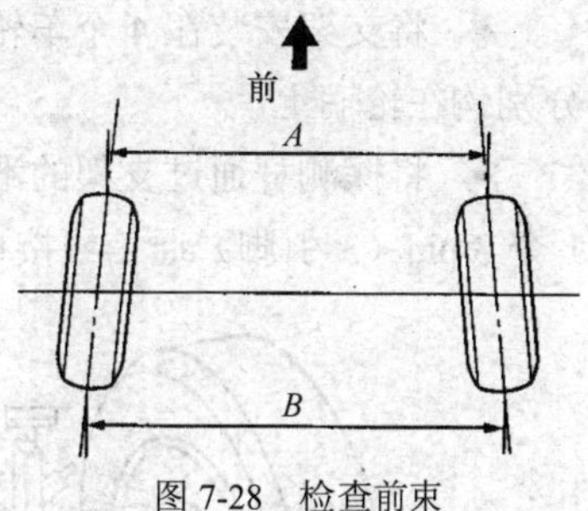

图 7-28 检查前束

表 7-7 前束（空载车辆）

项目	规定状态
前束（总）	B–A：1.1±3 mm

④ 检查外倾角。安装前轮定位测定仪或将车辆放到车轮定位检测仪上，检查外倾角。外倾角标准值如表 7-8 所示。

表 7-8 外倾角（空载车辆）

项目	规定状态
外倾角	1.38°±0.5°
右-左误差	0.5°或更小

提　示

不能调节外倾角。如果测量值不在规定范围内，检查悬架零件是否损坏和/或磨损，并在必要时予以更换。

（二）用四轮定位仪检测车轮定位

目前使用的四轮定位仪均由微机控制，它们的测量原理基本是一致的，但不同类型四轮定位仪的使用方法有一定的差异，所以应严格按使用说明书的要求和方法进行操作。

【准备工作】

（1）实训车辆：丰田卡罗拉轿车。

（2）实训工具及器材：组合工具、四轮定位仪等。

（3）注意环保及安全操作。

- 将汽车行驶到举升机上，当前轮正好位于转角盘中心时停车。车停稳后，拉紧驻车制动以确保车辆不移动，松开转盘的锁紧销。
- 检查底盘各零部件，包括检查胶套、轴承、摆臂、三脚架球头、减震器、拉杆球头和转向盘是否松动及磨损，检查轮胎气压和轮胎规格以及两前轮花纹是否相同，两后轮花纹深浅是否一致。
- 将支架安装在 4 个车轮上，旋转手柄锁紧支架。将支架绑带绑在支架上，绑带两端的钩子分别钩在轮辋上。
- 将探测杆通过支架的滑杆，分别安装在支架的规定位置上，如图 7-29 所示。前探测杆有 1 个 3 pin（3 引脚）通信线接口，用于与电子转角盘连接线相连。

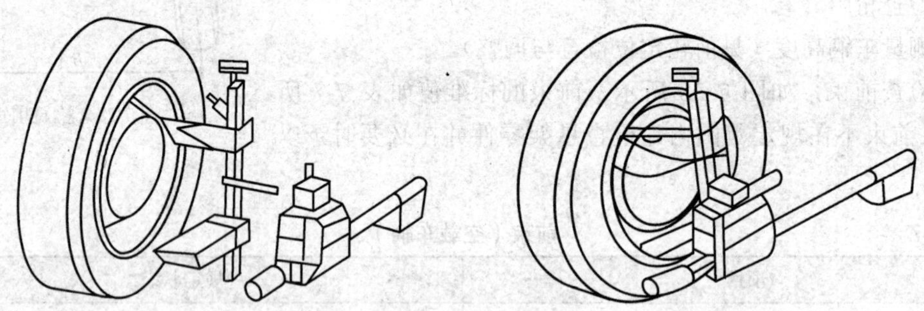

图 7-29　安装探测杆

- 调节探测杆，使水平仪气泡处于中间位置，以保证传感器探测杆处于水平状态。
- 分别将 4 根电缆线连接到 4 个传感器的接线插座上，如图 7-30 所示。
- 将四轮定位仪接上电源。
- 将转向盘固定架放在驾驶员座椅上，压下手把，使之顶住转向盘以锁定转向盘。
- 将制动踏板固定架下端顶在制动踏板上，上端卡在座椅上，使车辆制动。
- 打开电源，启动电脑，进入测量程序主界面。主界面显示有 5 项功能：用户管理、定位检测、帮助系统、语言选择和退出。

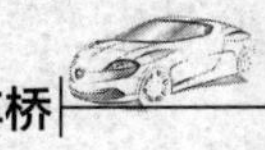

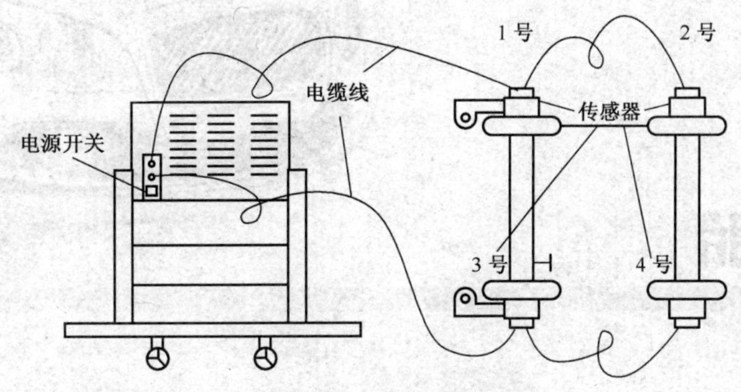

图 7-30　连接传感器

【操作步骤】

（1）定位检测。在主界面中单击［定位检测］图标，按要求输入车牌号和车主信息。

（2）选择车型。在定位检测界面上单击［选择车型］图标，进入车型选择程序。

（3）检测步骤设置。在定位检测界面上单击［检测步骤设置］图标，可以设置四轮定位检测时的操作步骤。

（4）定位准备。在定位检测界面上单击［定位准备］图标，或执行完“检测步骤设置”操作后单击［确认］图标。

（5）偏心补偿。为了减小钢圈、轮胎的变形和装夹而引起的误差，检测前应进行偏心补偿。在定位检测界面上单击［偏心补偿］图标，按屏幕右方显示方框中的提示要求进行偏心补偿操作。

① 使车轮平直，用转向盘固定架固定转向盘，取下制动踏板固定架。

② 用举升器举起车身，使四轮悬空。

③ 松开探测杆旋钮，使探测杆能沿着转轴转动。

④ 按照电脑提示，将车轮转动 90°进行补偿。

⑤ 重复步骤③、④，依次对所有车轮进行补偿。

⑥ 4 个车轮的偏心补偿全部完成后，放下车身，单击［确认］图标进入下一步骤或返回定位检测界面。

（6）初始测量。在定位检测界面上单击［初始测量］图标，测量前后车轮的前束值、外倾角、推力角、轴距差、轮距差等。

首先进入车辆停放调试程序。四轮定位仪会自动检测车辆是否摆正，如有偏差，屏幕上显示出偏差值，则应装上制动踏板固架，并按屏幕中箭头指示方向转动转向盘，直至箭头消失，进入初始测量。

（7）检测结果。按显示器上界面的提示，逐项进行检测和调整。

练　习　题

1. 简述车架的功用及对车架的要求。
2. 简述车架的种类及其结构特点。
3. 简述车桥的作用及类型。
4. 简述转向桥的结构组成。
5. 说明转向轮定位的内容、功用及原理。

项目八 车轮与轮胎

【学习目标】

1. 能够正确描述车轮的基本组成和功用、轮辋规格的表示方法；
2. 能够正确描述轮胎的基本结构和功用、轮胎规格的表示方法；
3. 能够正确选择与使用工具、设备，并规范地对车轮总成进行拆卸与安装；
4. 能够正确选择与使用工具、设备，并规范地对轮胎进行检查；
5. 能够正确选择与使用工具、设备，并规范地对轮胎进行更换；
6. 能够正确选择与使用工具、设备，并规范地对车轮动平衡进行检查及调整。

本项目主要介绍车轮与轮胎的功用、结构，车轮与轮胎的更换方法，车轮动平衡检查调整等内容。

汽车车轮总成如图 8-1 所示，它由车轮和轮胎两大部分组成，是汽车行驶系统中极其重要的部件之一。汽车车轮总成处于车轴和地面之间，具有如下基本功用。

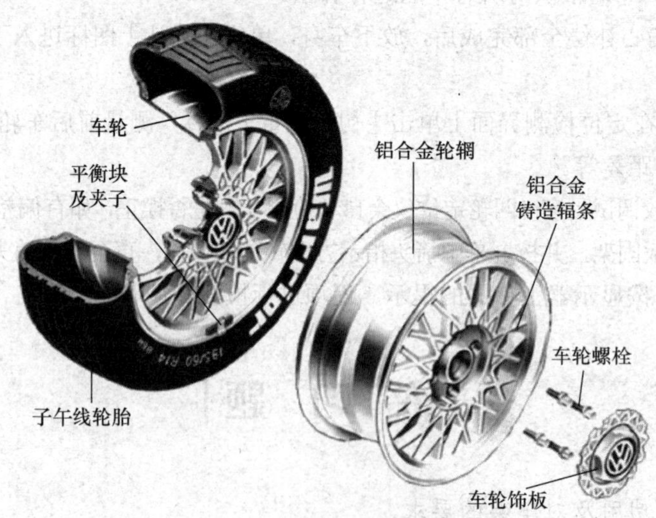

图 8-1　车轮总成

① 支撑整车质量，包括在汽车质量上下运动时产生的惯性动载荷。

② 缓和由路面传递来的冲击载荷。

③ 通过轮胎和路面之间的附着作用，产生驱动和阻止汽车运动的外力，即为汽车提供驱动力

和制动力。

④ 产生平衡汽车转向离心力的侧向力，以便顺利转向，并通过轮胎产生自动回正力矩，使车轮具有保持直线行驶的能力。

⑤ 具有跨越障碍的能力，保证汽车的通过性。

由于汽车高速行驶时，车轮处于高速旋转的状态，车轮与轮胎的动平衡性能显得尤其重要。若车轮存在动不平衡，驾驶的操纵性能和行驶平顺性能将遭破坏，使轮胎磨损加剧，轮毂轴承使用寿命下降。另外，车轮属于悬架弹簧以下的质量，该质量的大小与汽车的行驶平顺性和操纵稳定性有相当密切的关系，过大的簧下质量往往会引起上述性能的恶化。

车轮和轮胎的使用特点使得它们必须具有足够的强度和刚度，质量轻，散热能力强，轮胎具有良好的弹性特性和摩擦特性，足够的使用寿命。

相关知识

（一）车轮

1. 车轮的功用、组成

车轮是介于轮胎和车桥之间承受负荷的旋转组件，其功用是安装轮胎，承受轮胎与车桥之间的各种载荷。

车轮一般由轮毂、轮辋和轮辐组成，如图 8-2 所示。轮毂通过圆锥滚子轴承装在车桥或转向节轴径上，用于连接车轮与车桥。轮辋用于安装和固定轮胎。轮辐用于将轮毂和轮辋连接起来，并通过螺栓与轮毂连接起来。

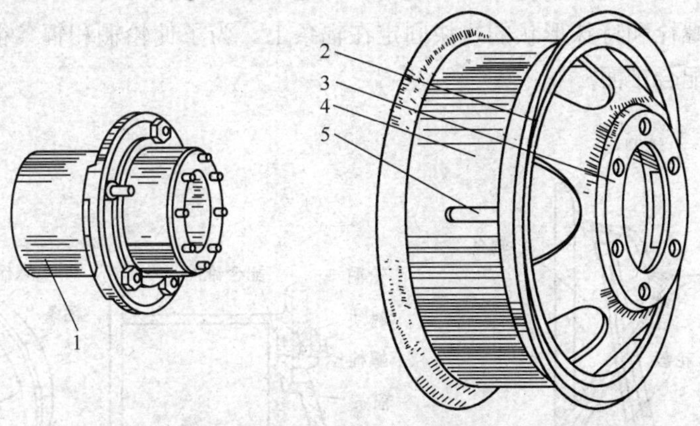

图 8-2　车轮的组成

1—轮毂；2—挡圈；3—轮辐（辐板式）；4—轮辋；5—气门嘴伸出口

2. 车轮的构造

（1）轮辐。按轮辐结构的不同，车轮可以分为两种形式：辐板式车轮和辐条式车轮。

① 辐板式车轮。目前，普通轿车和轻、中型货车普遍采用辐板式车轮，这种车轮由挡圈、轮辋、辐板和气门嘴伸出口组成（见图 8-2）。车轮中用以连接轮毂和轮辋的钢质圆盘称为辐板，辐板大多是冲压制成的，少数和轮毂铸成一体，后者主要用于重型汽车。

货车辐板式车轮如图 8-3 所示。辐板与轮辋通过焊接或铆接的方式固定成为一个整体，辐板通过螺栓安装在轮毂上，辐板上的孔可以减轻质量，有利于制动鼓的散热，方便接近气门嘴，同时可作为安装时的把手处。6 个孔加工成锥形，以便在用螺栓把辐板固定在轮毂上时对正中心。

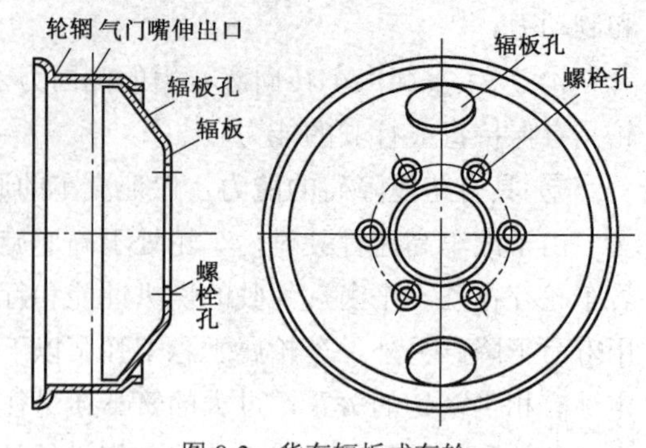

图 8-3　货车辐板式车轮

轿车的辐板所用板料较薄，常冲压成起伏多变的形状，以提高其刚度，如图 8-4 所示。目前广泛采用的轿车车轮为铝合金车轮，如图 8-5 所示，且多为整体式的，即轮辋和轮辐铸成一体。它质量轻，尺寸精度高，生产工艺好，美观大方，可以明显改善车轮的空气动力学特性，降低汽车油耗。

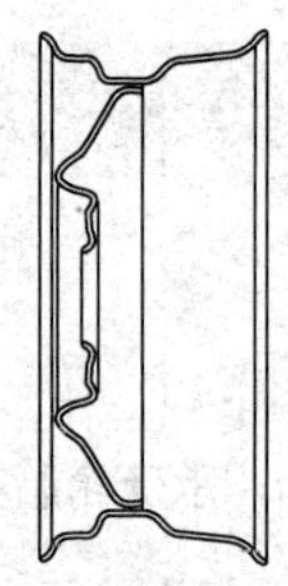
图 8-4　轿车的辐板

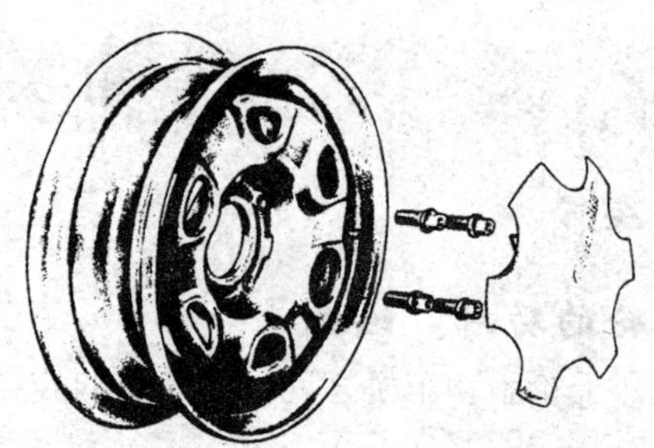
图 8-5　轿车铝合金车轮

② 辐条式车轮。按辐条结构的不同，辐条式车轮又分为钢丝辐条式车轮和铸造辐条式车轮，如图 8-6 所示。钢丝辐条式车轮的结构与自行车车轮完全一样，其价格高、维修安装不便。另外，钢丝辐条式车轮还不能与无内胎轮胎组合使用。铸造辐条式车轮常用于重型货车上，辐条与轮毂铸成一体，轮辋用螺栓和特殊形状的衬块固定在辐条上。为了使轮辋和辐条很好地对中，在轮辋和辐条上都加工出配合锥面。

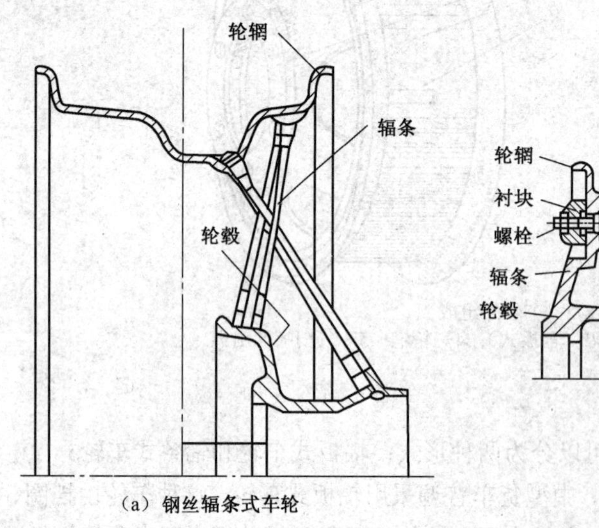

（a）钢丝辐条式车轮　　（b）铸造辐条式车轮

图 8-6　辐条式车轮

（2）轮辋。轮辋用于安装和固定轮胎。

① 轮辋的分类。轮辋的常见结构形式有深槽轮辋、平底轮辋和对开式轮辋，如图 8-7 所示。

此外，还有半深槽轮辋、深槽宽轮辋、平底宽轮辋、全斜底轮辋等。

a．深槽轮辋。深槽轮辋如图 8-7（a）所示，这种轮辋主要用于轿车及轻型越野车，适宜安装尺寸小、弹性较大的轮胎，因为尺寸较大、较硬的轮胎很难装进这样的整体轮辋内。深槽轮辋有带肩的凸缘，用以安放外胎的胎圈，其肩部通常略向中间倾斜，倾斜部分的最大直径即称为轮胎胎圈与轮辋的着合直径。为便于外胎的拆装，断面的中部常制成深凹槽。深槽轮辋的结构简单，刚度大，质量较小。

b．平底轮辋。平底轮辋如图 8-7（b）所示，多用于货车。挡圈是整体的，用一个开口锁圈来防止挡圈脱出。在安装轮胎时，先将轮胎套在轮辋上，而后套上挡圈，并将它向内推，直至越过轮辋上的环形槽，再将开口的弹性锁圈嵌入环形槽中。拆卸时，先放气，然后使外胎向里移动，撬下锁圈，取下挡圈，即可拆下轮胎。因拆装方便，东风 EQ1090E 型汽车和解放 CA1091 型汽车均采用这种形式的轮辋。

c．对开式轮辋。对开式轮辋如图 8-7（c）所示，其又被称为可拆式轮辋，主要用于载重量较大的重型货车和大型客车。这种轮辋由内、外两部分组成，其内、外轮辋的宽度可以相等，也可以不相等，二者用螺栓连成一体。拆装轮胎时拆卸螺栓上的螺母即可。图 8-7（c）所示的挡圈是可拆的。对开式轮辋有的无挡圈，而由与内轮辋制成一体的轮缘代替挡圈的作用，内轮辋与辐板焊接在一起。

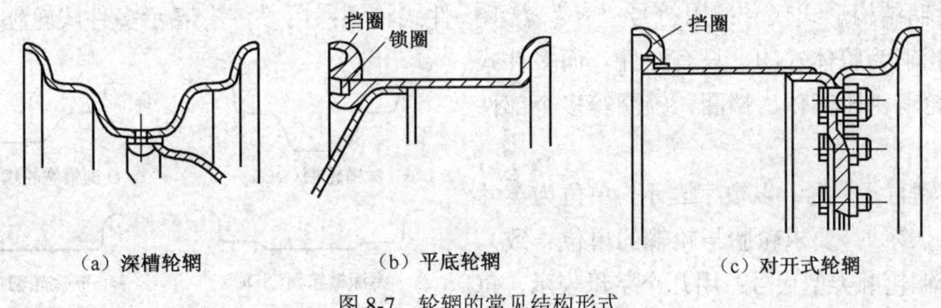

图 8-7　轮辋的常见结构形式

此外，轮辋的结构类型中，按组成轮辋的零件数不同分为一件式轮辋、两件式轮辋、三件式轮辋、四件式轮辋和五件式轮辋。一件式轮辋具有深槽的整体式结构；两件式轮辋可以拆卸为轮辋体和弹性挡圈 2 个主要零件；三件式轮辋可以拆卸为轮辋体、挡圈和锁圈 3 个主要零件；四件式轮辋可以拆卸为轮辋体、挡圈、锁圈和座圈 4 个主要零件，也可以拆为轮辋体、锁圈和 2 个挡圈；五件式轮辋可以拆卸为轮辋体、挡圈、锁圈、座圈和密封环 5 个主要零件。

由于轮辋是轮胎装配的固定基础，当轮胎装入不同轮辋时，其变形位置与大小也发生变化。因此，每种规格的轮胎，必须配用规定的标准轮辋。如果轮辋使用不当，特别是使用的轮辋过窄，会造成轮胎早期损坏。

近几年来，为了适应提高轮胎负荷能力的需要，国内外均朝宽轮辋的方向发展，如美国的货车已全部采用宽轮辋，欧洲各国也在积极普及宽轮辋，我国也在进行由窄轮辋向宽轮辋的过渡。实验表明，采用宽轮辋可以提高轮胎的使用寿命，并可改善汽车的通过性和行驶稳定性。

② 国产轮辋规格的表示方法。国产轮辋规格用一组数字、字母和符号组合表示，各部分的含义及具体内容如下。

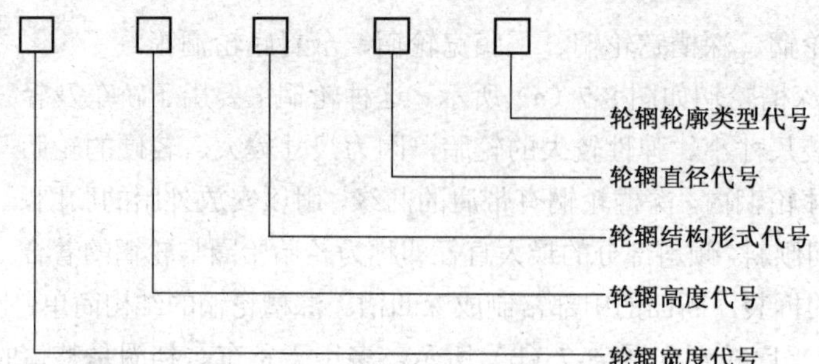

a．轮辋宽度代号：以数字表示，一般取小数点后两位，单位为 in（英寸）（当以 mm 表示时，要求轮胎与轮辋的单位一致）。

b．轮辋高度代号：用一个或几个字母表示，如 C、D、E、F、J、K、L、V 等。常用代号及其相应高度值（mm）见表 8-1。

表 8-1　　轮辋的高度代号及高度值　　（单位：mm）

C	D	E	F	G	H	J	K
15.88	17.45	19.81	22.23	27.94	33.73	17.27	19.26
L	P	R	S	T	V	W	
21.59	25.40	28.58	33.33	38.10	44.45	50.80	

c．轮辋结构形式代号：用符号“×”表示一件式轮辋；用“－”表示多件式轮辋。一件式轮辋是指轮辋为整体式的，只有一件，而多件式轮辋表示轮辋由轮辋体、挡圈、锁圈等多个部件组成。

d．轮辋直径代号：以数字表示，单位为英寸（当以 mm 表示时，要求轮胎与轮辋的单位一致）。

e．轮辋轮廓类型代号：用几个字母表示，每个代号所表示的轮辋轮廓类型如图 8-8 所示。

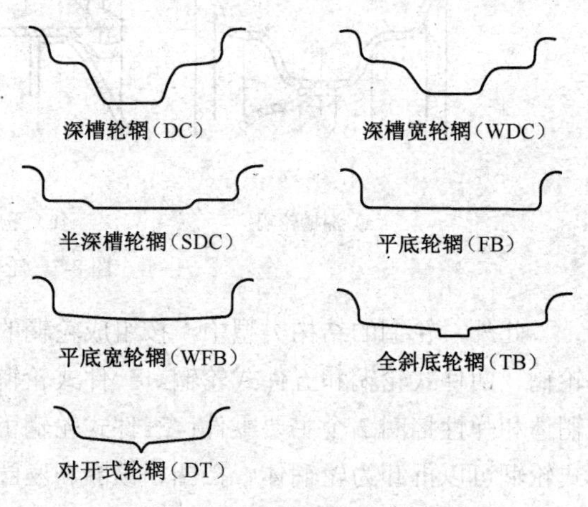

图 8-8　轮辋轮廓类型及代号

对于不同形式的轮辋，以上代号不一定同时出现。例如，解放 CA1092 型汽车轮辋的规格为 6.5-20，表明该轮辋宽度为 6.5 in，轮辋直径为 20 in，属于多件式轮辋；上海桑塔纳轿车轮辋的规格为 5.5 J × 13，表明其轮辋宽度为 5.5 in，轮辋高度为 17.27 mm，轮辋直径为 13 in，属于一件式轮辋；上海桑塔纳 2000GSi 型轿车轮辋的规格为 6 J × 14，表明其轮辋宽度为 6 in，轮辋高度为 17.27 mm，轮辋直径为 14 in，属于一件式轮辋。

（二）轮胎

1．轮胎的功用和类型

（1）功用

现代汽车都采用充气式轮胎，轮胎安装在轮辋上，直接与路面接触，它的功用如下。

① 支撑汽车的质量，承受路面传来的各种载荷的作用。

② 和汽车悬架共同来缓和汽车行驶中所受到的冲击，并衰减由此而产生的震动，以保证汽车

有良好的乘坐舒适性和行驶平顺性。

③ 保证车轮和路面有良好的附着性，以提高汽车的动力性、制动性和通过性。

（2）类型

① 按轮胎内空气压力的大小，轮胎可分为高压胎（0.5～0.7 MPa）、低压胎（0.2～0.5 MPa）和超低压胎（0.2 MPa 以下）3 种。低压胎弹性好、减震性能强、壁薄散热性好、与地面接触面积大，附着性好，因而广泛用于轿车。超低压胎在松软路面上具有良好的通过能力，用于越野汽车及部分高级轿车。

② 按轮胎有无内胎，轮胎可分为有内胎轮胎和无内胎轮胎（俗称真空胎）两种。目前轿车上普遍采用无内胎轮胎。

③ 按胎体帘布层结构的不同，轮胎可分为斜交轮胎和子午线轮胎。

④ 根据花纹不同，轮胎可分为普通花纹轮胎、组合花纹轮胎、越野花纹轮胎。

⑤ 根据帘线材料不同，轮胎可分为人造丝（R）轮胎、棉帘线（M）轮胎、尼龙（N）轮胎、钢丝（G）轮胎。

目前轿车上应用的轮胎主要是低压（超低压）、无内胎的子午线轮胎。

2. 有内胎轮胎

有内胎轮胎由外胎、内胎和垫带等组成，使用时安装在轮辋上，如图 8-9 所示。

（1）外胎。外胎是轮胎的主要组成部分，是用耐磨橡胶以及帘线制成的强度较高而又有弹性的外壳，它直接与地面接触，用来保护内胎，使其不受损伤。外胎主要由胎面、胎圈和胎体等组成，如图 8-10 所示。

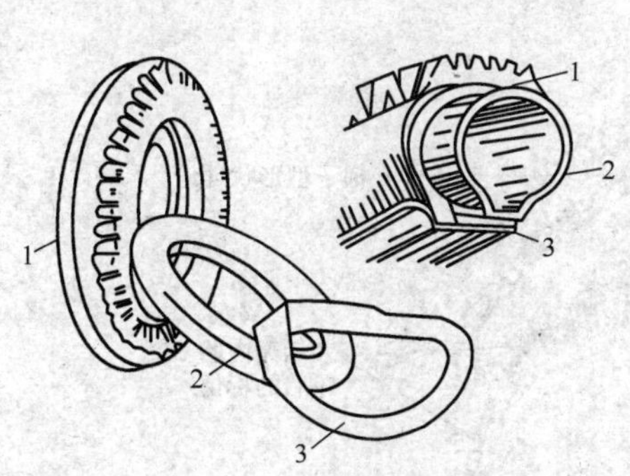

图 8-9　有内胎轮胎
1—外胎；2—内胎；3—垫带

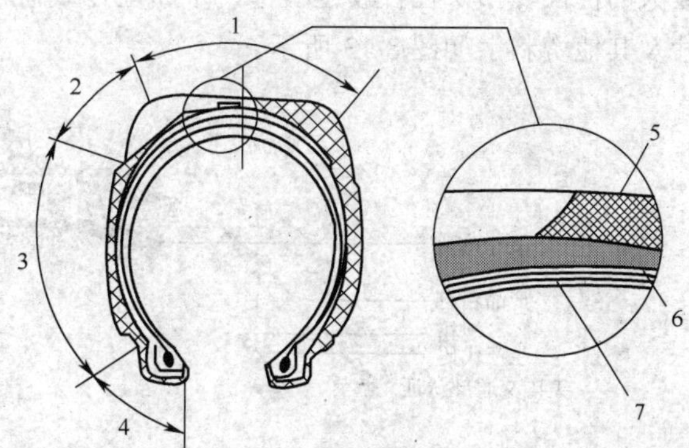

图 8-10　外胎的结构
1—胎冠；2—胎肩；3—胎侧；4—胎圈；5—胎面；6—缓冲层（带束层）；7—帘布层

① 胎面。胎面是轮胎的外表面，可分为胎冠、胎肩和胎侧 3 部分。

胎冠也称行驶面，它与路面直接接触，直接承受冲击与摩擦，并保护胎体免受机械损伤。为使轮胎与地面有良好的附着性能，防止纵、横向滑移，胎面上制有各种形状的花纹，如图 8-11 所示，主要有普通花纹、组合花纹、越野花纹等。普通花纹中的纵向折线花纹［见图 8-11（a）］适合于在较好的硬路面上高速行驶，广泛用于轿车、客车及货车等各种车辆；横向花纹［见图 8-11（b）］仅用于货车；组合花纹［见图 8-11（c）］由纵向折线花纹和横向花纹组合而成，在好路面和不良路面上都可提供稳定的驾驶性能，因此广泛用于客车和货车；越野花纹［见图 8-11（d）］的凹部深而粗，在软路面上与地面附着性好，越野能力强，适用于在矿山、建筑工地及其他一些松软路面上使用的越野汽车。

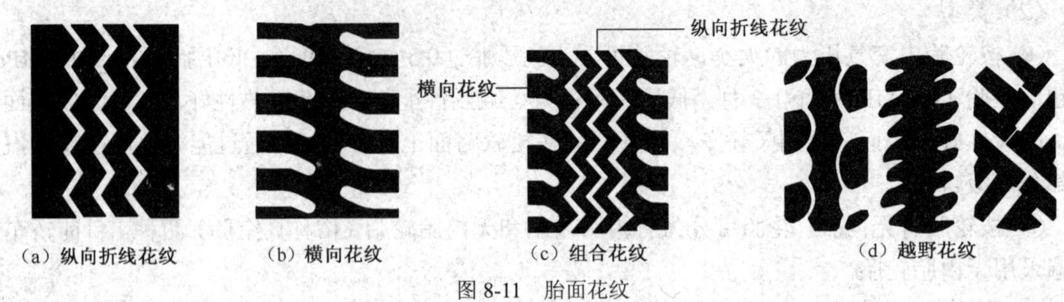

图 8-11　胎面花纹

胎冠部分磨损到磨损标记以下后将非常危险。胎面磨损标志位于胎面花纹沟底部（见图 8-12），当胎面磨损到此处时，花纹沟断开，表明轮胎必须停止使用并送去翻新或报废。为便于用户找到磨损标志，通常在磨损标志对应的胎肩处标出“△”符号。这种磨损标志按国家标准的规定，每只轮胎应沿圆周等距离设置，不少于 4 个。

图 8-12　轮胎磨损标记

胎肩是较厚的胎冠和较薄的胎侧间的过渡部分，一般也制有各种花纹，以提高该部位的散热性能。

胎侧又称胎壁，它由数层橡胶构成，覆盖在轮胎两侧，保护内胎免受外部损坏。胎侧可承受较大的挠曲变形，在行驶过程中，不断地在载荷作用下挠曲变形。胎侧上标有厂家名称、轮胎尺寸及其他资料，如图 8-13 所示。

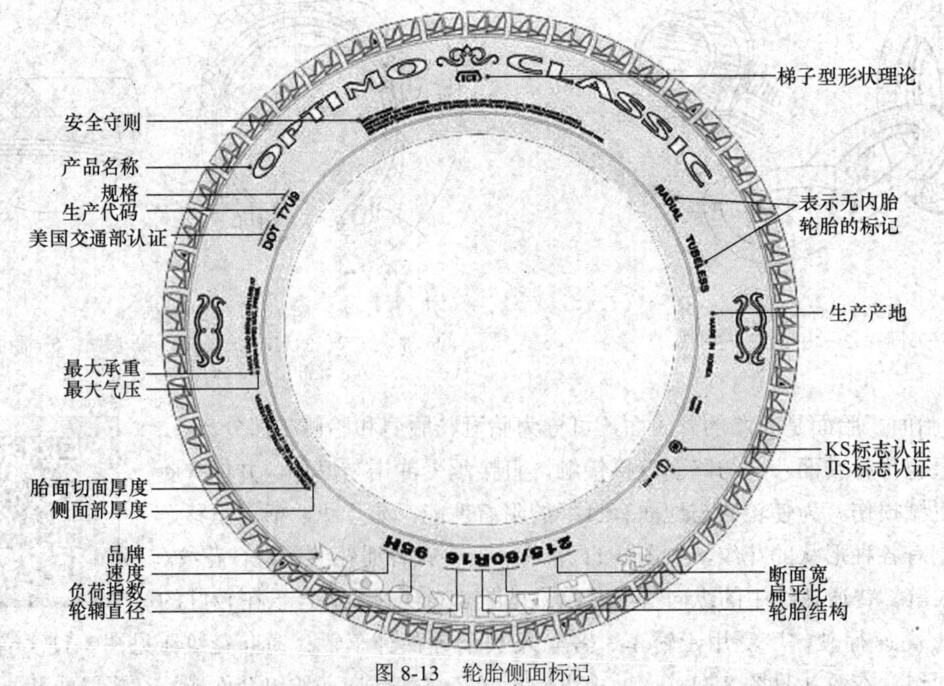

图 8-13　轮胎侧面标记

② 胎圈。胎圈是帘布层的根基，具有较大的刚度和强度。轮胎靠胎圈固定在轮辋上。胎圈由

钢丝圈、帘布层包边和胎圈包布组成，有很大的刚度和强度，可以使外胎牢固地安装在轮辋上。

③ 胎体。胎体由帘布层和缓冲层组成。

a. 帘布层。帘布层是外胎的骨架，主要用于承受载荷，保持外胎的形状和尺寸，并使其具有足够的强度。为使载荷均匀分布，帘布层通常由成偶数的多层帘布用橡胶贴合而成，相邻层的帘线交叉排列。帘布层数越多，轮胎的强度越大，但弹性下降。在外胎表面上标有帘布层数。

帘线材料可以是棉线、人造丝、尼龙和钢丝。人造丝帘布有较好的力学性能，其耐久性比棉线帘布约高 60%～70%，但缺点是吸湿性强和残余伸长率大，因此它与橡胶的结合性能较差。现在帘线越来越多地采用聚酰纤维（卡普纶、披尔纶和尼龙等）和金属丝制造，使帘布层数减少到 4 层甚至 2 层。这样，既减少了橡胶消耗，提高了轮胎质量，又降低了滚动阻力，延长了轮胎的使用寿命。

按照帘布层帘线排列方式的不同，外胎可以分为斜交轮胎和子午线轮胎，如图 8-14 所示。

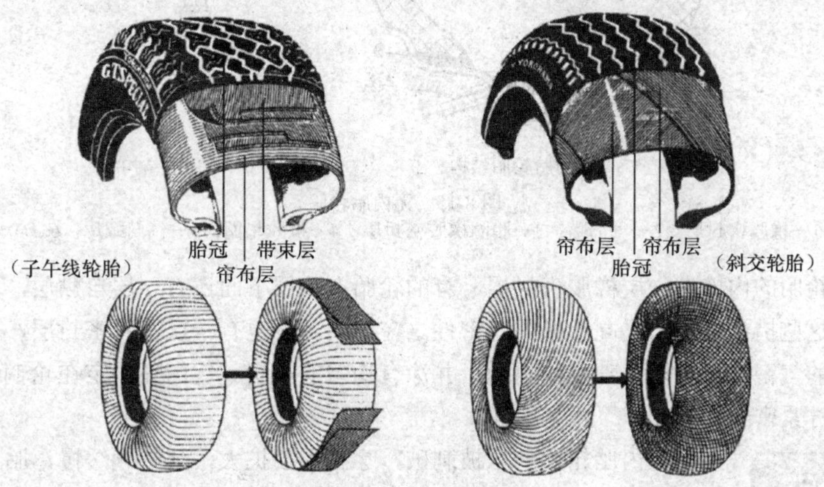

图 8-14　轮胎的结构形式

斜交轮胎帘布层的帘线按一定角度交叉排列，帘线与轮胎横断面的交角通常为 50°。子午线轮胎帘布层帘线排列的方向与轮胎横断面一致，即垂直于轮胎胎面中心线，类似于地球仪上的子午线。子午线轮胎胎侧比斜交轮胎软，在径向上容易变形，可以增加轮胎的接地面积，即使在充足气后，两侧壁上也有一个特殊的凸起部。

斜交轮胎与子午线轮胎

子午线胎与斜交轮胎相比较具有行驶里程长、滚动阻力小、节约燃料、承载能力大、减振性能好、附着性能好、不易爆胎等优势，目前在汽车上应用广泛。

b. 缓冲层。缓冲层夹在胎面和帘布层之间，质软而弹性大，一般由两层或数层较稀疏的帘布和橡胶制成，其相邻两层的帘线也是交叉排列的。其作用是加强胎面与帘布层之间的结合，防止汽车紧急制动时胎面与帘布层脱离，并缓和汽车行驶时所受到的路面冲击。

（2）内胎。内胎是一个环形的橡胶管，上面装有气门嘴，以便充入或排出空气，为使内胎在充气状态下不产生褶皱，其尺寸应稍小于外胎的内壁尺寸。内胎强度很低，单独使用时几乎不能承载车辆整备质量。

（3）垫带。垫带是一个环形的橡胶带，它垫在内胎与轮辋之间，保护内胎不被轮辋和胎圈磨坏，还可防止尘土及水汽侵入胎内。

3．无内胎轮胎

无内胎轮胎俗称真空胎，它在外观上与普通轮胎相似，但是没有内胎及垫带。它的气门嘴用橡胶垫圈和螺母直接固定在轮辋上，空气直接充入外胎中，其密封性由外胎和轮辋来保证，如图 8-15 所示。

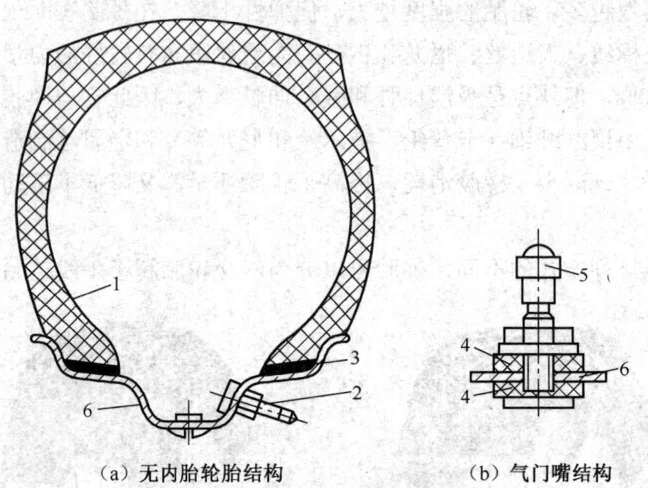

（a）无内胎轮胎结构　　（b）气门嘴结构

图 8-15　无内胎轮胎

1—橡胶密封层；2—气门嘴；3—胎圈橡胶密封层；4—橡胶垫圈；5—气门螺母；6—轮辋

无内胎轮胎的内壁有一层橡胶密封层，有的轮胎在该层下面还有一层自黏层，能自行将刺穿的孔黏合，这些措施是为了提高胎壁的气密性。在胎圈外侧也有一层橡胶密封层，用以加强胎圈与轮辋之间的气密性。轮辋底部是倾斜的，并涂有均匀的漆层。气门嘴固定在轮辋一侧，用橡胶垫圈和螺母拧紧密封。

无内胎轮胎一旦被刺破，穿孔不会扩大，故漏气缓慢，胎压不会急剧下降，仍能继续行驶一定距离，可消除爆胎的危险；因无内胎，摩擦生热少、散热快，适用于高速行驶；此外，结构简单，质量较轻，维修也方便。无内胎轮胎必须配用深槽轮辋，目前在轿车上广泛应用。

4．轮胎规格的表示方法

轮胎的尺寸标注如图 8-16 所示。

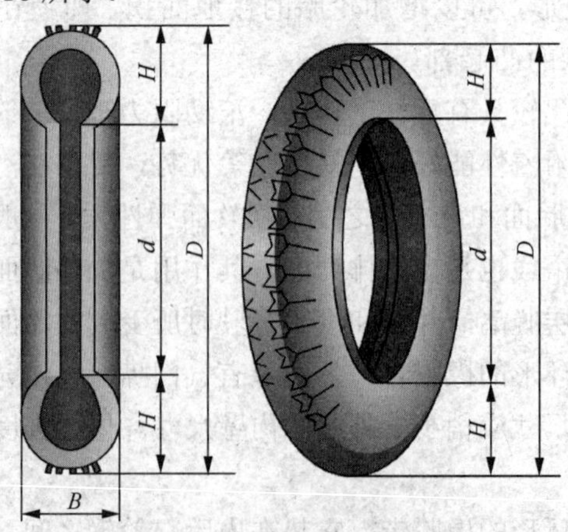

图 8-16　轮胎的尺寸标注

D—轮胎外径；d—轮胎内径或轮辋直径；B—轮胎宽度；H—轮胎高度

（1）斜交轮胎的规格

普通斜交轮胎的规格用 *B*-*d* 表示。载货汽车斜交轮胎和轿车斜交轮胎的尺寸 *B* 和 *d* 均使用英寸（in）为单位。其中，*B*：轮胎名义断面宽度代号；*d*：轮辋名义直径代号。其示例如下。

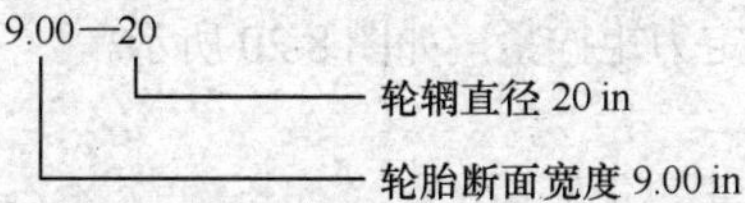

（2）子午线轮胎的规格。子午线轮胎的规格如图 8-17 所示。

① 185——轮胎名义断面宽度代号，表示轮胎宽度 185mm。货车子午线轮胎的宽度一般用英寸（in）为单位。

② 60——轮胎名义扁平率代号，表示扁平率为 60%。扁平比为轮胎高度 H 与宽度 B 之比，有 60、65、70、75、80 五个级别，如图 8-18 所示。

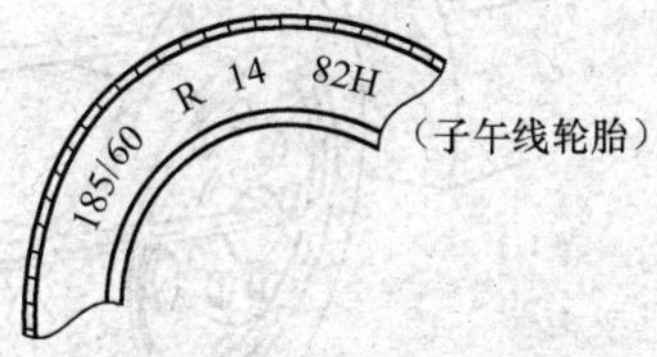

图 8-17　子午线轮胎的规格

③ R——子午线轮胎结构代号，即“Radial”的第一个字母。

④ 14——轮胎名义直径代号，表示轮胎内径 14 in。

⑤ 82——荷重等级，即最大载荷质量。荷重等级为 82 的轮胎的最大载荷质量为 475 kg。

⑥ H——速度等级代号，表明轮胎能行驶的最高车速为 210 km/h。

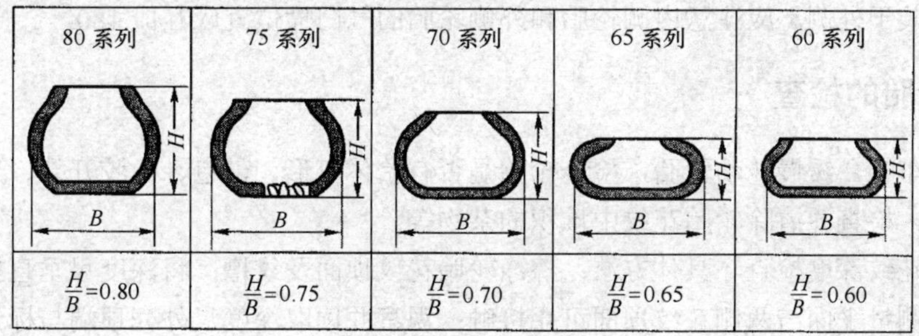

图 8-18　轮胎扁平率-高宽比系列

另外，在轮胎规格前加“P”表示轿车轮胎；在胎侧标有“Reinforced”表示经强化处理，标有“Radial”表示子午线胎，标有“Tubeless”（或 TL）表示无内胎（真空胎），标有“M＋S”（Mud and Snow）表示适于泥地和雪地，标有“→”表示轮胎旋向，不可装反。

实操技能训练

（一）车轮总成的拆卸与安装

1. 车轮总成的拆卸

（1）停稳车辆，用三角木掩住各车轮。

（2）取下车轮上的装饰罩，弄清汽车左、右侧车轮与轮毂连接螺栓的螺旋方向，使用车轮螺母拆装机或用套筒扳手初步拧松各连接螺母，如图 8-19 所示。

（3）用千斤顶顶住指定的位置，使被拆车轮稍离地面；也可将车辆停在举升架上，升起车辆，使车轮稍离开地面。

（4）拧下车轮与轮毂连接的全部螺母，取下垫圈，并摆放整齐。

（5）边向外拉边左右晃动车轮，从车轴上取下车轮总成。

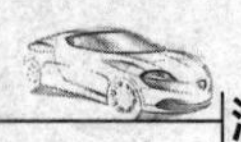

2. 车轮总成的安装

（1）顶起车桥，套上车轮，将螺母初步拧在螺柱上。

（2）放下车轮并在车轮前后用三角木掩住，用扭力扳手或车轮螺母拆装机，按对角线顺序分 2～3 次拧紧车轮螺母，最后一次要按规定力矩拧紧，如图 8-20 所示。

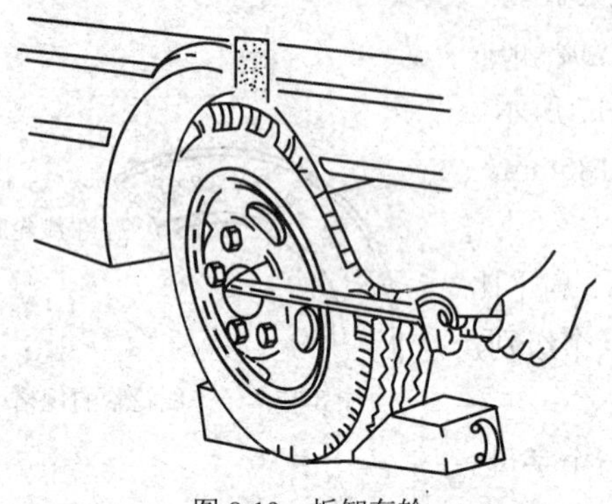

图 8-19　拆卸车轮

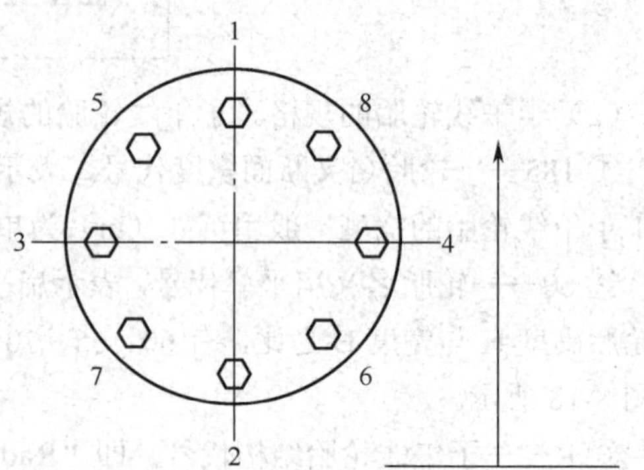

图 8-20　车轮螺母紧固顺序

（3）安装后轮双胎时，要先拧紧内侧车轮的内螺母，再装外侧轮胎。在安装过程中，应用千斤顶分两次顶起车桥，分别安装内、外两个车轮。双轮胎高低搭配要合适，一般较低的胎装于里侧，较高的胎装于外侧。应注意内侧轮胎和外侧轮胎的气门嘴位置应互成 180°。

（二）轮胎的检查

（1）举升车辆，缓慢转动轮胎，检查轮胎是否有胎体变形、鼓包、橡胶开裂、异常磨损及穿刺异物等现象。检查并清除轮胎花纹中堆积的杂物等。

（2）胎面花纹深度检查。具体方法：擦净轮胎花纹顶面及纹槽；将深度尺垂直插入纹槽中，保持深度尺的测量平面与两侧花纹顶面可靠接触；观察并读取深度尺外壳顶端与标尺对齐的刻度线指示的数值，该数值即为轮胎花纹深度值，如图 8-21 所示。

如果轮胎花纹接近磨损指示器，应更换轮胎。如果经过测量，前轮轮胎比后轮轮胎花纹磨损严重，应进行车辆换位。这样可保持汽车各个轮胎磨损基本均匀，达到延长轮胎使用寿命的目的。

（3）检查轮胎的径向跳动。如图 8-22 所示，用百分表检测轮胎的径向跳动。轮胎径向跳动：1.4 mm 或更小。

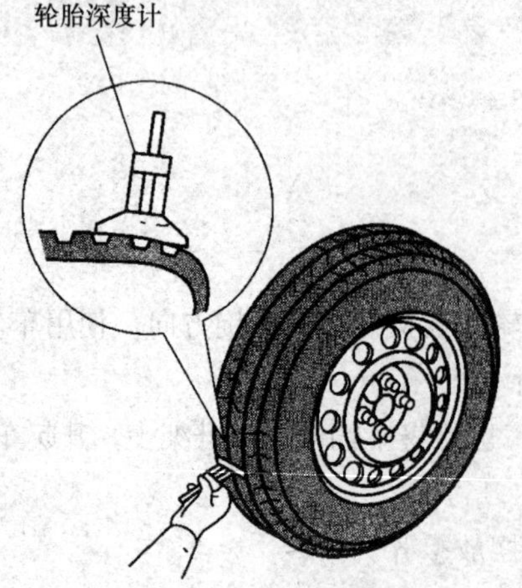

图 8-21　胎面花纹深度检查

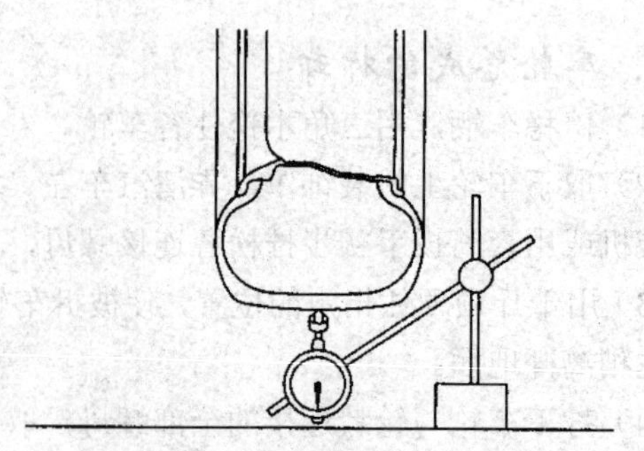

图 8-22　检测轮胎径向跳动

（4）轮胎气压的检查。轮胎气压可用气压表进行检查。不同的车辆，轮胎的气压值也许不同，检查时应参看相应车辆的维修手册。丰田卡罗拉轿车轮胎气压值如表 8-2 所示。

表 8-2　冷胎充气压力

轮胎尺寸	前/kPa	后/kPa
195/65R15 91H	220	220
205/55R16 91V	220	220

（5）轮胎换位

① 按时换位可使轮胎磨损均匀，约可延长 20%的使用寿命，应结合车辆二级维护定期换位。在路面拱度较大的地区或夏季，轮胎磨损差别较大，可适当增加换位次数。

② 轮胎换位方法常用的有交叉换位法和单边换位法，如图 8-23 所示。

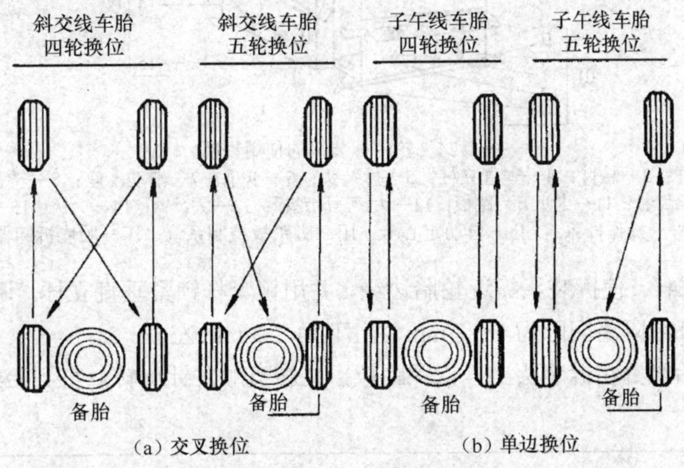

图 8-23　四轮二桥汽车轮胎换位法

③ 轮胎换位后，应按所换的胎位要求，重新调整气压。

④ 轮胎换位后须做好记录，下次换位仍要按上次选定的换位方法换位。

（三）轮胎的更换

目前，轿车几乎都采用无内胎的子午线轮胎，最常见的拆装轮胎的专用设备是轮胎拆装机，如图 8-24 所示。

1．轮胎脱开

（1）将轮胎内空气放尽，去掉车轮上的平衡块，以免发生危险。

（2）把车轮竖起放在地上，靠近支撑胶板，压好后，踩下踏板，慢慢转动车轮，重复上述动作，直到把胎唇全部撬开。

2．轮胎分解

（1）扳动锁紧杆，松开垂直立杆。

（2）将轮胎锁紧在转盘上，锁紧方式有两种。

① 外夹：将轮胎放于旋转工作台上，踩踏开启踏板，使卡爪锁紧轮胎。

② 里夹：先将卡爪向外张开，将轮胎放置在转盘上，踩踏锁紧踏板，使卡爪锁紧轮辋外缘。对胎口较紧的轮胎而言，建议使用里夹锁紧方式。

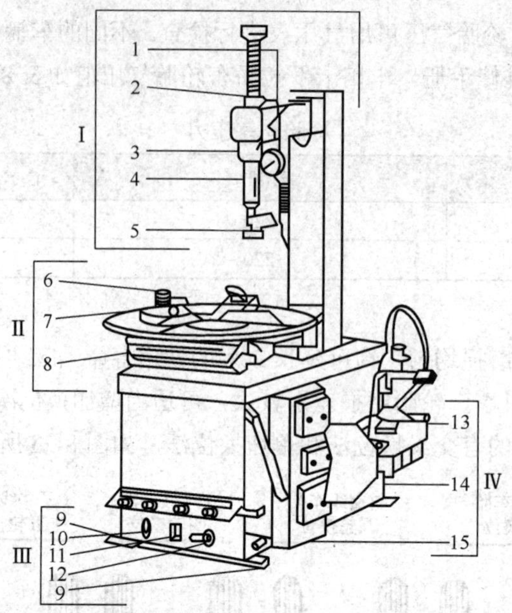

图 8-24　轮胎拆装机的使用说明

1—定位螺栓；2—锁紧杆；3—悬臂；4—垂直立杠；5—拆装头；6—卡爪；7—滑动卡座；8—转盘；9—转盘转动踏板；10—卡爪闭合踏板；11—卡爪开启踏板；12—大铲压胎踏板；13—大铲臂；14—大铲；15—支撑胶板

Ⅰ—操作杆系统　Ⅱ—自动定心卡　Ⅲ—脚踏板控制系统　Ⅳ—胎唇拆卸器

（3）按下垂直立杆，使拆装头靠近轮胎边缘，并用锁紧杆锁紧垂直立杆。调整悬臂定位螺栓，使机头滚轮与钢圈外缘隔离间隙为 5～7 mm，上下提升 3 mm 左右。

（4）用撬杠将胎缘撬在拆装头上，点踩踏板，让转盘顺时针旋转，直到胎缘脱落为止。

注　意

如拆胎受阻，应立即停车，点踩踏板，让转盘逆时针转动，消除障碍。

3．轮胎装配

（1）用除锈机或钢丝刷除去轮辋、挡圈和锁圈上的锈迹。

（2）将轮辋在转盘上锁定。

（3）先给胎唇涂上润滑膏或肥皂水，然后把轮胎套在钢套上，把拆装头固定到工作位置上。

（4）将胎缘置于拆装头尾部上面，机头下部，同时压低胎肚。

（5）顺时针旋转转盘，让胎缘落入钢圈槽内。

（6）重复以上步骤，装上另一胎缘。

（7）调整轮胎位置，使轮胎平衡点位置与气门嘴呈 180°角安装。

（8）松开钳住钢圈的卡爪，给轮胎充气。

4．轮胎充气

（1）轮胎充气应按照该型汽车使用说明书上规定的标准气压执行，并在冷态时用气压表测量，若在热态时测量，应略高于标准气压，取适当的修正值。气压表应定期校准，以保证读数准确。

（2）轮胎装好后，先充入少量空气，待内胎充气伸展后再继续充至要求气压。

（3）充气前应检查气门芯与气门嘴是否配合平整，并擦净灰尘。充气后应检查是否漏气，并将气门帽装紧。

（4）充入的空气不得含有水分和油雾。

（5）充气时应注意安全防护。对于采用多件式轮辋的轮胎，充气开始时用手锤轻击锁圈，使其平稳嵌入轮辋圈槽内，以防锁圈跳出。

（四）车轮动平衡试验

由于车轮不平衡对汽车危害很大，因此，必须对车轮的不平衡进行试验，并进行调平衡工作。车轮的不平衡包括静不平衡和动不平衡。由于动平衡的车轮一定处于静平衡状态，因此，只要检测了动平衡，就没有必要检测静平衡。

车轮的动平衡试验有离车式和就车式两种方法。常见的为离车式车轮的动平衡试验。

车轮的动力平衡检测

图 8-25 所示为常见的车轮动平衡机。该动平衡机主要由驱动装置、转轴与支撑装置、显示与控制装置、制动装置及防护罩组成。为了使显示的不平衡量恰是轮辋边缘所加平衡块的质量，必须将测得的轮辋直径（*d*）、轮辋宽度（*b*）和轮辋边缘至平衡机机箱的距离（*a*）（轮辋外悬尺寸），通过键盘或选择器旋钮输入电脑。

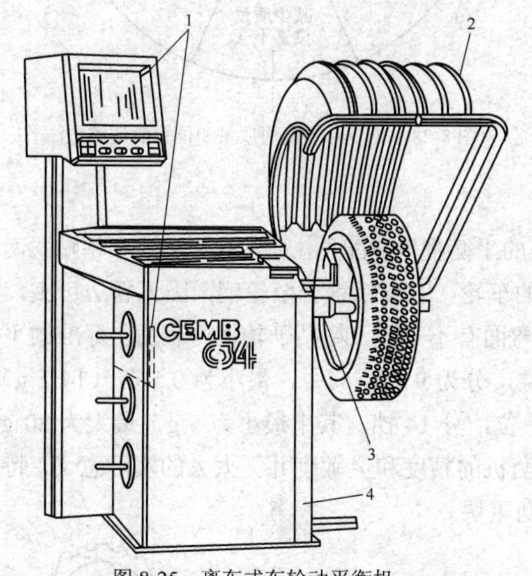

图 8-25　离车式车轮动平衡机

1—显示与控制面板；2—车轮防护罩；3—转轴；4—机箱

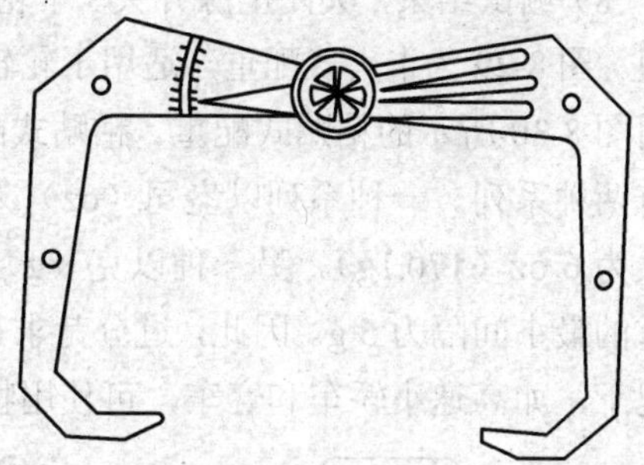

图 8-26　动平衡机专用卡尺

（1）根据轮辋中心孔的大小选择锥体，仔细地装上车轮，用大螺距螺母上紧。

（2）打开电源开关，检查指示与控制装置的面板是否指示正确。

（3）用卡尺测量轮辋宽度（*b*）、轮辋直径（*d*）（也可由胎侧读出），用平衡机上的标尺测量轮辋边缘至机箱的距离（*a*），再用键入或选择器旋钮对准测量值的方法，将 *a*、*b*、*d* 值输入到指示与控制装置中去。离车式车轮动平衡机的专用卡尺如图 8-26 所示，*a*、*b*、*d* 这 3 个尺寸如图 8-27 所示。为了适应不同计量制式，平衡机上的所有标尺一般都同时标有英制和米制刻度。

（4）放下车轮防护罩，按下启动键，车轮旋转，平衡测试开始，电脑自动采集数据。

（5）车轮自动停转或听到"笛"声按下停止键，并操纵制动装置使车轮停转后，从指示装置读取车轮内、外两侧不平衡量和不平衡位置。

（6）抬起车轮防护罩，用手慢慢转动车轮。当指示装置发出指示（音响、指示灯亮、制动、显示点阵或显示检测数据等）时停止转动。在轮辋的内侧或外侧的上部（时钟 12 点位置）加装指示装置，显示该侧平衡块质量。内、外侧要分别进行，平衡块装卡要牢固。

（7）安装平衡块后有可能产生新的不平衡，应重新进行平衡试验，直至不平衡量<5 g［0.3oz（盎司）］，指示装置显示“00”或“OK”时才能满意。当不平衡量相差 10 g 左右时，如按图 8-28 所示沿轮辋边缘左、右移动平衡块可获得满意的效果。平衡过程中，实践经验越丰富，平衡速度越快。

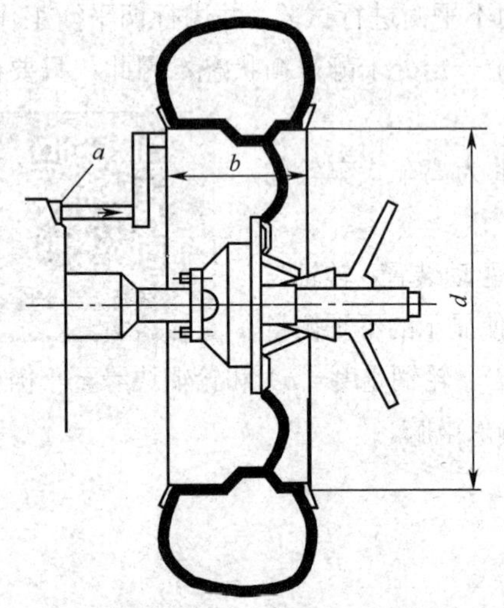

图 8-27　车轮在平衡机上的安装
a—轮辋边缘至右支撑的距离；*b*—轮辋宽度；*d*—轮辋直径

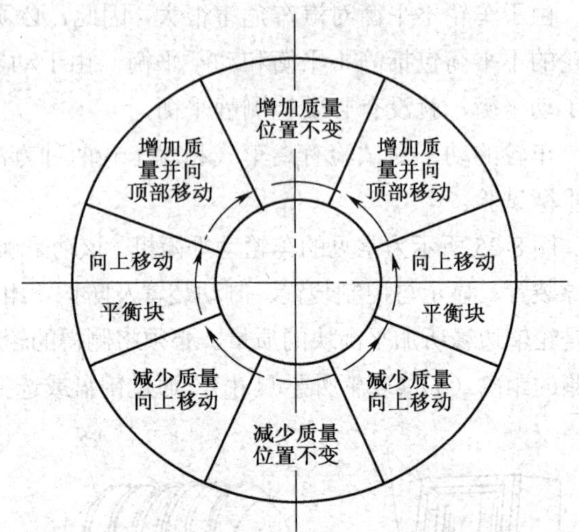

图 8-28　复查时平衡块质量和位置的调整方法

（8）测试结束，关闭电源开关。车轮动平衡机的平衡重也称配重，通常有卡夹式和粘贴式两种类型。图 8-29 为卡夹式配重，适用于轮辋有卷边的车轮。对于铝镁合金轮辋，因无卷边可夹，可使用图 8-30 所示的粘贴式配重。粘贴式配重的外弯面有不干胶，粘贴于轮辋内表面。标准的平衡重有两种系列。一种系列以盎司（oz）为基础单位，分为 9 挡。其中，最小为 0.5 oz（14.2 g），最大为 6 oz（170.1g）。另一种以克（g）为基础单位，分 14 挡。其中最小为 5 g，最大为 80 g，配重的最小间隔为 5 g。因此，过分苛求车轮动平衡机的精度和灵敏度并无太大的实际意义。特殊情况下，如高速小轿车和赛车，可使用特制的平衡重块。

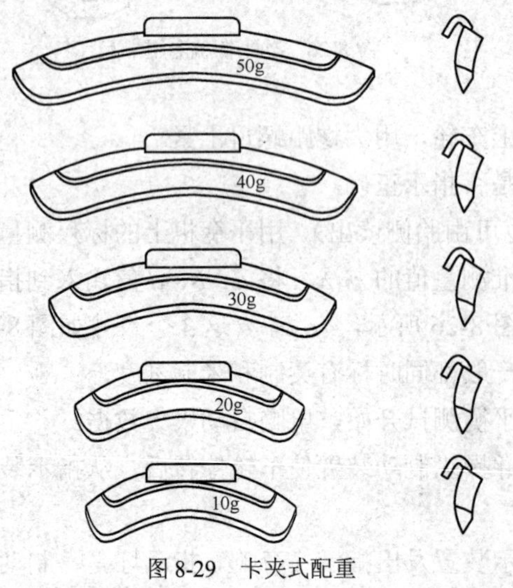

图 8-29　卡夹式配重

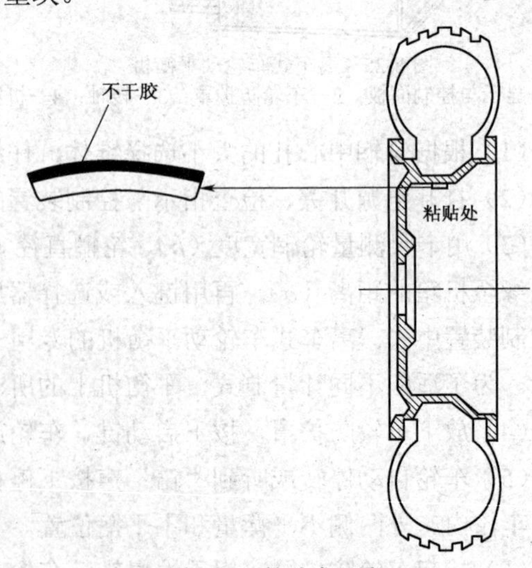

图 8-30　粘贴式配重

练 习 题

1. 简述车轮总成的组成及功用。
2. 简述车轮的功用及其构造。
3. 简述充气轮胎的结构组成。
4. 举例说明轮胎规格的表示方法。

项目九
悬架

【学习目标】

1. 能够正确描述悬架的组成、功用及分类；
2. 能够正确描述常见悬架的结构及工作原理；
3. 能够正确描述电控悬架的结构、原理；
4. 能够正确选择与使用工具、设备，并能规范地对悬架装置主要零部件进行拆卸与安装。

悬架的弹性元件与减震器

本项目主要介绍悬架装置的功用、组成，各主要零部件的功用、结构及相关总成，零部件拆卸与安装等内容。

1．悬架的组成

悬架是车架（或车身）与车桥（或车轮）之间一切传力连接装置的总称。现代汽车的悬架虽有不同的结构形式，但一般都由弹性元件、减震器、导向机构等组成，轿车一般还有横向稳定器，如图 9-1 所示。

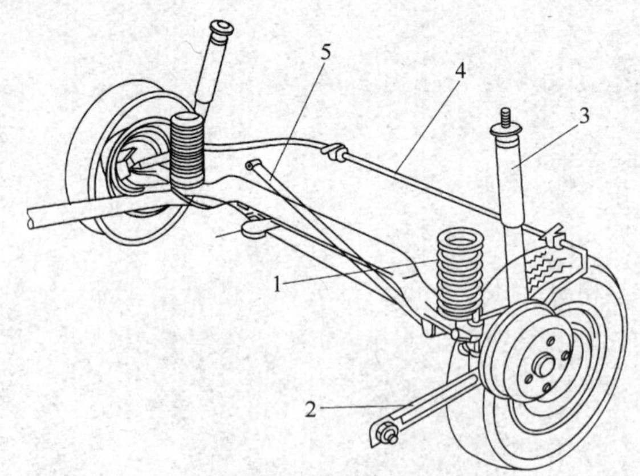

图 9-1　悬架的组成

1—弹性元件（螺旋弹簧）；2—纵向推力杆；3—减震器；4—横向稳定器；5—横向推力杆

弹性元件使车架（或车身）与车桥（或车轮）之间做弹性连接，可以缓和由于不平路面带来的冲击，并承受和传递垂直载荷。

减震器可以衰减由于路面冲击产生的震动，使震动的振幅迅速减小。

导向机构包括纵向推力杆和横向推力杆，用于传递纵向载荷和横向载荷，并保证车轮相对于车架（或车身）的运动关系。

横向稳定器可以防止车身在转向等情况下发生过大的横向倾斜。

2．悬架的功用

从悬架的组成可以总结出悬架具有如下的功用。

（1）连接车架（或车身）和车轮，把路面作用到车轮的各种力传给车架（或车身）；

（2）缓和冲击、衰减震动，使乘坐舒适，具有良好的平顺性；

（3）保证汽车具有良好的操纵稳定性。

第（2）、（3）项功用与弹性元件和减震器的性能有关，具体来说是与弹性元件的刚度和减震器的阻尼力有关。悬架系统软、硬合适，才能使车辆乘坐舒适、操纵稳定。

3．悬架的分类

汽车悬架可分为两大类：非独立悬架和独立悬架，如图 9-2 所示。

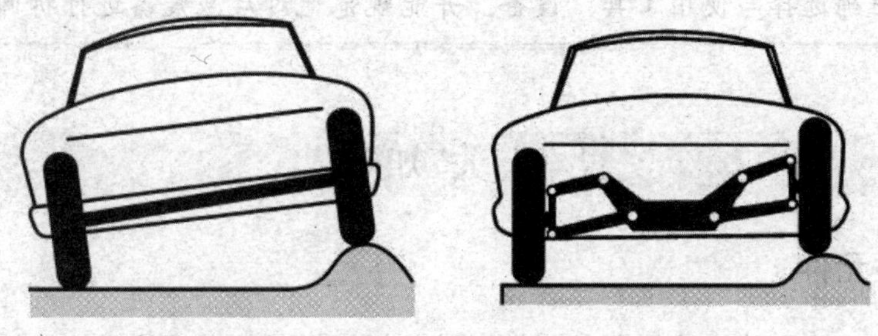

图 9-2　非独立悬架与独立悬架的示意图

非独立悬架的特点是左、右车轮安装在一根整体式车桥两端，车桥则通过悬架与车架相连。一侧车轮发生位置变化会导致另一侧车轮的位置也发生变化。

独立悬架的结构特点是车桥做成断开的，每一侧车轮单独通过悬架与车架（或车身）连接。与非独立悬架相比较，汽车采用独立悬架有以下优点。

（1）两侧车轮可以单独运动而互不影响，这样在不平道路上可减少车架和车身的震动，而且有助于消除转向轮不断偏摆的不良现象。

（2）减少了汽车的非簧载质量（即不由弹簧支撑的质量）。在非独立悬架中，整个车桥和车轮都属于非簧载质量部分。在采用独立悬架时，对驱动桥而言，由于主减速器、差速器及其外壳固定在车架上，成了簧载质量；对转向桥而言，它仅具有转向主销和转向节，没有中部的整体梁，非簧载质量只包括车轮质量和悬架系统中的一部分零件的全部或部分质量，这比用非独立悬架时的非簧载质量要小得多。在道路条件和车速相同时，非簧载质量越小，悬架受到的冲击载荷也就越小，因而采用独立悬架可以提高汽车的平均行驶速度。

（3）由于采用断开式车桥，发动机总成的位置可以降低和前移，使汽车重心下降，因而可提高汽车的行驶稳定性；同时由于给予了车轮较大的上下运动的空间，故可以将悬架刚度设计得较小，以降低车身震动频率，改善行驶平顺性。

（4）越野汽车全部车轮采用独立悬架还可保证汽车在不平道路上行驶时，所有车轮和路面有良好的接触，从而增大牵引力；此外，可增大汽车的离地间隙，使汽车的通过性能大大提高。

由于具有以上优点，独立悬架被现代汽车广泛采用。

任务一 悬架的结构

【学习目标】

1. 能够正确描述弹性元件的结构及工作原理；
2. 能够正确描述减震器的结构及工作原理；
3. 能够正确描述横向稳定器的结构及工作原理；
4. 能够正确描述常见非独立悬架的种类及结构；
5. 能够正确描述常见独立悬架的种类及结构；
6. 能够正确选择与使用工具、设备，并能规范地对前减震器进行拆卸与安装；
7. 能够正确选择与使用工具、设备，并能规范地对后减震器进行拆卸与安装。

相关知识

（一）弹性元件

悬架的弹性元件与减震器

汽车上常用的弹性元件包括钢板弹簧、螺旋弹簧、扭杆弹簧和气体弹簧等。

1. 钢板弹簧

钢板弹簧也称叶片弹簧，其结构如图9-3所示。在车桥靠近车架或车身时，钢板弹簧的弹性形变起缓冲作用，并在车桥靠近和离开车架或车身的整个过程中，通过各片相互之间的滑动摩擦，部分衰减路面的冲击作用。

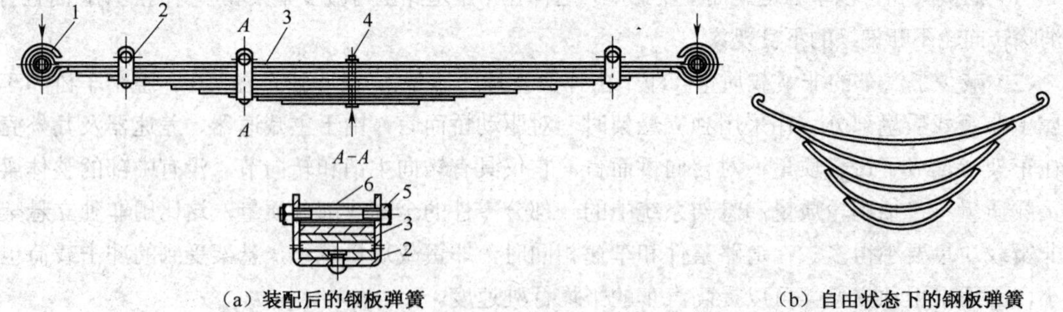

（a）装配后的钢板弹簧　（b）自由状态下的钢板弹簧

图9-3 钢板弹簧结构

1—卷耳；2—钢板夹；3—钢板；4—U形螺栓；5—钢板夹螺栓；6—套钢板夹螺栓管

一副钢板弹簧通常由很多曲率半径不同、长度不等、宽度一样、厚度相等的弹簧钢板片叠成，在整体上近似等强度的弹性梁。第一片最长的钢板弹簧，称为主片，其两端或一端弯成卷耳状，内装衬套以便用钢板销与车架连接。

为了避免钢板弹簧反向变形时（车架离开车桥）各片相互分开而造成主片单独承受载荷，并防止各片横向滑动，在钢板弹簧全长内装有 2～4 个钢板夹（见图 9-3）。钢板夹开口两端穿入带有套管的螺栓，套管的长度比钢板宽度大些，以保证钢板夹与钢板侧面有一定的间隙，使钢板受扭变形时第 1、第 2 片的侧面不致刮伤钢板夹。同时，套管与第 1 片钢板上平面也有一定距离，以保证钢板跳动时各片之间能够相对滑动。由于汽车轮胎内侧与钢板弹簧外侧距离很近，当穿入螺栓时应使螺栓从钢板弹簧内侧向外侧穿出，以防螺栓松脱时刮伤轮胎。钢板弹簧的中部通过U形螺栓和压板与车桥刚性固定，两端用销子铰接在车架的支架和吊耳上。

钢板弹簧在载荷作用下变形时，各片之间会相对滑动而产生摩擦，从而衰减车架的震动。但摩擦会加速弹簧片的磨损，所以在装配钢板弹簧时，各片之间要涂抹石墨润滑脂或装上塑料垫片以减磨。

钢板弹簧作为悬架弹性元件既起弹性元件的作用，又起导向装置的作用，自身可以在车桥和车架或车身之间传递纵向和横向力矩，可不必单设导向装置，使结构简化，不足之处是占用空间较大。采用钢板弹簧作弹性元件的主要是一些货车和一些轿车的后悬架。

2．螺旋弹簧

螺旋弹簧广泛应用于独立悬架，有些轿车的后轮非独立悬架也采用螺旋弹簧做弹性元件。螺旋弹簧由特殊的弹簧钢棒卷制而成，可以制成圆柱形或圆锥形，也可以制成等螺距或不等螺距的，如图 9-4 所示。圆柱形等螺距螺旋弹簧的刚度是不变的，圆锥形或不等螺距螺旋弹簧的刚度是可变的。

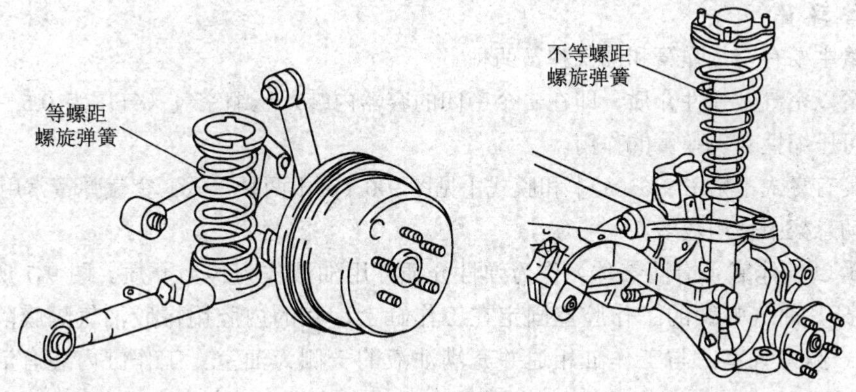

图 9-4　螺旋弹簧

与钢板弹簧相比，螺旋弹簧无需润滑，防污能力强，质量小，单位质量的能量吸收率较高。但是，螺旋弹簧本身减震作用很差，因此在螺旋弹簧悬架中，必须另装减震器；螺旋弹簧只能承受垂直载荷，故必须加装导向装置，以传递垂直力以外的各种力和力矩。

3．扭杆弹簧

扭杆弹簧是一根由铬钒弹簧钢制成的扭杆，如图 9-5 所示。扭杆断面通常为圆形，少数为矩形和管形，其两端可以做成花键、方形、六角形或带平面的圆柱形等形状，以便一端固定在车架上，另一端固定在悬架的摆臂上，摆臂则与车轮相连。当车轮跳动时，摆臂便绕着扭杆轴线而摆动，使扭杆产生扭转，导致弹性变形，以保证车轮与车架的弹性联系。有的扭杆由一些矩形断面的薄条（扭片）组合而成，这样，弹簧更为柔软。

扭杆弹簧在制造时，经热处理后预先施加一定的扭转力矩，使之产生一个永久的扭转变形，从而使其具有一定的预应力。左、右扭杆的预加扭转方向与扭杆安装在车上后承受工作载荷时的

扭转方向相同，目的是减少工作时的实际应力，以延长使用寿命。如果左、右扭杆换位安装，则将导致扭杆弹簧的实际工作应力加大，使用寿命缩短。因此，左、右扭杆弹簧刻有不同的标记，不可互换。

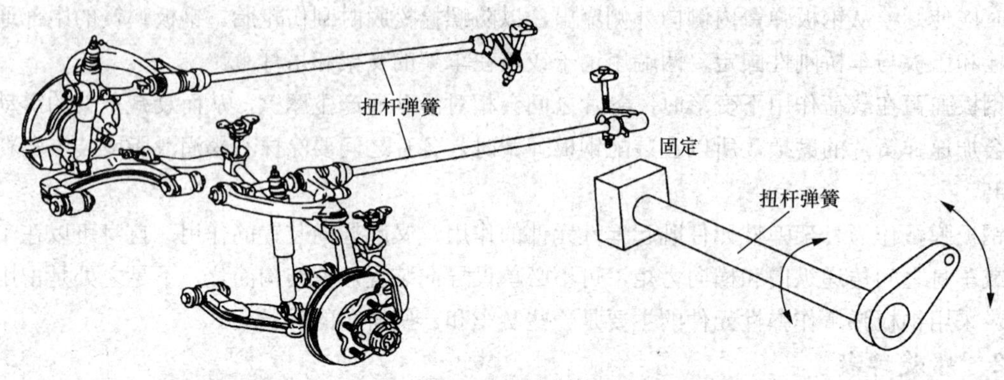

图 9-5　扭杆弹簧

扭杆弹簧具有如下特点：结构简单，便于布置，维修方便。扭杆弹簧与其他弹簧相比，其单位质量的能量吸收率较高，可减轻悬架的质量，但与螺旋弹簧一样，减震作用也很小，所以需要与减震器一起使用。

4．气体弹簧

气体弹簧主要有空气弹簧和油气弹簧两种。

气体弹簧以空气做弹性介质，即在一个密闭的容器内装入压缩空气（气压为 0.5～1 MPa），利用气体的可压缩性实现弹簧的作用。

空气弹簧有囊式［见图 9-6（a）］和膜式［见图 9-6（b）］两种形式。空气弹簧常用在轿车上，尤其是在主动悬架中使用较多。

油气弹簧以气体氮（惰性气体）作为弹性介质，用油液作为传力介质。图 9-7 所示为单气室式油气弹簧。油气弹簧的工作腔室固定在工作缸上，室的内腔用橡胶油气隔膜隔开，充入高压氮气的一侧为气室，与工作缸相通并充满油液的一侧为油室。工作缸内装有活塞、阻尼阀及其阀座。

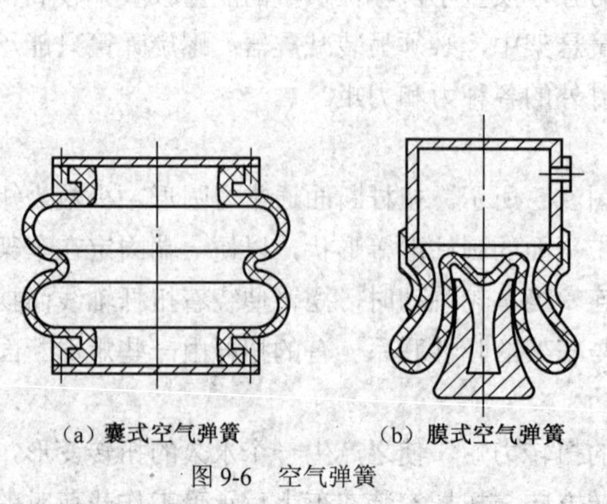

（a）囊式空气弹簧　（b）膜式空气弹簧

图 9-6　空气弹簧

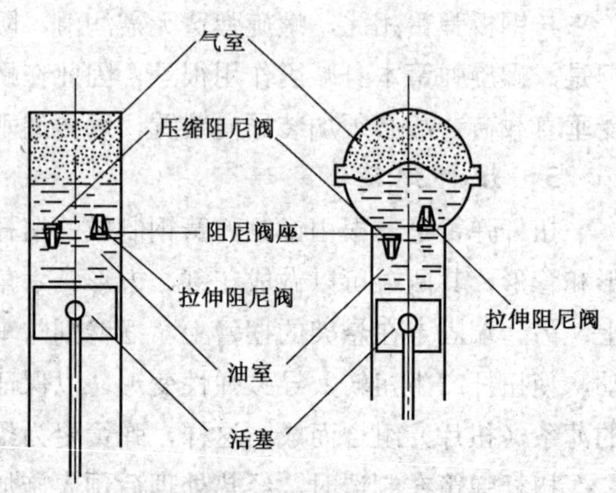

图 9-7　油气弹簧结构原理图

当载荷增加且车架与车桥相互靠近时，活塞上移，使工作缸内容积减小，油压升高，油液顶开阻尼阀，推动隔膜向气室方向移动，使气室容积减少，氮气压力升高，油气弹簧的刚度增大。当载荷减小时，在高压氮气的作用下隔膜向油室方向移动，室内油液经阻尼阀流回工作缸，推动活塞下移。这时气室容积增大，氮气压力下降，弹簧刚度减小。当氮气压力通过油液传递作用在活塞上的力与载荷平衡时，活塞便停止移动。随着载荷的变化，气室内氮气也随之变化，相应地活塞处于工作缸中不同位置。可见，油气弹簧具有变刚度的特性。

（二）减震器

减震器在汽车中的作用是迅速衰减由车轮通过悬架弹簧传给车身的冲击和震动，提高汽车行驶的平顺性能。减震器在汽车悬架中是与弹性元件并联安装的，如图 9-8 所示。装有减震器的汽车和不装减震器的汽车，车身震动衰减的速度是不同的。装有减震器的汽车震动的强度（振幅）衰减很快，而不装减震器的车身震动衰减缓慢。

目前，汽车悬架系统中广泛采用液压减震器，其基本原理如图 9-9 所示。当车架与车桥做往复的相对运动而使活塞在缸筒内往复移动时，减震器壳体内的油液便反复地从内腔通过一些窄小的孔隙流入另一个内腔，此时孔壁与油液间的摩擦及液体分子内的摩擦便形成对震动的阻尼力，使车身和车架的震动能量转化为热能，被油液和减震器壳体所吸收，然后扩散到大气中。减震器阻尼力的大小随车架与车桥（或车轮）间相对速度的变化而增减，并且与油液的黏度有关。

阀门越大，阻尼力越小，反之亦然。相对运动速度越大，阻尼力越大，反之亦然。

阻尼力越大，震动的衰减越快，但悬架弹性元件的缓冲效果不能发挥，乘坐也不舒适，因此弹性元件的刚度与减震器的阻尼力要合理搭配，才能保证乘坐的舒适性和操纵的稳定性。

液力减震器按其结构形式可分为筒式液力减震器和摇臂式液力减震器，按作用方式可分为双向作用式减震器和单向作用式减震器。双向作用式减震器在伸张行程和压缩行程都具有阻尼减震作用；单向作用式减震器只在伸张行程内起阻尼减震作用。目前，汽车上应用最广泛的是双向作用筒式减震器，有些高级轿车上采用充气式减震器。

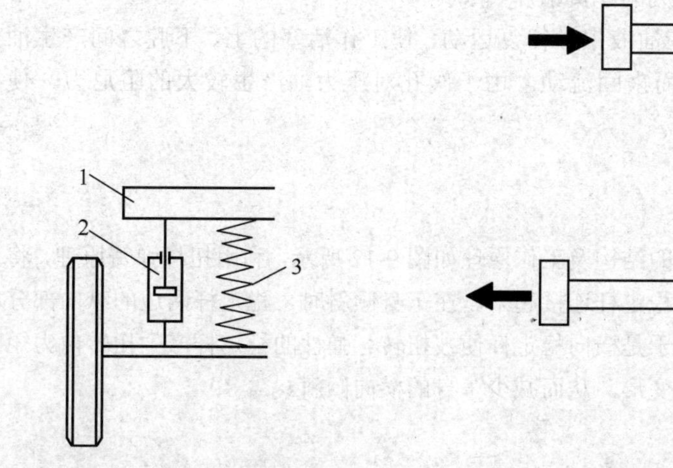

图 9-8 减震器和弹性元件的安装示意图
1—车架；2—减震器；3—弹性元件

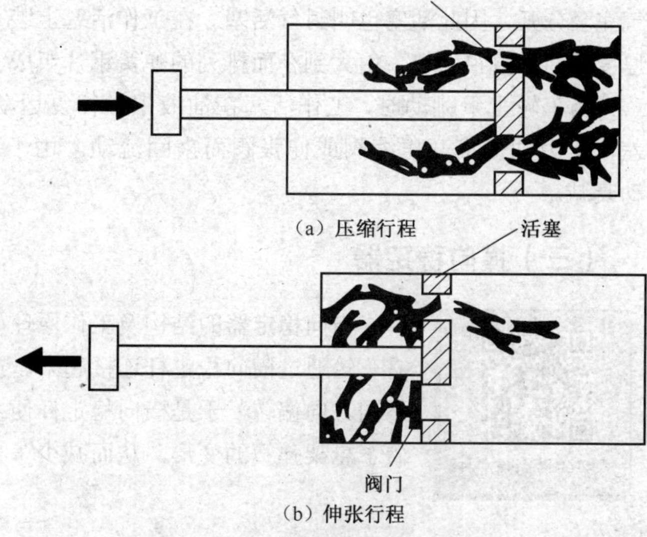

图 9-9 液压减震器的基本原理

1. 双向作用筒式减震器

双向作用筒式减震器的基本组成如图 9-10 所示，它有 3 个同心缸筒，外面的缸筒是防尘罩，其上部的吊耳与车架相连；中间是储油缸筒，内装有一定量的油液，其下端的吊耳与车桥相连；里面是工作缸筒，其内装满油液。它还有 4 个阀，即压缩阀、伸张阀、流通阀和补偿阀。流通阀和补偿阀是一般的单向阀，其弹簧很弱，当阀上的油压作用力与弹簧弹力同向时，阀处于关闭状态，完全不通油液；而当油压作用力与弹簧弹力反向时，只要很小的油压，阀便能开启。压缩阀和伸张阀是卸载阀，其弹簧刚度较大，预紧力较大，只有当油压增高到一定程度时，阀才能开启；而当油压减低到一定程度时，阀即自行关闭。

双向作用筒式减震器的工作原理可用压缩和伸张 2 个行程加以说明。

（1）压缩行程

当车桥移近车架（或车身）时，减震器受压缩，活塞下移，使其下方腔室容积减小，油压升高。具有一定压力的油液顶开流通阀，进入活塞上方腔室。由于活塞杆占去上腔室的部分容积，使上腔室增加的容积小于下腔室减小的容积，因此还有一部分油液不能进入上腔室而只能压开压缩阀，流回储油缸筒。油液流经上述阀孔时，受到一定的节流阻力，为克服这种阻力而消耗了震动能量，使震动衰减。

（2）伸张行程

当车桥远离车架（或车身）时，减震器受拉伸，活塞上移，使其上腔室油压升高。上腔室的油液便推开伸张阀流入下腔室。同样由于活塞杆的存在，上腔室减小的容积小于下腔室增加的容积，因而从上腔室流出来的油液不足以充满下腔室所增加的容积，使下腔室产生一定的真空度，这时储油缸筒中的油液在真空度作用下推开补偿阀，流进下腔室进行补充。

从上面的原理可以得知，这种减震器在压缩、伸张两个行程都能起减震作用，因此称为双向作用减震器。

2. 充气式减震器

充气式减震器如图 9-11 所示，其结构特点是在缸筒的下部装有一个浮动活塞，高压的氮气充在浮动活塞与缸筒一端形成的密闭气室里，在浮动活塞的上面是减震器油液。O 型密封圈把油和气完全分开，因此活塞也叫封气活塞。在工作活塞上装有压缩阀和伸张阀。这两个阀都是由一组厚度相同、直径不等、由大到小而排列的弹簧钢片组成。

当车轮上下跳动时，工作活塞在油液中做往复运动，使工作活塞的上、下腔之间产生油压差，压力油便推开压缩阀或伸张阀而来回流动。由于阀孔对压力油产生较大的阻尼力，使震动衰减。

（三）横向稳定器

悬架的横向稳定杆

横向稳定器的结构及工作原理如图 9-12 所示，利用扭杆弹簧原理，将左右车轮通过横向稳定杆连接起来。在车身倾斜时，稳定杆两边的纵向部分向不同方向偏转，于是横向稳定杆便被扭转。弹性的稳定杆产生扭转内力矩阻碍了悬架弹簧的变形，从而减少车身的横向倾斜。

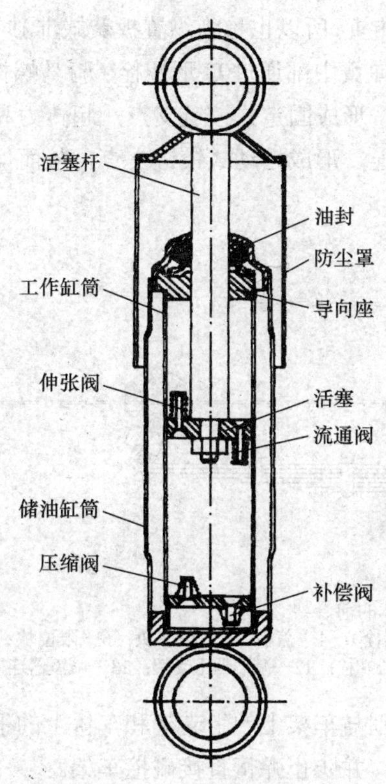

图 9-10　双向作用筒式减震器

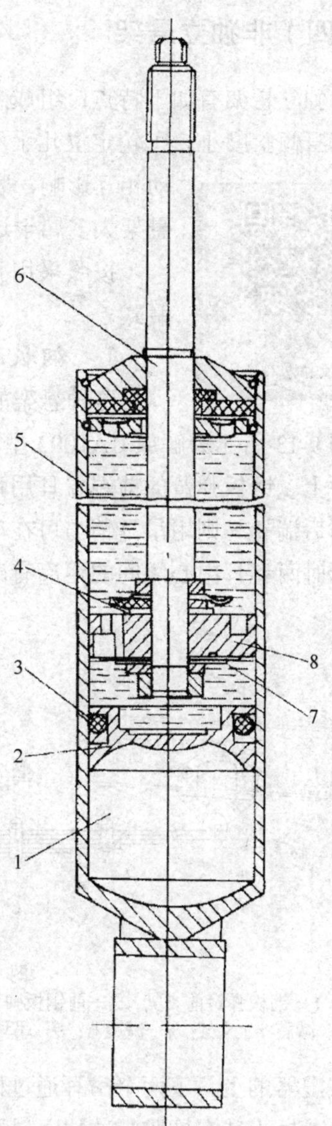

图 9-11　充气式减震器的基本组成

1—密封气室；2—浮动活塞；3—O 型密封圈；4—压缩阀；5—工作缸；6—活塞杆；7—工作活塞；8—伸张阀

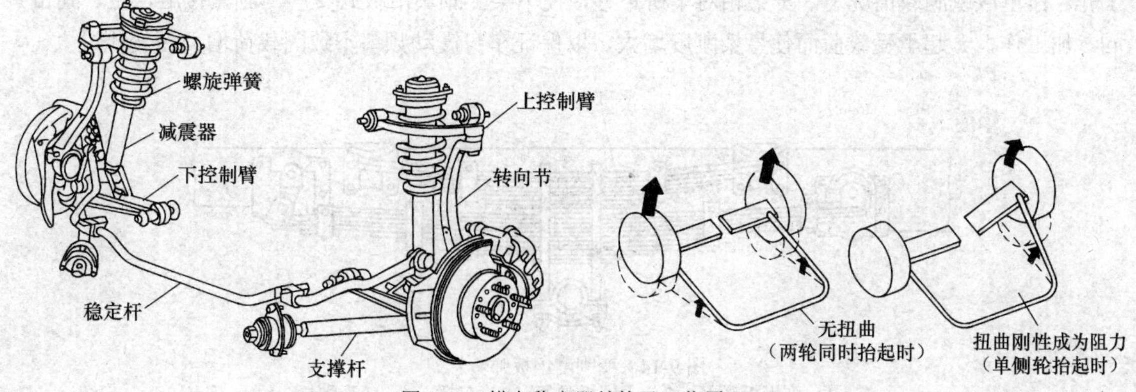

图 9-12　横向稳定器结构及工作原理

（四）非独立悬架

非独立悬架有如下特点：组成悬架的构件少，结构简单，易于维修，寿命长，适合重载，转弯时车身倾斜度小，车轮定位几乎不因其上、下运动而改变，轮胎磨损较少；但左、右车轮的运动相互影响，容易产生跳动和摇摆现象，汽车行驶平顺性差。货车的前、后悬架大多属于这种类型，一些轿车的后悬架也采用这一结构类型。

非独立悬架与独立悬架

按照采用弹性元件的不同，非独立悬架可以分为钢板弹簧式和螺旋弹簧式。

1．钢板弹簧式非独立悬架

这种悬架的钢板弹簧一般纵向布置，所以也称为纵置板簧式非独立悬架。

图 9-13 所示为解放 CA1092 型汽车的前悬架。钢板弹簧中部通过 U 形螺栓（骑马螺栓）固定在前桥上。钢板弹簧的前端卷耳用弹簧销与前支架相连，形成固定式铰链支点，起传力和导向作用；而后端卷耳则用吊耳销与可在车架上摆动的吊耳相连，形成摆动式铰链支点，从而保证了弹簧变形时两卷耳中心线间的距离有改变的可能。

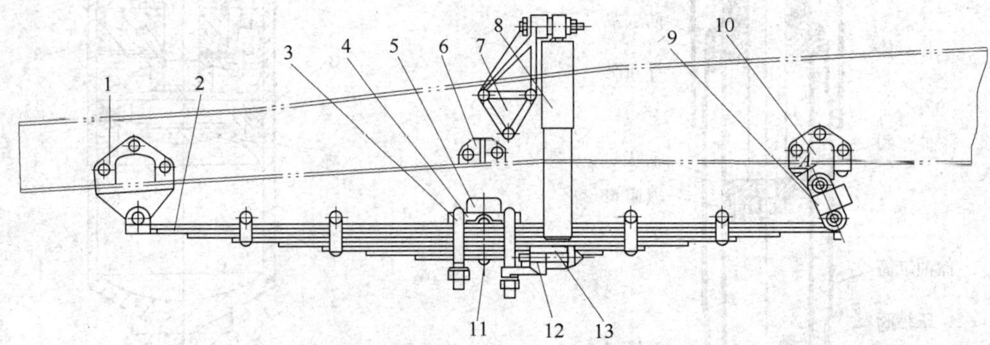

图 9-13　解放 CA1092 型汽车的前悬架

1—钢板弹簧前支架；2—前钢板弹簧；3—U 形螺栓（骑马螺栓）；4—盖板；5—缓冲块；6—限位块；7—减震器上支架；8—减震器；9—吊耳；10—吊耳支架；11—中心螺栓；12—减震器下支架；13—减震器连接销

减震器的上、下两个吊耳通过橡胶衬套和连接销分别与车架上的上支架和车桥上的下支架相连接。盖板上装有橡胶缓冲块，以限制弹簧的最大变形，并防止弹簧直接碰撞车架。

图 9-14 所示为某中型货车的后悬架，它由主、副钢板弹簧叠合而成，其刚度是可变的，以适应装载质量的不同。当汽车空载或实际装载质量不大时，副钢板弹簧不承受载荷，而由主钢板弹簧单独工作。在重载或满载情况下，车架相对车桥下移，使车架上副簧滑板式支座与副簧接触，主、副簧共同参加工作，一起承受载荷而使悬架刚度增大，以保证车身震动频率不致因载荷增大而变化过大。

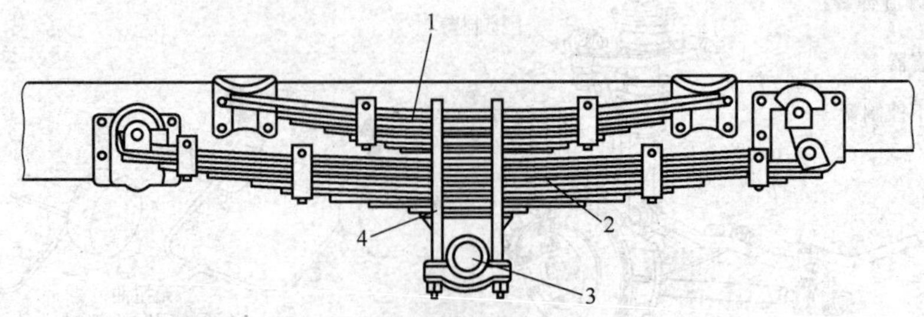

图 9-14　变刚度钢板弹簧悬架

1—副钢板弹簧；2—主钢板弹簧；3—车桥；4—U 形螺栓

2. 螺旋弹簧式非独立悬架

螺旋弹簧式非独立悬架一般只用于轿车的后悬架，如图 9-15 所示。两根纵向推力杆的中部与后桥焊接为一体，前端通过带橡胶的支撑座与车身做铰链连接，后端与轮毂相连接。纵向推力杆用以传递纵向力及力矩。整个后桥、纵向推力杆及车轮可以绕支撑座的铰支点连线相对于车身做上、下纵向摆动。螺旋弹簧的上端装在弹簧上座中，下端则支撑在减震器外壳上的弹簧下座上，它只承受垂直力。减震器的上端与弹簧上座一起装在车身底部的悬架支座中，下端则与纵向推力杆相连接。

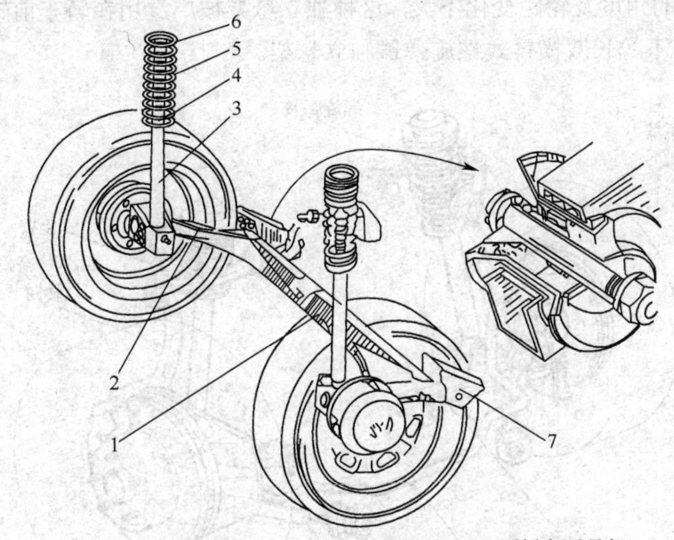

图 9-15 螺旋弹簧式非独立悬架（桑塔纳 2000 型轿车后悬架）

1—后桥；2—纵向推力杆；3—减震器；4—弹簧下座；5—螺旋弹簧；6—弹簧上座；7—支撑座

（五）独立悬架

现代汽车特别是轿车上广泛采用独立悬架。独立悬架的结构类型很多，按车轮的运动方式一般分为 3 类，如图 9-16 所示。

（1）横臂式独立悬架：车轮在汽车横向平面内摆动的悬架，如图 9-16（a）所示。

（2）纵臂式独立悬架：车轮在汽车纵向平面内摆动的悬架，如图 9-16（b）所示。

（3）车轮沿主销移动的独立悬架，包括烛式悬架和麦弗逊式悬架，分别如图 9-16（c）、图 9-16（d）所示。

另外，除了以上几种类型，现代轿车中越来越多地采用了多连杆式独立悬架。

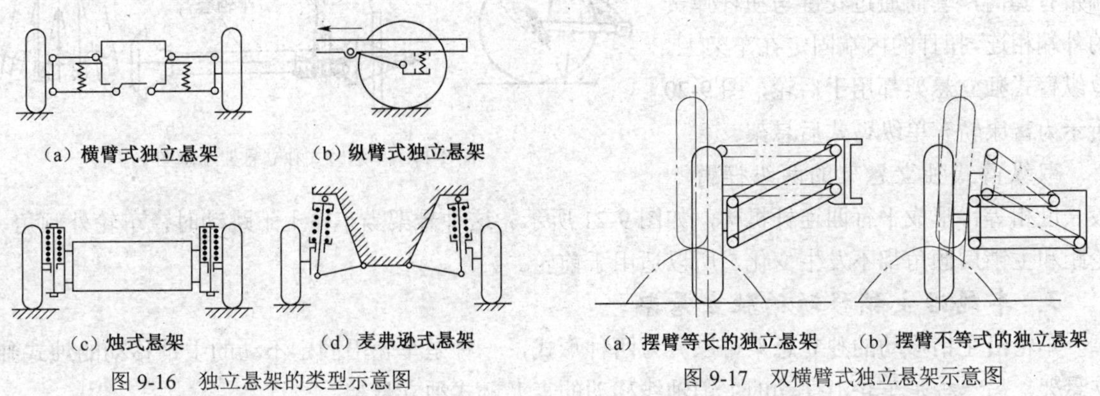

（a）横臂式独立悬架　（b）纵臂式独立悬架

（c）烛式悬架　（d）麦弗逊式悬架

图 9-16 独立悬架的类型示意图

（a）摆臂等长的独立悬架　（b）摆臂不等式的独立悬架

图 9-17 双横臂式独立悬架示意图

1. 横臂式独立悬架

横臂式独立悬架分为单横臂式和双横臂式两种。目前单横臂式独立悬架应用较少。

双横臂式独立悬架如图 9-17 所示，其 2 个横摆臂有等长的［见图 9-17（a）］和不等长的［见图 9-17（b）］两种。摆臂等长的独立悬架当车轮上下跳动时，虽然车轮平面不倾斜、主销轴线的方向也不发生变化，但轮距发生较大的变化，这将引起车轮的侧滑和轮胎的磨损。而摆臂不等长的独立悬架当车轮上下跳动时，虽然车轮平面、主销轴线、轮距都发生变化，但如果选择长度比例合适，车轮和主销的角度及轮距变化不大，这种独立悬架被广泛用在轿车前轮上，图 9-18 所示雷克萨斯 LS400 轿车不等长双横臂式螺旋弹簧独立悬架。

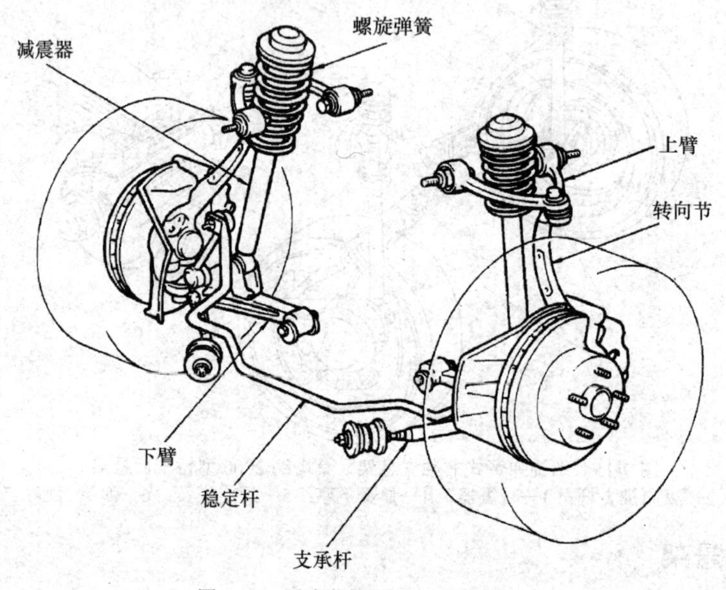

图 9-18　雷克萨斯 LS400 的前悬架

2. 纵臂式独立悬架

纵臂式独立悬架也分为单纵臂式和双纵臂式两种。

单纵臂式独立悬架如果用于前轮，车轮上下跳动时会使主销后倾角变化很大，如图 9-19 所示。纵摆臂是一片宽而薄的钢板，一端与半轴套管铰接，另一端带有套筒，套筒通过花键与扭杆弹簧的外端相连，扭杆的内端固定在车架上。单纵臂式独立悬架都用于后轮，图 9-20 所示为富康轿车单纵臂式后悬架。

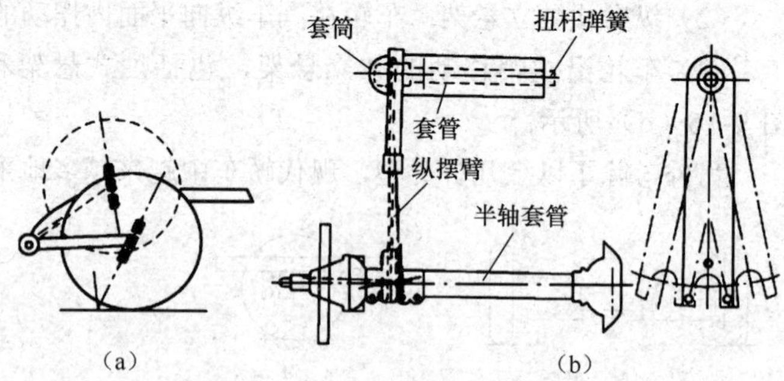

图 9-19　单纵臂式独立悬架示意图

双纵臂式独立悬架的两纵摆臂一般长度相等，形成平行四连杆机构，如图 9-21 所示。这种悬架当车轮上下跳动时，车轮外倾角、轮距和主销后倾角都不发生变化，所以适用于前轮。

3. 车轮沿主销移动的独立悬架

车轮沿主销移动的独立悬架可以分为两种形式，一种是车轮沿固定不动的主销移动的烛式独立悬架，另一种是车轮沿摆动的主销轴线移动的麦弗逊式独立悬架。

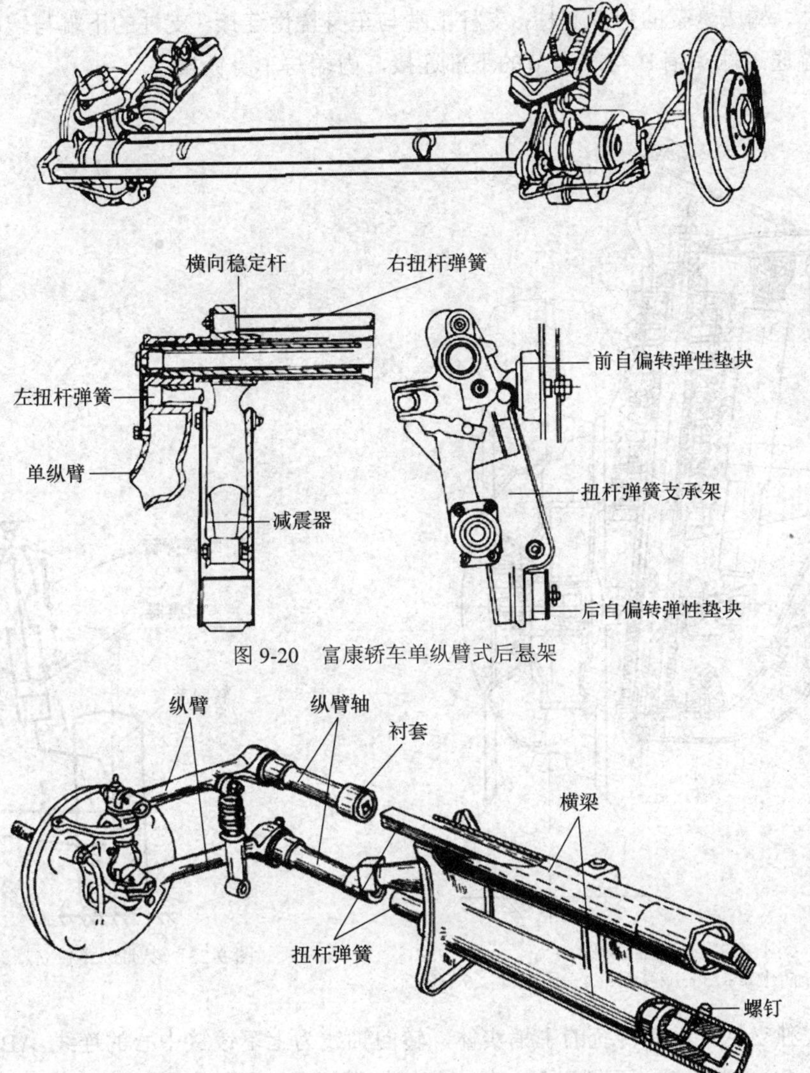

图 9-20 富康轿车单纵臂式后悬架

图 9-21 双纵臂式独立悬架

（1）烛式独立悬架

图 9-22 所示为烛式独立悬架，主销的上、下两端刚性地固定在车架上。套在主销上的套管固定在转向节上。套管的中部固定装着螺旋弹簧的下支座。筒式减震器的下端与转向节相连，上端与车架相连。悬架的摩擦部分套着防尘罩。通气管与防尘罩内腔相通，以免罩中空气被密封而影响悬架的弹性。

汽车在不平路面上行驶时，车轮、转向节一起沿主销的轴线移动。螺旋弹簧只承受垂直载荷，而车轮上所受的纵向力、侧向力及其力矩则由转向节、套筒经主销传给车架。当悬架变形时，仅轮距、轴距稍有改变，而主销和车轮的倾角都不会发生变化，因此有利于汽车的转向操纵和行驶稳定性。但是，由于主销和套筒起传力作用，当两者之间相对轴向移动时，摩擦阻力大，磨损严重，故应用较少。

（2）麦弗逊式独立悬架。麦弗逊式独立悬架目前在轿车中应用很广泛，其结构如图 9-23 所示，由减震器、螺旋弹簧、横摆臂、横向稳定杆（图中未画出）等组成。减震器与套在它外面的螺旋

弹簧合为一体，构成悬架的弹性支柱，支柱上端与车身挠性连接，支柱的下端与转向节刚性连接。横摆臂的外端通过球头销 B 与转向节的下部连接，内端与车身铰接。

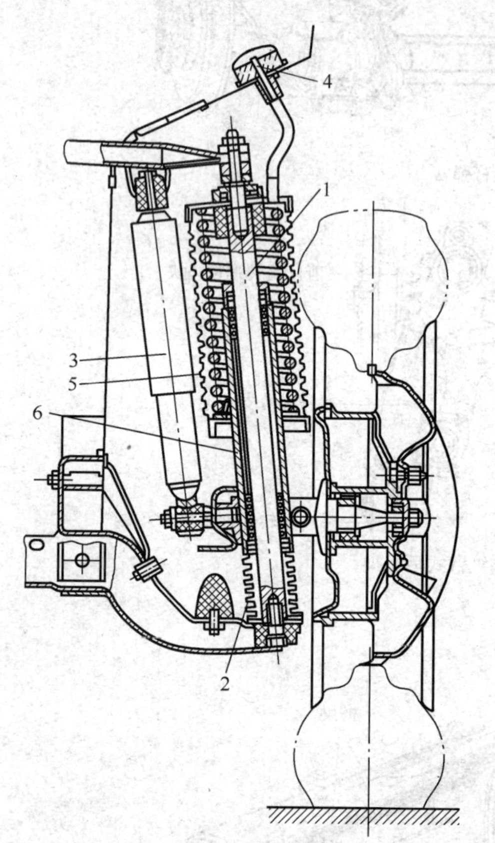

图 9-22　烛式独立悬架
1—主销；2、5—防尘罩；3—减震器；4—通气管；6—套筒

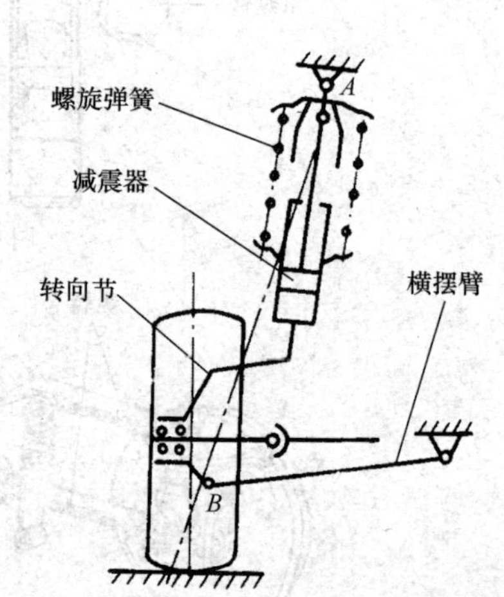

图 9-23　麦弗逊式独立悬架的结构示意图

麦弗逊式独立悬架没有传统的主销实体，转向轴线为上下铰接中心的连线 AB（一般与弹性支柱的轴线重合）。当车轮上下跳动时，B 点随横摆臂摆动，因而主销轴线 AB 随之摆动（弹性支柱也摆动），这说明车轮沿着摆动的主销轴线而运动。

麦弗逊式独立悬架结构较简单，布置紧凑，用于前悬架时能增大两前轮内侧的空间，故多用于发动机前置前轮驱动的轿车上，如图 9-24 所示。

4. 多连杆式独立悬架

独立悬架中多采用螺旋弹簧，因而对于侧向力、垂直力以及纵向力需增设导向装置，即采用杆件来承受和传递这些力，因而一些轿车上为减轻车重和简化结构采用多连杆式悬架。

多连杆悬架系统通常可能有三连杆、四连杆、五连杆，它的特点是首先能实现双横臂式悬架的所有功能，然后在双横臂式的基础上通过连杆连接轴的约束作用使得轮胎在上下运动时前束角也能相应改变，这就意味着弯道适应性更好。如果用在前轮驱动车辆的前悬架，可以在一定程度上缓解转向不足，带来精确转向；如果用在后悬架上，能在转向侧倾的作用下改变后轮的前束角，这就意味着后轮一定程度上可以随前轮一同转向，达到舒适、操控两不误的目的。图 9-25 所示为广州本田雅阁轿车的后悬架装置，它采用的是五连杆式独立悬架，五连杆分别指上横臂、下横臂、控制臂、前置定位臂和后置定位臂。

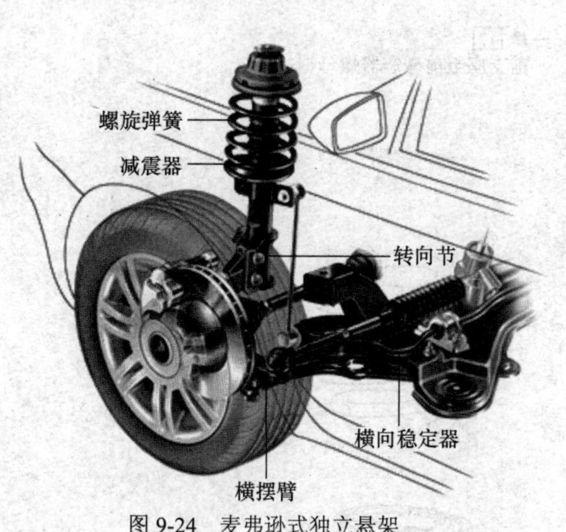

图 9-24　麦弗逊式独立悬架

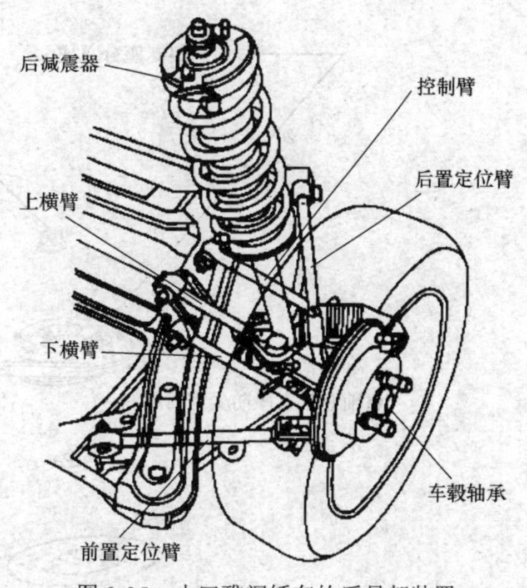

图 9-25　本田雅阁轿车的后悬架装置

实操技能训练

（一）前减震器的拆卸与安装

丰田卡罗拉轿车前悬架装置如图 9-26 和图 9-27 所示。

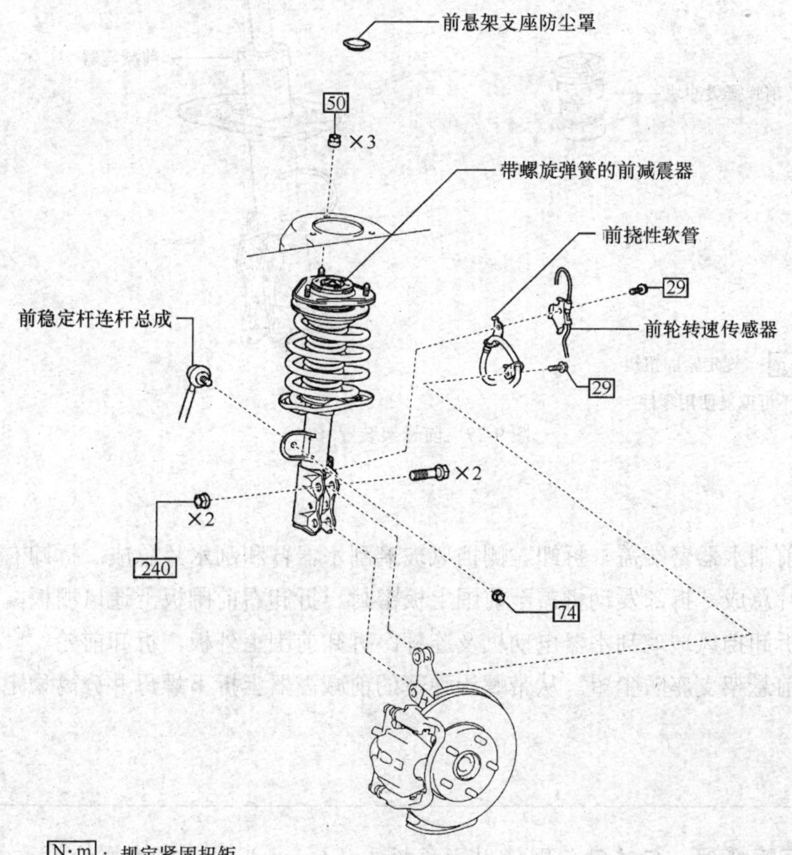

图 9-26　前悬架装置（一）

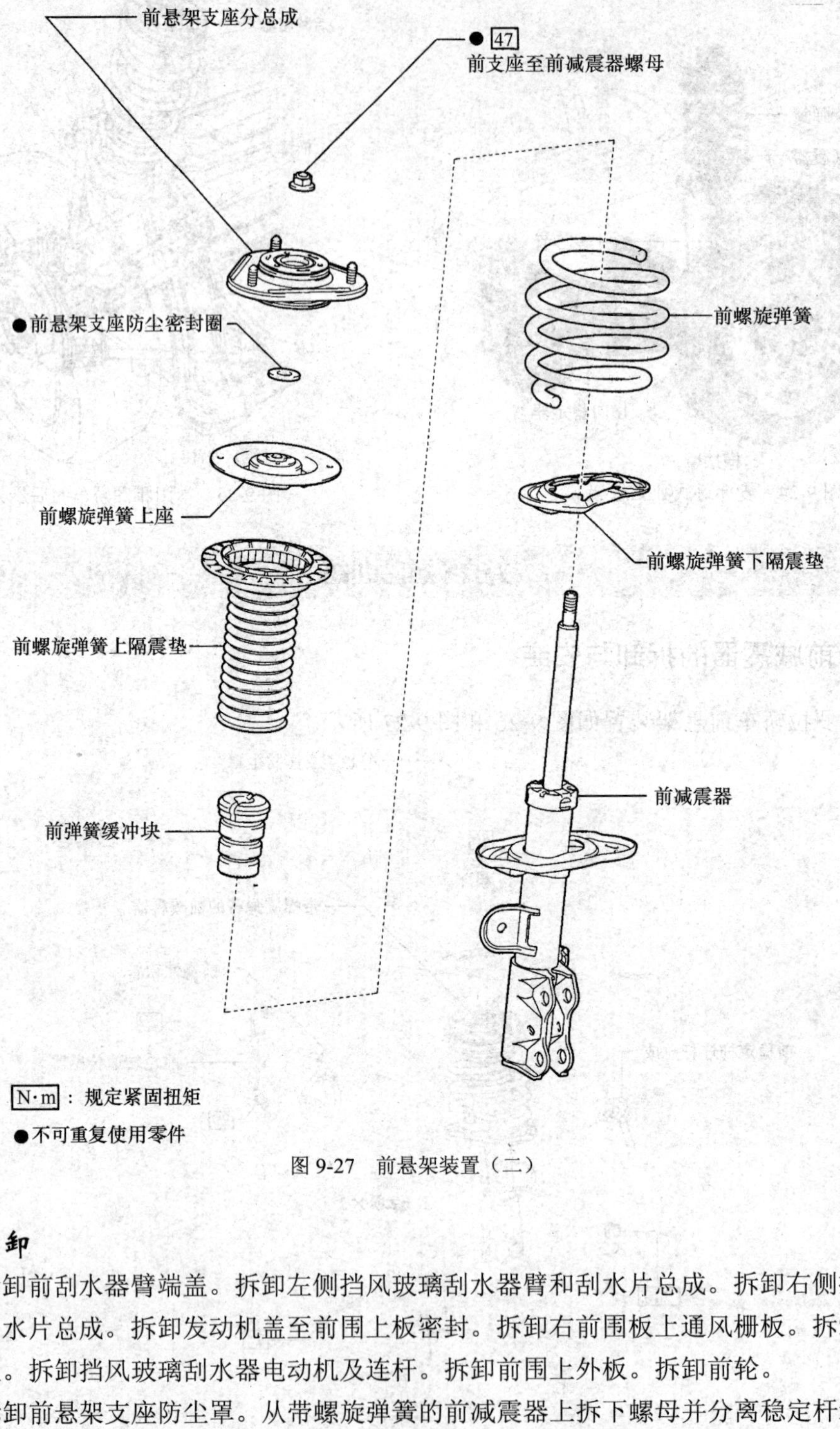

图 9-27　前悬架装置（二）

1. 拆卸

（1）拆卸前刮水器臂端盖。拆卸左侧挡风玻璃刮水器臂和刮水片总成。拆卸右侧挡风玻璃刮水器臂和刮水片总成。拆卸发动机盖至前围上板密封。拆卸右前围板上通风栅板。拆卸左前围板上通风栅板。拆卸挡风玻璃刮水器电动机及连杆。拆卸前围上外板。拆卸前轮。

（2）拆卸前悬架支座防尘罩。从带螺旋弹簧的前减震器上拆下螺母并分离稳定杆连杆总成，如图 9-28 所示。

提　示

如果球节随螺母一起转动，则使用六角扳手（6 mm）固定双头螺栓。

（3）拆下螺栓和卡夹，并分离前轮转速传感器。拆下螺栓并分离前挠性软管。

（4）松开前减震器的前支架至前减震器螺母。

小 心

不要拆下前支架至前减震器螺母；当带螺旋弹簧的前减震器需要拆解时，仅松开螺母。

（5）用千斤顶和木块来支撑前桥，如图 9-29 所示。

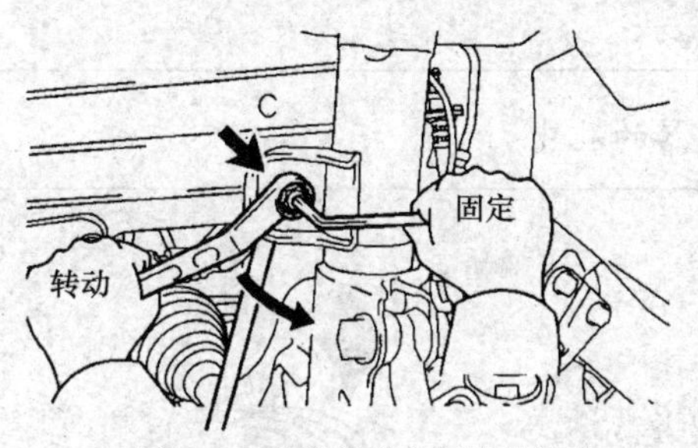

图 9-28　分离前稳定杆连杆总成

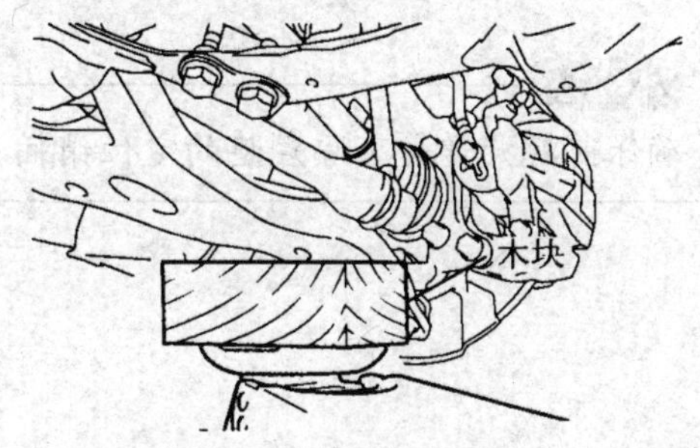

图 9-29　支撑前桥

（6）拆下 2 个螺栓和 2 个螺母，并从转向节上分离带螺旋弹簧的前减震器（下部），如图 9-30 所示。拆下 3 个螺母和带螺旋弹簧的前减震器，如图 9-31 所示。

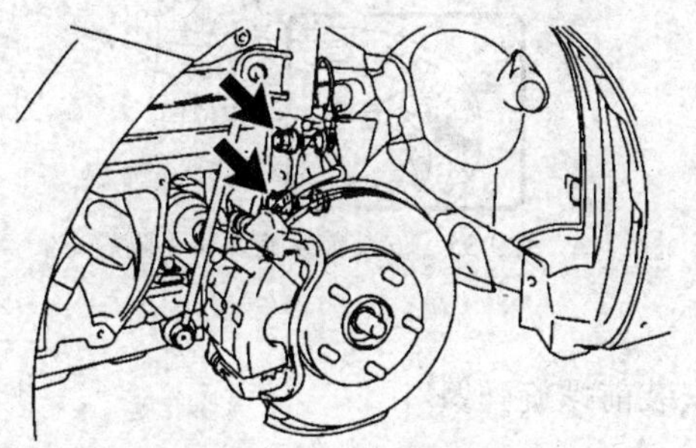

图 9-30　拆下螺栓和螺母

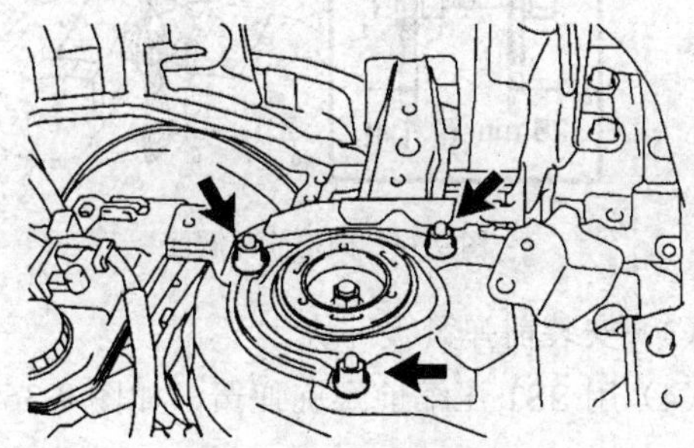

图 9-31　拆下前减震器

2. 拆解

（1）固定带螺旋弹簧的前减震器。用 **SST** 压缩前螺旋弹簧，如图 9-32 所示。

（2）拆卸前支架至前减震器螺母。

① 如图 9-33 所示，将螺栓和螺母安装至减震器下支架，并用台钳固定带螺旋弹簧的前减震器。

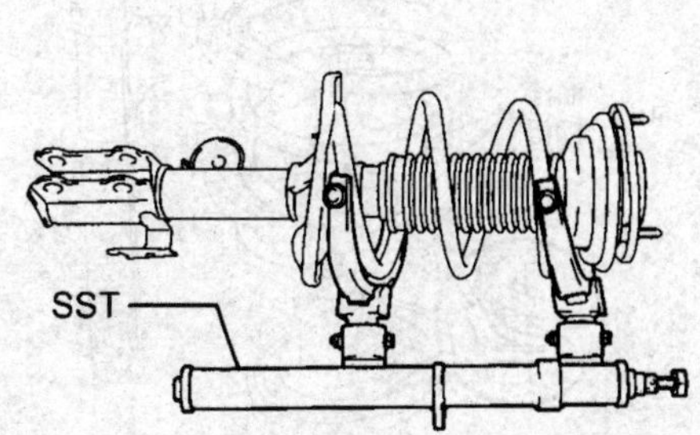

图 9-32　固定带螺旋弹簧的前减震器

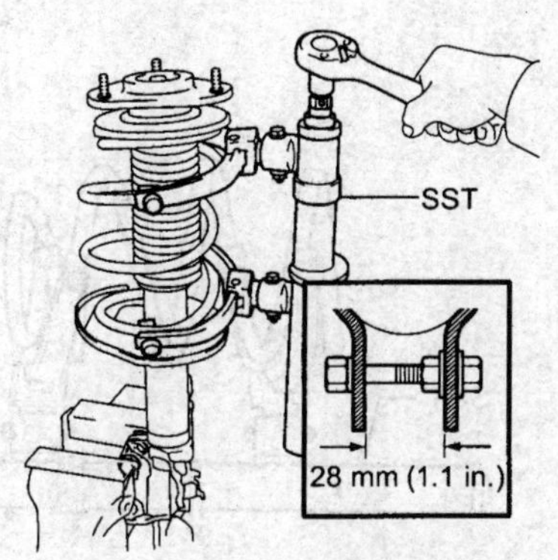

图 9-33　拆卸前支架至前减震器螺母

② 检查并确保前螺旋弹簧被完全压缩。

③ 拆下前支架至前减震器螺母。

（3）拆卸前悬架支座分总成。拆卸前悬架支座防尘密封圈。拆卸前螺旋弹簧上座。拆卸前螺旋弹簧上隔震垫。拆卸前螺旋弹簧。拆卸前弹簧缓冲块。拆卸前螺旋弹簧下隔震垫。

3．装配

（1）固定前减震器。如图 9-34 所示，将螺栓和螺母安装至前减震器，并用台钳固定前减震器。

（2）安装前螺旋弹簧下隔震垫，如图 9-35 所示。

小 心

确保前螺旋弹簧下隔震垫的定位销插入前减震器的孔中。

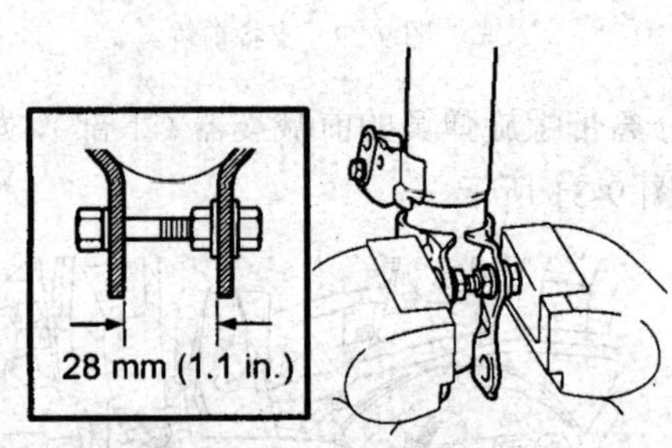

图 9-34　固定前减震器

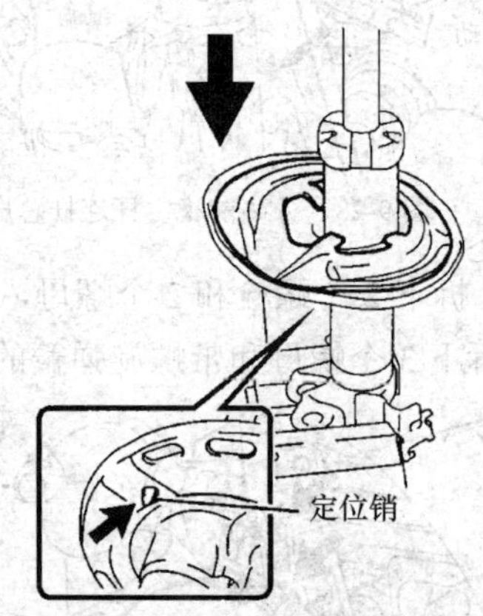

图 9-35　安装前螺旋弹簧下隔震垫

（3）安装前弹簧缓冲块。

（4）用 SST 压缩前螺旋弹簧，如图 9-36 所示。安装前螺旋弹簧。

小 心

确保前螺旋弹簧的底端定位于弹簧下座的压缩下；确保油漆标记面朝下安装螺旋弹簧，如图 9-37 所示。

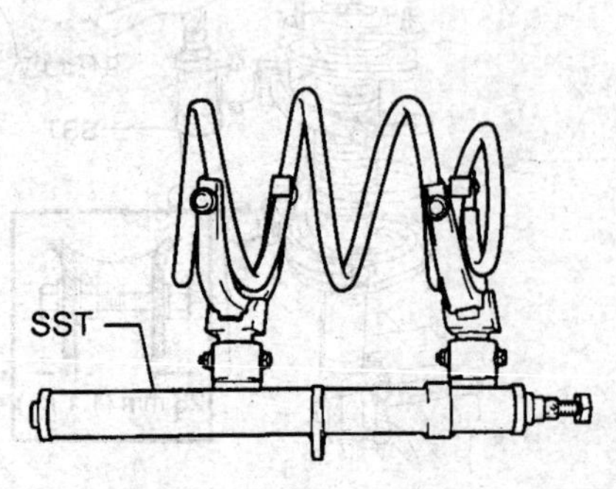

图 9-36　压缩前螺旋弹簧

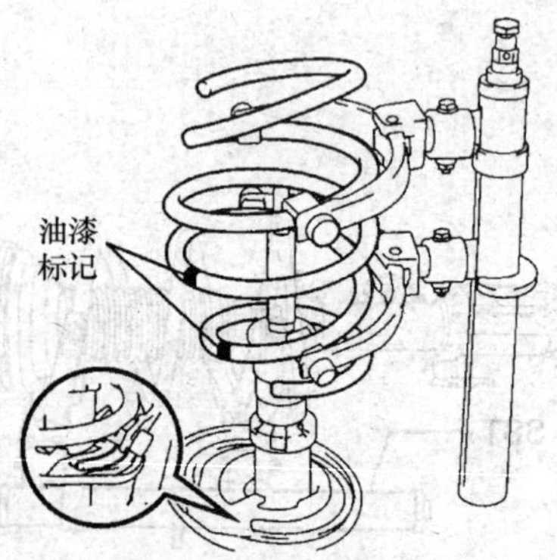

图 9-37　安装前螺旋弹簧

（5）安装前螺旋弹簧上隔震垫。安装前螺旋弹簧上座。安装前悬架支座防尘密封圈。安装前悬架支座分总成。暂时拧紧新的前支座至前减震器螺母。

4．安装

（1）安装带螺旋弹簧的前减震器。

① 用 3 个螺母安装带螺旋弹簧的前减震器（上部）（扭矩：50 N・m），如图 9-31 所示。

② 将带螺旋弹簧的前减震器（下部）安装至转向节，并插入 2 个螺栓和 2 个螺母（扭矩：240 N・m），如图 9-30 所示。

③完全紧固前支架至前减震器螺母（扭矩：47 N・m）。

（2）用螺栓将前挠性软管安装至转向节（扭矩：29 N・m）。

（3）用螺栓和卡夹将前轮转速传感器和前挠性软管安装至前减震器（扭矩：29 N・m）。

小　心

安装时不要扭曲前轮转速传感器。

提　示

先安装前挠性软管，然后安装转速传感器线束支架。

（4）用螺母将前稳定杆连杆总成安装至带螺旋弹簧的前减震器（扭矩：74 N・m）。

小　心

如果球节随螺母一起转动，则使用六角扳手（6 mm）固定双头螺栓。

（5）安装前悬架支座防尘罩。

（6）安装前轮（扭矩：103 N・m）。

（7）安装前围上外板。安装挡风玻璃刮水器电动机及连杆。安装左前围板上通风栅板。安装右前围板上通风栅板。安装发动机盖至前围上板密封。安装左侧挡风玻璃刮水器臂和刮水片总成。安装右侧挡风玻璃刮水器臂和刮水片总成。安装前刮水器臂端盖。检查并调整前轮定位。

（二）后减震器的拆卸与安装

丰田卡罗拉轿车后减震器结构如图 9-38 所示。

1．拆卸

（1）从蓄电池负极端子断开电缆。

小　心

断开蓄电池电缆后重新连接时，某些系统需要初始化。

（2）拆卸后排座椅座垫总成。拆卸后排左侧座椅靠背总成。拆卸备胎罩。拆卸后地板装饰板。拆卸行李箱左侧内装饰罩。拆卸后轮。拆卸高度控制传感器（带 HID 前大灯系统）。

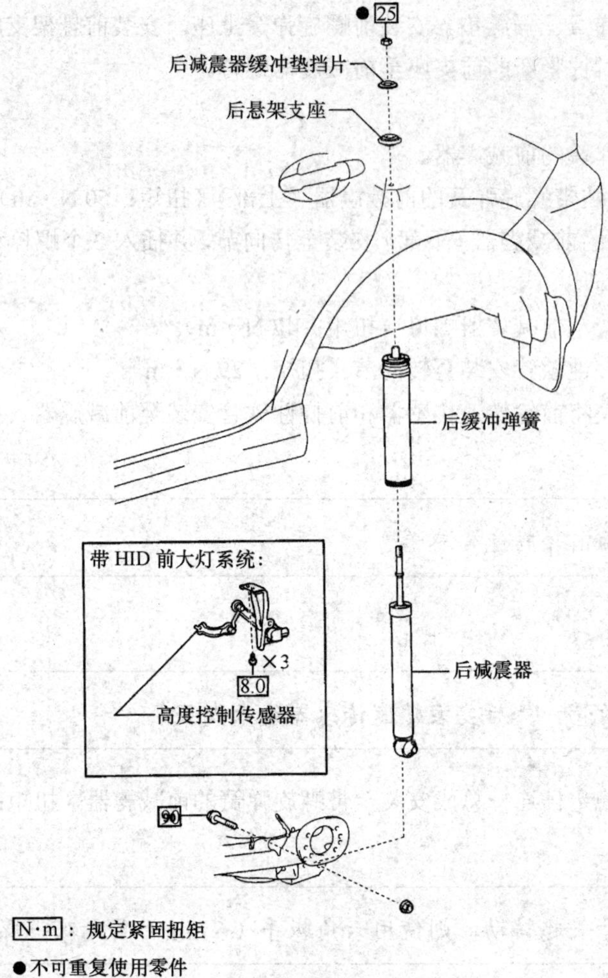

图 9-38　后减震器总成

（3）拆卸后减震器缓冲垫挡片。

① 用千斤顶和木块支撑后桥横梁总成的弹簧座，如图 9-39 所示。

小　心

不要过度顶起后桥横梁总成。

提　示

在将其压缩至 20 ~ 30 mm 的位置支撑起后减震器

② 用六角套筒扳手（6 mm）紧固后减震器杆并拆下锁紧螺母，如图 9-40 所示。

③ 拆下后减震器缓冲垫挡片。

（4）拆卸后悬架支座。拆卸后减震器。

（5）固定住螺母以拆下螺栓，并拆下后减震器，如图 9-41 所示。

（6）拆卸 1 号后弹簧缓冲块。

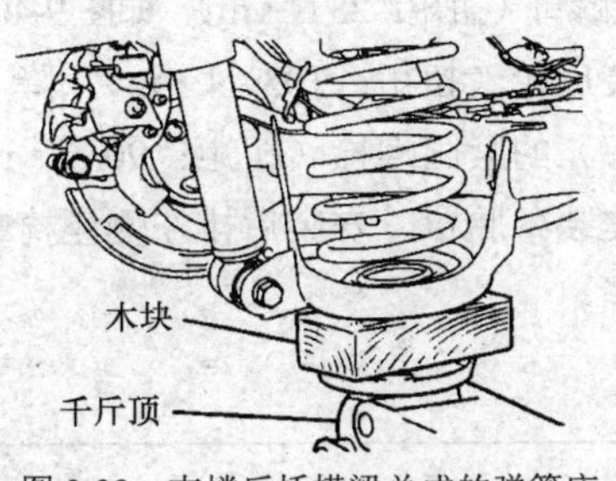

图 9-39 支撑后桥横梁总成的弹簧座

图 9-40 紧固后减震器杆并拆下锁紧螺母

2. 安装

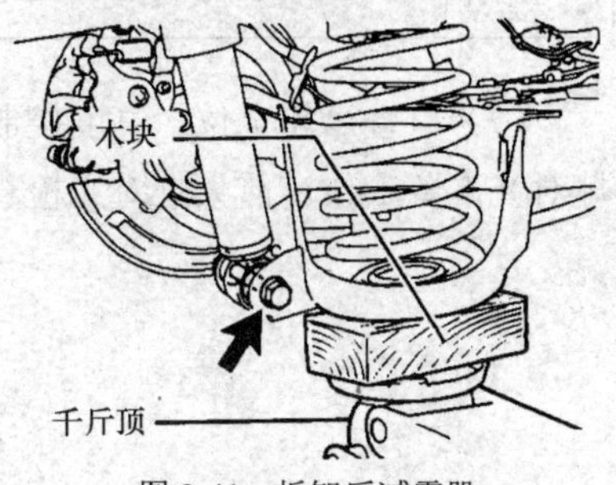

图 9-41 拆卸后减震器

（1）将 1 号后弹簧缓冲块安装至后减震器。

（2）安装后减震器。

① 用千斤顶和木块支撑后桥横梁总成的弹簧座。

② 用螺栓和螺母将后减震器总成暂时紧固至后桥横梁总成。

③ 慢慢升起千斤顶并将后减震器的上部插入安装孔。

提 示

在将其压缩至约 20 ~ 30 mm 的位置支撑起后减震器总成。

（3）如图 9-42 所示，确保正确安装后悬架支架。

（4）安装后减震器缓冲垫挡片。

① 安装后减震器缓冲垫挡片，如图 9-43 所示。

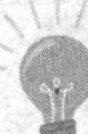

小 心

确保按正确方向安装后减震器缓冲垫挡片。

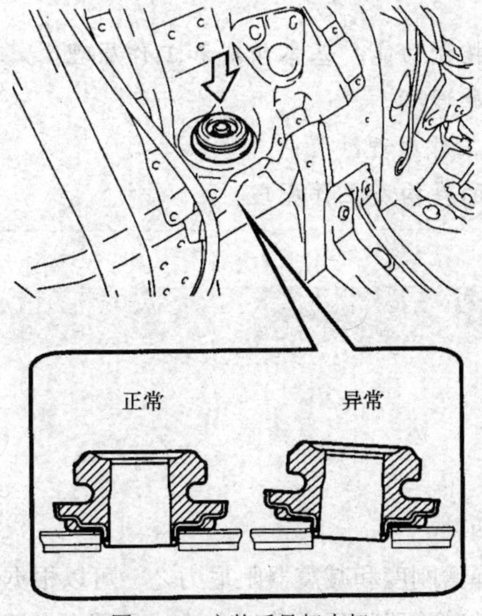

图 9-42 安装后悬架支架

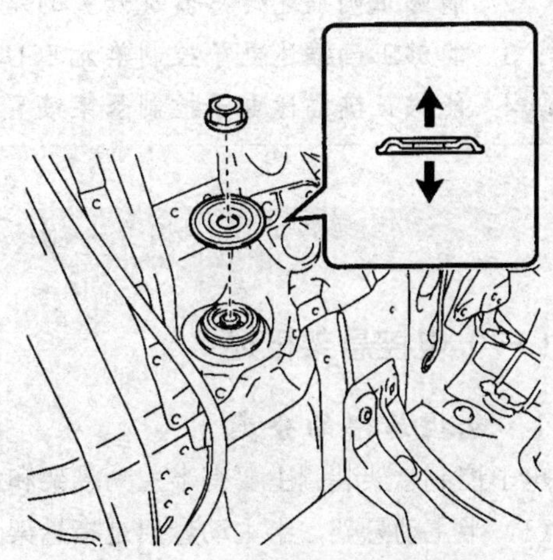

图 9-43 安装后减震器缓冲垫挡片

② 用六角套筒扳手（6 mm）紧固后减震器总成并拧紧锁紧螺母（扭矩：25 N•m），如图9-40所示。

（5）安装高度控制传感器（带 HID 前大灯系统）。安装后轮（扭矩：103 N•m）。降下车辆并使其上下弹跳几次，以稳定后悬架。拧紧后减震器（下部）的紧固螺栓（扭矩：90 N•m）。

（6）安装行李箱左侧内装饰罩。安装后地板装饰板。安装备胎罩。安装后排左侧座椅靠背总成。安装后排座椅坐垫总成。将电缆连接至蓄电池负极端子。

小 心

断开蓄电池电缆后重新连接时，某些系统需要初始化。

（7）检查后轮定位。高度控制传感器信号初始化。前大灯对光调整前的车辆准备工作。前大灯对光准备工作。前大灯对光检查。前大灯对光调整。

练 习 题

1. 说明悬架的组成及其功用。
2. 与非独立悬架相比，独立悬架有哪些优点？
3. 说明双向作用式减震器的结构及工作原理。
4. 常见的非独立悬架有哪些，举例说明其典型应用。
5. 常见的独立悬架有哪些类型，举例说明其典型应用。

任务二 电子控制悬架装置

【学习目标】

1. 能够正确描述电子控制悬架装置的分类、控制功能、基本组成和工作原理；
2. 能够正确描述传感器及开关的结构及工作原理；
3. 能够正确描述电子控制单元 ECU 的结构及工作原理；
4. 能够正确描述电子控制悬架装置执行机构的结构及工作原理。

相关知识

（一）电控悬架概述

1. 电控悬架的分类

电子控制悬架装置主要有半主动悬架和主动悬架两种。

（1）半主动悬架。半主动悬架是指悬架元件中的弹簧刚度和减震器阻尼力之一可以根据需要进行调节。为减少执行元件所需的功率，主要采用调节减震器阻尼系数的方法，只需提供调节控制阀、控制器和反馈调节器所消耗的较小功率即可。图 9-44 所示的半主动悬架系统由弹性元件和一个阻尼系数能在较大范围内调节的阻尼器组成。

（2）主动悬架。主动悬架需要一个动力源（液压泵或空气压缩机等）为悬架系统提供连续的动力输入，如图 9-45 所示。当汽车载荷、行驶速度、路面状况等行驶条件发生变化时，主动悬架能根据需要自动调节弹簧刚度和减震器的阻尼力，从而能够同时满足汽车行驶平顺性和操纵稳定性等各方面的要求。主动悬架按照弹簧的类型，又可以分为空气弹簧主动悬架和油气弹簧主动悬架。

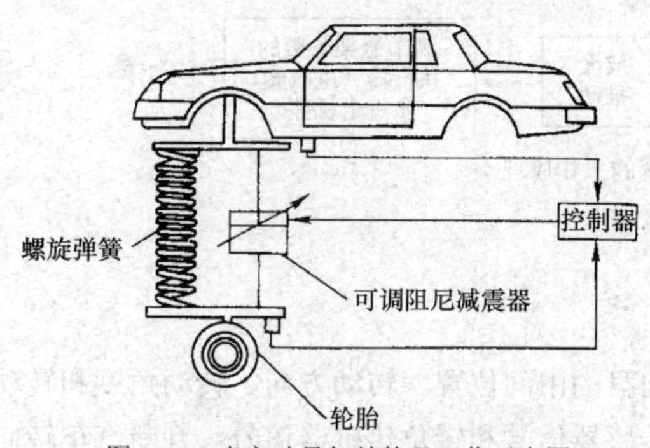

图 9-44 半主动悬架结构及工作示意图

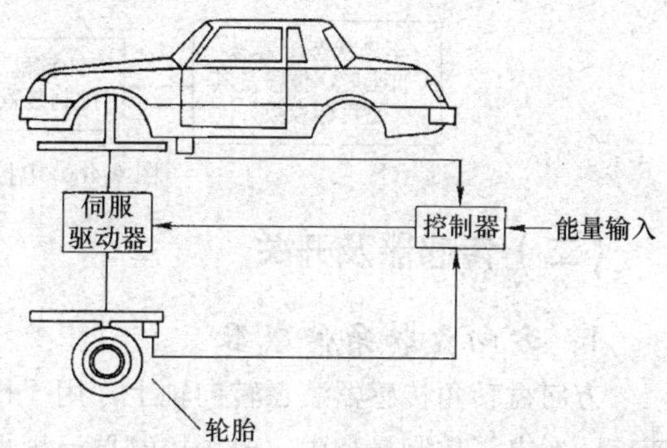

图 9-45 主动悬架结构及工作示意图

2. 电控悬架的控制功能

电控悬架系统主要对车速及路面感应、车身姿态、车身高度 3 方面进行控制。

1）车速与路面感应控制

（1）当车速高时，提高弹簧刚度和减震器阻尼力，以提高汽车高速行驶时的操纵稳定性。

（2）当前轮遇到突起时，减小后轮悬架弹簧刚度和减震器阻尼力，以减小车身的震动和冲击。

（3）当路面差时，提高弹簧刚度和减震器阻尼力，以抑制车身的震动。

2）车身姿态控制

（1）转向时侧倾控制：急转向时，提高弹簧刚度和减震器阻尼力，以抑制车身的侧倾。

（2）制动时点头控制：紧急制动时，提高弹簧刚度和减震器阻尼力，以抑制车身的点头。

（3）加速时后坐控制：急加速时，提高弹簧刚度和减震器阻尼力，以抑制车身的后坐。

3）车身高度控制

不管车辆负载在规定范围内如何变化，都可以保持汽车高度一定，车身保持水平，可大大减少汽车在转向时产生的侧倾。

（1）高速感应控制：当汽车在良好路面上高速行驶时，车速超过 90 km/h，若汽车高度控制开关选择在“HIGH”上，汽车高度将自动转换为“NORM”，降低车身高度，以减少空气阻力，提高汽车行驶的稳定性。

（2）连续差路面行驶控制：当汽车在连续差路面上行驶时，车速在 40～90 km/h，提高车身高度，以提高汽车的通过性；车速在 90 km/h 以上，降低车身高度，以满足汽车行驶的稳定性。

（3）点火开关 OFF 控制：驻车时，当点火开关关闭后，乘客和行李重量的变化使汽车高度高于目标高度时，能使汽车高度降低到目标高度，改善汽车驻车时的姿势（汽车高度降低），且便于乘客上下车。

（4）自动高度控制：不管乘客和行李重量如何变化，操作高度控制开关能使汽车的目标高度变为“正常”或“高”的状态，保持车身高度恒定。

3．电控悬架的基本组成和工作原理

虽然电子控制悬架系统的结构形式多种多样，但它们的基本组成基本相同，一般由传感器及开关、电子控制单元和执行机构等组成。

电控悬架系统的一般工作原理是：利用传感器（包括开关）把汽车行驶时路面的状况和车身的状态进行检测，将检测信号输入计算机进行处理，计算机通过驱动电路控制悬架系统的执行器动作，完成悬架特性参数的调整，如图 9-46 所示。

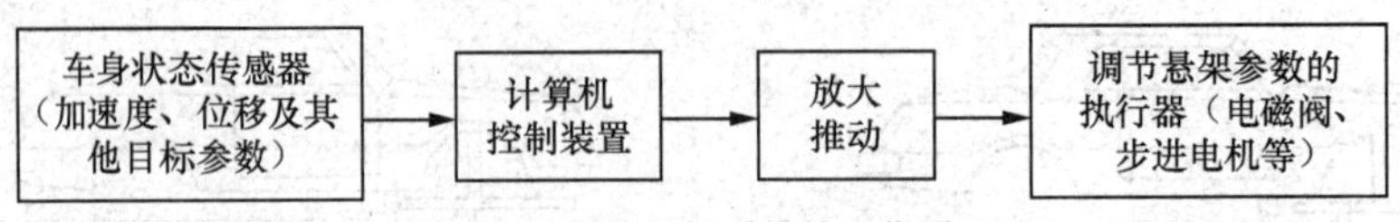

图 9-46　电控悬架系统的工作原理

（二）传感器及开关

1．方向盘转角传感器

方向盘转角传感器装在转向轴上，用于检测方向盘的中间位置、转动方向、转动角度和转动速度。在电子控制悬架中，电子控制单元根据车速传感器信号和转角传感器信号，判断汽车转向时侧向力的大小和方向，提高操纵稳定性、防止侧倾。

现代汽车多采用光电式转角传感器，其工作原理如图 9-47 所示。当转动方向盘时，带窄缝的圆盘使遮光器之间的光束产生通/断的变化，遮光器的这种反复开/关状态产生与转角成一定比例的一系列数字信号，系统控制装置可根据此信号的变化来判断方向盘的转角与转速。同时，由于传感器上两个光电耦合器 ON/OFF 信号变换的相位错开约 90°，可根据检测到的脉冲信号的相位差来判断方向盘的偏转方向。

2．车身高度传感器

车身高度传感器的功用是将车身与车桥之间的相对高度变化（悬架变形量的变化）转换为电信号并送给电控单元。光电式车身高度传感器一般安装在车身与车桥之间（见图 9-48），其结构及工作原理如图 9-49 所示。

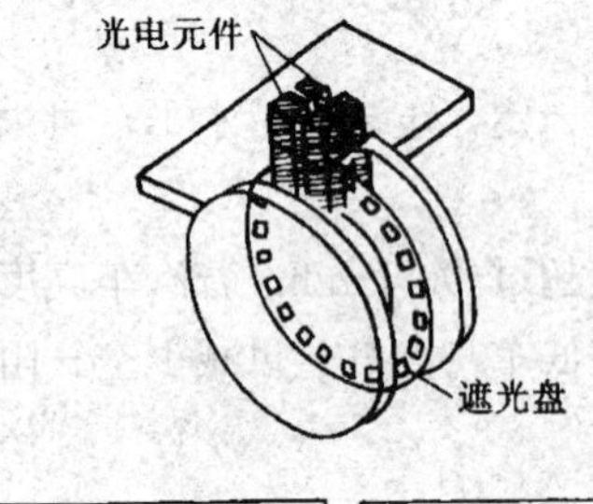

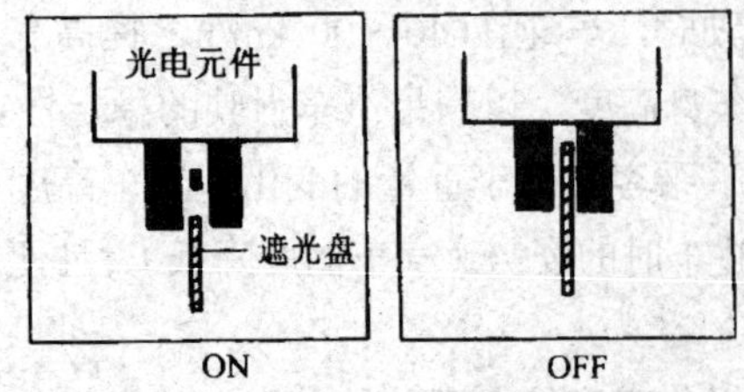

图 9-47　光电式转角传感器的工作原理

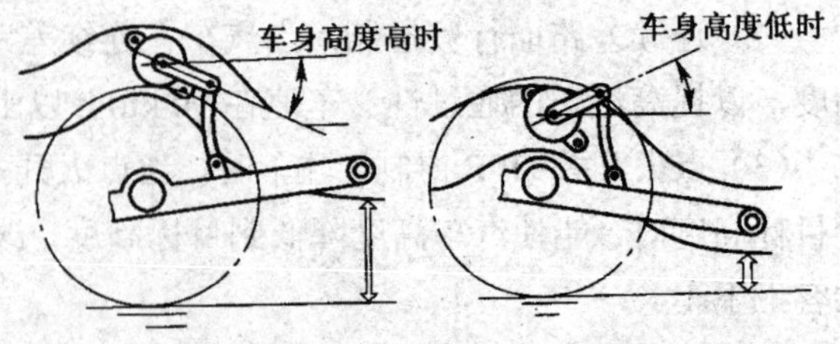

图 9-48　光电式车身高度传感器的安装位置

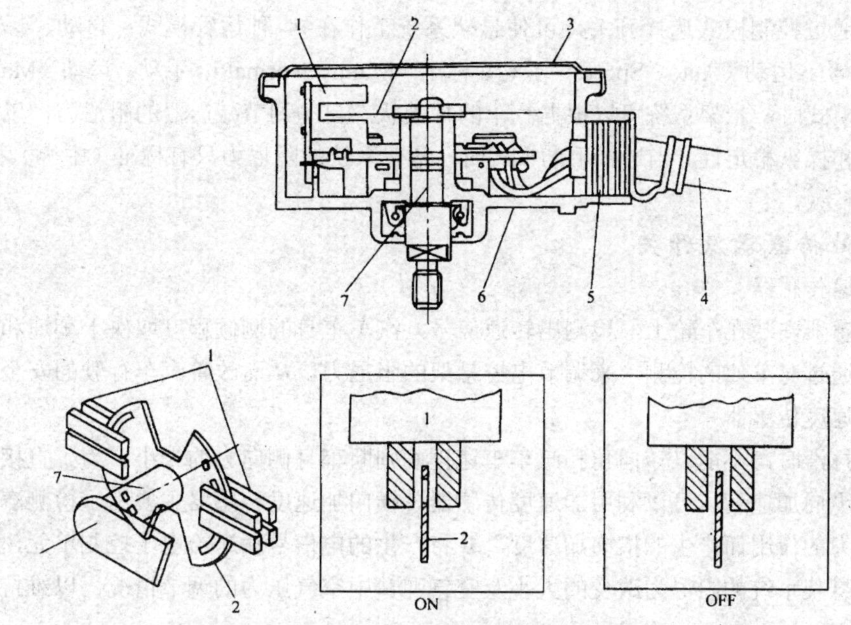

图 9-49 光电式高度传感器的结构、原理示意图

1—遮光器；2—圆盘；3—传感器盖；4—信号线；5—金属油封环；6—传感器壳；7—传感器轴

传感器内有 1 根靠连杆带动转动的转轴，转轴上固定 1 个开有许多窄槽的圆盘，圆盘两边是由发光二极管和光敏三极管组成的光电耦合器。每个光电耦合器都由 4 组发光二极管和光敏三极管组成。当车身高度变化时（如汽车载荷发生变化），车身与车轮的相对运动使车身高度传感器的连接杆转动，通过传感器轴带动圆盘转动，使光电耦合器组相对应的发光二极管和光敏三极管上的光线发生 ON/OFF 的转换。光敏三极管把接收到的光线 ON/OFF 转换成电信号，并通过导线输送给悬架电子控制单元（ECU）。ECU 根据光电耦合器 ON/OFF 转换的不同组合变化，检测出不同的车身高度。

3. 模式选择开关

模式选择开关位于变速器操纵手柄旁，如图 9-50 所示。驾驶员根据汽车的行驶状况和路面情况选择悬架的运行模式，即悬架的“软”“中”或“硬”状态，从而决定减震器的阻尼力大小。

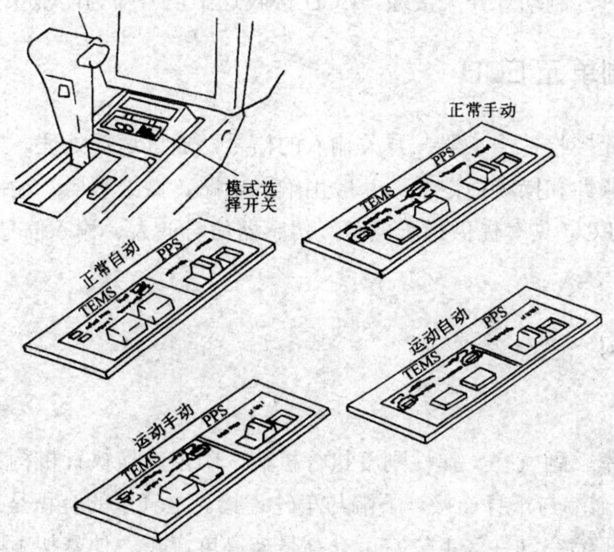

图 9-50 模式选择开关的位置和操作方法

驾驶员通过控制模式选择开关，可使悬架系统工作在 4 种运行模式：自动、标准（Auto、Normal）；自动、运动（Auto、Sport）；手动、标准（Manu、Normal）；手动、运动（Manu、Sport）。当选择自动模式时，悬架系统可以根据汽车的行驶状态自动调节减震器的阻尼力，以保证汽车的乘坐舒适性和操纵稳定性。当选择手动模式时，悬架系统的阻尼力只有标准（中等）和运动（硬）两种状态的转换。

4．其他传感器及开关

（1）车速传感器

车速传感器安装在车轮上，检测出转速信号，汽车车身的侧倾程度取决于车速和汽车转弯半径的大小。通过对车速的检测，来调节电控悬架的阻尼力，从而改善汽车行驶的安全性。

（2）加速度传感器

当车轮打滑时，不能以转向角和汽车车速正确判断车身侧向力的大小。为了直接测出车身横向加速度和纵向加速度，可以利用加速度传感器。横向加速度传感器主要用于检测汽车转向时，汽车因离心力的作用而产生的横向加速度，并将产生的电信号输送给电子控制单元，使电子控制单元能判断悬架系统的阻尼力改变的大小及空气弹簧中空气压力的调节情况，以维持车身的最佳姿势。

（3）节气门位置传感器

节气门位置传感器可以间接检测汽车加速信号，判断汽车是否在进行急加速，节气门位置传感器先将信号输入发动机电子控制单元，然后，发动机电子控制单元再将此信号输入悬架电子控制单元，悬架电子控制单元利用此信号作为防下坐控制的一个工作状态参数。

（4）车门传感器

车门传感器可防止行驶过程中车门未关闭。

（5）高度控制开关

高度控制开关用来选择汽车高度，ECU 检测高度控制开关的状态并相应地使汽车高度上升和下降，有的汽车还有高度控制 ON/OFF 开关，用于停止车高控制。

（6）制动灯开关

当踩下制动踏板时，制动灯开关接通，ECU 接收这个信号作为防点头控制的一个起始状态。

（三）电子控制单元 ECU

悬架电子控制单元接收各传感器、开关输入的信号，通过运算处理，控制执行器进行适应性调节，保持车辆的平顺性和操纵稳定性。一般由输入电路、微处理器、输出电路和电源电路等组成，如图 9-51 所示。ECU 具有提供稳压电源、传感器信号放大、输入信号计算、驱动执行机构、故障检测等功能。

（四）执行机构

1．空气弹簧

空气弹簧由主气室、副气室、弹性刚度执行机构、阻尼转换执行机构和液压减震器等组成，如图 9-52 所示。悬架上端与车身连接，下端与车轮连接。主气室的容积是可变的，在它的下部有一个可伸展的隔膜，压缩空气进入主气室可升高悬架高度，反之使悬架下降。悬架刚度执行机构在主气室与副气室之间，主、副气室之间通过一个通路有气体相互流动，改变主、副气室之间气体通路的大小，使主气室被压缩的空气量发生变化，即可改变空气弹簧的刚度。减震器活塞通过中心杆和悬架控制执行器连接，执行器带动阻尼调节杆转动可改变活塞上阻尼孔的大小，从而改变减震器的阻尼系数。由此可见，弹簧刚度是通过主气室与副气室进行调节的，阻尼系数是通过减震器进行调节的。

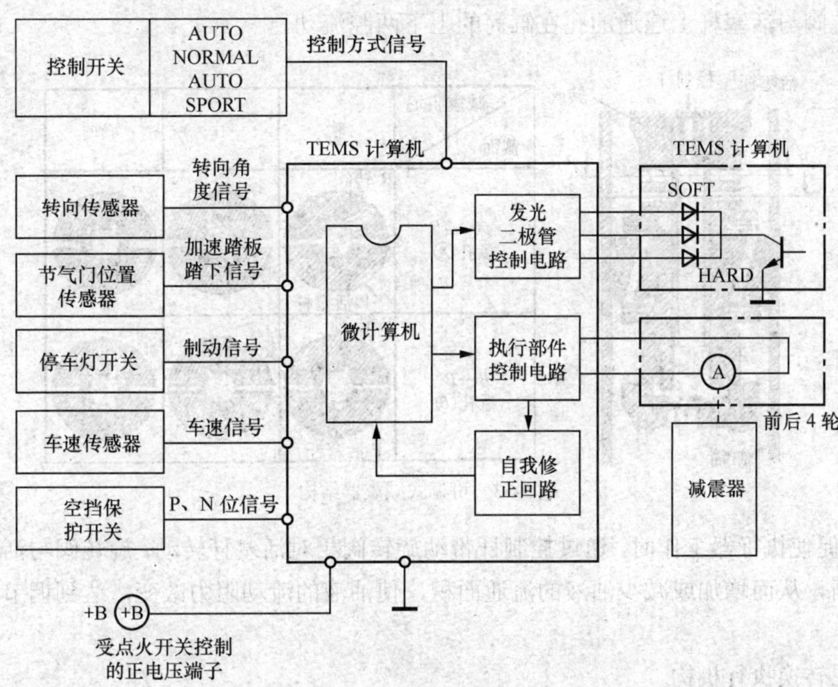

图 9-51　悬架电子控制单元 ECU 电路

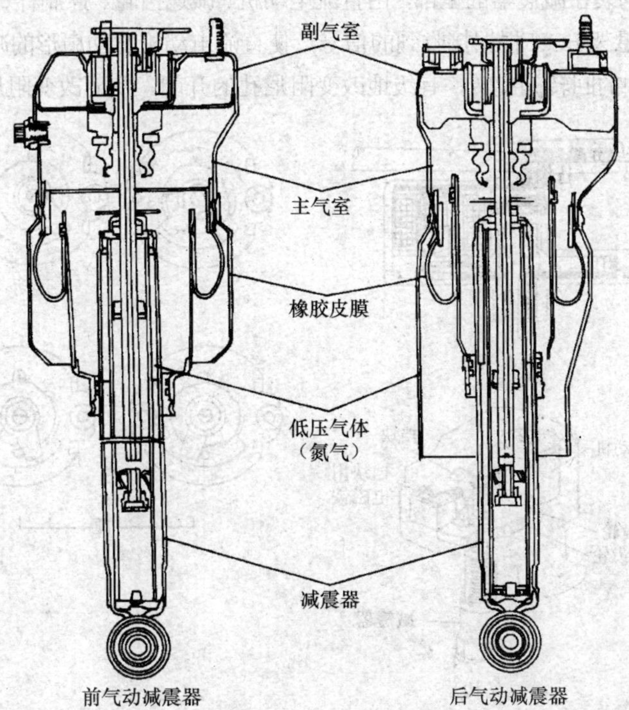

图 9-52　空气弹簧结构图

2．悬架阻尼调节装置

（1）可调阻尼式减震器

可调阻尼式减震器主要由缸筒、活塞及活塞控制杆、旋转阀等组成，如图9-53所示。活塞杆是一空心杆，在其中心装有控制杆，控制杆的上端与执行器相连。控制杆的下端装有旋转阀，旋转阀和活塞杆上分别有两个通孔。缸筒中的油液一部分经活塞上的阻尼孔在缸筒的上下两腔流动；一部分经旋转阀与活塞杆上连通的孔在缸筒的上下两腔流动。

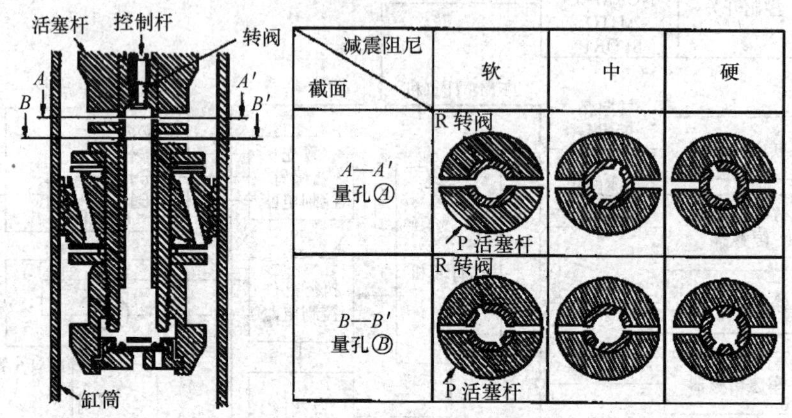

图9-53　可调式减震器结构

当ECU促使执行器工作时，通过控制杆带动旋转阀相对活塞杆转动，旋转阀与活塞杆上的油孔连通或切断，从而增加或减少油液的流通面积，使油液的流动阻力改变，达到调节减震器阻尼力的目的。

（2）阻尼转换执行机构

阻尼转换执行机构装在减震器的上部，由直流电动机、减速齿轮、控制杆、电磁铁、挡块等组成，如图9-54所示。电控悬架ECU根据接收到的信号，使直流电动机驱动扇形的减速齿轮左右转动，通过控制杆带动减震器中的回转阀旋转，有级地改变阻尼孔的开闭，从而改变阻尼系数即减震阻力。

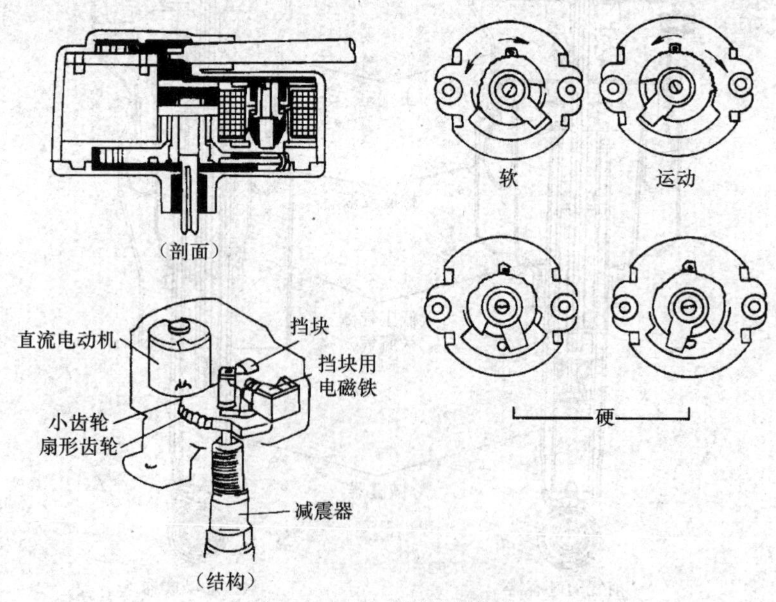

图9-54　阻尼转换执行机构

3. 悬架刚度调节装置

悬架刚度调节是通过悬架刚度执行机构开闭主气室与副气室的隔板，改变气室的容积而实现的，即增大容积使刚度变小，减小容积使刚度增加。ECU 根据车辆状态信号及时调节悬架刚度，高速行驶转换为大刚度，低速行驶转换为小刚度；在制动时使前悬架刚度增加，在加速时，使后悬架刚度增加；在转弯时对左右悬架刚度调节以减少侧倾。一般减小空气弹簧刚度会使汽车增大侧倾、下坐或点头，因此悬架刚度的控制多数情况下是和汽车高度和阻尼系数的调节相结合使用，以便于从总体上改善平顺性。

悬架刚度执行机构由刚度控制阀和执行机构等组成，如图 9-55 所示。执行机构位于减震器的顶部，与阻尼系数控制机构组装在一起。刚度控制阀装在空气弹簧副气室的中部，如图 9-56 所示。由空气阀、阀体和空气阀控制杆组成，空气阀在截面上有 1 个空气孔，外部的阀体在截面上有不同大小的空气孔。

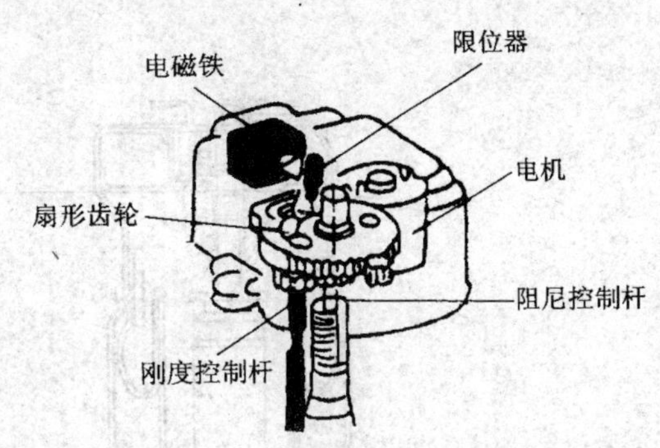

图 9-55 悬架刚度执行机构

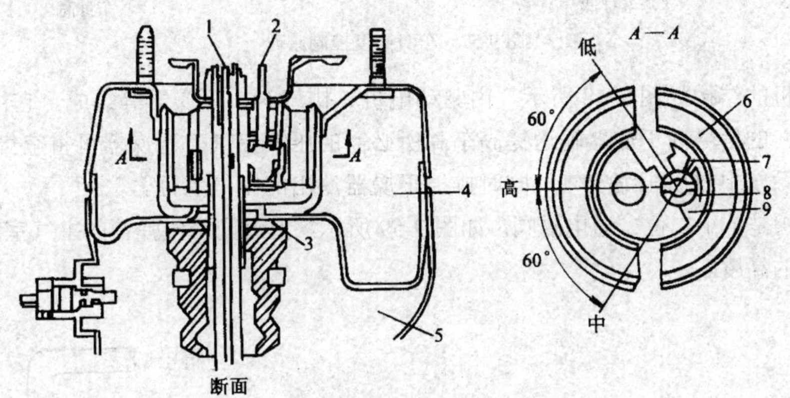

图 9-56 刚度控制阀

1—阻尼调节杆；2—空气阀控制杆；3—主、副气室通道；4—副气室；5—主气室；6—气阀体；7—气体通道；8—阀心；9—大气通道

当空气阀由电机驱动的控制杆带动旋转到“软”的位置时，空气弹簧主气室的气体经过空气阀的中间孔，阀体侧面的大空气孔（大流通孔）与副气室相通，此时参与工作的气体容积最大，悬架刚度处于最小状态；当空气阀被旋转到“中”位置时，主气室与副气室的气体经过空气阀的中间孔与阀体侧面的小空气孔相互流通，主、副气室之间的气体流量较小，悬架刚度处于中等状态；当空气阀被旋转到“硬”位置时，主气室与副气室的空气通道被空气阀挡住，此时仅仅靠主气室中的气体承担缓冲任务，悬架刚度处于最大状态。

4. 车高控制执行机构

车高控制是指根据乘员人数、装载质量和汽车的状态自动调节汽车高度。当乘员人数和装载质量增加或减少时，汽车高度自动保持一定，使汽车行驶平稳；当在高低不平的路面上行驶时，为防止发生车架与车身之间的撞击，ECU 控制悬架弹簧的行程在一定的范围内；当高速行驶时，为减少空气阻力而降低车高；而当汽车停车后，乘员下车或装载质量减少后车高会增加，ECU 会控制空气弹簧在几秒钟内将空气少量排出，降低车高。

车高控制执行机构主要由空气阀、空气压缩机和设置在悬架之上的主气室组成。

车高控制主要是利用空气弹簧中主气室空气量的多少来进行调节。当 ECU 接收到车身高度传感器、车速传感器、车门开关等信号，经过处理判断，若是增加车高，则控制执行机构向空气弹簧主气室充气，增加空气量使汽车高度增加；若是降低车高，则控制执行机构打开排气装置向外排气，使空气弹簧主气室的空气量减少而降低汽车高度。车身高度控制原理如图 9-57 所示。

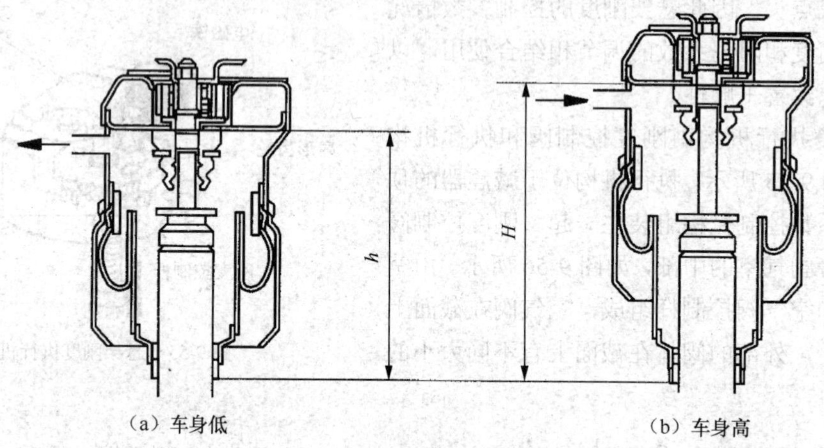

图 9-57　车身高度控制原理

空气压缩机的结构如图 9-58 所示，由驱动电机、排气阀、干燥器等组成。它由电动机驱动，根据悬架 ECU 的信号向干燥器输送提高车高所必需的压缩空气。干燥器可将空气中的水分过滤掉。排气阀从系统中放出压缩空气，同时排掉干燥器滤出的空气水分。

高度控制阀是 1 个二位二通电磁阀，如图 9-59 所示，通过向空气弹簧的主气室内进气和排气，从而控制汽车的高度。

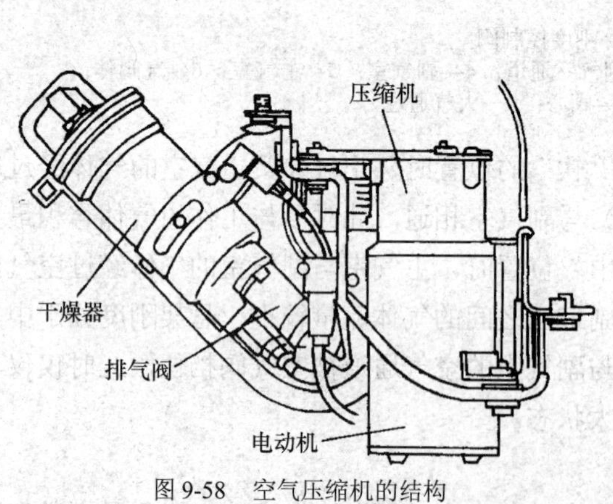

图 9-58　空气压缩机的结构

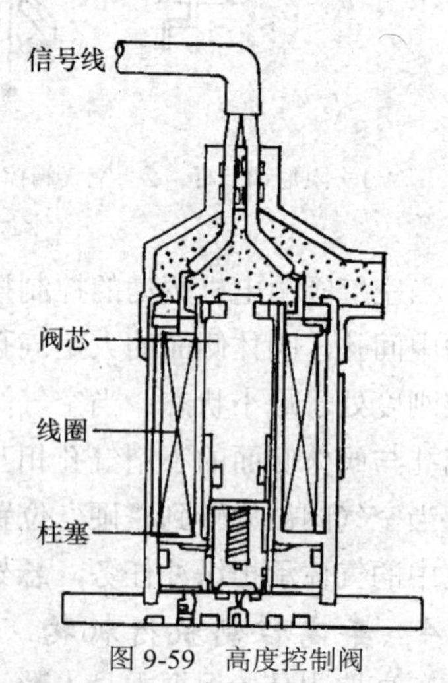

图 9-59　高度控制阀

车身高度控制系统的原理如图 9-60 所示，由压缩机、干燥器、排气阀、1 号高度控制继电器、2 号高度控制继电器、1 号高度控制阀、2 号高度控制阀、前后左右 4 个空气弹簧、4 个车身高度传感器及悬架 ECU 等组成。1 号高度控制阀用于前悬架控制，它有 2 个电磁阀分别控制左右 2 个空气弹簧。2 号高度控制阀用于后悬架控制，它与 1 号高度控制阀一样，也采用两个电磁阀。为

了防止空气管路中产生不正常的压力，2 号高度控制阀中采用了 1 个溢流阀。

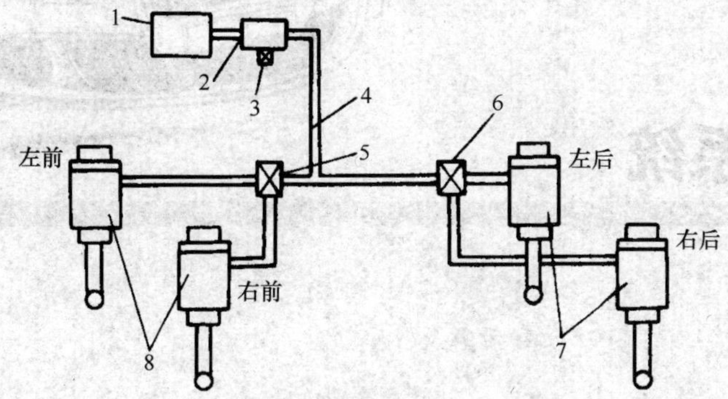

图 9-60　车身高度控制系统原理示意图

1—压缩机；2—干燥器；3—排气阀；4—空气管；5—1 号高度控制阀；6—2 号高度控制阀；7、8—空气弹簧

当车身高度需要上升时，压缩机控制电路接通产生压缩空气。ECU 使高度控制电磁阀线圈通电后，电磁线圈将高度控制阀打开，并将压缩空气引向空气弹簧，从而使车身高度上升。

当车身高度需要下降时，ECU 不仅使高度控制阀电磁线圈通电，而且还使排气阀电磁线圈通电，排气阀电磁线圈使排气阀打开，将空气弹簧中的压缩空气排到大气中。

练　习　题

1. 电子控制悬架装置的控制功能有哪些？
2. 简述车身高度传感器的结构及工作原理。
3. 说明悬架阻尼调节装置的结构及工作原理。
4. 说明悬架刚度调节装置的结构及工作原理。
5. 电子控制悬架系统是如何实现车身高度控制的？

项目十 汽车转向系统

【学习目标】

1. 能够正确描述汽车转向系统的组成及功用；
2. 能够正确描述机械转向系统的结构、原理；
3. 能够正确描述液压动力转向系统的结构、原理；
4. 能够正确描述电控转向系统的结构、原理；
5. 能够正确选择与使用工具、设备，并规范地对汽车转向系统主要零部件进行拆卸与装配。

本项目主要介绍汽车转向系统的功用、组成，各主要零部件的功用、结构及相关总成及零部件拆装等内容。

汽车转向系统是指由驾驶员操纵，能实现转向轮偏转和回位的一套机构。当汽车需要改变行驶方向时，必须使转向轮绕主销轴线偏转一定角度，直到新的行驶方向符合驾驶员的要求时，再将转向轮恢复到直线行驶的位置。

1. 转向系统的功用、类型

汽车转向系统的功用是按照驾驶员的意愿改变汽车的行驶方向、保持汽车稳定地沿直线行驶。

汽车转向系统按转向动力源的不同分为机械转向系统和动力转向系统两大类。动力转向系统又可以分为液压式、气压式和电动式 3 种。

机械转向系统以驾驶员的体力作转向动力源，系统的所有传动件都是机械的，如图 10-1 所示。

动力转向系统是兼用驾驶员体力和发动机（或电动机）的动力作为转向能源的转向系统。动力转向系统是在机械转向系统的基础上加设一套转向加力装置而形成的，如图 10-2 所示。

2. 转向系统的基本组成和工作原理

汽车机械转向系统由机械转向器、转向操纵机构和转向传动机构三大部分组成，其具体组成如图 10-3 所示。转向操纵机构包括转向盘、转向轴、万向节、转向传动轴。机械转向器有多种类型，常用的有循环球式转向器和齿轮齿条式转向器。转向传动机构包括转向摇（垂）臂、转向直（纵）拉杆、转向节臂、转向梯形臂、转向横拉杆等。

如图 10-3 所示，汽车转向时，驾驶员转动转向盘，通过转向轴、万向节和转向传动轴，将转向力矩输入转向器。转向器中有 1～2 级啮合传动副，具有降速增矩的作用。转向器输出的转矩经

转向摇臂，再通过转向直拉杆传给固定在左转向节上的转向节臂，使左转向节及装于其上的左转向轮绕主销偏转。左、右转向梯形臂的一端分别固定在左、右转向节上，另一端则与转向横拉杆作球铰链连接。当左转向节偏转时经左转向梯形臂、转向横拉杆和右转向梯形臂的传递，右转向节及装于其上的右转向轮随之绕主销同向偏转一定的角度。

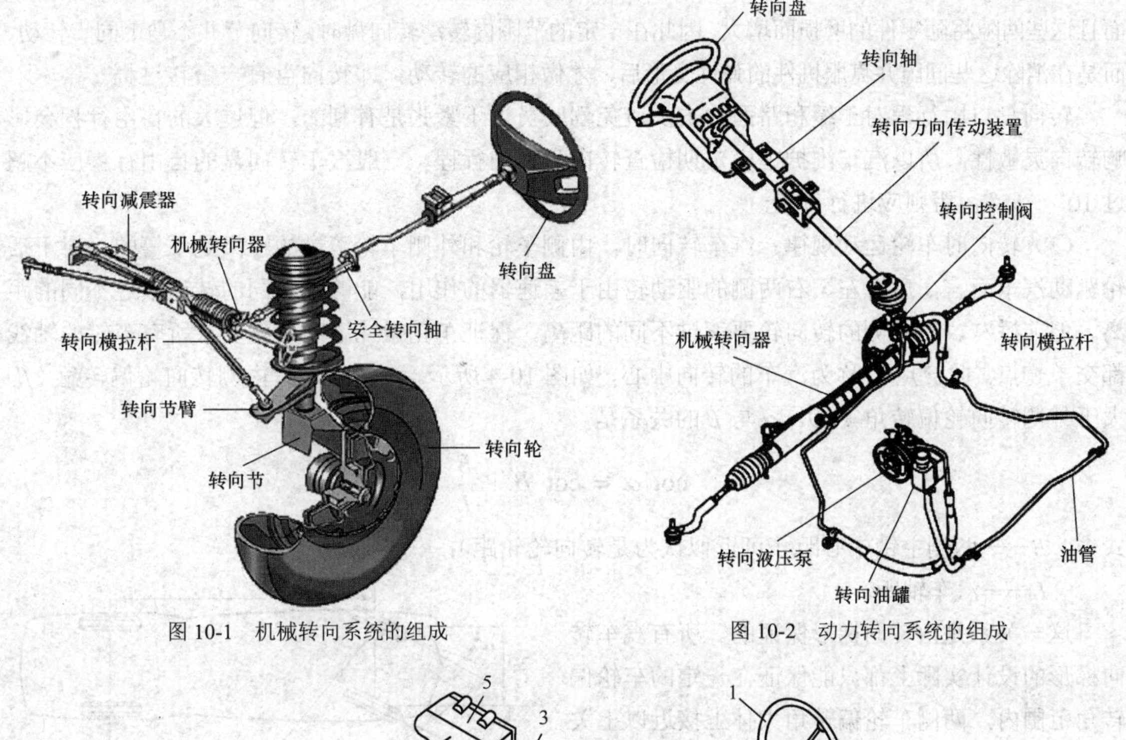

图 10-1 机械转向系统的组成 图 10-2 动力转向系统的组成

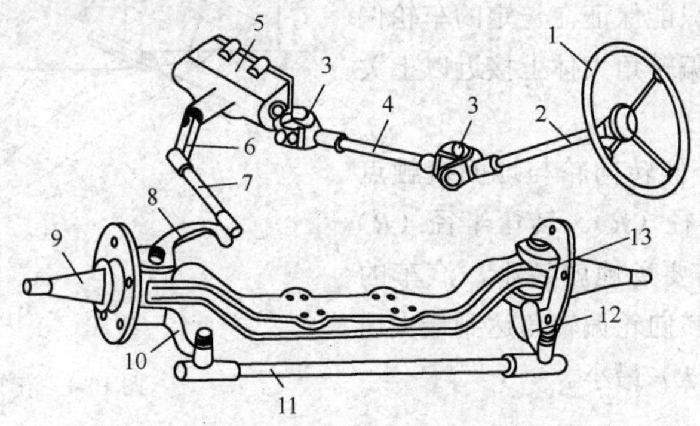

图 10-3 机械转向系统示意图

1—转向盘；2—转向轴；3—转向万向节；4—转向传动轴；5—转向器；6—转向摇臂；7—转向直拉杆；8—转向节臂；9—左转向节；10—左转向梯形臂；11—转向横拉杆；12—右转向梯形臂；13—右转向节

左、右转向梯形臂和转向横拉杆构成转向梯形，其作用是在汽车转向时，使左、右转向轮按一定的规律进行偏转。

3．转向系统的参数和转向理论

（1）转向系统角传动比。转向系统角传动比是指转向盘的转角与转向盘同侧的转向轮偏转角的比值，一般用 i_w 表示。转向系统角传动比是转向器角传动比 i_1 和转向传动机构角传动比 i_2 的乘积。转向器角传动比是转向盘转角和转向摇臂摆角之比。转向传动机构角传动比是转向摇臂摆角与同侧转向轮偏转角之比。

转向系统角传动比越大，增矩作用越大，转向操纵越轻便，但转向盘转的圈数过多，会导致操纵灵敏性变差，所以转向系统角传动比不能过大。而转向系统角传动比太小又会导致转向沉重，所以转向系统角传动比既要保证转向轻便，又要保证转向灵敏，但机械转向系统很难做到这点，所以越来越多的车辆采用动力转向系统。

（2）转向盘的自由行程。转向盘的自由行程是指转向盘在空转阶段的角行程，这主要是由转向系统各传动件之间的装配间隙和弹性变形所引起的。由于转向系统各传动件之间都存在着装配间隙，而且这些间隙将随零件的磨损而增大，因此在一定的范围内转动转向盘时，转向节并不马上同步转动，而是在消除这些间隙并克服机件的弹性变形后，才做相应的转动，即转向盘有一空转过程。

转向盘自由行程对于缓和路面冲击及避免驾驶员过于紧张是有利的，但过大的自由行程会影响转向灵敏性。所以汽车维护中应定期检查转向盘自由行程。一般汽车转向盘的自由行程应不超过 10°～15°，否则应进行调整。

（3）转向时车轮运动规律。汽车转向时，内侧车轮和外侧车轮滚过的距离是不等的。对于后轮驱动汽车而言，后桥左、右两侧的驱动轮由于差速器的作用，能够以不同的转速滚过不同的距离。但前桥左、右两侧的转向轮要滚过不同的距离，保证车轮做纯滚动，就要求所有车轮的轴线都交于一点。此交点 O 称为汽车的转向中心，如图 10-4 所示。汽车转向时内侧转向轮偏转角（β）大于外侧转向轮偏转角（α）。α 与 β 的关系是

$$\cot \alpha = \cot \beta + \frac{B}{L}$$

式中，B——两侧主销中心距（可近似认为是转向轮轮距）；

L——汽车轴距。

这一关系是由转向梯形保证的。所有汽车转向梯形的设计实际上都只能保证在一定的车轮偏转角范围内，两侧车轮偏转角大体上接近以上关系式。

从转向中心 O 到外侧转向轮与地面接触点的距离称为汽车转弯半径（R）。转弯半径（R）越小，则汽车转向所需要场地就越小，汽车的机动性也越好。当外侧转向轮偏转角达到最大值（α_{max}）时，转弯半径（R）最小。

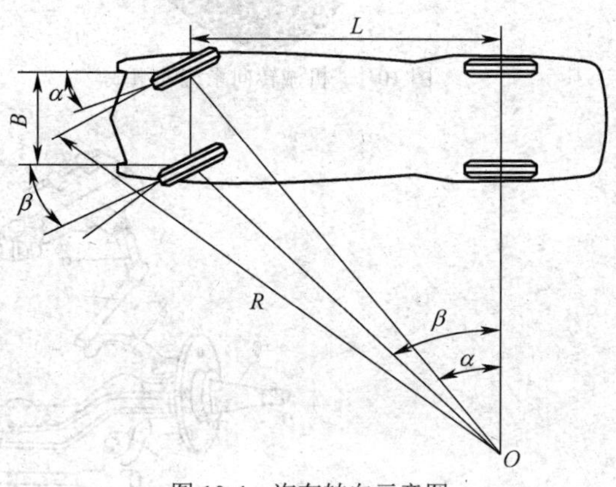

图 10-4　汽车转向示意图

任务一　机械转向系统

【学习目标】

1. 能够正确描述转向器的结构和工作原理；
2. 能够正确描述转向操纵机构的结构及工作原理；
3. 能够正确描述转向传动机构的结构及工作原理；
4. 能够正确选择与使用工具、设备，并规范地对转向器总成进行拆卸与安装。

相关知识

（一）机械转向器

转向器是转向系统中的降速增矩传动装置，其功用是增大由转向盘传到转向节的力，并改变力的传动方向。

转向器传动效率是指转向器输出功率与输入功率之比。当功率由转向盘输入，从转向摇臂输出时，所求得的传动效率称为正传动效率；反之，转向摇臂受到道路冲击而传到转向盘的传动效率则称为逆传动效率。

按传动效率的不同，转向器可以分为可逆式、极限可逆式和不可逆式 3 种。

按转向器中的传动副的结构形式，转向器可以分为循环球式、齿轮齿条式、蜗杆曲柄指销式、蜗杆滚轮式等几种。

1．齿轮齿条式转向器

齿轮齿条式转向器分两端输出式和中间（或单端）输出式两种，如图 10-5 所示。齿轮齿条式转向器采用一级传动副，主动件是齿轮，从动件是齿条。

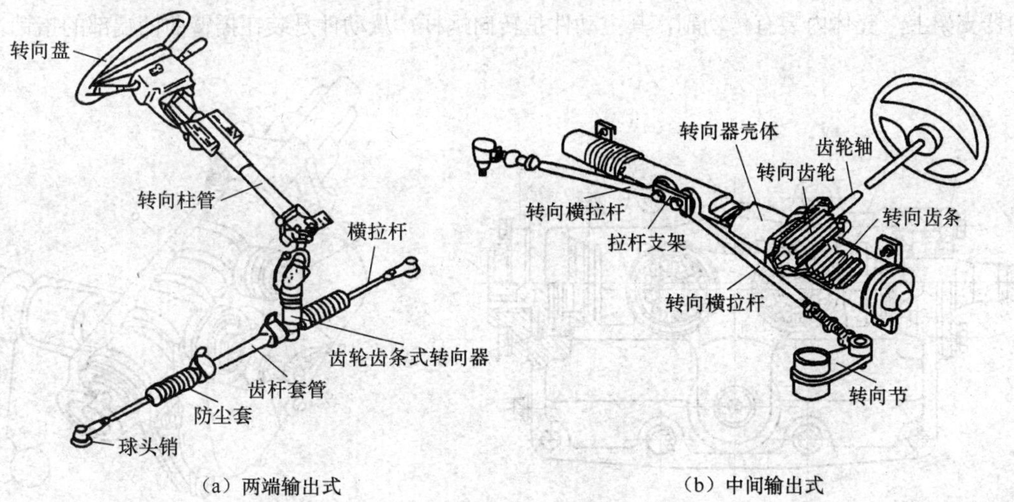

图 10-5　齿轮齿条式转向器结构形式

齿轮齿条式转向器是利用齿轮顺时针或逆时针方向的转动带动齿条左右移动，再通过横拉杆推动转向节，达到转向的目的，如图 10-6 所示。

齿轮齿条式转向器

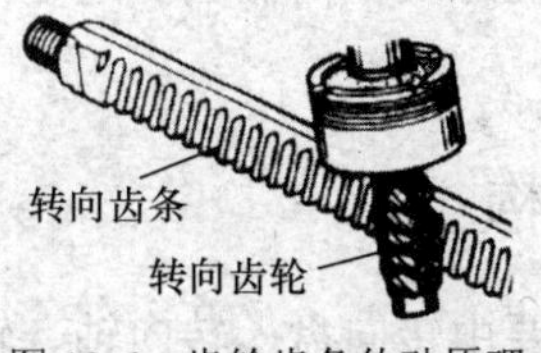

图 10-6　齿轮齿条传动原理

齿轮齿条式转向器结构简单，可靠性好，便于独立悬架的布置；同时，由于齿轮齿条直接啮合，转向灵敏、轻便，在各类型汽车上的应用越来越多。

2．循环球式转向器

循环球式转向器由侧盖、底盖、壳体、钢球、带齿扇的摇臂轴、圆锥轴承、制有齿形的螺母、转向螺杆等组成，如图 10-7 所示。

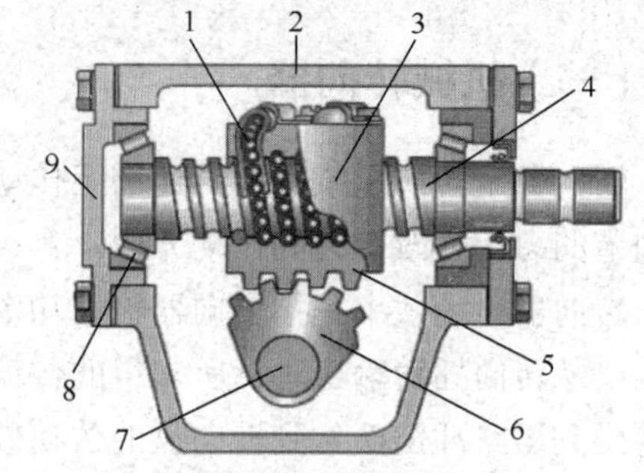
图 10-7　循环球式转向器

1—钢球；2—壳体；3—螺母；4—转向螺杆；5—齿条；6—齿扇；7—摇臂轴；8—轴承；9—底盖

循环球式转向器采有两级传动副，第一级是螺杆与螺母，第二级是齿条与齿扇。

循环球式转向器工作时，转向螺杆转动，在摩擦力的作用下，所有钢球在螺母与螺杆之间形成“球流”，并推动齿形螺母沿螺杆轴线前后移动，然后通过齿条带动齿扇摆动，并使摇臂轴旋转，带动摇臂摆动，最后由传动机构传至转向轮，使转向轮偏转以实现转向。

循环球式转向器的最大优点是传动效率高、操纵轻便、工作可靠、使用寿命长。其主要缺点是结构复杂、制造精度要求高、逆效率也高。

3．蜗杆曲柄指销式转向器

东风 EQ1090E 型汽车采用的是蜗杆曲柄双指销式转向器。该转向器主要由转向器壳体、转向蜗杆、曲柄和指销、上盖、下盖、调整螺栓和螺母等组成，如图 10-8 所示。转向器壳体固定在车架的转向器支架上。壳体内装有传动副，其主动件是转向蜗杆，从动件是装在摇臂曲柄端部的指销。

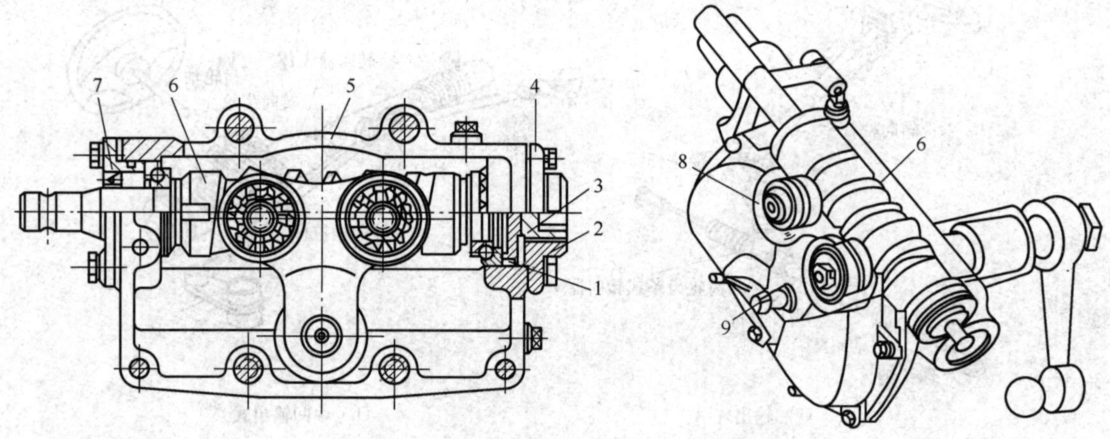
图 10-8　东风 EQ1090E 型汽车转向器

1—推力球轴承；2—螺母；3—调整螺塞；4—下盖；5—转向器壳体；6—转向蜗杆；7—上盖；8—指销；9—摇臂轴

汽车转向时，驾驶员通过转向盘转动转向蜗杆（主动件），与其相啮合的指销（从动件）一边自转，一边以曲柄为半径绕摇臂轴轴线在蜗杆的螺纹槽内做圆弧运动，从而带动曲柄、转向摇臂摆动，实现汽车转向。

转向操纵机构

（二）转向操纵机构

汽车转向操纵机构主要由转向盘、转向轴、转向柱管等部件组成。它的功用是产生转动转向器所必需的操纵力，并具有一定的调节和安全性能。转向操纵机构要将驾驶员操纵转向盘能力传给转向器。为了驾驶员能舒适驾驶，要求转向操纵机构可以进行调节，以满足不同驾驶员的需求。为了防止车辆撞击后对驾驶员的损伤，要求转向操纵

机构具有一定的安全保护装置。

1．转向盘

转向盘也称方向盘，由轮缘、轮辐和轮毂组成，如图 10-9 所示。轮辐一般有 3 或 4 根辐条。轮毂有圆孔及键槽，利用键和螺母将其固定在转向轴的轴端。转向盘内部由成形的金属骨架构成，骨架外面一般包有柔软的合成橡胶或树脂，也有包皮革的，以使它具有良好的手感，防止驾驶员手心出汗时转向盘打滑。

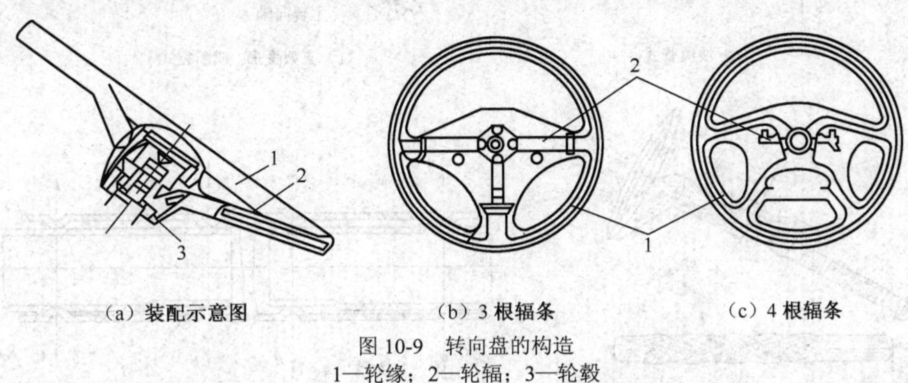

（a）装配示意图　（b）3 根辐条　（c）4 根辐条

图 10-9　转向盘的构造

1—轮缘；2—轮辐；3—轮毂

出于安全考虑，不仅要求转向盘具有可起缓冲作用的柔软表皮，而且还要求转向盘在汽车发生碰撞时，其骨架能产生变形（见图 10-10），以吸收冲击能量，减轻对驾驶员的伤害。

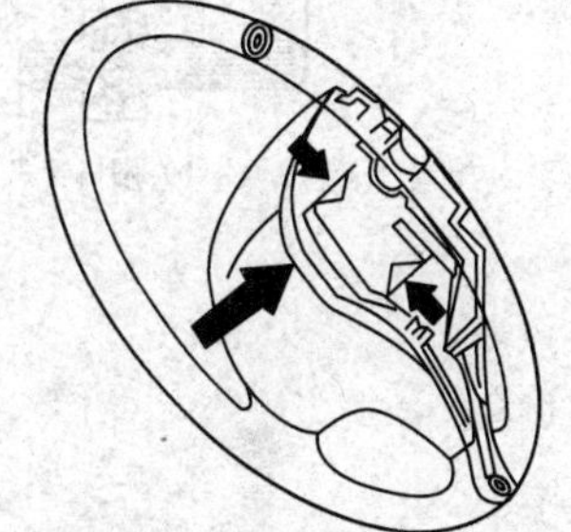

图 10-10　吸能式转向盘骨架变形示意图

转向盘上都装有喇叭按钮，有些轿车的转向盘上还装有车速控制开关以及发生碰撞时保护驾驶员的安全气囊等装置。

2．转向轴与转向柱管

转向轴是连接转向盘和转向器的传动件，并传递它们之间的转矩。转向柱管安装在车身上，支撑着转向盘。转向轴下端与转向万向节相连，上端用轴承或衬套支撑在转向柱管内，固定在支架内的轴承中。轴承下端装有弹簧，可自动消除转向柱管与转向轴之间的轴向间隙。转向柱管上端通过上支架固定在驾驶室前围仪表板上，下端压装在下固定支架孔内，下固定支架用两个螺栓固定在驾驶室底板上。转向轴从转向柱管中穿过，支撑在转向柱管内的轴承和衬套上。转向柱管上端装有喇叭接触环、转向灯开关、雨刮器开关总成、转向盘锁总成等。

随着汽车车速的提高，对于轿车除要求装有吸能式转向盘外，还要求转向柱管也必须备有缓和冲击的吸能装置。另外还要求当汽车受到碰撞而产生较大变形时，转向轴和转向柱管能够朝上倾斜，以避免转向盘撞击驾驶员的胸部和头部。

缓冲吸能式转向操纵机构具有吸收能量、减轻驾驶员受伤程度的作用，其结构有波纹管式、网格管式、管柱式及支架变形（或断裂）式等，如图 10-11 所示。其中，波纹管式和支架变形（或断裂）式转向柱靠碰撞时产生的弹性变形来吸能；网格管式转向柱靠碰撞时产生的塑性变形来吸能；而管柱式转向柱靠碰撞时产生的摩擦来吸能。

为方便不同身高及体形的驾驶员操纵，现代轿车愈来愈多地采用可倾斜和可伸缩的转向柱机构。图 10-12 所示为手动倾斜式转向柱调整机构示意图。首先向下扳动倾斜调整手柄，使锁紧螺栓松动，为防止转向柱下落，用两只弹簧保持平衡；然后以下支架的枢轴为中心将转向柱向上扳动，在长孔范围内移动，直到满意位置，最后再向上扳动手柄，将锁紧螺栓拧紧，转向柱就被定位在倾斜机构支架上。

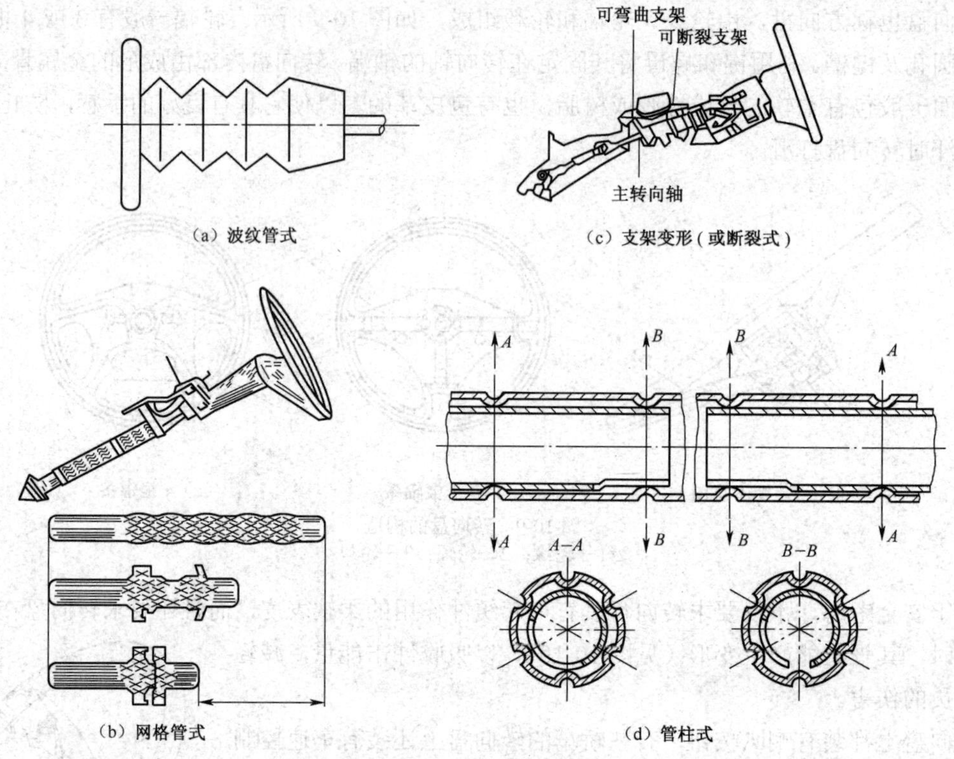

（a）波纹管式　（b）网格管式　（c）支架变形（或断裂式）　（d）管柱式

图 10-11　吸能式转向柱管

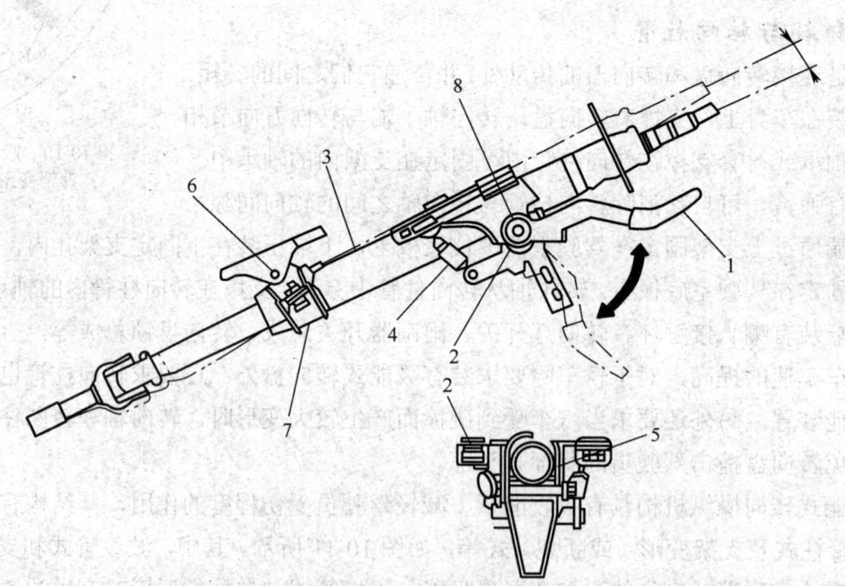

图 10-12　手动倾斜式转向柱调整机构示意图

1—倾斜调整手柄；2—锁紧螺柱；3—转向柱；4—弹簧；5—倾斜机构支架；6—枢轴；7—下支架；8—长孔

图 10-13 所示为手动伸缩式转向柱调整机构示意图。其调整为向下扳动伸缩调整手柄，解除锁紧。利用两根转向轴上的花键配合，伸缩调整转向盘的前后位置直至合适，再向上扳动调整手柄，用楔形限位器紧固转向轴。

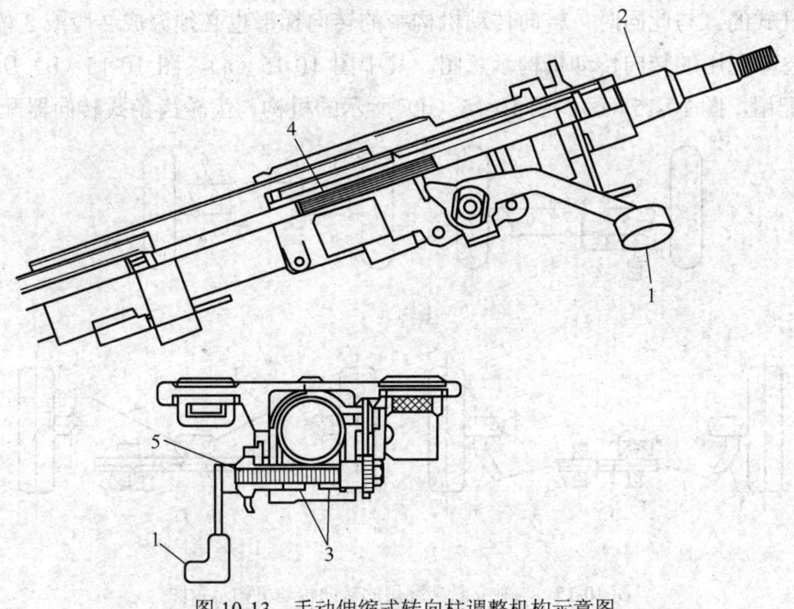

图 10-13　手动伸缩式转向柱调整机构示意图
1—伸缩调整手柄；2—转向轴；3—限位器；4—花键；5—手柄枢轴

（三）转向传动机构

转向传动机构的功用是将转向器输出的力和运动传给转向轮，使两侧转向轮偏转以实现汽车转向，并保证左、右转向轮的偏转角按一定关系变化。

1．与非独立悬架配用的转向传动机构

与非独立悬架配用的转向传动机构如图 10-14 所示，它一般由转向摇臂、转向直拉杆、转向节臂、梯形臂（2个）和转向横拉杆等杆件组成。各杆件之间都采用球形铰链连接，并设有防止松动、缓冲吸振、自动消除磨损后的间隙等的结构。

当前桥仅为转向桥时，由左、右梯形臂和转向横拉杆组成的转向梯形一般布置在前桥之后，如图 10-14（a）所示，称为后置式。这种布置简单方便，且后置的转向横拉杆有前面的车桥做保护，可避免直接与路面障碍物相碰撞而损坏。当发动机位置较低或前桥为转向驱动桥时，往往将转向梯形布置在前桥之前，如图 10-14（b）所示，称为前置式。若转向摇臂不是在汽车纵向平面内前后摆动而是在与路面平行的平面内左右摆动，则可将转向直拉杆横向布置，并借球头销直接带动转向横拉杆，从而推动左、右梯形臂转动，如图 10-14（c）所示。

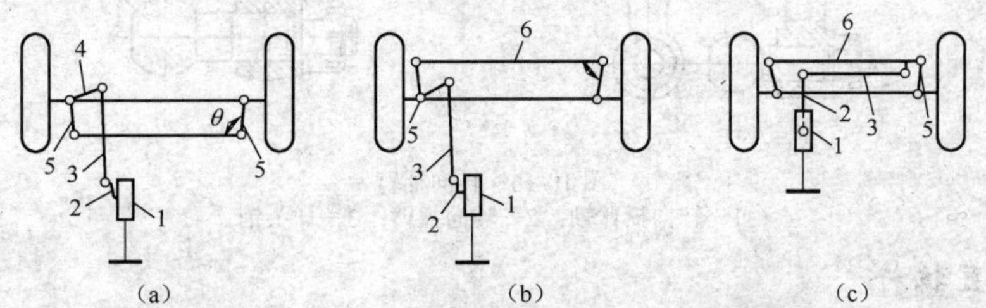

图 10-14　与非独立悬架配用的转向传动机构示意图
1—转向器；2—转向摇臂；3—转向直拉杆；4—转向节臂；5—转向梯形臂；6—转向横拉杆

2．与独立悬架配用的转向传动机构

当转向轮采用独立悬架时，由于每个转向轮都需要相对于车架（或车身）做独立运动，因此转

向桥必须是断开式的。与此同时，转向传动机构中的转向梯形也必须分成 2 段或 3 段。图 10-14 所示为几种独立悬架配用的转向传动机构示意图。其中图 10-15（a）、图 10-15（b）所示的机构与循环球式转向器配用，图 10-15（c）、图 10-15（d）所示的机构与齿轮齿条式转向器配用。

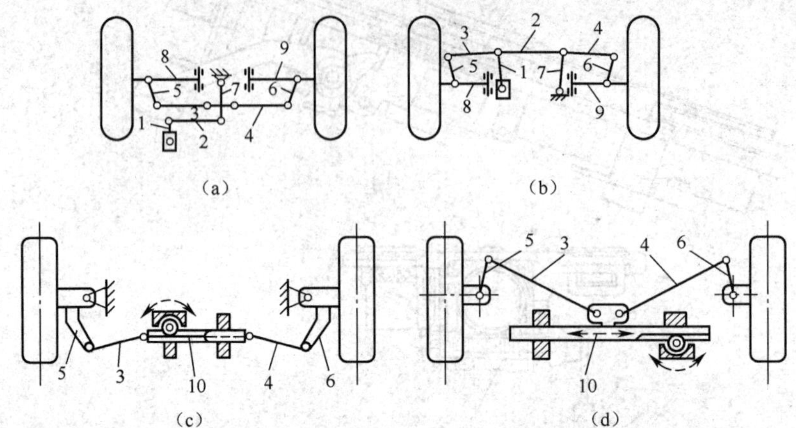

图 10-15　与独立悬架配用的转向传动机构示意图

1—转向摇臂；2—转向直拉杆；3—左转向横拉杆；4—右转向横拉杆；5—左梯形臂；6—右梯形臂；7—摇杆；8—悬架左摆臂；9—悬架右摆臂；10—齿轮齿条式转向器

3. 转向摇臂

图 10-16 所示为常见转向摇臂的结构形式，其大端具有三角细花键锥形孔，与转向摇臂轴连接，并用螺母固定；其小端用锥形孔与球头销柄部连接，也用螺母固定。转向摇臂安装后，从中间位置向两边摆动的角度应大致相等，故在把转向摇臂安装到摇臂轴上时，两者相应的角度位置应正确。为此，常在摇臂大孔外端面上和摇臂轴的外端面上各刻有短线，或是在两者的花键部分上都少铣一个齿作为装配标记，装配时应将标记对齐。

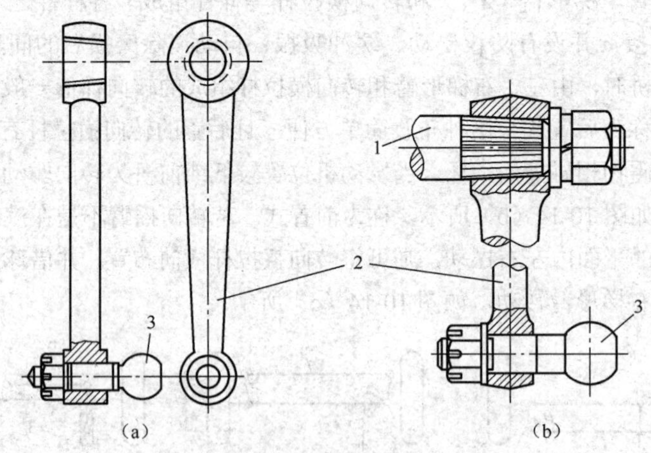

图 10-16　转向摇臂

1—转向摇臂轴；2—转向摇臂；3—球头销

4. 转向直拉杆

图 10-17 所示为解放 CA1092 型汽车的转向直拉杆，它是连接转向摇臂和转向节臂的杆件。

直拉杆体由两端扩大的钢管制成，在扩大的端部里，装有由球头销、球头座、弹簧座、压缩弹簧和螺塞等组成的球铰链。球头销的锥形部分与转向摇臂连接，并用螺母固定；球头部分通过钢管上开有的圆孔伸入钢管内前、后两个球头座之间。在螺塞和弹簧的作用下，球头与球头座紧

靠。在使用中，弹簧缓冲了转向轮传来的冲击和震动，同时也保证了当球头和球头座磨损后能自动消除间隙。弹簧座小端与球头座背部具有不大的缝隙，以限制弹簧过载，防止弹簧折断时，球头从钢管中脱出。另外钢管上装有油嘴，用来加注润滑油。直拉杆两端的弹簧装在球头销的同一侧，以保证直拉杆在受到向前或向后的冲击力时，都有一段弹簧起作用。

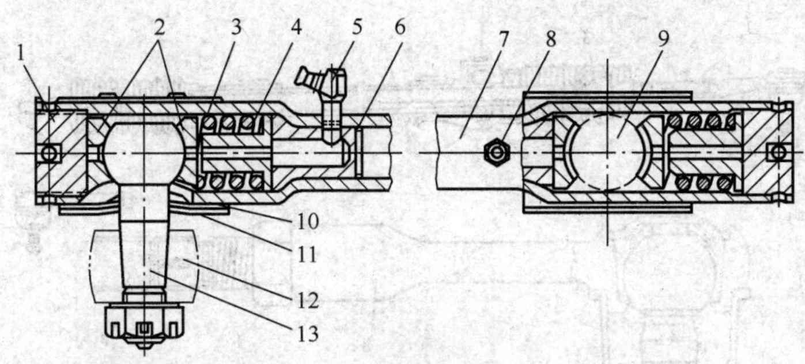

图 10-17 CA1092 型转向直拉杆

1—端部螺塞；2—球头座；3—压缩弹簧；4—弹簧座；5、8—油嘴；6—座塞；7—直拉杆体；9—转向节臂球头销；10—油封垫；11—油封垫护套；12—转向摇臂；13—球头销

5. 转向横拉杆

图 10-18 所示为转向横拉杆示意图，它由横拉杆体和两个旋装在两端的拉杆接头组成。横拉杆体用钢管制成，其两端切有螺纹，一端为右旋，另一端为左旋，与横拉杆接头旋装连接，两端接头结构相同。旋转横拉杆体可使两端接头同时向里或向外移动而改变其长度，以调整前束值；接头的螺纹孔壁上开有轴向切口，故具有弹性，旋装到杆体上后可用螺栓夹紧。

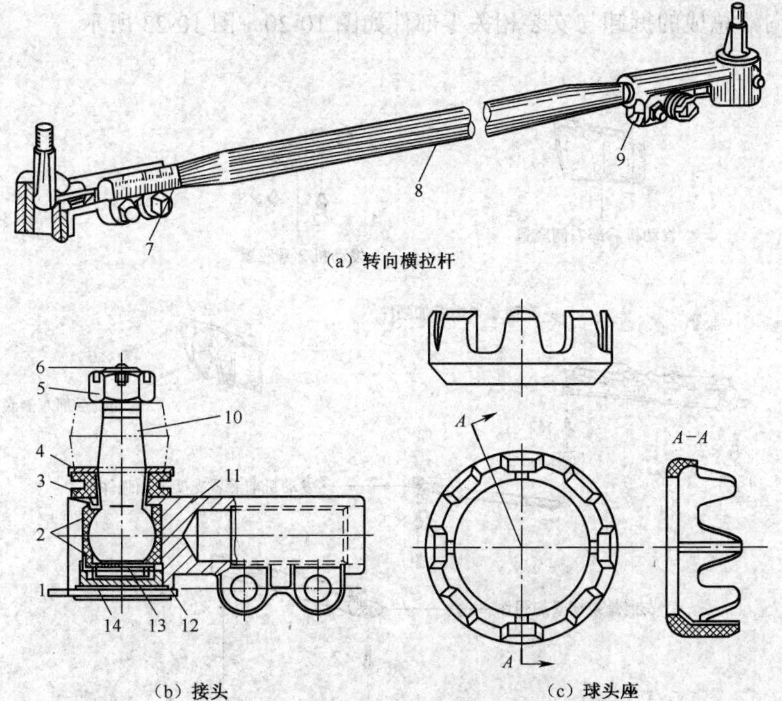

图 10-18 转向横拉杆示意图

1—限位销；2—球头座；3—防尘罩；4—防尘垫；5—螺母；6—开口销；7—夹紧螺栓；8—横拉杆体；9、11—横拉杆接头；10—球头销；12—弹簧座；13—弹簧；14—螺塞

图 10-19 所示为断开式转向桥的横拉杆组成示意图。转向器齿条的两端制有内螺纹。转向横拉杆的内端装有带螺纹的球头，并将其旋入齿条中。横拉杆的外端也通过螺纹与横拉杆接头连接，并用螺母锁紧。横拉杆接头外端通过球头销与转向节连接。松开锁紧螺母，转动转向横拉杆（左右两侧横拉杆的转动量应相同）可以调整前轮前束。

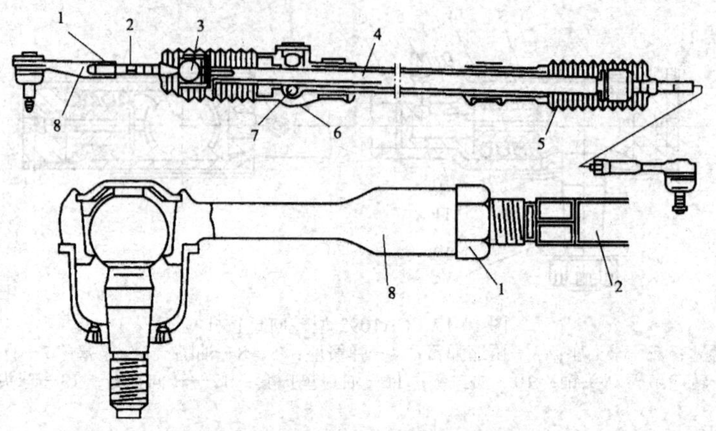

图 10-19　断开式转向桥的横拉杆

1—锁紧螺母；2—转向横拉杆；3—球头；4—转向器齿条；5—防尘罩；6—转向器壳体；7—转向器齿轮；8—转向横拉杆接头

实操技能训练

转向器总成的拆卸与安装

卡罗拉转向器总成的拆卸与安装相关零部件如图 10-20～图 10-23 所示。

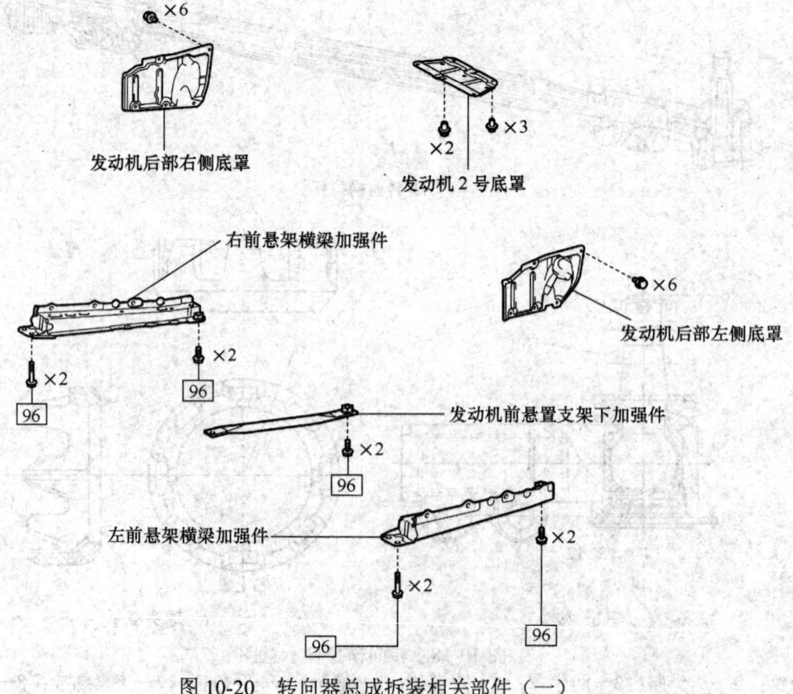

图 10-20　转向器总成拆装相关部件（一）

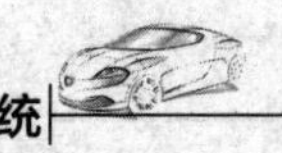

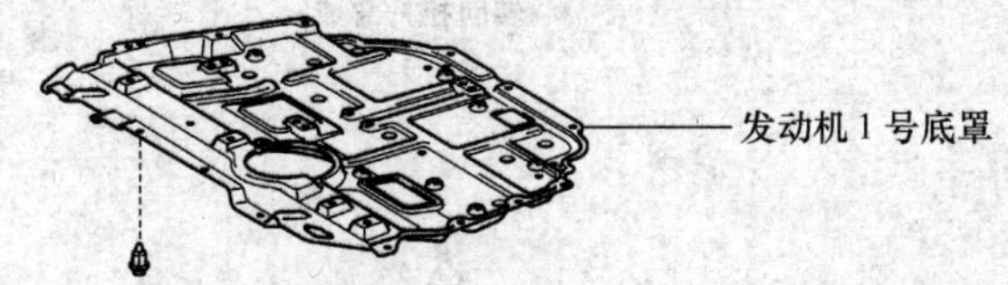

发动机 1 号底罩
N·m：规定扭矩

图 10-20　转向器总成拆装相关部件（一）（续）

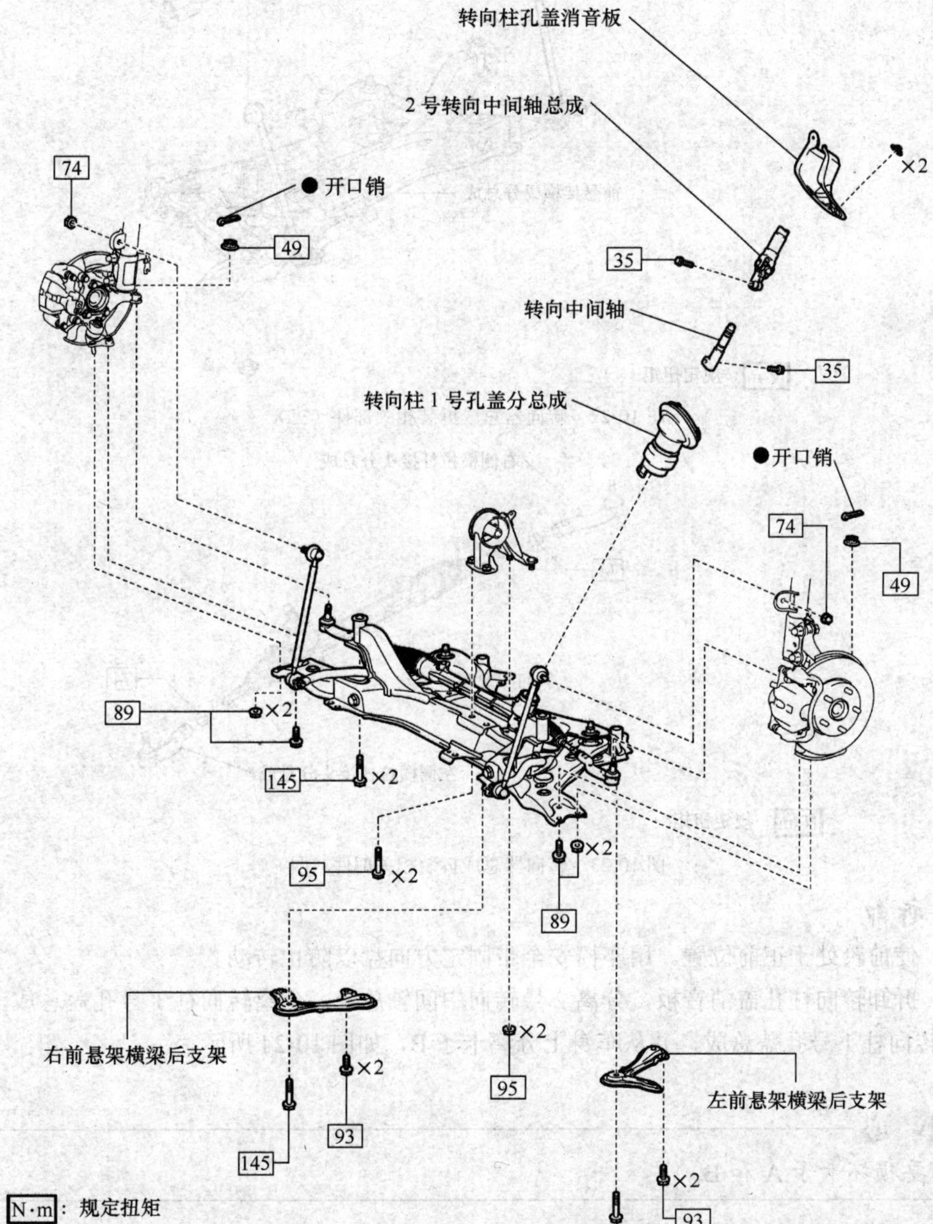

转向柱孔盖消音板
2 号转向中间轴总成
×2
74
● 开口销
49
35
转向中间轴
35
转向柱 1 号孔盖分总成
● 开口销
74
49
89
×2
145
×2
95
×2
×2
89
×2
95
右前悬架横梁后支架
×2
93
145
左前悬架横梁后支架
×2
93
145
N·m：规定扭矩
● 不可重复使用零件

图 10-21　转向器总成拆装相关部件（二）

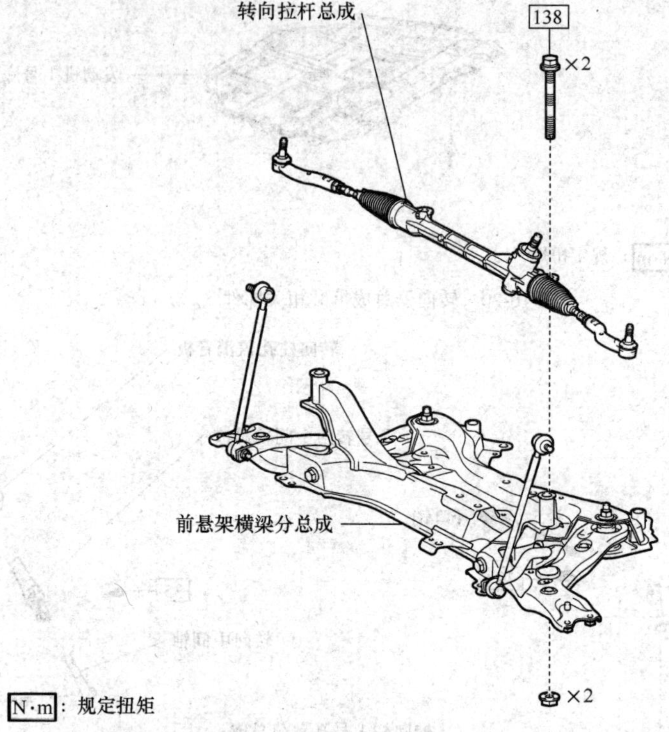

图 10-22　转向器总成拆装相关部件（三）

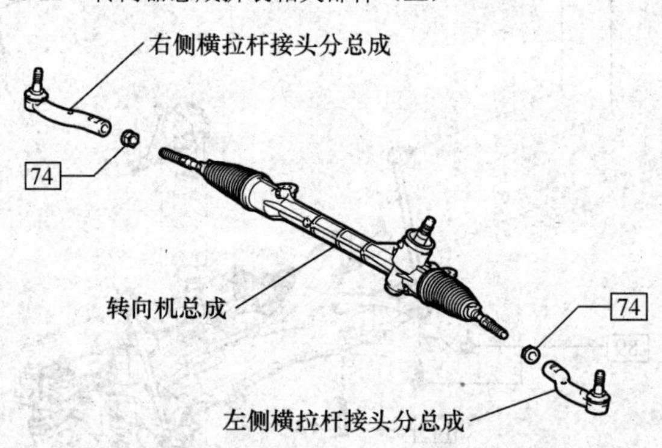

图 10-23　转向器总成拆装相关部件（四）

1．拆卸

（1）使前轮处于正前位置。用座椅安全带固定方向盘以防止转动。

（2）拆卸转向柱孔盖消音板，分离 2 号转向中间轴总成。分离转向柱 1 号孔盖总成，拆下卡子 A 和转向柱 1 号孔盖总成，并从车身上分离卡子 B，如图 10-24 所示。

小　心

不要损坏卡子 A 和 B。

（3）拆卸前轮。拆卸发动机 1 号底罩、拆卸发动机 2 号底罩。拆卸发动机后部左侧底罩、拆卸发动机后部右侧底罩。拆卸发动机前悬置支架下加强件、拆卸左前悬架横梁加强件、拆卸右前悬架横梁加强件。

（4）分离左、右前稳定连杆总成。

（5）分离左侧横拉杆接头总成。

① 拆下开口销和螺母。将 SST 安装至横拉杆接头，如图 10-25 所示。

小　心

确保横拉杆接头上端与 SST 对准。

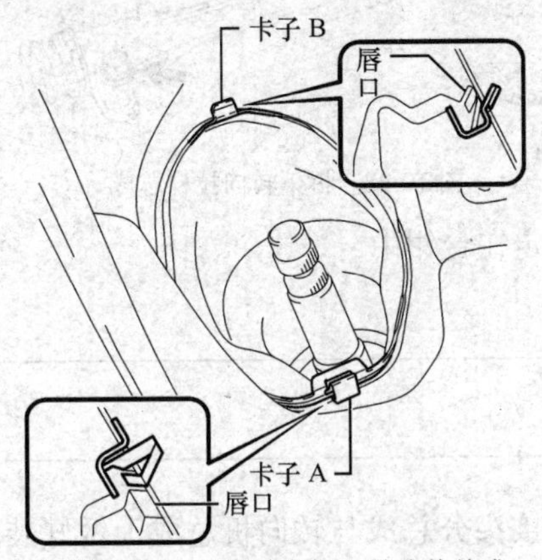

图 10-24　分离转向柱 1 号孔盖总成

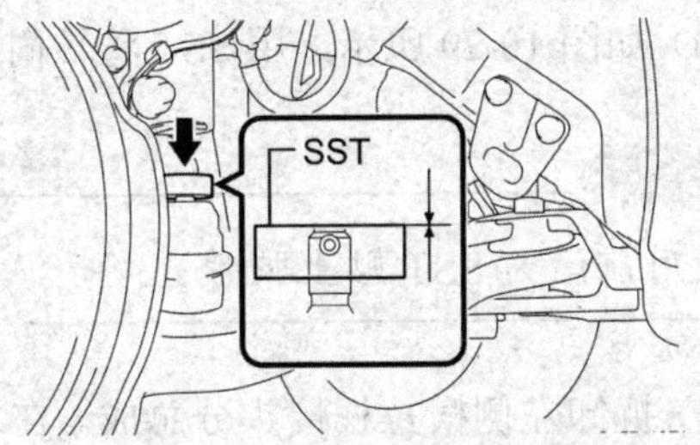

图 10-25　安装 SST 至横拉杆接头

② 用 SST 从转向节上分离横拉杆接头。

小　心

将 SST 固定在转向节上时，确保已绑紧 SST 的线绳以防其掉落；安装 SST 以使 A 和 B 平行；确保按图 10-26 所示将扳手放置在零件上；不要损坏前盘式制动器防尘罩；不要损坏转向节。

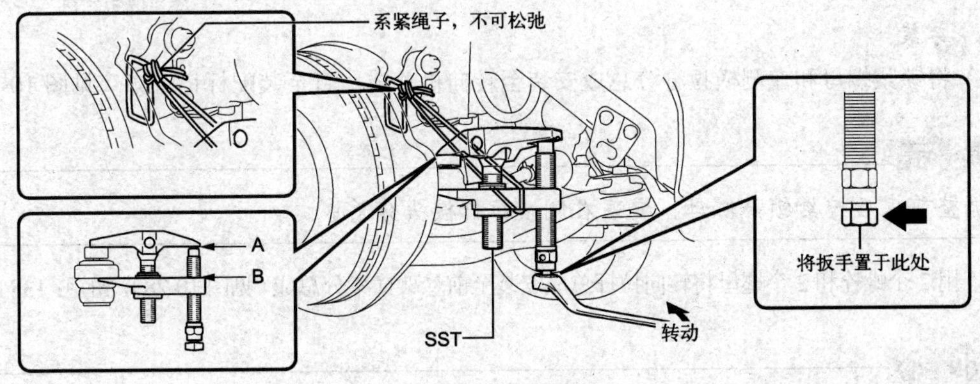

图 10-26　SST 安装

（6）分离右侧横拉杆接头总成。

（7）分离左、右前悬架 1 号下臂分总成，拆卸左、右前悬架横梁后支架，拆卸前悬架横梁分总成。从转向拉杆总成上拆下转向柱 1 号孔盖分总成。

（8）在转向中间轴和转向拉杆总成上做好装配标记（见图 10-27），转向拉杆总成拆下螺栓和转向中间轴。

（9）如图 10-28 所示，从前悬架横分总成拆下 2 个螺栓、2 个螺母和转向拉杆总成。

小 心

因为螺母有它自己的挡块，所以不要转动螺母。松开螺栓时要把螺母固定住。

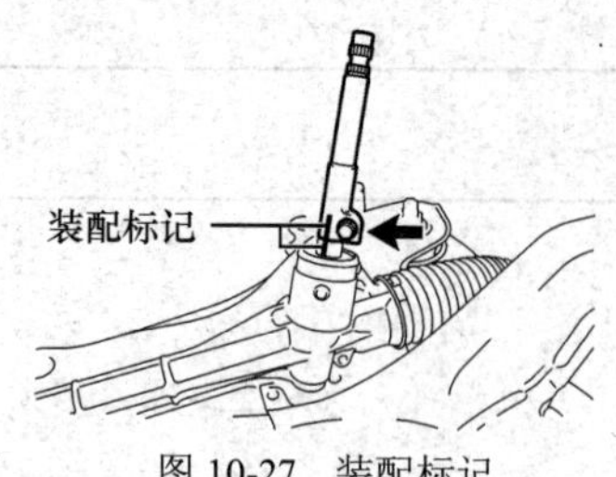

图 10-27　装配标记

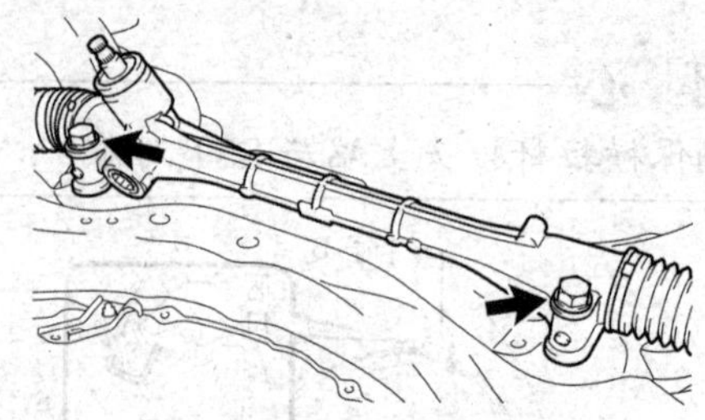
图 10-28　拆下转向拉杆总成

（10）如图 10-29 所示，用 SST 将转向拉杆总成固定在台钳中

提 示

使用前请为 SST 贴上胶带。

（11）拆卸左侧横拉杆接头分总成。在左侧横拉杆接头分总成与转向机总成上做好装配标记（见图 10-30），拆下左侧横拉杆接头分总成和锁紧螺母。拆卸右侧横拉杆接头分总成。

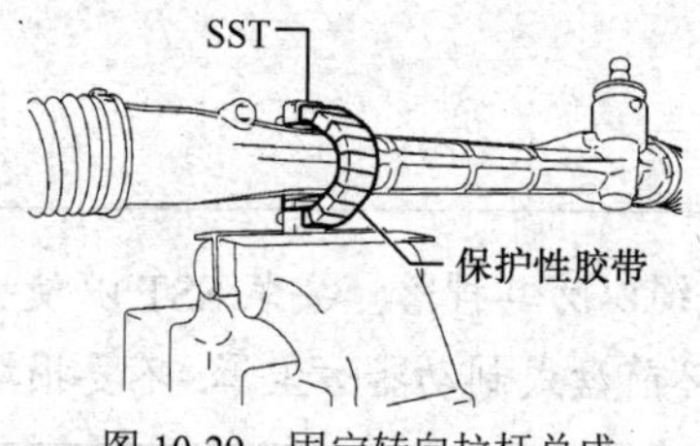

图 10-29　固定转向拉杆总成

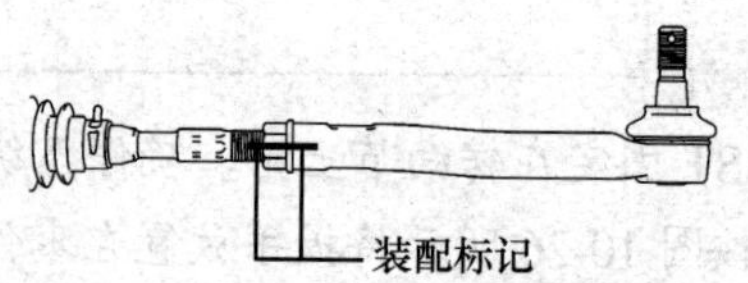

图 10-30　拆卸左侧横拉杆接头分总成

2. 安装

（1）将锁紧螺母和左侧横拉杆分总成安装至转向机总成，直至装配标记对齐（见图 10-30）。

提 示

调整前束后拧紧锁紧螺母。安装右侧横拉杆接头分总成。

（2）用 2 个螺栓和 2 个螺母将转向拉杆总成安装至前悬架横梁分总成（见图 10-28），扭矩：138 N·m。

小 心

确保从车辆左侧开始拧紧螺栓，因为螺母有它自己的挡块，所以不要转动螺母，拧紧螺栓时要把螺母固定住。

（3）对准装配标记，将中间轴安装至转向拉杆总成（见图 10-27），安装螺栓（扭矩：35 N·m）。

（4）安装转向柱 1 号孔盖分总成。如图 10-31 所示，将转向柱 1 号孔盖分总成上的圆孔与转向拉杆总成的凸出部分对准，以安装孔盖。

（5）安装前悬架横梁分总成，安装左、右前悬架横梁后支架，连接左、右前悬架 1 号下臂分总成。

（6）如图 10-32 所示，用螺母将左侧横拉杆接头分总成连接至转向节（扭矩：49 N·m）。安装新的开口销。

小　心

如果开口销孔未对齐，将螺母进一步拧紧 60°。

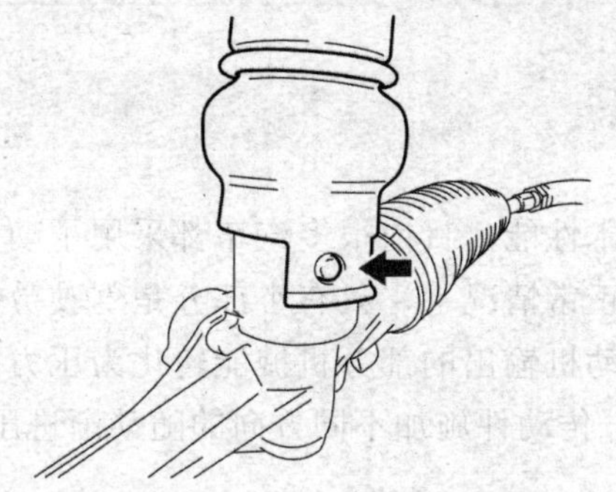

图 10-31　安装转向柱 1 号孔盖分总成

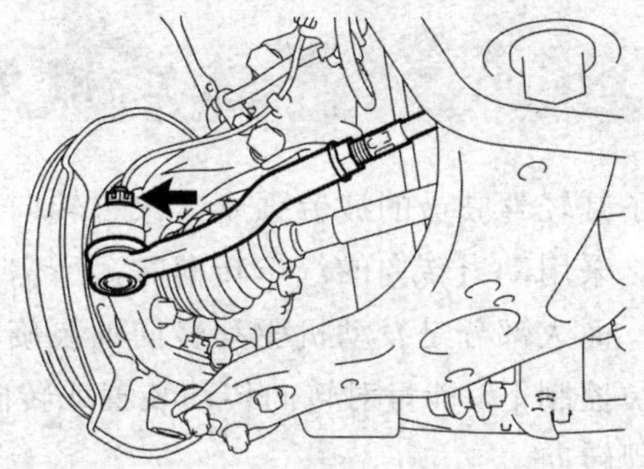

图 10-32　连接左侧横拉杆接头分总成

（7）连接右侧横拉杆接头分总成。安装左、右前稳定连杆总成，安装左、右前悬架横梁加强件。安装发动机前悬置支架下加强件。安装发动机后部左、右侧底罩。安装发动机 2 号底罩。安装发动机 1 号底罩。

（8）将卡子 B 连接至车身部分，并用卡子 A 将转向柱 1 号孔盖分总成安装至车身部分（见图 10-24）。

小　心

确保转向柱 1 号孔盖分总成唇口部分未损坏。

（9）连接 2 号转向中间轴总成。安装转向柱孔盖消音板。安装前轮（扭矩为 103 N·m），调整前轮定位。

练　习　题

1. 什么是转向盘的自由行程，它有什么功用？
2. 简述转向系统的基本组成及工作原理。
3. 循环球式转向器的工作原理是什么？

任务二　液压动力转向系统

【学习目标】

1. 能够正确描述动力转向系统的种类及基本组成；
2. 能够正确描述液压常流转阀式动力转向装置的结构和工作原理；

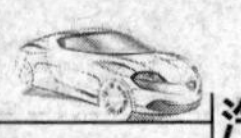

3. 能够正确描述转向油泵的结构和工作原理；
4. 能够正确选择与使用工具、设备，并规范地对动力转向油液进行检查；
5. 能够正确选择与使用工具、设备，并规范地对蛇形附件传动皮带进行拆卸与安装；
6. 能够正确选择与使用工具、设备，并规范地对泵总成进行拆卸与安装。

相关知识

为了减轻驾驶员的疲劳强度，改善转向系统的技术性能，目前很多汽车都采用了动力转向装置。采用动力转向的汽车转向时，所需的能量在正常情况下，只有小部分是驾驶员提供的体能，而大部分是发动机驱动转向油泵旋转，将发动机输出的部分机械能转化为压力能。在驾驶员控制下，能量对转向传动装置或转向器中某一传动件施加不同方向的随动渐进压力，从而实现转向。

（一）动力转向系统种类

动力转向装置按传能介质的不同，可以分为气压式和液压式两种。气压动力转向系统主要用于采用气压制动的货车和客车。液压式动力转向装置在各级各类汽车上广泛应用，其部件结构紧凑、尺寸很小，液压系统工作时无噪声，工作滞后时间短，而且能吸收来自不平路面的冲击。

液压式动力转向装置按液流形式又可分为常压式和常流式两种，如图10-33和图10-34所示。目前除少数重型汽车采用常压式动力转向装置外，其余多采用常流式动力转向装置。

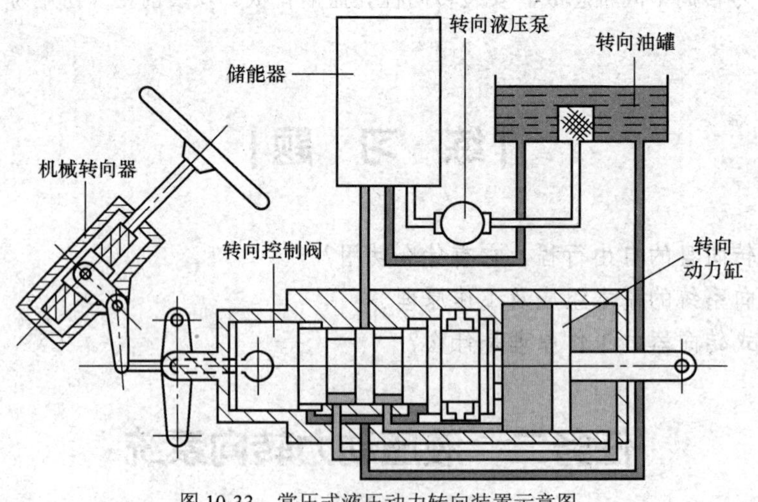

图10-33　常压式液压动力转向装置示意图

根据转向加力装置零部件布置和连接组合方式的不同，液压式动力转向装置可以分为以下3种，如图10-35所示。

液压式动力转向装置按其转向控制阀阀芯的运动方式，还可分为滑阀式和转阀式两种形式。本部分主要介绍液压常流转阀式动力转向系统的结构组成及工作原理。

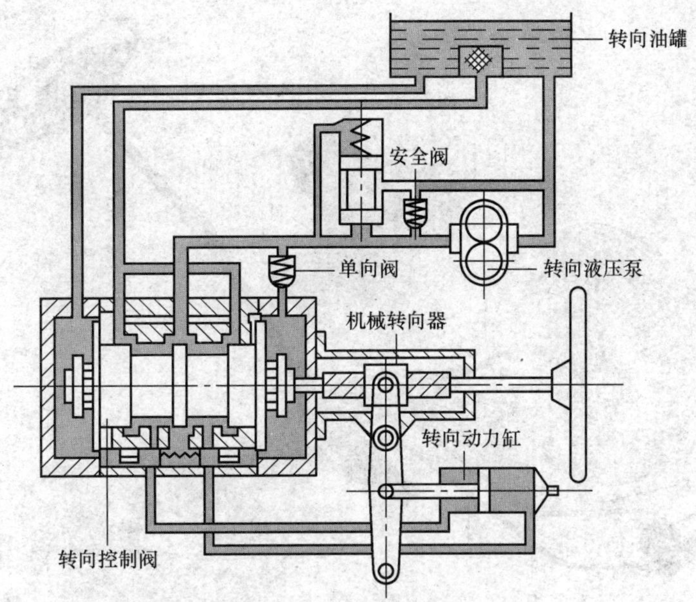

图 10-34　常流式液压动力转向装置示意图

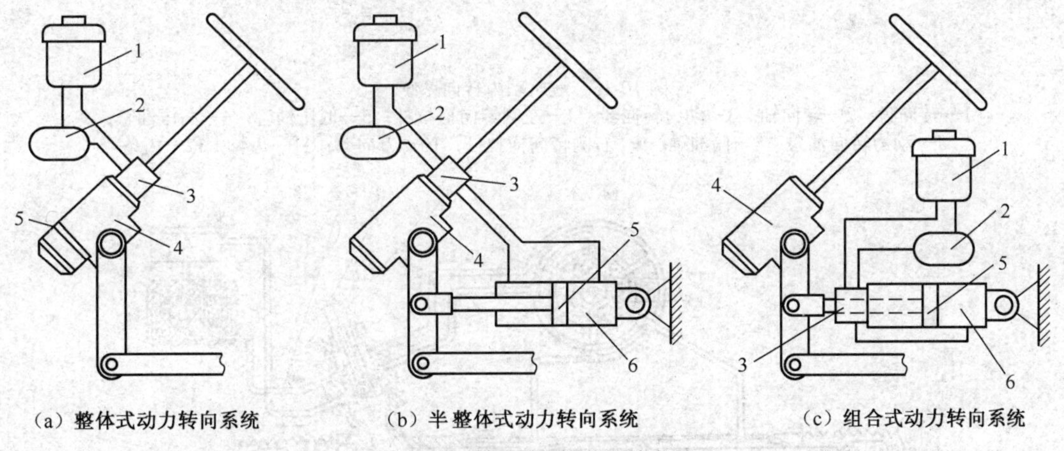

（a）**整体式动力转向系统**　（b）**半整体式动力转向系统**　（c）**组合式动力转向系统**

图 10-35　动力转向系统 3 种类型

1—转向油罐；2—转向油泵；3—转向控制阀；4—转向器；5—动力缸活塞；6—转向动力缸

（二）液压动力转向系统的基本组成

液压动力转向系统的结构组成如图 10-36 所示，由机械转向器、转向控制阀（转阀式）、转向动力缸以及将发动机输出的部分机械能转换为压力能的转向油泵、转向储油罐等组成。转向油泵由曲轴通过皮带驱动运转向外输出油压，转向油罐有进、出油管接头，通过油管分别和转向油泵和转向控制阀连接。动力转向器为整体式动力转向器，转向控制阀用以改变油路。

转阀的工作原理

（三）液压常流转阀式动力转向装置

转阀式动力转向装置结构如图 10-37 所示，由齿轮-齿条式机械转向器、转向助力缸和转阀式转向控制阀等组成。转向器的壳体同时作为动力缸，转向助力缸活塞与齿条制成一体，活塞将助力缸分成左右两腔。转向控制阀与转向器组成整体，并且由转向轴直接操纵。

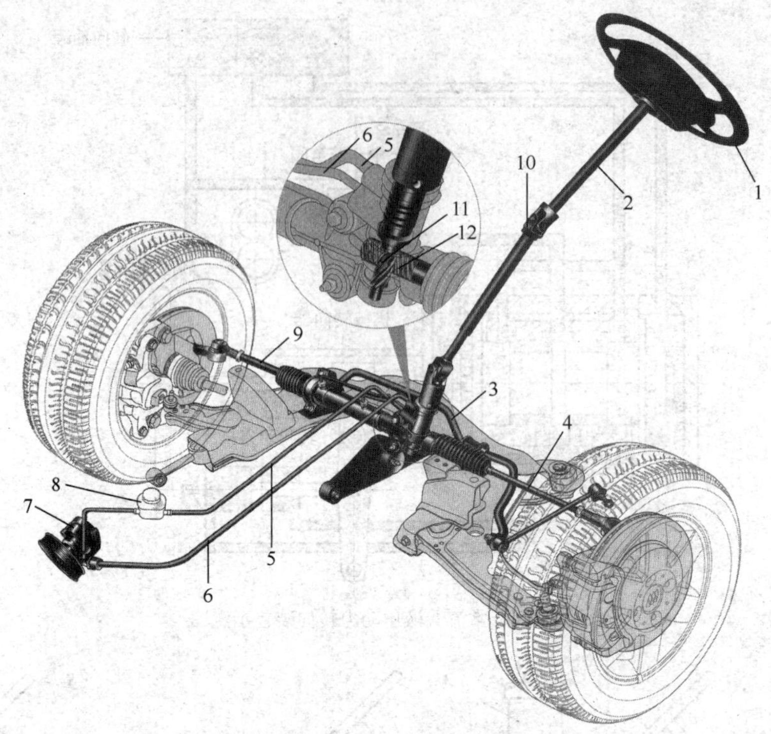

图 10-36　液压动力转向系统

1—转向盘；2—转向轴；3—动力转向器；4—左侧转向横拉杆；5—低压油管；6—高压油管；7—动力转向油泵；8—储油罐；9—右侧转向横拉杆；10—万向节；11—齿轮；12—齿条

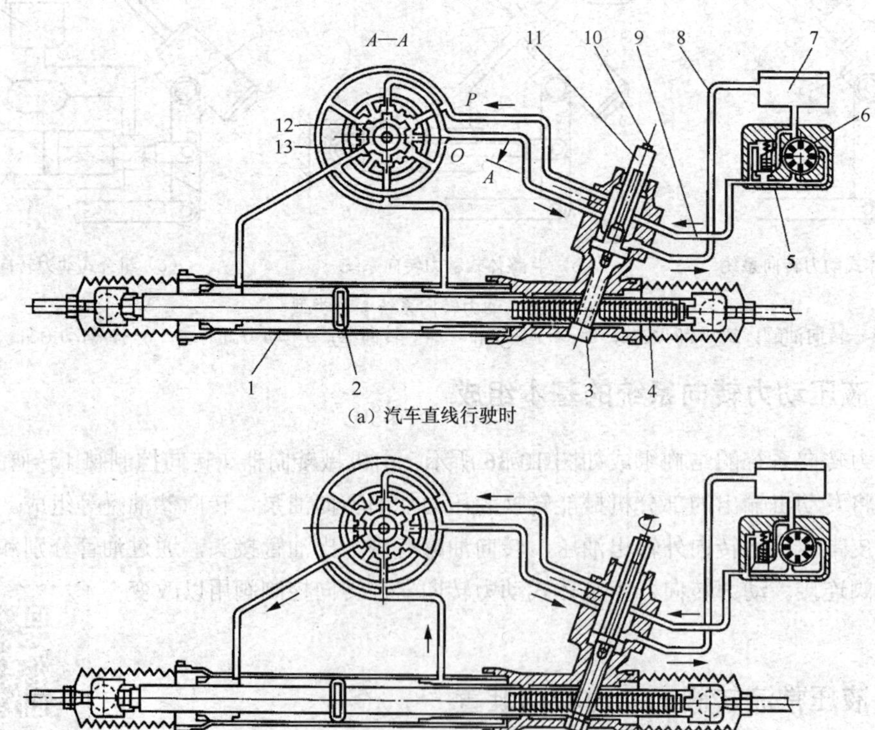

(a) 汽车直线行驶时

(b) 汽车转弯行驶时

图 10-37　齿轮齿条式动力转向器

1—转向助力缸；2—助力缸活塞；3—转向齿轮；4—转向齿条；5—流量控制阀（带安全阀）；6—转向油泵（叶片泵）；7—转向油罐；8—回油管路；9—进油管路；10—扭杆；11—转向轴；12—阀芯；13—阀套

转向控制阀的结构如图 10-38 所示，主要由阀体、阀套、阀芯及扭杆等组成。阀套制成圆筒形，外表面切有 3 条较宽深和 3 条较浅窄的环形槽。宽深的槽是油槽，其底部有与内壁相通的孔。窄浅的槽用于安装密封圈。阀套与转向齿轮制成一体。

转阀的阀芯与阀体的相对位置

阀芯也呈圆筒形，其外表面与阀套滑动配合，两者可以相对转动。阀芯与阀套配合间隙很小，配合精度很高，组成偶件不可单独更换。阀芯外表面切成与阀套相对应的 8 条不贯通的纵向槽，并形成 8 条台肩，相间的 4 条台肩开有径向贯通油孔。阀芯通过销 7 与扭杆和转向轴相连，阀套（转向齿轮）通过销 2 与扭杆相连，因而转向轴可通过扭杆带动转向齿轮转动。扭杆安装在阀芯的孔中，转向时由于转向阻力矩可使扭杆产生弹性变形。

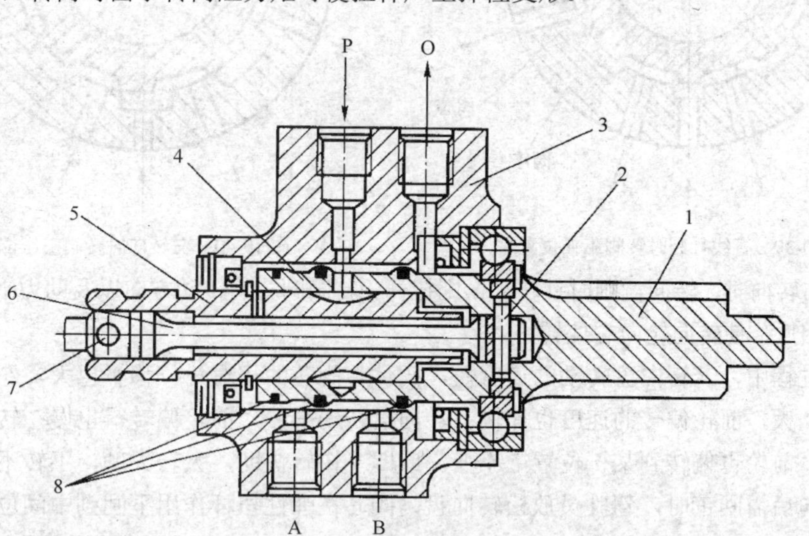

图 10-38 转阀式转向控制阀

1—转向齿轮；2、7—销；3—阀体；4—阀套；5—阀芯；6—扭杆；8—密封圈；P—转阀进油口；O—转阀出油口
A—通助力缸左腔出油口；B—通助力缸右腔出油口

该转阀具有 4 个互相连通的进油口 P，通道 A、B 分别与动力缸的左、右腔连通。当阀芯转过一个很小的角度时，从液压泵来的压力油经 P 流入 4 个通道 A 或 B，继而进入动力缸的一个腔内。另外 4 个通道 B 或 A 的进油道被隔断，压力油不能进入，因而动力缸另一腔的低压油在活塞的推动下经出油口 O 流回储油罐。

当汽车直线行驶时，转阀处于中间位置，如图 10-39 所示。动力缸两腔相通，并与进油口 P、出油口 O 通过阀芯径向油道相通，压力油流回转向油罐。因此，转向动力缸不起助力作用。

当汽车左转向时，转向轴连同阀芯被逆时针转动，由于受到路面传来的转向阻力，动力缸活塞和转向齿条暂时不能运动，所以转向齿轮暂时不能随转向轴转动。这样，由转向轴传到转向齿轮的转矩只能使扭杆产生少许变形，使转向轴（即阀芯）得以相对转向齿轮（即阀套）转过少许角度，两者产生相对角位移，如图 10-40 所示。P 与 B 相通，A 与 O 相通，从而转阀使动力缸右腔成为高压油腔，左腔则成为低压油腔。作用在动力缸活塞上的向左的液压作用力，帮助转向齿轮迫使转向齿条向左移动，转向车轮开始向左偏转。同时，转向齿轮本身也开始与转向轴同向转动。只要转向盘继续转动，扭杆的扭转变形便一直保持不变，转向控制阀所处的左转向位置也不变。一旦转向盘停止转动，动力缸暂时还继续工作，导致转向齿轮继续转动，使扭杆的扭转变形减小，直到扭杆恢复自由状态，转阀回到中间位置，动力缸停止助力。此时，转向盘即停在某一位置上不动，则车轮

转角也保持一定。若转向盘继续转动，动力缸又继续工作。

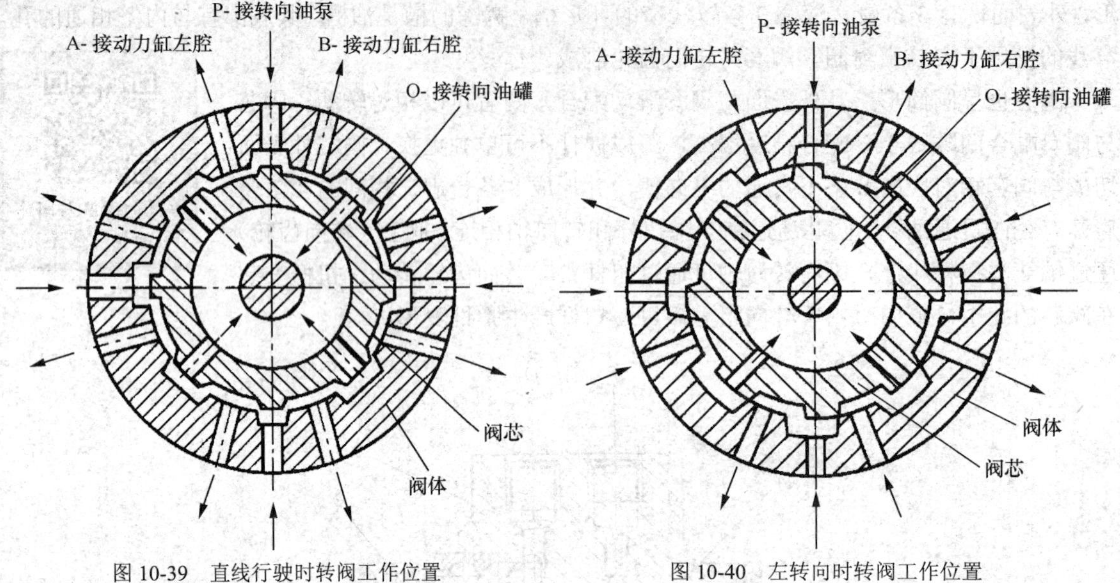

图 10-39　直线行驶时转阀工作位置　　　　图 10-40　左转向时转阀工作位置

当汽车右转向时，转向盘顺时针转动，则扭杆、转阀阀芯的转动方向以及助力缸活塞移动的方向均与前述相反，使转向轮向右偏转。

在转向过程中，若转向盘转动的速度快，阀体与阀芯的相对角位移量也大，左右动力腔的油压差也相应加大，前轮偏转的速度也加快；转向盘转动得慢，前轮偏转得也慢；转向盘转到某一位置上不动，前轮也偏转到某一位置上不变。此即“快转快助，大转大助，不转不助”原理。

汽车转向后需回正时，驾驶员放松转向盘，阀芯在弹性扭杆作用下回到中间位置，失去了助力作用，转向轮在回正力矩的作用下自动回位。若驾驶员同时回转转向盘时，转向助力器助力，帮助车轮回正。

当汽车直线行驶偶遇外界阻力使转向轮发生偏转时，阻力矩通过转向传动机构、转向齿轮作用在阀体上，使之与阀芯之间产生相对角位移，使得动力缸左、右腔油压不等，产生与转向轮转向相反的助力作用。转向轮迅速回正，保证了汽车直线行驶的稳定性。

当液压动力转向装置失效后，该动力转向器将变成机械转向器，动力传递路线与机械转向系统完全一致。

（四）转向油泵

转向油泵是动力转向装置的动力源，其功用是将发动机的机械能变为驱动转向动力缸工作的液压能，再由转向动力缸输出的转向力，驱动转向车轮转向。

转向油泵的结构类型有多种，常见的有齿轮式、转子式和叶片式。目前最常用的是双作用叶片式转向油泵，其工作原理如图 10-41 所示。当发动机带动油泵顺时针旋转时，叶片在离心力的作用下紧贴在定子的内表面上，工作容积开始由小变大，从吸油口吸进油液，而后工作容积由大变小，压缩油液，经压油口向外供油。再转 180º，又完成一次吸压油过程。

油泵的转子是通过发动机驱动或电动机驱动的，工作时油压及流量的变化是通过安全阀和溢流阀来实现的，如图 10-42 所示。当输出压力过高时，这个压力传到溢流阀右侧，使安全阀左移

开启，高压油流回进油腔，降低了输出油压。当输出油量过大时，节流孔处油液的流速很高，但该处的压力很小，此压力经横向油道传到溢流阀右侧，使节流阀左右两侧的压差增大，在压差的作用下，节流阀压缩弹簧右移，使进油道和出油道相同，部分油液在泵内循环流动，减少了出油量。当这两个阀出现弹簧过软、折断或不密封时，将会导致油泵油压和流量不足而出现故障。

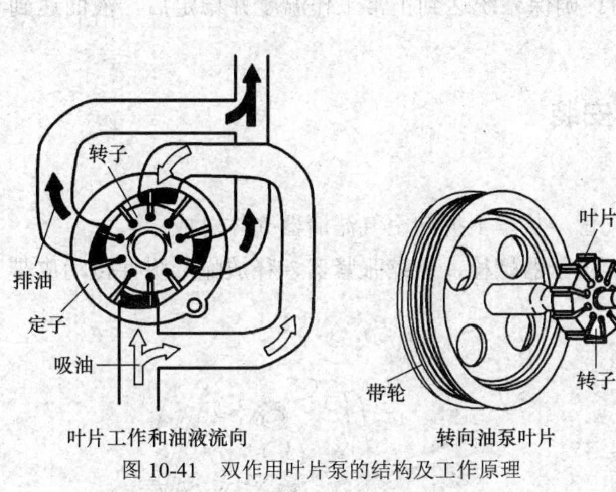

图 10-41 双作用叶片泵的结构及工作原理

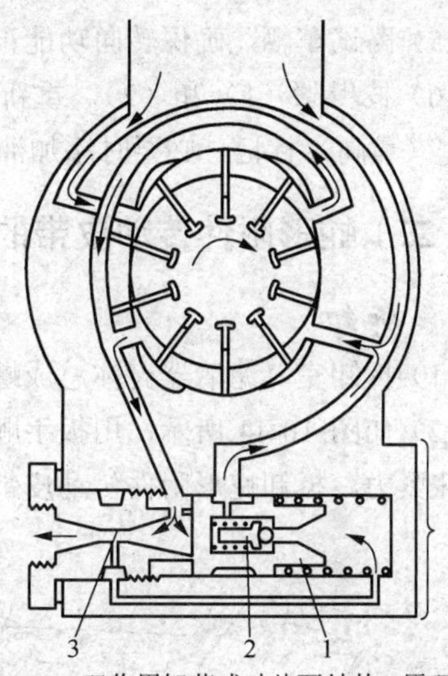

图 10-42 双作用卸荷式叶片泵结构、原理示意图

1—溢流阀活塞（溢流阀）；2—安全阀；3—节流孔

实操技能训练

（一）动力转向油液的添加与检查

别克凯越轿车液压动力转向装置油液容量为 1.0 L。

1．检查和添加油液

特别注意事项：在添加或完全更换油液时，务必使用 DEXRON-II 或 III 动力转向液。如果使用不正确的油液，会导致软管和密封件损坏和油液泄漏。

（1）动力转向液液面是用透明储液罐上的标记（见图 10-43）或储液罐盖上的油尺标记指示的。

（2）如果油液温度达到 66℃，液面应介于 MAX（最高）和 MIN（最低）标记之间。必要时添加油液。

（3）如果油液温度较凉，为 21℃，液面应位于 MIN（最低）标记处。必要时添加油液。

2．排放动力转向系统中的空气

如果维修了动力转向液压系统，必须放出系统中的空气，液面读数才能准确。可按如下步骤排出系统中的空气。

（1）将方向盘向左打到底，将动力转向液添加至油液液面指示器的 MIN（最低）标记。

注 意

在添加或完全更换油液时，务必使用 DEXRON-II 或 III 动力转向液。否则会导致软管和密封损坏及油液泄漏。

（2）起动发动机。使发动机在快速怠速下运行，重新检查液面。必要时，添加油液，使液面达到 MIN（最低）标记。

（3）将方向盘从一侧打到另一侧，但在任一侧都不要打到底，放出系统中的空气。将液面保持在 MIN（最低）标记。必须放出油液中的空气，才能获得正常转向性能。

（4）使方向盘回到中心位置。使发动机继续运行 2～3 min。

（5）路试车辆，确保转向功能正常且没有噪音。

（6）按步骤（1）和（2），重新检查液面。确保系统达到正常工作温度并稳定后，液面达到 MAX （最高）标记。必要时添加油液。

（二）蛇形附件传动皮带的拆卸与安装

1．拆卸

（1）拆卸空气滤清器壳体总成螺栓和进气管。从车上拆卸空气滤清器壳体总成。

（2）如图 10-44 所示，用扳手顺时针拧紧张紧器螺栓，压缩张紧器，释放蛇形附件传动皮带上的张紧力。拆卸蛇形附件传动皮带。

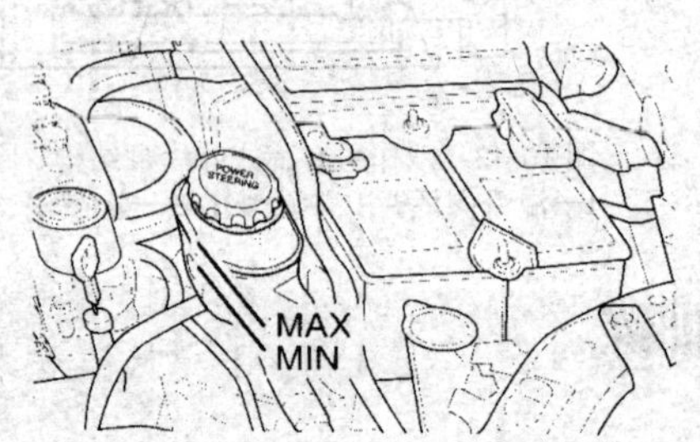

图 10-43 储液罐液面指示标记

图 10-44 拧紧张紧器螺栓

2．安装

（1）用扳手顺时针拧紧张紧器螺栓（见图 10-44），压缩张紧器，释放蛇形附件传动皮带上的张紧力。

（2）将扳手放在张紧器螺栓上合适的位置，将蛇形附件传动带松弛地环套在皮带轮上。

（3）将皮带套在张紧器上。从张紧器螺栓上取下扳手，皮带将自动张紧。

（4）将空气滤清器壳体安装到车上。安装进气管和空气滤清器壳体总成螺栓，紧固空气滤清器壳体螺栓至 6 N·m。

（三）泵总成的拆卸与安装

【操作步骤】

1．拆卸

（1）拆卸蛇形附件传动皮带。

（2）断开电子可调节节流孔（EVO）电磁线圈执行器上的电气连接器。

（3）在从动力转向泵上断开高压软管后，用接油盘接收从高压软管流出的动力转向液。

（4）从动力转向泵上断开高压软管接头。

（5）在从动力转向泵上断开供油软管后，用接油盆接收从供油软管流出的动力转向液。

（6）从动力转向泵上断开供油软管。

（7）如图 10-45 所示，从动力转向泵右前侧拆卸螺栓。

（8）如图 10-46 所示，拆卸两条动力转向泵螺栓，然后从车上拆卸动力转向泵。

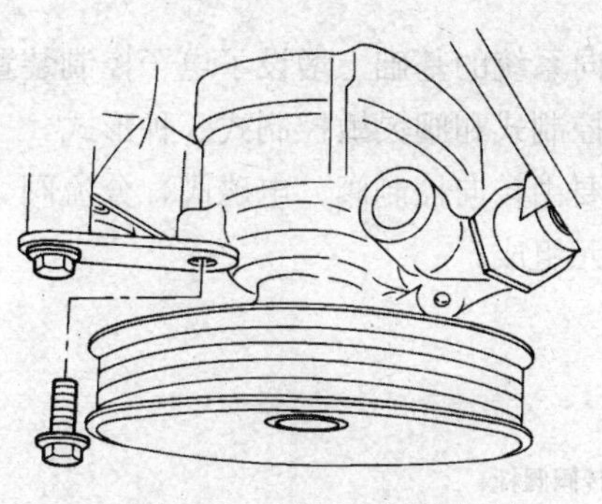

图 10-45　拆卸泵右前侧螺栓

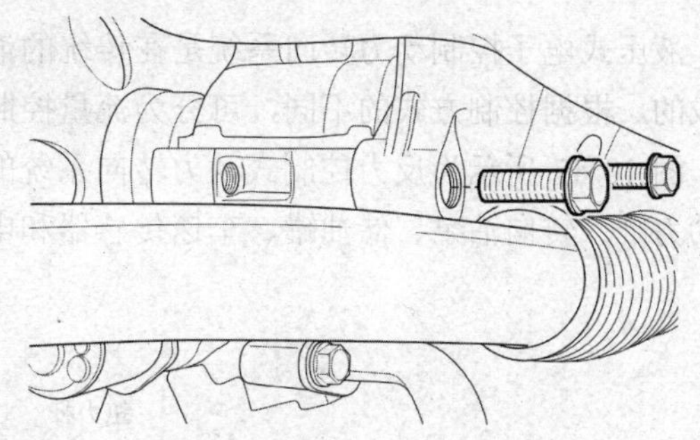

图 10-46　拆卸两条动力转向泵螺栓

2．安装

（1）将动力转向泵安装到车上，然后再安装两条动力转向泵螺栓（紧固两条动力转向泵螺栓至 25 N·m）。

（2）向下转动动力转向泵托架，然后安装右前侧螺栓，紧固两条右动力转向泵托架螺栓至 35 N·m，如图 10-46 所示。

（3）将供油软管连接至动力转向泵。

（4）将高压软管接头连接至动力转向泵（紧固高压软管接头至 28 N·m）。

（5）连接电子可调节节流孔（EVO）电磁线圈执行器的电气连接器。安装蛇形附件传动皮带。重新加注动力转向液。排放动力转向系统中的空气。

练　习　题

1. 动力转向装置是如何分类的，各有什么特点？
2. 简述液压常流转阀式动力转向装置的工作原理。
3. 说明转向油泵的工作原理。

任务三　电控动力转向系统

【学习目标】

1. 能够正确描述液压式电控动力转向系统的结构及工作原理；
2. 能够正确描述电动式动力转向系统的结构及工作原理。

相关知识

（一）液压式电控动力转向系统

液压式电子控制动力转向系统是在传统的液压动力转向系统的基础上增设了电子控制装置而构成的。根据控制方式的不同，可分为流量控制式、反力控制式和阀灵敏控制式 3 种形式。

图 10-47 所示为反力控制式动力转向系统的组成，主要由转向控制阀、电磁阀、分流阀、转向动力缸、转向油泵、储油罐、车速传感器和电子控制单元组成。

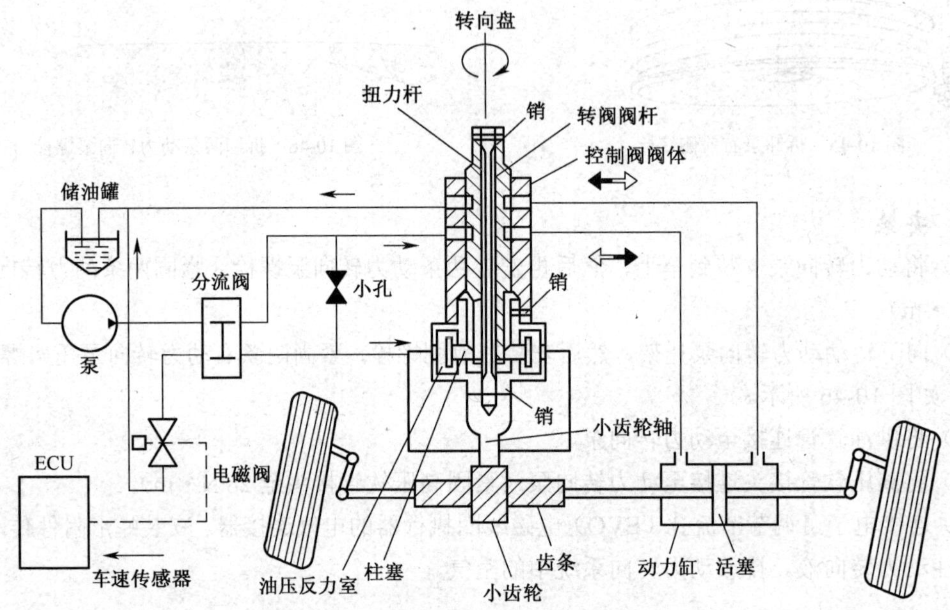

图 10-47　反力控制式动力转向系统的组成

反力控制式动力转向系统是按照车速的变化，由电子控制单元控制油压反力，调整动力转向器，从而使汽车在各种条件下转向盘上所需的转向操纵力都达到最佳状态。有时也把这种动力转向系统称为渐进型动力转向系统 PPS（Progressive Power Steering）。

电子控制渐进型动力转向系统结构如图 10-48 所示，除了旧式动力转向装置中用来控制加力的主控制阀之外，又增设了反力油压控制阀和油压反力室。

经反力油压控制阀调整后的油压加到油压反力室内，扭杆与转向轴相连，当 PPS 根据油压反力的大小改变转向扭杆的扭曲量时，就可以控制转向时所要加的力。动力转向用的微机安装在电子控制器 ECU 内，根据车速传感器的信号控制电磁阀的输入电流；电磁阀设在反力控制阀上。

分流阀的基本结构如图 10-49 所示，主要由阀门、弹簧及进出油口等构成。分流阀的主要功用是将来自转向油泵的液流送到转阀、油压反力室和电磁阀。送到电磁阀和油压反力室中的液流量是由转阀中的油压来调整的。转动转向盘时，转阀中的油压增大，此时，分配到电磁阀和油压反力室中的液流量随着转阀中的油压的增大而增加；当转阀中的油压达到一定值后，转阀中油压便不再升高，而分配给电磁阀和油压反力室的液流量也将保持不变。

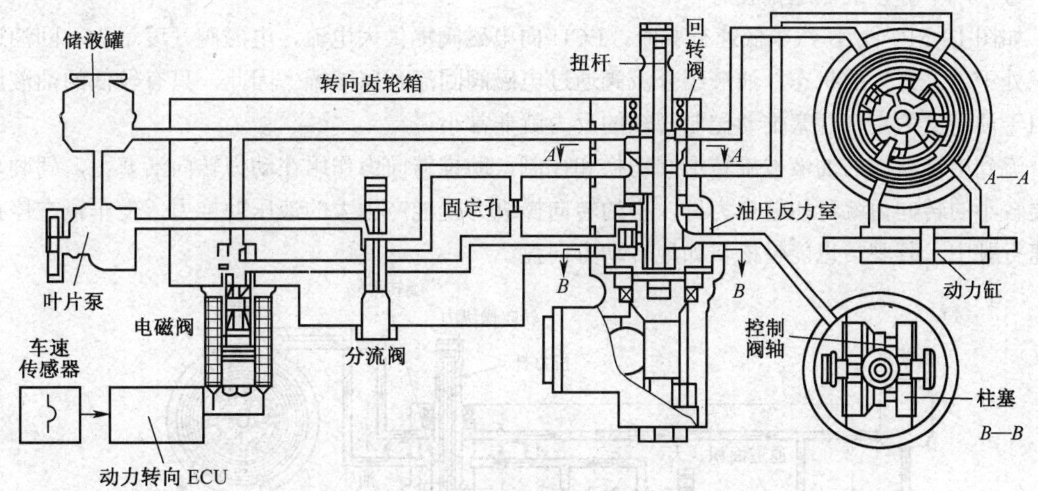

图 10-48　电子控制的渐进型动力转向系统结构

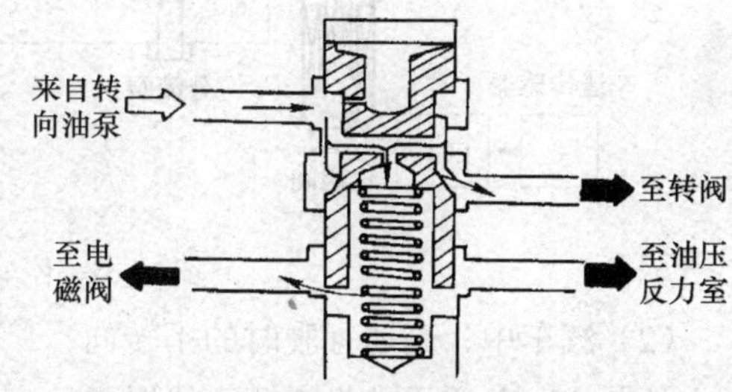

图 10-49　分流阀的基本结构

转向控制阀的结构如图 10-50 所示，其基本结构是在传统的整体式动力转向控制阀的基础上，在内部增加了一个油压反力室和 4 个小柱塞，4 个小柱塞位于控制阀阀体下端的油压反力室内。输入轴部分有两个小凸起顶在柱塞上。当油压反力室受到高压作用时，柱塞将推动控制阀阀杆。此时，扭杆即使受到转矩作用，由于柱塞推力的影响，也会抑制控制阀阀杆与阀体的相对回转。

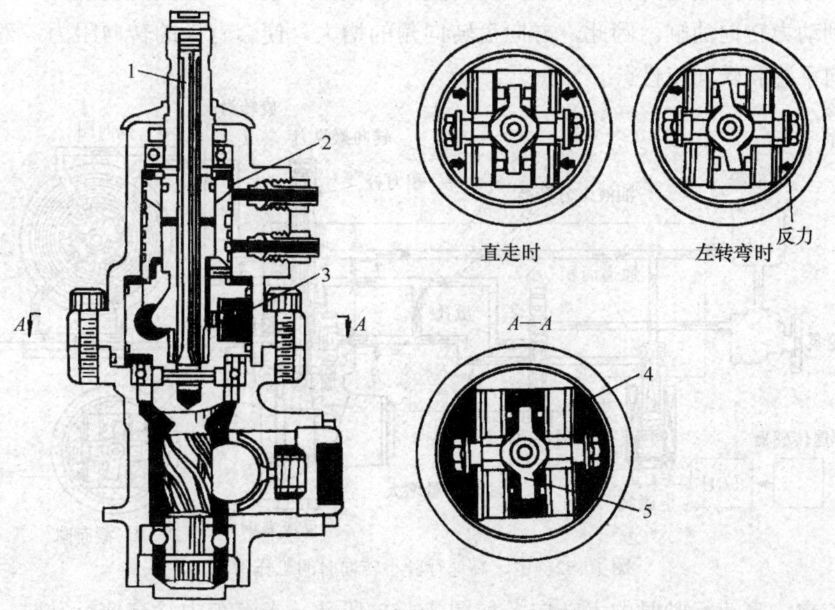

图 10-50　反力控制式动力转向控制阀结构

1—扭杆；2—回转阀；3—油压反力室；4—柱塞；5—控制阀轴

（1）汽车静止或低速行驶时

如图 10-51 所示，汽车低速行驶时，ECU 向电磁阀提供大电流，电磁阀开度增大，回油通道面积处于“大开”的状态，油液经分流阀通过电磁阀回流到储液罐。因此，只有较低的油液压力作用于油压反力室，柱塞推动控制阀轴的反力就非常小。

流到旋转滑阀的油液被旋转滑阀切换和控制，助推转向力作用在动力转向活塞上，驾驶员只需要较小的转向力就可扭转扭力杆，小的转向操纵力就能产生大的液压助推力，使车辆在停止或低速行驶中，驾驶员也能轻松自如地转动方向盘。

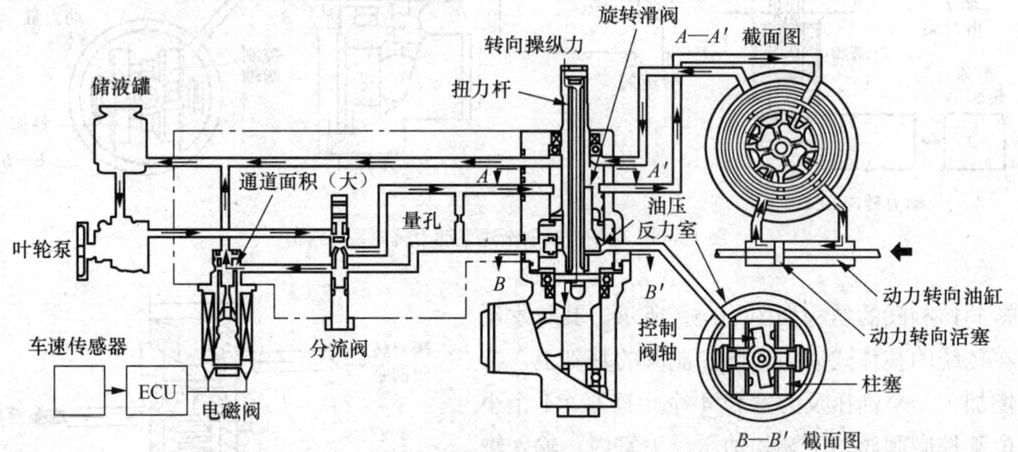

图 10-51　停车或低速行驶时的工作情况

（2）汽车中、高速行驶时的小转向

如图 10-52 所示，当车辆直线以中、高速行驶时，给方向盘一个小的转动量，扭力杆扭动角使控制阀轴转动，因而旋转滑阀开度减小，油液压力在旋转滑阀内升高。结果，由于分流阀的操作，使流经电磁阀和油压反力室的油液液流量增大。当车速增加，来自 ECU 的电流减小，电磁阀的开度也减小，大的油液压力作用于油压反力室，使柱塞产生一个很大的反应力。此时，油液开始从量孔流到动力转向油缸。因此，方向盘转向角的增大，便会有大的转向阻力，驾驶员可以获得良好的转向手感和转向特性。

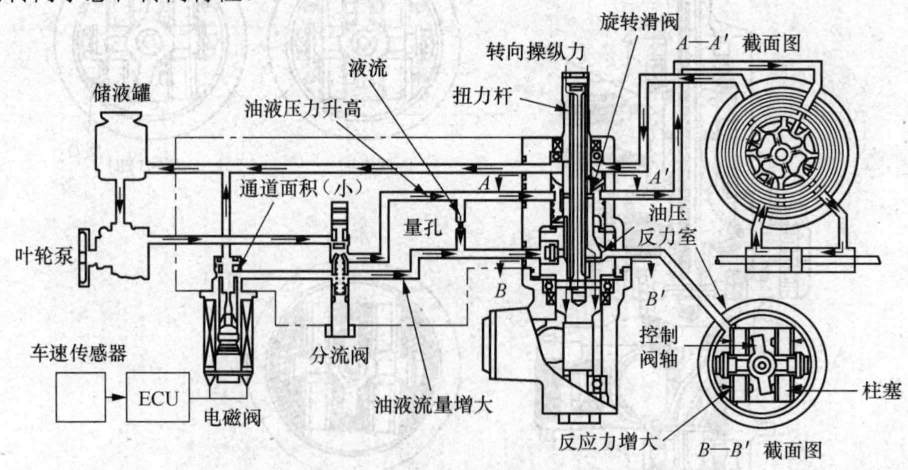

图 10-52　中、高速行驶小转向时的工作情况

（3）汽车中、高速行驶时的大转向。如图 10-53 所示，当汽车中、高速行驶时，如果转向转得更大，旋转滑阀压力会增加更多，经量孔流到油压反力室的油液增加。压力在旋转滑阀侧增加，

一旦达到某一水平时，油液从分配阀流到油压反力室，并保持在设定水平。油压反力室的压力随流经量孔的油液流量增加而升高，这种升高是缓慢的，因而油压反力室中的反应力也只是渐渐升高，这就确保转向助力在转向很大时维持在适当水平。

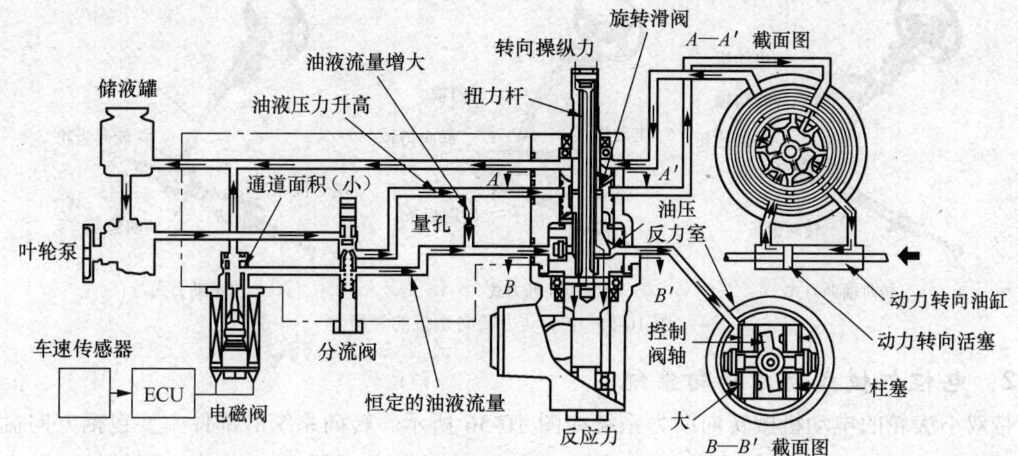

图 10-53　中、高速行驶大转向时的工作情况

（二）电动式电控动力转向系统

1．基本结构和工作原理

电动式动力转向系统的基本组成如图 10-54 所示，主要由转矩传感器、转角传感器、车速传感器、电动机、电磁离合器、减速机构、电子控制单元等组成。

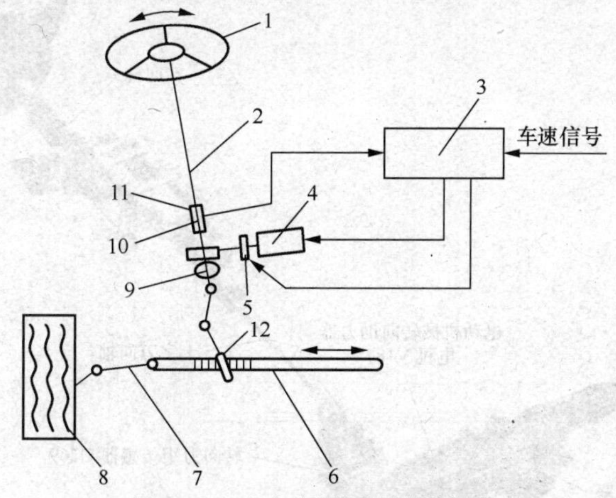

图 10-54　电动动力转向系统的组成

1—方向盘；2—输入轴（转向轴）；3—电子控制单元；4—电动机；5—电磁离合器；6—转向齿条；7—转向横拉杆；8—轮胎；9—输出轴；10—扭力杆；11—转矩传感器；12—转向齿轮

电动动力转向系统的基本原理是根据汽车行驶速度（车速传感器输出信号）、转矩及转向角信号，由 ECU 控制电动机及减速机构产生助力转矩，使汽车在低、中和高速下都能获得最佳的转向效果。

电动机连同离合器和减速齿轮一起，通过一个橡胶底座安装在左车架上。电动机的输出转矩经齿轮机构减速增扭，并通过万向节、转向器中的助力小齿轮把输出转矩送至齿条，向转向轮提供转矩。

电子控制单元 ECU 根据各传感器的信号确定助力转矩的幅值和方向，并且直接控制驱动电路去驱动电动机。

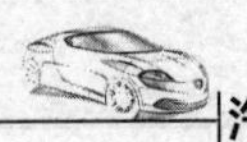

转矩传感器、转角传感器和汽车速度传感器为助力转矩的信号源。

根据电动机布置位置的不同，电动式动力转向系统可以分为转向轴助力式、齿轮助力式和齿条助力式3种类型，如图10-55所示。

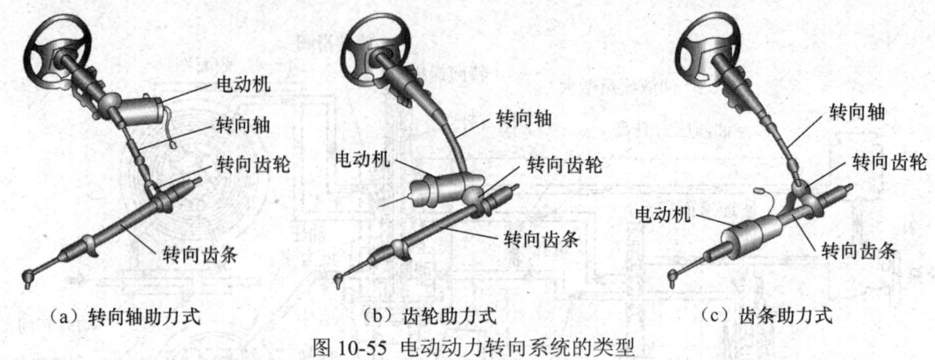

图10-55 电动动力转向系统的类型

2. 电控机械式助力转向系统

带双小齿轮的电动机械转向助力系统如图10-56所示。转向系统的部件主要包括方向盘、带转向角度传感器G85的组合开关、转向柱G527、转向力矩传感器G269、电动机械转向助力器电机V187、转向器、转向辅助控制单元J500等。转向器由1只转向力矩传感器G269、1根扭转棒、1只转向齿轮和1只驱动小齿轮、1只蜗轮传动装置及1只带控制单元的电动机组成。电动机械转向助力的核心部件是1根齿条，它有2只花键啮合在转向器中。

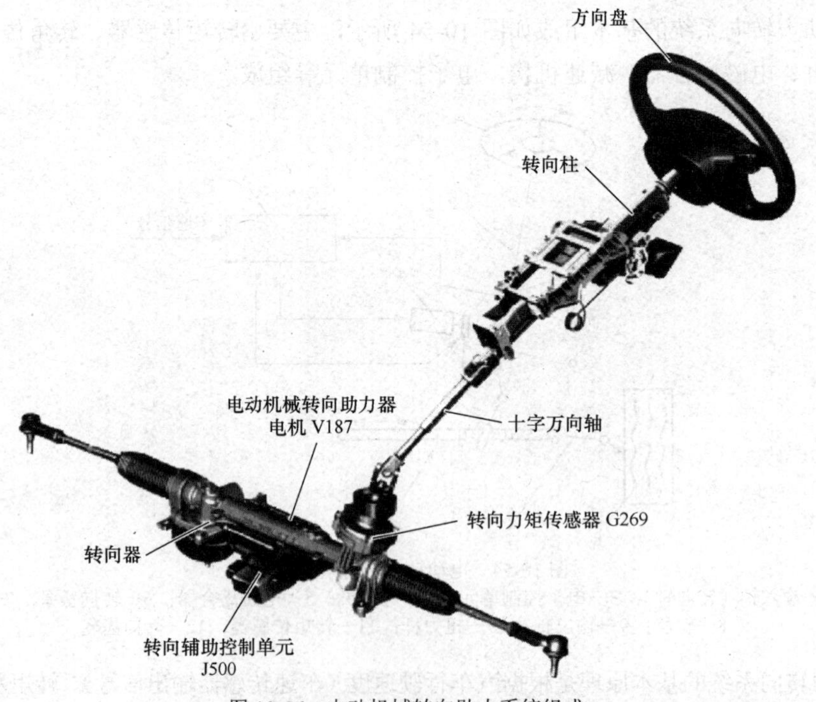

图10-56 电动机械转向助力系统组成

如图10-57所示，在带双小齿轮的电动机械转向助力器上，需要的转向力是通过转向小齿轮和驱动小齿轮传送到齿条上。转向小齿轮负责传送驾驶员施加的转向力矩，驱动小齿轮则通过1只蜗轮传动装置，传送由电动机械转向助力器电动机提供的助力力矩。该电动机具有用于转向助力的控制单元和传感装置，并安装在第2只小齿轮上。这种结构可以使方向盘和齿条之间形成机械连接，所以，当伺服电机失灵时，可以确保车辆仍能够进行机械转向，但此时不具备转向助力的功能，转向时驾驶员会感到很沉重。

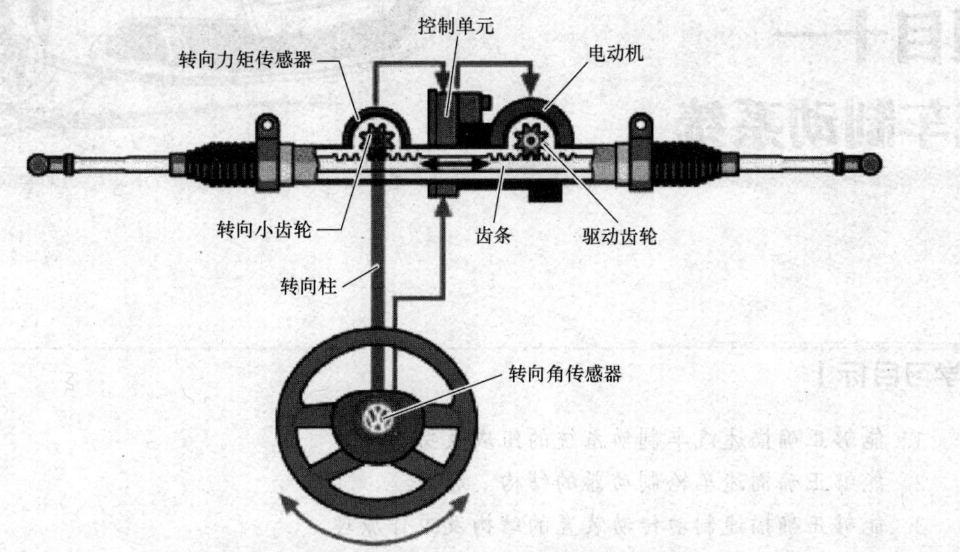

图 10-57 电动机械转向助力系统各零件的布置

转向助力是通过一个控制单元永久程序存储器中的特性曲线组来进行控制的，每条特性曲线说明了在那种车速下的方向盘扭矩下，电动机驱动扭矩所提供转向助力。

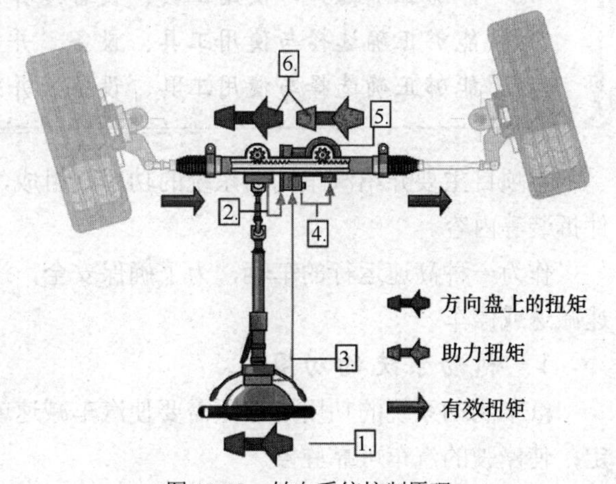

图 10-58 转向系统控制原理

电子助力转向系统转向过程的控制原理如图 10-58 所示。工作过程如下：①驾驶员转动方向盘；②方向盘上的扭矩转动转向器上的扭转棒，转向力矩传感器 G269 探测到转动，并将测得的转向力矩发送给控制单元 J500；③转向角度传感器 G85 发送当前的转向角信号，转子转速传感器发送当前的转向速度信号；④控制单元根据转向力矩、车速、发动机转速、转向角和转向速度，以及在控制单元中设置的特性曲线，确定需要的助力扭矩，并控制电动机转动；⑤转向助力是通过驱动齿轮来完成的，驱动齿轮由电动机驱动，电动机通过蜗轮传动并驱动小齿轮作用到齿条上，从而传送助力转向力；⑥方向盘扭矩和助力扭矩的总合是转向器上引起齿条运动的有效扭矩，该扭矩驱动齿条实现转向。

练 习 题

1. 反力控制式 EPS 是如何提高高速行车时的转向路感的？
2. 简述电动式电控动力转向系统的基本结构及工作原理。
3. 简述电动机械式转向系统的控制原理。

项目十一 汽车制动系统

【学习目标】

1. 能够正确描述汽车制动系统的组成及功用；
2. 能够正确描述车轮制动器的结构、原理；
3. 能够正确描述制动传动装置的结构及工作原理；
4. 能够正确选择与使用工具、设备，并规范地对制动器进行拆卸与安装；
5. 能够正确选择与使用工具、设备，并规范地对驻车制动器进行检查与调整；
6. 能够正确选择与使用工具、设备，并规范地对制动踏板进行拆卸与安装；
7. 能够正确选择与使用工具、设备，并规范地对制动主缸进行拆卸与安装；
8. 能够正确选择与使用工具、设备，并规范地对真空助力器进行拆卸与安装。

本项目主要介绍汽车制动系统的功用、组成，各主要零部件的功用、结构及相关总成，零部件拆装等内容。

作为一种高速运行的车辆，为了确保安全，汽车必须有性能良好的制动系统，以根据需要迅速减速或停车。

1. 制动系统的功用

汽车制动系统的功用是按照需要使汽车减速或在最短距离内停车；在下坡行驶时保持车速稳定；使停驶的汽车可靠驻停。

当汽车行驶在宽阔平坦、车流和人流又较少的路况下，可以通过高速行驶提高运输生产效率。但汽车行驶过程中会遇到复杂多变的路面状况，如进入弯道、行经不平道路、两车交会、突遇障碍物等，为了保证行驶安全，就要求汽车能在尽可能短的距离内降低车速，甚至停车。

此外，汽车下长坡时，在重力产生的下滑力作用下，汽车有不断加速到危险程度的趋势，此时应将车速限定在安全值内，并保持相对稳定；对停驶的车辆，特别是在坡道上停驶的汽车应使之可靠地驻留原地不动。

制动系统的组成

2. 制动系统的基本组成

为完成汽车制动系统的作用，现代汽车上一般都包括两套独立的制动系统：行车制动系统和驻车制动系统。每套制动系统都包括制动器和制动传动机构。行车制动系统用于使行驶中的车辆减速或停车，制动器安装在全部的车轮上，通常由驾驶员用脚操纵。驻车制动系统用于使停驶的汽车驻留原地，通常由驾驶员用手操纵。轿车制动系统

的结构组成如图 11-1 所示。大部分小型汽车都采用液压式制动系统，而卡车和大客车则常采用气压制动系统。

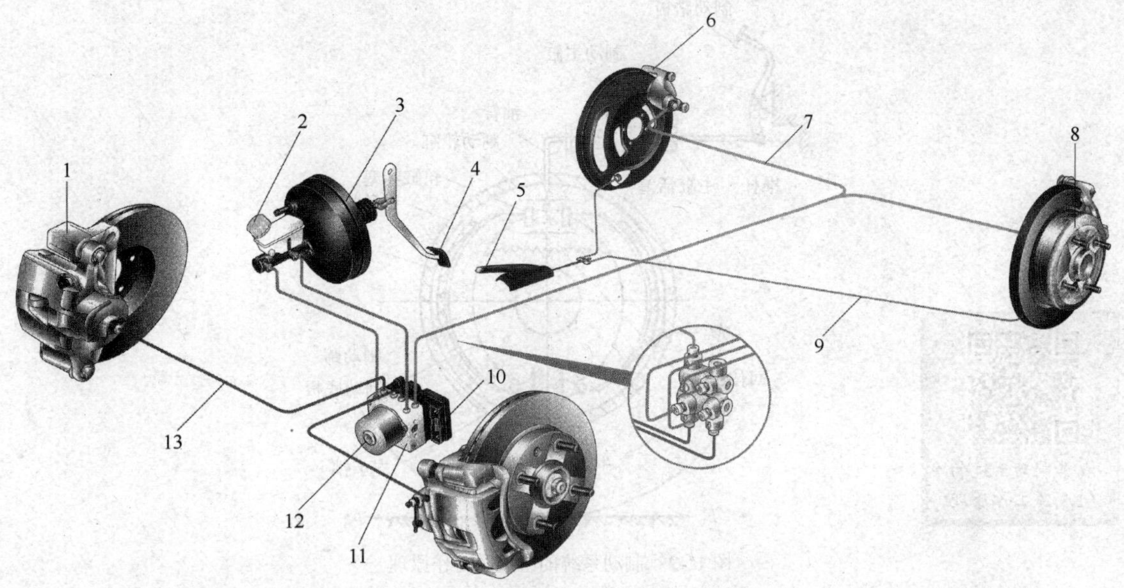

图 11-1　制动系统的基本组成

1—前轮制动器（盘式）；2—储液罐；3—真空助力器；4—制动踏板；5—驻车制动杆；6—后轮制动器（盘式）；7—后轮制动管路；8—驻车制动器（鼓式）；9—驻车制动拉索；10—ABS 控制单元；11—制动压力调节阀；12—液压泵电动机；13—前轮制动管路

3．制动系统的分类

按功能的不同，汽车制动系统可以分为行车制动系统、驻车制动系统、应急制动系统、安全制动系统和辅助制动系统。

按照制动能源分类，汽车制动系统又可以分为人力制动系统、动力制动系统和伺服制动系统。人力制动系统是以驾驶员的肌体作为唯一制动能源的制动系统；动力制动系统是完全靠由发动机的动力转化而成的气压或液压形式的势能进行制动的制动系统；伺服制动系统是兼用人力和发动机动力进行制动的制动系统。

4．制动系统的工作原理

行车制动系统由车轮制动器和液压传动机构两部分组成，如图 11-2 所示。车轮制动器的旋转部分是制动鼓，它固定于轮毂上，与车轮一起旋转。固定部分是制动蹄和制动底板等。制动蹄上铆有摩擦片，其下端套在支撑销上，上端用复位弹簧拉紧，压靠在轮缸内的活塞上。支撑销和轮缸都固定在制动底板上，制动底板用螺钉与转向节凸缘（前桥）或桥壳凸缘（后桥）固定在一起。制动蹄靠液压轮缸使其张开。

不制动时，制动鼓的内圆柱面与摩擦片之间保留一定间隙，制动鼓可以随车轮一起旋转。

制动时，驾驶员踩下制动踏板，主缸推杆便推动制动主缸内的活塞右移，迫使制动液经管路进入轮缸，推动轮缸的活塞向外移动，使制动蹄克服复位弹簧的拉力绕支撑销转动而张开，消除制动蹄与制动鼓之间的间隙后压紧在制动鼓上。此时，不旋转的制动蹄摩擦片对旋转的制动鼓产生 1 个摩擦力矩，其方向与车轮的旋转方向相反。制动鼓将此力矩传到车轮后，由于车轮与路面的附着作用，车轮即对路面作用一个向前的圆周力（F_μ），与此相反，路面会给车轮 1 个向后的反作用力，这个力就是车轮受到的制动力（F_B）。各车轮制动力的总和就是汽车受到的总的制动力。

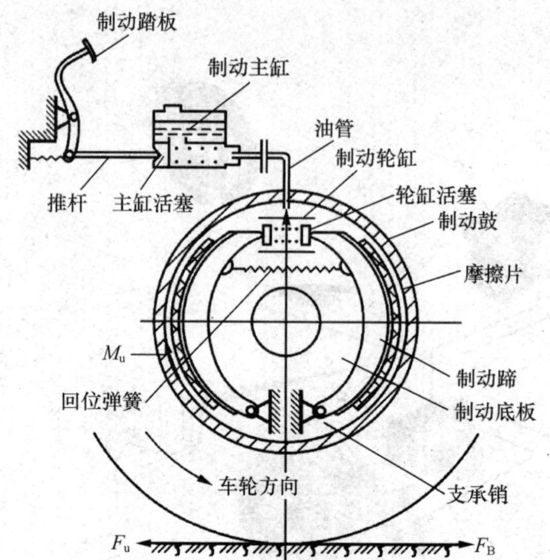

图 11-2　制动系统的组成及工作原理

放松制动踏板，在复位弹簧的作用下，制动蹄与制动鼓的间隙又得以恢复，从而解除制动。

5．对制动系统的要求

为保证汽车能在安全的条件下发挥高速行驶的能力，制动系统必须满足下列要求。

（1）具有良好的制动效能——迅速减速直至停车的能力。

（2）操纵轻便——操纵制动系统所需的力不应过大。

（3）制动稳定性好——制动时，前、后车轮制动力分配合理，左、右车轮上的制动力矩基本相等，使汽车制动过程中不跑偏、不甩尾。

（4）制动平顺性好——制动力矩能迅速而平稳的增加，也能迅速而彻底的解除。

（5）散热性好——连续制动时，制动鼓和制动蹄上的摩擦片因高温引起的摩擦系数下降要小；水湿后恢复要快。

（6）对挂车的制动系统，还要求挂车的制动作用略早于主车；挂车自行脱挂时能自动进行应急制动。

任务一　车轮制动器

【学习目标】

1．能够正确描述盘式制动器的结构及工作原理；
2．能够正确描述鼓式制动器的结构及工作原理；
3．能够正确选择与使用工具、设备，并规范地对鼓式制动器进行拆卸与安装；
4．能够正确选择与使用工具、设备，并规范地对盘式制动器进行拆卸与安装。

相关知识

车轮制动器的作用是将气压或液压转变为制动器制动力，以迫使车轮停转，从而使路面给车轮一个与汽车行驶方向相反的制动力，在该力的作用下，使汽车迅速减速，达到汽车以给定车速行驶或停车的目的。

无论车轮制动器如何变化，其结构仍由旋转元件和固定元件两大部分组成。旋转元件与车轮相连接，固定元件与车桥相连接。利用旋转元件和固定元件之间的摩擦，产生制动器制动力。

图 11-3 所示为常用的盘式和鼓式制动器制动原理示意图。当摩擦蹄片压紧旋转的制动盘或鼓时，两者接触面之间产生摩擦，通过摩擦将汽车的动能转变为热能，并将热量散发到空气中，最终使车辆减速以至停车。

（一）盘式车轮制动器

盘式制动器根据其固定元件的结构形式可分为钳盘式制动器和全盘式制动器。全盘式制动器由于制动钳的横向尺寸较大，主要应用在重型车上。钳盘式制动器广泛应用在轿车或轻型货车上，适于对制动性能要求较高的前轮制动器。近年来，前、后轮都采用盘式制动器的结构日渐增多。

钳盘式制动器的固定元件为制动钳，按制动钳固定在支架上的结构形式，钳盘式制动器可分为定钳盘式和浮钳盘式，如图 11-4 所示。

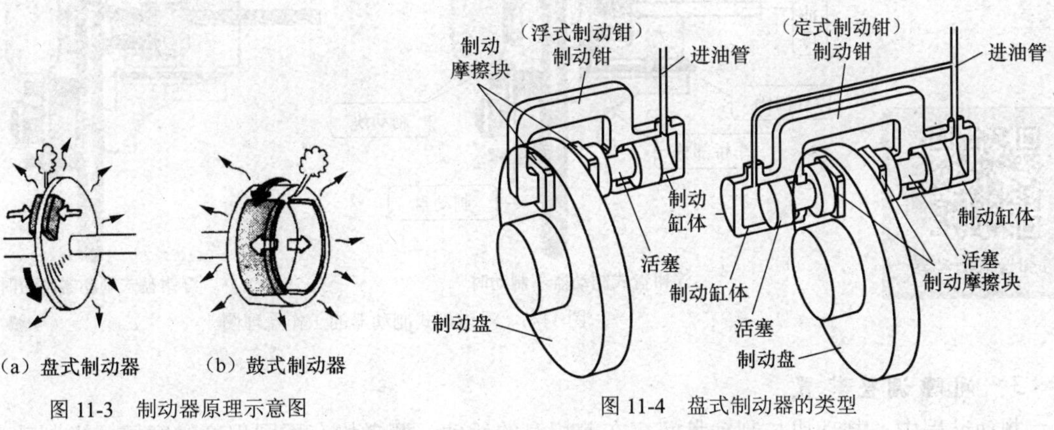

（a）盘式制动器　（b）鼓式制动器

图 11-3　制动器原理示意图

图 11-4　盘式制动器的类型

1．定钳盘式制动器

定钳盘式制动器的结构原理如图 11-5 所示，其旋转元件是制动盘，它和车轮固装在一起旋转，以其端面为摩擦工作表面。跨置在制动盘上的制动钳体固定安装在车桥上，它不能旋转也不能沿制动盘轴线方向移动，其内部的 2 个活塞分别位于制动盘的两侧。制动时，制动油液由制动主缸（制动总泵）经进油管进入钳体中 2 个相通的液压腔中，将两侧的摩擦块压向与车轮固定连接的制动盘，从而产生制动。

2．浮钳盘式制动器

浮钳盘式制动器的工作情况如图 11-6 所示。制动钳通过导向销与车桥相连，可以相对于制动盘轴向移动。制动钳体只在制动盘的内侧设置油缸，而外侧的制动块则附装在钳体上。制动时，液压油通过进油管进入制动轮缸，推动活塞及其上的摩擦块向右移动，并压到制动盘上，并使得油缸连同制动钳整体沿导向销向左移动，直到制动盘右侧的摩擦块也压到制动盘上，夹住制动盘并使其制动。

定钳盘式制动器工作原理

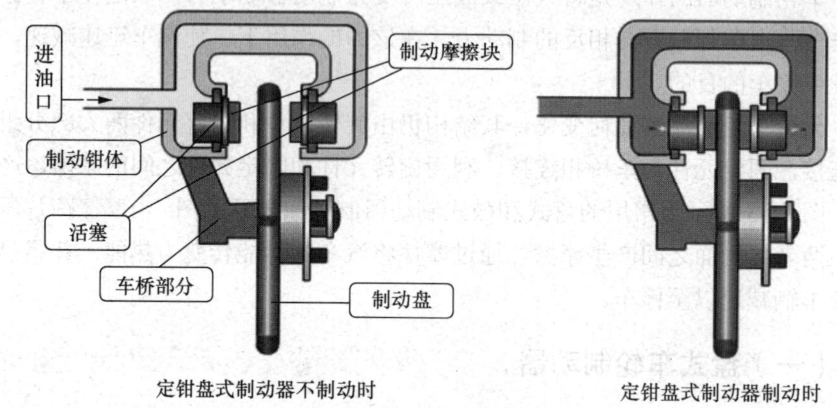

图 11-5　定钳盘式制动器的工作原理图

浮钳盘式制动器

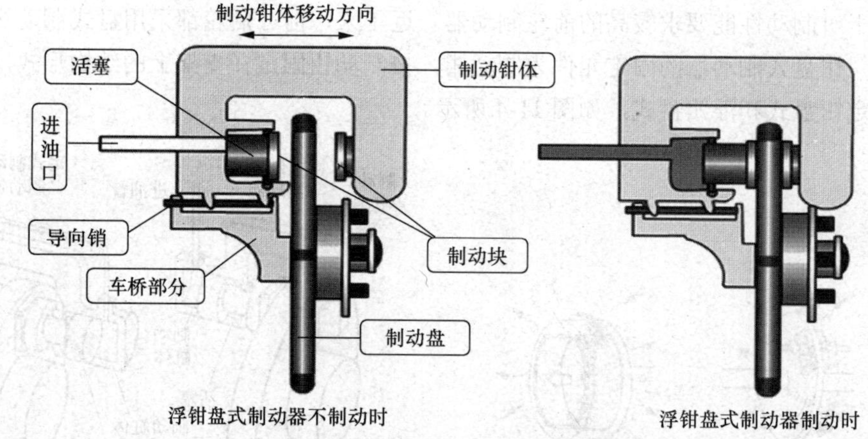

图 11-6　浮钳盘式制动器的工作原理图

3．间隙调整装置

制动过程中，制动块与制动盘间存在着相对的运动，两者均有不同程度的磨损。当制动盘和制动块磨损后，制动器的间隙会增大，制动时活塞的行程增加，制动器开始起作用的时间滞后，制动效果下降。因此，制动器的间隙应随时调整。

如图 11-7 所示，制动缸体内壁槽内安装有活塞密封圈，其作用是防止制动液从活塞与制动缸体间的间隙中流出，对活塞起密封作用。液压使活塞运动，靠近活塞端的密封圈也随活塞一起变形，但槽内的密封圈不变形。当液压消失后，密封圈在橡胶恢复力的作用下往回运动，同时带动活塞往回运动。当制动摩擦块磨损时，活塞会自动从密封圈上滑移相应的距离，因此制动摩擦块和制动盘之间的间隙一般为定值。

4．制动块磨损报警装置

许多盘式制动器上装有制动块摩擦片磨损报警装置，用来提醒驾驶员制动块上的摩擦片需要更换。常见的制动块磨损报警装置有声音的、电子的和触觉的 3 种。

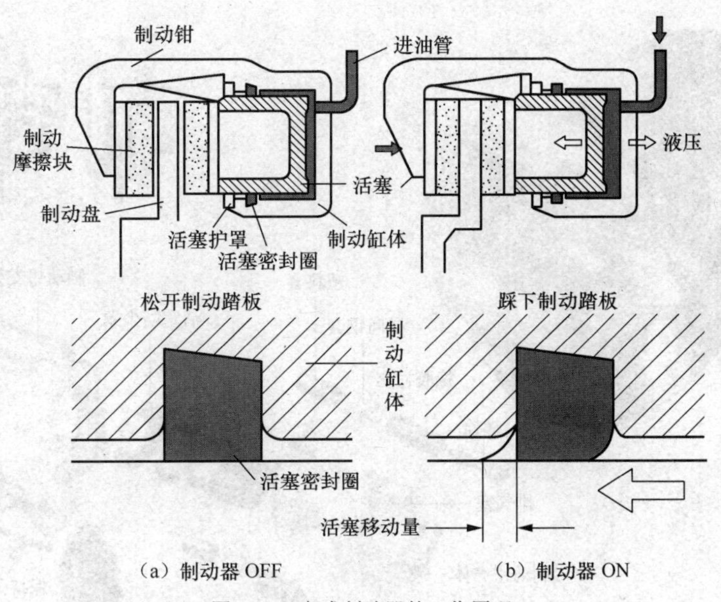

（a）制动器 OFF　（b）制动器 ON

图 11-7　盘式制动器的工作原理

声音报警装置如图 11-8 所示，在制动摩擦块的背板上装有一小弹簧片，其端部到制动盘的距离刚好为摩擦片的磨损极限，当摩擦片磨损到需要更换时，弹簧片与制动盘接触发出刺耳的尖叫声，警告驾驶员需要维修制动系统。

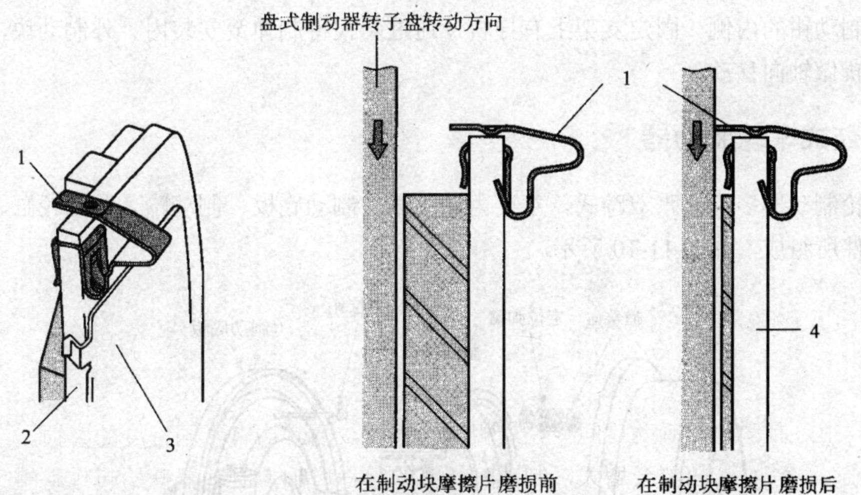

图 11-8　制动块摩擦片磨损报警装置

1—制动块摩擦片磨损指标器；2—盘式制动器摩擦片；3—消声片；4—背板

电子报警装置是在摩擦片内预埋电路触点，当摩擦片磨损到触点外露而接触制动盘时，形成电流回路，接通仪表板上的警告灯，提示驾驶员摩擦片需要更换。

触觉报警装置是制动盘表面有一传感器，摩擦片也有一传感器。当摩擦片磨损到两个传感器接触时，踏板产生脉动，提醒驾驶员更换摩擦片。

5．典型盘式制动器

图 11-9 所示为桑塔纳轿车的前轮盘式制动器，该制动器为浮钳盘式制动器，由制动盘、内外摩擦块、制动钳壳体、制动钳支架、前制动轮缸等组成。

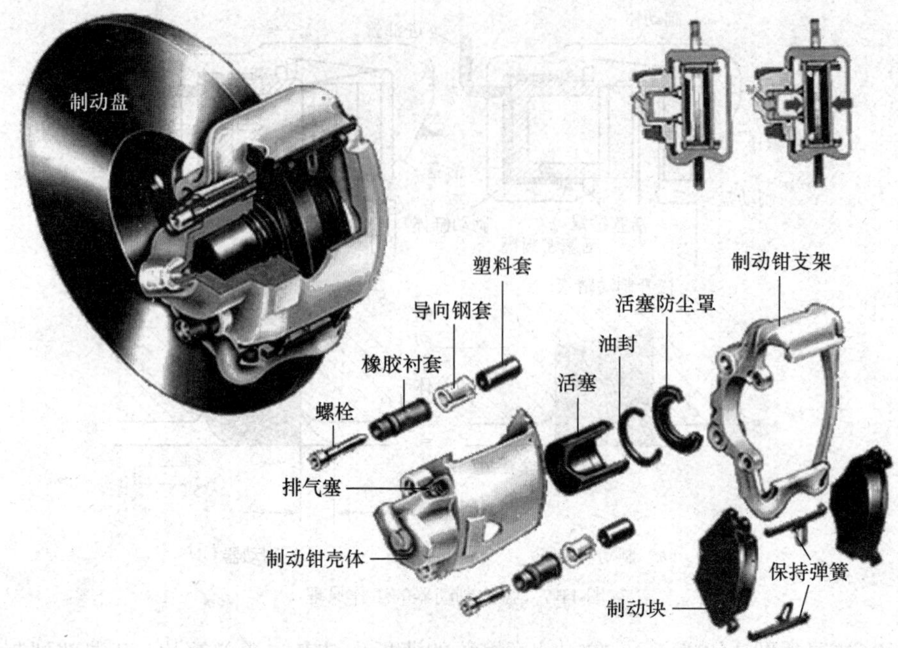

图 11-9　桑塔纳轿车前轮制动器

制动盘固定在轮毂上，夹在内外摩擦衬块中间，与前轮一起转动。制动钳通过螺栓（兼作导向销）与制动钳支架相连（支架固定于转向节凸缘上），钳体可沿螺栓相对于制动盘做轴向移动。轮缸布置在制动钳的内侧。固定支架上有导轨，通过两根特制弹簧安装内、外制动块，内、外制动块可沿导轨做轴向移动。

（二）鼓式车轮制动器

鼓式车轮制动器多为内张双蹄式，主要由制动鼓、制动底板、制动蹄、制动轮缸、复位弹簧以及连接部件所组成，如图 11-10 所示。

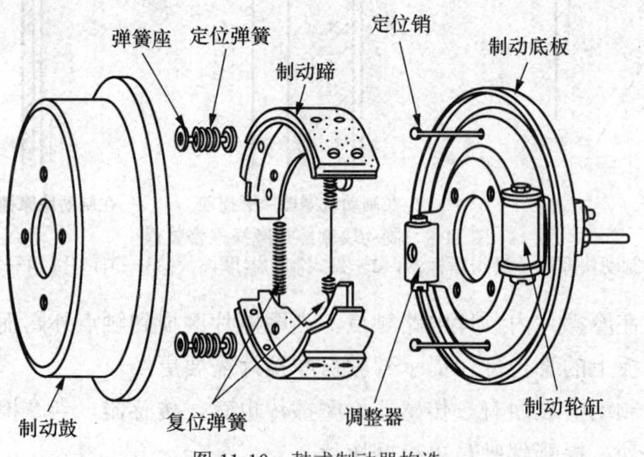

图 11-10　鼓式制动器构造

1. 鼓式制动器的工作原理

如图 11-11 所示，汽车前进时制动鼓的旋转方向如箭头所示。在制动过程中，两制动蹄在相等的促动力 F_s 作用下，分别绕各自的支承点向外偏转紧压在制动鼓上。同时旋转的制动鼓对两蹄分别作用着法向反力 N_1 和 N_2，以及相应的切向反力 T_1 和 T_2，T_1 作用的结果使得制动蹄 1 在制动鼓上压得更紧，则 N_1 变得更大，这种情况称为“助势”作用，相应的制动蹄被称为“领蹄”；与此相反，T_2 作用的结果则使得制动蹄 2 有放松制动鼓趋势，即 N_2 和 T_2 有减小的趋势，这种情况称为“减势”作用，相应的制动蹄被称为“从蹄”。

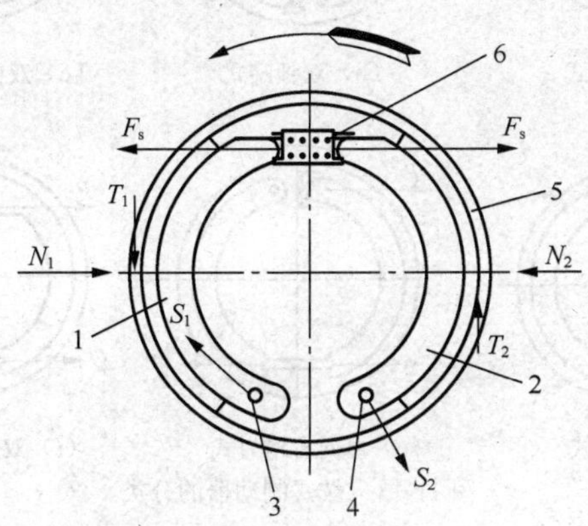

图 11-11　领从蹄式制动器示意图

1—领蹄；2—从蹄；3、4—支承点；5—制动鼓；6—制动轮缸

后轮鼓式制动器工作原理

领从蹄制动器

通过以上的分析，我们会得出这样的结论：虽然制动蹄 1、2 所受的促动力相等，但由于 T_1 和 T_2 的作用方向相反，使得两制动蹄所受到的法向反力 N_1 和 N_2 不相等，且 $N_1>N_2$，相应的 $T_1>T_2$。所以制动蹄作用到制动鼓上的法向力不相等；两制动蹄对制动鼓所施加的制动力矩也不相等。

制动蹄对制动鼓的作用力不相等，则两蹄法向力之和只能由车轮轮毂轴承的反力来平衡，这样对轮毂轴承造成了附加径向载荷，轴承的寿命缩短。为解决这个问题，出现了各种不同的鼓式制动器。

2. 鼓式制动器类型

鼓式制动器按其制动蹄促动装置的形式可分为轮缸式、凸轮式和楔块式，如图 11-12 所示。

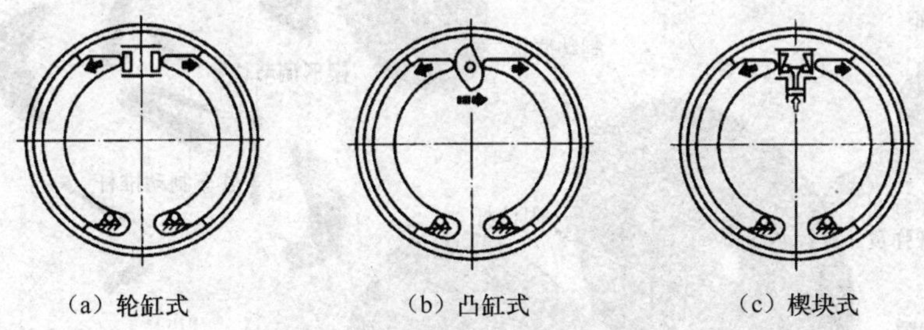

（a）轮缸式　　（b）凸缸式　　（c）楔块式

图 11-12　制动器促动装置的类型

根据制动过程中两制动蹄产生制动力矩的不同，鼓式制动器可分为领从蹄式、双领蹄式、双向双领蹄式、双向从蹄式、单向自增力式、双向自增力式等，如图 11-13 所示。

根据制动时两制动蹄对制动鼓作用的径向力是否平衡，鼓式制动器又可分为简单非平衡式、平衡式和自动增力式 3 种。

就制动效能而言，在基本结构参数和轮缸工作压力相同的条件下，自增力式制动器居榜首，以下依次为双向平衡式、单向平衡式、非平衡式。就制动效能的稳定性而言，自增力式车轮制动器对摩擦系数的依赖性最大，因而其制动效能的稳定性最差；非平衡式车轮制动器制动效能的稳定性居中；平衡式车轮制动器的制动效能稳定性最好。

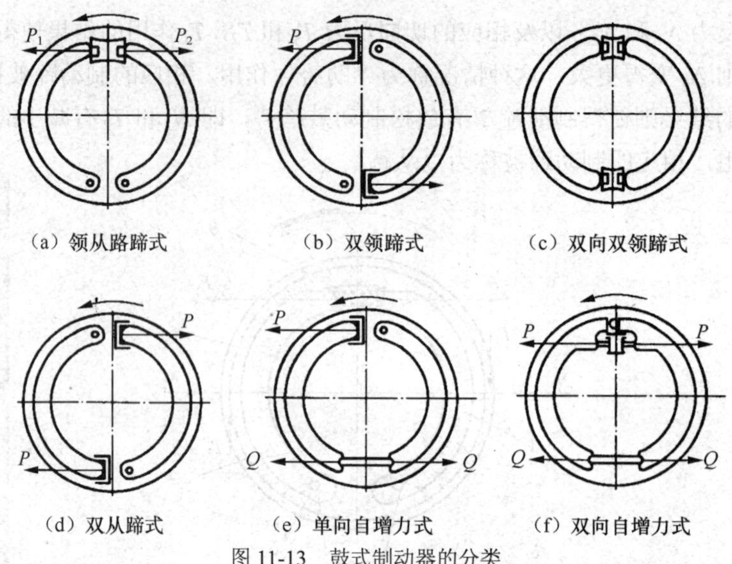

图 11-13　鼓式制动器的分类

3. 典型鼓式车轮制动器

桑塔纳轿车的后轮制动器是领从蹄式制动器，如图 11-14 所示，制动器的制动鼓通过轴承支承在后桥支承短轴上，与车轮一起旋转。制动蹄的上、下支承面均加工成弧面，下端支靠在固定于制动底板的支承板上。轮缸活塞通过两端带耳槽的支承块对制动蹄的上端施加促动力。此种支承结构可使整个制动蹄沿支承平面有一定的浮动量。其优点是制动蹄可以自动定心，保证有可能与制动鼓全面接触。这种结构的另一特点是，该行车制动器可兼驻车制动器，因此在制动器中还装设了驻车制动机械促动装置。

图 11-14　桑塔纳轿车后轮鼓式制动器

制动时，轮缸活塞在制动液压力的作用下向外推动制动蹄，制动力克服复位弹簧的弹力使制动蹄向外张开，压向制动鼓，产生制动力矩使汽车制动。解除制动时，制动液压力消失，在复位弹簧的作用下制动蹄回位。

车轮制动器装配完毕后，为保证制动蹄衬片与制动鼓之间具有合适的间隙，应对其进行必要的调整，调整的方法有人工调整法和自动调整法两种。

桑塔纳轿车后轮制动器的间隙调整装置为在推力板上装楔杆的自调装置，其结构和工作情况如图 11-15 所示。楔杆的水平拉簧使楔杆与推力板间产生摩擦，防止楔杆下移，垂直拉簧随时力图拉动楔杆下移。当蹄鼓间隙正常时，楔杆静止于相对应位置；当蹄鼓间隙大于规定值时，蹄片张开的行程被加大，垂直拉簧的力 F_2 增大，$F_2>F_1$，楔杆下移，楔杆的下移使得水平拉簧的力也被加大，摩擦力 F_1 相应加大，则楔杆在新的位置静止。

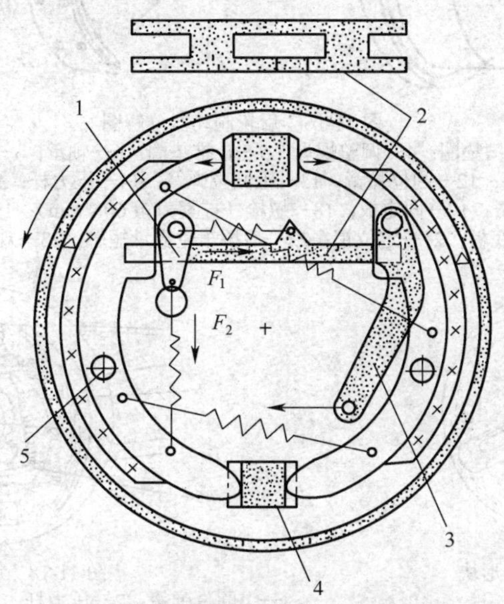

图 11-15　在推力板上装楔杆的自调装置

1—楔杆；2—推力板；3—驻车制动杠杆；4—浮式支撑座；5—定位件；F_1—水平拉簧；F_2—楔形杆的垂直拉簧力

放松制动后，制动蹄在回位弹簧的作用下收拢。由于推力板已变长，只能被顶靠在新的位置，从而保持规定的制动间隙值。此类自调装置属于一次性调准的结构，前进或倒车制动均能自调。

实操技能训练

（一）鼓式制动器的拆卸与安装

桑塔纳 2000 轿车后轮鼓式制动器的分解如图 11-16 所示，其拆装及检查的具体方法如下。

1．鼓式制动器的拆卸

（1）用千斤顶将车支起，并定位好。拧松车轮螺栓螺母（力矩为 110 N · m），取下车轮。用专用工具 VW637/2 卸下轮毂盖，取下开口销和开槽垫圈，旋下调整螺母，取出止推垫圈。

（2）用螺丝刀通过制动鼓螺孔向上拨动楔形块（见图 11-17），增大制动蹄与制动鼓的间隙，使制动蹄与制动鼓放松，取下制动鼓。

（3）用鲤鱼钳拆下压力弹簧座圈。用手从下面的支架上提起制动蹄，取出下回位弹簧。用钳子拆下制动杆上的手制动拉索。用鲤鱼钳取下楔形件的拉力弹簧和上回位弹簧。

（4）卸下制动蹄，如图 11-18 所示。

（5）把带压力杆的制动蹄卡紧在台虎钳上，拆下定位弹簧，取下制动蹄，如图 11-20 所示。

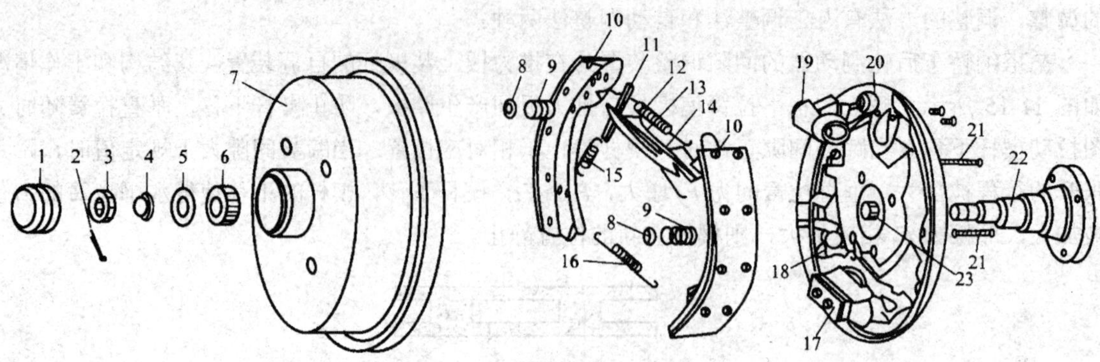

图 11-16　后轮制动器分解图

1—轮毂盖；2—开口销；3—开槽垫圈；4—调整螺母；5—止推垫圈；6—轴承；7—制动鼓；8—弹簧座；9—弹簧；10—制动蹄；11—楔形件；12—回位弹簧；13—上回位弹簧；14—压力杆；15—用于楔形件回位弹簧；16—下回位弹簧；17—固定板；18—螺栓（拧紧力矩 60N·m）；19—后制动轮缸；20—制动底板；21—定位销；22—后桥车轮支承短轴；23—观察孔橡胶塞

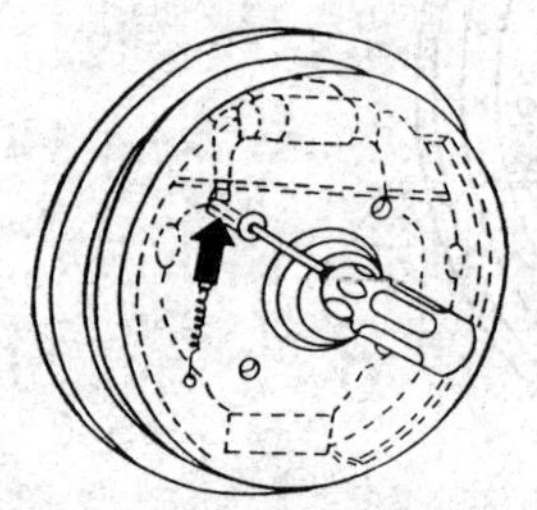
图 11-17　拨动楔形块

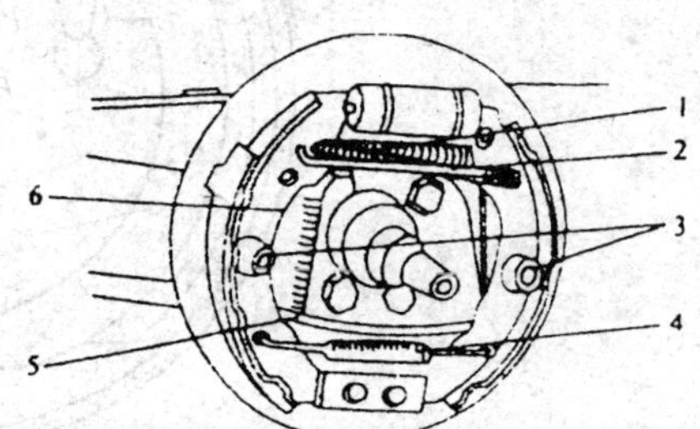

图 11-18　卸下制动蹄

1—上回位弹簧；2—压力杆；3—弹簧及座圈；4—下回位弹簧；5—驻车制动拉索；6—楔形件回位弹簧

2．鼓式制动器的安装

（1）装上回位弹簧，并将制动蹄装在压力杆上，如图 11-19 所示。

（2）装上楔形调整块，凸边朝向制动底板。

（3）将另一带有传动臂的制动蹄装在压力杆上，如图 11-20 所示。

图 11-19　安装制动蹄回位弹簧

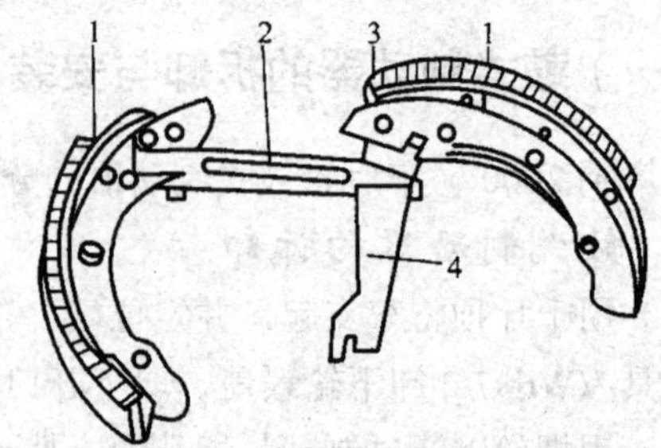

图 11-20　将制动蹄装在压力杆上

1—制动蹄；2—压力杆；3—销轴；4—制动杆

（4）装入上回位弹簧，在传动臂上装上手制动拉索。

（5）将制动蹄装上制动底板，靠在制动分泵外槽上。装入各种弹簧，包括回位弹簧，并把制动蹄提起，装到下面的支架上；将楔形件拉力弹簧；装压簧和弹簧座圈。装入制动鼓及后轮轴承和螺母，调整后轮轴承预紧度。用力踩一下制动踏板，使制动蹄正确就位，摩擦片与制动鼓的间隙得到自动调整。

（二）前制动盘的拆卸与安装

卡罗拉轿车前轮盘式制动器结构如图 11-21 和图 11-22 所示。

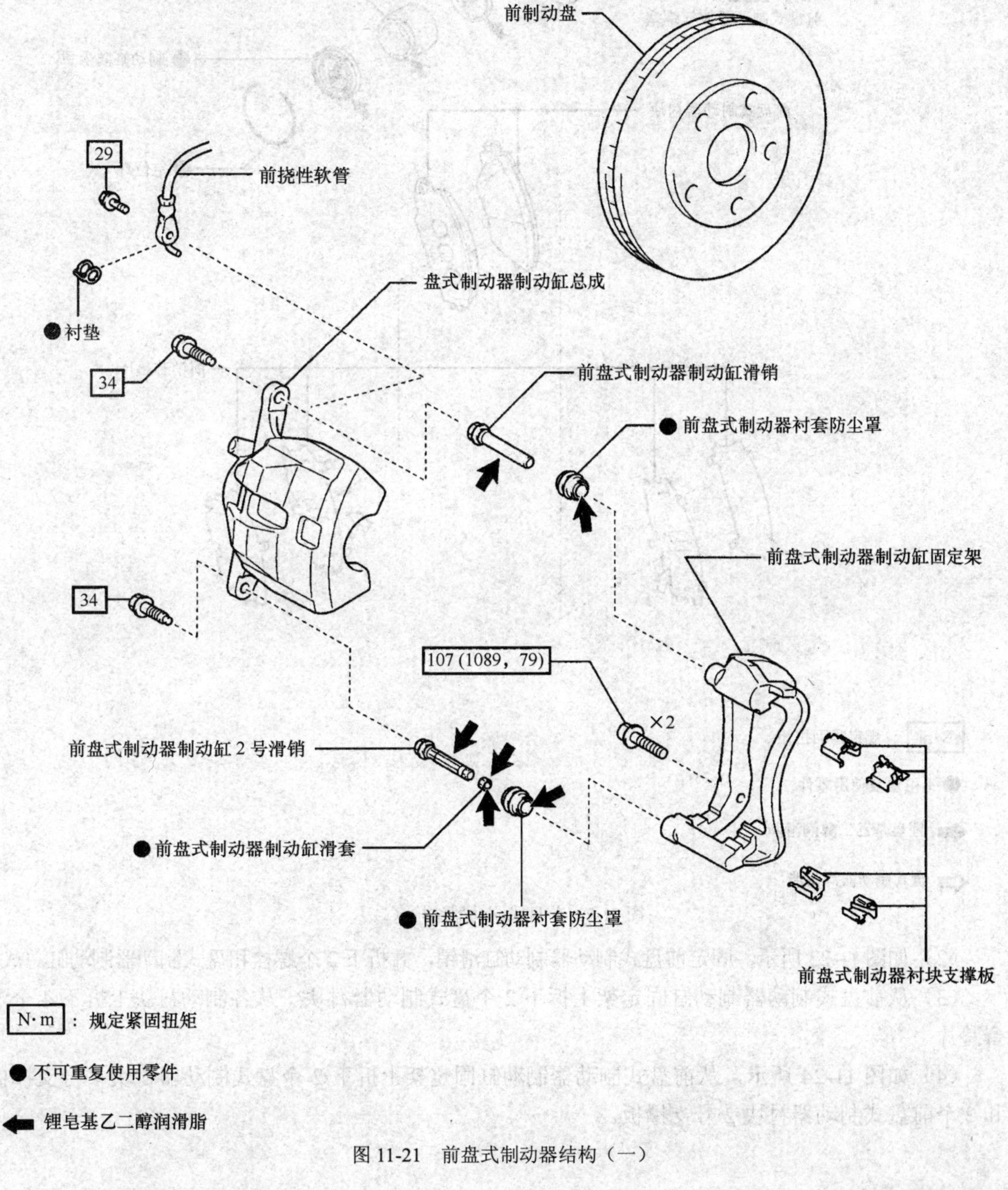

图 11-21　前盘式制动器结构（一）

1. 前制动盘的拆卸

（1）拆卸前轮。排净制动液。拆下接头螺栓和衬垫，并从盘式制动器制动缸总成上分离前挠性软管。

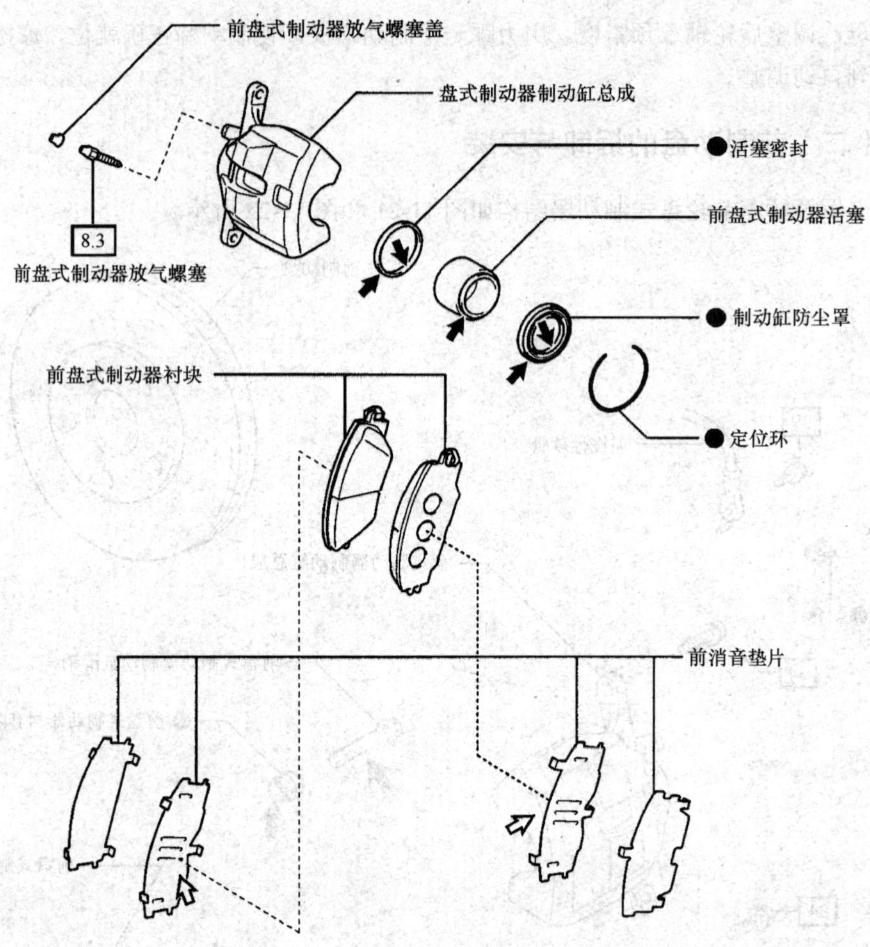

图 11-22 前盘式制动器结构（二）

（2）如图 11-23 所示，固定前盘式制动器制动缸滑销，并折下 2 个螺栓和盘式制动器制动缸总成。

（3）从前盘式制动器制动缸固定架上拆下 2 个盘式制动器衬块。从各制动衬块上拆下 4 个消音垫片。

（4）如图 11-24 所示，从前盘式制动器制动缸固定架上拆下 2 个盘式制动器衬块 1 号支撑板和 2 个前盘式制动器衬块 2 号支撑板。

小 心

各前盘式制动器衬块支撑板的形状均不相同。确保在各前盘式制动器衬块支撑板上做好识别标记，以便将其安装至各自的原位。

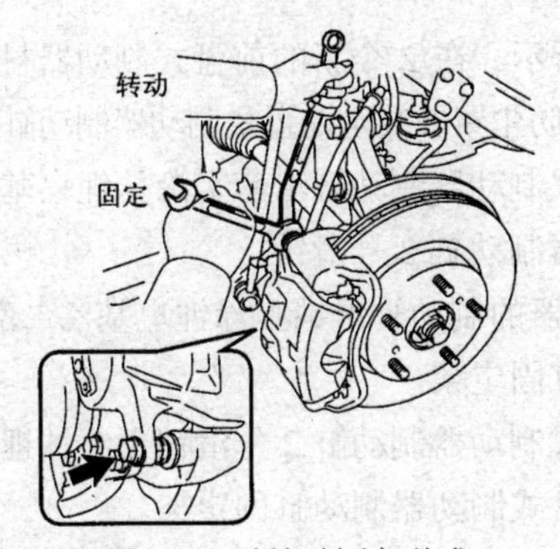

图 11-23　拆卸制动缸总成

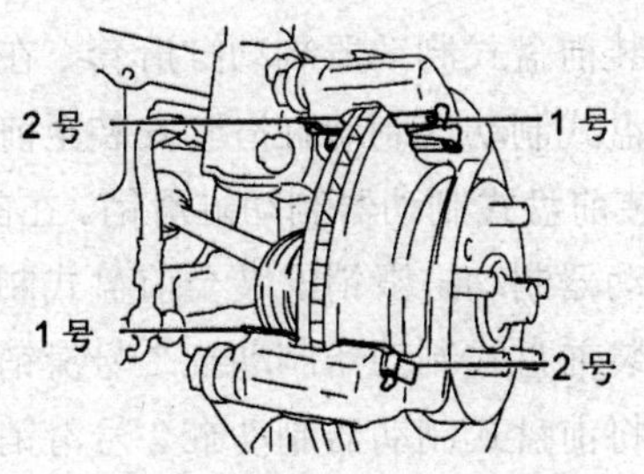

图 11-24　拆卸衬块支撑板

（5）从盘式制动器制动缸固定架上拆下前盘式制动器制动缸滑销。

（6）从前盘式制动器制动缸固定架上拆下前盘式制动器制动缸 2 号滑销。如图 11-25 所示，用螺丝刀从前盘式制动器制动缸 2 号滑销上拆下前盘式制动器制动缸滑套。

小　心

不要损坏前盘式制动器制动缸 2 号滑销。

提　示

在使用螺丝刀之前，请在螺丝刀头部缠上胶带。

（7）拆卸前盘式制动器衬套防尘罩。拆卸前盘式制动器制动缸固定架。

（8）拆卸前制动盘。

提　示

在制动盘和车桥轮毂上做好装配标记，如图 11-26 所示。

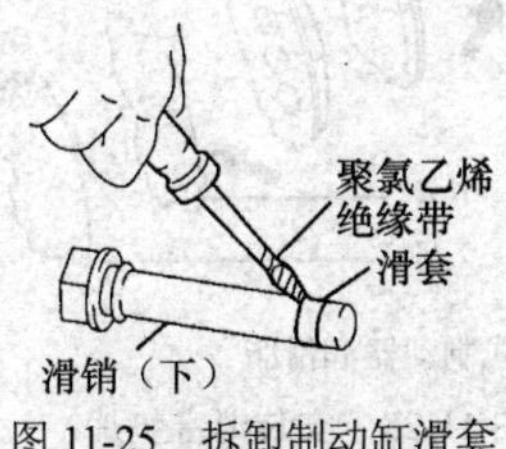

图 11-25　拆卸制动缸滑套

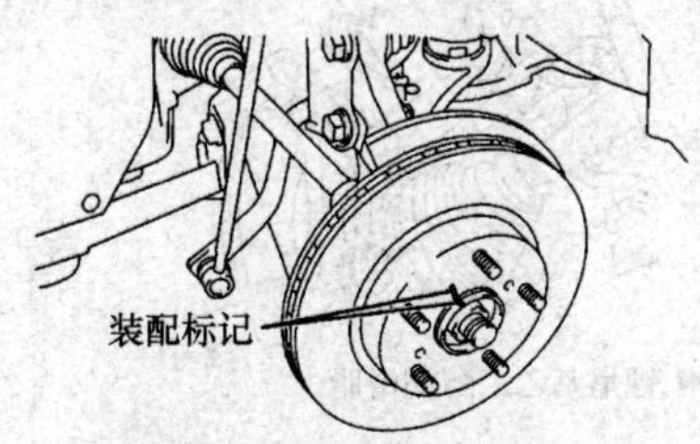

图 11-26　拆卸制动盘

2．前制动盘的安装

（1）安装前制动盘。对准制动盘和车桥轮毂的装配标记，并安装制动盘，如图 11-26 所示。

小　心

换上新的制动盘时，应选择前制动盘径向跳动最小的位置进行安装。

（2）安装前盘式制动器制动缸固定架。用 2 个螺栓将前盘式制动器制动缸固定架安装至转向节（扭矩：107 N・m）。

（3）安装前盘式制动器衬套防尘罩，如图 11-27 所示。在 2 个新的前盘式制动器衬套防尘罩上涂抹锂皂基乙二醇润滑脂。将 2 个前盘式制动器衬套防尘罩安装至前盘式制动器制动缸固定架。

（4）安装前盘式制动器制动缸滑套。在新的前盘式制动器制动缸滑套上涂抹锂皂基乙二醇润滑脂。将前盘式制动器制动缸滑套安装至前盘式制动器制动缸 2 号滑销。

（5）安装前盘式制动器制动缸滑销。在前盘式制动器的制动缸滑销上涂锂皂基乙二醇润滑脂。将前盘式制动器制动缸滑销安装至前盘式制动器制动缸固定架。

（6）安装前盘式制动器制动缸 2 号滑销。在前盘式制动器制动缸 2 号滑销上涂抹锂皂基乙二醇润滑脂。将前盘式制动器制动缸 2 号滑销安装至前盘式制动器制动缸固定架。

（7）安装前盘式制动器衬块支撑板，如图 11-24 所示。将 2 个前盘式制动器衬块 1 号支撑板和 2 个前盘式制动器衬块 2 号支撑板安装至前盘式制动器制动缸固定架。

小 心

确保每个前盘式制动器衬块支撑板都安装至正确的位置和方向。

（8）安装前消音垫片，如图 11-28 所示。

① 在每个 1 号消音垫片的两侧涂抹盘式制动器润滑脂。

小 心

更换磨损的衬块时必须一同更换消音垫片；在正确的位置和方向安装垫片；在与消音垫片接触的部位涂抹盘式制动器润滑脂；盘式制动器润滑脂可能会从消音垫片的安装部位稍稍溢出；确保盘式制动器润滑脂没有涂到衬片表面上。

② 将 2 个 1 号消音垫片和 2 个 2 号消音垫片安装至各制动衬块。

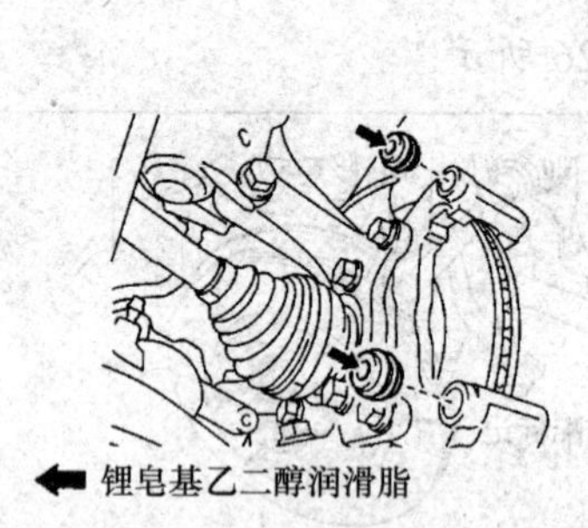

图 11-27 安装制动器衬套防尘罩

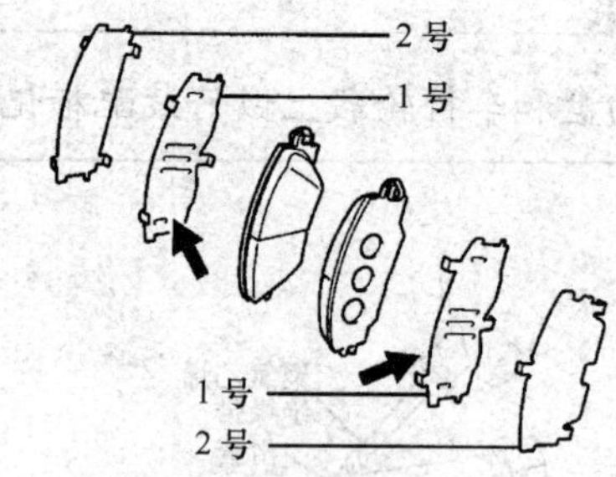

图 11-28 安装消音垫片

（9）安装前盘式制动器衬块。将 2 个盘式制动器衬块安装至盘式制动器制动缸固定架。

小 心

盘式制动器衬块或前制动盘的摩擦面上应无油污或润滑脂。

（10）安装盘式制动器制动缸总成，如图 11-23 所示。固定前盘式制动器制动缸滑销，并用 2 个螺栓将盘式制动器制动缸总成安装至前盘式制动器制动缸固定架（扭矩：34 N·m）。

（11）连接前挠性软管。用接头螺栓和新衬垫将挠性软管连接至盘式制动器制动缸总成（扭矩：

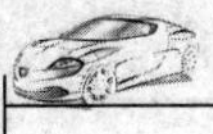

29 N·m)。

提 示

将挠性软管牢固安装至盘式制动器制动缸的锁孔中。

(12)对制动液储液罐进行加注。对制动主缸进行放气。对制动管路进行放气。对制动器执行器进行放气(带 VSC)。检查制动液是否泄漏。检查制动液液位。安装前轮(扭矩:103 N·m)。

(三)后制动盘的拆卸与安装

卡罗拉轿车后轮盘式制动器结构如图 11-29 和图 11-30 所示。

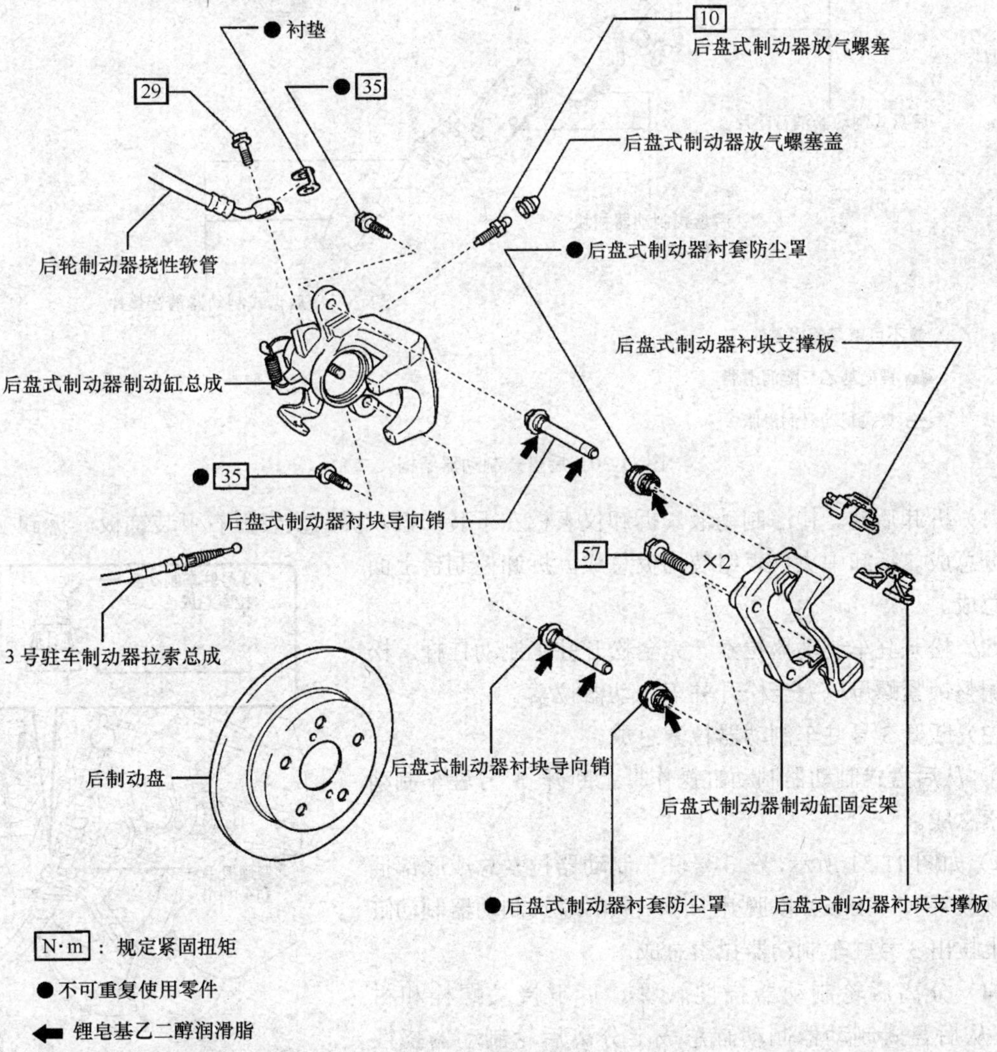

●衬垫
10
后盘式制动器放气螺塞
29
●35
后盘式制动器放气螺塞盖
后轮制动器挠性软管
●后盘式制动器衬套防尘罩
后盘式制动器衬块支撑板
后盘式制动器制动缸总成
●35
后盘式制动器衬块导向销
57
×2
3 号驻车制动器拉索总成
后制动盘
后盘式制动器衬块导向销
后盘式制动器制动缸固定架
●后盘式制动器衬套防尘罩
后盘式制动器衬块支撑板

N·m:规定紧固扭矩

●不可重复使用零件

← 锂皂基乙二醇润滑脂

图 11-29 后盘式制动器结构(一)

1. 后盘式制动器的拆卸

提 示

左侧和右侧应使用同样的程序。下面列出的程序适用于左侧。

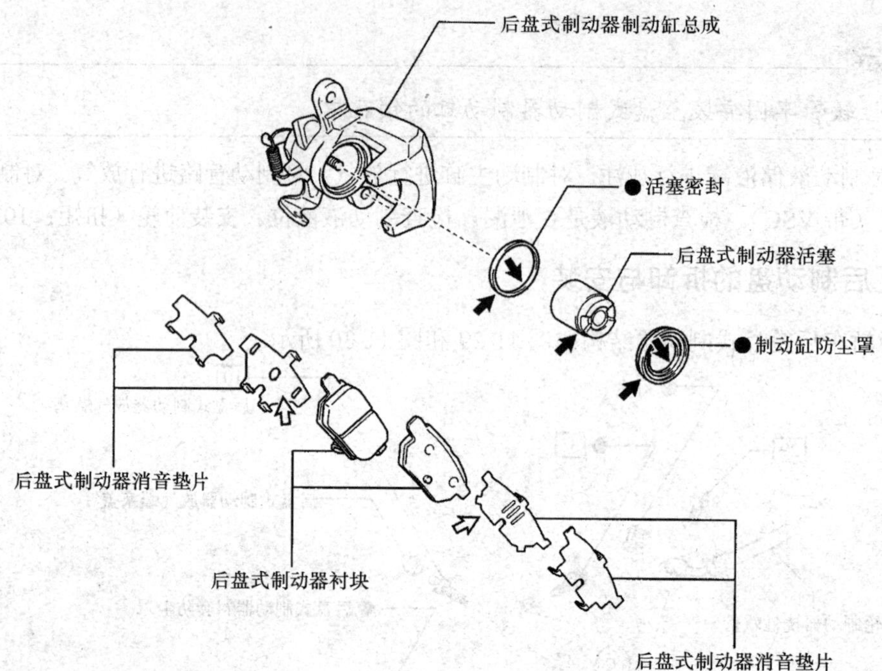

图 11-30　后盘式制动器结构（二）

（1）拆卸后轮。排净制动液。拆卸仪表板左下装饰板。拆卸仪表板右下装饰板。拆卸换挡杆把手分总成。拆卸中央仪表组装饰板总成。拆卸控制台上面板分总成。

（2）松开驻车制动器拉索。完全松开驻车制动杠杆。松开并调整锁紧螺母以完全松开驻车制动器拉索。

（3）断开 3 号驻车制动器拉索总成。

① 从后盘式制动器制动缸操作杆上断开 3 号驻车制动器拉索总成。

② 如图 11-31 所示，在 3 号驻车制动器拉索总成底部插入弯颈扳手（14 mm）以脱开卡子。从后盘式制动器制动缸总成上拉出 3 号驻车制动器拉索总成。

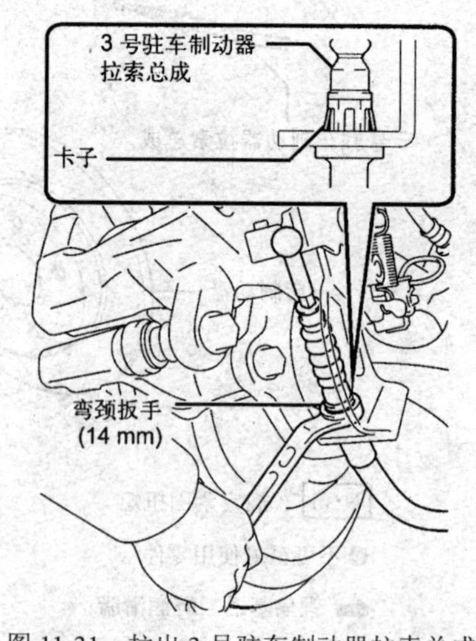

图 11-31　拉出 3 号驻车制动器拉索总成

（4）分离后轮制动器挠性软管。拆下接头螺栓和衬垫，并从后盘式制动器制动缸总成上分离后轮制动器挠性软管。

（5）拆卸后盘式制动器制动缸总成。固定后盘式制动器衬块导向销，并拆下 2 个螺栓和后盘式制动器制动缸总成，如图 11-32 所示。

（6）拆卸后盘式制动器衬块。从后盘式制动器制动缸固定架上拆下 2 个盘式制动器衬块。

（7）拆卸后盘式制动器消音垫片。拆卸后盘式制动器衬块支撑板。

小 心

各后盘式制动器衬块支撑板的形状均不相同。确保在各后盘式制动器衬块支撑板上做好识别标记，以便将其安装在各自的原位。

（8）拆卸后盘式制动器衬块导向销。拆卸后盘式制动器衬套防尘罩。拆卸后盘式制动器制动缸固定架。

（9）拆卸后制动盘。

提 示

在制动盘和车桥轮毂上做好装配标记，如图 11-33 所示。

图 11-32 拆卸后盘式制动器制动缸总成

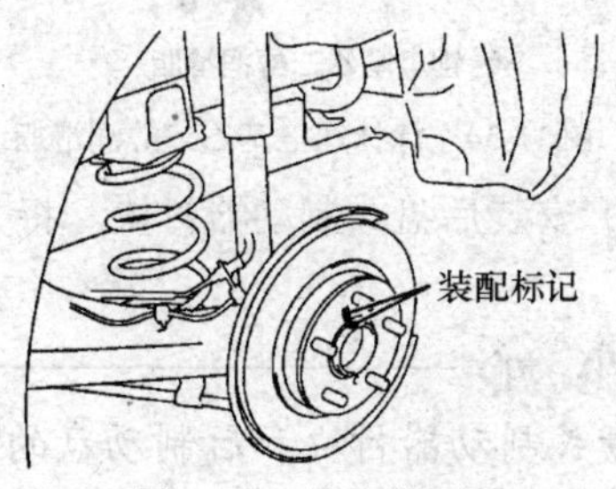

图 11-33 做好装配标记

2. 后盘式制动器的安装

（1）对准制动盘和车桥轮毂的装配标记，安装制动盘，如图 11-33 所示。

小 心

换上新的制动盘时，应选择后制动盘径向跳动最小的位置进行安装。

（2）用 2 个螺栓将后盘式制动器制动缸固定架安装至车桥梁（扭矩：57 N·m）。

（3）安装后盘式制动器衬套防尘罩。在 2 个新的后盘式制动器衬套防尘罩上涂抹锂皂基乙二醇润滑脂。将 2 个后盘式制动器衬套防尘罩安装至后盘式制动器制动缸固定架。

（4）安装后盘式制动器衬块导向销。在后盘式制动器衬块导向销上涂抹锂皂基乙二醇润滑脂，如图 11-34 所示。将 2 个后盘式制动器衬块导向销安装至后盘式制动器制动缸固定架。

（5）安装后盘式制动器衬块支撑板。

小 心

确保每个后盘式制动器衬块支撑板都安装至正确的位置和方向。

（6）安装后盘式制动器衬块消音垫片，如图 11-35 所示。在 2 个 1 号消音垫片上涂抹盘式制动器润滑脂。将 2 个 1 号消音垫片和 2 个 2 号消音垫片安装至各制动衬块。

小 心

更换磨损的衬块时必须一同更换消音垫片；在与消音垫片接触的部位涂抹盘式制动器润滑脂；盘式制动器润滑脂可能会从消音垫片的安装部位稍稍溢出；确保盘式制动器润滑脂没有涂到衬片表面上。

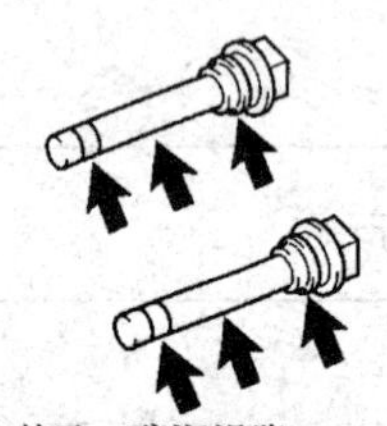

图 11-34 涂抹锂皂基乙二醇润滑脂

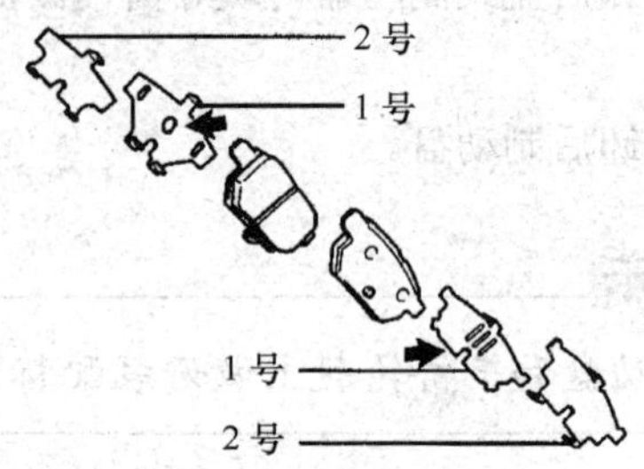

图 11-35 安装后盘式制动器衬块消音垫片

（7）安装后盘式制动器衬块。将 2 个后盘式制动器衬块安装至后盘式制动器制动缸固定架。

小 心

盘式制动器衬块和后制动盘的摩擦面上应无油污和润滑脂。

（8）安装后盘式制动器制动缸总成。

① 重复使用衬块时，为抵消衬块磨损，用 SST 推动和转动活塞（左侧：逆时针方向，右侧：顺时针方向）至衬块的凸出部分正确对齐活塞凹槽的位置，如图 11-36 所示。

小 心

将制动盘放在 2 个制动衬块之间，并确定活塞回位值。

② 固定后盘式制动器衬块导向销，并用 2 个新螺栓将盘式制动器制动缸安装至后盘式制动器制动缸固定架，如图 11-32 所示（扭矩：35 N • m）。

（9）安装后轮制动器挠性软管。用接头螺栓和新衬垫连接挠性软管（扭矩：29 N • m）。

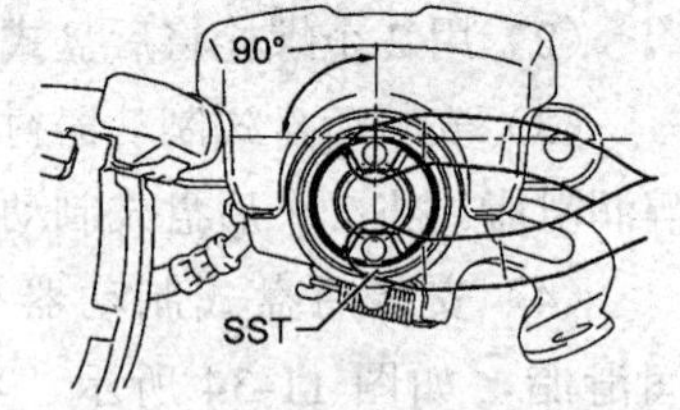

图 11-36 用 SST 推动和转动活塞

提 示

将挠性软管牢固安装至盘式制动器制动缸的锁孔中。

（10）连接 3 号驻车制动器拉索总成。

① 如图 11-37 所示，将 3 号驻车制动器拉索总成插入后盘式制动器制动缸总成，并将 3 号驻车制动器拉索卡爪接合至后盘式制动器制动缸导向装置。

② 将 3 号驻车制动器拉索末端连接至后盘式制动器制动缸操作杆，如图 11-38 所示。

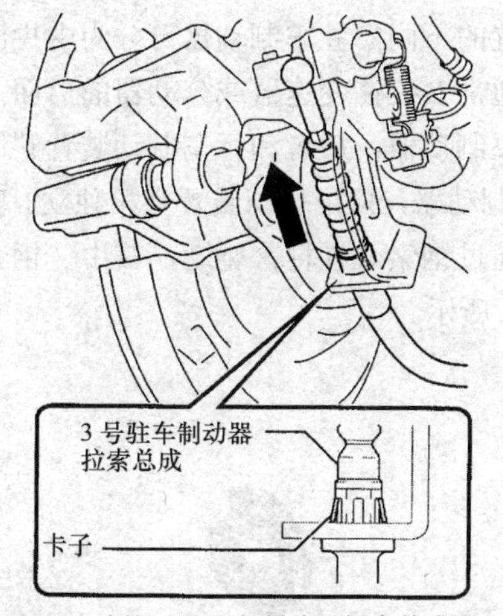

图 11-37　连接 3 号驻车制动器拉索总成（一）

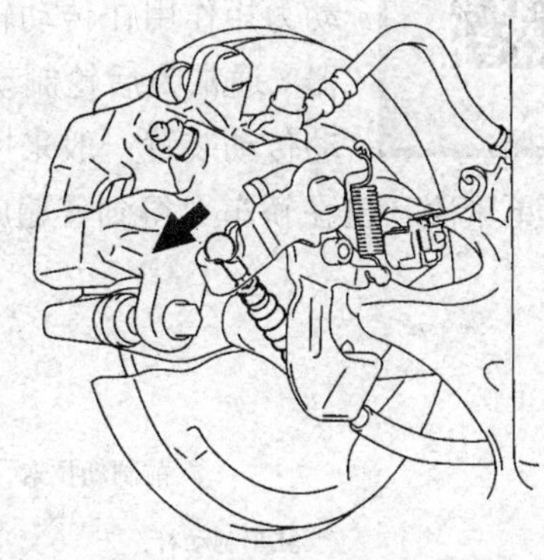

图 11-38　连接 3 号驻车制动器拉索总成（二）

（11）对制动液储液罐进行加注。对制动主缸进行放气。对制动管路进行放气。检查制动液液位。对制动器执行器进行放气（带 VSC）。检查制动液是否泄漏。

（12）调整驻车制动杠杆行程。检查后盘式制动器制动缸操作杆和止动器之间的间隙。安装控制台上面板分总成。安装中央仪表组装饰板总成。安装换挡杆把手分总成。安装仪表板左下装饰板。安装仪表板右下装饰板。安装后轮（扭矩：103 N·m）。

练　习　题

1. 简述制动系统的基本组成及工作原理。
2. 简述盘式制动器的结构及工作原理。
3. 简述鼓式制动器的分类方法。
4. 简述领从蹄式制动器的原理。

任务二　驻车制动装置

【学习目标】

1. 能够正确描述驻车制动装置的组成及工作原理；
2. 能够正确选择与使用工具、设备，并规范地对驻车制动装置进行检查与调整。

相 关 知 识

驻车制动器的功用是在车辆停驶后防止滑溜；使车辆在坡道上能顺利起步；在行车制动系统失效后临时使用或配合行车制动器进行紧急制动。

按驻车制动器在汽车上安装位置的不同，驻车制动器可分为中央制动式和车轮制动式两种。前者的制动器通常安装在变速器或分动器的后面，其制动力矩作用在传动轴上，又称为中央制动器；后者和行车制动装置共用制动器（通常为后轮制动器），又称复合制动器，只是传动装置互相独立。驻车制动传动装置一般采用人力机械式，通过钢索或杠杆来驱动，其中，钢索传动式结构简单紧凑，已在轿车上得到普遍应用，如图 11-39 所示。

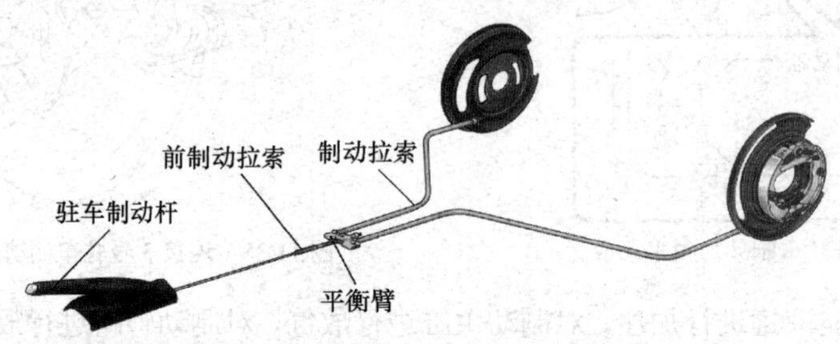

图 11-39　驻车制动系统

驻车制动器按其结构形式可分为鼓式、盘式、带式和弹簧作用式。盘式制动器的旋转部分是制动盘，鼓式和带式制动器旋转部分是制动鼓。

驻车制动器的工作原理和行车制动器基本类似，主要是通过操纵机构的拉动，使驻车制动器内制动蹄鼓（或制动盘）压紧，产生摩擦力矩，形成制动力矩，产生制动效果（和行车制动装置类似）。

图 11-40 所示为东风 EQ1090E 型汽车驻车制动器的结构，该制动器为中央制动、鼓式、简单非平衡式驻车制动器，制动鼓通过螺栓与变速器输出轴的凸缘盘紧固在一起。

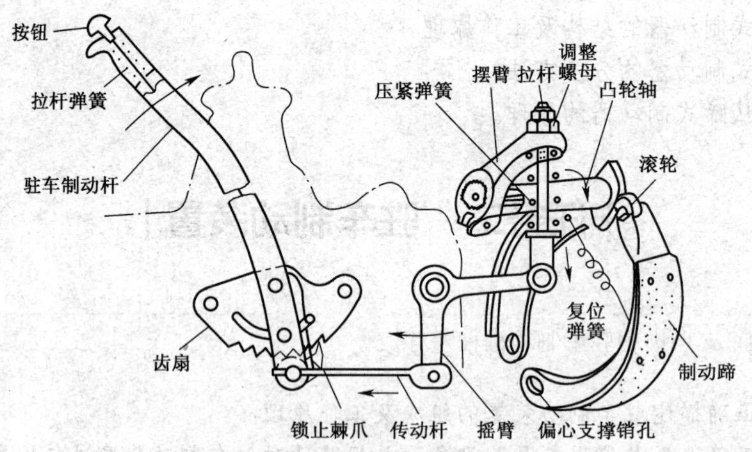

图 11-40　东风 EQ1090E 型汽车驻车制动器

驻车制动时，将驻车制动杆上端向后拉动，则制动杆的下端向前摆动，传动杆带动摇臂顺时针转动，拉杆则带动摆臂顺时针转动，凸轮轴亦顺时针转动，凸轮则使两制动蹄以支撑销为支点向外张开，压靠到制动鼓上，产生制动作用。当制动杆拉到制动位置时，棘爪嵌入齿扇上的棘齿内，起锁止作用。

解除制动时，按下驻车制动杆上的按钮，使棘爪脱离棘齿，向前推动制动杆，则传动杆、拉杆、凸轮轴按逆时针方向转动，制动蹄在回位弹簧的作用下回位，制动蹄与制动鼓间恢复制动间隙，制动解除。

上海桑塔纳 2000 型轿车的驻车制动器与行车制动器复合共用，驻车制动装置主要由驻车制动杆、驻车制动器操作拉杆、制动拉索、后轮制动器中的驻车制动拉杆等组成。图 11-41 所示为桑塔纳 2000 型轿车的驻车制动传动装置分解图。

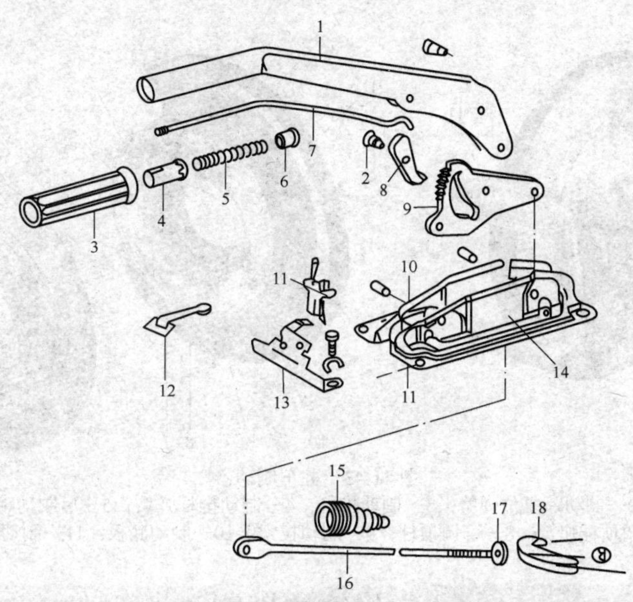

图 11-41　上海桑塔纳 2000 型轿车的驻车制动传动装置分解图

1—驻车制动杆；2—螺栓；3—制动手柄套；4—旋钮；5—弹簧；6—弹簧套筒；7—棘轮杆；8—棘轮掣子；9—扇形齿；10—右轴承支架；11—驻车灯开关；12—凸轮；13—支架；14—左轴承支架；15—驻车制动拉杆底部橡皮防尘罩；16—驻车制动操作拉杆；17—限位板；18—驻车制动拉索调整杠杆

如图 11-42 所示，驻车制动杠杆上端平头销与后制动蹄相连，其中，上部卡入驻车制动推杆右端的切槽中作为支点；下端与手制动拉索相连。前、后制动蹄的腹板卡在驻车制动推杆的两端槽中，并分别用一根复位弹簧与制动推杆相连。

驻车制动时，拉起操纵杆，操纵杆力通过操纵机构使手制动拉索收紧，拉索则拉动驻车制动杠杆的下端，使之绕上端支点顺时针转动，制动杠杆转动过程中，其中间支点推动驻车制动推杆左移，使前制动蹄压向制动鼓。前制动蹄压向制动鼓后，制动推杆停止运动，则驻车制动杠杆的中间支点变成其继续移动的新支点，于是驻车制动杠杆的上端右移，使后制动蹄压靠在制动鼓上，产生制动作用。此时，驻车制动操纵杆上的棘爪嵌入齿扇上的棘齿内，起锁止作用。

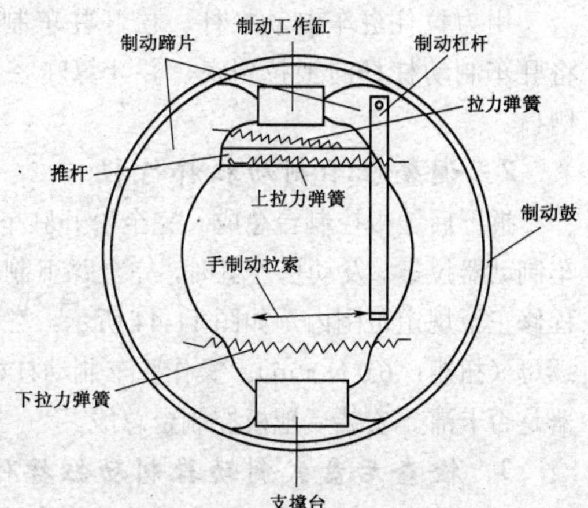

图 11-42　驻车制动器工作原理示意图

解除驻车制动时，按下驻车制动操纵杆上的按钮，使棘爪脱离棘齿，将操纵杆回到释放制动位置，松开手制动拉索，则制动蹄在复位弹簧的作用下回位。

对于 4 个车轮采用盘式制动器的轿车来说，驻车用的小型鼓式驻车制动器内置于后轮盘式制动器中（即所谓的“盘中鼓”结构），并通过拉索和连杆等机构固定在盘式制动器上，图 11-43 所示为别克凯越轿车盘鼓式驻车制动器的结构，制动盘的外缘盘作为盘式制动器的制动盘，中间的鼓式制动装置作为驻车制动器。

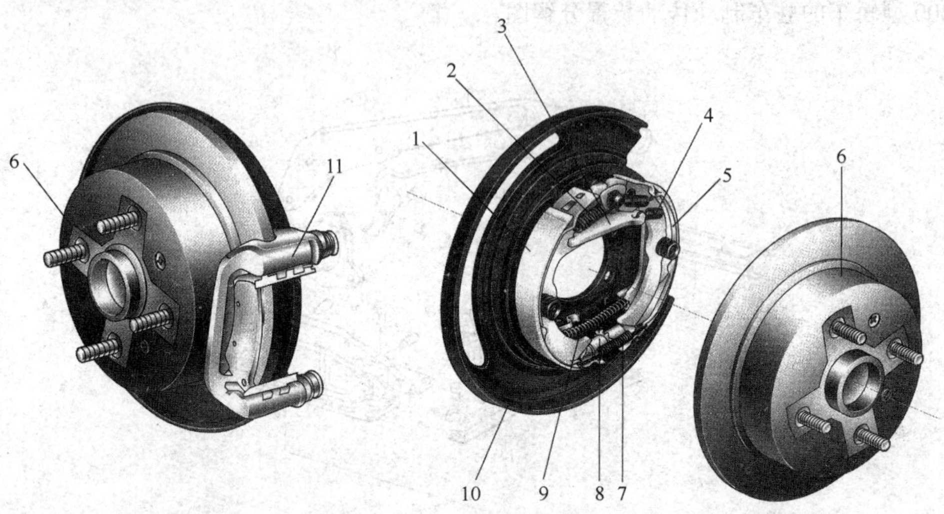

图 11-43　驻车制动器

1—前制动蹄；2—制动蹄复位弹簧；3—制动推杆；4—制动推杆弹簧；5—后制动蹄；6—制动鼓；7—可调顶杆弹簧；8—可调顶杆；9—制动拉索；10—制动底板；11—制动钳支架

实操技能训练

驻车制动器的检查与调整

1．检查驻车制动杠杆行程

用力拉住驻车制动杠杆。松开驻车制动器锁，并将驻车制动杠杆放回到关闭位置。缓慢将驻车制动杠杆向上拉到底，并计算咔嗒声和次数。驻车制动杠杆行程：200 N 时为 6～9 个槽口。

2．调整驻车制动杠杆行程

拆下后地板控制台总成。完全松开驻车制动杠杆。松开锁紧螺母和调整螺母，以完全松开驻车制动器拉索。发动机停机时，完全踩下制动踏板 3～5 次。转动调整螺母，直到驻车制动杠杆行程修正至规定范围内，如图 11-44 所示。驻车制动杠杆行程：200 N 时为 6～9 个槽口。紧固锁紧螺母（扭矩：6.0 N・m）。操作驻车制动杠杆 3～4 次，并检查驻车制动杠杆行程。检查驻车制动器是否卡滞。安装后地板控制台总成。

3．检查后盘式制动器制动缸操作杆和止动器间隙

松开驻车制动杠杆，检查并确认后盘式制动器制动缸操作杆和挡块之间的间隙测量值在规定范围内，如图 11-45 所示。间隙：0.5 mm 或更小。

如果间隙不在规定范围内，更换后盘式制动器制动钳总成。

4．检查制动警告灯

操作驻车制动杠杆时，检查并确认制动警告灯亮起。

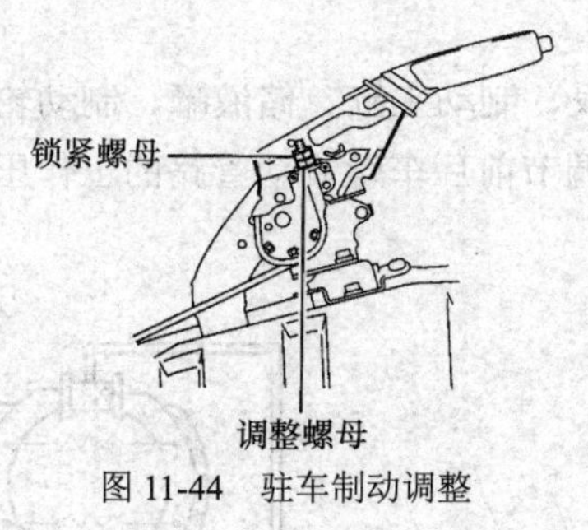

图 11-44　驻车制动调整

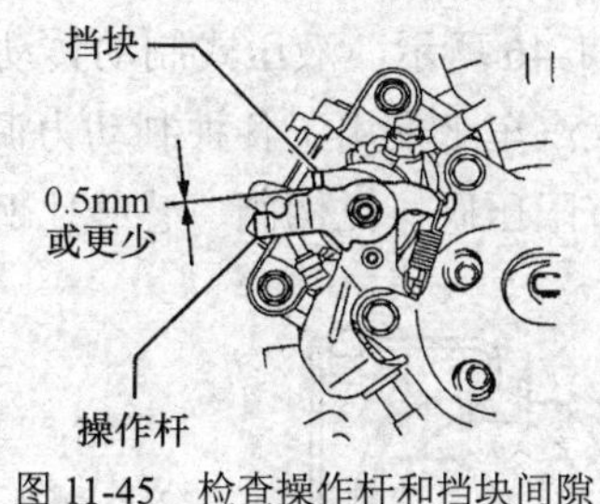

图 11-45　检查操作杆和挡块间隙

练　习　题

1. 简述东风 EQ1090E 型汽车驻车制动器的结构和原理。
2. 简述驻车制动器的结构及工作原理。

任务三　制动传动装置

【学习目标】

1. 能够正确描述液压式制动传动装置的基本组成和工作原理；
2. 能够正确描述液压式制动传动装置主要部件的结构及工作原理；
3. 能够正确描述真空液压制动传动装置的结构及工作原理；
4. 能够正确选择与使用工具、设备，并规范进行制动踏板的拆卸与安装；
5. 能够正确选择与使用工具、设备，并规范地对制动主缸进行拆卸与安装；
6. 能够正确选择与使用工具、设备，并规范地对真空助力器进行拆卸与安装。

相 关 知 识

制动传动装置的功用是将驾驶员或其他动力源的作用传到制动器，同时控制制动器的工作，从而获得所需要的制动力矩。

制动传动装置按传力介质的不同可分为液压式、气压式和气-液综合式；按制动管路的套数可分为单管路和双管路制动传动装置。按照交通法规的要求，现代汽车的行车制动系统须采用双管路制动传动装置，若其中一套管路损坏时，另一套仍然起制动作用，从而提高了制动的可靠性和安全性。

（一）液压式制动传动装置的基本组成及工作原理

液压式制动传动装置是利用制动液将制动踏板力转换为制动液压力，通过管路传至车轮制动

器，再将制动液压力转变为制动蹄张开的机械推力。

如图 11-46 所示，液压式制动传动装置由制动踏板、制动主缸、储液罐、制动轮缸、油管等组成。现代汽车上采用了各种制动力调节装置，用以调节前后车轮制动管路的工作压力，常用的调节装置有限压阀、比例阀、感载比例阀、惯性阀等。

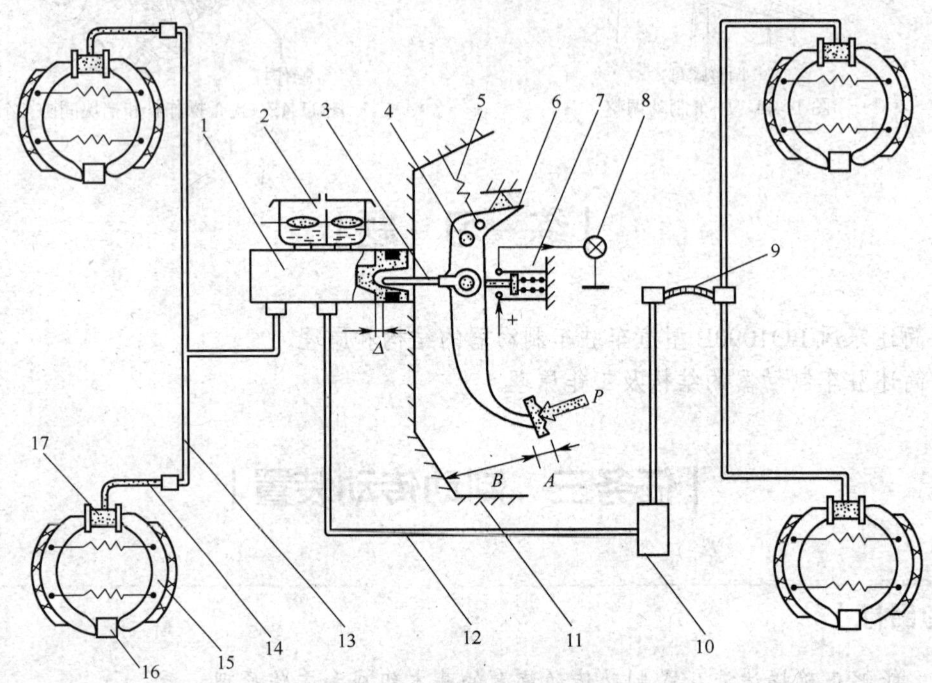

图 11-46　液压式制动传动装置的组成

1—制动主缸；2—储液罐；3—主缸推杆；4—支撑销；5—复位弹簧；6—制动踏板；7—制动灯开关；8—指示灯；9—软管；10—比例轮缸；Δ—自由间隙；A—自由行程；B—有效行程

双管路液压式制动传动装置是利用彼此独立的双腔制动主缸，通过两套独立管路，分别控制两桥或三桥的车轮制动器。常见的双管路液压式制动传动装置的布置形式有前后独立式和交叉式两种。

一轴对一轴型双管路液压制动系统

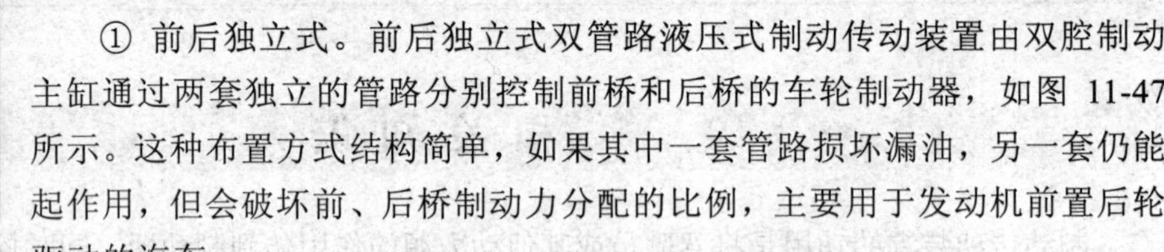

① 前后独立式。前后独立式双管路液压式制动传动装置由双腔制动主缸通过两套独立的管路分别控制前桥和后桥的车轮制动器，如图 11-47 所示。这种布置方式结构简单，如果其中一套管路损坏漏油，另一套仍能起作用，但会破坏前、后桥制动力分配的比例，主要用于发动机前置后轮驱动的汽车。

X 型双管路液压制动系统

② 交叉式（也称为对角线式）。交叉式双管路液压式制动传动装置由双腔制动主缸通过两套独立的管路分别控制前、后桥对角线方向的两个车轮制动器，如图 11-48 所示。这种布置方式在任一管路失效时，仍能保持一半的制动力，且前、后桥制动力分配比例保持不变，有利于提高制动方向稳定性，主要用于发动机前置前轮驱动的轿车。

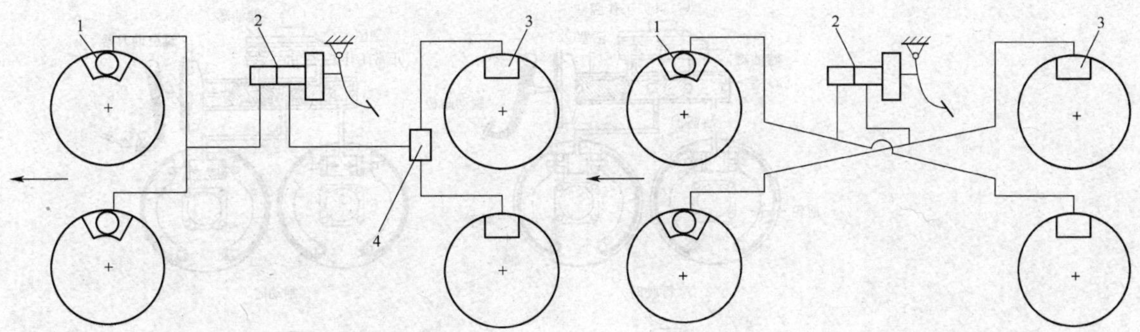

图 11-47　前后独立式双管路液压式制动传动装置
1—盘式制动器；2—双腔制动主缸；
3—鼓式制动器；4—制动力调节器

图 11-48　交叉式的双管路液压制动传动装置
1—盘式制动器；2—双腔制动主缸；3—鼓式制动器

（二）液压式制动传动装置的主要部件

1. 制动主缸

制动主缸又称为制动总泵，它处于制动踏板与管路之间，其功用是将制动踏板输入的机械力转换成液压力。

串联式双腔制动主缸主要由储液罐、制动主缸外壳、前活塞、后活塞、前后活塞弹簧、推杆、皮碗等组成，如图 11-49 所示。

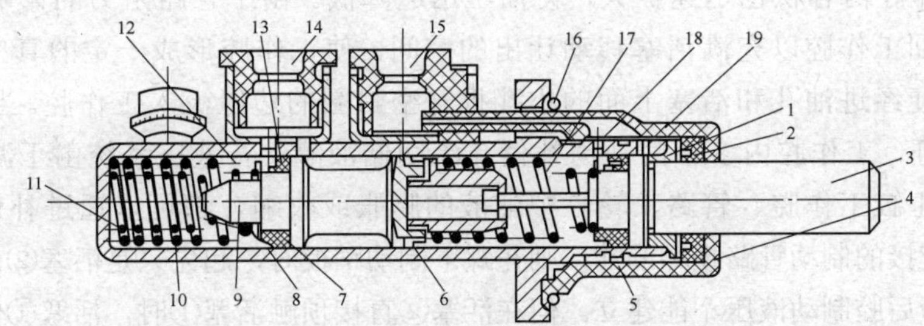

图 11-49　串联式双腔制动主缸
1—隔套；2—密封圈；3—第一活塞（带推杆）；4—防尘罩；5—防动圈；6、13—密封圈；7—垫圈；
8—皮碗护圈；9—第二活塞；10—第二活塞弹簧；11—缸体；12—第二工作腔；14、15—进油孔；
16—定位圈；17—第一工作腔；18—补偿孔；19—回油孔

缸体内装有两个活塞，将主缸内腔分为两个工作腔：第一工作腔和第二工作腔。每套管路和工作腔又分别通过补偿孔和回油孔与储油罐相通。第二活塞由弹簧保持在正确的初始位置，使补偿孔和进油孔与缸内相通。第一活塞在左端弹簧的作用下，压靠在隔套上，使其处于补偿孔和回油孔之间的位置。密封圈用来防止主缸漏油。此外，每个活塞上都装有密封圈，以便两腔建立油压并保证密封。前活塞靠后活塞的液力推动，后活塞直接由推杆推动。

制动主缸的工作原理如图 11-50 所示，假设制动主缸的工作腔（a）与前轮制动管路相通，工作腔（b）与后轮制动管路相通，其工作原理具体如下。

制动时，推杆推动活塞②向左移动，在其密封圈遮住补偿孔后，工作腔（b）的油压开始升高。油液一方面通过腔内出油孔进入后轮制动管路，一方面又对活塞①产生推力。在此推力及活塞②左端弹簧力的共同作用下，活塞①也向左移动，这样工作腔（a）也产生了压力，推开腔内出油阀，油液进入前轮制动管路，于是两管路对汽车施行制动作用，如图 11-50 中的②图所示。

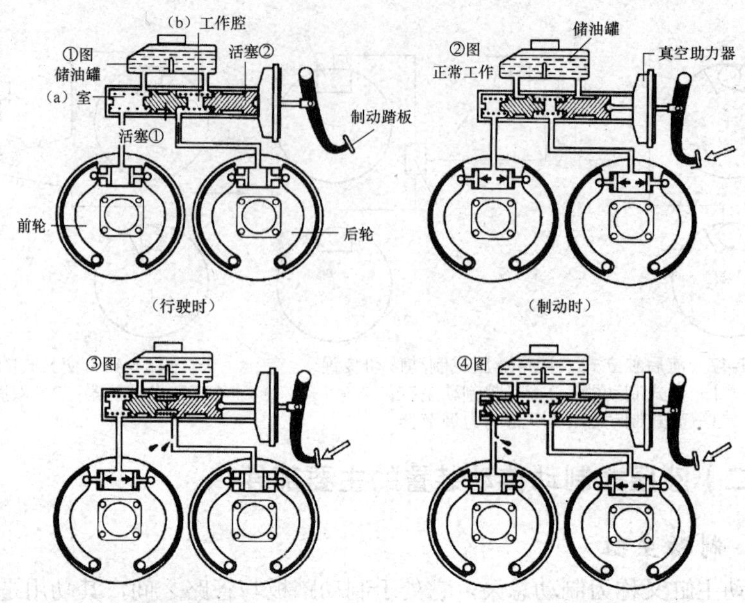

双腔制动主缸工作原理

图 11-50　制动主缸工作原理示意图

解除制动时，活塞在弹簧作用下回位，液压油自轮缸和管路中流回到制动主缸。如活塞回位迅速，工作腔内容积也迅速扩大，使油压迅速降低。由于管路阻力的影响，管路中的油液不能及时流回工作腔以充满活塞移动让出的空间，使工作腔形成一定的真空度。这时，储液罐里的油液便经进油孔和活塞上面的小孔推开密封圈的边缘流入工作腔。当活塞完全回位时，补偿孔打开，工作腔内多余的油由补偿孔流回储液罐。若液压系统由于漏油，以及由于温度变化引起主缸工作腔、管路、轮缸中油液的膨胀或收缩，都可以通过补偿孔进行调节。

若与后轮连接的制动管路损坏漏油，则在踩下制动踏板时，起先只是活塞②前移，而不能推动活塞①，因而后腔制动液压不能建立。但在活塞②直接顶触活塞①时，活塞①便前移，使与前轮连接的制动管路建立必要的制动液压而制动，如图 11-50 中的③图所示。

若与前轮连接的制动管路损坏漏油，则在踩下制动踏板时只有工作腔（b）中能建立液压，工作腔（a）中无压力。此时，在压力差的作用下，活塞①迅速移到其前端顶到主缸缸体上。此后，工作腔（b）中液压方能升高到制动所需的值，如图 11-50 中的④图所示。

2. 制动轮缸

制动轮缸的作用是将制动主缸传来的液压力转变为使制动蹄张开的机械推力。因制动器形式的不同，轮缸的数目和形式各异，常见的有双活塞式、单活塞式和阶梯式等。

图 11-51 所示为双活塞式制动轮缸。缸体由铸铁制成，用螺钉固装在制动底板上，位于两制动蹄之间。缸体内装 2 个铝合金活塞，2 个刃口相对的密封皮碗由弹簧压靠在活塞上同步运动。活塞外端压有顶块，与蹄的上端抵紧，缸体两端装有护罩，防止尘土及泥水侵入，造成活塞及轮缸生锈卡死。缸体上方装有放气螺塞，以便放出液压系统中的空气。图 11-52 为双活塞制动轮缸分解图。

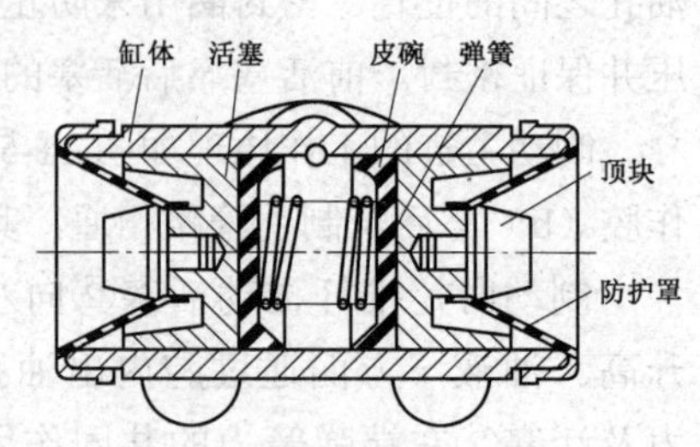

图 11-51　双活塞式制动轮缸

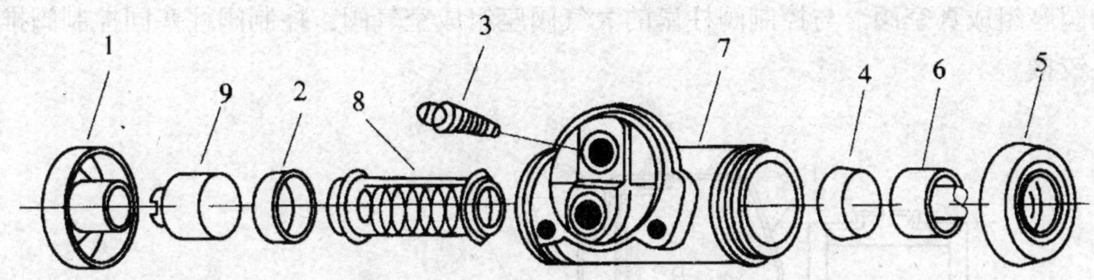

图 11-52　双活塞制动轮缸的分解图

1、5—防尘罩；2、4—皮碗；3—放气螺钉；6、9—活塞；7—轮缸体；8—回位弹簧总成

（三）真空液压制动传动装置

在普通的液压制动系统中加装真空加力装置，可以减轻驾驶员施加于制动踏板上的力，增加车轮的制动力，达到操纵轻便、制动可靠的目的。

真空加力装置可分为增压式和助力式两种。增压式是通过增压器将制动主缸的液压进一步增加，增压器装在主缸之后；助力式是通过助力器来帮助制动踏板对制动主缸产生推力，助力器装在踏板与主缸之间。

图 11-53 所示为奥迪 100 型轿车双管路真空助力式液压制动传动装置。串联双腔制动主缸的前腔通向左前轮制轮器轮缸，并经感载比例阀通向右后轮制动器轮缸。主缸的后腔通向右前轮制动器轮缸，并经感载比例阀通向左后轮制动器轮缸。真空伺服气室和控制阀组成一个整体部件，称为真空助力器。制动主缸直接装在真空伺服气室的前端，真空单向阀装在真空伺服气室上。真空伺服气室工作时产生的推力，也同踏板力一样直接作用在制动主缸的活塞推杆上。

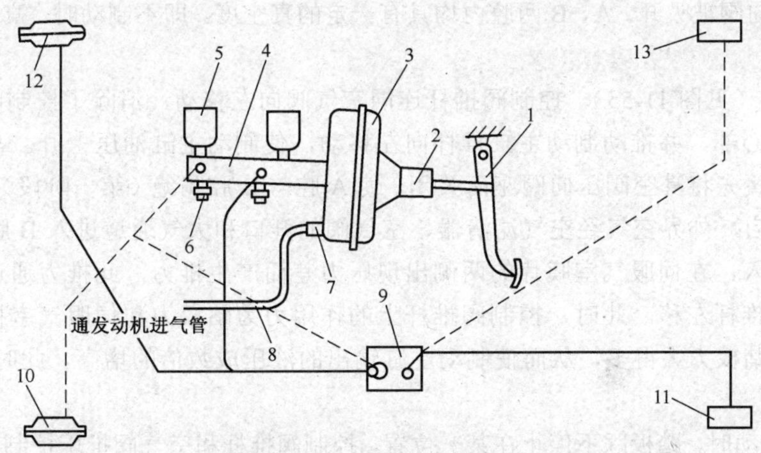

图 11-53　奥迪 100 型轿车真空助力式液压制动传动装置

1—制动踏板机构；2—控制阀；3—真空伺服气室；4—制动主缸；5—储液罐；6—制动信号灯液压开关；7—真空单向阀；8—真空供能管路；9—感载比例阀；10—左前轮制动器轮缸；11—左后轮制动器轮缸；12—右前轮制动器轮缸；13—右后轮制动器轮缸

真空助力器的结构如图 11-54 所示。真空伺服气室用螺栓固装在车身前围板上，并借推杆与制动踏板机构连接。伺服气室前腔经真空单向阀通向发动机进气管。外界空气经过空气滤清器滤清后进入伺服气室后腔。

伺服气室膜片座内有连通伺服气室前腔和控制阀的真空通道，以及连通伺服气室后腔和控制阀的大气通道。带有密封套的橡胶阀门与在膜片座上加

工出来的阀座组成真空阀，与控制阀柱塞的大气阀座组成空气阀。控制阀柱塞同控制阀推杆借后者的球头铰接。

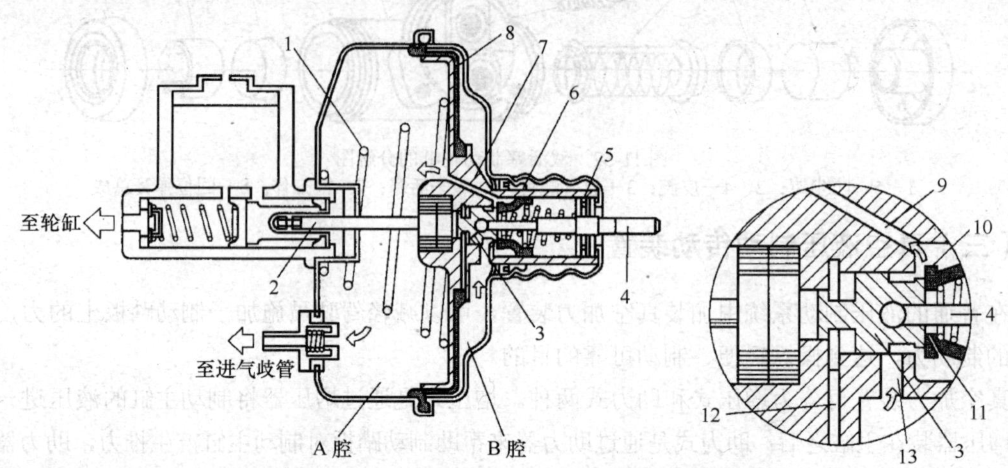

图 11-54　真空助力器结构与工作原理（未踩制动踏板时）

1—膜片复位弹簧；2—制动主缸推杆；3—控制阀柱塞；4—控制阀推杆；5—空气滤清器；6—控制阀密封件；7—控制阀；8—膜片；9—真空通道；10—真空阀；11—空气阀；12—阀柱塞止动块；13—大气通道

① 不制动时，未踩下制动踏板，控制阀处于非工作状态（见图 11-54）。复位弹簧将制动主缸推杆连同空气阀推至右极限位置，橡胶阀门被压紧在空气阀座上，空气阀关闭；真空阀门被压缩离开阀痤，真空通道开启，伺服气室 A、B 两腔相通，并与大气隔绝。发动机运转后，进气歧管真空单向阀被吸开，A、B 两腔内均具有一定的真空度。即不制动时，真空阀开启、空气阀关闭。

② 制动时（见图 11-55），控制阀推杆连同空气阀向左移动，消除了控制阀的间隙后，压缩控制阀的中心部，并推动制动主缸推杆向左移动，使制动主缸油压上升。与此同时，控制阀推杆通过弹簧先将真空阀压向阀座而关闭，使 A 腔与 B 腔隔绝（第一阶段）。进而空气阀与阀座分离而开启，外界空气经空气滤清器、空气阀的开口和大气通道进入 B 腔（第二阶段）。随着空气的进入，在伺服气室膜片的两侧出现压力差而产生推力，此推力通过膜片、控制阀推动制动主缸推杆左移。此时，控制阀推杆上的作用力为踏板力和伺服气室推力之和，但伺服气室推力较踏板力大得多，从而使制动主缸输出的液压成数倍的增高。此时，真空阀关闭，空气阀开启。

③ 维持制动时，踏板踩下停止在某一位置，控制阀推杆和空气阀推压控制阀的推力不再增加，膜片两边压力差使控制阀恢复平衡，空气阀重新落座而关闭，出现“双阀关闭”的平衡状态。即维持制动时，真空阀关闭，空气阀关闭。在任一平衡状态下，伺服气室后腔中的稳定真空度均与踏板行程成一定的比例关系，这就体现了控制阀的随动作用。当伺服室后腔的压力等于大气压力时，助力作用达到最大。

④ 放松制动时，复位弹簧使控制阀推杆和空气阀后移，真空阀离开阀座，伺服气室 A、B 相通，成为真空状态。膜片和膜片座在复位弹簧的作用下复位，主缸即解除制动。即放松制动踏板时，真空阀开启，空气阀关闭。

当真空助力器或真空源失效时，作用于主缸推杆上的力取决于驾驶员对制动踏板施加的踏板力，但此时所需的踏板力要比真空助力器或真空源未失效时大得多。

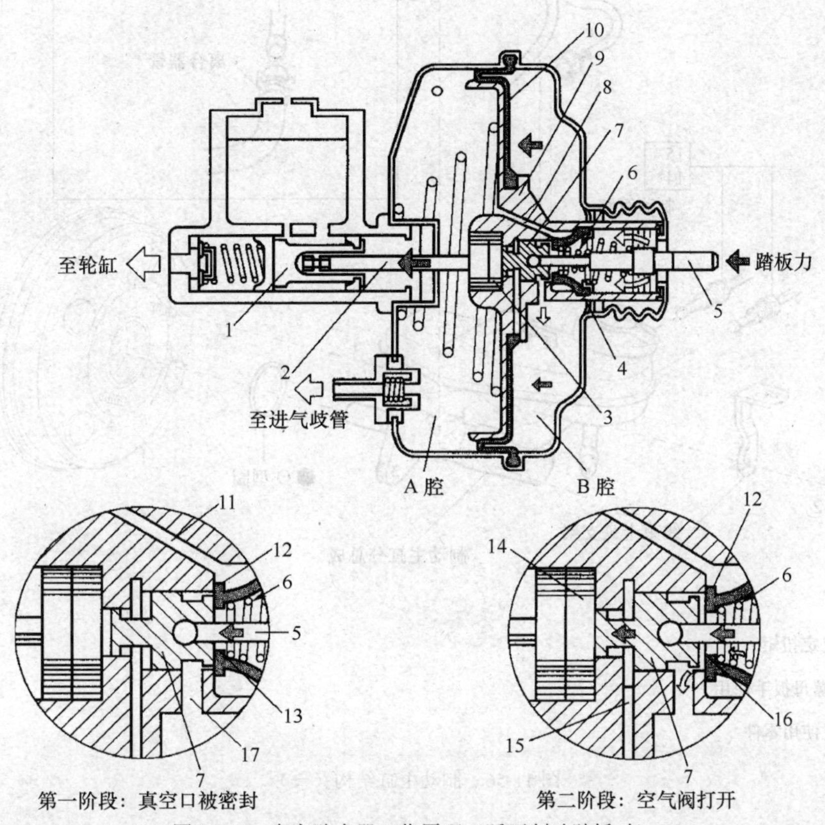

图 11-55　真空助力器工作原理（踩下制动踏板时）

1—主缸活塞；2—制动主缸推杆；3、14—反作用盘；4—控制阀密封件；5—控制阀推杆；6—控制阀推杆弹簧；7—控制阀柱塞；8—真空通道；9—控制阀；10—膜片；11—真空通道；12—真空阀；13—空气弹簧；15—阀柱塞止动块；16—空气阀；17—大气通道

实操技能训练

（一）制动主缸的拆卸与安装

丰田卡罗拉轿车制动主缸的结构如图 11-56 和图 11-57 所示。

1. 拆卸

小　心

从制动助力器上拆下主缸前，确保释放制动助力器真空。

（1）拆卸 2 号气缸盖罩。拆卸前刮水器臂端盖，拆卸左、右前刮水器臂和刮水片总成。

（2）拆卸发动机盖至前围上侧密封，拆卸前围板右上通风栅板、拆卸前围板左上通风栅板。

（3）拆卸挡风玻璃刮水器电动机及连杆。排净制动液。

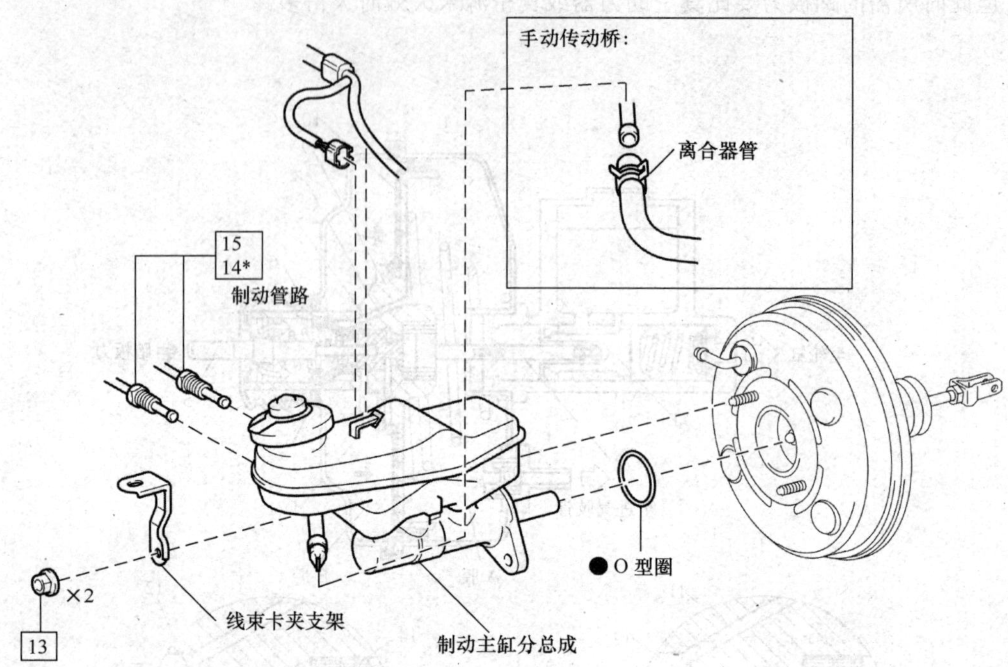

图 11-56　制动主缸结构（一）

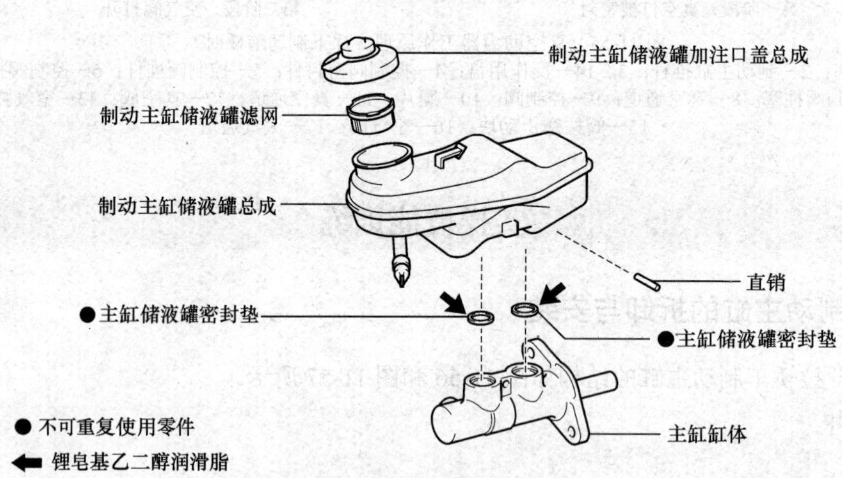

图 11-57　制动主缸结构（二）

（4）如图 11-58 所示，脱开卡夹，并如图所示弯曲右侧防水片。脱开线束卡夹。

（5）如图 11-59 所示，拆下 10 个螺栓和前围上外板。

（6）拆卸空气滤清器盖分总成，拆卸空气滤清器壳。

（7）移动卡子并断开离合器管。

（8）如图 11-60 所示，用连接螺母扳手（10 mm）从制动主缸分总成上断开 2 个制动管路。

（9）如图 11-61 所示，断开连接器并脱开 2 个卡夹。

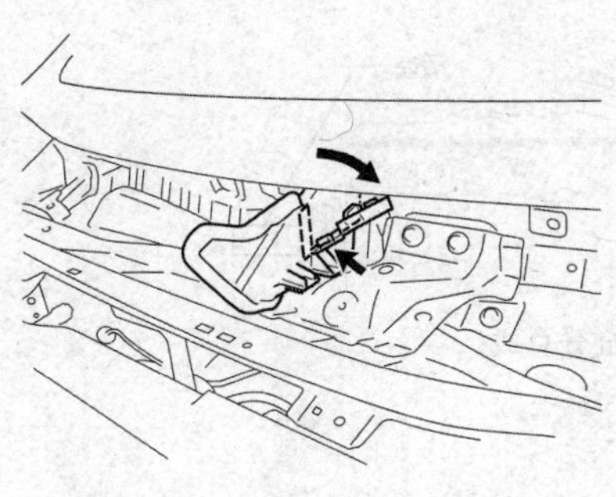
图 11-58　脱开卡夹

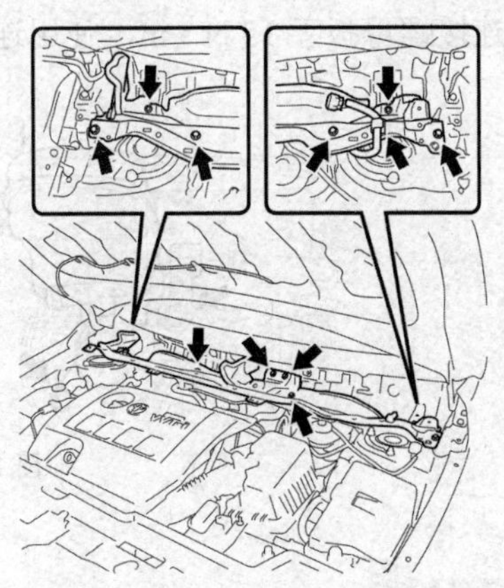
图 11-59　拆下 10 个螺栓和前围上外板

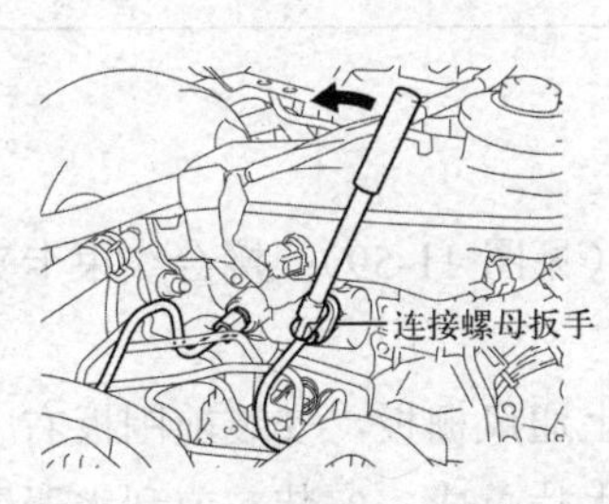

图 11-60　断开制动管路

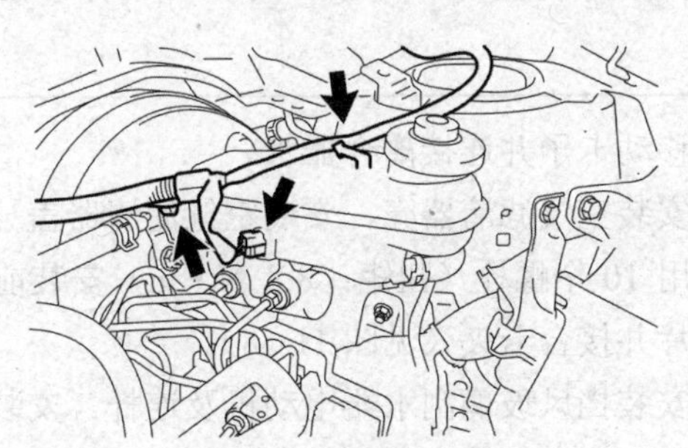
图 11-61　断开连接器

（10）如图 11-62 所示，拆下 2 个螺母、卡夹支架和制动主缸分总成。从制动主缸分总成上拆下 O 型圈。

小　心

主缸需小心处理。避免主缸遭受任何冲击，例如掉落。掉落的主缸不能重复使用。

不要敲击或捏住主缸活塞，且不要用任何其他方式对主缸活塞造成损坏。

从制动助力器上拆下主缸前，确保释放制动助力器真空。

将主缸安装至制动助力器或从制动助力器上拆下主缸时，确保主缸水平或端面向下（活塞面朝上）以防主缸活塞掉落。

不要让任何异物污染主缸活塞。如果活塞沾染异物，用抹布或布条将其擦掉，然后在活塞周边（滑动部件）上均匀涂抹锂皂基乙二醇润滑脂。

不要使用其他种类的润滑脂或液体。

2．安装

（1）检查并调整制动助力器推杆。

（2）将新 O 型圈安装至制动主缸分总成。用 2 个螺母（扭矩：13 N•m）安装卡夹支架和制动主缸分总成（见图 11-62）。

（3）接合 2 个卡夹并连接连接器（见图 11-61）。

（4）用连接螺母扳手（10 mm）将 2 个制动管路连接至制动主缸分总成（见图 11-60）。扭矩：

不使用连接螺母扳手 15 N・m，使用连接螺母扳手 14 N・m。

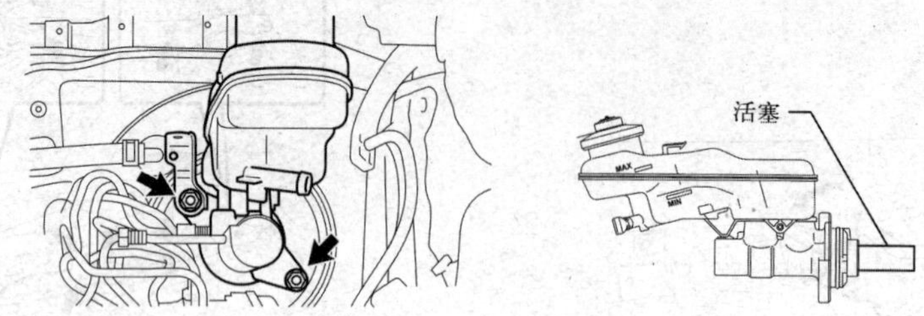

图 11-62　拆卸制动主缸分总成

小　心

使用力臂长度为 250 mm 的扭矩扳手；当连接螺母扳手与扭矩扳手平行时，扭矩值有效。

（5）移动卡子并连接离合器管。

（6）安装空气滤清器壳，安装空气滤清器盖分总成。

（7）用 10 个螺栓（扭矩：8.8 N・m）安装前围上外板（见图 11-59）；接合线束卡夹。弯曲右侧防水片并接合卡夹（见图 11-58）。

（8）安装挡风玻璃刮水器电动机及连杆。安装前围板左上通风栅板，安装前围板右上通风栅板。安装发动机盖至前围上侧密封。安装右前刮水器臂和刮水片总成，安装左前刮水器臂和刮水片总成。安装前刮水器臂端盖。安装 2 号气缸盖罩。

（9）对制动液储液罐进行加注，对离合器管路进行放气，对制动主缸进行放气，对制动管路进行放气，对制动器执行器进行放气。检查制动液是否泄漏，检查制动液液位。

（二）真空助力器的拆卸与安装

丰田卡罗拉轿车制动主缸的结构如图 11-63、图 11-64 所示。

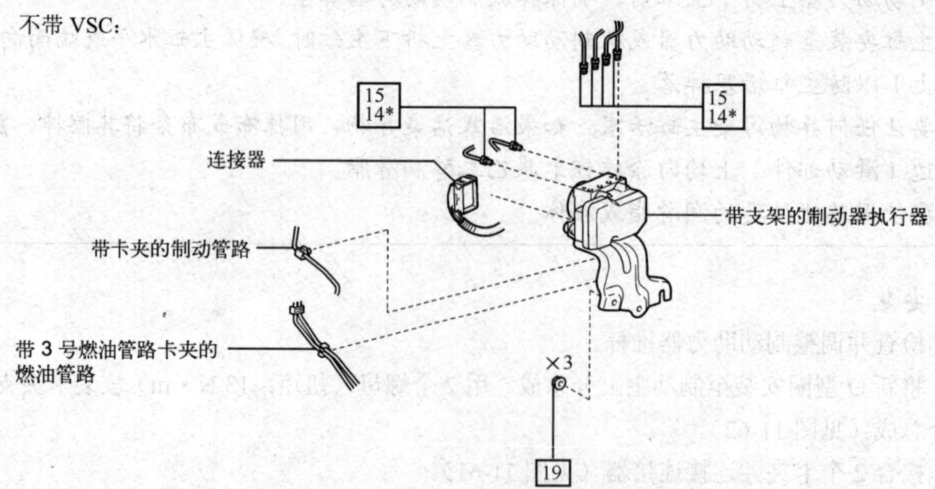

图 11-63　卡罗拉轿车真空助力器拆装相关部件（一）

带 VSC：

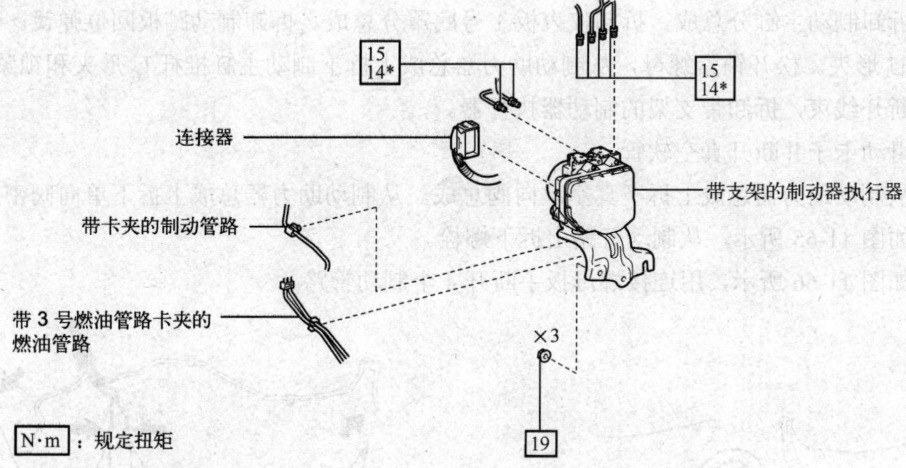

图 11-63 卡罗拉轿车真空助力器拆装相关部件（一）（续）

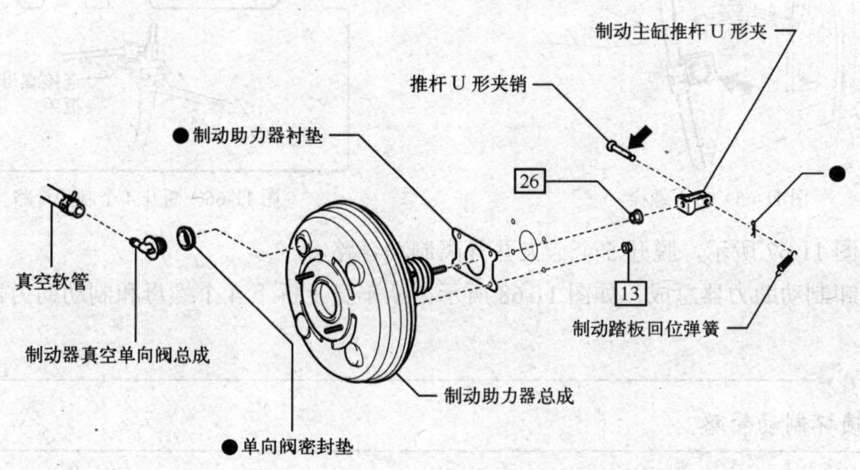

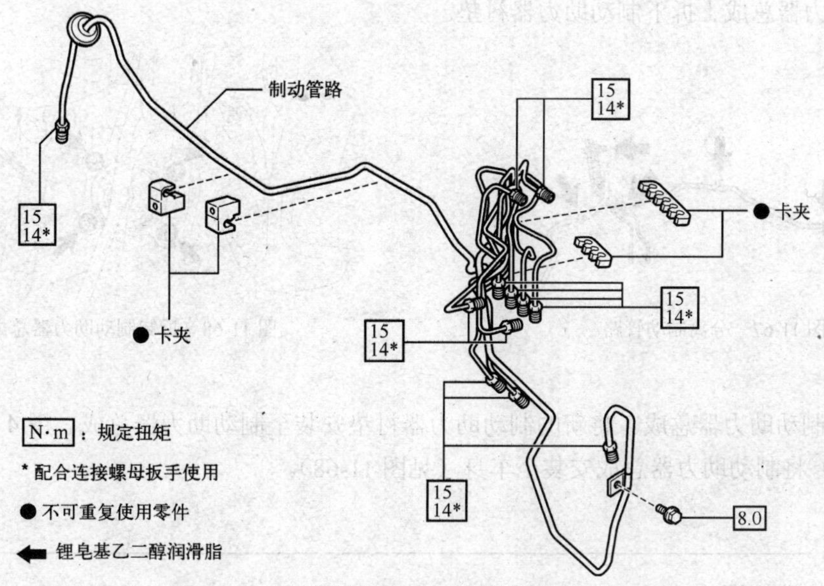

图 11-64 卡罗拉轿车真空助力器拆装相关部件（二）

1．拆卸

（1）拆卸制动主缸分总成。拆卸仪表板 1 号底罩分总成。拆卸制动踏板回位弹簧。分离制动主缸推杆 U 形夹。松开锁紧螺母，从制动助力器总成上拆下制动主缸推杆 U 形夹和锁紧螺母。

（2）断开线束，拆卸带支架的制动器执行器。

（3）滑动卡子并断开真空软管。

（4）从制动助力器总成上拆下真空单向阀总成。从制动助力器总成上拆下单向阀密封垫。

（5）如图 11-65 所示，从制动管路上拆下螺栓。

（6）如图 11-66 所示，用连接螺母扳手断开 4 个制动管路。

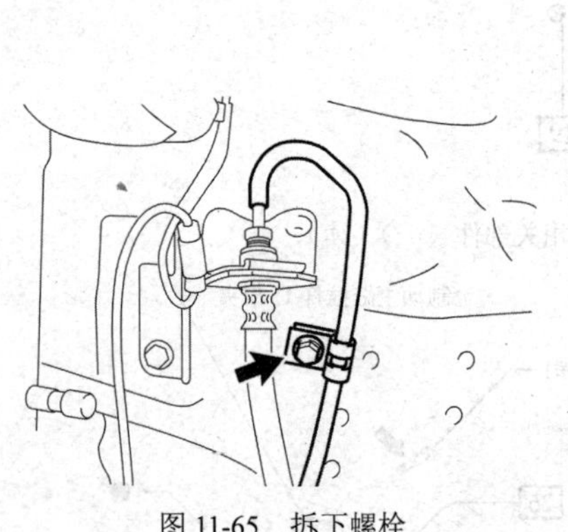

图 11-65　拆下螺栓

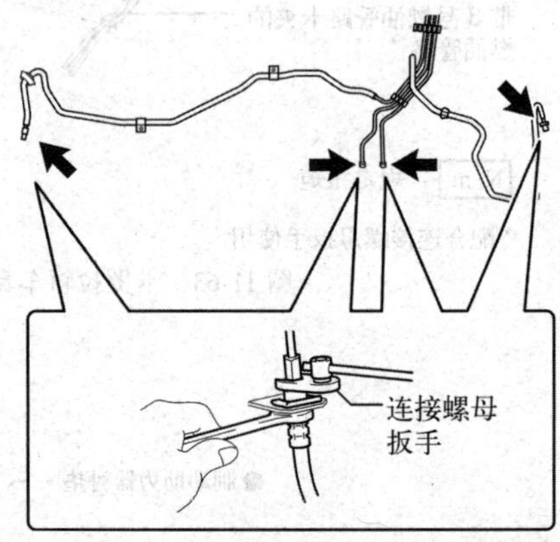

图 11-66　断开 4 个制动管路

（7）如图 11-67 所示，脱开 5 个卡夹并分离制动管路。

（8）拆卸制动助力器总成，如图 11-68 所示。从车身上拆下 4 个螺母和制动助力器总成。

小 心

不要损坏制动管路。

从制动助力器总成上拆下制动助力器衬垫。

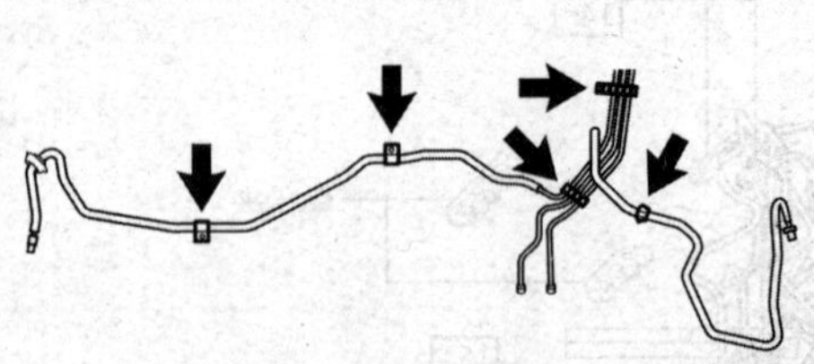

图 11-67　分离制动管路

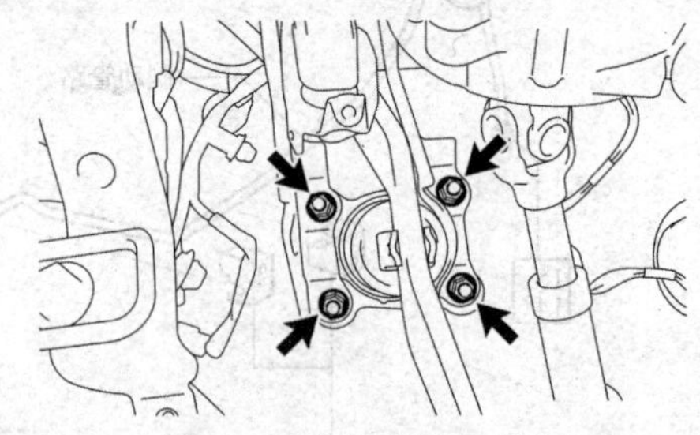

图 11-68　拆卸制动助力器总成

2．安装

（1）安装制动助力器总成。将新的制动助力器衬垫安装至制动助力器总成。用 4 个螺母（扭矩：13 N・m）将制动助力器总成安装至车身（见图 11-68）。

小 心

不要损坏制动管路。

（2）安装制动管路。用 5 个新卡夹将制动管路接合至车身（见图 11-67）。用连接螺母扳手连接 4 个制动管路（见图 11-66）。扭矩：不使用连接螺母扳手 15 N •m；使用连接螺母扳手 14 N •m。

小　心

使用力臂长度为 250 mm 的扭矩扳手；当连接螺母扳手与扭矩扳手平行时，扭矩值有效。

（3）安装螺栓（见图 11-65）。扭矩：8.0 N • m。

（4）安装单向阀密封垫，将新的单向阀密封垫安装至制动助力器总成。将真空单向阀总成安装至制动助力器总成。连接真空软管并移动卡子。

（5）安装带支架的制动器执行器。连接线束。将锁紧螺母和制动主缸推杆 U 形夹安装至制动助力器总成。

提　示

调整好制动踏板高度后完全拧紧锁紧螺母。

（6）连接制动主缸推杆 U 形夹，安装制动踏板回位弹簧，安装制动主缸分总成。

（7）检查并调整制动踏板高度，检查制动踏板自由行程，检查制动踏板行程余量，安装仪表板 1 号底罩分总成。

练　习　题

1. 简述液压式制动传动装置的基本组成和工作原理。
2. 简述制动主缸的结构及工作原理。
3. 简述真空增压式液压制动传动装置的结构及工作原理。
4. 简述真空助力器的结构及工作原理。

项目十二
汽车防滑控制系统

【学习目标】

1. 能够正确描述汽车防抱死制动系统的组成及工作原理；
2. 能够正确描述典型 ABS 的结构和工作原理；
3. 能够正确描述汽车驱动防滑控制系统的结构组成及工作原理；
4. 能够正确描述汽车电子稳定程序控制系统的结构组成及工作原理；
5. 能够正确选择与使用工具、设备，并规范进行 ABS 主要零部件的拆卸与装配；
6. 能够正确选择与使用仪器、设备，读取和清除 ABS 故障码。

本项目主要介绍汽车防滑控制系统的功用、组成、各主要零部件的功用、结构及相关总成，零部件拆装等内容。

汽车防抱死制动系统（ABS）既有普通制动系统的制动功能，又能防止车轮制动抱死，保证汽车的制动方向稳定性，防止产生侧滑和跑偏。

汽车驱动防滑控制系统（ASR）的功用是防止汽车在加速过程中打滑，特别是防止汽车在非对称路面或在转向时驱动轮滑转，以保持汽车行驶方向的稳定性、操纵性和维持汽车的最佳驱动力以及提高汽车的平顺性。

汽车电子稳定程序控制系统（ESP）是改善汽车行驶性能的一种控制系统，是 ABS 和 ASR 两种系统在功能上的延伸。利用与 ABS 一起的综合控制可防止汽车在制动时车轮抱死；利用 ASR 可阻止汽车在起步时驱动轮滑转（空转）。

任务一　汽车防抱死制动系统（ABS）

【学习目标】

1. 能够正确表述滑移率的定义；
2. 能够正确描述 ABS 的基本组成及工作原理；
3. 能够正确描述 ABS 主要部件的结构及工作原理；

4. 能够正确描述典型 ABS 的结构及工作原理；
5. 能够正确选择与使用工具、设备，并规范地对 ABS 主要零部件进行拆卸与装配；
6. 能够正确选择与使用仪器、设备，读取和清除 ABS 故障码。

相关知识

ABS 是汽车防抱死制动系统（Anti-locked Braking System）的英文缩写，它可以在汽车制动过程中，自动控制和调节制动力的大小，防止车轮抱死，从而有效地消除制动过程中的侧滑、跑偏、丧失转向能力等非稳定状态，使车辆可以获得良好的制动性能、操纵性能和稳定性能。

ABS 制动系统概述

图 12-1 所示为制动过程中，车轮抱死后，车辆可能出现的不规则运动情况：当车辆直线行驶车轮抱死时，车辆出现了制动跑偏或甩尾侧滑的现象，如图 12-1（a）所示；当车辆弯道行驶仅前轮抱死时，车辆出现了失去转向能力的现象，如图 12-1（b）所示；当车辆弯道行驶仅后轮抱死时，车辆出现了甩尾侧滑的现象，如图 12-1（c）所示。

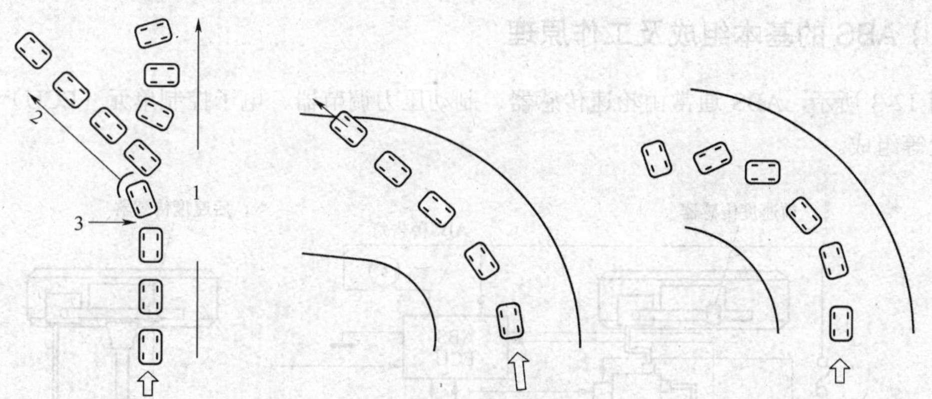

（a）车辆直线行驶车轮抱死时　（b）车辆弯道行驶仅前轮抱死时　（c）车辆弯道行驶仅后轮抱死时

图 12-1　车轮抱死后车辆的运动情况

1—甩尾侧滑；2—制动跑偏；3—开始失去控制

（一）滑移率的定义

汽车匀速行驶时，汽车的实际车速与车轮滚动的圆周速度（也称车轮速度）是相同的。在驾驶员踩制动踏板使车轮的轮速降低时，车轮滚动的圆周速度（轮胎胎面在路面上移动的速度）也随之降低了，但由于汽车自身的惯性，汽车的实际车速与车轮的速度不再相等，使车速与轮速之间产生一个速度差。此时，轮胎与路面之间产生相对滑移现象，其滑移程度用滑移率表示。

滑移率是指车轮在制动过程中滑移成分在车轮纵向运动中所占的比例，用“*S*”表示。其定义表达式为

$$S=(v-\omega r)/v\times100\%$$

式中，S——车轮的滑移率；

r——车轮的滚动半径；

ω——车轮的转动角速度；

v——车轮中心的纵向速度。

由上式可知：当汽车的实际车速等于车轮滚动时的圆周速度时，滑移率为零，车轮为纯滚动；当汽车制动时，逐渐踩下制动踏板，车轮边滚动边滑动，滑移率在 0%～100%之间；当制动踏板完全踩到底，车轮处于抱死状态，而车身又具有一定的速度时，车轮滚动圆周的速度为零，则滑移率为 100%。

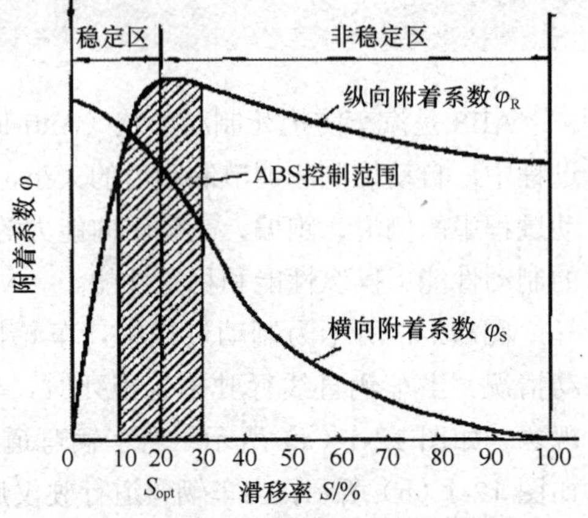

图 12-2　附着系数与滑移率的关系曲线

大量的实验证明，在汽车制动过程中，附着系数的大小随着滑移率的变化而变化，图 12-2 所示为在干路面上时附着系数与滑移率的关系。制动过程中，如果车轮抱死，制动效能和制动方向稳定性都将变坏；如果将车轮的滑移率 S 控制在 10%～30%左右，即图 12-2 所示的 S_{opt} 处，此时纵向附着系数最大，可得到最好的制动效能；同时横向附着系数也保持较大值，使汽车也具有较好的制动方向稳定性。

（二）ABS 的基本组成及工作原理

如图 12-3 所示，ABS 通常由轮速传感器、制动压力调节器、电子控制单元（ECU）和 ABS 警示装置等组成。

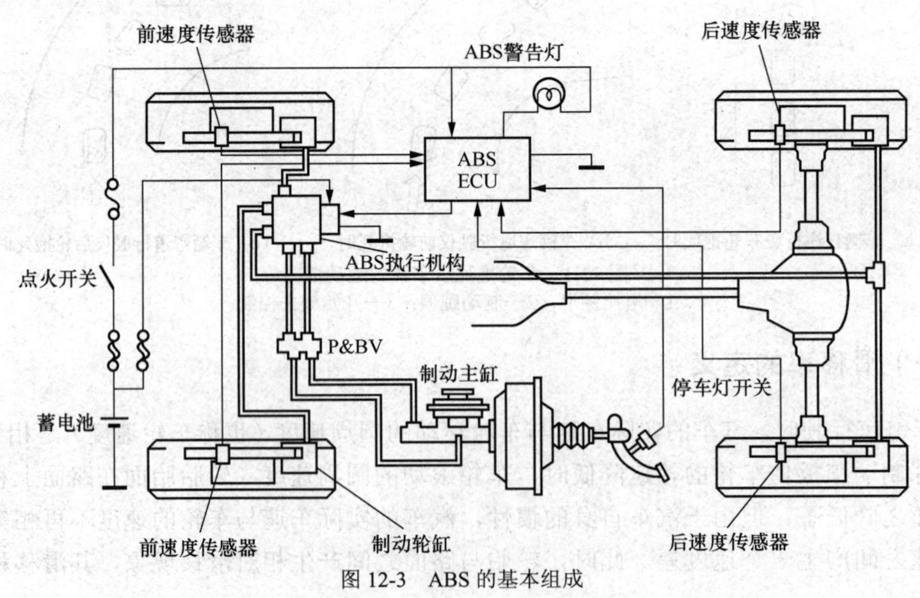

图 12-3　ABS 的基本组成

每个车轮上安装 1 个轮速传感器，将各车轮的转速信号及时地输送到电子控制单元（ECU）；ECU 是 ABS 的控制中心，它根据各个车轮轮速传感器的信号对各个车轮的运动状态进行监测和判定，并形成响应的控制指令，再适时发出控制指令给制动压力调节器；制动压力调节器是 ABS

中的执行器，它是由调压电磁阀总成、电动泵总成和储液器等组成的一个独立整体，并通过制动管路与制动主缸和各制动轮缸相连，制动压力调节器受电子控制单元（ECU）的控制，对各制动轮缸的制动压力进行调节；警示装置包括仪表板上的制动警告灯和ABS警告灯。制动警告灯为红色，通常用“BRAKE”作标识，由制动液面开关、手制动开关及制动液压力开关并联控制；ABS警告灯为黄色，由ABS电子控制单元控制，通常用“ABS或ANTILOCK”作标识。ABS具有失效保护和自诊断功能，当电子控制单元（ECU）监测到系统出现故障时，将自动关闭ABS，仅保留常规制动系统；同时存贮故障信息，并将ABS警告灯点亮，提示驾驶员尽快进行修理。

（三）ABS主要部件

1．轮速传感器

轮速传感器的功用是检测车轮的旋转速度，并将速度信号输入电子控制单元。常用的轮速传感器主要有电磁式和霍尔式两种。

（1）电磁式轮速传感器。电磁式轮速传感器主要由传感器头和齿圈两部分组成，如图12-4所示。

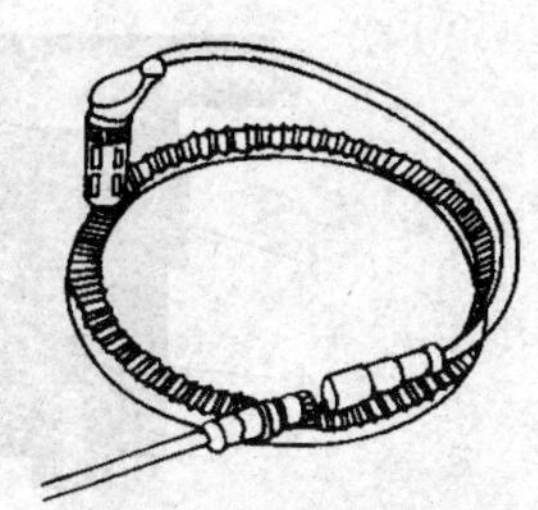
图12-4　轮速传感器外形

齿圈一般安装在轮毂或轴座上，如图12-5所示。对于后轮驱动且后轮采用同时控制的汽车，齿圈也可安装在差速器或传动轴上，如图12-6所示。

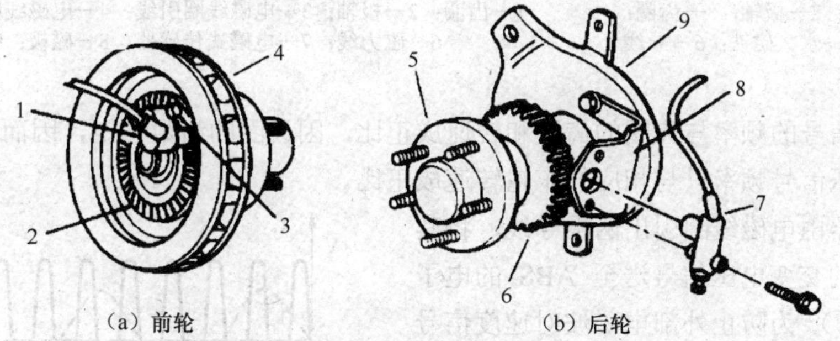

（a）前轮　（b）后轮

图12-5　轮速传感器在车轮处的安装位置

1、7—传感器；2、6—传感器齿圈；3—定位螺钉；4—轮毂和组件；5—半轴；8—传感器支架；9—后制动器连接装置

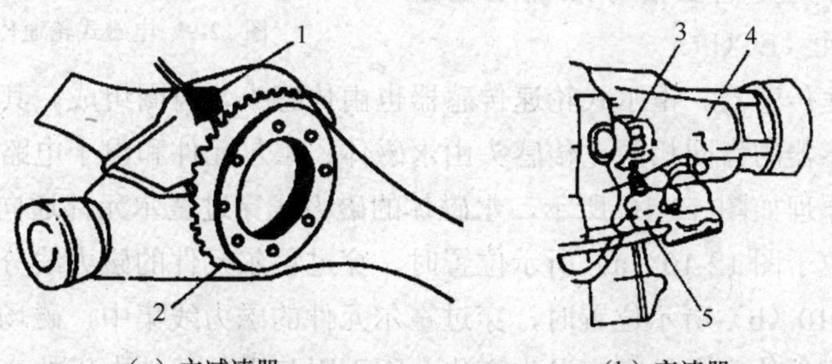

（a）主减速器　（b）变速器

图12-6　轮速传感器在传动系中的安装位置

1—传感器头；2—主减速器从动齿轮；3—齿圈；4—变速器输出部位；5—传感器头

齿圈随车轮或传动轴一起转动，通常用磁阻很小的铁磁材料制成。传感头通常由永久磁铁、电磁线圈和磁极等组成，如图12-7所示。它对应安装在靠近齿圈而又不随齿圈转动的部件上，如转向节、制动底板、驱动轴套管或差速器、变速器壳体等固定件上。传感头与齿圈的端面有一空

气间隙，此间隙一般为 1 mm，通常可移动传感头的位置来调整间隙。

电磁式轮速传感器的工作原理如图 12-8 所示。传感器齿圈随车轮旋转的同时，即与传感头极轴做相对运动。当传感头的极轴与齿圈的齿隙相对时，极轴距齿圈之间的空气间隙最大，即磁阻最大。传感头的磁极磁力线只有少量通过齿圈而构成回路，在电磁线圈周围的磁场较弱，如图 12-8（a）所示；当传感头的极轴与齿圈的齿顶相对时，两者之间的空隙较小，即磁阻最小。传感头的磁极磁力线通过齿圈的数量增多，在电磁线圈周围的磁场较强，如图 12-8（b）所示。齿圈随车轮不停地旋转，就使传感头电磁线圈周围的磁场以强—弱—强—弱……周期性地变化，因此电磁线圈就感应出交变电压信号，即车轮转速信号，如图 12-9 所示。

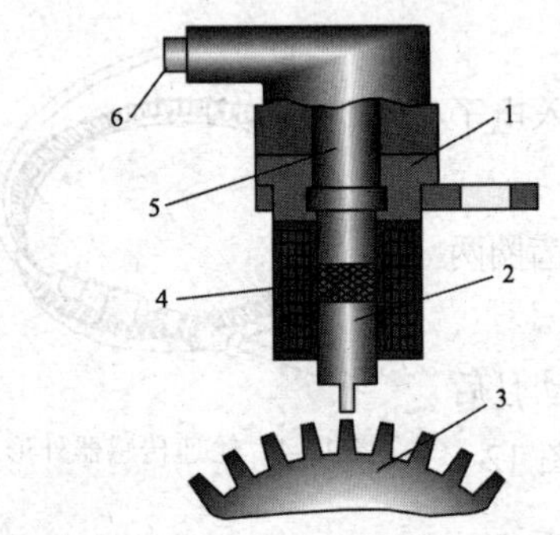

图 12-7 电磁式轮速传感器的结构

1—传感器外壳；2—极轴；3—齿圈；4—电磁线圈；5—永久磁铁；6—导线

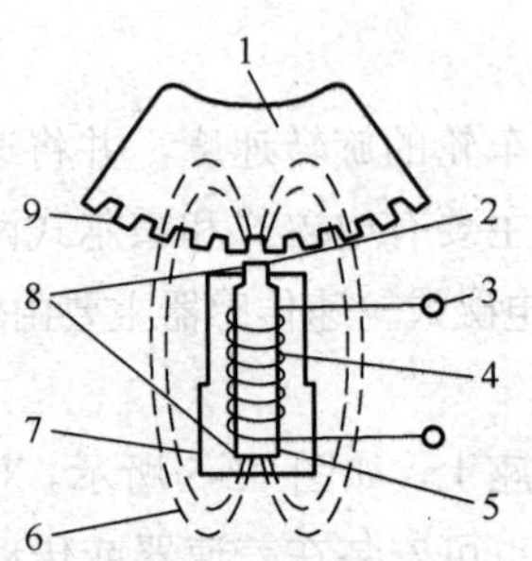

（a）齿隙与磁心端部相对时

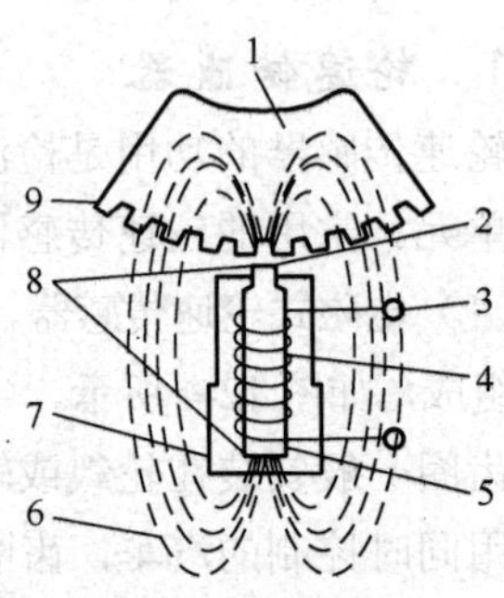

（b）齿顶与磁心端部相对时

图 12-8 电磁式轮速传感器的工作原理

1—齿圈；2—极轴；3—电磁线圈引线；4—电磁线圈；5—永久磁体；6—磁力线；7—电磁式传感器；8—磁极；9—齿圈齿顶

交变电压信号的频率与齿圈的齿数和转速成正比，因齿圈的齿数一定，因而车轮转速传感器输出的交流电压信号频率只与相应的车轮转速成正比。

轮速传感器由电磁线圈引出两根导线，将其速度变化产生的交变电压信号送至 ABS 的电子控制单元（ECU）。为防止外部电磁波对速度信号的干扰，传感器的引出线采用屏蔽线，以保证反映车轮速度变化的交变电压信号准确地送至 ABS 的电子控制单元（ECU）。

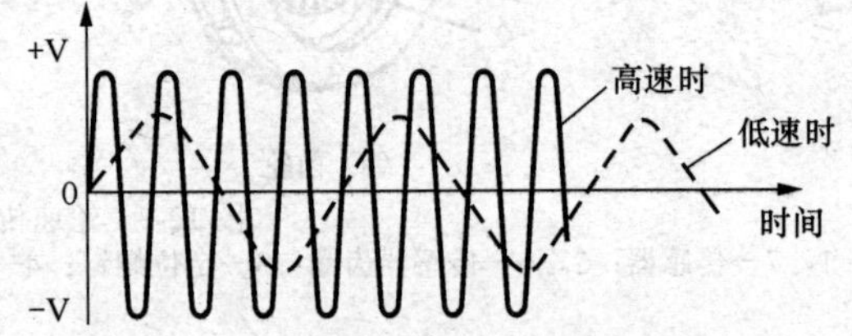

图 12-9 电磁式轮速传感器输出电压信号

（2）霍尔式轮速传感器。霍尔式轮速传感器也由传感头、齿圈组成。其齿圈的结构及安装方式与电磁式轮速传感器的齿圈相同，传感头由永磁体、霍尔元件和电子电路等组成。

传感器的工作原理如图 12-10 所示，永磁体的磁力线穿过霍尔元件通向齿圈，齿圈相当于 1 个集磁器。当齿圈位于图 12-10（a）所示位置时，穿过霍尔元件的磁力线分散，磁场相对较弱；而当齿圈位于图 12-10（b）所示位置时，穿过霍尔元件的磁力线集中，磁场相对较强。齿圈转动时，使得穿过霍尔元件的磁力线密度发生变化，因而引起霍尔元件电压的变化，霍尔元件将输出一毫伏级的准正弦波电压。此信号由电子电路转化成标准的脉冲电压。

霍尔式车轮转速传感器克服了电磁式传感器的缺点，其输出信号电压幅值不受转速的影响，频率响应高，抗电磁波干扰能力强。因而，霍尔传感器在 ABS 中应用越来越广泛。

2．电子控制单元

电子控制单元（ECU）是 ABS 的控制中枢，其功用是接收轮速传感器及其他传感器的信号，对这些信号进行测量、比较、分析、放大和判别处理，通过精确计算，得出制动时车轮的滑移率、车轮的加速度和减速度，以判断车轮是否有抱死趋势。再由其输出级发出控制指令，控制制动压力调节器去执行压力调节任务。

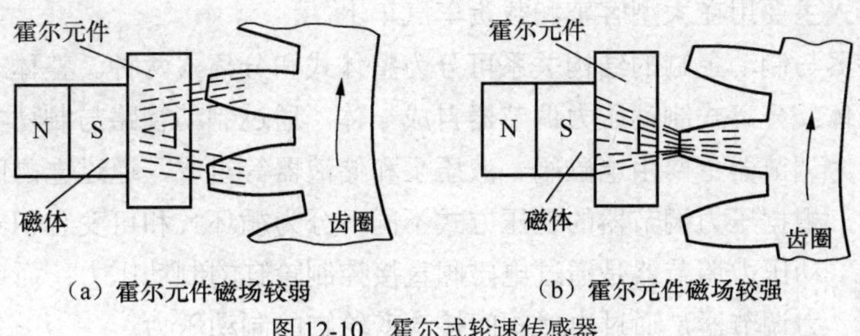

图 12-10 霍尔式轮速传感器

电子控制单元还具有监控和保护功能，当系统出现故障时，能及时转换成常规制动，并以故障灯点亮的形式警告驾驶员。

电子控制单元内部电路通常包括：输入级电路、运算电路、电磁阀控制电路和安全保护电路。常见的四传感器四通道 ABS 的 ECU 电路连接方式如图 12-11 所示。

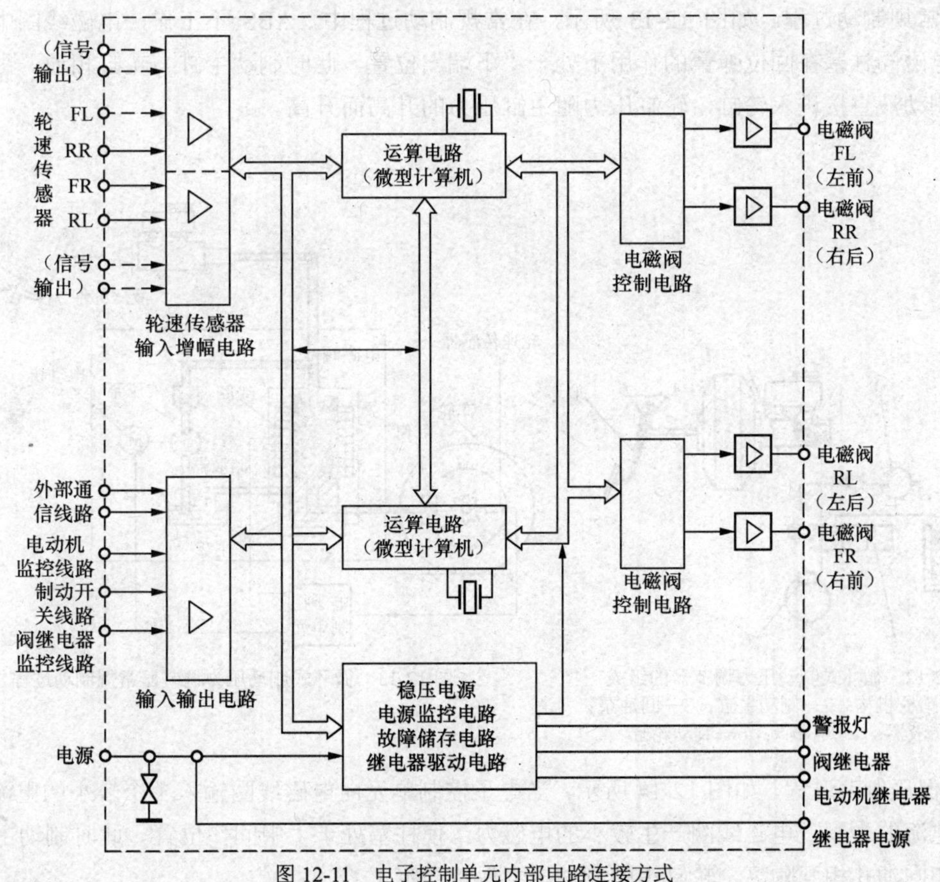

图 12-11 电子控制单元内部电路连接方式

3．制动压力调节器

制动压力调节器的功用是在制动时根据 ABS 电子控制单元（ECU）的控制指令，自动调节制

动轮缸制动压力的大小，防止车轮抱死，并处于理想滑移率的状态。制动压力调节器通常主要由电动液压泵、液压控制单元（包括蓄能器和电磁阀）等构成。

根据压力调节器的动力源不同可分为液压式和气压式两种。液压式主要用于轿车和一些轻型载货汽车上；气压式主要用在大型客车和载货车汽车上。

根据压力调节器与制动主缸的结构关系可分为整体式和分离式两种。整体式制动压力调节器与制动主缸自成一体；分离式制动压力调节器自成一体，通过制动管路与制动主缸相连。

液压式制动压力调节器主要由电磁阀、液压泵和储液器等组成，通过电磁阀和液压泵产生的液压力控制制动力。根据压力调节器的调压方式不同可分为循环式和可变容积式两种。循环式制动压力调节器是通过电磁阀直接控制轮缸的制动压力；而可变容积式制动压力调节器是通过电磁阀间接改变轮缸的制动压力。

ABS 系统工作原理

（1）循环式制动压力调节器

循环式制动压力调节器如图 12-12 所示，它主要由制动踏板机构、制动主缸、回油泵、储液器、电磁阀、制动轮缸组成，在制动主缸与轮缸之间串联一电磁阀，直接控制轮缸的制动压力。

循环式制动压力调节器的工作原理如下。

① 常规制动过程。如图 12-13 所示，在常规制动过程中，ABS 不工作，电磁线圈中无电流通过，电磁阀柱塞在回位弹簧的作用下处于“下端”位置。此时制动主缸与轮缸相通，由制动主缸来的制动液直接进入轮缸，轮缸压力随主缸压力的升高而升高。

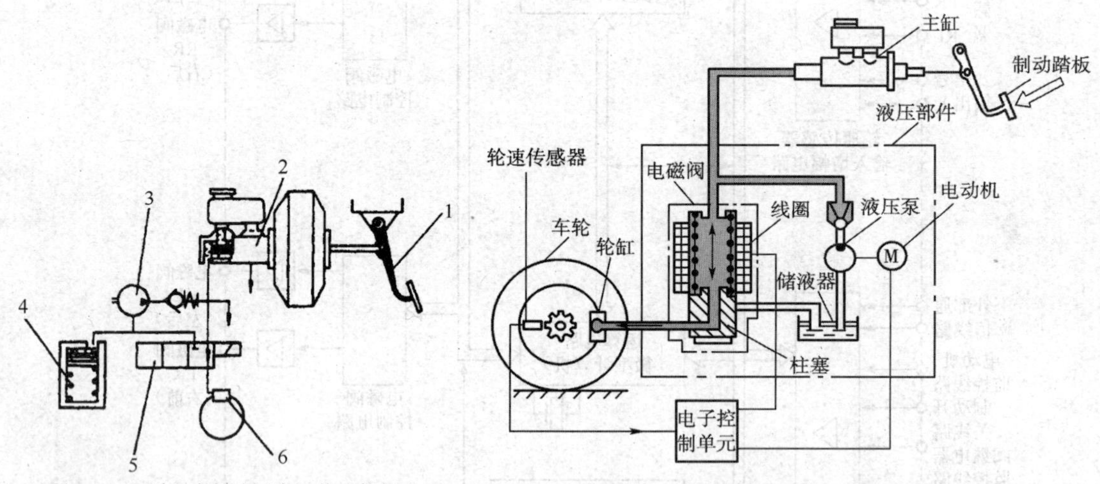

图 12-12 循环式制动压力调节器的组成
1—制动踏板机构；2—制动主缸；3—回油泵；4—储液器；5—电磁阀；6—制动轮缸

图 12-13 循环式制动压力调节器常规制动过程

② 保压制动过程。如图 12-14 所示，当电子控制单元向电磁线圈输入 1 个较小的电流时（约为最大电流的 1/2），电磁线圈产生较小的电磁力，使柱塞处于“中间”位置。此时制动主缸、制动轮缸和回油孔相互隔离，轮缸中的制动压力保持一定。

③ 减压制动过程。如图 12-15 所示，当电子控制单元向电磁线圈输入 1 个最大电流时，电磁线圈产生更大的电磁力，使柱塞处于“上端”位置。此时电磁阀柱塞将轮缸与回油通道或储液器接通，轮缸中的制动液经电磁阀流入储液器，轮缸压力下降。与此同时，电动机起动，带动液压

泵工作，将流回储液器的制动液输送回主缸，为下一个制动周期做好准备。

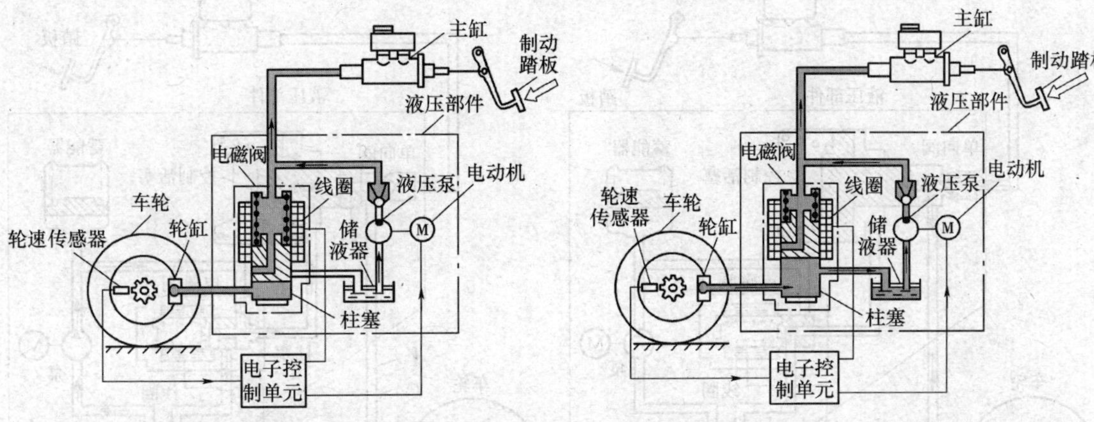

图 12-14　循环式制动压力调节器保压制动过程　　图 12-15　循环式制动压力调节器减压制动过程

④ 增压制动过程。当制动压力下降后，车轮的转速增加，当电控制单元检测到车轮转速增加太快时，便切断通往电磁阀的电流，使制动主缸与制动轮缸再次相通，制动主缸的高压制动液再次进入制动轮缸，制动力增加。

（2）可变容积式制动压力调节器

所谓可变容积式制动压力调节器是在汽车原有制动管路上增加一套液压控制装置，用它控制制动管路中制动液容积的增减，从而控制制动压力的变化。它主要由电磁阀、控制活塞、液压泵、蓄能器等组成，如图 12-16 所示。

可变容积式制动压力调节器工作原理如下。

可变容积式制动压力调节器的组成、原理

① 常规制动过程。如图 12-16 所示，电磁线圈中无电流通过，电磁阀柱塞在回位弹簧作用下使柱塞处于“左端”位置，将控制活塞的工作腔与回油管路接通，控制活塞在弹簧的作用下被推至最左端，活塞顶端推杆将单向阀打开，使制动主缸与制动轮缸的制动管路接通，制动主缸的制动液直接进入制动轮缸，制动轮缸内制动液的压力随制动主缸的压力升高而升高。

② 减压制动过程。如图 12-17 所示，当电子控制单元向电磁线圈输入一大电流时，电磁阀内的柱塞在电磁力作用下克服弹簧弹力移到右边，将蓄能器与控制活塞的工作腔管路接通，制动液进入控制活塞工作腔推动活塞右移，单向阀关闭，制动主缸与制动轮缸之间的通路被切断。同时，由于控制活塞右移使制动轮缸侧容积增大，制动压力减小。

③ 保压制动过程。如图 12-18 所示，当电子控制单元向电磁线圈输入一小电流时，由于电磁线圈的电磁力减小，柱塞在弹簧力的作用下左移，将蓄能器、回油管及控制活塞工作腔管路相互关闭。此时，控制活塞左侧的油压保持一定，控制活塞在油压和强力弹簧的共同作用下保持在一定的位置，而此时单向阀仍处于关闭状态，制动轮缸的容积也不发生变化，制动压力保持一定。

④ 增压状态。如图 12-19 所示，需要增压时，电子控制单元切断电磁线圈中的电流，柱塞回到左端的初始位置，控制活塞工作腔与回油管路接通，控制活塞左侧控制油压解除，控制活塞左移至最左端时，单向阀被打开，制动轮缸内的制动液压力将随制动主缸的压力增大而增大。

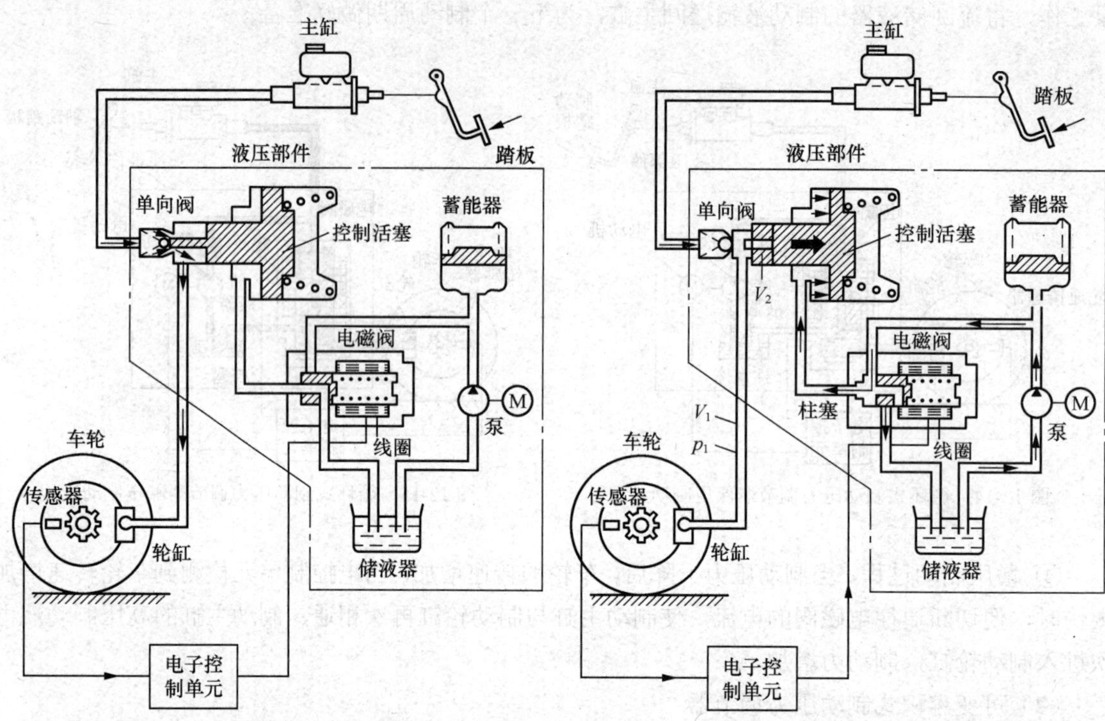

图 12-16　可变容积式制动压力调节器的组成

图 12-17　可变容积式制动压力调节器的减压制动过程

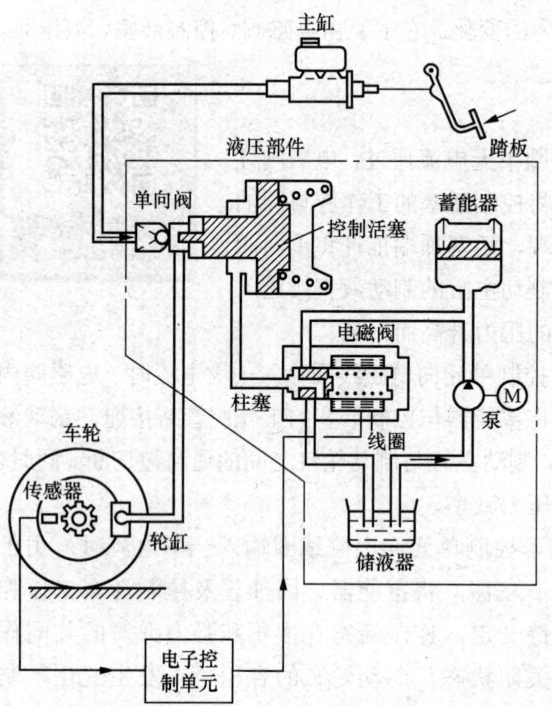

图 12-18　可变容积式制动压力调节器的保压制动过程

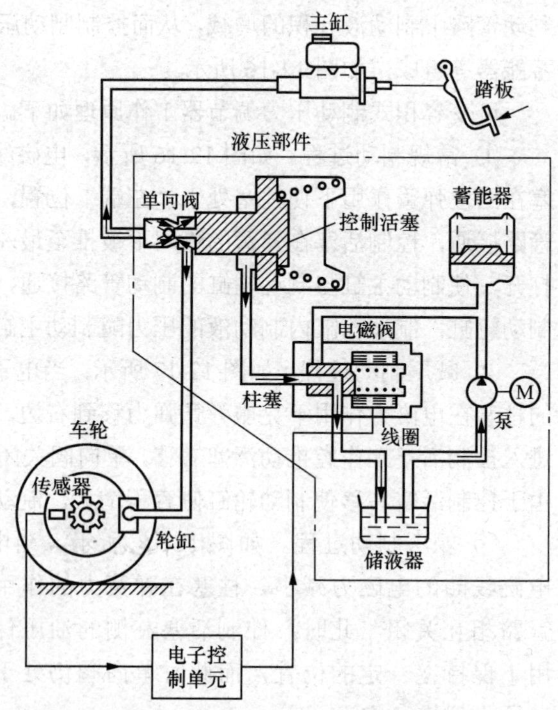

图 12-19　可变容积式制动压力调节器的增压制动过程

（四）典型 ABS

上海大众桑塔纳 2000Gsi、一汽大众的捷达王/都市先锋等车型的装备是采用德国戴维斯公司（TEVES）研制的 MK20-I 型 ABS。该系统也在赛欧以及奇瑞等汽车上安装应用。

桑塔纳 2000Gsi 型轿车采用的 MK20-Ⅰ型 ABS 是三通道四传感器系统，前轮单独调节，后轮则以两轮中地面附着系数低的一侧为依据统一调节。主要由 ABS 控制器（包括电子控制单元、液压单元、液压泵等）、4 个车轮转速传感器、ABS 故障警告灯、制动警告灯等组成，如图 12-20 所示。

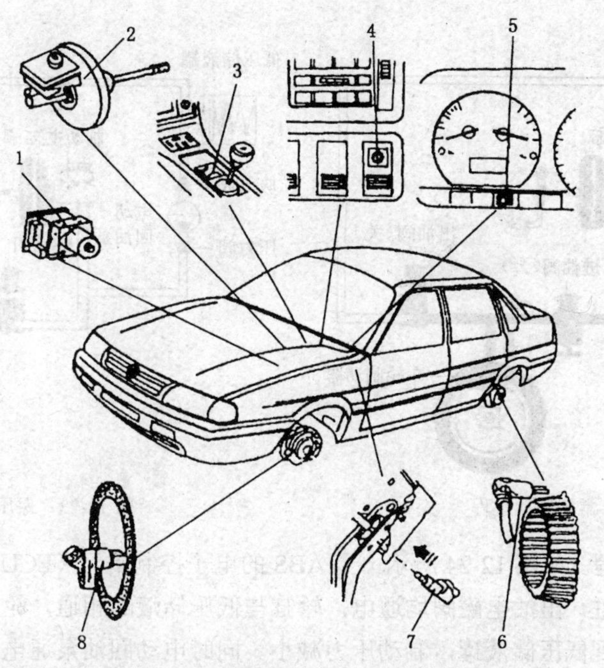

图 12-20　ABS 组件在车上的安装位置

1—ABS 控制器；2—制动主缸和真空助力器；3—自诊断插口；4—ABS 警告灯（K47）；5—制动警告灯（K118）；6—后轮转速传感器（G44/G46）；7—制动灯开关（F）；8—前轮转速传感器（G45/G47）

ABS 制动压力调节器采用整体式结构、循环式调压，它与 ABS 的电子控制单元（ECU）组合为一体后安装于制动主缸与制动轮缸之间，其外形如图 12-21 所示。

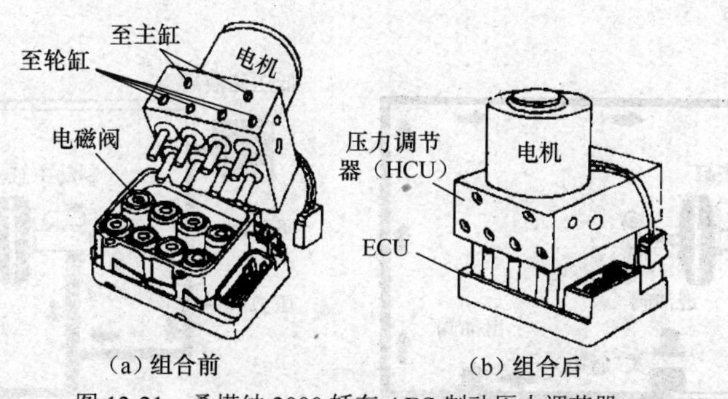

图 12-21　桑塔纳 2000 轿车 ABS 制动压力调节器

制动压力调节器的基本组成包括电磁阀、液压泵及低压储液器。低压储液器与电动液压泵合为一体装于液控单元上，液控单元内包括 8 个电磁阀，每个回路 1 对，其中 1 个是常开进油阀，1 个是常闭出油阀。

（1）常规制动过程。如图 12-22 所示，踩下制动踏板，ABS 尚未工作时，两电磁阀均不通电，

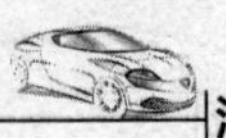

进油电磁阀处于开启状态，出油电磁阀处于关闭状态，制动轮缸与低压储液罐隔离，与主缸相通。制动主缸里的制动液被推入轮缸产生制动。

（2）保压制动过程。如图 12-23 所示，当 ABS 的电子控制单元（ECU）通过轮速传感器检测到车轮的减速度达到设定值时，使进油电磁阀通电关闭，出油电磁阀仍处于断电关闭状态，轮缸里的制动液处于不流通状态，制动压力保持。

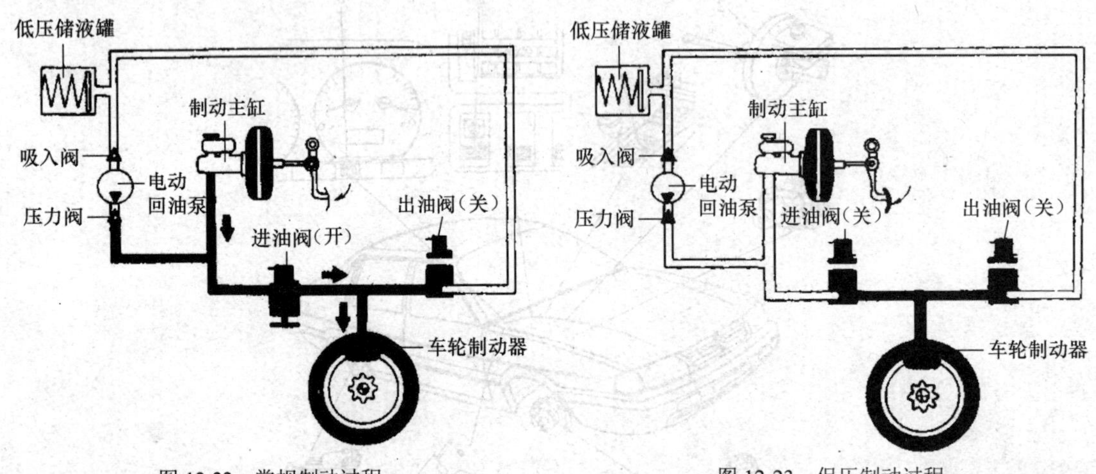

图 12-22　常规制动过程

图 12-23　保压制动过程

（3）减压制动过程。如图 12-24 所示，当 ABS 的电子控制单元（ECU）通过轮速传感器检测到车轮趋于抱死时，进、出油电磁阀均通电，轮缸与低压储液罐相通，轮缸里的制动液在制动器复位装置的作用下流到低压储液罐，制动压力减小。同时电动回油泵通电运转及时将制动液泵回主缸，踏板有回弹感。当制动压力减小到使车轮的滑移率在设定范围内时，进油阀通电，出油阀断电，压力保持。

（4）增压制动过程。如图 12-25 所示，当 ABS 的电子控制单元（ECU）通过轮速传感器检测到车轮的加速度达到设定值时，进、出油电磁阀均断电，进油阀开启，出油阀关闭，同时回油泵通电，将低压储液罐里的制动液泵到轮缸，制动压力增高。

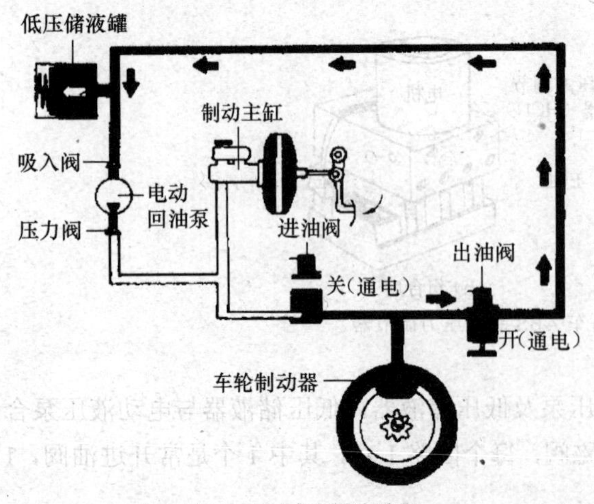

图 12-24　减压制动过程

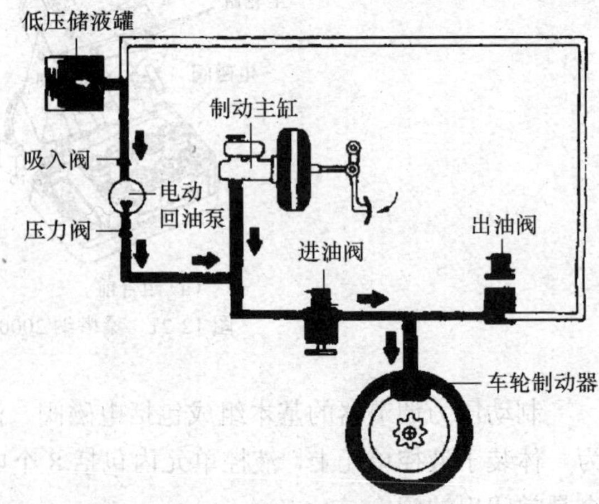

图 12-25　增压制动过程

实操技能训练

（一）前轮速传感器的更换

丰田卡罗拉轿车前轮速传感器安装位置如图 12-26 和图 12-27 所示。

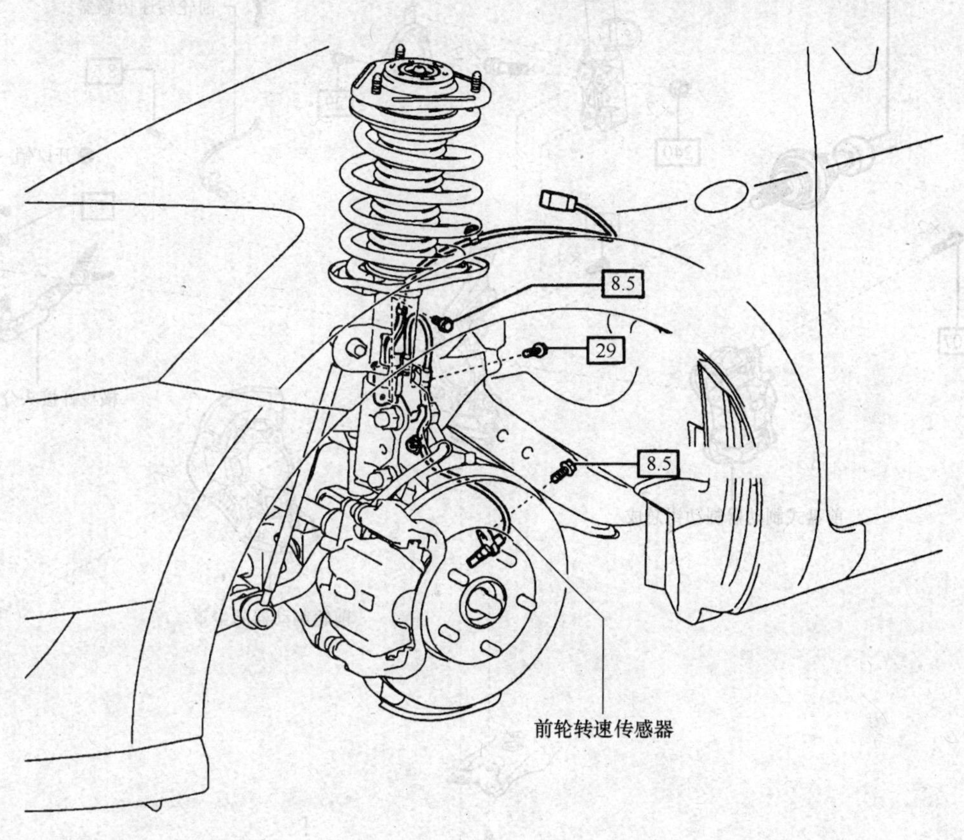

图 12-26　前轮速传感器安装位置（一）

1．前轮速传感器的拆卸

右侧的操作程序与左侧相同。下面列出的程序适用于左侧。如需更换传感器转子，则一同更换前桥轮毂和轴承总成。

（1）从蓄电池负极端子断开电缆。

注　意

断开电缆后重新连接时，某些系统需要初始化。

（2）拆卸前轮。拆卸后轮罩前板。拆卸侧挡泥板。拆卸前翼子板挡泥板。拆卸前翼子板外接板衬块。拆卸前翼子板内衬。

（3）断开前轮转速传感器连接器。从车身上拆下前轮转速传感器线束卡夹。

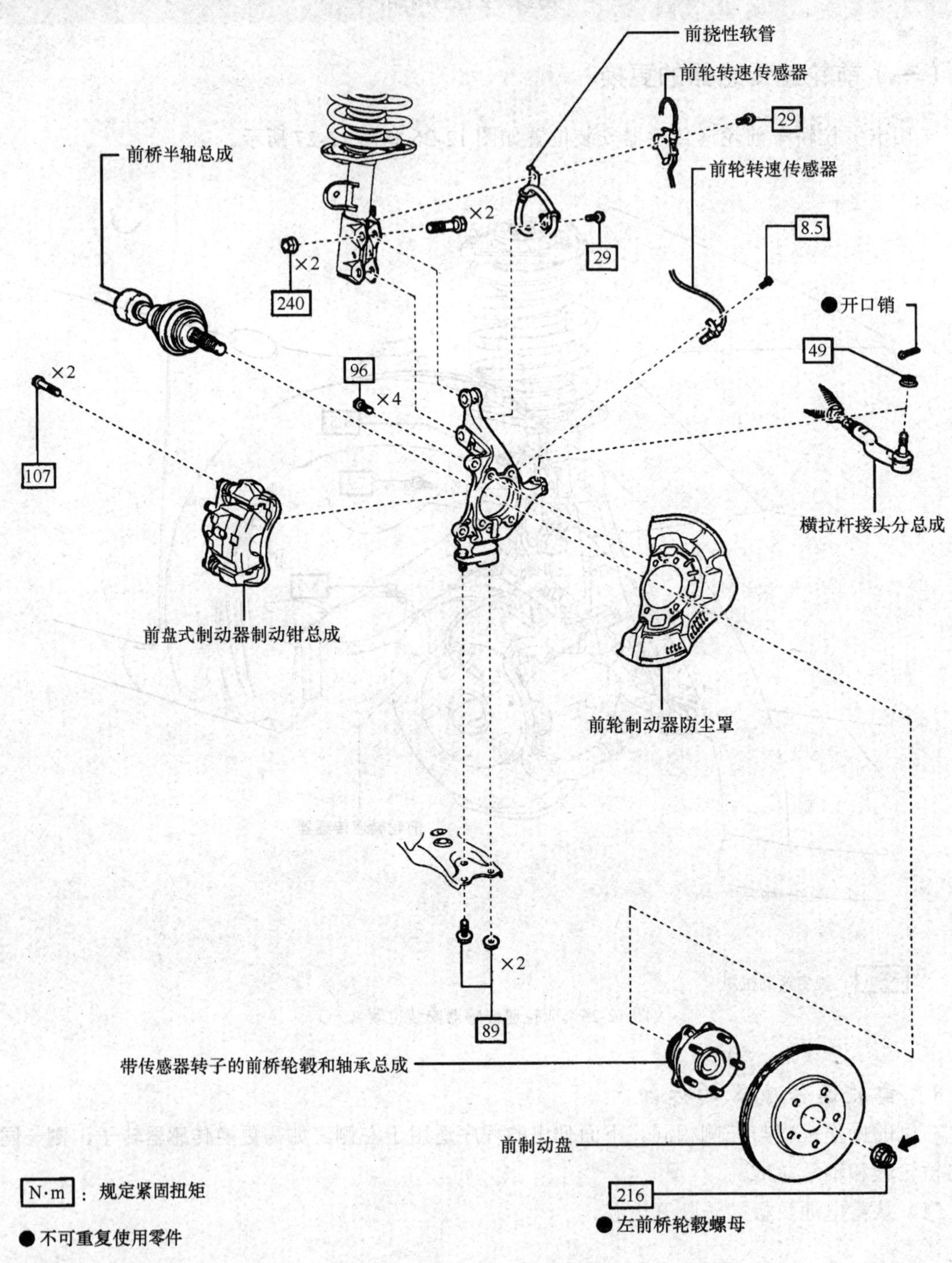

图 12-27　前轮速传感器安装位置（二）

（4）从车身上拆下螺栓 A 和 2 号传感器卡夹，如图 12-28 所示。

（5）从减震器总成上拆下螺栓 B 和 1 号传感器卡夹，如图 12-29 所示。

（6）拆下螺栓 C、卡夹和前轮转速传感器，如图 12-30 所示。

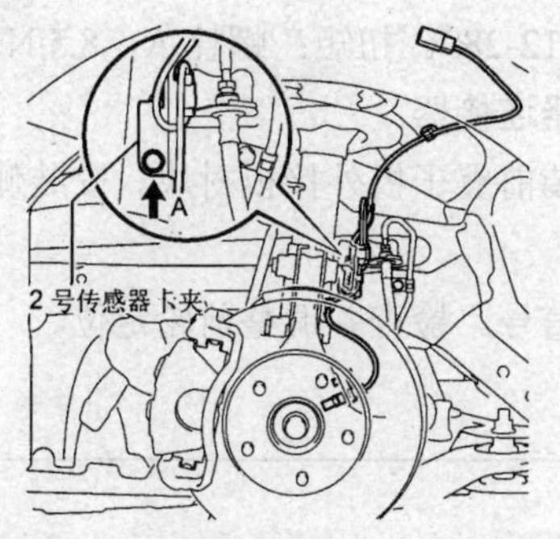

图 12-28 拆下螺栓 A 和 2 号传感器卡夹

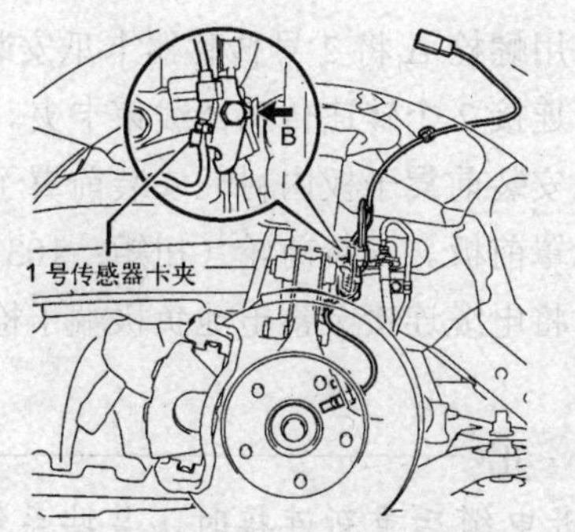

图 12-29 拆下螺栓 B 和 1 号传感器卡夹

提 示

防止异物粘在传感器端部；每次拆下转速传感器时，清洁转速传感器的安装孔和表面。

（7）拆卸左前桥轮毂螺母。分离前挠性软管，如图 12-31 所示。拆下螺栓并分离前挠性软管。

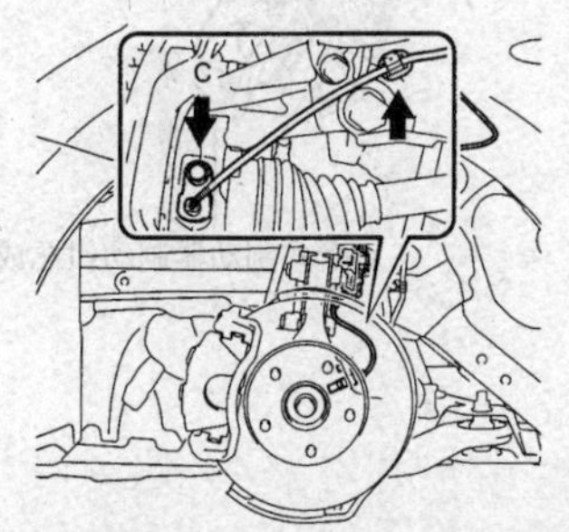

图 12-30 拆下螺栓 C、卡夹和前轮转速传感器

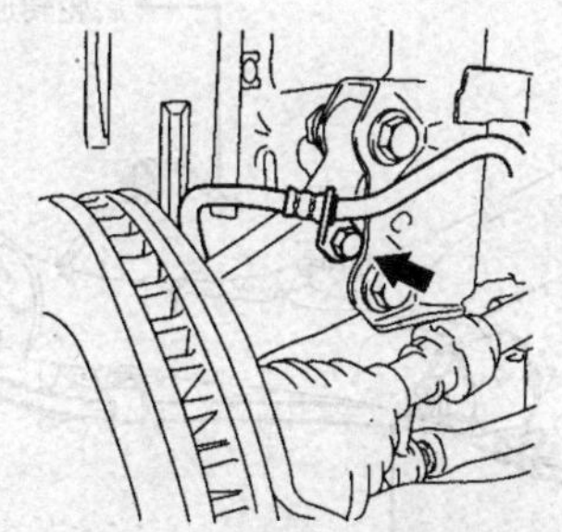
图 12-31 分离前挠性软管

（8）分离前盘式制动器制动钳总成。拆卸前制动盘。分离横拉杆接头分总成。分离前桥总成。拆卸前桥总成。拆卸带传感器转子的前桥轮毂和轴承总成。

2．前轮速传感器的安装

（1）安装带传感器转子的前桥轮毂和轴承总成。安装前桥总成。连接前悬架 1 号下臂分总成。连接横拉杆接头分总成。

（2）安装前制动盘。安装前盘式制动器制动钳总成。暂时安装左前桥轮毂螺母。分离前盘式制动器制动钳总成。拆卸前制动盘。检查前桥轮毂轴承的松弛度。检查前桥轮毂径向跳动。安装前制动盘。安装前盘式制动器制动钳总成。安装前挠性软管。用螺栓安装前挠性软管（扭矩：29 N • m）。安装左前桥轮毂螺母。

（3）用螺栓 C 和卡夹安装前轮转速传感器（见图 12-30）。扭矩：螺栓 C，8.5 N • m。

（4）用螺栓 B 将前挠性软管和 1 号传感器卡夹安装至减震器（见图 12-29）。扭矩：螺栓 B，29 N • m。

小 心

安装转速传感器时，不要扭曲前轮转速传感器线束；螺栓 B 将制动器挠性软管和前轮转速传感器紧固在一起。确保挠性软管位于前轮转速传感器上方；不要用锉刀锉孔或表面，因为磁性转子和传感器之间的间隙非常重要。

（5）用螺栓 A 将 2 号传感器卡爪安装至车身（见图 12-28）。扭矩：螺栓 A，8.5 N・m。

（6）连接 2 个转速传感器线束卡夹。连接转速传感器连接器。

（7）安装前翼子板内衬。安装前翼子板挡泥板。安装前翼子板外接板衬块。安装侧挡泥板。安装后轮罩前板。安装前轮（扭矩：103 N・m）。

（8）将电缆连接至蓄电池负极端子检查转速传感器信号。检查并调整前轮定位。

小　心

断开电缆后重新连接时，某些系统需要初始化。

（二）后轮速传感器的更换

丰田卡罗拉轿车后轮速传感器安装如图 12-32 所示。

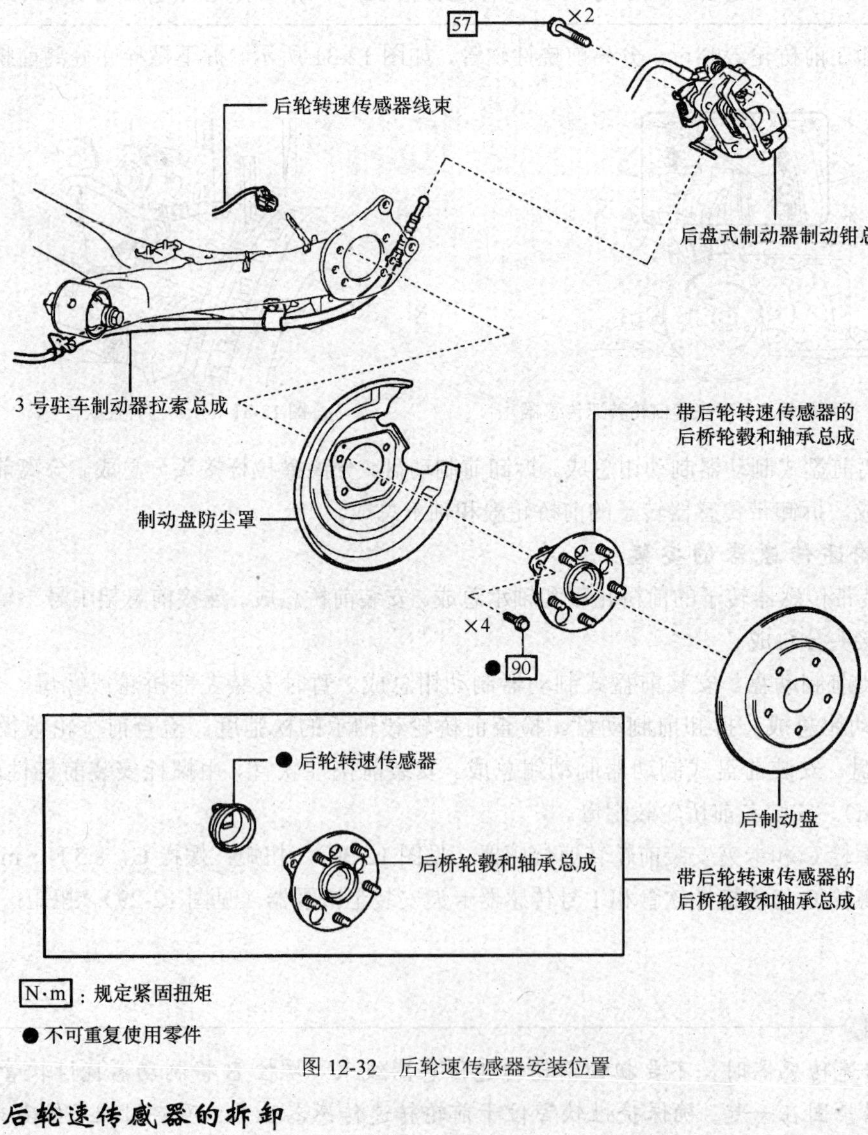

图 12-32　后轮速传感器安装位置

1. 后轮速传感器的拆卸

（1）从蓄电池负极端子断开电缆。

（2）拆卸后轮。拆卸仪表板左下装饰板。拆卸仪表板右下装饰板。拆卸换挡杆把手分总成。拆卸中央仪表组装饰板总成。拆卸地板控制台上面板分总成。

（3）松开驻车制动器拉索。断开后轮转速传感器线束。用螺丝刀从后轮转速传感器上断开连接器。

（4）分离 3 号驻车制动器拉索总成。分离后盘式制动器制动钳总成。拆卸后制动盘。拆卸带后轮转速传感器的后桥轮毂和轴承总成。

（5）用铝板将后桥轮毂和轴承总成安装至台钳。

小　心

如果后桥轮毂和轴承总成坠落或受到强烈冲击，则将其更换。

（6）用尖冲头和锤子敲出 2 个销，并从 SST 上拆下 2 个连接件。

（7）用 SST 和 2 个螺栓（直径：12 mm，螺距：1.5 mm），从后桥轮毂和轴承总成上拆下后车轮转速传感器，如图 12-33 所示。

小　心

使后轮转速传感器远离磁铁；笔直拉出后轮转速传感器，不要使其接触到后轮转速传感器转子；如果后轮转速传感器转子损坏或变形，更换后桥轮毂和轴承总成；不要刮擦后桥轮毂和轴承总成与后轮转速传感器之间的接触面；防止异物粘在转速传感器转子或顶部。

2．后轮速传感器的安装

（1）清理后桥轮毂、轴承总成和新的后轮转速传感器之间的接触面。

（2）将后轮转速传感器放置在后桥轮毂和轴承总成上，以使传感器安装至车辆后连接器位于顶部，如图 12-34 所示。

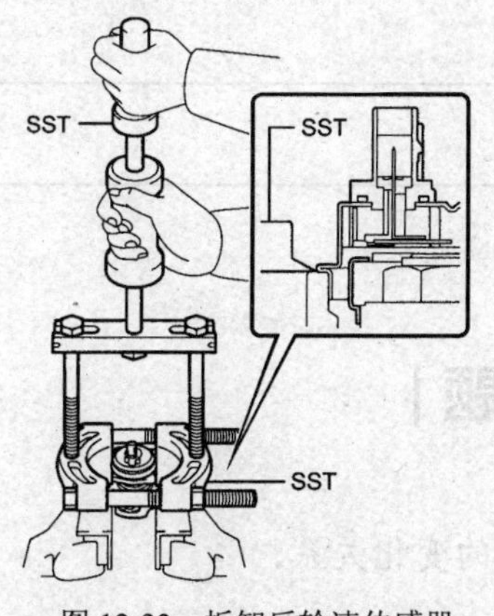

图 12-33　拆卸后轮速传感器

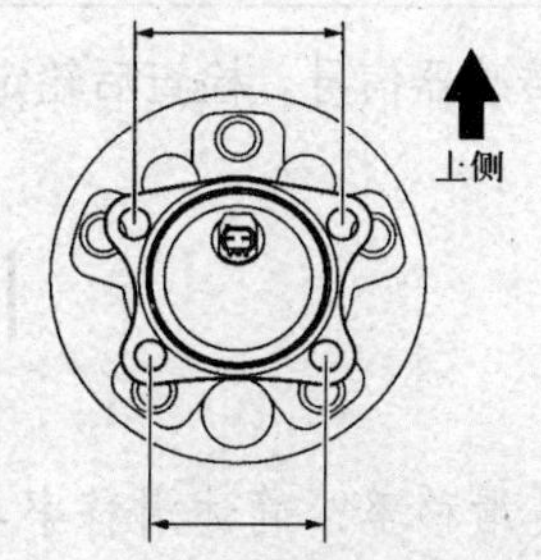

图 12-34　放置后轮速传感器

（3）用 SST、钢板和压力机，将新的转速传感器安装至后桥轮毂和轴承总成，如图 12-35 所示。

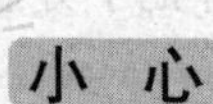

小 心

使后轮转速传感器远离磁铁；不要用锤子安装后轮转速传感器；检查并确认后轮转速传感器的检测部位上没有诸如铁屑类的异物；笔直缓慢压入后轮转速传感器。

（4）安装带后轮转速传感器的后桥轮毂和轴承总成。安装后制动盘。安装后盘式制动器制动钳总成。连接3号驻车制动器拉索总成。

（5）连接后轮转速传感器线束，如图 12-36 所示。将后轮转速传感器线束连接器连接至后轮转速传感器。

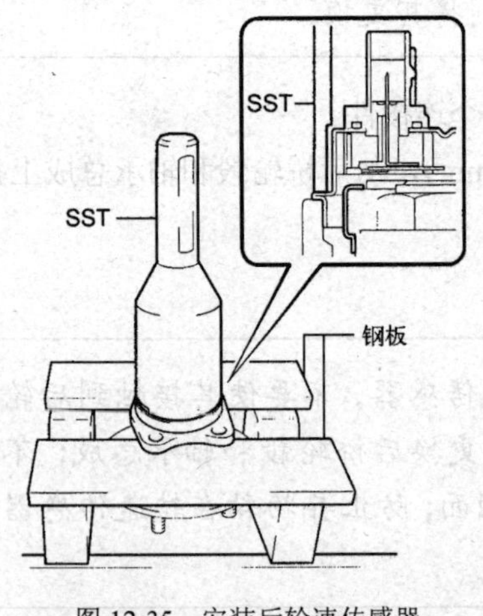

图 12-35　安装后轮速传感器

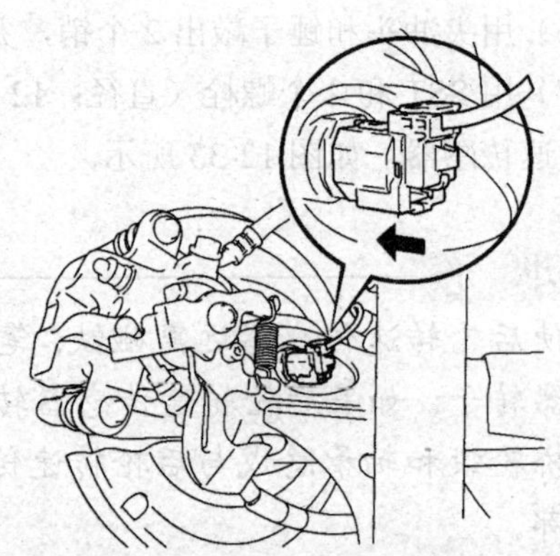

图 12-36　连接传感器线束

（6）调节驻车制动杠杆行程。检查后盘式制动器制动缸操作杆和止动器之间的间隙。

（7）安装地板控制台上面板分总成。安装中央仪表组装饰板总成。安装换挡杆把手分总成。安装仪表板左下装饰板。安装仪表板右下装饰板。安装后轮（扭矩：103 N·m）。

（8）将电缆连接至蓄电池负极端子。

小 心

断开电缆后重新连接时，某些系统需要初始化。

检查转速传感器信号。检查后轮定位。

练　习　题

1. 什么是滑移率？简述滑移率与路面附着系数的变化关系。
2. 简述 ABS 轮速传感器的结构及工作原理。
3. 按图说明循环式 ABS 制动压力调节器的组成及工作原理。
4. 按图说明可变容积式 ABS 制动压力调节器的组成及工作原理。
5. 按图说明大众循环式 ABS 的组成及工作原理。

任务二　汽车驱动防滑控制系统（ASR）

【学习目标】

1. 能够正确描述驱动防滑控制系统的控制方式；
2. 能够正确描述 ASR 的结构和工作原理；
3. 能够正确描述 LS400 ABS/TRC 的结构和工作原理。

相关知识

汽车驱动防滑控制系统（Acceleration Slip Regulation，简称 ASR），有的称为牵引力控制系统（Traction Control System，简称 TCS 或 TRC）。

汽车驱动防滑控制系统的功用是防止汽车在加速过程中打滑，特别是防止汽车在非对称路面或在转向时驱动轮滑转，以保持汽车行驶方向的稳定性、操纵性和维持汽车的最佳驱动力以及提高汽车的平顺性。

（一）驱动防滑控制系统的控制方式

驱动防滑控制系统的控制参数是滑转率，控制器根据各车轮转速传感器信号计算 S_d，当 S_d 值超过某一限定值时，控制器就输出控制信号，抑制车轮的滑转，将车轮的滑转率控制在理想的范围内。

汽车驱动防滑控制系统常用的控制方式有以下几种。

（1）发动机输出功率/转矩控制

在汽车起步或加速时，若加速踏板踩得过猛，会因为驱动力过大而出现两边驱动车轮都滑转的情况，这时，ASR 控制器输出控制信号，控制发动机的输出功率，以抑制驱动车轮的滑转，如图 12-37 所示。

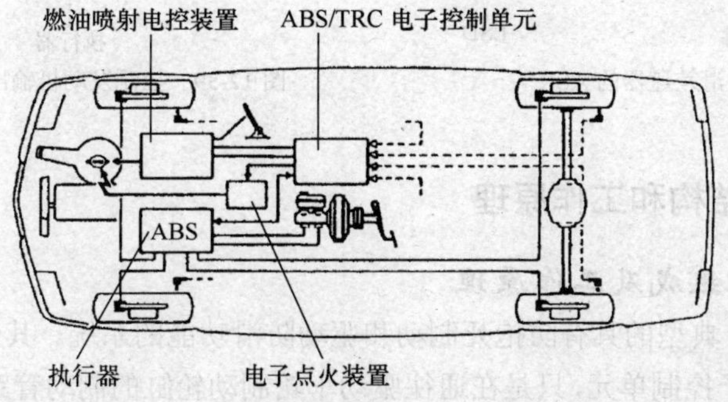

图 12-37　控制发动机输出功率/转矩的 ASR

发动机输出功率/转矩控制通常有以下几种方法。

① 调整供油量：减少或中断供油；

② 调整点火时间：减小点火提前角或停止点火；

③ 调整进气量：减小节气门的开度。

（2）驱动轮制动控制

当汽车在附着系数不均匀的路面上行驶时，处于低附着系数路面的驱动车轮可能会滑转，此时 ASR 电子控制单元将使滑转车轮的制动压力上升，对该轮作用一定的制动力，使两驱动车轮向前运动速度趋于一致。

采用制动控制方式的 ASR 的液压系统可分为两大类：一类是 ASR 与 ABS 的组合结构，在 ABS 中增加电磁阀和调节器，从而增加了驱动控制功能；另一类是在 ABS 的液压装置和轮缸之间增加一个单独的 ASR 液压装置。

（3）同时控制发动机输出功率和驱动车轮的制动力

控制同时起动 ASR 制动压力调节器和辅助节气门调节器，在对驱动车轮施以制动力的同时，减小发动机的输出功率，以达到理想的控制效果。

（4）防滑差速锁控制

带防滑差速器的 ASR 如图 12-38 所示。防滑差速锁能对差速器锁止装置进行控制，使锁止范围从 0% 到 100%，并通过 ASR 有效控制驱动车轮的驱动力，从而提高汽车在滑溜路面起步和加速能力及行驶方向稳定性。

（5）差速锁与发动机输出功率综合控制

如图 12-39 所示，汽车在行驶过程中，路面滑溜的情况千差万别，驱动力的状态也是不断变化，综合控制系统根据发动机的状况和车轮滑转率的实际情况采取相应的控制，使汽车在各种路面行驶和起步时具有更高的稳定性和可操纵性。

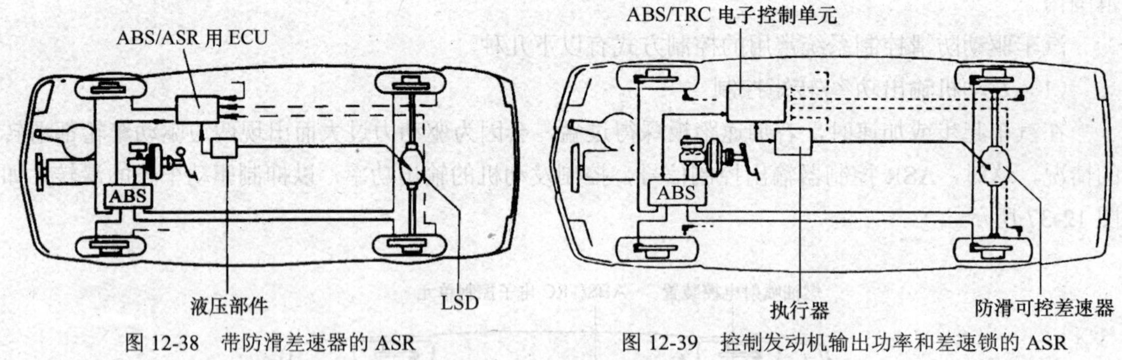

图 12-38　带防滑差速器的 ASR

图 12-39　控制发动机输出功率和差速锁的 ASR

（二）ASR 的结构和工作原理

1. ASR 的基本组成及工作原理

图 12-40 所示为一典型的具有防抱死制动和驱动防滑功能的系统。其中驱动防滑系统与 ABS 共用轮速传感器和电子控制单元，只是在通往驱动车轮制动轮缸的制动管路中增设了 1 个 ASR 制动压力调节器，在由加速踏板控制的主节气门上方增设了 1 个由步进电机控制的副节气门，并在主、副节气门处各设置了 1 个节气门位置传感器。

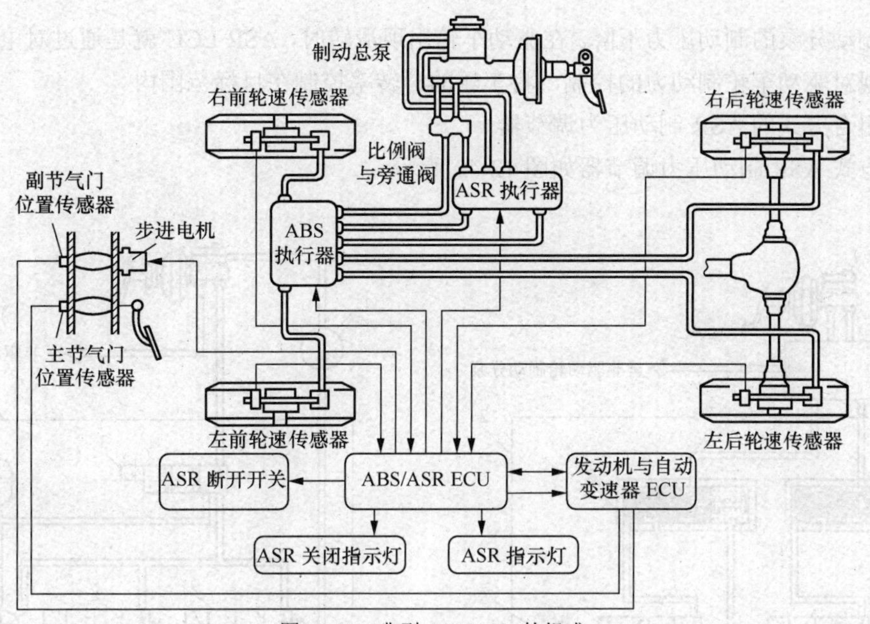

图 12-40　典型 ABS/ASR 的组成

当驱动防滑系统处于工作状态时，电子控制单元根据各轮速传感器检测到的转速信号，确定驱动车轮的滑转率和汽车的参考速度。当电子控制单元判定驱动车轮的滑转率超过设定的限值时，就使驱动副节气门的步进电机转动，减小副节气门的开度。此时，即使主节气门的开度不变，发动机的进气量也会因副节气门开度的关小而减少。如果驱动车轮的滑转率仍未降低到设定的控制范围内，电子控制单元又会控制 ASR 制动压力调节器和 ABS 制动压力调节器，对驱动车轮施加一定的制动压力，则驱动车轮上就会作用一制动力矩，从而使驱动车轮的转速降低。

2．ASR 制动压力调节器

ASR 制动压力调节器执行 ASR ECU 的指令，对滑转车轮施加制动力和控制制动力的大小，以使滑转车轮的滑转率在目标范围内。ASR 制动压力源是蓄能器，通过电磁阀来调节驱动车轮制动压力的大小。ASR 制动压力调节器的结构形式有单独方式和组合方式两种。

（1）单独方式 ASR 制动压力调节器

所谓单独方式 ASR 制动压力调节器和 ABS 制动压力调节器在结构上各自分开，如图 12-41 所示。

在 ASR 不起作用，电磁阀不通电时，阀在左位，调压缸的右腔与储油罐相通而压力低，调压缸的活塞被回位弹簧推至右边极限位置。这时，调压缸活塞左端中央的通液孔将 ABS 制动压力调节器与车轮制动分泵相通，因此，在 ASR 不起作用时，对 ABS 无影响。

当驱动轮出现滑转而需要驱动车轮实施制动时，ASR 控制器输出控制信号，使电磁阀通电而移至右位。这时，调压缸右腔与储油罐隔断而与蓄能器接通，蓄能器中具有一定压力的制动液推动调压缸的活塞左移，ABS 制动压力调节器与车轮分泵的通道被封闭，调压缸左腔的压力随活塞的左移而增大，驱动车轮制动分泵的制动压力上升。

当需要保持驱动轮的制动压力时，控制器使电磁阀半通电，阀处于中位，使调压缸与储油罐和蓄能器都隔断，于是，调压缸活塞保持原位不动，使驱动车轮制动分泵的制动压力不变。

当需要减小驱动车轮制动压力时，控制器使电磁阀断电，阀在其回位弹簧力的作用下回到左位，使调压缸右腔与蓄能器隔断而与储油罐接通。于是，调压缸右腔压力下降，其活塞右移，使

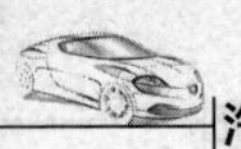

驱动车轮制动分泵的制动压力下降。在驱动车轮出现滑转时，ASR ECU 就是通过对电磁阀的上述控制，实现对驱动车轮制动力的控制，将车轮的滑转率控制在目标范围内。

（2）组合方式的 ASR 制动压力调节器

组合方式 ASR 制动压力调节器如图 12-42 所示。

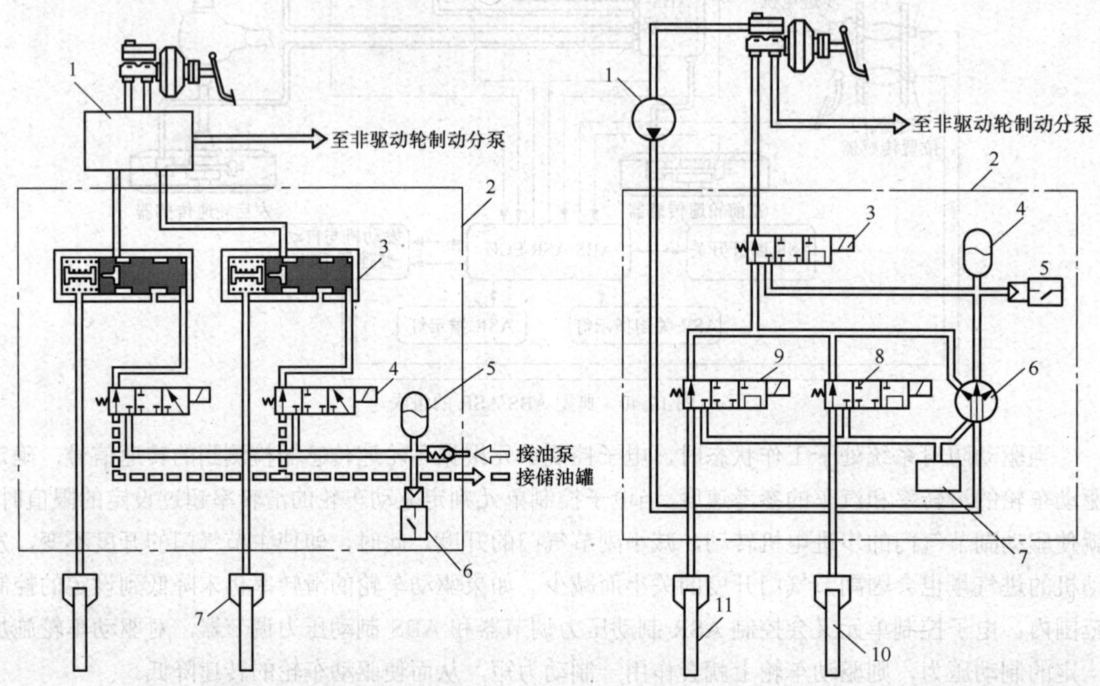

图 12-41　单独方式 ASR 制动压力调节器
1—ABS 制动压力调节器；2—ASR 制动压力调节器；3—调压缸；4—三位三通电磁阀；5—蓄能器；6—压力开关；7—驱动车轮制动器

图 12-42　ABS/ASR 组合制动压力调节器原理
1—输液泵；2—ABS/ASR 制动压力调节器；3—电磁阀Ⅰ；4—蓄能器；5—压力开关；6—循环泵；7—储液器；8—电磁阀Ⅱ；9—电磁阀Ⅲ；10、11—驱动车轮制动器

在 ASR 不起作用时，电磁阀 3 不通电。汽车在制动过程中如果车轮出现抱死，ABS 起作用，通过控制电磁阀 8 和电磁阀 9 来调节制动压力。

当驱动车轮出现滑转时，ASR 控制器使电磁阀 3 通电，并移至右位，电磁阀 8 和电磁阀 9 不通电，仍在左位，于是，蓄能器的压力油通入驱动车轮制动分泵，制动压力增大。

当需要保持驱动车轮的制动压力时，ASR 控制器使电磁阀 3 半通电，并移至中位，隔断了蓄能器及制动主缸的通路，驱动车轮制动分泵的制动压力即被保持不变。

当需要减小驱动车轮的制动压力时，ASR 控制器使电磁阀 8 和电磁阀 9 通电，并移至右位，将驱动车轮制动分泵与储液室接通，于是，制动压力下降。

如果需要对左右驱动车轮的制动压力实施不同的控制，ASR 控制器则分别对电磁阀 8 和电磁阀 9 实行不同的控制。

（三）LS400 轿车的 ABS/TRC

1．基本结构

LS400 轿车的 ABS/TRC 主要由车速传感器、ABS/TRC ECU、制动压力调节器、TRC 隔离电磁阀总成、TRC 制动供能总成、主副节气门开度传感器、副节气门控制步进电机等组成（见

图 12-43)，其中 ABS/TRC 与 ABS 共用轮速传感器和电子控制单元 ECU。图 12-44 所示为 LS400 ABS/TRC 部件在车上的位置。

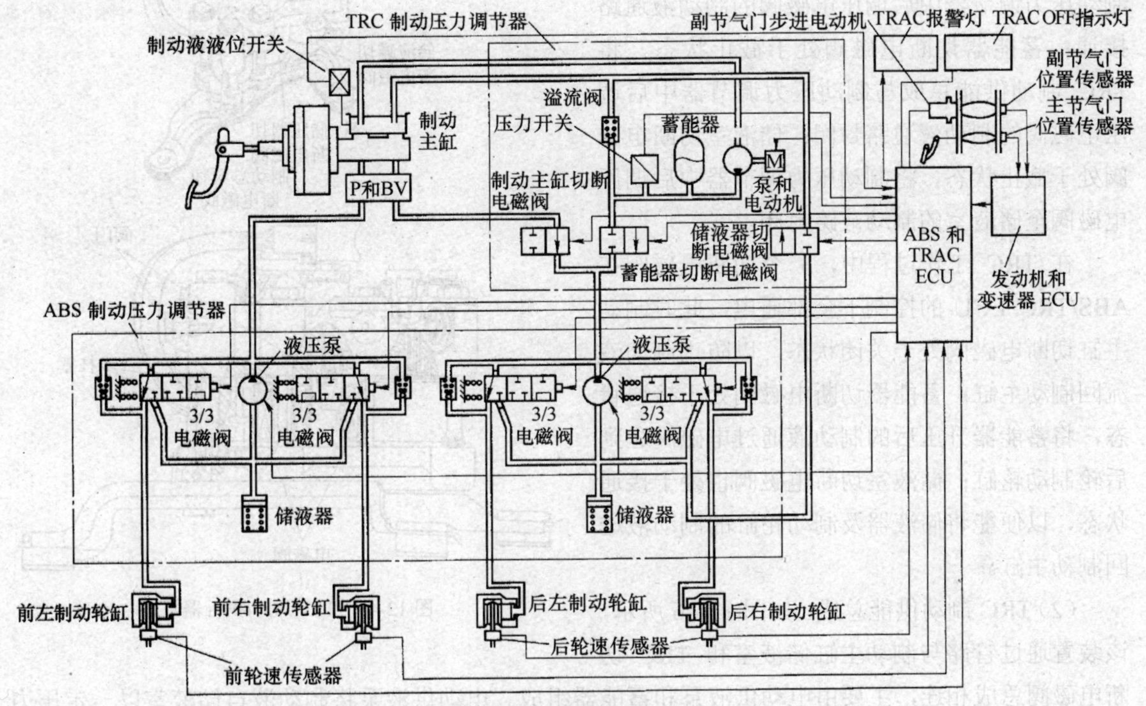

图 12-43 LS400 ABS/TRC

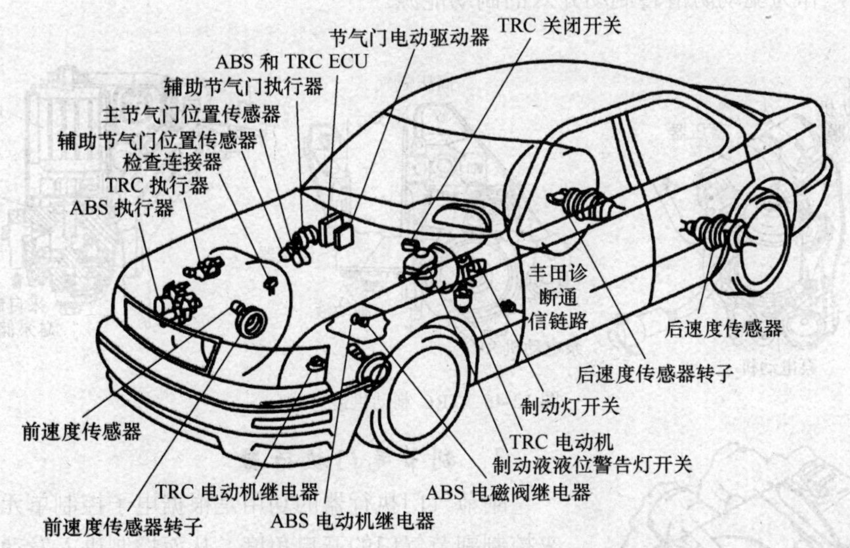

图 12-44 LS400 ABS/TRC 零部件的车上布置

2. TRC 制动执行器

TRC 制动执行器主要由 TRC 切断电磁阀总成和 TRC 制动供能总成组成，如图 12-45 所示。

(1) TRC 切断电磁阀总成。TRC 切断电磁阀通过管路与制动主缸、制动压力调节器和 TRC 制动供能总成相连，主要由制动主缸（或总泵）切断电磁阀、蓄能器切断电磁阀和储液室切断电磁阀组成。

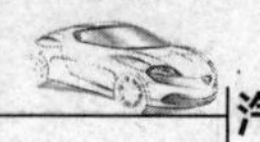

在未介入制动时，3 个切断电磁阀不通电，制动主缸电磁阀处于接通状态，将制动主缸与制动压力调节器中后调压电磁阀的制动液通路接通；蓄能器切断电磁阀处于截止状态，将 TRC 制动供能总成与制动压力调节器中后调压电磁阀的制动液通路封闭；储液室切断电磁阀处于截止状态，将制动压力调节器中后调压电磁阀至储液室的制动液路封闭。

在 TRC 工作过程中，3 个切断电磁阀在 ABS/TRC ECU 的控制下全部通电，此时制动主缸切断电磁阀处于关闭状态，以防止制动液流回制动主缸；蓄能器切断电磁阀处于接通状态，将蓄能器升压后的制动液通过电磁阀送到后轮制动轮缸；储液室切断电磁阀也处于接通状态，以便能将储液器及制动轮缸的制动液送回制动主缸。

图 12-45　TRC 制动执行器总成

（2）TRC 制动供能总成。如图 12-46 所示，该装置通过管路与制动主缸储液室和 TRC 切断电磁阀总成相连，主要由电动供液泵和蓄能器组成。电动供液泵将制动液自储液室以一定压力泵入蓄能器，作为驱动防滑转制动介入的制动能源。

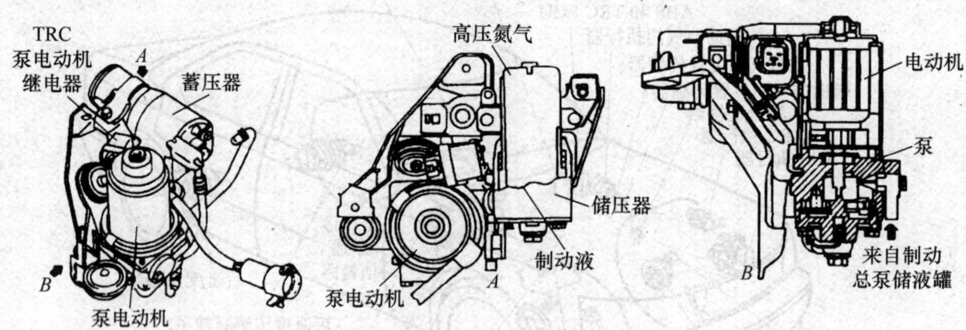

图 12-46　TRC 制动供能总成

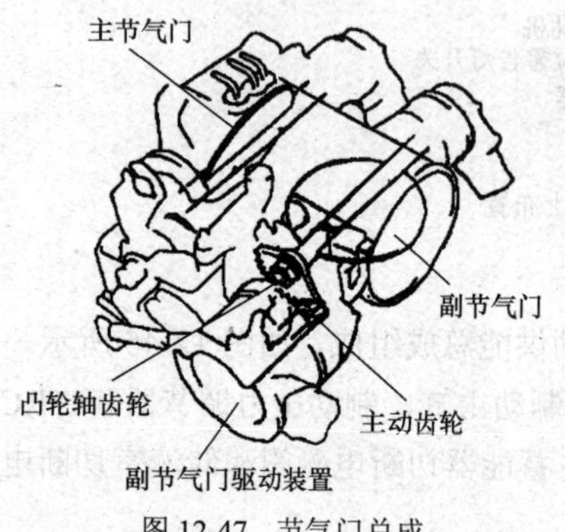

图 12-47　节气门总成

3．副节气门执行器

副节气门执行器的功用是根据电子控制单元传送的指令来控制副节气门的开启角度，从而控制进入发动机气缸的空气量，达到控制发动机输出转矩的目的。

副节气门执行器安装在节气门壳体上，如图 12-47 所示。它是一个由电子控制单元控制转动的步进电动机，由永磁体、传感线圈和旋转轴等组成。在旋转轴的末端安装 1 个小齿轮（主动齿轮），由它带动安装在副节气门轴末端的凸轮轴齿轮旋转，以此控制副节气门的开启角度。

当驱动防滑系统不工作时，副节气门在弹簧力作用下保持全开状态，进入发动机的空气量由驾驶员控制主节气门的开度决定。当前、后轮速传感器检测到车轮滑转需进行防滑控制时，电子控制单元驱动步进电机通过凸轮轴齿轮旋转，从而控制副节气门的开度，如图 12-48 所示。

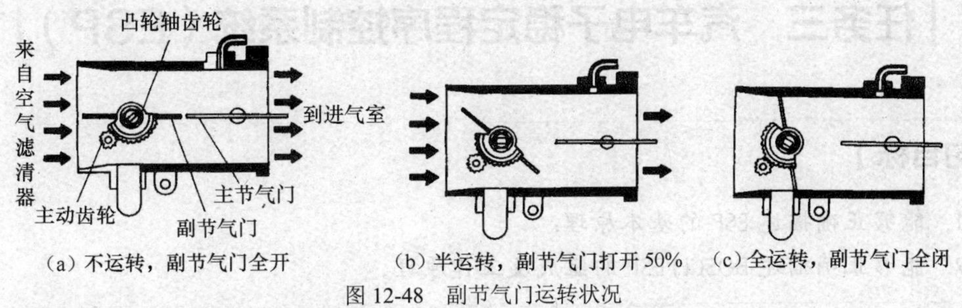

图 12-48 副节气门运转状况

4. LS400 ABS/TRC 控制原理

LS400 ABS/TRC 的控制原理如图 12-43 所示。

（1）正常制动过程（TRC 不起作用）。正常制动时，TRC 制动执行器的所有电磁阀都断开。在这种情况下，踩下制动踏板时，制动主缸产生的制动液压通过制动主缸切断电磁阀以及 ABS 执行器中的 3 位电磁阀，对车轮制动轮缸起作用。当放松制动踏板时，制动液从车轮制动轮缸中流回制动主缸。

（2）汽车加速过程（TRC 起作用）。如果汽车后轮在加速过程中滑转，ABS/TRC 控制单元会控制发动机输出功率以及对后轮进行制动，以避免发生滑转的情况。

左右后轮制动器中的液压被分别控制为 3 种状态：压力升高、压力保持和压力降低。

（1）压力升高：当踩下加速踏板而后轮滑转时，TRC 执行器中所有电磁阀都在从电子控制单元传来的信号的控制下全部接通。同时，ABS 执行器的 3 位电磁阀的开关也被置于“压力升高”状态。在这种情况下，制动主缸切断电磁阀被接通（关闭状态），储压器切断电磁阀也被接通（开启状态）。这就使得储压器中被加压的制动液通过储压器切断电磁阀和 ABS 执行器的 3 位电磁阀，对车轮制动轮缸产生作用。当压力开关检测到储压器中压力下降（不管 TRC 运转与否）时，ECU 就控制并打开 TRC 泵来升高压力。

（2）压力保持：当后轮制动分泵中的液压升高或降低到规定值时，系统就进入“压力保持”状态。这种状态的变换是由 ABS 执行器的 3 位电磁阀开关来完成的。这样就防止储压器中的压力逸出，保持了车轮制动轮缸中的液压。

（3）压力降低：当需要降低后制动轮缸中的液压时，ABS/TRC ECU 就将 ABS 执行器的 3 位电磁阀开关置于“压力降低”状态。使车轮制动轮缸中液压通过 ABS 执行器的 3 位电磁阀和储液室切断电磁阀流回到制动主缸的储液罐中。其结果是制动液压降低，同时 ABS 执行器的泵电动机处于不运转状态。

练 习 题

1. 汽车驱动防滑控制系统的控制方式有哪些？
2. 简述单独方式 ASR 制动压力调节器的组成及工作原理。

3. 简述组合方式ASR制动压力调节器的组成及工作原理。
4. 简述LS400 ABS/TRC的控制原理。

任务三　汽车电子稳定程序控制系统（ESP）

【学习目标】

1. 能够正确描述ESP的基本原理；
2. 能够正确描述BOSCH ESP的组成及工作原理。

相关知识

汽车电子稳定程序控制系统ESP（Electronic Stability Program）是改善汽车行驶性能的一种控制系统，是ABS和ASR两种系统在功能上的延伸。利用与ABS一起的综合控制可防止汽车在制动时车轮抱死；利用ASR可阻止汽车在起步时驱动轮滑转（空转）。ESP可以通过有选择性地控制各车轮上的制动力，防止车辆滑移，因此，ESP是一个主动安全系统。

ESP在不同的车型中有不同的名称，如奔驰、奥迪称为ESP，宝马称其为DSC（Dynamic Stability Control，即动态稳定性控制），丰田、雷克萨斯称其为VSC（Vehicle Stability Control，即汽车稳定性控制系统），三菱称为ASC/AYC（Active Stability Control/Active Yaw Control，即主动稳定控制/主动横摆控制系统），本田称为VSA（Vehicle Stability Assist，即车身稳定性辅助系统），而VOLVO汽车称其为DSTC（Dynamic Stability and Traction Control，即动态循迹防滑控制系统）。

（一）ESP的基本原理

ESP工作的基本原理是利用汽车上的制动系统使汽车"转向"。车轮制动器原本任务是使汽车减速或停车。在允许的物理极限范围内，ESP通过控制车轮制动器的工作，使汽车在各种行驶状况下都能在车道内保持稳定行驶。

ESP通过横摆角速度传感器识别车辆绕垂直于地面轴线方向的旋转角度及通过侧向加速度传感器识别车辆实际运动方向。例如，ESP判定为出现不足转向时，将制动内侧后轮，使车辆进一步沿驾驶员转弯方向偏转，从而稳定车辆（见图12-49）；ESP判定为出现过度转向时，ESP将制动外侧前轮，防止出现甩尾，并减弱过度转向趋

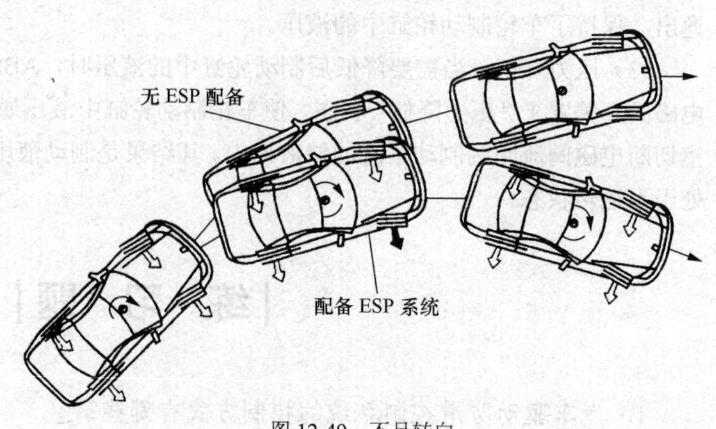

图12-49　不足转向

势，稳定车辆（见图 12-50）。

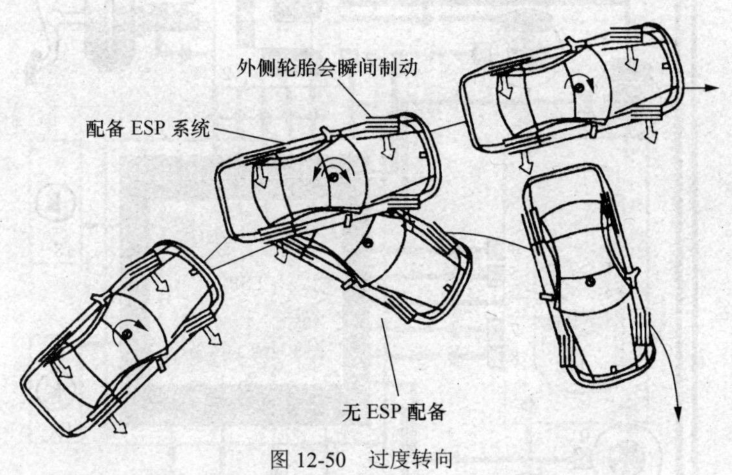

图 12-50　过度转向

（二）ESP 的基本组成及工作原理

BOSCH ESP 主要由传感器信号部件、电子控制单元和执行部件三部分组成，如图 12-51 所示。

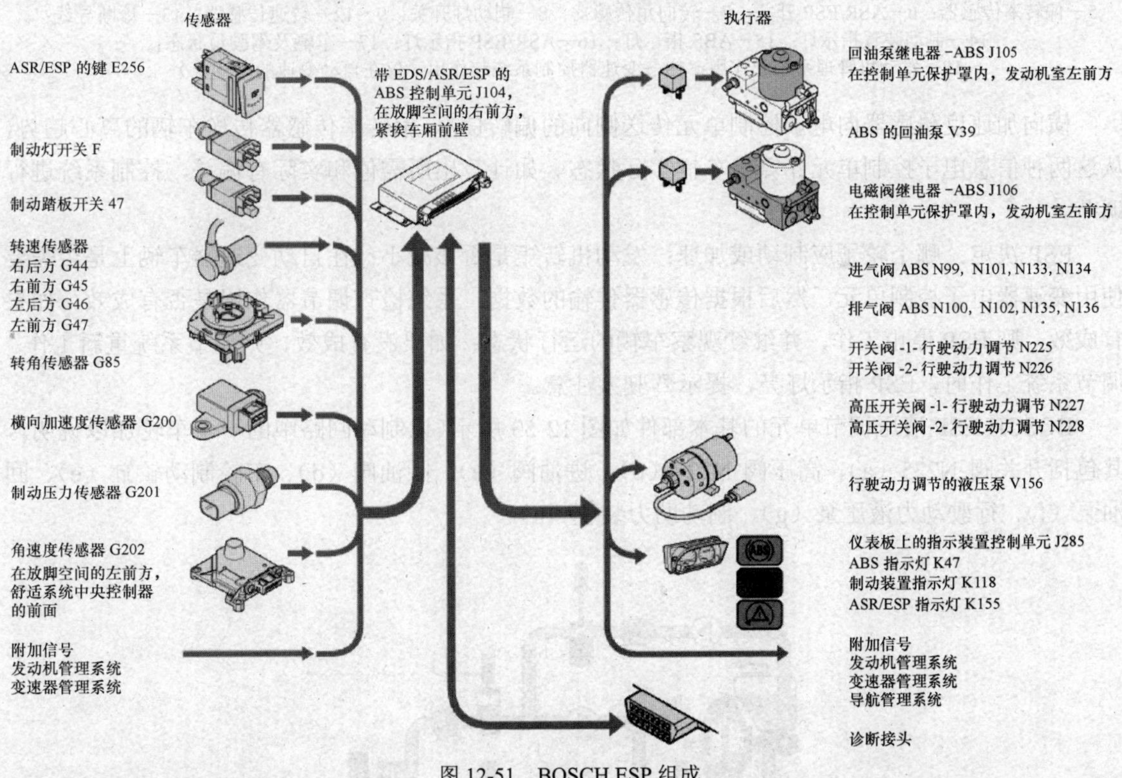

图 12-51　BOSCH ESP 组成

ESP 的工作原理如图 12-52 所示。

轮速传感器不断提供每只车轮的转速数据。方向盘转角传感器将它得到的数据直接通过 CAN 总线传给电子控制单元。由这两种信息电子控制单元计算出车辆的所需转向和所需行驶状态。

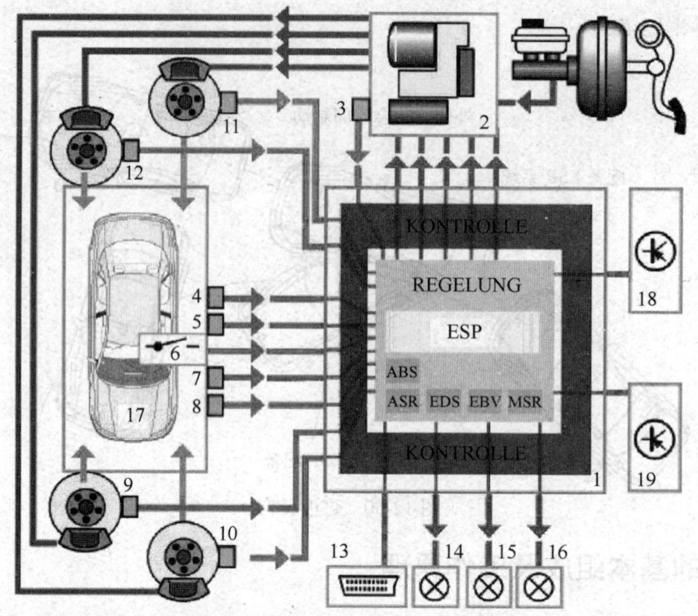

图 12-52 BOSCH ESP 的工作原理

1—带 EDS/ASR/ESP 的 ABS 控制单元；2—带预压泵的液压单元；3—制动压力传感器；4—横向加速度传感器；5—偏转率传感器；6—ASR/ESP 开关；7—转向角传感器；8—制动灯开关；9～12—转速传感器；13—诊断导线；14—制动装置指示灯；15—ABS 指示灯；16—ASR/ESP 指示灯；17—车辆及驾驶员状态；18—发动机管理系统起作用；19—变速器控制系统起作用（仅在自动变速的车辆上）

横向加速度传感器向电子控制单元传送侧向的偏转信息，偏转率传感器传送车辆的离心趋势，从这两种信息电子控制单元计算出车辆实际状态。如计算出所需值和实际有偏差，控制系统进行调节。

ESP 决定：哪个轮子应制动或加速；发动机转矩是否该减小；在自动变速器车辆上是否需要使用变速器电子控制单元，然后根据传感器传输的数据，系统检查调节器作用是否有成效。如果有成效，则 ESP 停止工作，并继续观察车辆的运行状态；如果没有成效，则调节系统重新工作。调节系统工作时，ESP 指示灯亮，提示驾驶人注意。

BOSCH ESP 液压调节单元的基本部件如图 12-53 所示（以制动回路中的一个车轮加以说明），其包括开关阀 N225（a）、高压阀 N227（b）、进油阀（c）、回油阀（d）、车轮制动轮缸（e）、回油泵（f）、行驶动力液压泵（g）、制动助力装置（h）。

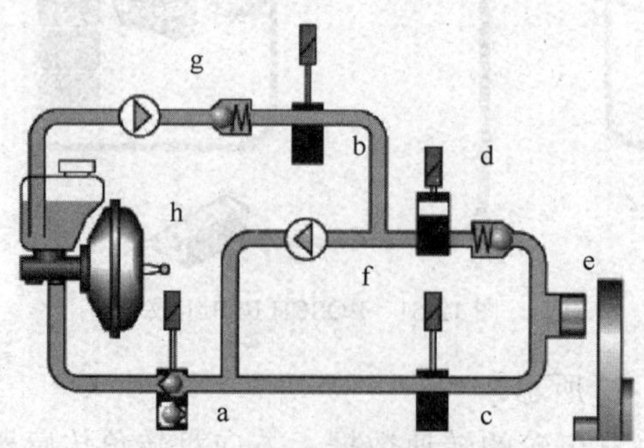

图 12-53 液压调节单元构造

液压调节单元的工作过程如图 12-54 所示。其工作过程如下。

（1）增压。动态液压泵（g）开始从制动液储液罐中向制动管路输送制动液。在制动分泵和回油泵内很快建立制动压力，回油泵开始输送制动液使制动压力进一步提高。

（2）保压。进油阀关闭，回油阀也保持关闭。制动压力不能卸压。回油泵停止工作，高压阀关闭。

（3）减压。开关阀 N225 反向打开。在回油阀打开时，进油阀保持关闭。制动液通过制动主缸返回储液罐。

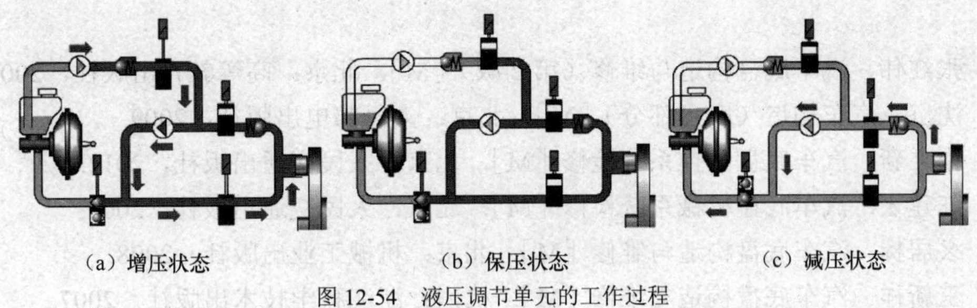

（a）增压状态　　（b）保压状态　　（c）减压状态

图 12-54　液压调节单元的工作过程

练 习 题

1. 简述 ESP 的基本原理。
2. 简述 BOSCH ESP 的基本组成及工作原理。

参考文献

[1] 张红伟. 汽车底盘构造与维修（第 2 版）[M]. 北京：高等教育出版社，2007.
[2] 沈沉. 汽车构造（底盘部分）[M]. 北京：人民邮电出版社，2009.
[3] 张立新. 汽车底盘电控系统检修 [M]. 北京：人民交通出版社，2012.
[4] 陈建宏. 汽车底盘机械系统检修 [M]. 北京：人民交通出版社，2009.
[5] 幺居标. 汽车底盘构造与维修 [M]. 北京：机械工业出版社，2008.
[6] 王新祥. 汽车底盘构造与维修 [M]. 杭州：浙江科学技术出版社，2007.
[7] 姚焕新. 汽车底盘电控系统维修 [M]. 北京：人民邮电出版社，2009.
[8] 周林福. 汽车底盘构造与维修（第 3 版）[M]. 北京：人民交通出版社，2014.
[9] 冯永亮. 汽车电控底盘检修（下册）[M]. 北京：中国劳动社会保障出版社，2006.
[10] 王家青. 汽车底盘构造与维修 [M]. 北京：人民交通出版社，2011.